Dänemark

Nord-jütland
S. 254

Mitteljütland
S. 216

Süd-jütland
S. 194

Fünen
S. 163

Seeland
S. 96

Kopenhagen
S. 42

Møn, Falster & Lolland
S. 131

Bornholm
S. 147

Carolyn Bain, Cristian Bonetto

REISE-PLANUNG

PHOTOPOP / VISIT AARHUS ©

AARHUS S. 217

REISEZIELE IN DÄNEMARK

DEA / G. WRIGHT / GETTY IMAGES ©

WIKINGERSCHIFFSMUSEUM S. 112

Inhalt

DÄNEMARK VERSTEHEN

ALLGEMEINE INFORMATIONEN

SPECIALS

Willkommen in Dänemark

Dänemark belegt in weltweiten Studien zur Lebensqualität einen sicheren Platz ganz oben an der Spitze. Wer sich umschaut, erkennt leicht warum.

Glück & Hygge

Gut zu wissen, dass es noch ein Land gibt, wo das Wort „märchenhaft“ bedingungslos verwendet werden kann. Egal, ob man von literarischen Klassikern oder schönen Schlössern spricht. In Dänemark stimmt einfach alles: Altmodischer Charme vereint sich mit hochmodernem Design und sozialem Fortschritt. Es nimmt regelmäßig einen Spitzenplatz als lebenswertestes Land mit den glücklichsten Menschen der Welt ein. *Hygge* ist ein unübersetzbarer und typisch dänischer Begriff, der das Wohlbefinden der Einwohner stark beeinflusst. *Hygge* bedeutet: ein Gefühl der Behaglichkeit, Zugehörigkeit und Zufriedenheit.

Geschichte & Bedeutung

Dänemark betrat vor über 1000 Jahren erstmals die Weltbühne, als dänische Wikinger sich übers Meer aufmachten und weite Teile Europas plünderten. Wie sich doch die Zeiten geändert haben. Heute begeistert Dänemark die Welt als Inbegriff einer zivilisierten Gesellschaft und spielt auf vielen Ebenen in der ersten Liga: in der Sozialpolitik, Stadtplanung und Nachhaltigkeit, in Design und Architektur. Zu den jüngsten Exportschlagern gehören die städtische Radfahrkultur, die Neue Nordische Küche und Fernseh-Krimis mit Suchtfaktor.

Gleiche Lebenschancen

Während viele Länder sich durch die immer größer werdende Kluft zwischen Arm und Reich hervortun, scheint in Dänemark überwiegend eine genügsame Mittelschicht zu leben. Die egalitäre Haltung sorgt dafür, dass Kunst, Architektur, Gastronomie und Unterhaltung für alle zugänglich sind. Das beste Stichwort in Dänemark mag tatsächlich „Integration“ sein – alle sind willkommen und für alle wird gesorgt, seien sie jung, alt, schwul, hetero, männlich oder weiblich, ebenso Reisende mit Kindern, Haustieren, Fahrrädern oder Behinderung. Die Städte sind kompakt und übersichtlich, die Infrakstruktur sauber und modern.

Dänische Ästhetik

Die Landschaften Dänemarks sind unaufdringlich, klar und einfach, oft erfüllt von einem ätherischen nordischen Licht. Das spiegelt sich auch im dänischen Design von Mode, Küche, Architektur, Möbeln und Kunst wider. Einfache Formen und Funktionen werden perfekt mit Ästhetik verbunden. Besucher erleben hier Momente von urdänischem Charme: an einem Sandstrand, einem stillen See, vor einem Renaissanceschloss oder in einem kerzenbeleuchteten Café, das ein perfektes Händchen für Gemütlichkeit, für *hygge,* hat.

Warum ich Dänemark liebe

von Carolyn Bain, Autorin

Ich war das erste Mal als Austauschstudentin in Dänemark und war sofort vom dänischen Gebäck, dem Möbeldesign und den langen Sommernächten eingenommen. Diese Leidenschaften sind geblieben, hinzu kamen die Bewunderung für das Gleichheitsprinzip, den Glauben daran, dass die Städte den Menschen und nicht den Autos gehören, und die ewige Suche nach *hygge*. Es schadet auch nicht, dass alles so schön anzuschauen ist – die attraktiven Menschen, die Architektur, die Landschaften oder das Innendesign. Ich glaube, dass die meisten Städte gern wie Kopenhagen wären – sie sollten es in jedem Fall versuchen.

Mehr Infos über die Autoren gibt's auf S. 343

Oben: Landhaus bei Egeskov Slot (S. 177), Fünen

Dänemark

0
100 km
Bornholm
Christiansø
0
10 km
Schweden
Sandvig
Allinge
Gudhjem
Hasle
Svaneke
Køge
Rønne
Nexø
Åkirkeby
Deutschland
Bornholm
Auf Dänemarks perfekter Urlaubsinsel entspannen (S. 147)
Kristiansand (Norwegen)
Stavanger; Bergen (Norwegen)
Färöer-Inseln; Island
10°O
Larvik; Langesund (Norwegen)
Oslo (Norwegen)
11°O
Skagen
Sonne, Meeresfrüchte, Strände und Kunst (S. 265)
Göteborg
SCHWEDEN
Höhe
200 m
100 m
50 m
0
12°O
Gammel Skagen
Skagen
Hirtshals
Ålbæk
Tornby
Sindal
Hjørring
Frederikshavn
Løkken
Øster Vrå
Sæby
Vesterø Havn
Østerby Havn
Byrum
Blokhus
Brønderslev
Tranum Strand
Hjallerup
Aabybro
Asaa
Varberg
Hanstholm
Fjerritslev
Nørresundby
8°O
Klitmøller
Aalborg
Hals
57°N
Thisted
Limfjord
Nibe
Stenbjerg
Støvring
Skørping
Aars
Agger
Hurup
Nykøbing
Farsø
KATTEGAT
Anholt
Hadsund
Jütlands Westküste
Den Kitesurfschirm in den Wind halten (S. 251)
Assens
Hobro
Mariager
Lemvig
Handest
Skive
Struer
Vinderup
Viborg
Randers
Auning
Grenaa
Nimtofte
Bjerringbro
Holstebro
Karup
Rønde
Tirstrup

Helsingør
Das majestätische Hamlet-Schloss besuchen (S. 97)
Aarhus
Dänemarks zweitgrößte Stadt erkunden (S. 217)
Silkeborg
Phantastische Landschaft und mysteriöse Moorleichen (S. 237)
Kopenhagen
Die Hauptstädter um ihre Lebensqualität beneiden (S. 42)
Ribe
In jahrhundertealte Geschichte eintauchen (S. 202)
Legoland
Für große und kleine Kinder ein Abenteuer (S. 244)
Ærø
Seemannsgarn und herrliche Radwege im Inselinnern (S. 188)
KOPENHAGEN
DEUTSCHLAND
Store Bælt
Rømø
ALS
MØN
FALSTER
LOLLAND
56°N
55°N
10°O
12°O
Ringkøbing
Herning
Ikast
Silkeborg
Aarhus
Ebeltoft
Dråby
Gilleleje
Helsingør
Hvide Sande
Kibæk
Ry
Skanderborg
Odder
Hou
Sælvig
Skjern
Give
Horsens
Snaptun
Nørre Nebel
Henne Strand
Henne Strandby
Billund
Jelling
Vejle
Juelsminde
Varde
Oksby
Esbjerg
Holsted
Bramming
Vejen
Kolding
Middelfart
Fredericia
Strib
Bogense
Otterup
Søndersø
Båring
Nørre Åby
Korup
Munkebo
Kerteminde
Odense
Korshavn
Nordby
Rindby
Sønderho
Ribe
Jels
Christiansfeld
Vojens
Haderslev
Toftlund
Skærbæk
Lakolk
Havneby
List
Løgumkloster
Aabenraa
Højer
Møgeltønder
Tønder
Tinglev
Gråsten
Kruså
Padborg
Flensburg
Dybbøl
Augustenborg
Sønderborg
Nordborg
Fynshav
Mommark
Assens
Glamsbjerg
Hårby
Årup
Årslev
Langeskov
Ullerslev
Nyborg
Ringe
Ørbæk
Kvændrup
Korinth
Bøjden
Faaborg
Svendborg
Lohals
Søby
Ærøskøbing
Marstal
Rudkøbing
Spodsbjerg
Bagenkop
Odden
Hundested
Rørvig
Lynæs
Frederiksværk
Humlebæk
Hillerød
Rungsted
Frederikssund
Ølstykke
Lyngby
Hellerup
Holbæk
Kalundborg
Jyderup
Roskilde
Dragør
Gørlev
Sorø
Ringsted
Køge
Trelleborg
Slagelse
Korsør
Skælskør
Næstved
Rønne (Bornholm)
Store Heddinge
Rødvig
Fakse
Fakse Ladeplads
Præstø
Vordingborg
Stege
Nørre Alslev
Stubbekøbing
Tårs
Nakskov
Søllested
Sakskøbing
Maribo
Horreby
Nykøbing
Holeby
Rødby
Rødbyhavn
Nysted
Marielyst
Gedser
Puttgarden

Dänemarks Top 15

1

Kopenhagen

1 Es ist schwierig, auf die Bewohner der coolsten Hauptstadt Skandinaviens nicht neidisch zu sein (S. 42). Die 850 Jahre alte Hafenstadt hat sich viel von ihrer alten Schönheit erhalten, wie kupferne Turmspitzen, Kopfsteinpflasterplätze und bunte Giebelhäuser. Der Schwerpunkt liegt allerdings auf dem Neuen. Die dynamische Hauptstadt Dänemarks präsentiert sich mit einer blühenden Designszene, einem futuristischen Metronetz und ökologisch einwandfreien Neubauten. Die Straßen sind gesäumt von lässig-hippen Läden, Cafés und Bars, es gibt Museen und Kunstsammlungen von Weltrang, kühne Architektur und nicht weniger als 15 Sternerestaurants. Unten links: Cafés, Nyhavn

Dänische Küche

2 Es wurde schon das Ende der weltweiten Aufmerksamkeit für die Neue Nordische Küche (S. 298) prophezeit – aber dann hat sich das Noma (S. 77) 2014 den Titel des besten Restaurants zurückgeholt. Die Kochkunst aus dem Norden trumpft weiter auf. Ermutigt durch die Aufmerksamkeit und das Lob, das über dänischen Produkten und innovativen Chefköchen ausgeschüttet wird, entdecken die Restaurants in Dänemark alte Zutaten und Zubereitungen immer wieder neu – ob es um das geliebte Roggenbrot und Gebäck geht, das Smørrebrød, geräucherten Fisch oder einfache Schweine- und Kartoffelgerichte. Unten rechts: Hering von Aamanns Takeaway (S. 79)

CHRISTER FREDRIKSSON / GETTY IMAGES ©

2

IMAGE BY MICHAEL TALALAEV / GETTY IMAGES ©

3

CHRISTIAN ASLUND / GETTY IMAGES ©

4

DANITA DELIMONT / GETTY IMAGES ©

Radfahren

3 Ist Dänemark das beste Land der Welt für Fahrradtouren? Wahrscheinlich, dank des landesweiten Radwegenetzes, des nur leicht hügeligen Geländes und einer ausgeprägten Zweiradkultur. Aber niemand muss sich aufs Land begeben, um das Radfahren zu genießen. Auch die Städte sind äußerst radelfreundlich, viele haben kostenlose (oder günstige) öffentliche Fahrradverleihstationen. Mehr als 50 % der Pendler in Kopenhagen fahren mit dem Rad, und auch Urlauber genießen es –z. B. auf der neuen Cykelslangen (S. 57), einem Fahrradweg über das Hafenbecken.

Bornholm

4 Die „Perle der Ostsee" (S. 147) liegt etwa 200 km östlich des dänischen Festlands und eigentlich näher an Deutschland und Schweden als am restlichen Dänemark. Für diese Insel hegen die Dänen eine besondere Liebe, da sie sehr sonnig ist und herrliche Strände besitzt, dazu endlose Radwege, typische *rundkirker* (Rundkirchen), Künstlerkolonien und idyllische Reetdachhäuser. Wem das noch nicht reicht: Die Insel erwirbt sich allmählich einen Ruf für herausragende Restaurants und lokale Spezialitäten. Oben rechts: Hammershus Slot (S. 161), Bornholm

Ærø

5 Dänemark gleicht einem Teller, der fallen gelassen wurde und in Stücke zersprungen ist. Jedes dieser Stücke ist eine von 406 Inseln. Am interessantesten sind die mittelgroßen Inseln. Südlich von Fünen bilden sie ein perfektes Segelgebiet. Das geschichtsträchtige Ærø (S. 188) ist ein Beispiel für das ausgesprochen idyllische Inselleben, mit Seefahrerzeugnissen, ländlichen Radwegen, kopfsteingepflasterten Dörfern, Sandstränden und postkartentauglichen Badehütten. Gegenüber oben: Segelboote im Hafen von Ærø

FRANK VAN GROEN / GETTY IMAGES ©

5

Musikfestivals im Sommer

6 Es gibt eine lange Liste mit Sommerfestivals im ganzen Land (S. 21), von Folk in Tønder bis Riverboat-Jazz rund um Silkeborg. Die Hauptstadt swingt beim Copenhagen Jazz Festival ebenso wie zu elektronischen Beats beim Strøm Festival, und das NorthSide Festival bringt Musik in die Straßen von Aarhus. Meistbesucht sind die Festivals außerhalb der Städte: In Roskilde rockt das größte Musikfestival Skandinaviens, und Skanderborg veranstaltet das hübscheste Smukfest Dänemarks. Rechts: Fans beim Roskilde Festival (S. 115)

DIVERSE IMAGES/UIG / GETTY IMAGES ©

6

Legoland

7 Der Freizeitpark (S. 244) feiert das „Spielzeug des Jahrhunderts" (so die US-Zeitschrift *Fortune* 2000). Es wurde in dem Land erfunden, das als glücklichste Nation der Welt gilt (laut US-Forschungsinstitut Gallup Poll). Legoland ist zweifellos etwas Besonderes. Themenwelten, Wasservergnügen und ein einfallsreiches, neues Kulturzentrum (das gigantischen Legosteinen ähnelt) machen diese Region zum Hauptquartier für Familien – dabei wimmelt es in diesem Land nur so vor kinderfreunlichen Angeboten.

Shakespeare auf Kronborg Slot

8 Etwas ist faul im Staate Dänemark? Nicht in diesem Schloss in Helsingør (S. 100), das Shakespeare als Schauplatz seines *Hamlet* berühmt machte. Kronborg war ein prachtvolles Zollhaus, das von Schiffen, die durch den schmalen Øresund zwischen Dänemark und Schweden fuhren, Zölle verlangte. Dass Hamlet eine fiktive Gestalt war, hält Legionen von Besuchern nicht davon ab, herzukommen. Während des herrlichen Hamletfestivals im Sommer wird das Shakespeare-Stück aufgeführt.

HOLGER LEUE / GETTY IMAGES ©

ANDERS BLOMQVIST / GETTY IMAGES ©

STUART BLACK / GETTY IMAGES ©

JOHN ELK / GETTY IMAGES ©

TERJE RAKKE / GETTY IMAGES ©

Skagen

9 Skagen (S. 265) ist ein entzückender Ort, anregend und schön zugleich. Er liegt an der Nordspitze des Landes und lockt jeden Sommer unglaublich viele Dänen an. Der Ort ist dann zwar rappelvoll, aber das stört nicht. Ende des 19. Jhs. strömten Künstler hierher, die von der Wirkung des strahlenden Lichts auf die raue Landschaft verzaubert waren. Heute erfreuen sich Urlauber an den Werken der Skagen-Maler, tanken das helle Licht, genießen Fisch und Meeresfrüchte und faulenzen an den schönen Sandstränden. Oben: Grenen, Skagen

Moorleichen

10 Die Stars der frühen Eisenzeit sind die intakten Leichen zweier Männer, die etwa 300 v. Chr. lebten und nach 2000 Jahren aus dem Moor ausgegraben wurden. Ihre Leichen sind nicht nur ein Berührungspunkt mit der Frühzeit, sondern sorgten auch für Spekulationen wie in einem spannenden Krimi: Waren sie Menschenopfer, hingerichtete Gefangene oder wurden sie ermordert? Der Tollund-Mann befindet sich in einem Museum im idyllischen Silkeborg (S. 237), der Grauballe-Mann im Neubau des Moesgård Museums in Aarhus (S. 220). Oben rechts: Tollund-Mann

Ribe

11 Das kompakte, bildschöne Ribe (S. 202) ist die älteste Stadt Dänemarks und präsentiert die goldene Vergangenheit des Landes. Dazu gehören der imposante Dom aus dem 12. Jh., Kopfsteinpflasterstraßen, schiefe Fachwerkhäuser und grüne Auen. Stimmungsvolle Unterkünfte verströmen geschichtsträchtiges Ambiente, z. B. die Zimmer mit niedriger Balkendecke in einem Gasthaus aus dem 17. Jh. Kostenlose abendliche Stadtrundgänge werden vom Nachtwächter kommentiert – die beste Art, die Straßen zu erkunden und dabei lokale Histörchen zu erfahren.

12

OOK DIE BILDAGENTUR DER FOTOGRAFEN GMBH / ALAMY ©

13

RALF WILKEN / GETTY IMAGES ©

Design

12 Dänemark ist Weltmarktführer im Gebrauchsdesign (S. 294). Dänisches Design ist von kühlen, klaren Linien, eleganten Formen und Funktionalität geprägt. Das Konzept gilt für Konzerthäuser wie Kaffeekannen und Legosteine. Das Geschäft mit der anerkannten Kunstform läuft prächtig. Zu den berühmten Marken gehören Bang & Olufsen (stylische Stereoanlagen), Bodum (Küchengeräte), Georg Jensen (Besteck, Schmuck) und Royal Copenhagen (Porzellan). Und dann gibt es noch die vielen Möbelläden und Modehäuser. Oben links: Schale von Georg Jensen

Strände

13 Nach dem Winterschlaf erwacht Dänemark richtig zum Leben. Die 7314 km lange Küste des Landes und die 406 Inseln verführen zu Freiluftaktivitäten und sorgen für eine Extradosis Vitamin D. Die Wassertemperaturen können zwar etwas ungemütlich sein, aber lange Sandstrände wie der in Dueodde (S. 152) auf Bornholm oder im jütländischen Skagen (S. 265) erfüllen den Traum vom Strandurlaub. Die Strände entlang der Westküste Jütlands, wie in Hvide Sande (S. 252) und Klitmøller (S. 274), bieten ausgezeichnete Winde. Oben rechts: Dueodde, Bornholm

Wikinger

14 Die Wikinger (S. 281) machten das dänische Volk vom 8. bis 11. Jh. in ganz Europa berühmt und berüchtigt. Aber die Wikinger waren nicht nur kampflustige Plünderer, sondern auch erfolgreiche Händler, geschickte Seefahrer und wissbegierige Entdecker. Einen Eindruck von der Wikingerzeit vermitteln unter anderem das Schiffsgrab von Ladby (S. 176), die Wikingerburgen auf Seeland, das Wikingerschiffsmuseum in Roskilde (S. 112) und die vielen Freilichtmuseen, die jene Zeit lebendig werden lassen. Gegenüber oben: Wikingerschiffsmuseum, Roskilde

14

DEA / G. WRIGHT / GETTY IMAGES ©

Aarhus

15 Aarhus (S. 217), die zweitgrößte Stadt Dänemarks, steht immer wieder im Schatten von Kopenhagen. Dabei ist Aarhus eine phantastische Stadt, die einen mehrtägigen Besuch verdient. Es gibt hervorragende Restaurants, ein lebendiges Nachtleben, das hauptsächlich auf die große studentische Gemeinde ausgerichtet ist, ein sich wandelndes Hafengebiet, malerische Waldwege und Strände am Stadtrand. Und Aarhus besitzt eines der besten Kunstmuseen des Landes, gekrönt mit einem begehbaren „Regenbogen“.

PHOTOPOP / VISIT AARHUS ©

Gut zu wissen

Siehe auch Praktische Informationen (S. 311)

Währung
Dänische Kronen (Kr)

Sprache
Dänisch (Englisch wird häufig gesprochen; Deutsch wird z. T. gesprochen bzw. verstanden)

Geld
Geldautomaten sind weit verbreitet, Kreditkarten werden fast überall akzeptiert.

Handy
Praktisch ist ein GSM-fähiges Handy; dänische SIM-Karten sind leicht zu bekommen. Der Empfang ist flächendeckend.

Zeit
Mitteleuropäische Zeit; es gibt auch eine Sommerzeit.

Reisezeit

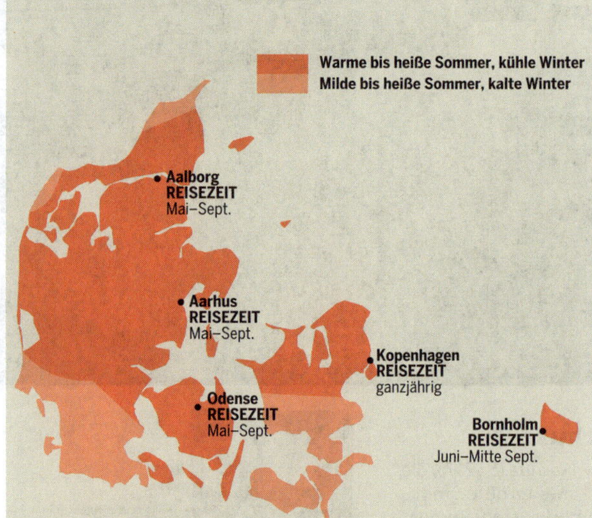

Hochsaison (Mitte Juni–Mitte Aug.)
- Viele Konzerte und Festivals, volles Programm in Erlebnisparks
- Volle Campingplätze, Strände, Sehenswürdigkeiten und Verkehrsmittel
- Hohe Übernachtungspreise

Zwischensaison (Mai–Mitte Juni, Mitte Aug.–Sept.)
- Das Wetter ist meist mild, es gibt weniger Touristen
- Im Frühling blüht es überall, einige Festivals finden statt
- Im Herbst färbt sich das Land golden, die Abende sind gemütlich

Nebensaison (Okt.–April)
- Kühl und nass mit kurzen Tagen, aber dafür ist *hygge* (Gemütlichkeit) angesagt
- Weihnachtsbeleuchtung, Eisbahnen und *gløgg* (Glühwein)
- Eingeschränkte Öffnungszeiten, manche Attraktionen sind geschlossen

Nützliche Websites

Visit Denmark (www.visitdenmark.com) Praktische Infos und gute Reisetipps.

Visit Copenhagen (www.visitcopenhagen.com) Alle Highlights der Hauptstadt.

Rejseplanen (www.rejseplanen.dk) Prima Reiseplaner.

Denmark.dk (www.denmark.dk) Informativ zu vielen Themen.

Lonely Planet (www.lonelyplanet.com/denmark) Info, Hotelbuchung, Foren usw.

Wichtige Telefonnummern

Es gibt keine Ortsvorwahl in Dänemark.

Landesvorwahl	✆45
Internationaler Zugangscode	✆00
Notfall (Polizei, Feuerwehr, Krankenwagen)	✆112
Telefonauskunft lokal	✆118
Telefonauskunft international	✆113

Wechselkurse

Eurozone	€1	Kr 7,44
Schweiz	SFr1	Kr 7,03

Tagesbudget

Budget unter 800 Kr

- Schlafsaal: 150–300 Kr
- DZ im Budgethotel: 500–650 Kr
- Imbiss: unter 125 Kr
- Fahrradverleih: an einigen Orten kostenlos oder 100 Kr/pro Tag
- 24-Std.-City-Pass für öffentliche Verkehrsmittel Kopenhagen: 80 Kr

Mittelklasse 800–1500 Kr

- DZ im Mittelklassehotel: 700–1500 Kr
- 3-Gänge-Menü im Restaurant: 300 Kr
- Zugfahrt Aarhus–Kopenhagen: 382 Kr
- Museumseintritt: 50–110 Kr

Spitzenklasse ab 1500 Kr

- DZ im Luxushotel: ab 1500 Kr
- Hauptgericht im Spitzenrestaurant: ab 250 Kr

Öffnungszeiten

Die Öffnungszeiten ändern sich teils je nach Saison. Die Angaben beziehen sich auf die Hochsaison; in der Zwischen- und Nebensaison ist kürzer geöffnet.

Banken Mo–Fr 10–16 Uhr

Bars 16–24 Uhr, Fr & Sa bis 2 Uhr oder länger

Cafés 8–17 Uhr oder bis Mitternacht

Geschäfte Mo–Fr 10–18 Uhr, Sa bis 16 Uhr, einige auch So

Restaurants 12–22 Uhr

Supermärkte 8–21 Uhr

Ankunft in Dänemark

Internationaler Flughafen Kopenhagen-Kastrup

Metro Linie M2 fährt rund um die Uhr vom Flughafen (Station Lufthavnen) in viele Stadtteile (z. B. Christianshavn, Kongens Nytorv, Nørreport, Frederiksberg), aber nicht zum Hauptbahnhof.

Taxi 20 Min. Fahrt vom Flughafen ins Stadtzentrum, 250–300 Kr.

Zug alle 10 Min. (36 Kr, 12 Min.) vom Flughafen zum Hauptbahnhof von Kopenhagen (København Hovedbanegården).

Unterwegs vor Ort

Die dänischen Verkehrsmittel sind günstig, schnell und effizient. Beste Informationsquelle ist die Reiseplanungs-Website www.rejseplanen.dk (auch als App fürs Handy).

Auto Dänemark ist gut für Reisen mit dem Auto geeignet. Autovermietungen gibt es in den größeren Städten.

Bus Alle größeren Städte haben örtliche und regionale Buslinien. Fernbusse sind etwas langsamer als Züge.

Fähren Quasi alle bewohnten Inseln Dänemarks sind mit Fähren erreichbar.

Fahrrad Ausgedehnte Radwege verbinden die Städte im Land. Fahrradverleih in jeder Stadt.

Zug Vernünftige Preise, umfassendes Netz im ganzen Land und häufige Abfahrten.

Mehr Infos zu **Unterwegs vor Ort**, s. S. 322

Was gibt's Neues?

Essen in der Hauptstadt
Clou (S. 75) und Rebel (S. 76) sind die neuen Szenelokale der modernen dänischen Küche in Kopenhagen. Das größte Angebot von Aquavit und Schnaps gibt es im Øl & Brød (S. 77), wo auch klassische dänische Gerichte kompetent veredelt werden. Die Hauptstadtfiliale des Kadeau (S. 77) erhielt 2013 ihren ersten Michelin-Stern. Auf Papierøen (Papierinsel) wurde in einem alten Speicher die Copenhagen Street Food (S. 76) eröffnet, ein Markt mit Imbisswagen und -ständen, gleich gegenüber dem Königlich-Dänischen Schauspielhaus.

Aarhus ist im Kommen
Die zweitgrößte Stadt Dänemarks verändert ihr Gesicht. Das Hafengebiet verwandelt sich stetig, und 2014 wurde das außergewöhnliche neue Gebäude des Moesgård Museum eröffnet. 2017 wird Aarhus außerdem Kulturhauptstadt Europas. (S. 208)

Alles ist bunt in Billund
Der Erfolg (und das Wachstum) des Spielzeugherstellers Lego setzt sich fort. In Billund wird gerade das „Erlebniszentrum" Lego House gebaut, das 2016 eröffnet werden soll. Die Architektur ist einfach eine Wucht – wie aus Legosteinen! (S. 245)

Mehr Welterbe
Dänemark hat seit 2014 zwei neue Welterbestätten: das Naturwunder Nationalpark Vadehavet (Wattenmeer) und die geschichtsträchtigen weißen Klippen von Stevns Klint. (S. 122)

Neues aus Odense
Die Stadt verwandelt sich in einen Ort mit großen Ideen und Projekten. 2014 wurde eine der Hauptdurchgangsstraßen für den Autoverkehr geschlossen, sodass das historische Herz der Stadt wieder zusammenwachsen kann.

Tierische Treffs in Kopenhagen
Wer sich für Tiere im Meer interessiert, besucht das neue Aquarium Den Blå Planet (S. 63). Es liegt in einem futuristisch aussehenden Gebäude. Im Kopenhagener Zoo (S. 61) gibt es einen spektakulären Tunnel, der direkt durch das Eisbärbecken führt.

Seeland-Debüts
Im Hafen von Helsingør ist das Seefahrtsmuseum M/S Museet for Søfart (S. 101) in ein neues Zuhause gezogen; die Architektur ist sensationell. Danmarks Borgcenter (Burgenzentrum, S. 129) in Vordingborg wurde um ein verblüffendes Hightech-Ausstellungsgebäude erweitert.

Roskilde rockt
2015 wird das neue Rockmuseum in Roskilde eröffnet. Besucher können Musik aufnehmen und mischen und vor einem virtuellen Publikum auf dem Roskilde Festival spielen! (S. 115)

Im Meer baden
Der Trend geht zum designten Baden, z. B. im hübschen neuen Hafenpool von Faaborg oder in einem schick gestalteten Betonpool in der Nordsee im entlegenen Nørre Vorupør. (S. 274)

Weitere Empfehlungen und Berichte, siehe lonelyplanet.com/denmark

Wie wär's mit ...

Inseln

Bornholm Auf der Ferieninsel in der Ostsee lockt die Natur. (S. 147)

Møn Rauf auf die weißen Kreidefelsen Møns Klint. (S. 138)

Slotsholmen Politik, Ruinen und Drama bestimmen die eindrucksvollste Insel Kopenhagens. (S. 50)

Læsø Salziges ist hier Tradition, vor allem in den heilsamen Salzbädern. (S. 264)

Lolland Das zauberhafte Maribo und großartige Familienattraktionen erkunden. (S. 143)

Ærø Radeln zwischen Dörfern mit langer Seefahrtstradition. (S. 188)

Fanø Die reizende Insel ist nur einen Katzensprung von der Industriestadt Esbjerg entfernt. (S. 200)

Rømø Sanfte Pferde oder schnelle Strandsegler und Kitebuggys. (S. 208)

Wikinger

Roskilde Fünf Wikingerschiffe vom Grund des Roskilde-Fjords. (S. 112)

Lejre Das Zentrum für experimentelle Archäologie „Sagenland". (S. 117)

Ladby Ein Schiffsgrab, in dem einst ein Häuptling mitsamt Kriegsschiff bestattet wurde. (S. 176)

Trelleborg Eine Ringburg aus dem 10. Jh. mit einem genau berechneten Grundriss. (S. 127)

Ribe Museum und lebendiges Wikingerdorf – mit Kriegerausbildung! (S. 205)

Jelling Sitz von König Gorm auf dem Höhepunkt der Wikingermacht. (S. 242)

Aalborg Das Wikingergräberfeld in Lindholm Høje. (S. 257)

Kopenhagen Runensteine und Beutestücke der Wikinger im Nationalmuseum. (S. 45)

Klasse Küche

Kopenhagen Alle Genüsse Skandinaviens, die das Herz begehrt. (S. 71)

Lammefjorden Dänemarks berühmter „Gemüsegarten" macht Dragsholm Slot zu einem beliebten Gourmetziel. (S. 117)

Bornholm Fisch frisch aus der Rauchkammer und zahlreiche Hersteller feinster Delikatessen. (S. 153)

Skagen Tolle Fischauktionen, Krabben frisch vom Boot und schicke Restaurants. (S. 268)

Aarhus Eine wachsende Restaurantszene und leckere preiswerte Mahlzeiten. (S. 227)

Møn Räucherfisch, lokal gebrautes Bier und selbstgemachtes Eis direkt vom Milchbauern. (S. 137)

Fünen Weiden, Obst und Verkaufsstände am Straßenrand im „Garten" Dänemarks (S. 180)

Familienspaß

Kopenhagen Erst kommt der Vernügungspark Tivoli (S. 45), dann das Aquarium Den Blå Planet (S. 63).

Billund Phantastisches Legoland (S. 244) mit gigantischem Lalandia-Wasserpark nebenan (S. 245).

Odense Wo Kinderliteratur in Form von Hans Christian Andersen das Licht der Welt erblickte. (S. 165)

Vordingborg Ein Burgmuseum, in dem Kinder zwischen den Ruinen auf Geisterjagd gehen. (S. 129)

Randers Fabelhafter künstlicher Regenwald samt Tieren. (S. 247)

Djursland Familienmekka mit Stränden, Vergnügungs-, Themen- und Safariparks. (S. 236)

Lolland Noch mehr Wasser- und Safariparks und noch mehr Strände. (S. 146)

Outdooraktivitäten

Kopenhagen Joggen, Fahrrad- und Kajaktouren plus eine Badestelle am Hauptkanal. (S. 62)

Seenhochland Hügel, Buchenwälder, Seen und Flüsse – und Kanuverleiher, die auch komplette Paddeltouren zusammenstellen. (S. 236)

Bornholm Eine Insel voller Fahrradwege und Sehenswürdigkeiten entlang der Strecke. (S. 147)

Hvide Sande Starke Winde zum Kite- und Windsurfen und ein Wasserskiparcours. (S. 252)

Rebild Bakker Wander- und Fahrradwaldwege. (S. 248)

Klitmøller Wind und Wellen mithilfe von Surflehrern bezwingen. (S. 275)

Rømø Ausritte an der Küste oder mit Kitebuggy und Strandsegler über den Sandstrand. (S. 209)

Svendborg Auf einem alten Segelschiff durch die Insellandschaft von Südfünen. (S. 180)

Architektur & Design

Kopenhagen Moderne Glanzstücke sind der Schwarze Diamant, die Oper (S. 85) und zeitgenössische Kunsttempel wie Arken (S. 94), Louisiana (S. 94) und Ordrupgaard (S. 94).

Aalborg Ein nach Jørn Utzon benanntes Design- und Architekturzentrum (S. 255) und ein Kunstmuseum des finnischen Meisters Alvar Aalto (S. 257).

Kolding Das Museum Trapholt für Kunst und Möbeldesign ist ein Schmuckstück, zu sehen ist auch der Prototyp des Sommerhauses von Arne Jacobsen. (S. 196)

Tønder Umgebauter Wasserturm mit Stühlen des Designhelden Hans Wegner. (S. 210)

Aarhus Eine modernistisches, von Jacobson entworfenes Rathaus, ein Kunstmuseum mit begehbarem „Regenbogen" auf dem Dach und das Moesgård Museum. (S. 217)

Billund Das neue Lego House – geniales Design, das einem Haufen Legosteine ähnelt. (S. 245)

Helsingør Neues Design von Bjarke Ingels – ein maritimes Museum in einem alten Trockendock. (S. 101)

JEAN-PIERRE LESCOURRET / GETTY IMAGES ©

MOESGAARD MUSEUM / VISIT AARHUS ©

Oben Der Schwarze Diamant der Kongelige Bibliotek (S. 55), Kopenhagen

Unten Moesgård Museum (S. 217)

Monat für Monat

TOP EVENTS

Riverboat Jazz Festival, Juni

Roskilde Festival, Juli

Copenhagen Jazz Festival, Juli

Aarhus Festival, August

Weihnacht Dezember

Februar

Die Wintersonnenwende in Dänemark mag bei Schnee und im Sonnenlicht ein malerisches Bild abgeben, in der Regel sind die Tage aber grau. Nur wenige Veranstaltungen erwärmen das Gemüt.

Vinterjazz

Die Dänen lieben ihre Jazzfestivals im Sommer. Diejenigen, die im Winter unter „Jazz-Entzug" leiden, können sich Mitte Februar bei diesem feinen Festival eine Dosis einverleiben (www.jazz.dk); Konzerte finden überall im Land an schönen Orten statt.

Copenhagen Fashion Week

Models und Stilbewusste bringen zweimal im Jahr zur Fashion Week (Anfang Februar und Anfang August) den Glamour nach Kopenhagen. Beim Fashion Festival (www.copenhagenfashionfestival.com) können auch Normalos mitmachen: Shoppen, Ausverkäufe, Shows und Partys.

April

Frühling! Wärmer, trockener und blühender. Nun öffnen die Attraktionen, die im Winter geschlossen sind: Legoland Anfang April und Tivoli Mitte April.

CPH:PIX

Für zwei Wochen ab Mitte April bringt das Kopenhagener Spielfilmfestival (www.cphpix.dk) rund 170 Streifen aus Dänemark und dem Ausland auf die Leinwände der Stadt, inklusive buntem Begleitprogramm.

Sort Sol

Das Marschland im Wattenmeer an der Westküste ist Nahrungs- und Rastplatz für Millionen von Zugvögeln; Ende März bis April (und erneut im September/Oktober) versammeln sich am Himmel massenhaft Stare zu einem herrlichen Naturspektakel, auch „Sort Sol" (Schwarze Sonne) genannt.

Mai

Die Sonne ist nun fast ständiger Begleiter, Freiluftangebote nehmen zu, und der Veranstaltungskalender füllt sich. Die Dänen lassen endlich die winterliche Schwermut hinter sich. Die Touristenzahlen halten sich noch in Grenzen.

Aalborg Karneval

Ende Mai haut Aalborg mit dem größten Karneval in Nordeuropa (www.aalborgkarneval.dk) mächtig auf den Putz; mehr als 100 000 Teilnehmer schütteln ihre Rasseln und verwandeln die Stadt in eine große Partyzone.

Ølfestival

Spezialbiere und Mikrobrauereien sind der große Renner in Dänemark. Dies ist das größte Bierfest des Landes (http://beerfestival.dk); Mitte Mai in der Hauptstadt mit mehr als 13 000 durstigen Besuchern.

Juni

Hallo Sommer! Die Festivaldichte nimmt mit steigenden Temperaturen und längeren Tagen rasant zu. Ende Juni beginnt die Hauptferiensaison, und die Schulen machen für sieben Wochen dicht.

Copenhagen Distortion

Das Distortion Festival (www.cphdistortion.dk) ist ungewöhnlich. Die fünftägige Straßenparty mit DJs und Clubmusik zieht jeden Tag durch einen anderen Bezirk und macht die Nacht zum Tag.

Sculpture by the Sea

Der südliche Strand von Aarhus verwandelt sich in eine riesige Freiluftgalerie (www.sculpturebythesea.dk). Aam und im Wasser werden Dutzende Skulpturen von dänischen und internationalen Künstlern ausgestellt. Alle zwei Jahre (ungerade Jahreszahlen).

Riverboat Jazz Festival

Fünf Tage Jazz (www.riverboat.dk) bringen Musik in das idyllische Seengebiet von Jütland rund um Silkeborg. Zwar ist das nicht New Orleans, aber mit dem Konzertticket geht's auch hier auf große Flussfahrt, oder man schlendert einfach durch die Straßen und lauscht kostenlos.

Mittsommerfest

Am längsten Tag des Jahres (23. Juni), zu Sankt Hans Aften, machen die Dänen richtig einen drauf, mit Lagerfeuern in Parks, Gärten und ganz besonders beliebt

Oben Einer von vielen Weihnachtsmärkten in Kopenhagen (S. 24)
Unten Tänzerinnen beim Karneval in Aalborg (S. 21)

an Stränden. Es wird eine Hexenpuppe aus Stroh verbrannt, gemeinsam gesungen und fröhlich gefeiert.

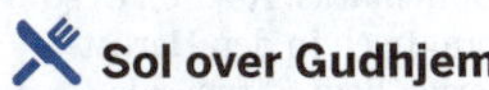

Sol over Gudhjem

Auf Bornholm findet der größte, eintägige Kochwettbewerb Dänemarks statt („Sonne über Gudhjem"). Die besten Chefköche des Landes treten gegeneinander an; sie dürfen ausschließlich Zutaten aus Bornholm verwenden. Zuschauer sind live dabei; die Küchenschlacht wird aber auch im Fernsehen übertragen. (S. 158)

NorthSide Festival

Dreitägiges Musikfestival (www.northside.dk) in Aarhus mit steigendem Bekanntheitsgrad – die Liste der Musiker nimmt es mit dem legendären Roskilde Festival auf.

Juli

Die ersten drei Wochen im Juli sind Hauptferienzeit der Dänen. Unterkünfte an der Küste, Campingplätze wie Hotels, sind da schnell ausgebucht. Um am sommerlichen Strandleben teilnehmen zu können, sollte frühzeitig reserviert werden.

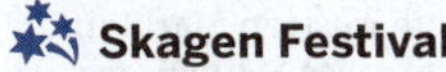

Skagen Festival

Skagen ist im Sommer ein wahrer Magnet, besonders die gut betuchten Urlauber zieht es an die Nordspitze von Jütland. Ende Juni/ Anfang Juli unterhält das Festival (www.skagen festival.dk) vier Tage lang mit ausgezeichneter Rock-, Folk- und Weltmusik.

Roskilde Festival

Anfang Juli rockt in Roskilde für vier Tage das größte Musikfestival Skandinaviens (www.roskilde-festival.dk), mit internationalen Stars und gut 75 000 Fans (die meisten campen auf dem Gelände). Das Festival ist bekannt für seine entspannte und freundliche Atmosphäre. (S. 115)

Copenhagen Jazz Festival

Diese swingende Party (www.jazzfestival.dk) ist das größte Hauptstadtereignis des Jahres – dänischer und internationaler Jazz, Blues und Fusion satt, mit 500 Konzerten, drinnen wie draußen. (S. 67)

Wikingertreffen

Ende Juni steigt der Wikingermarkt (www.moesmus.dk) außerhalb von Aarhus. Es gibt Handwerk, Essen, Pferdeschauen, und Wikinger aus aller Welt kämpfen gegeneinander.

Rebild Festival

Das Rebild Festival (www.rebildfesten.dk) ist eine der größten jährlichen Feiern zum Unabhängigkeitstag am 4. Juli außerhalb der USA (seit 1912). Sie findet in den waldigen Hügeln von Rebild Bakker statt und bietet Musikern, Politikern, Entertainern und prominenten Rednern eine Bühne (Dänisch und Englisch).

August

Sommer ohne Ende, überfüllte Strände und Vergnügungsparks – und Urlauber, die den Sommer bis zum letzten Sonnenstrahl auskosten. Mitte des Monats beginnt die Schule wieder.

Hamlet-Aufführungen

Das herrliche Kronborg Slot in Helsingør hat als Schloss Elsinore in Shakespears *Hamlet* Weltruhm erlangt. Jeden Sommer wird eine Freiluftinszenierung des Stücks geboten – zusammen mit anderen Stücken des Dichters (www.hamlet scenen.dk).

Copenhagen Pride

Seit 1996 feiert sich die queere Community mit einem fünftägigen, bunten und fröhlichen Hauptstadtfestival (www.copenhagen pride.dk). Höhepunkt ist ein Straßenumzug mit Tanz und heißen Flirts.

Tønder Festival

Das südjütländische Fest (www.tf.dk) gilt als eines der besten Folkmusik-Festivals Europas und zieht jedes Jahr rund 20 000 Besucher an. Es herrscht eine fröhlich-ausgelassene Stimmung.

Smukfest

Das Musikwunder in Skanderborg bezeichnet sich selbst als Dänemarks „schönstes" Festival (www.smukfest.dk); es ist mit bis zu 40 000 Zuschauern das zweitgrößte Festival nach Roskilde und findet in Dyrehaven statt, einem Parkgelände einige Kilometer östlich der Stadt.

Aarhus Festival

Die zweite Stadt des Landes feiert ihr größtes Fest Ende August, wenn das Aarhus Festival (www.aarhus

festival.com) die Stadt mit Musik, Essen, Kurzfilmen, Theater, Kunst und Veranstaltungen im Freien (für jedes Alter, vieles kostenlos) in Atem hält.

Copenhagen Cooking

Die weltweite Feinschmeckerszene blickt auf Kopenhagen; das Festival (das größte seiner Art in Skandinavien) konzentriert sich auf die Gourmetküche und findet überall in der Stadt in verschiedenen Orten und Restaurants statt. Im Februar gibt es eine Winterversion. Mehr unter: www.copenhagencooking.dk.

H. C. Andersen Festivals

Natürlich verehrt Odense seinen Literaturhelden sehr. Mitte August gibt es Vorstellungen, Lesungen, Konzerte, Comedy und familienfreundliche Veranstaltungen zu Hans Christian Andersen; Rahmenprogramm sind ein Blumenfestival und eine Kurzfilmparty.

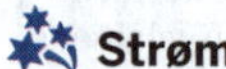

Strøm

Das Festival elektronischer Musik (www.stromcph.dk) in Kopenhagen gehört zu den besten in Skandinavien. In der Woche finden Workshops und Meisterklassen, Konzerte, Raves und Partys statt.

September

Der sommerliche Höhenflug stürzt so abrupt ab, wie er begann – mit einem Mal sind die Massen verschwunden. Das Wetter kann noch mitspielen, aber zum Monatsende packen viele Openair-Attraktionen ein und schließen bis zum nächsten Frühjahr.

Art Copenhagen

An der Kunstmesse nehmen rund 60 Galerien aus Nordeuropa und aller Welt teil. Sie stellen moderne Künstler aus Dänemark, Schweden, Norwegen, Finnland, Island und den Färöer Inseln aus.

Copenhagen Blues Festival

Wen die kürzeren Tage wieder sentimentaler stimmen, der bekommt bei diesem internationalen Festival (www.copenhagenblues festival.dk) den passenden Soundtrack; mehr als 50 mitreißende Konzerte an verschiedenen Orten überall in Kopenhagen.

Oktober

Der Sommer verblasst in der Erinnerung; das Wetter wird frisch und kühl, und das Land verfärbt sich golden. Geschäftsreisende sind in den Unterkünften nun gegenüber den Feriengästen in der Überzahl.

Kulturnatten (Kulturnacht)

Bei dieser herrlichen, stimmungsvollen Veranstaltung (www.kulturnatten.dk), die in der Regel am zweiten Freitag im Oktober stattfindet, laden die Museen, Theater, Galerien, Bibliotheken und sogar das Rosenborg Slot zu nächtlichen Besuchen ein.

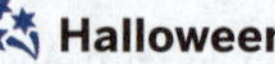

Halloween

Halloween gehört eigentlich nicht zu den historisch gewachsenen Traditionen Dänemarks. Aber da es so praktisch in den Herbstferien liegt, öffnen die großen Vergnügungsparks des Landes, darunter auch Tivoli und Djurs Sommerland, noch einmal die Pforten und bieten eine Woche (familienfreundlichen) Gruselspaß.

Dezember

Das Wetter ist kalt und feucht, aber überall in Dänemark wird *hygge* (Gemütlichkeit) zelebriert und Weihnachten stilvoll begangen: blinkende Lichter, Eislaufbahnen und literweise wärmender *gløgg* (Glühwein).

Weihnachtsmärkte

Den ganzen Dezember über gibt es landesweit Weihnachtsmärkte; es werden Kunst- und Handwerksstücke verkauft und traditionelle Weihnachtsleckereien serviert. Besonders stimmungsvoll ist es in Den Gamle By in Aarhus oder in Ribe im südlichen Jütland.

Tivoli

Der Tivoli in Kopenhagen öffnet zu Weihnachten mit einem riesigen Markt und eimerweise Schmalzgebäck. Sehenswert sind die Krippenfiguren, das kostümierte Personal und die Theatervorstellungen. Nur wenige Fahrgeschäfte sind in Betrieb, dafür gibt es traditionell *gløgg* und *æbleskiver* (Apfelkrapfen).

Reiserouten

Dänemark-Klassiker

Dänemark ist ein kleines Land; die Fahrten zwischen zwei Reisezielen dauern niemals lange. Eine Klassiker-Tour beginnt in der Hauptstadt **Kopenhagen** mit Kultur, Gastronomie und Shoppen. Von hier ist es ein Katzensprung in die alte Königs- und Wikingerstadt **Roskilde**. Richtung Westen führt die Reise ins märchenhafte **Odense**. Bekanntester Sohn der Stadt ist Hans Christian Andersen; ihm begegnet man dort auf Schritt und Tritt. **Kolding** macht vor, wie spannend das Nebeneinander von alter und neuer Architektur sein kann. **Ribe** ist Dänemarks älteste Stadt und so etwas wie ein Kronjuwel. Nach so viel Geschichte bieten **Legoland** mit einer kräftigen Dosis kindlichem Vergnügen und die Seenlandschaft um **Silkeborg** Abwechslung. Ein kurzer Abstecher nach Norden führt ins strahlende **Skagen** zu Kunst, Stränden und frischen Meeresfrüchten. Ausflüge oder Kanutouren durch die idyllische Gegend bringen Ruhe und Erholung. Zum Abschluss gibt's in **Aarhus** wieder Anschluss an das weltoffene Dänemark: Die zweitgrößte Stadt des Landes hält einige Überraschungen bereit, z. B. ein Kunstmuseum mit Regenbogenkrone. Auf der Fähre geht's zurück nach Nordseeland und Kopenhagen.

Dänemark unter der Lupe

Wer das Land genauer kennenlernen will, sollte für den Aufenthalt in **Kopenhagen** auch einige Tagesausflüge in die Umgebung planen, z. B. zum Louisiana Museum of Modern Art in **Humlebæk** und Kronborg Slot in **Helsingør**. Weiter geht's nach Süden in die alte Hafenstadt **Køge** und mit der Fähre nach **Bornholm**. Für die Insel, ihre Sandstrände und kulinarischen Genüsse sollte man sich ein paar Tage Zeit nehmen und die möglichst auf dem Fahrrad verbringen. Kaum zurück in Seeland, geht's auf die nächste Insel: **Møn**, deren weißen Kalkklippen sich schroff aus dem jadegrünen Meer erheben – ein echter landschaftlicher „Höhepunkt".

Durch Südseeland führt die Tour weiter auf die Insel Fünen. **Odense** gehört als Geburtsstadt Hans Christian Andersens auf die Reiseroute, ebenso das Wikingerschiffsgrab bei **Ladby** und das Renaissanceschloss **Egeskov Slot**. Erholung bringen ein bis zwei Tage auf der alten Seefahrerinsel **Ærø**.

Mit der Fähre kommt man von Ærø auf die Insel **Als** und schließlich nach Südjütland. Weitere Geschichtslektionen erteilt die alte Stadt **Ribe** mit nachgebauter Wikingersiedlung und Nachtwächterrunde durch Kopfsteinpflastergassen. Die Umgebung bietet tolle Möglichkeiten zur Vogelbeobachtung. Bei Esbjerg setzt eine Fähre in zwölf Minuten auf die idyllische Insel **Fanø** hinüber – in Sønderho kann man ein Päuschen einlegen.

Ein Abstecher nach **Legoland** ist unumgänglich. Verblüffende Modelle aus den berühmten, schlichten kleinen Plastikbausteinen kurbeln die Phantasie an. An der Westküste warten überwältigende Aktivitäten anderer Art: Die starken Nordseewinde sind perfekt zum Kitesurfen in **Hvide Sande**.

Nun geht es zurück Richtung Osten ins grüne, am See gelegene **Silkeborg** und weiter nach **Aarhus** mit seinen erstklassigen Museen. Auf dem Weg nach Norden erfordern großartige Utzon-Architektur und eine Wikingergrabstätte einen Zwischenstopp in der aufblühenden Stadt **Aalborg**. Das beste kommt, wie immer, zum Schluss: die dramatische Kulisse von **Skagen**, die nördlichste Spitze des Landes. Dort sollte noch Zeit genug sein, um die wunderbaren Gemälde der Skagen-Maler anzuschauen, den guten Fisch zu kosten, nordisches Licht zu tanken und einen Zeh in die wilde See zu halten.

RUSM / GETTY IMAGES ©

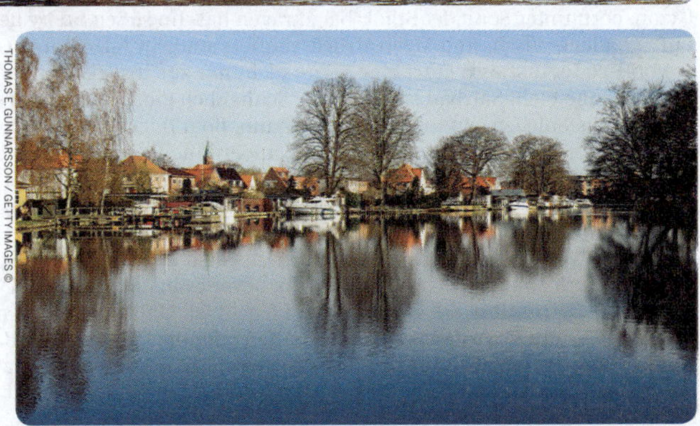

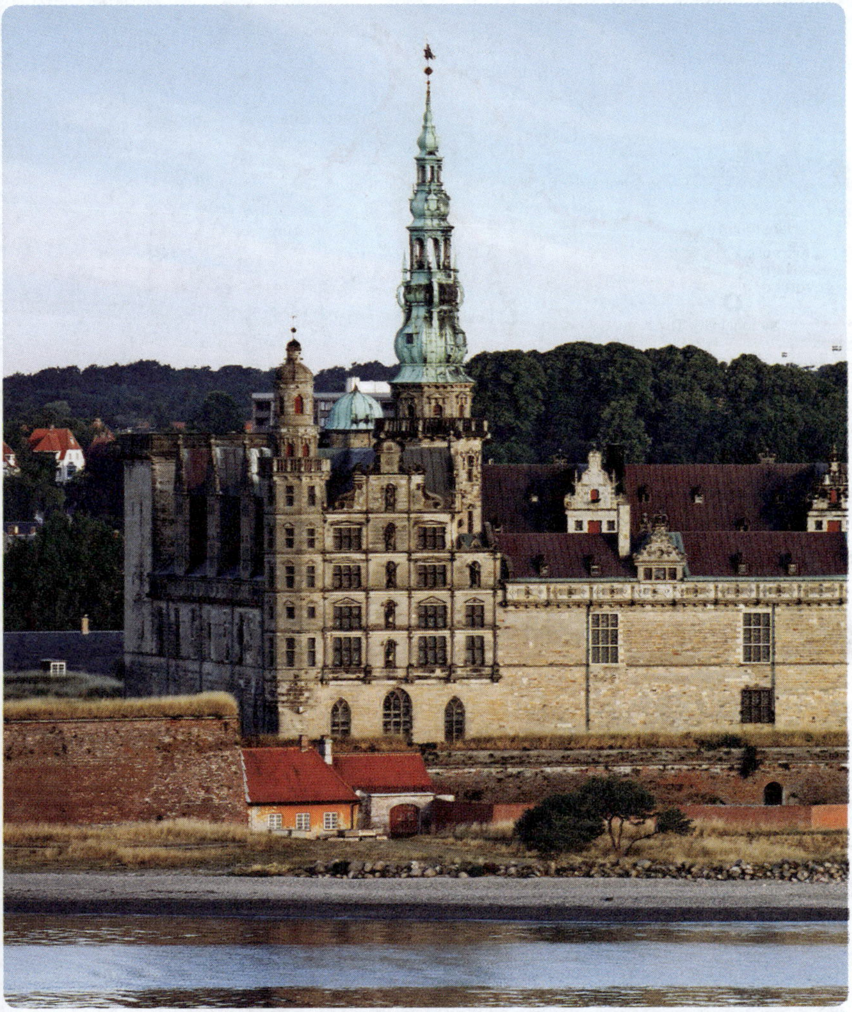

THOMAS E. GUNNARSSON / GETTY IMAGES ©

Oben: Kronborg Slot (S. 100)

Rechts: Silkeborg (S. 237)

Der wilde Norden

Warum immer Kopenhagen? Erholung jenseits der Massen gibt's in den unterschätzten Weiten von Nordjütland: Sonne, Sand, Meer und Meeresfrüchte – garniert mit ein paar ungewöhnlichen Extras.

Die Route beginnt in **Aarhus** und seinen exzellenten Restaurants, Spitzenfestivals und schicken Museen (vor allem das ARoS mit Regenbogen und das außergewöhnliche neue Moesgård). Sie führt weiter nach Norden mit Zwischenstopp im künstlichen Regenwald von **Randers** und einer unerwarteten Begegnung mit Elvis auf einer Graceland-Ranch-Kopie. Mit Kindern geht's weiter zu den Safariparks und Stränden von Djursland, aber auch für Erwachsene gibt's hier einiges zu entdecken, vor allem in den Feinschmeckertreffpunkten bei Femmøller außerhalb von **Ebeltoft**.

Das verschlafene **Hobro** bietet Historisches in Gestalt einer Wikingerfestung aus dem 10. Jh., in Rold Skov führen Mountainbike-Strecken durch Wald und **Aalborg** beeindruckt mit einer neugestalteten Hafenfront, zu deren attraktivem Anblick der Architekt Utzon, berühmter Sohn der Stadt, beigetragen hat. Im süßen **Sæby** liegt Literatur in der Luft. Opulente Fisch- und Meeresfrüchtebüffets sind ein Augen- und Gaumenschmaus.

Von **Frederikshavn** fährt eine Fähre nicht nur zur Insel **Læsø**, sondern auch in die Vergangenheit (ein Salzbad ist optional). Schließlich gibt's in **Skagen** eine ordentliche Portion Küstenleben, ein tolles Kunstmuseum, Boutiquehotels und schöne Hafenrestaurants. Südwestlich von Skagen zeigt die Wanderdüne **Råbjerg Mile**, dass hier oben noch Mutter Natur das Sagen hat, und in **Hirtshals** sind im Aquarium weitere Naturwunder zur Besichtigung freigegeben. In **Løkken** kurz entspannen, und dann auf ins nahe gelegene **Fårup Sommerland**. Der Freizeit- und Wasserpark lässt keine Wünsche offen.

Auf dem Weg nach Süden liegen Bunker aus dem Zweiten Weltkrieg, und es gibt leckeren Fisch am Hafen von **Hanstholm**, bevor es ins „kalte Hawaii" geht, das kleine Surferdorf **Klitmøller**, wo es windig und feucht ist. Unbedingt beim neuen Meerespool im nahen **Nørre Vorupør** zum Baden halten oder die Wander- und Radwege durch die Heidedünen des **Nationalparks Thy** erkunden. Auf der Rückfahrt nach Aarhus wird der heimatliche Alltag in weite Ferne gerückt sein.

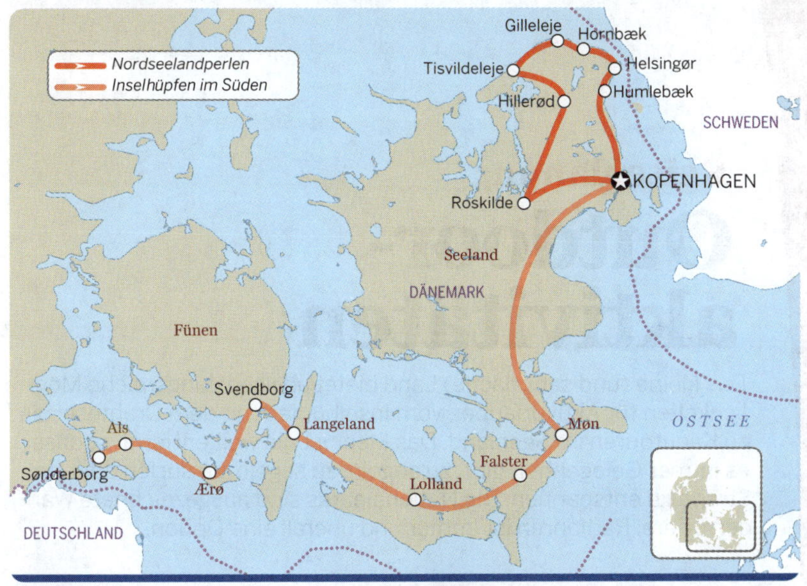

Nordseelandperlen

Eine entspannte Tour durch Nordseeland wartet mit herrlichen Stränden, märchenhaften Schlössern, Wikingerschiffen und moderner Architektur auf.

Beim Start im Fjord von **Roskilde** ist ein Langschiff der Wikinger zu sehen, und in der schönsten Kirche des Landes können Besucher früheren dänischen Monarchen die Ehre erweisen. Nördlich von Roskilde überragt das prächtige Frederiksborg Slot **Hillerød** – schwer zu sagen, was eindrucksvoller ist, das barocke Inventar oder die königlichen Gärten.

Mit nordischem Licht und Sonnenbädern locken die Strände im Norden: die schicken Badehotels in **Tisvildeleje** sind so sehenswert wie der Skulpturenpark zwischen **Gilleleje** und Hornbæk. Die Jeunesse dorée genießt in **Hornbæk** die Sonne.

An der Küste entlang erreicht man Kronborg Slot in **Helsingør**, die Heimat Hamlets. Neu ist das architektonisch geniale Schifffahrtsmuseum. Von hier führt die schöne Küstenstraße Richtung Süden nach **Humlebæk** und zum Louisiana Museum of Modern Art, dessen Architektur der Kunst Konkurrenz macht. Danach ist es nur noch ein kurzes Stück entlang der „dänischen Rivieria" bis nach **Kopenhagen**.

1 WOCHE

Inselhüpfen im Süden

Die meisten Reisenden zwischen **Kopenhagen** und Jütland nehmen den schnellsten und direkten Weg über Fünen. Hier ein Vorschlag für alle, die ländliche Ruhe und Dorfidylle suchen und Lust darauf haben, mit kleinen Fähren von Insel zu Insel zu schippern.

Von der Hauptstadt geht's Richtung Süden nach **Møn**, dann über **Falster** weiter nach **Lolland**. In der „dänischen Südsee" findet man statt Kokospalmen ländliches Inselleben: Felder, Sandstrände und verstreute Bauernhöfe. Besondere Urlaubserlebnisse garantieren die Kalksteinklippen von Møn, der herrliche Strand von Marielyst auf Falster und Lollands spektakuläre Freizeitparks.

Westlolland ist über eine Fähre mit **Langeland** verbunden und damit mit dem südfünischen Inselmeer. Von dem grünen Streifen Land führt eine Straße nach Fünen, und vom Hafen in **Svendborg** kann man zur Insel **Ærø**, ihren Seefahrergeschichten, Radwegen, Höfen und hübschen Badehütten übersetzen. Dann weiter mit der Fähre nach **Als**, das über eine Straßenbrücke bei **Sønderborg** mit Jütland verbunden ist. Hier wartet schließlich eine ganze Halbinsel auf Erkundung.

Reiseplanung

Outdoor-aktivitäten

Das kleine (und sehr flache) Land bietet abwechslungsreiche Möglichkeiten für Aktivurlauber, vom Inselhüpfen mit dem Drahtesel bis zu Kanutouren im Seenland. Das Meer ist nie weit entfernt, sodass es immer Gelegenheit gibt, zu angeln, zu segeln, zu surfen oder am Strand zu entspannen. Die Nationalparks sind ausgezeichnete Wanderreviere. Radfahren ist immer und überall eine Option.

Beste Bedingungen

Reisezeit

Juni bis August. Nach dem überwiegend grauen Winter blüht Dänemark im Sommer förmlich auf. Das Wetter im Mai und September kann auch sehr gut sein.

Radfahren

Elf nationale Radrouten laden zu längeren Touren ein. Enspanntes Inselradeln ist perfekt auf Bornholm und Ærø. Wer es etwas sportlicher mag, fährt die Mountainbikepfade im Rold Skov ab.

Wandern

Schöne Wege gibt es zu den weißen Felsen von Møns Klint oder im hübschen Seenland. Für längere Wanderungen geht's auf den Hærvej quer durch Jütland oder auf dem Øhavssti im Inselmeer von Südfünen.

Wasser

Segler zieht es nach Svendborg und ins Schärengebiet. Kanufahrer werden die Seen und Flüsse des Seenlands rund um Silkeborg lieben. Wer Wind braucht, geht an die Westküste nach Hvide Sande oder Klitmøller.

Radfahren

Das mehr als 12 000 km lange Radwegenetz und die relativ wenig befahrenen Landstraßen, die sich durch die hübsche, sanft gewellte Landschaft ziehen, sind ein Paradies für Radfahrer.

In Dänemark steht das Fahrrad nicht nur als Alltagsvehikel hoch im Kurs, auch der Fahrradurlaub ist sehr beliebt, sowohl bei den Dänen als auch bei ausländischen Besuchern. Das große Plus für Radwanderer sind die elf nationalen Fahrradrouten, die alle in sehr gutem Zustand sind. Daneben existieren auch noch zahllose regionale und lokale Strecken, bestens geeignet für Genussradler sowie Familien mit Kindern.

Dänische Radler genießen Rechte, die in den meisten anderen Ländern motorisierten Verkehrsteilnehmern vorbehalten sind. Es gibt eigene Radspuren auf städtischen Hauptstraßen und durch zentrale Stadtgebiete, Straßenschilder für den Fahrradverkehr und Fahrradständer vor Lebensmittelgeschäften, Bahnhöfen und an vielen anderen öffentlichen Orten. Die Autofahrer nehmen hier viel Rücksicht auf die Radfahrer.

Auch Unterkünfte sind für Fahrradreisende leicht zu finden, ob in kleinen Landgasthöfen oder auf Campingplätzen.

Ein Vorteil der geringen Entfernungen im Land ist, dass es ist nie weit bis zum nächsten Nachtlager und zu einer heißen Dusche ist.

Überall im Land gibt's Fahrradverleihe, die besten mit guten Fahrrädern sind in Kopenhagen und Aarhus zu finden. Es besteht keine Helmpflicht; Fahrräder können in den meisten Zügen, in einigen Bussen und auf allen Fähren mitgenommen werden.

Fahrradrouten

Die Radrouten sind mit einem weißen Fahrradsymbol auf blauem Grund gekennzeichnet. Die Routen sind gut miteinander vernetzt.

- **Nationale Routen** Weiße Routennummer in rotem Viereck, Nord-Süd-Routen haben ungerade Nummern, Routen in Ost-West-Richtung gerade. Es gibt zwei Rundkurse (10 und 12).
- **Regionale Routen** Weiße Routennummer auf blauem Viereck, Nummer 16 bis 99.
- **Lokale Routen** Weiße Routennummer auf blauem Viereck, Nummer 100 bis 999.

Planung & Informationen

Der beste Tipp für eine Radtour durch Dänemark: Man schnappe sich eine Karte und plane selbst. Selbstverständlich werden auch Touren angeboten, die hervorragend organisiert, meist aber ziemlich teuer sind.

Eine gute Informationsquelle zur Planung ist die Cyclistic-Website (http://cyclistic.dk/de/). Die beste Karte für die Routenplanung ist die *Cycling Map of Denmark* (95 Kr) im Maßstab 1:500 000, auf der alle nationalen Fernwege verzeichnet sind. (Achtung: Für die Durchführung der einzelnen Touren ist die Karte jedoch nicht detailliert genug.)

Jede Region gibt außerdem eigene Fahrradkarten im Maßstab 1:100 000 heraus, zu denen oft ein Radwanderführer mit Unterkünften, Sehenswürdigkeiten und weiteren regionalen Informationen gehört. Diese Radführer sind auch auf Deutsch erhältlich, kosten etwa 129 Kr und sind in allen Touristeninformationen oder im Internet auf http://shop.dcf.dk zu bekommen.

Websites

Visit Denmark (www.visitdenmark.com) Viele nützliche Informationen auf den radbezogenen Seiten (auch Radfahren mit Kindern). Stellt 25 „Panoramarouten"(15–40 km) vor, aufgeteilt in Ost- und Westküste.

Cyclistic (http://cyclistic.dk/de/) Großartige Informationsquelle; Routenfinder für Radfahrer, Informationen zu Sehenswürdigkeiten und praktischen Fragen (Unterkunft, Essen usw.).

Dansk Cyklist Forbund (www.cyklistforbundet.dk) Website des Dänischen Radfahrerverbandes.

Cycle Guide DK (http://cycleguide.dk) Mit Schwerpunkt Kopenhagen, aber gute allgemeine Hinweise zu Sicherheit und lokalen Gepflogenheiten.

Cycling Embassy of Denmark (www.cycling-embassy.dk) Viele Infos und einige interessante Statistiken wie z. B. diese: Neun von zehn Dänen besitzen ein Fahrrad und 45 % der Kinder radeln zur Schule.

Schwimmen

Den größten Teil des Jahres können die Wassertemperaturen selbst abgehärtete Naturen zum Schaudern bringen, aber in den wärmeren Monaten (Juli und August) lädt das Meer durchaus zum Schwimmen ein. Die Qualität der dänischen Strände ist

RADFAHREN AUF BORNHOLM

230 km Radwege auf Bornholm eignen sich ideal für Erkundungstouren mit dem Rad. Es gibt pittoreske Küstendörfer und mittelalterliche Rundkirchen zu besichtigen. Für die Mühen des Radelns belohnt die ausgezeichnete regionale Küche.

Auf der 24 km langen Gourmet-Radroute von Gudhjem über Østermarie nach Svaneke, vorbei an Schokoladen-, Karamell- und anderen Süßigkeitenherstellern, Räuchereien, Hofläden, einer Molkerei und einer Kleinbrauerei, lassen sich prima Kalorien sammeln und gleich wieder verbrennen. Die Touristeninformation verteilt kostenlose Radbroschüren mit 21 unterschiedlichen Routen über die Insel.

NATIONALE RADROUTEN IN DÄNEMARK

ROUTE NR.	NAME	LÄNGE	BESCHREIBUNG
1	Vestkystruten (Westküsten-Route)	560 km (70 % asphaltiert)	Beginnt in Rudbøl (an der deutschen Grenze) und führt an der windgepeitschten Westküste Jütlands nach Skagen, vorbei an Sandstränden, Watt und Dünen.
2	Hanstholm–Kopenhagen	420 km (80 % asphaltiert)	Beginnt im nordjütländischen Fischerort Hanstholm und führt Richtung Südosten durch Zentraljütland nach Ebeltoft. Die Fähre Elbeltoft–Odden verbindet die Route mit Nordseeland bis nach Kopenhagen.
3	Hærvejsruten (Hærvej-Route)	450 km (78 % asphaltiert)	Führt von Skagen mitten durch Jütland nach Padborg an der deutschen Grenze. Ab Viborg folgt die Route dem Hærvej, dem alten Heerweg. Siehe auch www.haervej.dk.
4	Søndervig–Kopenhagen	310 km (90 % asphaltiert)	Führt von Søndervig an der westjütländischen Küste nach Hou, dann geht's mit der Fähre (via Samsø) hinüber nach Kalundborg und weiter durch Seeland nach Kopenhagen.
5	Østkystruten (Ostküsten-Route)	650 km (90 % asphaltiert)	Die längste Route beginnt in Skagen und verläuft die ganze Ostküste Jütlands hinunter bis nach Sønderborg.
6	Esbjerg–Kopenhagen	330 km (92 % asphaltiert)	Beginnt in Esbjerg und führt durch Fünen und Seeland bis nach Kopenhagen. Radfahrer dürfen nicht über die 18 km lange Storebælt-Brücke von Fünen nach Seeland und müssen den Zug nehmen.
7	Sjællands Odde–Rødbyhavn	240 km (90 % asphaltiert)	Eine familienfreundliche Strecke ab Odden in Nordwestseeland Richtung Süden durch Nordfalster und Lolland bis nach Rødbyhavn.
8	Sydhavsruten (Südsee-Route)	360 km (95 % asphaltiert)	Die Route beginnt in Rudbøl, durchquert Jütland bis nach Als, dann geht's hinüber nach Südfünen und über Langeland, Lolland und Falster bis nach Møns Klint.
9	Helsingør–Gedser	290 km (92 % asphaltiert)	Bei dieser Route bestehen wegen der Fähren am Start- (Helsingør) und Endpunkt (Gedser) Verbindungen nach Schweden und Deutschland. Die Route folgt der Ostküste Seelands und führt dann Richtung Süden über Møn und Falster.
10	Bornholm Rundt (Inselrundweg)	105 km (90 % asphaltiert)	Das idyllische Bornholm durchzieht ein beliebter Radrundweg.
12*	Limfjordsruten (Limfjord-Route)	610 km (90 % asphaltiert)	Die Route führt rund um den Limfjord in Nordjütland. Gelegenheit zum Abkürzen bieten Brücken und Fähren, die den Meeresarm überqueren.

*Es gibt keine Route Nr. 11.

hervorragend: Fast alle können mit sauberem Wasser, seidigem Sand und reichlich Platz dienen.

Generell ist die Ostsee um ein, zwei Grad wärmer als die Nordsee. Wer an der jütländischen Westküste schwimmen geht, sollte sich vor Strömungen in Acht nehmen. Baden in der Nordsee ist nicht ganz ungefährlich. Ansonsten sind die Gewässer in der Regel ruhig und kindergeeignet.

Im Übrigen gibt es in fast jeder Stadt eine *svømmehal* (Hallenbad) oder sogar familienfreundliche Aquazentren mit beheizten Schwimmbecken. Je neuer diese Hallenbäder, desto größer und grandioser. Einige präsentieren sich mit 50-m-Becken sowie Wasserrutschen, Whirlpools, Kinderspielplätzen und Wellnessbereichen.

Im Sommer öffnen riesige Wasserparks ihre Tore – besonders beliebt sind Lalandia (S. 146) in Billund und Lolland und Sommerland (S. 236), das zum Vergnügungspark Fårup nahe Løkken gehört, sowie Djursland.

Wassersport

Die windreiche Westküste Jütlands hat einen guten Ruf in der Wind- und Kitesurferszene: Die zuverlässigen Windbedingungen locken Surfer aus ganz Europa nach Klitmøller und Hvide Sande.

Beide Orte veranstalten übers Jahr zahlreiche Wettbewerbe und bieten hervorragende Surfreviere sowohl für Anfänger als auch für Könner. Experten können die wilden Brecher der Nordsee durchpflügen, während Neulinge sich auf den Binnenfjorden in aller Ruhe mit dem Brett vertraut machen können.

Sowohl in Klitmøller als auch in Hvide Sande werden Ausrüstung und Unterricht im Wind- und Kitesurfen angeboten. Weitere Wassersportarten wie Surfen und Stand-up-Paddling sind ebenfalls möglich. Und in Hvide Sande gibt's einen coolen Wasserski-Parcours.

Segeln

Mit seiner abwechslungsreichen, 7314 km langen Küstenlinie und seinen 406 Inseln ist Dänemark wie gemacht zum Segeln, und die Dänen sind selbst begeisterte Segler.

Besonders beliebt ist das Gebiet zwischen Jütland und Schweden. Raues Meer, zahmere Küstengewässer und stille Fjorde, in Kombination mit Dutzenden hübscher, kopfsteingepflasterter und oft historischer Hafenstädtchen (über 350 Jachthäfen), bieten ideale Möglichkeiten, sich das Land zu erschippern. Jachten und Motorboote mit aller erforderlichen Sicherheits-, Wohn- und Navigationsausstattung können gemietet werden. Die Preise variieren stark, je nach Saison und Größe des Boots.

Jachten vermieten z. B. **Scancharter** (www.scancharter.com) und **JIM Søferie** (www.jim-soeferie.dk). Auf der Website von JIM Søferie finden sich auch einige Tourenvorschläge. Für Leute, die sich nicht selbst als Skipper betätigen möchten, bieten alle größeren Orte an der Südküste von Fünen in den Sommermonaten Segeltörns im südfünischen Archipel an. Svendborg ist ein ausgezeichneter Ausgangspunkt.

Kanu- & Kajakfahren

Küste und Meeresarme, Flüsse und Seen sind auch ein Paradies für Kanuten und Kajakfahrer. Das Einzige, was im berglosen Dänemark fehlt, ist Wildwasser.

Die schönsten Kanu- und Kajaktouren lassen sich auf den Flüssen Gudenå (in

TOPSTRÄNDE

Unsere Autoren haben ganz Dänemark erkundet – dies sind ihre Lieblingsbadestellen.

Kopenhagen (Islands Brygge) Kein Strand, dafür mitten in Kopenhagen: Das stylische Freibad im Hafenkanal bietet einen tollen Blick auf die Innenstadt.

Seeland (Tilsvildeleje) Sandbänke, Flachwasser und schicke Hotels an der „nordseeländischen Riviera".

Møn, Falster & Lolland (Marielyst, Falster) Endlose Sandstrände und familiäre Urlaubsstimmung.

Bornholm (Dueodde) Feiner Sand, endloser Strand und weiter Himmel vor bewaldetem Hinterland.

Fünen (Vesterstrand, Ærø) Schwimmen und Sonnenuntergänge beobachten zwischen den hell leuchtenden Badehütten außerhalb von Ærøskøbing.

Südjütland (Rømø) Meilenweit Leere an der Westküste und spektakuläre Action mit windgetriebenen Fahrzeugen im Süden.

Mitteljütland (Hvide Sande) Wind- und Kitesurfer nutzen den Nordseewind.

Nordjütland (Skagen) Wind und Wanderdünen im Westen, ruhige, für Kinder geeignete Gewässer im Osten, und über allem leuchtet jenes berühmte Licht, das so viele Künstler hierher gezogen hat.

SOMMER UND WINTER

Wer Dänemark ansteuert, um in der freien Natur aktiv zu sein, sollte die Jahreszeit berücksichtigen. Manche sagen, Dänemark habe zwei Winter, einen grünen und einen weißen. Auch wenn das übertrieben ist, das Wetter kann tatsächlich ziemlich launisch sein. Am beständigsten und sommerlich warm ist es von Mitte Juni bis Mitte August. Dann sind auch genügend Reisende unterwegs, sodass Schiffe regelmäßig verkehren und Freizeitbeschäftigungen wie z. B. Unterricht im Windsurfen durchgehend angeboten werden. In diesen zwei Monaten hat man in Dänemark die größte Vielfalt an Outdooraktivitäten. Je nach Nachfrage gelten entsprechende Angebote auch schon ab Mai und bis Mitte/Ende September.

Und im Winter? Dänemark ist kein Reiseziel für Wintersportfreunde: Der höchste „Gipfel" ist gerade mal 171 m hoch. Das heißt nicht, dass die Dänen keinen Schneesport betreiben – sie tun es, aber oben in Norwegen.

Jütland) und Suså (auf Seeland) unternehmen. Die idyllischen Wälder und sanften Gewässer des beliebten Seenhochlands in Zentraljütland eignen sich auch wunderbar zum Radfahren und Wandern, aber besonders zum Kanufahren: Hier sind Mehrtages-Kanu- und Camping-Exkursionen möglich. Kanus und sonstige Ausrüstung können in Silkeborg geliehen werden. Die Seen stellen im Großen und Ganzen keine besondere Herausforderung dar, etwas Erfahrung ist allerdings von Vorteil.

Ein gutes Kanurevier sind auch die kleinen und großen Buchten und Halbinseln dänischer Meeresarme, etwa des Limfjords in Nordjütland oder des Roskilde-Fjords, Holbæk-Fjords und Isefjords auf Seeland.

Wandern

Im Vergleich zu den größeren Nachbarn gibt's in Dänemark nicht viel Wildnis. Wandern ist daher kein Volkssport wie das Radfahren, aber durchaus populär. Alle örtlichen Touristeninformationen können Hinweise auf Wanderwege in der Umgebung geben.

In Jütland gibt's einige landschaftlich schöne Wege durch die Wälder von Rold Skov, die Mols Bjerge und den Thy Nationalpark sowie das herrliche Seenland. Der Hærvej (www.haervej.dk) ist eine 250 km lange historische Militärstraße von der deutschen Grenze bis nach Viborg im Norden. Die Website bietet Informationen über Angebote entlang der Strecke.

Der 220 km lange Øhavssti ist ein Fernwanderweg über Fünen und seine südlichen Inseln. Er zieht sich entlang der Südküste Fünens von West nach Ost und setzt sich im nördlichen Langeland fort. Am Ende erstrecken sich herrliche 36 km über die Insel Ærø.

Für kürzere Wanderungen bieten sich die Kalkkliffs von Møns Klint, die Küste von Stevns Klint, die Sandbank von Grenen, die Nordspitze Dänemarks und der 147 m hohe Himmelbjerget, einer der höchsten Punkte Dänemarks, an.

Reiseplanung

Dänemark mit Kindern

Dänemark ist ein ausgesprochenes Familienreiseland. Vor allem in den Sommerferien, wenn Familien mit ihren Wohnwagen das Land erobern. Themenparks, Vergnügungsparks, Zoos und kinderfreundliche Strände sprechen für sich – Familien werden regelrecht umworben, und Kinder sind eigentlich überall herzlich willkommen.

Dänemark für Kinder

Aktivitäten

Der Eintritt in die meisten Museen ist für Kinder frei; viele bieten spezielle Aktivitäten und Ausstellungsräume für Kinder.

Praktisch jede Touristeninformation kennt Angebote für Kinder vor Ort. In allen Landesteilen gibt es Plätze, an denen die Kinder Könige sind, vom riesigen Spaßbad bis zu Spielplätzen und Streichelzoos.

Die größeren Erlebnis- und Tierparks sind nicht besonders günstig, aber viele bieten Familienpässe. Kostenlos ist der Spaß auf langen Sandstränden, in Parks und auf Spielplätzen.

Übernachtung

In der Hochsaison (Mitte Juni bis Mitte August) ist auf den Campingplätzen viel los; oft gibt es besondere Unterhaltungsprogramme und Aktivitäten für die kleinen Gäste.

Hostels bzw. Jugendherbergen eignen sich hervorragend für Familien. Die Zimmer sind in der Regel für bis zu sechs Personen ausgerichtet, es gibt immer Gemeinschaftsküchen und Aufenthaltsräume. Bauernhöfe bieten ländliche Idylle und/oder die Möglichkeit, auch mal im Dreck zu wühlen.

Beste Ziele für Kinder

Kopenhagen

Haupt(stadt)attraktionen sind der märchenhafte Vergnügungspark Tivoli (S. 45), die Eisbären im Zoo (S. 61) und die bunten Fische im Aquarium Den Blå Planet (S. 63).

Møn, Falster & Lolland

Kalksteinklippen und ein geologisches Zentrum (S. 138) auf Møn, Strände und ein mittelalterliches Dorf (S. 141) auf Falster sowie ein Safari-(S. 146) und ein Wasserpark (S. 146) auf Lolland.

Fünen

Odense würdigt Hans Christian Andersen (S. 165). Es gibt ein Schloss (S. 177) mit Irrgärten sowie Bunker und Schlachtschiffe (S. 187).

Zentraljütland

Das berühmte Legoland (S. 244), außerdem ein großer Wasser- und Safaripark, Reviere für Kanuausflüge, Strände und viele Erlebnisparks.

Nordjütland

Sandstrände und Wanderdünen sowie ein Mega-Aquarium (S. 270), das die Geheimnisse des Meeres aufdeckt.

In vielen Feriendörfern werden Sommerhäuser zu angemessenen Preisen (meist pro Woche) vermietet. In Städten bieten Businesshotels im Sommer manchmal Zimmer günstiger an oder stellen ein weiteres Bett zur Verfügung, um Familien anzulocken.

Restaurants

Im Großen und Ganzen sind Kinder in dänischen Restaurants willkommen. Praktisch alle haben Kinderstühle, viele bieten ein *børnemenu* (Kindergericht) an oder servieren zumindest kindgerechte Portionen, manchmal gibt es sogar Spielecken. Zwei Restaurantketten wenden sich ausdrücklich an Familien: die Steak-Restaurants von **Jensen's Bøfhus** (www.jensens.com, auf Dänisch) und das amerikanische **Bone's** (www.bones.dk, auf Dänisch) mit Spare-Ribs, Burger und gegrilltem Huhn (auf Jütland und Fünen). Beide haben ein großes Angebot an Kindergerichten und sogar ein Eisbuffet!

Wer in der Ferienunterkunft eine Küche zur Verfügung hat, kommt problemlos als Selbstversorger zurecht. Und es gibt unzählige Plätze in der Natur für ein schönes Picknick.

Transport

Mit dem eigenen Auto ist natürlich alles leichter, aber die öffentlichen Verkehrsmittel sind auch in Ordnung. In Zügen fahren Kinder unter 12 Jahre in Begleitung eines Erwachsenen kostenlos mit (pro Erwachsener mit Standardticket max. zwei Kinder).

Mit älteren Kindern ist auch ein Fahrradurlaub gut machbar, denn das Land ist flach, und die Entfernungen zwischen den Orten sind nicht zu groß. Größere Fahrradverleiher haben Anhänger und Kinderfahrräder im Angebot.

Highlights für Kinder

Kulturfreaks

Kopenhagen Das Nationalmuseum (S. 45) hat eine brillante Kinderabteilung; im Louisiana (S. 94) können Kinder in einem eigenen Gebäudeflügel Kunstwerke schaffen.

Seeland In dem Wikingermuseum (S. 112) in Roskilde sind fünf Wikingerschiffe ausgestellt; außerdem kann man beim Bau von Wikingerschiffen helfen und auf einem Langboot mitsegeln. Das M/S Museet for Søfart (S. 101) in Helsingør zeigt lebendige, interaktive Ausstellungen.

Fünen Im Fyrtøjet (Zündholzschachtel, S. 165) in Odense wird mit Geschichten und Musik die Welt des Hans Christian Andersen erzählt. Zum Sommerprogramm von Egeskov Slot (S. 177) gehören Abendkonzerte, Geisterjagden und Feuerwerk.

Mitteljütland Eine gigantische Jungen-Plastik *(Boy)* und ein begehbarer „Regenbogen" im Kunstmuseum von Aarhus (S. 217) lassen Kinderaugen groß werden. Das Kvindemuseet (S. 221) bietet eine interaktive „Geschichte der Kindheit".

Erlebnis-, Vergnügungs- & Themenparks

Kopenhagen Der Tivoli (S. 45) ist eine charmante Mischung aus Rummelplatz, Blumengarten, Kostümspektakel und Freiluftshows. Der 400 Jahre alte Vergnügungspark Bakken (S. 95) in Klampenborg bereitet bis heute Kindern Freude.

Møn, Falster & Lolland Lalandia (S. 146) auf Lolland ist mehr als nur ein Wasserpark, hier gibt's auch Indoorspielplätze, Restaurants und vieles mehr.

Mitteljütland Legoland (S. 244) ist der Großvater der dänischen Themenparks. Erst kürzlich hat hier auch ein neues Lalandia (S .245) eröffnet. In Aarhus gibt es Tivoli Friheden (S. 224). Djurs Sommerland (S. 236) kombiniert Vergnügungs- mit Wasserpark.

Nordjütland Die nördliche Schwester von Djurs Sommerland ist Fårup Sommerland (S. 272), genauso beliebt und mit einem ähnlichen Angebot.

Tierische Begegnungen

Kopenhagen Der Zoo (S. 61) beherbergt unzählige Tiere, einige wohnen in architektonisch aufwendigen Häusern, so wie die Eisbären mit gläsernem Tunnel. In Den Blå Planet (S. 63) werden alle Belange rund um den Fisch betrachtet.

Møn, Falster & Lolland Im Knuthenborg Safari Park (S. 146) auf Lolland fahren Besucher mit dem Auto über das Gelände wie durch eine echte afrikanische Savanne.

Bornholm **Sommerfugle og Tropeland** (Schmetterlingspark , Tropenland; www.sommerfugleparken.dk; Gammel Rønnevej 14; Erw./Kind 90/60 Kr; ⌚Mitte Mai–Ende Okt. tgl. 10–17 Uhr) Dschungelklima und 1000 Schmetterlinge.

Fünen Im Odense Zoo (S. 167) wurde ein Stück Afrika naturgetreu nachgebildet. Das Aquarium von Kertimende (S. 175) zeigt außer Fischen auch Seehunde und Schweinswale.

Mitteljütland Randers Regnskov (S. 247) liegt unter einer Kuppel; in dem tropischen Zoo, der die Besucher nach Afrika, Asien und Südamerika entführt, herrscht entsprechend schwüles Klima. Im Skandinavisk Dyrepark (S. 236) leben die Tiere des Nordens, darunter auch Eis- und Braunbären. Ree Park (S. 234) zeigt Tiere aus aller Welt, und im Aqua in Silkeborg (S. 237) tummeln sich unzählige Fische und süße Otter.

Nordjütland Der Zoo von Aalborg (S. 257) ist in ganz Dänemark bekannt. In Hirtshals (S. 270) befindet sich eines der größten Aquarien Nordeuropas.

Zeitreise

Die Dänen entwickeln einen unendlichen Enthusiasmus, wenn es darum geht, in vergangene Zeiten einzutauchen. Zahllose Freilichtmuseen, nachgebaute Wikingersiedlungen und mittelalterliche Dörfer zeugen von der nationalen Leidenschaft. Alle bieten auch besondere Aktivitäten für die Jüngsten.

Seeland Das Zentrum für experimentelle Archäologie Sagnlandet Lejre („Sagenland", S. 117) ist wirklich faszinierend. In Danmarks Borgcenter (S. 129) in Vordingborg können Kinder das mittelalterliche Burgleben und die Welt der Könige mit iPads erkunden.

Møn, Falster & Lolland Das Middelaldercentret (S. 141) in Falster versetzt die Besucher in ein mittelalterliches Dorf aus dem 15. Jh.

Bornholm Noch eine auf alt gemachte Siedlung: Im Middelaldercenter (S. 158) von Bornholm ist eine Festung mit Dorf nachgebaut.

Fünen Den Fynske Landsby (S. 169) ist ein Freilichtmuseum mit alten Bauernhäusern, Mitarbeitern in historischen Kostümen und Tieren.

Südjütland Das Ribe VikingeCenter (S. 205) stellt die Wikingerzeit in der ältesten Stadt Dänemarks nach; zum Abschluss des Tages bietet sich ein Spaziergang an der Seite des Nachtwächters von Ribe an.

Mitteljütland Den Gamle By (S. 217, Die Altstadt) in Aarhus gleicht einem fotogenen städtischen Freilichtmuseum. In Hobro (S. 249) ist neben der Wikingerfestung noch ein Bauernhof aus der Zeit aufgebaut.

Großer Freiluftspaß

Kopenhagen Der Amager Strandpark (S. 63) ist eine künstliche Bucht mit einem kilometerlangen Sandstrand. Die Spielplätze und das flache Wasser sind ideal für Kinder. Ein Kanalboottrip (S. 64) in der City von Kopenhagen ist ein Muss.

Seeland Das Wikingermuseum in Roskilde (S. 112) bietet Segeltouren im Fjord. Die herrlichen Strände von Nordseeland sind im Sommer toll.

Møn, Falster & Lolland Das Feriendorf am Strand bei Marielyst (S. 143) auf Falster wird als besonders familienfreundlich beworben; Bootstouren führen zu den weißen Klippen von Møns Klint (S. 138).

Bornholm Die ruhige und seichte See am weitläufigen Strand von Dueodde (S. 152) ist wie gemacht für Familien.

Fünen Auf dem Gelände von Egeskov Slot (S. 177) gibt es Irrgärten, Museen und mehr, das Maritimt Center Danmark in Svendbog macht Segeltouren auf alten Holzbooten.

Südjütland Für ältere Kinder bietet der südliche Strand von Romø (S. 209) windschnittige Blokarts (Einsitzer mit Kitesegel).

Mitteljütland Kanufahren und Campen im hübschen Seengebiet (S. 236) ist eine runde Sache für die ganze Familie.

Nordjütland Überall Strände, riesige Sanddünen bei Rubjerg Knude (S. 273) und Råbjerg Mile (S. 270) und eine Fahrt mit einem von einem Traktor gezogenen Wagen (S. 267) zur nördlichsten Spitze Dänemarks.

Planung

Reisezeit

Für Familien liegt die günstigste Zeit für einen Dänemarkurlaub zwischen Mai und September. Die Schulferien dauern in Dänemark von Ende Juni bis Mitte August. In der Zeit ist die Wahrscheinlichkeit für gutes Wetter sehr hoch, alle Attraktionen und Aktivitäten sind in Betrieb, und Kinderfreundschaften sind allernorts schnell geschlossen. Allerdings ist es dann überall ziemlich voll, und Campingplätze und Hostels sind in der Regel gut ausgelastet, leider häufig auch teurer als zu anderen Zeiten des Jahres.

Nützliche Websites

Die offiziellen Websites visitdenmark.com und visitcopenhagen.com haben Listen mit kinderfreundlichen Angeboten und Restaurants sowie von tollen Spielplätzen in der Hauptstadt und darüber hinaus.

Dänemark im Überblick

Kopenhagen

Essen
Design
Museen & Galerien

Neue Nordische Küche oder traditionell

Kopenhagen ist die Heimat kreativer Meisterköche und eines der begehrtesten kulinarischen Reiseziele überhaupt. Auf der andere Seite servieren die traditionellen Cafés und historischen Restaurants klassische Favoriten wie Smørrebrød.

Herausragendes Design

Bestnoten für die Bibliothekserweiterung „Schwarzer Diamant" oder die neue Oper; eine Stadtplanung, die Kopenhagen so wunderbar besucherfreundlich macht; Museen, die nationales Design mit internationaler Wirkung ausstellen.

Für Kulturfreaks

Den besten Kurztrip durch die Geschichte des Landes bieten das Nationalmuseet, das Statens Museum for Kunst und die Ny Carlsberg Glyptotek. Außerhalb der Stadt präsentiert sich moderne Kunst in einem architektonischen Meisterwerk; die urbane Kunstszene pulsiert in den angesagten Galerien der Hauptstadt.

S. 42

Seeland

Schlösser
Wikingergeschichte
Strände

Royale Pracht

Die meisten Besucher zieht es zum Kronborg Slot in Helsingør, bekannt als Heim von Shakespeares Antihelden Hamlet. Frederiksborg Slot ist ein herrliches Beispiel niederländischer Renaissance. Im stattlichen Dragsholm Slot werden herrschaftlicher Glanz und gute Küche souverän miteinander kombiniert.

Wikingerzeit

Wer am Leben der bärtigen Nordmänner interessiert ist, besucht das Wikingerschiffsmuseum in Roskilde oder die rätselhafte Ringburg in Trelleborg. Im Zentrum für Archäologie außerhalb von Lejre (bei Roskilde) taucht man in das Leben der Eisenzeit ein.

Strandvergnügen

Weiße Sandstrände ziehen sich entlang der Nordküste. Im Sommer herrscht in den beliebten Ferienorten wie Hornbæk und Tisvildeleje eine heitere Sonnen- und Eiscremestimmung. Küstenwege führen durch die atemberaubende Landschaft von Stevns Klint.

S. 96

Møn, Falster & Lolland

Landschaften
Familienspaß
Kunst & Handwerk

Hoch hinaus

Die auffälligen weißen Kalksteinklippen, die sich 128 m aus dem Meer erheben, sind im ansonsten flachen Dänemark ein beliebtes Ausflugsziel. Die Klippen gehören zu den berühmtesten Sehenswürdigkeiten Dänemarks – den besten Blick auf sie hat man vom Boot aus.

Spaß für die ganze Familie

Das Inseltrio zieht im Sommer viele sonnenhungrige Familien an. Entsprechend werden viele Attraktionen geboten: interaktive Museen, ein gigantischer Wasserpark, ein Zoo, ein Safaripark und ein nachgebautes mittelalterliches Dorf.

Kunsthandwerk aus Møn

Die Klippen und Lehmböden von Møn liefern Künstlern und Töpfern schöne Motive und gutes Material. Die Ergebnisse werden in Ateliers und Galerien auf der Insel ausgestellt. Aus einer früheren Zeit stammen die erstaunlichen Fresken in mehreren alten Kirchen.

S. 131

Bornholm

Strände
Essen
Radfahren

Schön baden

Dieser Außenposten in der Ostsee wird fast nahtlos von Stränden umrahmt. Am schönsten ist der in Dueodde, ein gewaltiger Sandstreifen mit Dünen und Kiefern im Hintergrund. Der weiche Sand ist so feinkörnig, dass er einst für Sanduhren benutzt wurde.

Kulinarische Angebote

Auf der Insel gibt es Fischräuchereien, Bioprodukte, Feinschmeckerlokale (das Restaurant Kadeau ist der neue Star) und jede Menge Küchenkünstler, die Leckereien von Eis bis zu Karamell und von Schinken bis zu selbstgebrautem Bier zaubern.

Fahrradglück

Über 230 km Radwege neben Straßen, Wäldern, ehemaligen Bahngleisen und Stränden verbinden hübsche Küstendörfer und mittelalterliche Rundkirchen. Exzellentes Essen wartet als Belohnung nach der Tour durch die sanft hügelige Landschaft.

S. 147

Fünen

Schlösser
Märchen
Inseln

Herrschaftliche Sitze

Dutzende Schlösser und Gutshäuser überziehen Fünen. Ganz oben auf der Liste steht das prächtige Egeskov Slot, mit Festungsgraben und Zugbrücke und im Sommer mit Feuerwerk.

Es war einmal ...

... im Jahr 1805 in Odense, als einem Schuster und einer Wäscherin ein Kind geboren wurde. Dieses Kind sollte Märchen schreiben, die alle Welt kennt und liebt. An das Kind, Hans Christian Andersen, wird in seiner Geburtsstadt Odense in vielerlei Weise erinnert, z. B. mit einem Museum und Skulpturen seiner berühmtesten Figuren.

Insel-Hopping

Zum südfünischen Inselmeer gehören neben Fünen rund 90 kleine Inseln, einige sind bewohnt, auf anderen leben nur Vögel und Wildkaninchen. Mit der Fähre oder dem eigenen Boot von Insel zu Insel zu schippern, ist sehr vergnüglich, dazu gehört auch der Landgang auf der Seefahrerinsel Ærø.

S. 163

Südjütland

Historische Dörfer
Natur
Design

Bilderbuchziele

Reetgedeckte Häuser, blühende Gärten und Kopfsteinpflastergassen, Boutiquen, Museen und Cafés: Zu den Bilderbuchzielen gehören Ribe (Dänemarks älteste Stadt), Møgeltønder und die Insel Fanø.

Vogelparadies

Entlang der Westküste von Jütland erstreckt sich der Nationalpark Vadehavet (Wattenmeer) und wartet auf Erkundung. Der Rhythmus der Gezeiten bietet Gelegenheiten, Austern zu sammeln. Hier kann man nach Seehunden Ausschau halten und nonstop Vögel beobachten.

Architektur & Design

Außergewöhnlich sind die moderne Architektur von Utzon in Esbjerg, das Kunst- und Designmuseum in Kolding und in einem umgenutzten Wasserturm in Tønder eine Sammlung von Wegner-Stühlen, die Designfreunde begeistern wird.

S. 194

Mitteljütland

Aktivitäten
Familienspaß
Kunst

Tolles Outdoorterrain

Das Seengebiet ist ein gutes Revier für Kanutouren und Wanderungen, die Westküste perfekt für Wind- und Kite-Surfer. Mountainbiker finden im Waldgebiet Rold Skov exzellente Wege. Radfahren ist auch in Aarhus ein Vergnügen, Djursland lockt mit makellosen Stränden.

Legoland & mehr

Hier ist die Heimat des beliebten Plastikbausteins. Mehr tolle Angebote für Kinder gibt es in Aarhus, in Randers sogar einen künstlichen Regenwald und in Djursland, dem Familienurlaubsziel Nr. 1, mehrere Erlebnis- und Safariparks.

Perlen moderner Kunst

Kunst zieht sich durch die gesamte Region – an erster Stelle steht der begehbare „Regenbogen" auf dem Dach des ARoS in Aarhus. In Ebeltoft kann man Glaskunst bewundern, in Silkeborg sind Werke von Asker Jorn ausgestellt, und in Herning gibt's Konzeptkunst.

S. 216

Nordjütland

Landschaften
Strände
Essen

Mutter Natur vom Feinsten

Besucher können hier die Schönheit der Natur erleben: wandernde Dünen, leuchtendes Licht, stürmische Winde und spritzende Gischt. Es ist leicht nachzuvollziehen, warum Künstler und Schriftsteller sich hier inspirieren ließen.

Strand bis zur Spitze

Sowohl die Ost- als auch die Westküste sind mit ihren langen Sandstränden attraktiv für Urlauber – im Westen ist es häufig eher windig und nebelig, im Osten etwas geschützter. Ganz im Norden hinter Skagen stoßen beide Seiten aneinander; Løkken, Tornby Strand und Frederikshaven verströmen Küstenatmosphäre.

Frischer Fang

Die *røgeri* (Räucherei) in Klitmøller, die Hafenbuffets von Sæby, die schicken Restaurants von Skagen und die Speisekarten rund um Aalborg lassen keinen Zweifel zu: Fisch steht hier an erster Stelle. Ganz zu Recht, frischer geht's nicht.

S. 254

Reiseziele in Dänemark

Kopenhagen

Inhalt ➡

Gut essen

- Noma (S. 77)
- Kadeau (S. 77)
- Kanalen (S. 77)
- Höst (S. 73)

Schick ausgehen

- Ved Stranden 10 (S. 81)
- 1105 (S. 81)
- Ruby (S. 81)
- Mikkeller (S. 82)
- Lidkoeb (S. 82)

Schön übernachten

- Hotel Nimb (S. 69)
- Hotel D'Angleterre (S. 69)
- Hotel Guldsmeden (S. 70)
- CPH Living (S. 70)

Auf nach Kopenhagen!

Kopenhagen ist der angesagteste Ort im Norden Europas. Trendiger als Stockholm, weltgewandter als Oslo – von allen Hauptstädten Skandinaviens hat Kopenhagen den besonderen Kick. Ein Blick in die stilbildenden Magazine reicht, um über Bars im Industrieschick, die Design- und Modeszene oder die kulinarischen Novitäten ins Schwärmen zu geraten. In Kopenhagen sitzt der Pionier der Neuen Nordischen Küche, das Noma, das 2014 erneut zum besten Restaurant der Welt gewählt wurde und eines von 15 mit Michelinsternen ausgezeichneten Restaurants der Stadt ist. Nicht schlecht für eine Metropole mit 1,2 Mio. Einwohnern.

Fast neun Jahrhunderte royaler Geschichte haben der Stadt auch Museen von Weltklasse und Stadtansichten wie aus dem Bilderbuch beschert. Es herrscht eine heimelige Mischung aus kopfsteingepflasterten, fahrradfreundlichen Straßen und Stadthäusern mit bunten Fassaden, Handwerksateliers und gemütlichen Cafés. Dazu kommt eine kompakte Größe. Das Paket für die wahrscheinlich dichteste städtische Erfahrung in Europa ist geschnürt.

Reisezeit

Die beste Zeit ist von Mai bis August, wenn die Tage lang sind. Events wie das Distortion-Musikfestival im Juni, das Jazz Festival im Juli sowie die Strøm und die Copenhagen Pride im August verleiht der Stadt eine tolle Atmosphäre. Allerdings haben viele Toprestaurants im Juli oder August geschlossen.

Goldenes Laub und Kulturereignisse (wie Art Copenhagen und Kulturnatten) machen auch den Herbst reizvoll, während die Stadt im November und Dezember mit Weihnachtsmärkten, blinkenden Lichtern und *gløgg* (Glühwein) der Kälte trotzt.

Geschichte

Kopenhagen wurde 1167 von Bischof Absalon gegründet, der auf der Insel Slotsholmen eine kleine und bis dahin ungeschützte Hafenstadt befestigen ließ.

Kopenhagen gewann an Bedeutung und nannte sich Kømandshavn (Handelshafen), was später zu København verkürzt wurde. Absalons Festung stand bis 1369 und wurde dann bei einem Angriff der mächtigen Hansestaaten zerstört.

1376 begann der Bau einer neuen Festung auf Slotsholmen, der Burg Kopenhagen, die König Erik VII. 1416 zu seiner Residenz machte. Damit begann die Geschichte Kopenhagens als Hauptstadt von Dänemark.

Aber erst unter der Herrschaft von Christian IV., in der ersten Hälfte des 17. Jhs., erhielt die Stadt ihren Glanz. Als stolzer Renaissancebauherr begann Christian IV. ein ehrgeiziges Bauprojekt, das zwei neue Burgen und zahlreiche andere großartige Bauwerke umfasste, darunter das Rundetårn-Observatorium und die prächtige Børsen, Europas erste Börse.

Im Jahr 1711 starb ein Drittel der damals 60 000 Kopenhagener an der Beulenpest. Verheerende Brände in den Jahren 1728 und 1795 vernichteten große Teile der Stadt und die meisten Holzhäuser. Als schlimmste Katastrophe gilt der Beschuss durch die Engländer während der Napoleonischen Kriege 1807. Der Angriff auf die Innenstadt forderte unzählige zivile Opfer und setzte Hunderte von Häusern, Kirchen und öffentlichen Gebäuden in Brand.

Im 19. und 20. Jh. blühte Kopenhagen wieder auf. Es wuchs über die alten Stadtmauern hinaus und machte sich einen Namen als Zentrum für Kultur, liberale Politik und Kunst. Finstere Zeiten brachte die Besetzung der Nazis im Zweiten Weltkrieg. Die Stadt kam jedoch relativ glimpflich davon.

Während des Krieges und der vorangegangenen Wirtschaftskrise verkamen viele Wohngebiete zu Elendsvierteln. Ab 1948 wurde im Rahmen des ehrgeizigen „Finger Plans" ein Großteil der Stadt saniert, wobei neue Wohnsiedlungen mit Grünflächen, Parks und Freizeitanlagen entstanden, die sich wie Finger vom Zentrum stadtauswärts erstrecken.

In den 1960er-Jahren rebellierte die Jugend von Kopenhagen gegen wachsenden

KOPENHAGEN IN ...

... zwei Tagen

Der erste Tag beginnt mit einer Kanal- und Hafenrundfahrt und, auf dem Weg zum Designmuseum Danmark (S. 56), ein bisschen Hafenatmosphäre im Nyhavn. Mittags gibt's das berühmte Smørrebrød im Schønnemann (S. 75) und anschließend den Aufstieg auf den alten Rundetårn (S. 49) mit weitem Blick über die Stadt. Danach wird dänisches Design im Illums Bolighus (S. 88), Hay House (S. 89) oder Stilleben (S. 88) eingekauft und dann ein Restaurant im quirligen Kødbyen (ehemaliges Schlachthofviertel) in Vesterbro ausgesucht. Nach dem Essen wird der Abend vergnüglich und mit dänischer *hygge* (Gemütlichkeit) im Tivoli (S. 45) beendet. Am zweiten Tag folgen etwas dänische Geschichte im Nationalmuseet (S. 45), Mittagessen in der Markthalle Torvehallerne KBH (S. 80), ein Besuch im autonomen Viertel Christiania (S. 58) und schließlich Neue Nordische Küche im Kanalen (S. 77) oder Kadeau (S. 77). Wenn die Nacht noch jung ist, geht's weiter mit Cocktails im Ruby (S. 81) oder 1105 (S. 81) oder mit nächtlichem Jazz im La Fontaine (S. 86).

... vier Tagen

Am dritten Tag geht's raus aus der Stadt zum Kunstmuseum Louisiana (S. 94), wo auch zu Mittag gegessen wird, bevor es zurück in die Stadt zur Besichtigung des Rosenborg Slot (S. 60) geht. Anschließend kann man sich im Ved Stranden 10 (S. 81) ein wohl verdientes Gläschen Wein genehmigen. Abends steht ein edles Essen im Höst (S. 73) an oder, wer es einfacher mag, im Cock's & Cows (S. 72). Der vierte Tag beginnt mit den Meisterwerken im Statens Museum for Kunst (S. 59) oder in der Ny Carlsberg Glyptotek (S. 48). Der Rest des Tages wird mit einem Bummel durch das Multikulti-Szeneviertel Nørrebro verbracht, mit Straßenkunst, schillernden Bars und dem schönsten Friedhof der Stadt, dem Assistens Kirkegård (S. 60). Wenn der Hunger kommt, hilft ein Besuch im Manfreds og Vin (S. 79), wo einheimische Erzeugnisse schlicht und gekonnt zubereitet werden.

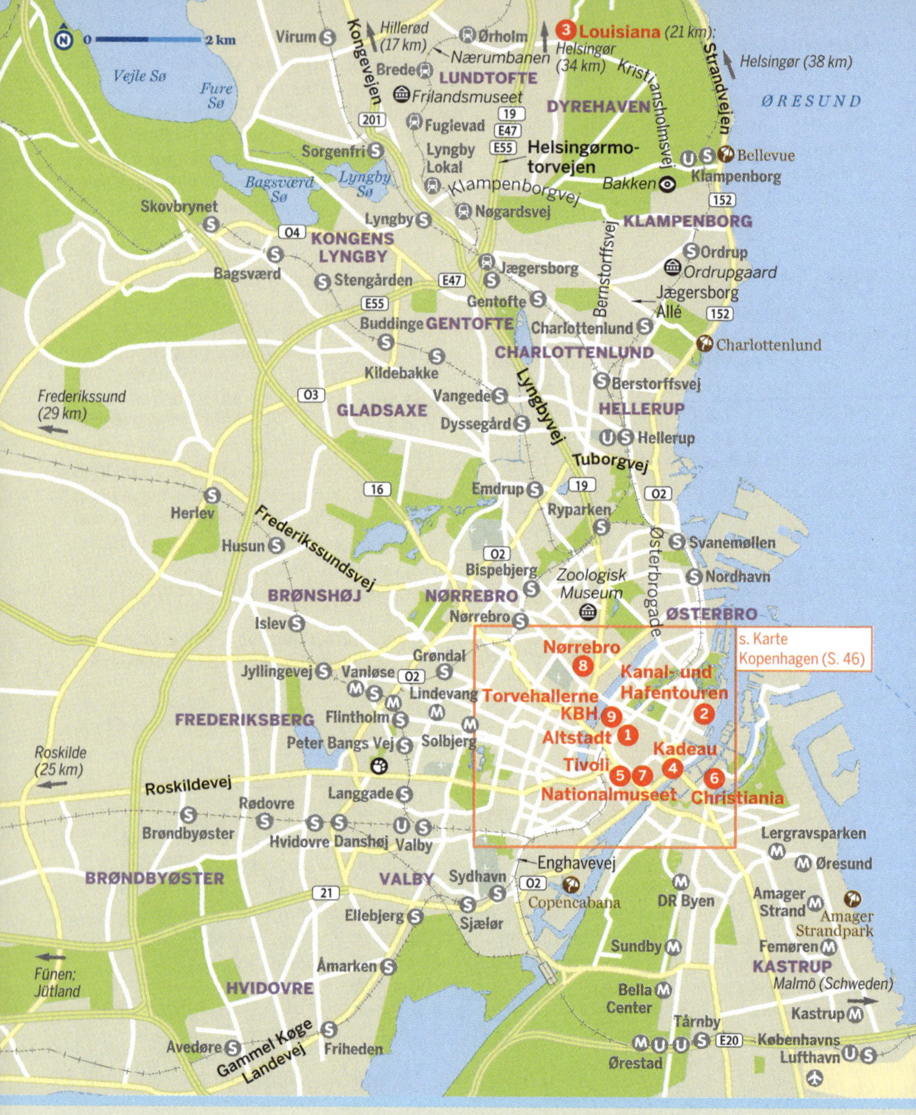

Highlights

1 Bei **Hay House** (S. 89), **Henrik Vibskov** (S. 88) und **Wood Wood** (S. 88) in der **Altstadt** dänische Designobjekte und Mode aufstöbern

2 Die Architektur der Stadt auf einer **Kanal- und Hafenrundfahrt** (S. 64) begutachten

3 Im Museum für moderne Kunst, **Louisiana** (S. 94), Inspiration finden

4 Die Geschmacksknospen mit neuer nordischer Küche verwöhnen, z. B. im **Kadeau** (S. 77)

5 Sich im nostalgischen Vergnügungspark **Tivoli** (S. 45) Spaß und Nervenkitzel hingeben

6 Im freigeistigen Viertel **Christiania** (S. 58) abhängen

7 Im **Nationalmuseet** (S. 45) etwas über die Wikinger lernen

8 In **Nørrebro** (S. 79) Bars, Boutiquen und Hans Christian Andersens Grab aufspüren

9 Sich durch den Tempel des Artisan Food, **Torvehallerne KBH** (S. 80), futtern und süffeln

Materialismus, nukleares Wettrüsten und das autoritäre Erziehungssystem. Studenten protestierten auf dem Unicampus und besetzten leer stehende Häuser in der ganzen Stadt. Die Situation gipfelte 1971 in der Besetzung eines 41 ha großen ehemaligen Kasernengeländes östlich von Christianshavn, die Freistadt Christiania getauft wurde.

In den vergangenen Jahrzehnten sorgten große Infrastrukturprojekte, gute Stadtplanung und viel Basiskreativität dafür, dass Kopenhagen von einer provinziellen skandinavischen Hauptstadt zu einem weltoffenen, internationalen Trendsetter wurde. 2014 wurde die Stadt von der einflussreichen Zeitschrift *Monocle* erneut zur lebenswertesten und vom amerikanischen Sender CNN zur gesündesten Stadt der Welt erklärt. Solche beneidenswerten Auszeichnungen werden zu einem beträchtlichen Teil auch von der ausgeprägten Radfahrkultur getragen: Mehr als die Hälfte aller Einwohner bewältigt die täglichen Wege im Fahrradsattel. Zudem plant Kopenhagen nun auch, bis 2015 die erste CO_2-neutrale Hauptstadt der Welt zu werden.

Sehenswertes

Ein großer Vorteil von Kopenhagen ist die kompakte Größe. Fast alle Sehenswürdigkeiten liegen direkt im oder nahe dem mittelalterlichen Stadtkern: Tivoli, Nationalmuseet, Statens Museum for Kunst, Marmorkirken, Nyhavn, Rosenborg, Christiansborg, Christiania und Amalienborg. Nur die Kleine Meerjungfrau liegt etwas außerhalb im Hafen.

Rådhuspladsen & Tivoli

Der große, zentrale Rådhuspladsen erstreckt sich im Herzen von Kopenhagen zwischen dem Rathaus *(rådhus)* und einer U-Bahnbaustelle. Die belebte Fußgängerzone Strøget beginnt nordöstlich des Rådhuspladsen, südwestlich davon glitzert der historische Vergnügungspark Tivoli.

★Tivoli ERLEBNISPARK

(Karte S. 52; www.tivoli.dk; Erw./Kind unter 8 J. 99 Kr/frei; ⌚Anfang April–Ende Sept. So–Do 11–22, Fr 11–0.30, Sa 11–24 Uhr, sonst kürzere Zeiten; 👪; 🚌2A, 5A, 9A, 12, 26, 250S, 350S, 🚆S-Bahn København H) Der nostalgische Tivoli bezaubert seit 1843 mit traumhaften Fahrgeschäften, blinkenden Buden, Kirmesspielen und Bühnenshows. Besucher können mit der restaurierten, über 100 Jahre alten **Achterbahn** fahren, samstagnachts das berühmte **Feuerwerk** erleben oder einfach nur die märchenhafte Atmosphäre genießen. Im Sommer bietet sich der Freitagabend für einen Besuch an. Dann treten auf der Freiluftbühne Plænen ab 22 Uhr dänische Rockbands und manchmal auch internationale Stars auf – früh eintreffen, wenn große Namen angekündigt sind.

Am romantischsten ist der Tivoli nach Sonnenuntergang, wenn die Lichterketten eingeschaltet werden, Kulturveranstaltungen beginnen und der Uhrenturm des benachbarten Rådhus im Mondlicht wie in der Kulisse eines klassischen Disney-Films in den Himmel ragt.

Jede der zahlreichen Tivoli-Bühnen hat ihren eigenen Charakter. Am bekanntesten ist wohl das Openair-Pantomimentheater, das 1874 von Vilhelm Dahlerup erbaut wurde, der auch das Hoftheater entwarf. In der großen Konzerthalle des Tivoli treten internationale Sinfonieorchester und Ballettensembles sowie Popmusiker auf. Die zahlreichen Aufführungen im Freien sind kostenlos, in den Gebäuden kosten die meisten Eintritt. Infos zu Auftrittsorten, Künstlern und Preisen gibt es auf der Website.

Tickets für Fahrbetriebe kosten 25 Kr (für einige Fahrten werden bis zu drei Tickets benötigt!), in den meisten Fällen lohnt sich die Mehrfachkarte (199 Kr).

Außerhalb der Sommersaison öffnet der Tivoli für etwa drei Wochen um Halloween herum und um die Weihnachtszeit von Mitte November bis Anfang Januar. Die aktuellen Öffnungszeiten stehen auf der Website.

★Nationalmuseet MUSEUM

(Nationalmuseum; Karte S. 52; www.natmus.dk; Ny Vestergade 10; ⌚Di–So 10–17 Uhr; 👪; 🚌1A, 2A, 11A, 33, 40, 66, 🚆S-Bahn København H) GRATIS Einen Schnellkurs in dänischer Geschichte und Kultur bietet ein Besuch im Nationalmuseum Dänemarks. Es hat das Vorrecht auf alle Artefakte, die auf dänischem Boden gefunden werden, darunter Steinzeitwerkzeug, Wikingerwaffen, Runensteine und Schmuck aus dem Mittelalter. Zu den vielen Glanzstücken gehören ein kunstvoll gefertigter, 3500 Jahre alter Sonnenwagen sowie bronzene Luren (Blashörner), von denen einige 3000 Jahre alt sind und noch heute funktionieren.

Weitere Abteilungen beschäftigen sich mit den Wikingern und den Inuit Grönlands. Die Ausstellung „Danmarkshistorier" umfasst dänische Geschichte von 1660 bis 2000, zu deren Highlights nachgebildete Wohnräume gehören (etwa eine Kopenha-

Kopenhagen

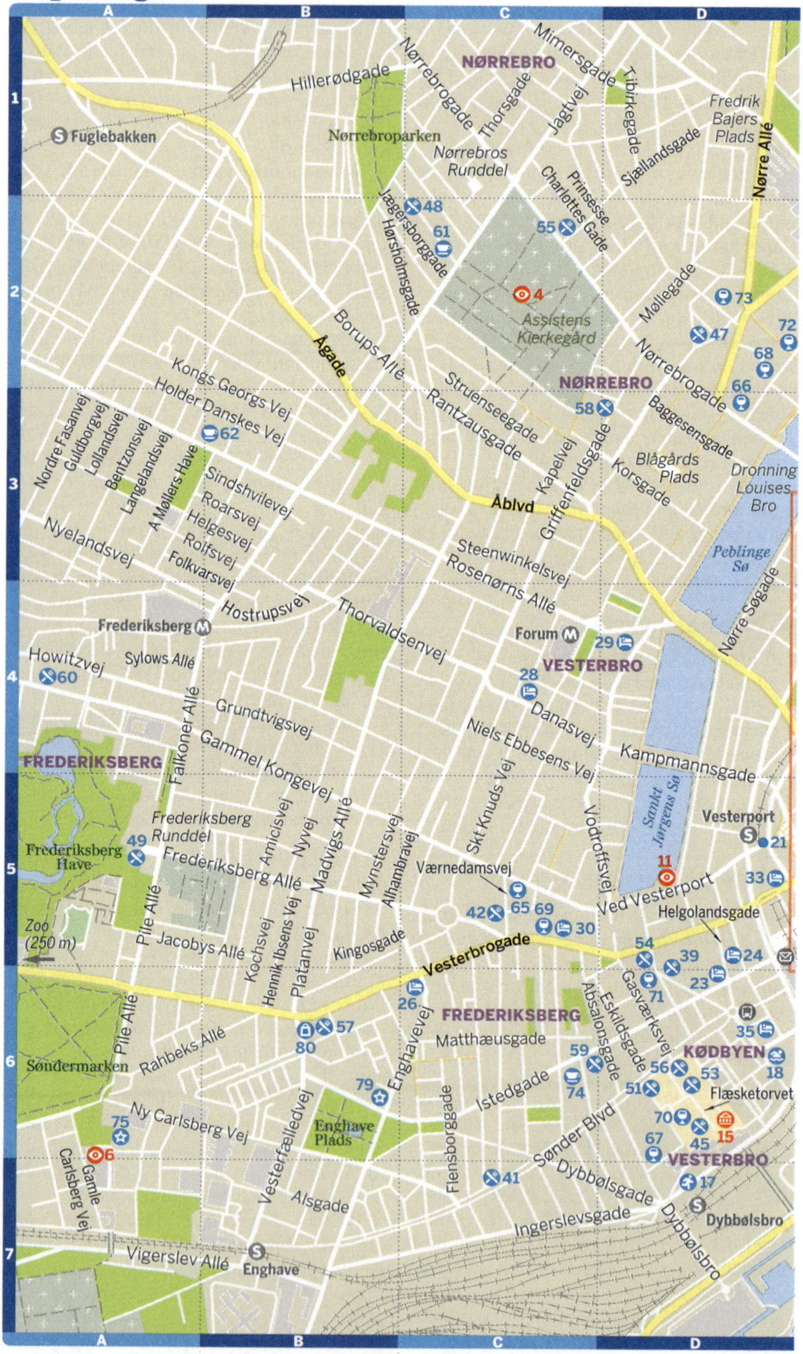

A
B
C
D
1
2
3
4
5
6
7
NØRREBRO
Mimersgade
Tibirkegade
Hillerødgade
Nørrebrogade
Thorsgade
Jagtvej
Fredrik Bajers Plads
Nørre Allé
Fuglebakken
Nørrebroparken
Nørrebros Runddel
Sjællandsgade
Prinsesse Charlottes Gade
48
61
55
Jægersborggade
Hørsholmsgade
4
Assistens Kierkegård
Møllegade
73
47
72
68
Borups Allé
Ågade
Nørrebrogade
NØRREBRO
66
Struenseegade
Rantzausgade
58
Baggesensgade
Kongs Georgs Vej
Holder Danskes Vej
62
Nordre Fasanvej
Guldborgvej
Lollandsvej
Bentzonsvej
Langelandsvej
A Møllers Have
Sindshvilevej
Roarsvej
Helgesvej
Rolfsvej
Folkvarsvej
Kapelvej
Griffenfeldsgade
Korsgade
Blågårds Plads
Dronning Louises Bro
Åblvd
Nyelandsvej
Steenwinkelsvej
Rosenørns Allé
Peblinge Sø
Nørre Søgade
Hostrupsvej
Thorvaldsenvej
Frederiksberg
Forum
29
Howitzvej
60
Sylows Allé
VESTERBRO
28
Grundtvigsvej
Falkoner Allé
Danasvej
Niels Ebbesens Vej
Kampmannsgade
FREDERIKSBERG
Gammel Kongevej
Skt Knuds Vej
Vodroffsvej
Sankt Jørgens Sø
Vesterport
21
Frederiksberg Runddel
49
Frederiksberg Have
Frederiksberg Allé
Amicisvej
Nyvej
Madvigs Allé
Mynstersvej
Alhambravej
Værnedamsvej
11
33
Ved Vesterport
Helgolandsgade
42
65
69
30
Zoo (250 m)
Pile Allé
Jacobys Allé
Kochsvej
Hennik Ibsens Vej
Platanvej
Kingosgade
Vesterbrogade
54
39
24
23
71
26
FREDERIKSBERG
Absalonsgade
Eskildsgade
Gasværksvej
35
Pile Allé
Søndermarken
Rahbeks Allé
57
80
Matthæusgade
59
KØDBYEN
18
56
53
Enghavevej
79
74
51
Flæsketorvet
Istedgade
Ny Carlsberg Vej
75
Vesterfælledvej
Enghave Plads
Flensborggade
Sønder Blvd
70
15
67
45
6
VESTERBRO
Gamle Carlsberg Vej
41
Dybbølsgade
17
Alsgade
Dybbølsbro
Ingerslevsgade
Dybbølsbro
Vigerslev Allé
Enghave

0
1 km
Fælledparken
Geranium (500 m)
Fischer (350 m)
81
Slagelsegade
Willemoes Gade
Classensgade
Kastelsvej
Garnisons Kirkegård
Dampfærgevej
Søndre Frihavn
Østbassin
Midtermolen
Langelinie Allé
Lystbådehavn
Fredrik V's Vej
Blegdamsvej
Ryesgade
Sortedam Dossering
Dag Hammerskjölds Allé
Kristianiagade
Folke Bernadottes Allé
Juliane Maries Vej
Tagensvej
Amorparken
Øster Søgade
Øster Farimagsgade
Sortedams Sø
Fredensgade
Fredensbro
Ravnsborggade
Østerport
ØSTERPORT
13
12
Kastellet
Stockholmsgade
Østre Anlæg
Smedelinien
Grønningen
37
10
Sølvgade
Øster Voldgade
8
Churchillparken
Statens Museum for Kunst
3
14
9
Rigensgade
Gernersgade
Skt Pauls Gade
Esplanaden
25
Botanisk Have
5
63
Adelgade
Designmuseum Danmark
2
s. Karte Kopenhagen – Zentrum (S. 52)
Kongens Have
NØRREPORT
Kronprinsessegade
Store Kongensgade
Bredgade
Amalienborg plads
Yderhavnen
Nørreport
Israels Plads
Nørre Voldgade
Gothersgade
Toldbodgade
Larsens Plads
Ørsteds Parken
Sankt Annæ Plads
Amaliehaven
77
Krystalgade
NYHAVN
34
Inderhavnen
Nyhavn
Tordenskjoldsgade
22
78
40
Holmen
Papirøen (Papierinsel)
64
Kongens Nytorv
H C Andersens Blvd
Nygade
STRØGET
52
Holmens Bro
Havnegade
Farvergade
Stormbro
Børsgade
44
Tøjhusgade
Knippelsbro
Christiansborg
TIVOLI
Torvegade
Christiania
1
Refshalevej
København Hovedbanegården (Hauptbahnhof)
16
Prinsessegade
50
76
CHRISTIANIA
46
Mitchellsgade
32
43
Christianshavn
38
CHRISTIANSHAVN
27
31
Langebro
Langebrogade
Stadsgraven
Hambrosgade
Christmas Møllers Plads
Carsten Niebuhrs Gade
20
19
Halvandet (2,8 km)
36
Havneparken
Stadsgraven
Kalvebod Brygge
Amager Blvd
Amagerbrogade
Amagerfælledvej
Sydhavnen
Njalsgade
Egilsgade
Gunløgsgade
Bergthorasgade
Halfdansgade
Artillerivej
Islands Brygge
Hollænderdybet
Frelsers Kirkegård
Islands Brygge
Emil Holms Kanal
DR Koncerthus (500 m)
SUNBY
Amagerbro
7
E
F
G
H
1
2
3
4
5
6
7

Kopenhagen

Highlights
1 Christiania ... H5
2 Designmuseum Danmark ... G3
3 Statens Museum for Kunst ... F3

Sehenswertes
4 Assistens Kirkegård ... C2
5 Botanisk Have ... E3
6 Carlsberg-Besucherzentrum ... A6
7 Cykelslangen ... E7
8 Gefion-Brunnen ... H2
9 Geologisk Museum ... F3
10 Hirschsprung ... F2
11 Imax Tycho Brahe Planetarium ... D5
12 Kastellet ... H2
13 Kleine Meerjungfrau ... H2
14 Palmehus ... E3
15 V1 Gallery ... D6
16 Vor Frelsers Kirke ... G5

Aktivitäten, Kurse & Touren
17 Baisikeli ... D7
18 DGI-byen ... D6
19 GoBoat ... F6
20 Islands Brygge Havnebadet ... F6
21 Nordic Noir Tours ... D5

Schlafen
22 71 Nyhavn Hotel ... G4
23 Andersen Hotel ... D6
24 Axel Guldsmeden ... D5
25 Babette Guldsmeden ... G3
26 Bertrams Guldsmeden ... C6
27 Cabinn City ... E6
28 Cabinn Express ... C4
29 Cabinn Scandinavia ... D4
30 Carlton Guldsmeden ... C5
31 CPH Living ... F6
32 Danhostel Copenhagen City ... F6
33 Radisson BLU Royal Hotel ... D5
34 Scandic Front ... G4
35 Tiffany ... D6
36 Wakeup Copenhagen ... E6

Essen
37 Aamanns Takeaway ... F2
Alberto K ... (s. 33)
38 Bastionen + Løven ... H6
39 Cofoco ... D5
40 Copenhagen Street Food ... H4
41 Dyrehaven ... C7
42 Granola ... C5
43 Kadeau ... G6
44 Kanalen ... G5
45 Kødbyens Fiskebar ... D6
46 Lagkagehuset ... G6
47 Laundromat Cafe ... D2
48 Manfreds og Vin ... C2
49 Mielcke & Hurtigkarl ... A5
50 Morgenstedet ... H5
51 Mother ... D6
52 Noma ... H5
53 Nose2Tail ... D6
54 Øl & Brød ... D5
55 Oysters & Grill ... C2
56 Paté Paté ... D6
57 Pony ... B6
58 Pop – et Spiseri ... D3
59 Siciliansk Is ... C6
60 Sokkelund ... A4

Ausgehen & Nachtleben
Bakken ... (s. 53)
61 Coffee Collective ... C2
62 Coffee Collective Frederiksberg ... B3
63 Culture Box ... G3
64 Den Plettede Gris ... H4
65 Falernum ... C5
66 Kassen ... D3
67 KBIII ... D6
68 Kind of Blue ... D2
69 Lidkoeb ... C5
Malbeck ... (s. 47)
70 Mesteren & Lærlingen ... D6
71 Mikkeller ... D6
72 Nørrebro Bryghus ... D2
73 Rust ... D2
74 Sort Kaffe & Vinyl ... C6

Unterhaltung
75 Dansehallerne ... A6
76 Loppen ... H5
77 Operaen ... H4
78 Skuespilhuset ... H4
79 Vega Live ... B6

Shoppen
80 Designer Zoo ... B6
81 Normann Copenhagen ... F1

gener Wohnung aus dem 18. Jh.) und eine witzige Spielzeugsammlung, darunter ein regelrechtes Dorf aus Puppenhäusern. Zum Komplex gehört auch ein hervorragendes **Kindermuseum** sowie eine Abteilung für klassische Altertümer mit ägyptischen Mumien. Erholung von den vielen Eindrücken bieten das nette Museumscafé und der gut bestückte Souvenirladen.

★ **Ny Carlsberg Glyptotek** MUSEUM
(Karte S. 52; www.glyptoteket.dk; Dantes Plads 7, HC Andersens Blvd; Erw./Kind 75 Kr/frei, So frei; Di–So 11–17 Uhr; 1A, 2A, 11A, 33, 40, 66, S-Bahn København H) In der Ny Carlsberg Glyptotek gehen die Fin-de-Siècle-Architektur und die vielseitige Kunstsammlung eine zauberhafte Verbindung ein. Die Sammlung ist in zwei Abteilungen aufgeteilt: zum einen der

größte Schatz von Altertümern in Nordeuropa, zum anderen dänische und französische Kunst des 19. Jhs. Letztere enthält die größte Sammlung von Rodin-Skulpturen außerhalb Frankreichs und 47 Gauguin-Gemälde. Sie sind neben Werken von Cézanne, van Gogh, Pissarro, Monet und Renoir ausgestellt.

Das Herz des Museums bildet ein glasüberdachter Wintergarten mit Palmen und Café, das besonders im Winter sehr einladend ist.

Ein zusätzliches Vergnügen sind die Sommerkonzerte klassischer Musik im August/September (Eintritt um 75 Kr) in der Konzerthalle des Museums, die stimmungsvoll mit lebensgroßen Statuen römischer Patrizier bestückt ist. Die Konzerte beginnen meist sonntags um 12 Uhr.

Rådhus HISTORISCHES GEBÄUDE
(Rathaus; Karte S. 52; ⌚Mo–Fr 7.45–17, Sa 10–13 Uhr; 🚌12, 26, 33, 1A, 2A, 11A, 40, 66, 🚆S-Bahn København H) GRATIS Das 1905 im Stil der Nationalromantik vollendete Rathaus ist das Werk des Architekten Martin Nyrop. Das berühmteste Inventar des Gebäudes ist die eigentümliche **Jens-Olsens-Weltuhr** (Karte S. 52; ⌚Mo–Fr 9–17, Sa 10–13 Uhr) GRATIS, die von dem Astromechaniker Jens Olsen (1872–1945) entworfen wurde und eine Million Kronen kostete. Sie zeigt nicht nur die lokale Zeit an, sondern auch die Sonnen- und Sternzeit, Sonnenaufgang und Sonnenuntergang, Bewegung des Firmaments und der Himmelspole, Planetenbewegungen, den gregorianischen Kalender und sogar die beweglichen Feiertage! Besucher können auch den 105 m hohen **Rathausturm** (Eintritt 20 Kr; ⌚Führung Mo–Fr 11 & 14, Sa 12 Uhr, mind. 4 Pers.) besteigen, um einen Blick über die Stadt zu genießen.

Die Architektur des Gebäudes ist von mittelalterlichen dänischen und norditalienischen Stilformen beeinflusst, letztere ist im **Innenhof** (⌚tgl. 9–16 Uhr) mit seinen vielen Brunnen besonders ausgeprägt. An der Fassade ist über dem Haupteingang eine goldene Statue von Bischof Absalon angebracht, der die Stadt 1167 gegründet hatte.

Strøget & Latinerkvarter

Die Fußgängerzone Strøget zieht sich vom Rådhuspladsen bis zum Kongens Nytorv durch die Altstadt Kopenhagens. Die „Hauptstraße" der Stadt besteht eigentlich aus fünf fortlaufenden Straßen – ein rastloses Band aus Kauflustigen, fotografierenden Touristen und Straßenkünstlern unterschiedlichen Talents dominiert das Bild. Am westlichen Ende besteht die Strøget nur aus Souvenirläden, Billigboutiquen und Dönerbuden. Das Bild verändert sich nach Osten Richtung Kongens Nytorv, wo Designläden, Kaufhäuser und Luxusboutiquen zu finden sind. Viele dieser Geschäfte verkaufen die üblichen globalen Marken, dazwischen gibt es durchschnittliche, überteuerte Cafés und Restaurants. Unser Vorschlag? Einmal durchlaufen reicht, dann in die Seitenstraßen abbiegen, wo eine insgesamt nettere und beschaulichere Atmosphäre herrscht.

Rundetårn HISTORISCHES GEBÄUDE
(Karte S. 52; www.rundetaarn.dk; Købmagergade 52; Erw./Kind 25/5 Kr; ⌚Ende Mai–Ende Sept. 10–20 Uhr, sonst kürzere Zeiten; Observatorium meist Okt. & März Di & Mi 19–21 Uhr, Nov.–Feb. Di & Mi 18–21 Uhr; 🚌5A, 14, 11A, Ⓜ Nørreport) Beim Aufstieg zur Plattform des 34,8 m hohen, runden Backsteinturms folgen Besucher den Fußspuren berühmter Persönlichkeiten, z. B. von König Christian IV., der das Observatorium für den berühmten Astronomen Tycho Brahe 1642 erbauen ließ, den Hufspuren des Pferdes von Zar Peter dem Großen und der Legende nach auch den Reifenspuren eines Autos, das 1902 die spiralförmige Rampe hinaufgefahren sein soll. Letzteres ist zwar nicht bewiesen, aber oben bietet sich ein großartiger Blick über die Dächer und Kirchturmspitzen der Stadt.

Der Turm dient bis heute als hervorragende Plattform für Sternengucker und ist das älteste Observatorium Europas. Besucher, die den Nachthimmel durch das 3 m lange Teleskop in der Dachkuppel betrachten wollen, sollten die Öffnungszeiten und -tage telefonisch erfragen, da sie variieren.

Latinerkvarter STADTTEIL
(Karte S. 52; 🚌11A, 5A, 6A, 14, Ⓜ Nørreport) Das Latinerkvarter („Quartier Latin" bzw. Lateinisches Viertel), das sich ostwärts vom Vor Frue Plads über die Store Kannikestræde und Skindergade bis zur Købmagergade sowie über die Fiolstræde bis zur Nørre Voldgade ausbreitet, wurde so genannt, weil sich hier der alte Campus der Københavns Universitet (Universität Kopenhagen) befand. Drumherum entstanden Antiquariate und Cafés. Es ist ein wunderbares Viertel mit bildhübschen Ecken wie dem **Gråbrødretorv** (Franziskanerplatz) aus der Mitte des 17. Jhs.

Die 1479 gegründete Universität ist längst über ihre alten Gebäude hinausgewachsen und verbreitet sich mit ihren Fakultäten über die ganze Stadt.

Vor Frue Kirke KIRCHE
(Karte S. 52; www.koebenhavnsdomkirke.dk; Nørregade 8; ⌚8–17 Uhr, bei Gottesdiensten & Konzerten nicht zugänglich; 🚌11A) Kopenhagens derzeitige Kathedrale, die 1191 geweiht und nach verheerenden Feuersbrünsten dreimal wiederaufgebaut wurde, stammt von 1829. Ihr klassizistisches Aussehen mit hohen Gewölbedecken und Säulen ist das Werk von C. F. Hansen. Die Statuen von Christus und den Aposteln hat der Bildhauer Bertel Thorvaldsen 1839 vollendet; sie gelten als seine besten Arbeiten. Seine Darstellung Christi mit tröstenden, offenen Armen ist das weltweit beliebteste Modell für Jesusstatuen. Im Mai 2004 fand in der Kathedrale die Hochzeit von Kronprinz Frederik mit der Australierin Mary Donaldson statt.

Sankt Petri Kirke KIRCHE
(Karte S. 52; ☎33 13 38 33; Sankt Pedersstræde 2; ⌚Mi–Sa 11–15 Uhr) Ein weiteres, sehr ansprechendes Gotteshaus im alten Universitätsviertel ist die Sankt Petri Kirke, eine deutsche Kirche aus dem 15. Jh. und damit das älteste Kirchengebäude der Stadt.

Nikolaj Kunsthal GALERIE
(Karte S. 52; ☎33 18 17 80; www.nikolajkunsthal.dk; Nikolaj Plads 10; Erw./Kind 20 Kr/frei, Mi frei; ⌚Di, Mi & Fr–So 12–17, Do bis 21 Uhr; 🚌1A, 2A, 15, 19, 26, 350S, Ⓜ Kongens Nytorv) Die Nikolaikirche aus dem 13. Jh. ist heute ein Zentrum für zeitgenössische Kunst, in dem jährlich etwa ein halbes Dutzend Ausstellungen stattfinden. Sie konzentrieren sich hauptsächlich auf aktuelle Themen der Kultur, Politik und Gesellschaft, die durch verschiedene Medien dargestellt werden, von Fotografie bis Aktionskunst. In dem Zentrum befindet sich auch das behagliche, angesehene Restaurant Maven.

Kunstforeningen GL Strand GALERIE
(Karte S. 52; ☎33 36 02 60; www.glstrand.dk; Gammel Strand 48; Erw./Kind 65 Kr/frei; ⌚Di & Do–So 11–17, Mi bis 20 Uhr; 🚌1A, 2A, 11A, 26, 40, 66) Die dänische Künstlergewerkschaft fördert nach wie vor in ihrem Hauptsitz junge und progressive Talente mit jährlich fünf bis sechs Ausstellungen moderner und zeitgenössischer Kunst. Darin werden dänische und internationale Künstler auf der Basis aktueller und zukunftsweisender Trends in der Kunstwelt präsentiert.

Strædet STRASSE
(Karte S. 52; Strædet; 🚌11A) Die Strædet, die parallel zur wuseligen Strøget verläuft, ist eine der schönsten Einkaufsstraßen Kopenhagens. Sie besteht eigentlich aus zwei Straßen, der Kompagnistræde und der Læderstræde, und sie ist gesäumt von Antiksilber- und Juweliergeschäften und gemütlichen Cafés.

Domhuset HISTORISCHES GEBÄUDE
(Karte S. 52; Nytorv; ⌚Mo–Fr 8.30–15 Uhr; 🚌11A) Kopenhagens klassizistisches Gerichtsgebäude von 1815 wurde von Christian Frederik Hansen entworfen, dem Architekten der Vor Frue Kirke. Es ist über eine „Seufzerbrücke“ mit Gefängniszellen gegenüber in der Slutterigade verbunden. Die Worte über der Gerichtstreppe, „Med Lov Skal Man Land Bygge“ (Mit dem Gesetz soll das Land gebaut werden), stammen aus dem Jütland-Codex, einer Gesetzesordnung, die 1214 für Dänemark festgelegt wurde. Besucher können einen Blick ins Gebäude werfen, was aber nicht so gern gesehen wird.

Slotsholmen

Slotsholmen, eine kleine, vom Stadtzentrum durch einen grabenartigen Kanal getrennte Insel, ist der Sitz der dänischen Regierung und eine wahre Fundgrube historischer Stätten. Prunkstück ist das imposante **Christiansborg Slot**, in dem das Folketinget (das dänische Parlament) tagt und verschiedene Regierungsbüros untergebracht sind.

Mehrere kurze Brücken verbinden die Insel mit der Stadt drumherum. Von der Ny Vestergade geht es von Westen her nach Slotsholmen und nach der Brücke gleich in den großen Hof von Christiansborg, der an den Marstall grenzt und wo auch eine **Reiterstatue von Christian IX.** (1863–1906) steht.

Die Ställe und Gebäude um den Haupthof herum stammen aus den 1730er-Jahren, als Christian VI. den ursprünglichen Christiansborg-Palast erbauen ließ, um die schlichtere Festung Kopenhagen zu ersetzen.

Der Westflügel des Schlosses ging 1794 in Flammen auf, wurde im frühen 19. Jh. wieder aufgebaut und 1884 abermals vom Feuer zerstört. 1907 schließlich legte Frederik VIII. den Grundstein für das dritte (und jetzige) Schloss Christiansborg. Nach dessen Vollendung zogen hier das dänische Parlament und das Oberste Gericht ein.

★Thorvaldsens Museum MUSEUM

(Karte S. 52; www.thorvaldsensmuseum.dk; Bertel Thorvaldsens Plads; Erw./Kind 40 Kr/frei, Mi frei; ⏲Di–So 10–17 Uhr; 🚌1A, 2A, 11A, 26, 40, 66) Was wie ein buntes griechisch-römisches Mausoleum aussieht, ist tatsächlich ein Museum für die Werke des berühmten dänischen Bildhauers Bertel Thorvaldsen (1770–1844). Stark von der Mythologie beeinflusst, kehrte Thorvaldsen nach 40 Jahren Aufenthalt in Rom nach Kopenhagen zurück und stiftete seine private Sammlung dem dänischen Staat. Im Gegenzug stellte die Königsfamilie das Land für den Bau dieses bemerkenswerten Komplexes zur Verfügung, in dem die Zeichnungen, Gipsmodelle und Statuen des Bildhauers untergebracht sind. Das Museum zeigt auch Thorvaldsens eigene Sammlung mediterraner Altertümer.

De Kongelige Repræsentationslokaler HISTORISCHES GEBÄUDE

(Königliche Audienzsäle; Karte S. 52; www.ses.dk; Erw./Kind 80/40 Kr; ⏲Mai–Sept. tgl. 10–17 Uhr, sonst Mo geschl., Führungen auf Dänisch 11 Uhr, auf Englisch 15 Uhr; 🚌1A, 2A, 9A, 11A, 26, 40, 66) Der prachtvollste Teil von Christiansborg ist der kunstvolle Renaissancesaal, in dem die Königin Bankette gibt und Staatsoberhäupter empfängt. Bemerkenswert sind die sehr farbenfrohen Wandteppiche, auf denen die dänische Geschichte von der Wikingerzeit bis heute dargestellt ist. Über ein Jahrzehnt (bis 2000) dauerte es, bis die von dem Gobelindesigner Bjørn Nørgaard entworfenen Werke vollendet waren. Zu den interessantesten Stücken gehört eine Darstellung der Königin und ihres Mannes als Adam und Eva (vollständig bekleidet) in einem dänischen Garten Eden.

Christiansborg Slotskirke KIRCHE

(Karte S. 52; ⏲So 10–17 Uhr, Juli tgl.; 🚌1A, 2A, 9A, 11A, 26, 40, 66) Die strenge, klassizistische Kirche aus dem 19. Jh. von C. F. Hansen erlitt während des Copenhagen Carnival 1992 schwere Schäden. Ein verirrter Feuerwerkskörper traf ein Gerüst, das die Kirche zu Restaurationszwecken umgab, setzte das Dach in Brand und zerstörte die Kuppel. Wie durch ein Wunder blieb ein bemerkenswertes Fries von Bertel Thorvaldsen, das die Decke gleich unter der Kuppel umringt, erhalten. Die Restauratoren setzten ihre Arbeit in erweitertem Umfang fort, und die Kirche wurde dann 1997 wiedereröffnet.

Teatermuseet MUSEUM

(Theatermuseum; Karte S. 52; ☎33 11 51 76; www.teatermuseet.dk; Christiansborg Ridebane 18; Erw./Kind 40 Kr/frei; ⏲Di–Do 11–15, Sa & So 13–16 Uhr; 🚌1A, 2A, 9A, 11A, 26, 40, 66) Im wunderbar atmosphärischen Hoftheater von 1767 fanden einst Aufführungen aller Art statt, italienische Opern ebenso wie Ballette dänischer Ensembles; zu einem gehörte auch der junge Eleve Hans Christian Andersen. Das Theater, das seit 1842 unverändert blieb, ist heute ein Theatermuseum. Bühne, Logen und Garderoben können besichtigt werden – außerdem Kulissenmodelle, Zeichnungen, Kostüme und historische Plakate, welche die Geschichte des dänischen Theaters dokumentieren. Wer mag, kann einen Blick in die königlichen Logen werfen – die von Christian VIII. hat sogar eine Toilette.

Ruinerne under Christiansborg RUINEN

(Ruinen unter Christiansborg; Karte S. 52; www.ses.dk; Erw./Kind 40/20 Kr; ⏲tgl. 10–17 Uhr, Okt.–April Mo geschl., Führungen auf Englisch Sa 12 Uhr, auf Dänisch So 12 Uhr; 🚌1A, 2A, 9A, 11A, 26, 40, 66) Ein Rundgang durch das an eine Krypta erinnernde Kellergeschoss von Slotsholmen, bekannt als Ruinerne under Christiansborg, bietet einen ungewöhnlichen Einblick in die lange Geschichte Kopenhagens. Unter dem Turm des heutigen Schlosses liegen die Überreste von zwei älteren Burgen. Am bemerkenswertesten sind die Ruinen von Bischof Absalons Festung, der ersten Burg auf Slotsholmen, errichtet 1167.

De Kongelige Stalde MUSEUM

(Königliche Stallungen; Karte S. 52; ☎33 40 10 10; www.kongehuset.dk; Erw./Kind 40/20 Kr; ⏲Juli tgl. 10–17 Uhr, Mai, Juni & Sept. tgl. 13.30–16 Uhr, Okt.–April Mo geschl., Führungen auf Englisch Sa 14 Uhr, auf Dänisch So 14 Uhr; 🚌1A, 2A, 9A, 11A, 26, 40, 66) Besucher können die alten Kutschen, Uniformen und Reitausrüstungen, die anlässlich königlicher Empfänge zum Teil noch genutzt werden, bestaunen. Sogar die Kutsch- und Reitpferde der Königsfamilie sind zu sehen.

Folketinget PARLAMENT

(Karte S. 52; ☎33 37 32 21; www.thedanishparliament.dk; Rigsdagsgården; ⏲Führungen auf Englisch Juli–Mitte Aug. So–Fr 13 Uhr, sonst seltener; 🚌1A, 2A, 9A, 11A, 26, 40, 66) GRATIS Im Folketinget debattieren die 179 dänischen Parlamentsmitglieder. Führungen umfassen auch die Wandelhalle mit dem Original der Verfassung des Königreichs Dänemark, die 1849 in Kraft getreten ist. Außerhalb der Hochsai-

Kopenhagen – Zentrum

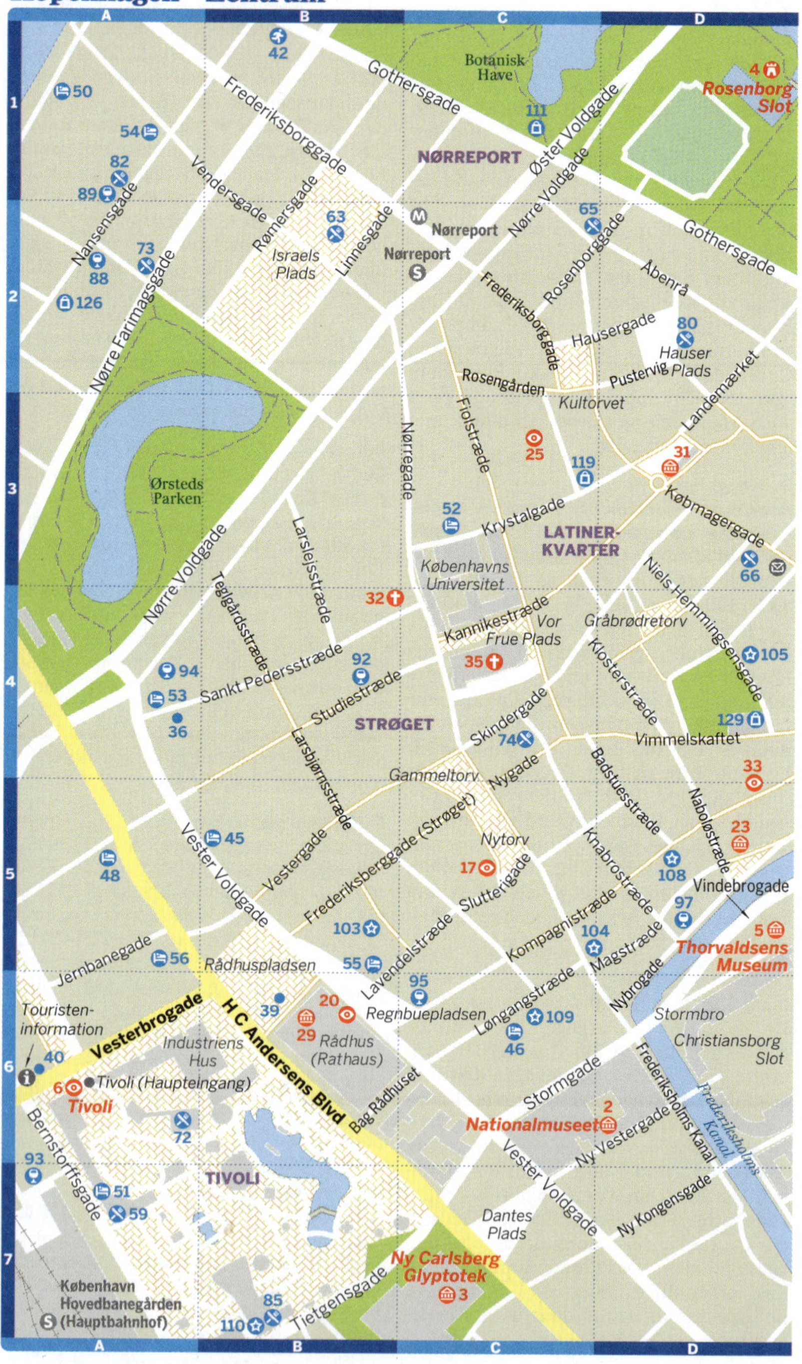

0
500 m
Kongens Have
Davids Samling
Kronprinsessegade
Adelgade
Borgergade
Store Kongensgade
Fredericiagade
Frederiksgade
Amalienborg Slotsplad
Dronningens Tværgade
Lønporten
Møntergade
Gothersgade
Gammel Mønt
Ny Østergade
Store Regnegade
Grønnegade
Sværtegade
Antonigade
Silkegade
Pilestræde
Østergade
Kongens Nytorv
Lille Kongensgade
Bremerholm
Nikolajgade
Vingårdsstræde
Læderstræde
Højbro Plads
Fortunstræde
Dybens Gade
Laksegade
Ved Stranden
Holmens Kanal
Niels Juels Gade
Holmens Bro
Bredgade
Sankt Annæ Plads
Amaliegade
Store Strandstr
Strandstr
NYHAVN
Netto Bådene
Nyhavn
Heibersgade
Toldbodgade
Nyhavnbro
Herluf Trolles Gade
Tordenskjoldsgade
Holbergsgade
Havnegade
Børsbroen
Slotsholms Kanal
Børsgade
Tøjhusgade
Slotsholmsgade
Knippelsbro
CHRISTIANSHAVN
Strandgade
Tøjhusmuseet
SLOTSHOLMEN
Christians Brygge
Søren Kierkegaards Plads
Inderhavnen
Torvegade
KOPENHAGEN

Kopenhagen – Zentrum

Highlights

1 Davids Samling F2
2 Nationalmuseet D6
3 Ny Carlsberg Glyptotek C7
4 Rosenborg Slot D1
5 Thorvaldsens Museum D5
6 Tivoli A6

Sehenswertes

7 Aleksander Newsky Kirke H1
8 Amalienborg Slot H2
9 Børsen F6
10 Christiansborg Slot E5
11 Christiansborg Slotskirke E5
12 Dansk Arkitektur Centre H6
13 Dansk Jødisk Museum E7
14 De Kongelige Repræsentationslokaler E5
15 De Kongelige Stalde E6
16 Det Kongelige Bibliotek F7
17 Domhuset C5
18 Folketinget E6
19 Holmens Kirke F5
20 Jens-Olsens-Weltuhr B6
21 Kongens Have E1
22 Kongernes Lapidarium E7
23 Kunstforeningen GL Strand D5
24 Kunsthal Charlottenborg G4
25 Latinerkvarter C3
26 Marmorkirken H1
27 Nikolaj Kunsthal E4
28 Overgaden H7
29 Rådhus B6
30 Ruinerne under Christiansborg E6
31 Rundetårn D3
32 Sankt Petri Kirke B4
33 Strædet D5
34 Teatermuseet E6
35 Vor Frue Kirke C4

Aktivitäten, Kurse & Touren

36 Bike Copenhagen With Mike A4
37 Canal Tours Copenhagen G3
Christianshavns Bådudlejning og Café .... (s. 90)
38 Copenhagen City Sightseeing E5
39 Copenhagen Free Walking Tours B6
40 CPH:cool A6
41 Kayak Republic G6
42 Københavns Cyklerbørs B1
43 Netto-Bådene F5

Schlafen

44 Copenhagen Strand H5
45 First Hotel Kong Frederik B5
46 First Hotel Twentyseven C6
47 Generator Hostel F2
48 Hotel Alexandra A5
49 Hotel d'Angleterre F3
50 Hotel Kong Arthur A1
51 Hotel Nimb A7
52 Hotel Skt Petri C3
53 Hotel SP34 .... A4
54 Ibsens Hotel A1
55 Palace Hotel B5
56 Square A5
57 Wakeup Copenhagen F2

Essen

58 42° Raw E3
59 Andersen Bakery A7
60 Atelier September F3
61 Big Apple E2
62 Bistro Pastis F2
63 Bottega della Pasta B2
64 Brasserie Granberg F3
65 Brdr.Price C2
66 Café Hovedtelegrafen D3
67 Cafe Wilder H7
68 Ché Fè F2

son im Sommer finden die Führungen generell sonntags und feiertags um 13 Uhr statt – Termine sind auf der Website angekündigt, über die auch Tickets für die Führungen gebucht werden können.

Kongernes Lapidarium MUSEUM

(Lapidarium der Könige; Karte S. 52; www.kongerneslapidarium.dk; Frederiksholms Kanal 29; Erw./Kind 4–17 J. 50/25 Kr; ⌚Mai–Sept. tgl. 10–17 Uhr, sonst Mo geschl.; 🚌1A, 2A, 9A, 11A, 26, 40, 66, 🚉Det Kongelige Bibliotek) Das Lapidarium der Könige in Christians IV. alter Brauerei, einem außergewöhnlichen Gebäude von 1608, zeigt originale Skulpturen aus den Schlössern und Gärten Dänemarks. Darunter sind auch die originalen Sandsteinfiguren der Normandsdalen des Fredensborg Slot aus dem 18. Jh., die in ihrer Darstellung einfacher Norweger und Färöer einzigartig sind. Noch bemerkenswerter ist die Reiterstatue Frederiks V. aus dem 18. Jh. des französischen Bildhauers Jacques Saly, die erst nach über 20 Jahren Arbeit vollendet und schließlich teurer war als das gesamte Schloss Amalienborg.

Das Werk, das als schönste Reiterstatue der Welt gilt, musste zerlegt und wieder zusammengesetzt werden, um überhaupt ins Museum zu passen – und das auch nur knapp: Zwischen Frederiks Lorbeerkranz und der Decke sind gerade einmal 4 cm Luft. In der Nähe steht Abraham Lamoureuxs spektakuläre Reiterstatue von Christan V. aus dem 17. Jh., die erste Reiterstatue eines skandinavischen Königs. Eine Bronzereplik aus dem 20. Jh. schmückt heute den Kongens Nytorv.

69	Clou	F2
70	Cock's & Cows	E5
71	Damindra	H4
	Grød	(s. 63)
72	Grøften	A6
	Hallernes Smørrebrød	(s. 63)
73	Höst	A2
74	La Glace	C4
75	Meyers Bageri	G2
76	Øieblikket	E7
	Omegn	(s. 63)
77	Orangeriet	F1
78	Palæo	E3
79	Rebel	G2
80	Schønnemann	D2
81	Søren K	F7
82	Sticks 'N' Sushi	A1
83	The Yogurt Shop	F3
	Torvehallerne KBH	(s. 63)
84	Union Kitchen	H3
85	Wagamama	B7
86	Wokshop Cantina	F3

Ausgehen & Nachtleben

87	1105	F3
88	Bankerät	A2
89	Bibendum	A1
90	Christianshavns Bådudlejning og Café	H7
	Coffee Collective	(s. 63)
91	Forloren Espresso	G2
92	Jailhouse CPH	B4
93	Library Bar	A7
94	Never Mind	A4
	Nimb Bar	(s. 51)
95	Oscar Bar & Café	C6
96	Palæ Bar	F3
97	Ruby	D5
98	Sunday	F4
99	Union Bar	G3
100	Ved Stranden 10	E5

Unterhaltung

101	Cinemateket	E2
102	Det Kongelige Teater	G4
103	Grand Teatret	B5
104	Huset KBH	C5
105	Jazzhouse	D4
106	Jazzhus Montmartre	F3
107	Københavns Musikteater	E3
108	La Fontaine	D5
109	Mojo	C6
110	Tivoli Koncertsal	B7

Shoppen

111	Botanisk Haves Butik	C1
112	Bruuns Bazaar	E3
113	By Malene Birger	E3
114	Day Birger Mikkelsen	E4
115	Filippa K	F3
116	Georg Jensen	E4
117	Han Kjøbenhavn	E3
118	Hay House	E4
119	Henrik Vibskov	C3
120	Hoff	E3
121	Illum	E4
122	Illums Bolighus	E4
123	Klassik Moderne Møbelkunst	G3
124	Le Klint	E4
125	Magasin	F4
126	Piet Breinholm – The Last Bag	A2
127	Pop Cph	E3
128	Royal Copenhagen Porcelain	E4
129	Stilleben	D4
130	Storm	E3
131	Susanne Juul	G3
	Unika by Arla	(s. 63)
132	Wood Wood	E3

Det Kongelige Bibliotek BIBLIOTHEK

(Königliche Bibliothek; Karte S. 52; ☎33 47 47 47; www.kb.dk; Søren Kierkegaards Plads; ⏰Juli & Aug. Mo–Sa 8–19 Uhr, sonst bis 22 Uhr; 🚌1A, 2A, 9A, 11A, 26, 40, 66, Det Kongelige Bibliotek) GRATIS Skandinaviens größte Bibliothek besteht aus zwei sehr unterschiedlichen Teilen: dem ursprünglichen Backsteingebäude aus dem 19. Jh. und dem aufsehenerregenden Neubau „Schwarzer Diamant", ein abgeschrägtes Parallelogramm aus glattem, schwarzen Granit und Rauchglas. Vom hohen Atrium direkt am Wasser führt eine Rolltreppe hoch zu einem 210 m² großen Wandgemälde des gefeierten dänischen Künstlers Per Kirkeby. Dahinter geht es über einen Korridor zur „alten Bibliothek" und ihrem prächtigen Hogwart-artigen Lesesaal mit alten Leselampen und klassischen Säulen.

Die Bibliothek bewahrt nicht nur sämtliche dänische Druckwerke seit 1482 auf, sondern zeigt auch faszinierende Wechselausstellungen zur zeitgenössischen Kunst, Fotografie und Geschichte. Zudem residieren hier das Café Øieblikket (S. 74) und das modern-dänische Restaurant Søren K (S. 74).

Dansk Jødisk Museum MUSEUM

(Karte S. 52; ☎33 11 22 18; www.jewmus.dk; Kongelige Bibliotekshave (Königlicher Bibliotheksgarten); Erw./Kind 50 Kr/frei; ⏰Juni–Aug. Di–So 10–17 Uhr, sonst Di–Fr 13–16, Sa & So 12–17 Uhr; 🚌1A, 2A, 11, 40, 66, 350S) Das Dänische Jüdische Museum, von dem gebürtigen Polen Daniel Libeskind entworfen, ist im ehemaligen königlichen Bootshaus untergebracht. Das Gebäude aus dem frühen 17. Jh. gehörte einst zur Hafenanlage von Christian IV. Im faszinierenden, geometrisch umgebauten Innenraum ist die ständige Ausstellung über die dänischen Juden untergebracht. Der Eingang befindet sich im Kongelige Bibliotekshave hinter der Kongelige Bibliotek (Königliche Bibliothek).

Holmens Kirke KIRCHE
(Kirche der königlich-dänischen Marine; Karte S. 52; www.holmenskirke.dk; Holmens Kanal 9; Mo, Mi, Fr & Sa 10–16, Di & Do bis 15.30, So 12–16 Uhr; 1A, 2A, 11, 29, 350S) 1967 heiratete Königin Margrethe II. in dieser Kirche, deren niederländische Renaissancearchitektur weitgehend aus dem Jahr 1641 stammt. Das Kirchenschiff wurde 1562 ursprünglich als Ankerschmiede gebaut, 1619 dann zur Kirche für die königliche Marine umgestaltet. In der Begräbniskapelle ruhen die sterblichen Überreste von Admiral Niels Juel, der in der entscheidenden Schlacht in der Bucht von Køge 1677 die Schweden zurückdrängte. Weitere Schmuckstücke sind der Altaraufsatz und die Kanzel, beide kunstvoll aus Eichenholz geschnitzt.

Børsen HISTORISCHES GEBÄUDE
(Karte S. 52; Børsgade; 1A, 2A, 9A, 40, 350S) Nicht viele Börsen sind von einer 56 m hohen Turmspitze gekrönt, die von vier verschlungenen Drachenschwänzen gebildet wird. Aber die Børsen ist es. Der elegante Bau, der Anfang des 17. Jhs. an der Ostseite von Slotholmen errichtet wurde, besitzt üppig geschmückte Giebel und ein auffälliges Kupferdach. Die noch heute genutzte Handelskammer, die während der wechselvollen Herrschaft Christians IV. eröffnet wurde, ist die älteste Europas, allerdings meist nicht für Besucher zugänglich.

Vom Nyhavn zur Kleinen Meerjungfrau

Der Kanal Nyhavn wurde gebaut, um den Kongens Nytorv mit dem Hafen zu verbinden. Es war lange ein Lieblingsort der Matrosen und Schriftsteller, darunter Hans Christian Andersen, der dort den Großteil seines Lebens (nacheinander in den Häusern Nummer 20, 18 und 67) verbrachte. Heute ist der Nyhavn von Touristen, bunten Giebelhäusern, Heringsbuffets und schäumendem Bier bestimmt. Jenseits des trubeligen Nyhavn liegt das hochherrschaftliche Viertel Frederiksstaden mit dem Wohnsitz der beliebten königlichen Familie, der pompösen Marmorkirken, dem empfehlenswerten Designmuseum Danmark sowie herausragenden Kunstgalerien und Antiquitätenläden in den Straßen Bredgade und Store Kongensgade. Am nördlichen Ende liegen die alte Stadtfestung Kastellet und gleich nebenan die enttäuschendste Sehenswürdigkeit Kopenhagens: die Kleine Meerjungfrau.

★ **Designmuseum Danmark** MUSEUM
(Karte S. 46; www.designmuseum.dk; Bredgade 68; Erw./Kind 75 Kr/frei; Di & Do–So 11–17, Mi bis 21 Uhr; 1A) Das einstige Frederikshospital aus dem 18. Jh. ist heute das herausragende Designmuseum Danmark, ein Muss für alle Fans der Gebrauchskunst und des Indus-

KOPENHAGEN GRATIS

Kopenhagen hat den Ruf, sehr teuer zu sein. Viele der Hauptsehenswürdigkeiten sind jedoch mindestens an einem Tag der Woche kostenlos. Die Geldbörse kann bei einem Besuch der folgenden Orte in der Tasche bleiben (täglich oder es wird gesondert angegeben):

- Assistens Kirkegård (S. 60)
- Christiania (S. 58)
- Kirchen, einschließlich Marmorkirken (S. 57)
- Davids Samling (S. 60)
- Den Hirschsprungske Samling (S. 60) (nur mittwochs kostenlos)
- Folketinget (S. 51)
- Nationalmuseet (S. 46)
- Ny Carlsberg Glyptotek (S. 48) (nur sonntags kostenlos)
- Statens Museum for Kunst (S. 59)
- Thorvaldsens Museum (S. 51) (nur mittwochs kostenlos)
- V1 Gallery (S. 62)

triedesigns. Zur ziemlich umfangreichen Sammlung gehören dänisches Silber und Porzellan, Textilien sowie Kult-Designstücke moderner Trendsetter wie Kaare Klint, Poul Henningsen und Arne Jacobsen. Ebenso ausgestellt sind alte chinesische und japanische Keramiken sowie europäische Ornamentkunst des 18. und 19. Jhs.

Das Designmuseum liegt 250 m nördlich der Marmorkirken.

Amalienborg Slot SCHLOSS

(Karte S. 52; ☎33 12 21 86; dkks.dk/amalienborg museet/amalienborg; Amalienborg Plads; Erw./Kind 90 Kr/frei; ⏲Mai–Okt. tgl. 10–16 Uhr, sonst kürzere Zeiten; 🚌1A, 26) Amalienborg Slot, Residenz der derzeitig amtierenden Königin Margrethe II., besteht aus vier strengen, separaten Palais aus dem 18. Jh. um einen großen, kopfsteingepflasterten Platz. Dort findet auch täglich um 12 Uhr der Wachwechsel statt, nachdem die neue Wache um 11.30 Uhr von der Kaserne in der Gothersgade durch das Stadtzentrum marschiert ist. In einem der Palais sind die königlichen Gemächer ausgestellt, die von 1863 bis 1947 von drei Generationen des Königshauses bewohnt wurden. Die rekonstruierten Räume sind mit vergoldeten Ledertapisserien, Trompe-l'oeil-Gemälden, Familienfotos und Antiquitäten ausgestattet.

Sie umfassen Arbeitszimmer und Salon von Christian IX. (1863–1906) und Königin Louise, deren sechs Kinder in fast ebenso viele Königshäuser eingeheiratet haben: Eines bestieg z. B. den Thron von Griechenland, ein anderes heiratete den russischen Zaren Alexander III. Im klassizistischen Galasaal stehen Statuen von Euterpe und Terpsichore, die der junge Bertel Thorvaldsen geschaffen hat.

Marmorkirken KIRCHE

(Marmorkirche; Karte S. 52; ☎33 15 01 44; www.marmorkirken.dk; Frederiksgade 4; Kuppel Erw./Kind 35/20 Kr, Kirche Eintritt frei; ⏲Kirche Mo, Di, Do & Sa 10–17, Mi 10–18.30, Fr & So 12–17 Uhr, Kuppel Mitte Juni–Mitte Aug. tgl. 13 & 15 Uhr, sonst Sa & So 13 & 15 Uhr; 🚌1A) Die 1894 geweihte, neobarocke Marmorkirche (offiziell Frederikskirken) ist eines der imposantesten Bauwerke der Stadt. Ihre grandiose Kuppel – mit einem Durchmesser von über 30 m und vom Petersdom in Rom inspiriert – kann am Wochenende bestiegen werden. Die Kirche wurde von Frederik V. in Auftrag gegeben und von Nicolai Eigtved entworfen. Baubeginn war 1749, aber wegen der ausufernden Kosten wurde das Projekt gestoppt. Die Rettung kam in Form des reichsten Bankiers Dänemarks im 19. Jh., Carl Frederik Tietgen, der den Weiterbau finanzierte.

Außen ist die Kirche von Statuen dänischer Theologen und Heiliger umgeben.

NICHT VERSÄUMEN

CYKELSLANGEN: DIE FAHRRADSCHLANGE

Zwei der größten Leidenschaften der Dänen – Design und Radfahren – verbinden sich spektakulär auf der **Cykelslangen** (Karte S. 46), der Fahrradschlange. Der 235 m lange und von den Kopenhagener Architekten Dissing + Weitling entworfene Radweg erinnert an ein schlankes, orangefarbenes Band, dessen sanft kurvige Fom großartig mit den blockartigen Bauten der Umgebung kontrastiert. Der Hochweg schlängelt sich von der Bryggebro (Brygge-Brücke) westwärts über den Hafen hinweg zum Einkaufszentrum Fisketorvet und bietet damit ein einmaliges Radfahrerlebnis. Mit öffentlichen Verkehrsmitteln ist der Weg mit dem Bus 30 bis Einkaufszentrum Fisketorvet zu erreichen, am schönsten aber tatsächlich auf dem Fahrrad zu erleben, da die Cykelslangen nur für Radfahrer zugänglich ist.

Kunsthal Charlottenborg MUSEUM

(Karte S. 52; ☎33 74 46 39; www.kunsthalcharlottenborg.dk; Nyhavn 2; Erw./Kind 60 Kr/frei, Mi nach 17 Uhr frei; ⏲Di & Do–So 11–17, Mi bis 20 Uhr; 🚌1A, 15, 19, 26, 350S, Ⓜ Kongens Nytorv) Charlottenborg am Kongens Nytorv wurde 1683 als Schloss für die königliche Familie gebaut. Seit 1754 ist hier Det Kongelige Kunstakademi (Königliche Kunstakademie) untergebracht, sie lockt Kulturbeflissene mit wechselnden Ausstellungen zu zeitgenössischer dänischer und internationaler Kunst an.

Kastellet FESTUNG

(Karte S. 46; 🚌1A, ⛴Nordre Toldbod) Die sternförmige Festung Kastellet wurde 1662 von Frederik III. in Auftrag gegeben. Heute ist sie eine der stimmungsvollsten historischen Stätten der Stadt. Der grasbewachsene Wall und Graben umgibt schöne Kasernen aus dem 18. Jh. sowie eine Kapelle, die gelegentlich für Konzerte genutzt wird. Auf dem Wall steht eine historische Windmühle, von hier bieten sich auch herrliche Aussichten auf die Kleine Meerjungfrau, den Hafen und in der anderen Richtung auf die Marmorkirken.

Gleich hinter dem Südostrand der Festung steht Anders Bundgaards monumentaler **Gefion-Brunnen** (Gefionspringvandet; Karte S. 46), auf dem die nordische Göttin Gefion einige ziemlich stoische Ochsen lenkt.

Aleksander Nevskij Kirke KIRCHE
(Karte S. 52; ☎33 13 60 46; Bredgade 53; ⌚nur bei Gottesdiensten geöffnet; 🚌1A) Die Aleksander Nevskij Kirke wurde mit ihrer goldenen Kuppel 1883 im russisch-byzantinischen Stil samt Marmortreppe, Mosaikböden und byzantinischen Fresken vollendet. Der bronzene Kronleuchter war ein Geschenk von Zar Alexander III., der die Kirche auch in Auftrag gab.

Christianshavn

Christianshavn, teilweise Schauplatz des Romans bzw. Films *Fräulein Smillas Gespür für Schnee*, erinnert mit den glitzernden Kanälen, den Straßencafés und der gelassenen Stimmung etwas an Amsterdam. Das Viertel am Ostrand der Stadt wurde von Christian IV. im frühen 17. Jh. als Handelszentrum und militärischer Schutzwall für die expandierende Stadt gegründet. Die Ähnlichkeit mit Amsterdam ist kein Zufall: Das Netz der Wasserstraßen ist nach dem Vorbild der niederländischen Grachten entstanden. An den Freigeist von Amsterdam erinnert auch die berühmteste Attraktion des Bezirks: die alternative Freistadt Christiania.

★ **Christiania** AUTONOMES GEBIET
(Karte S. 46; www.christiania.org; Prinsessegade; 🚌9A, 2A, 40, 350S, Ⓜ Christianshavn) Die Freistadt Christiania an der Ostseite von Christianshavn ist ein Ort für Aussteiger mit Dreadlocks und Refugium vom kapitalistischen Stress. Seit es 1971 von Hausbesetzern gegründet wurde, hat das Areal mit seinen Kollektiv-Betrieben und -Werkstätten und dem gemeinschaftlichen Leben Nonkonformisten aus der ganzen Welt angezogen. Wer die Siedlung auch jenseits der berüchtigten „Pusher Street" mit Hasch- und Marihuanadealern erkundet, wird auf ein fast ländliches Wunderland aus skurrilen selbstgebauten Häusern, idyllischen Gärten sowie Kunsthandwerksläden, Restaurants, Biergärten und Musiklokalen stoßen.

Das Areal war vor der Gründung als alternative autonome Enklave ein 41 ha großes Militärgebiet. Nach der Besetzung versuchte die Polizei das Gebiet zu räumen. Die Hippierevolution war auf ihrem Höhepunkt, und Menschen aus der alternativen Szene strömten nonstop hierher.

Die Regierung beugte sich dem öffentlichen Druck und erlaubte das Fortbestehen der Kommune als soziales Experiment. Die selbstverwalteten, ökologisch orientierten und weitgehend toleranten Bewohner von Christiania hielten es mit der Zeit dann doch für notwendig, ein paar Gesetze einzuführen. Harte Drogen wurden verboten und die Heroin- und Kokaindealer ausgewiesen.

Der Hauptzugang nach Christiania liegt an der Prinsessegade, 200 m nordöstlich der Kreuzung mit der Bådsmandsstræde. Von Ende Juni bis Ende August werden täglich um 15 Uhr (September bis Ende Juni nur am Wochenende) 60- bis 90-minütige Führungen (40 Kr) durch Christiania angeboten. Sie beginnen gleich am Hauptzugang in der Prinsessegade.

Vor Frelsers Kirke KIRCHE
(Karte S. 46; www.vorfrelserskirke.dk; Sankt Annæ Gade 29; Kirche frei, Turm Erw./Kind 40/10 Kr; ⌚11–15.30 Uhr, bei Gottesdiensten nicht zugänglich, Turm Juni–Sept. Mo–Sa 10–19.15, So 10.30–19.15 Uhr, sonst kürzere Zeiten 🚌9A, 2A, 40, 350S, Ⓜ Christianshavn) Die Kirche aus dem 17. Jh. ist mit ihrem 95 m hohen, spiralförmigen Turm kaum zu übersehen. Ein umwerfender Panoramablick über die Stadt eröffnet sich nach dem schwindelerregenden Aufstieg über 400 Stufen bis zur Spitze – die letzten 150 Stufen gehen über den äußeren Rand des Turms, werden immer schmaler, bis sie praktisch an der Spitze ganz verschwunden sind. Die originelle Turmspitze nach dem Vorbild von Borrominis Turm der Sant'Ivo in Rom wurde 1752 von Lauritz de Thurah hinzugefügt. Der Innenraum beeindruckt mit einer kunstvoll geschnitzten Orgel von 1698 und einem verschnörkelten Barockaltar.

Dansk Arkitektur Centre GALERIE
(Dänisches Architekturzentrum; Karte S. 52; ☎32 57 19 30; www.dac.dk; Strandgade 27B; Ausstellung Erw./Kind 40 Kr/frei, Mi 17–21 Uhr frei; ⌚Ausstellung & Buchladen Mo, Di & Do–So 10–17, Mi bis 21 Uhr, Café Mo–Fr ab 11, Sa & So 10–16 Uhr; 🚌2A, 19, 47, 66, 350S, Ⓜ Christianshavn) Das Dänische Architekturzentrum befindet sich im Gammel Dok, einem Hafenspeicher aus dem 19. Jh. Abgesehen von dem exzellenten Buchladen und dem Panoramacafé bietet das Zentrum Wechselausstellungen zur dä-

nischen und internationalen Architektur. Von Mai bis September organisiert es sonntags auch zweistündige Stadtrundgänge (125 Kr). Die Themen der Touren und genaue Infos stehen auf der Website.

Overgaden GALERIE

(Karte S. 52; ☎32 57 72 73; www.overgaden.org; Overgaden Neden Vandet 17; ⌚Di, Mi & Fr 13–17, Do bis 20 Uhr; 🚌2A, 9A, 40, 350S, Ⓜ Christianshavn) GRATIS Die von auswärtigen Gästen selten besuchte gemeinnützige Galerie zeigt etwa zehn Ausstellungen pro Jahr. Schwerpunkt sind zeitgenössische Installationen und Fotografie, meist von jüngeren Künstlern. Die Galerie hat auch ein vollgepacktes Programm mit Künstlergesprächen, Vorträgen und Filmvorführungen. Aktuelle Events stehen auf der Website.

Von Nørreport bis Nørrebro

Zwei der interessantesten Stadtteile Kopenhagens säumen die seichten Binnenseen der Stadt: Nørreport im Süden und Nørrebro im Nordwesten. Nørreports Hauptstraße ist die Nansensgade, eine unauffällige Straße, in der sich stimmungsvolle Cafés, Bars und individuelle Boutiquen tummeln. Auf der anderen Seite des Wassers befindet sich das lebhaftere Nørrebro mit dicht gedrängten, wild bemalten Wohnhäusern aus dem 19. Jh., multikulturellem Flair, belebten Cafés, Bars und Clubs und originellen Shops.

Lange waren Straßen wie die Elmegade, Blågårdsgade, Ravnsborggade und Sankt Hans Torv die coolsten in Nørrebro, in jüngerer Zeit hat sich die Jægersborggade westlich des bezaubernden Friedhofs Assistens Kirkegård zum Magneten entwickelt. In der einst berüchtigten Drogenmeile sind heute spitzenmäßige Restaurants, Cafés sowie Läden mit dänischem Design und Mode zu finden.

★ Statens Museum for Kunst MUSEUM

(Karte S. 46; www.smk.dk; Sølvgade 48–50; Sonderausstellungen Erw./Kind 110 Kr/frei; ⌚Di & Do–So 10–17, Mi bis 20 Uhr; 🚌6A, 26, 42, 173E, 184, 185) GRATIS Die dänische Nationalgalerie verteilt sich auf zwei gegensätzliche, miteinander verbundene Gebäude: ein Palais aus dem späten 19. Jh. und einen strikt minimalistischen Neubau. Das Museum zeigt Werke aus dem Mittelalter und der Renaissance sowie niederländische und flämische Meister, darunter Rubens, Brueghel und Rembrandt. Es besitzt die weltbeste Werksammlung dänischer Künstler aus dem „Goldenen Zeitalter"

DIE KLEINE MEERJUNGFRAU

New York hat seine Freiheitsstatue, Sydney sein (von einem Dänen entworfenes) Opernhaus, und wenn die Welt an Kopenhagen denkt, kommt ihr wahrscheinlich die **Kleine Meerjungfrau** (Den Lille Havfrue; Karte S. 46; 🚌1A, ⛴Nordre Toldbod) in den Sinn. Ob man sie nun liebt oder hasst (Kopenhagener erschaudern schon bei der Erwähnung ihres Namens), aber diese kleine, unspektakuläre Statue ist zweifellos die meist fotografierte Sehenswürdigkeit Dänemarks. Gleichzeitig sorgt sie bei zahllosen Touristen für enttäuschtes Achselzucken, wenn sie nach rund einem Kilometer Fußmarsch am oft windigen Kai entlang vor ihr stehen.

1909 war der dänische Bierbaron Carl Jacobsen von einer Ballettaufführung des Märchens *Die Kleine Meerjungfrau* von Hans Christian Andersen so gerührt, dass er den Bildhauer Edvard Eriksen beauftragte, als Schmuck für den Kopenhagener Hafen eine Statue der Nixe zu schaffen. Das Gesicht der berühmten Statue wurde nach der Ballerina Ellen Price modelliert, während Eline Eriksen, die Frau des Bildhauers, für den Körper Modell stand.

Die Weltwirtschaftskrise und die deutsche Besetzung während des Zweiten Weltkriegs hat die Kleine Meerjungfrau unbeschadet überstanden, doch in den letzten Jahren ist es dem Star Dänemarks weniger gut ergangen. Mehrere Enthauptungen und verlorene Körperteile waren die Folge von Vandalismus und politischen Protestaktionen.

Zum Teil als Reaktion darauf hat Carlsberg im Jahr 2006 bei dem dänischen Künstler Bjørn Nørgaard eine neue Kleine Meerjungfrau in Auftrag gegeben. Die „genetisch manipulierte" neue Jungfrau sitzt nur einige hundert Meter vom Original entfernt. Und auch wenn Eriksens Schöpfung unbestritten die hübschere Version ist, kommt Nørgaards missgebildete Figur dem Geist von Andersens düsteren, verwickelten Märchen irgendwie näher. Seine fischschwänzige Heldin erleidet physische und psychische Qualen … und findet ihr Liebesglück dennoch nicht.

im 19. Jh., etwa Eckersberg, Krøyer und Hammershøi, ausländische Meister wie Matisse und Picasso sowie moderne dänische Größen wie Per Kirkeby, Richard Mortensen und Asger Jørn. Zu den zeitgenössischen Stars zählen das dänisch-norwegische Duo Elmgreen und Dragset und der in Vietnam geborene dänische Künstler Danh Vo.

Das Museum hat auch eine umfängliche Sammlung von Zeichnungen, Stichen und Lithografien von prominenten Künstlern wie Degas und Toulouse-Lautrec. Das Café mit den auffallend bunten geometrischen Elementen haben der Designer Peter Lassen und der Künstler Bjørn Nørgaard gestaltet. Aktuelle Wechselausstellungen sind auf der Website angekündigt.

★ Rosenborg Slot — SCHLOSS

(Karte S. 52; dkks.dk; Øster Voldgade 4A; Erw./Kind 90 Kr/frei, inkl. Schloss Amalienborg 125 Kr/frei; Juni–Aug. tgl. 10–17 Uhr, Mai, Sept. & Okt. tgl. 10–16 Uhr, sonst kürzere Zeiten; 6A, 11A, 42, 150S, 173E, 184, 185, 350S, M Nørreport) Das märchenhafte Rosenborg Slot mit Türmchen, Giebeln und Burggraben wurde zwischen 1606 und 1633 unter König Christian IV. im Stil der niederländischen Renaissance als Sommerresidenz erbaut. Heute bergen die 24 oberen Räume des Schlosses in chronologischer Reihenfolge die Möbel und Porträts eines jeden Monarchen von Christian IV. bis Frederik VII. Das Glanzstück ist die Schatzkammer im Kellergewölbe, in dem die funkelnden Kronjuwelen aufbewahrt werden, darunter die prachtvolle Krone Christians IV. und das juwelenbesetzte Schwert Christians III.

König Frederik IV. war Rosenborg zu beengt, und er baute daher im 18. Jh. ein größeres Schloss in Fredensborg nördlich der Stadt. In den folgenden Jahren wurde Rosenborg hauptsächlich für offizielle Empfänge und zur Verwahrung der königlichen Erbstücke genutzt. In den 1830er-Jahren entschied die Königsfamilie, das Schloss als Museum für Besucher zu öffnen, es aber weiterhin als Schatzkammer für königliche Insignien und Kronjuwelen zu nutzen.

Informationstafeln sind zwar kaum vorhanden, aber Smartphone-Benutzer mit einer Scanner-App können über die Balkencodes der Ausstellung Informationen über die Highlights der Sammlung herunterladen. Wer kein Smartphone besitzt – oder einfach umfassendere Informationen zur Sammlung wünscht –, kann sich am Kartenschalter einen Katalog besorgen, der dort verliehen (10 Kr) bzw. verkauft (25 Kr) wird.

Kongens Have — PARK

(Königsgarten; Karte S. 52; 6A, 11A, 42, 150S, 173E, 184 185, 350S, M Nørreport) GRATIS Den ältesten Park in Kopenhagen ließ ursprünglich Anfang des 17. Jhs. Christian IV. als Gemüsegarten anlegen. Heute hat der Park etwas mehr zu bieten, nämlich gepflegte Blumenbeete, romantische Wege und ein Marionettentheater mit kostenlosen Vorstellungen im Sommer (Di–So 14 & 15 Uhr). Das Theater befindet sich an der Nordostseite des Parks in einem der klassizistischen Pavillons, die der dänische Architekt Peter Meyn entworfen hat.

★ Davids Samling — MUSEUM

(Karte S. 52; 33 73 49 49; www.davidmus.dk; Kronprinsessegade 30; Di & Do–So 10–17, Mi bis 21 Uhr; 1A, 11, 15, 26, 350S) GRATIS Davids Samling, östlich vom Kongens Have, ist eine herrliche Rarität. Das Museum beherbergt die größte Sammlung islamischer Kunst in Skandinavien, darunter Schmuck, Keramik, Seide und kostbare Stücke wie ein 3000 Jahre alter ägyptischer Krug aus Bergkristall und ein 500 Jahre alter indischer, mit Rubinen besetzter Dolch. Hinzu kommen dänische, niederländische, englische und französische Kunst, Porzellan, Silberwaren und Möbel aus dem 17. bis 19. Jh.

Die Sammlung wurde dem Museum von dem 1960 verstorbenen Rechtsanwalt Christian Ludvig David vermacht und wird von seiner Stiftung verwaltet. Das Museum befindet sich in seinem ehemaligen Wohnhaus, einer klassizistischen Villa von 1806.

Den Hirschsprungske Samling — MUSEUM

(Karte S. 46; 35 42 03 36; www.hirschsprung.dk; Stockholmsgade 20; Erw./Kind 75 Kr/frei, Mi frei; Di–So 11–16 Uhr; 6A, 14, 40, 42, 43, 150S) Das Museum ist der dänischen Kunst des 19. und 20. Jhs. gewidmet und ein kleines Schmuckkästchen voller wunderbarer Überraschungen für Freunde der klassischen Ära dänischer Ölmalerei. Die ursprünglich private Sammlung des Tabakmagnaten Heinrich Hirschsprung umfasst Werke aus dem „Goldenen Zeitalter" von Malern wie Christen Købke und C. W. Eckersberg, der Skagen-Maler P. S. Krøyer und Anna und Michael Ancher sowie Arbeiten dänischer Symbolisten und Maler von der Insel Fünen.

Assistens Kirkegård — FRIEDHOF

(Karte S. 46; 35 37 19 17; http://assistens.dk; Kapelvej 4; April–Sept. 7–22 Uhr, Okt.–März bis 19 Uhr; 5A, 350S) Der berühmte Friedhof ist die letzte Ruhestätte berühmter Bürger Dänemarks, darunter des Philosophen Søren Kierkegaard, des Physikers Niels Bohr, des Dichters Hans Christian Andersen und der Maler Jens Juel, Christen Købke und C. W. Eckersberg. Die wunderbare Atmosphäre des Friedhofs, der ebenso Park wie Garten ist, lädt zum Flanieren ein. Der Haupteingang befindet sich am Kapelvej, wo im Büro (werktags 10–16 Uhr) eine Broschüre mit einem Verzeichnis berühmter Grabstätten erhältlich ist.

Botanisk Have GARTEN

(Botanischer Garten; Karte S. 46; http://botanik.snm.ku.dk; Haupteingang Gothersgade 140; ⌚Mai–Sept. tgl. 8.30–18 Uhr, Okt.–April Di–So 8.30–16 Uhr; 👪; 🚌6A, 11A, 14, 40, 42, 150S, 173E, 184, 185, Ⓜ Nørreport, 🚆S-Bahn Nørreport) Der erholsame und romantische botanische Garten Kopenhagens erhebt den Anspruch, die größte Sammlung lebender Pflanzen Dänemarks zu besitzen. Besucher können über die beschaulichen Wege mit ihren Zitaten dänischer Dichter und Schriftsteller (auf Dänisch) schlendern, im **Palmehus** (Karte S. 46; ⌚Mai–Sept. 10–15 Uhr, Okt.–April Mo geschl.) aus dem 19. Jh. in wärmeres Klima fliehen und in dem hinreißenden kleinen **Andenkenladen** (Karte S. 52; ⌚April–Sept. 10–17 Uhr, sonst Di–So bis 15.30 Uhr) Honig der garteneigenen Bienen kaufen. In der Nordwestecke des Gartens liegt das altmodische **Geologisk Museum** (Geologiemuseum; Karte S. 46; Øster Voldgade 5–7; Erw./Kind 40 Kr/frei; ⌚Di–Fr 10–13, Sa & So 13–16 Uhr), das einen Besuch wegen seiner botanischen Zeichnungen, schillernden Mineraliensammlung und des quietschbunten Wandbilds im Treppenhaus des verehrten dänischen Künstlers Per Kirkeby lohnt.

Von Vesterbro bis Frederiksberg

Zwei unterschiedlichere Nachbarn als das grüne, bürgerliche Frederiksberg und das graue, städtische Vesterbro kann man sich kaum vorstellen. In beiden Stadtteilen gibt es einiges zu sehen, außerdem Restaurants, Bars und Cafés, die auf jeder Besuchsliste stehen sollten.

Vesterbro beginnt westlich des Hauptbahnhofs København H mit der berüchtigten Istedgade. Am Bahnhofsende der Straße liegt das Rotlichtviertel der Stadt, mit Sexshops, Massagesalons, Junkies, knapp bekleideten Prostituierten und billigen Hotels. Weiter westlich verwandelt sich die Istedgade in eine der interessantesten Straßen der Stadt, gesäumt von individuellen Boutiquen, arabischen Gemüseläden sowie Cafés und Bars, die von Kreativen aus Vesterbro bevölkert sind.

Südlich der Istedgade liegt Kødbyen (wörtlich: Fleischstadt), das ehemalige Schlachthofviertel. Das alte Industriegelände hat sich in einen der Trendbezirke der Stadt verwandelt, mit einer sich ständig erweiternden Schar cooler Restaurants und Bars im Industrieschick.

Nördlich der Istedgade liegt die Vesterbrogade, eine populäre Einkaufsstraße mit Supermärkten und durchschnittlichen Modegeschäften. An der Kreuzung Vesterbrogade und Frederiksberg Allé geht es rechts in den stimmungsvollen Værndamsvej. In der schnuckeligen kleinen Straße, auch „Klein-Paris" genannt, gibt's lebhafte Cafés, Weinbars, Restaurants und Modeboutiquen.

Weiter Richtung Westen beginnt das respektable Frederiksberg, wo zwei der beliebtesten Besucherziele der Stadt liegen: der Zoo und das Besucherzentrum der Carlsberg-Brauerei. Außerdem gibt es hier mit Ny Carlsberg Vej 68 einen interessanten Galeriekomplex für zeitgenössische Kunst und den romantischsten Park Kopenhagens, den Frederiksberg Have, mit dem kulinarischen Highlight Mielcke & Hurtigkarl.

Carlsberg-Besucherzentrum BRAUEREI

(Karte S. 46; ☎33 27 12 82; www.visitcarlsberg.dk; Gamle Carlsberg Vej 11, Vesterbro; Erw./Kind 80/60 Kr; ⌚Di–So 10–17 Uhr; 🚌18, 26) Direkt neben der architektonisch eigenwilligen Brauerei erkundet das Carlsberg-Besucherzentrum die Geschichte des dänischen Biers seit 1370 v. Chr. (ja, die Moorleiche eines Mädchens mit einem Krug des gut abgelagerten Gebräus im Arm wurde per Radiokarbonmethode tatsächlich auf dieses Alter datiert). Es sind alte, kupferne Braukessel und gut ein Dutzend Jütland-Brauereipferde zu sehen. Dioramen illustrieren die Hintergründe des Brauprozesses. Der Besuch endet in der Bar, wo jedem Besucher zwei Gläser Freibier ausgeschenkt werden.

Zoo ZOO

(☎72 20 02 00; www.zoo.dk; Roskildevej 32, Frederiksberg; Erw./Kind 160/95 Kr; ⌚Juni & Aug. 10–18 Uhr, Juli bis 20 Uhr, sonst kürzere Zeiten; 🚌4A, 6A, 72) Im Kopenhagener Zoo auf dem Frederiksberg tummeln sich über 2500 Tiere, darunter Löwen, Zebras, Nilpferde und Gorillas. Das hochmoderne Elefantengehege wurde vom englischen Architekten Norman Foster entworfen, und im neueren

Arktisgehege, dem „Arctic Ring", können Besucher direkt durch das Eisbärbecken laufen und den pelzigen Tieren gefährlich nahe kommen.

V1 Gallery GALERIE

(Karte S. 46; ☎33 31 03 21; www.v1gallery.com; Flæsketorvet 69–71, Vesterbro; ⏰bei Ausstellungen Mi–Fr 12–18, Sa bis 16 Uhr; 🚌10, 14) GRATIS Die V1 in Kødbyen (dem ehemaligen Schlachthofviertel von Vesterbro) ist die progressivste Kunstgalerie Kopenhagens. Gezeigt werden aktuelle Werke von jungen und etablierten dänischen und ausländischen Künstlern. Einige der angesagtesten Namen der Graffiti- und Street-Art haben hier schon ausgestellt, vom Briten Banksy bis zu den US-Amerikanern Todd James und Lydia Fong (alias Barry McGee).

Imax Tycho Brahe Planetarium PLANETARIUM

(Karte S. 46; ☎33 12 12 24; www.tycho.dk; Gammel Kongevej 10, Vesterbro; Erw./Kind 144/94 Kr; ⏰Mo 12–19.40, Di–Do & So 10.45–19.40, Fr & Sa 10.45–20.50 Uhr; 🚌9A, 🚆S-Bahn Vesterport) Mit der hochmodernen Ausstattung, die über 7500 Sterne, Planeten und Galaxien auf die Kuppel des „Weltraumtheaters" (Rumteatret) projizieren kann, lässt sich der ganze Himmel erkunden. Auch werden IMAX- und 3D-/4D-Filme zu verschiedenen Themen gezeigt, ob über Seeungeheuer oder die irische Rockband U2. Die Filme werden zwar auf Dänisch erzählt, aber am Kartenschalter sind auch Kopfhörer mit englischer Übersetzung erhältlich (20 Kr).

Das Planetarium ist nach dem berühmten dänischen Astronomen Tycho Brahe (1546–1601) benannt, der astronomische Präzisionsgeräte entwickelte. Sie ermöglichten exakte Beobachtungen von Planeten und Sternen und haben ihm und anderen Astronomen den Weg für weitere Entdeckungen geebnet.

Aktivitäten

Da könnte Neid aufkommen. Trotz des hohen Tabak-, Alkohol- und Fettkonsums sind schlanke Menschen die Norm in den Straßen von Kopenhagen. Was ist das Geheimnis? Wahrscheinlich die nationale Leidenschaft für körperliche Aktivitäten. Am beliebtesten ist Fahrrad fahren, wodurch die Dänen Umweltbewusstsein mit Fitness verbinden. Außerdem gibt es mehrere schöne Schwimmmöglichkeiten.

Strände

Wen kaltes Wasser nicht abschreckt, dem bietet die Umgebung von Kopenhagen eine Menge Bademöglichkeiten. Das Wasser wird regelmäßig untersucht, und wenn es Abwässer oder größere Verschmutzungen enthält, werden die betroffenen Strände geschlossen und mit Schildern versehen.

INSIDERWISSEN

TUE HESSELBERG FOGED, ARCHITEKT

Mein Lieblingsviertel ...

... ist Islands Brygge. Das war früher ein Arbeiterviertel, mit Industrie am Hafen. Heute ist es wie die Copacabana in Kopenhagen. Im Sommer ist es gerammelt voll mit halbnackten Menschen, die ins Hafenwasser hopsen. Das Wasser ist sauber, man kann mitten in der Stadt schwimmen. Das hat Symbolcharakter und zeigt, was in Kopenhagen möglich ist – kostenlos und für jeden zugänglich. Nichts ist besser, als hier im Juli und August abzuhängen.

Ein perfekter Tag in Kopenhagen ...

... würde in meinem Lieblingspark beginnen, im Kongens Have. An schönen Tagen sind da immer viele Leute. Gegenüber liegt die vom dänischen Filminstitut betriebene Cinematek, mein nächstes Ziel. Sie zeigen dort tolle Klassiker und Arthousefilme. Als Nächstes stünde etwas weiter draußen der Galeriekomplex Ny Carlsberg Vej 68 auf dem Programm. Hier ist eine der coolsten Galerien Kopenhagens zuhause, die Galleri Nicolai Wallner.

Das Tollste an Kopenhagen ...

... sind Festivals wie das Distortion, das die Stadt in ein gigantisches Straßenfest verwandelt. Es wird jedes Jahr größer, und allein dafür lohnt eine Reise nach Kopenhagen. Die spontanen Partys sind das Beste – das mag ich besonders an der Stadt.

Aufgeschrieben von Cristian Bonetto

Amager Strandpark STRAND

(www.amager-strand.dk; 🚸; Ⓜ Øresund, Amager Strand) Eine tolle künstliche Lagune südöstlich vom Stadtzentrum mit riesigem Sandstrand, Cafés und Bars, wo im Sommer fast ständig Partystimmung herrscht. Dank Spielplätzen und seichtem Wasser ist der Strand ideal für Kinder. Am Strand befindet sich auch **Helgoland** (www.amager-strand.dk; ⏱ Nichtmitglieder Ende Juni–Aug. tgl. 10–18 Uhr) GRATIS, eine Badeanstalt mit altmodischem Flair und mehreren Becken, die für Nichtmitglieder von Ende Juni bis Ende August zugänglich ist.

Schwimmbäder

Egal, ob man lieber in der Halle Bahnen zieht oder ins Hafenbecken springt - in Kopenhagen gibt's alles. Folgende Optionen liegen am zentralsten.

DGI-byen SCHWIMMBAD, FITNESS

(Karte S. 46; www.dgi-byen.dk; Tietgensgade 65, Vesterbro; Tageskarte Erw./Kind 65/45 Kr, Tageskarte Mo–Fr vor 9 Uhr 45/30 Kr; ⏱ Mo–Do 6.30–22, Fr 6.30–19.30, Sa 9–19, So 9–18 Uhr; 🚸; 🚌 1A, 820, 🚆 København H) Ein extravagantes Badezentrum mit mehreren Becken, darunter ein großes elliptisches Becken mit 100-m-Bahnen, ein tiefes „Gebirgsbecken" mit Kletterwand, ein Warmwasser- und ein Kinderbecken. Wer Badesachen oder Handtücher vergessen hat, kann sie hier für je 25 Kr ausleihen (Ausweis als Pfand nötig). Außerdem gehört zur Anlage noch ein kleiner Fitnessraum.

Islands Brygge Havnebadet FREIBAD

(Karte S. 46; Islands Brygge; ⏱ Juni–Aug. Mo–Fr 7–19, Sa & So 11–19 Uhr; 🚸; 🚌 5A, 12, Ⓜ Islands Brygge) GRATIS Kopenhagens coolstes Freibad liegt direkt am Hauptkanal im Stadtzentrum. Die Wasserqualität wird streng überprüft, und Rasen, Grillplätze und Restaurants sind an warmen Sommertagen der Platz schlechthin, um zu sehen und gesehen zu werden. 2014 begann der Bau von (auch im Winter zugänglichen) Saunas und Thermalbädern sowie eines sechsten Beckens.

Bootfahren

GoBoat BOOTFAHREN

(Karte S. 46; ☎ 40 26 10 25; www.goboat.dk; Islands Brygge 10; Bootsverleih 1/3 Std. 395/999 Kr ⏱ 10 Uhr–Sonnenuntergang; 🚸) 🌿 Was könnte mehr dem Kopenhagener Flair entsprechen, als selbst im solarbetriebenen Boot durch Hafen und Kanäle zu schippern? Bootserfahrung ist dafür nicht nötig. Jedes Boot ist mit einem eingebauten Picknicktisch ausgestattet (Proviant wird bei GoBoat verkauft, oder man bringt ihn selbst mit). Die Boote haben Platz für acht Personen, und der Preis gilt pro Boot. Je mehr also teilnehmen, desto billiger wird es also pro Person.

Die Bude des Verleihs steht direkt neben dem Islands Brygge Havnebadet.

Christianshavns Bådudlejning og Café BOOTFAHREN

(Karte S. 52; ☎ 32 96 53 53; www.baadudlejningen.dk; Overgaden neden Vandet 29; Bootsverleih pro Std. 100 Kr; ⏱ Mai–Mitte Sept. 10 Uhr–Sonnenuntergang) 🌿 Christianshavns Bådudlejning og Café am Kanal gleich neben dem Christianshavns Torv verleiht Ruderboote, mit denen sich die alten Kanäle von Christianshavn erkunden lassen. Ein zusätzlicher Bonus ist die Café-Bar (S. 82) direkt am Ufer.

Radfahren

In Kopenhagen ein Fahrrad zu mieten, ist einfach. Neben der Gebühr muss man eine Kaution hinterlegen: meist 500 Kr für ein normales Rad, 1000 Kr für ein Mountainbike oder Tandem. Auch geführte Radtouren sind im Angebot.

ABSTECHER

DEN BLÅ PLANET

Den Blå Planet (www.denblaaplanet.dk; Jacob Fortlingsvej 1, Kastrup; Erw./Kind 3–11 J. 160/95 Kr; ⏱ Mo 10–21, Di–So bis 18 Uhr; 🚌 5A, Ⓜ Kastrup) Kopenhagens neues, aluminiumverkleidetes Aquarium, das von oben wie ein Strudel aussieht, ist das größte in Nordeuropa. Der Komplex ist in klimatische und geografische Zonen unterteilt, die spektakulärste ist „Ozean/Korallenriff" mit Schwärmen quietschbunter tropischer Fische und dem größten Becken des Zentrums – in den 4 Mio. Litern schwimmen Haie, Stachelrochen und andere majestätische Kreaturen. Wenn möglich, sollte das Aquarium an einem Montagabend besucht werden, dann ist es am ruhigsten und stimmungsvollsten.

Im „Blauen Planeten" gibt es auch ein Café des umtriebigen Kochpromis Claus Meyer mit gutem Gebäck, modernisierten dänischen Klassikern und anständigem Kaffee.

Den Blå Planet liegt 7 km südöstlich vom Zentrum Kopenhagens und ist mit Bus und Metro einfach zu erreichen.

Baisikeli RADFAHREN

(Karte S. 46; ☎26 70 02 29; http://baisikeli.dk; Ingerslevsgade 80, Vesterbro; Fahrrad pro 6 Std./ Woche ab 50/270 Kr; ⌚10–18 Uhr) Baisikeli ist Suaheli und bedeutet „Fahrrad". Mit den Erlösen dieses Fahrradverleihs werden jährlich 1200 dringend benötigte Fahrräder nach Afrika verschickt. Er liegt neben dem S-Bahnhof Dybøllsbro gleich südlich des Restaurant- und Kneipenviertels Kødbyen in Vesterbro.

Københavns Cyklerbørs RADFAHREN

(Karte S. 52; www.cykelboersen.dk; Gothersgade 157; Fahrrad pro Tag/Woche 75/350 Kr; ⌚Mo–Fr 8.30–17.30, Sa 10–14 Uhr, Mai–Aug. auch Sa & So 18–21 Uhr) Nahe dem Botanisk Have (Botanischer Garten) im nordwestlichen Stadtzentrum.

Geführte Touren

Ein Besuch in Kopenhagen ohne Bootstour durch die Kanäle ist beinahe undenkbar. Das Boot ist nicht nur eine herrliche Art, die Stadt kennenzulernen, sondern es zeigt sie auch von einer Seite, die Landratten nicht zu Gesicht bekommen. Im Sommer bieten zwei Unternehmen geführte Kanaltouren: Canal Tours Copenhagen und Netto-Bådene. Allerdings sind die wenigsten Boote überdacht und setzen die Passagiere daher voll der Witterung aus (die in Kopenhagen selbst im Sommer recht rau sein kann). Beide Veranstalter bieten von Oktober bis März auch Touren in geschlossenen und beheizten Booten.

Copenhagen City Sightseeing BUSTOUR

(Karte S. 52; ☎32 66 00 00; www.citysightseeing.dk; Ticketverkauf Ved Stranden, gegenüber Christiansborg Slotskirke; Tickets Erw./Kind ab 175/85 Kr; ⌚Abfahrt Mitte Mai–Mitte Sept. tgl. 9.30–18 Uhr alle 30–60 Min., sonst kürzere Zeiten und Strecken) Eine Hop-on-Hop-off-Tour im Doppeldecker mit drei thematischen Schwerpunkten: Meerjungfrau, Carlsberg und Christiania. Mehrsprachige Kommentare vom Band sorgen für die Hintergrundinfos. Die zweitägige Bus- und Bootstour (Erw./Kind 225/110 Kr) ist eine Kooperation mit Canal Tours Copenhagen.

Canal Tours Copenhagen BOOTSTOUREN

(Karte S. 52; ☎32 66 00 00; www.stromma.dk; Erw./Kind/Fam. 75/35/190 Kr; ⌚Ende Juni–Ende Aug. 9.30–21 Uhr, sonst kürzere Zeiten; 👪) Canal Tours Copenhagen bietet einstündige Bootstouren auf den Kanälen und im Hafen der Stadt, die zu zahlreichen Sehenswürdigkeiten führen, darunter Christiansborg Slot, Christianshavn, Königliche Bibliothek, Opernhaus, Amalienborg und Kleine Meerjungfrau. Einstieg ist am Nyhavn oder Ved Stranden. Die Boote legen von Ende Juni bis Ende August bis zu sechsmal pro Stunde ab, im restlichen Jahr seltener.

Netto-Bådene BOOTSTOUREN

(Karte S. 52; ☎32 54 41 02; www.havnerundfart.dk; Erw./Kind 40/15 Kr; ⌚2–5 Touren pro Std., Juli & Aug. 10–19 Uhr, April–Juni & Sept.–Mitte Okt. bis 17 Uhr; 👪) Netto-Bådene betreibt preiswerte einstündige Bootsrundfahrten durch Kanäle und Hafen Kopenhagens. Anlegestellen gibt es an der Holmens Kirke und am Nyhavn. Zwischen Mitte Juli und August fahren die Boote auch an der Kleinen Meerjungfrau ab. Aktuelle Abfahrtszeiten stehen auf der Website.

Kayak Republic KAJAKTOUREN

(Karte S. 52; ☎30 49 86 20; www.kayakrepublic.dk; Børskaj 12; pro Pers. 150–575 Kr; ⌚10–20 Uhr) Kayak Republic bietet zweistündige und ganztägige Kajaktouren auf den Kanälen der Stadt. Sie vermieten auch Kajaks für Touren auf eigene Faust (Einerkajak pro 1/2 Std. 150/250 Kr).

Nordic Noir Tours STADTRUNDGANG

(Karte S. 46; http://nordicnoirtours.com; pro Pers. 150 Kr, bei Onlinebuchung 100 Kr; ⌚Touren Borgen Sa 14 Uhr, Kommissarin Lund/Die Brücke Sa 16 Uhr) Fans der dänischen TV-Serien *Borgen – Gefährliche Seilschaften, Die Brücke – Transit in den Tod* und *Kommissarin Lund – Das Verbrechen* können auf diesen 90-minütigen Touren die Drehschauplätze besichtigen. Die Rundgänge beginnen am S-Bahnhof Vesterport. Reservierung ist nicht erforderlich, aber Tickets, die mindestens 48 Stunden zuvor online erworben werden, sind 50 Kr billiger.

Copenhagen Free Walking Tours STADTRUNDGANG

(Karte S. 52; www.copenhagenfreewalkingtours.dk) GRATIS Die kostenlosen, dreistündigen Stadtrundgänge, die täglich um 11 und 14 Uhr vor dem Rådhus (Rathaus) beginnen, führen mit interessanten Anekdoten zu berühmten Wahrzeichen. Die Touren sind auf Englisch und finden ab fünf Teilnehmern statt. Kostenlose 90-minütige Rundgänge durch Christianshavn beginnen freitags bis montags um 16 Uhr am Sockel der Bischof-Absalom-Statue am Højbro Plads.

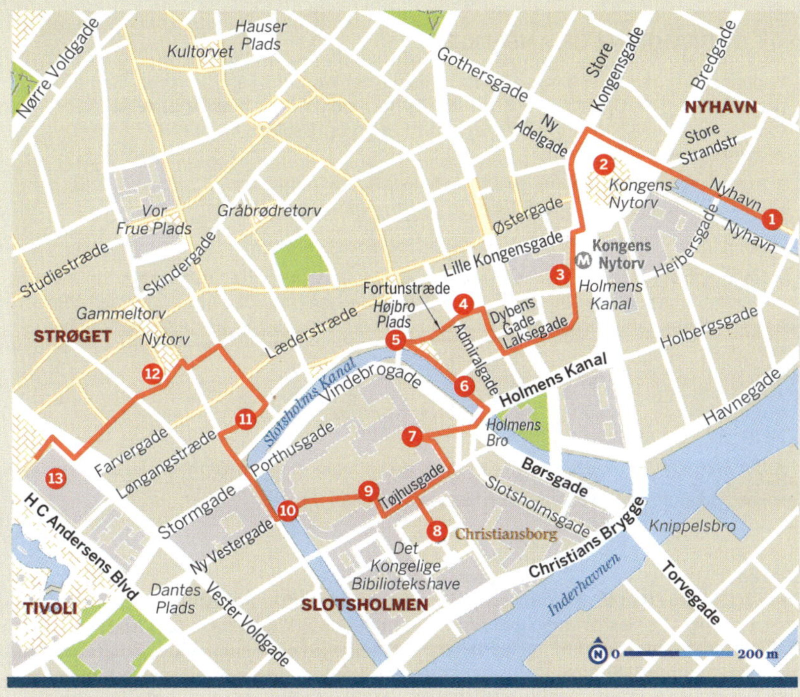

Stadtspaziergang **Kopenhagen: Altstadtidylle**

START NYHAVN
ZIEL RÅDHUSPLADSEN
LÄNGE 2,7 KM
DAUER 2 STUNDEN

Der Rundgang beginnt am 1 **Nyhavn** mit seinen bunten Häusern. Der Kanal wurde im 17. Jh. unter Christian V. als Verbindung zwischen Hafenbecken und 2 **Kongens Nytorv**, dem größten Platz der Stadt, gebaut. Am Südrand des Platzes steht das 3 **Kaufhaus Magasin** (S. 90), ein Beispiel der französischen Neorenaissance. Es wurde 1894 als Ersatz für das Hotel du Nord gebaut, in dem Hans Christian Andersen zwischen 1838 und 1847 wohnte.

Weiter geht's südwärts in die Laksegade, rechts in die Nikolajgade und zur 4 **Nikolaj Kunsthal** (S. 50) mit zeitgenössischer Kunst in Kopenhagens drittältester Kirche. Die Fortunstræde Richtung Westen führt zum 5 **Højbro Plads** mit der Statue des Stadtgründers Bischof Absalon. In der Nähe ist die tolle Weinbar 6 **Ved Stranden 10** (S. 81). Nach einer Pause geht's über die Holmens Bro zum 7 **Christiansborg Slot** (S. 50), Sitz des dänischen Parlaments. Der Torbogen links vom Schloss und dann der zweite Torbogen links führt zum 8 **Königlichen Bibliotheksgarten**, der auf dem alten Marinehafen von Christian IV. gebaut wurde. Zurück durch den Torbogen und weiter nach Süden folgt der spätbarocke 9 **Marstall**, einziger Überrest des ersten Schlosses Christiansborg. Von dort geht es zur 10 **Marmorbrücke** aus dem 18. Jh. Nach Überquerung führt der Frederikshoms Kanal nach rechts zur 11 **Magstræde**, der ältesten Straße Kopenhagens. Über diese Straße, dann links in die Knabrostræde, nochmal links in die Brolæggerstræde und auf den Nytorv mit dem rosafarbenen Gerichtsgebäude 12 **Domhuset** (S. 50). Am Ende der Slutterigade, links vom Gericht, steht ein architektonisches Schmuckstück: das 13 **Rådhus** (S. 49).

RADFAHREN FÜR ANFÄNGER

Kopenhagen ist eine der großen Radfahrerstädte der Welt, und Fahrradfahren ist eine praktische Art, die Stadt zu erkunden. Um die Tour sicher und stressfrei zu gestalten (und um einheimische Fahrradfahrer nicht zu verärgern), sollten folgende Grundregeln beachtet werden:

- Immer rechts fahren, außer beim Überholen anderer Radfahrer.
- Nicht auf Gehwegen und in Fußgängerzonen radeln.
- Beim Überqueren von Zebrastreifen das Fahrrad schieben.
- Beim Abbiegen immer Zeichen geben – nach rechts den rechten Arm waagrecht ausstrecken, nach links den linken Arm. Beim unerwarteten Halt auf dem Fahrradweg oder beim Halt an einer Kreuzung zum Linksabbiegen das Stoppsignal benutzen (erhobene Hand).
- Bei Rot niemals rechts abbiegen.
- Anhalten, wenn Fußgänger den Fahrradweg überqueren müssen, um einen Bus zu besteigen oder um auszusteigen.
- Simsen beim Fahrradfahren ist verboten, ebenso Radeln unter Alkoholeinfluss.
- Fahrrad stets abschließen – auch hier gibt es Diebe.

CPH:cool STADTRUNDGANG
(Karte S. 52; ☎29 80 10 40; www.cphcool.dk; Vesterbrogade 4A) Die Stadtrundgänge dauern zwei Stunden und widmen sich Themen wie Gastronomie, Shoppen, Architektur und Design. Die Preise richten sich nach der Anzahl der Teilnehmer. Die Touren beginnen vor der Touristeninformation in der Vesterbrogade 4A, gegenüber vom Tivoli.

Bike Copenhagen With Mike RADTOUREN
(Karte S. 52; ☎26 39 56 88; www.bikecopenhagenwithmike.dk; Skt Peders Stræde 47; pro Pers. 299 Kr) Wer keine Lust zum Laufen hat, kann sich einer dreistündigen Radtour durch die Stadt von Bike Mike anschließen. Startpunkt ist in der Sankt Peders Stræde 47 im Stadtzentrum gleich östlich des Ørstedsparken (der südwestlich vom Bahnhof Nørreport liegt). Im Preis für die Tour sind Fahrrad und Helm enthalten. Auch saisonale Touren sind im Angebot, z. B. samstags von Juni bis September die Tour „Ride & Dine“ (mit Essen). Nur Barzahlung.

Festivals & Events

Vinterjazz MUSIK
(www.jazz.dk/en/vinter-jazz) Die Rhythmen dieser kleineren Version des sommerlichen Kopenhagener Jazzfestivals vertreiben den Winterblues. Es beginnt meist am ersten Freitag im Februar und dauert 17 Tage. Die Konzerte finden in der ganzen Stadt statt.

CPH:PIX FILM
(www.cphpix.dk) Kopenhagens Filmfestival findet zwei Wochen lang im April statt. Geboten wird ein umfassendes Programm mit dänischen und internationalen Filmen, begleitet von verschiedenen Veranstaltungen rund um den Film, darunter öffentliche Interviews mit Regisseuren und Schauspielern.

Geburtstag von Margrethe II. GEBURTSTAG DER KÖNIGIN
Am 16. April feiern die Dänen den Geburtstag ihrer beliebten Königin. Wenn sie in der Stadt weilt, winkt sie um 12 Uhr vom Balkon des Schlosses Amalienborg dem Volk zu, und Soldaten salutieren in voller Galauniform.

Distortion MUSIK
(www.cphdistortion.dk) Fünf berauschende Tage Anfang Juni feiert das Copenhagen Distortion auf den Straßen und in den Clubs der Stadt, mit lärmenden Straßenpartys und berühmten DJs, die in Bars und Clubs überall in der Stadt auflegen.

Sankt Hans Aften KULTUR
(Sankt-Hans-Abend) Am Abend des 23. Juni steppt in Dänemark der Bär. Zur kürzesten Nacht des Jahres werden in Parks, Gärten und, besonders beliebt, an den Stränden Lagerfeuer angefacht. Häufig wird auch bei viel Gesang und Frohsinn eine Strohhexe auf einem Scheiterhaufen verbrannt.

Copenhagen Jazz Festival MUSIK
(jazz.dk) Das größte Kulturevent in Kopenhagen und das größte Jazzfestival in Nordeuropa findet zehn Tage lang Anfang Juli statt. Das Programm bietet Jazz für jeden Geschmack und eine eindrucksvolle Liste von Künstlern aus Dänemark und der ganzen Welt.

Kulturhavn KULTUR
(www.kulturhavn.dk) An drei Tagen Anfang August beherrscht Kulturelles den Hafen und die Kanäle von Kopenhagen mit einem breitgefächerten Programm: Theater, Tanz, Musik, Sport und Umzüge am Strand von Islands Brygge sowie in Sydhavnen, Papirøen, Refshaleøen und an anderen Uferregionen. Die meisten Veranstaltungen sind kostenlos.

Copenhagen Pride SCHWULE & LESBEN
(www.copenhagenpride.dk) Während des fünftägigen schwul-lesbischen Fests im August flattern überall in der Stadt Regenbogenflaggen. Im Stadtzentrum gibt es Livemusik und fröhlich feiernde Menschen sowie fabelhafte Clubpartys, Kulturveranstaltungen und die übliche Pride-Parade am Samstagnachmittag.

Strøm MUSIK
(www.stromcph.dk) Das einwöchige Electronic-Musikfest im August gilt als das größte Festival seiner Art in Skandinavien. Zu den über 60 Events gehören Workshops und Meisterkurse, Konzerte, Raves und Partys in der ganzen Stadt.

Copenhagen Cooking ESSEN
(www.copenhagencooking.dk) Das größte gastronomische Festival in Nordeuropa tischt ein appetitliches Programm auf, wie Kochvorführungen von Starköchen, Kostproben und gastronomische Führungen durch die Stadt. Die Veranstaltungen finden in verschiedenen Lokalen und Restaurants überall in der Stadt statt, meist im August. Im Februar gibt's eine einmonatige Winterversion.

Art Copenhagen KUNST
(www.artcopenhagen.dk) Bei dieser wichtigen Kunstmesse an drei Tagen im September präsentieren 60 Kunstgalerien aus ganz Skandinavien und darüber hinaus zeitgenössische Künstler aus Dänemark, Schweden, Norwegen, Finnland, Island und von den Färöer-Inseln. Die Messe findet im Forum Copenhagen statt.

Copenhagen Blues Festival MUSIK
(www.copenhagenbluesfestival.dk) Der wehmütige Sound des Blues regiert an fünf Tagen Ende September oder Anfang Oktober die Stadt. Dänische und internationale Musiker präsentieren sich dem Publikum.

Kulturnatten KULTUR
(Kulturnacht; www.kulturnatten.dk) Meist am zweiten Freitag im Oktober öffnen sich von 18 bis etwa 24 Uhr die Türen von Museen, Galerien, Theatern und Bibliotheken für alle, die einen Kulturpas (Kulturpass; 90 Kr) besitzen. Geboten werden vielfältige Sonderveranstaltungen; öffentliche Verkehrsmittel sind mit dem Kulturpas kostenlos.

CPH:DOX FILM
(www.cphdox.dk) CPH:Dox ist ein renommiertes Dokumentarfilmfestival und das größte seiner Art in Skandinavien. Die vielfältigen Filme werden in den Kinos der Stadt gezeigt. Das Fest findet elf Tage lang von Anfang bis Mitte November statt.

Tivoli KULTUR
(www.tivoli.dk) Der Tivoli gibt sich von Mitte November bis Anfang Januar ganz weihnachtlich: mit großem Weihnachtsmarkt, kostümierten Mitarbeitern und Theatervorstellungen. Nur wenige Fahrgeschäfte sind in Betrieb, aber Glühwein und *æbleskiver* (kleine Apfelkrapfen) sind Entschädigung genug.

Schlafen

Das Unterkunftsangebot in Kopenhagen enthält alles, was man sich nur vorstellt, vom schwimmenden schicken CPH Living bis zur klassischen dänischen Designästhetik des Radisson Blu Royal Hotel. Traditionelles dänisches Design beschränkt sich nicht nur auf die Spitzenhotels, sondern sorgt auch für stilvollen Aufenthalt in den preisgünstigeren Unterkünften, wie dem WakeUp Copenhagen und dem Generator Hostel.

Mit Ausnahme des WakeUp Copenhagen und des Generator Hostel liegen die meisten Budgetunterkünfte westlich des Hauptbahnhofs, rund um die Vesterbrogade und die bunteren Abschnitte der Istedgade. In dem einst ziemlich heruntergekommenen Stadtteil befindet sich eines der aktuell trendigsten Viertel, das Kødbyen, mit angesagten Restaurants und Bars.

Die hier angegebenen Übernachtungspreise beinhalten Bearbeitungsgebühr und Mehrwertsteuer. Es ist ratsam zu reservieren, da die bekannteren Mittelklassehotels schnell ausgebucht sind, besonders zur Kongresssaison (August bis Oktober), in der auch die Preise stark anziehen. Aber auch sonst schwanken die Preise sehr – je nach Jahreszeit oder Wochentag. Die meisten Hotels locken das ganze Jahr hindurch mit Rabatten. Die Hostels füllen sich im Sommer oft sehr früh am Tag. Also rechtzeitig buchen. In **Danhostels** (www.danhostel.dk) gelten die angegebenen Preise nur für Inhaber eines JH-Ausweises.

Die Touristeninformation in Kopenhagen hilft bei der Buchung von Privatzimmern (350/500 Kr für EZ/DZ); bei Buchung über die Touristeninformation fällt eine Gebühr von 100 Kr an, Onlinebuchungen sind kostenlos. Die Touristeninfo vermittelt auch freie Hotelzimmer zu ermäßigten Preisen (mit bis zu 50 % Rabatt oder mehr). Diese Ermäßigungen sind jedoch abhängig von Angebot und Nachfrage und zu den Hauptzeiten nicht unbedingt verfügbar.

Rådhuspladsen, Tivoli & Umgebung

Danhostel Copenhagen City HOSTEL €
(Karte S. 46; ☎ 33 11 85 85; www.danhostel.dk/copenhagencity; HC Andersens Blvd 50; B/DZ 225/610 Kr; @ 📶; 🚌 1A, 2A, 11A, 12, 33, 40, 66) Die Innenausstattung des freundlichen, beliebten Hostels in einem Hochhaus am Hafen gleich südlich des Tivoli (super Blick!) stammt vom Designbüro Gubi; in der Lobby gibt's eine Café-Bar. Die Schlafsäle und die Einzelzimmer sind hell, freundlich und modern, jedes mit Bad. Vorab buchen.

Cabinn HOTEL €
(www.cabinn.com; EZ/DZ/3BZ 545/675/805 Kr; @ 📶) Die gut geführte, funktionale und günstige Cabinn-Kette hat vier Hotels in Kopenhagen. Das zentralste ist **Cabinn City** (Karte S. 46; ☎ 33 46 16 16; Mitchellsgade 14; @ 📶; 🚌 5A, 9A, 11A, 30, 🚆 S-Bahn København H) gleich südlich des Tivoli. Die Zimmer sind zwar klein und anonym, aber komfortabel und mit Kabel-TV, Telefon, kostenlosem WLAN und Bad ausgestattet. Das **Cabinn Scandinavia** (Karte S. 46; ☎ 35 36 11 11; Vodroffsvej 57, Frederiksberg; 🚌 2A, 68, 250S, Ⓜ Forum) und das **Cabinn Express** (Karte S. 46; ☎ 33 21 04 00; Danasvej 32, Frederiksberg; @ 📶; 🚌 3A, 30, Ⓜ Forum) liegen knapp 2 km westlich des Tivoli, und das neuere **Cabinn Metro** (☎ 32 46 57 00; Arne Jakobsens Allé 2; Ⓜ Ørestad) ist nur ein kurzes Stück zu Fuß von der Metrostation Ørestad entfernt und liegt in Flughafennähe.

★ **Hotel Alexandra** HOTEL €€
(Karte S. 52; ☎ 33 74 44 44; www.hotelalexandra.dk; HC Andersens Blvd 8; EZ/DZ ab 750/950 Kr; @ 📶; 🚌 2A, 10, 11A, 12, 26, 250S, 🚆 S-Bahn Vesterport) Die Möbel dänischer Designgottheiten wie Arne Jacobsen, Ole Wanscher und Kaare Klint zieren die Räume des kultivierten, behaglichen Alexandra. Die jüngst renovierten Zimmer sind unkompliziert cool und im dänischen Stil aus der Mitte des letzten Jahrhunderts eingerichtet. Zeitgenössische Zugeständnisse sind u. a. Flachbildschirm-TVs. Das Personal ist zuvorkommend und das gepflegte Retro-Flair des Hotels eine erfrischende Abwechslung von dem üblichen weißen, nordischen Minimalismus.

First Hotel Twentyseven HOTEL €€
(Karte S. 52; ☎ 70 27 56 27; www.firsthotels.com; Løngangstræde 27; EZ/DZ ab 930/1100 Kr; @ 📶; 🚌 11A, 12, 33) Die Zimmer sind vielleicht etwas klein, aber das minimalistische Design und die schicken Möbel ergeben ein super cooles Hotel. Zu den Pluspunkten zählen elegante Badezimmer aus schwarzem Schiefer, freundliche Mitarbeiter und ordentliche Cocktails in der beliebten Bar im Erdgeschoss (Gäste mit leichtem Schlaf sollten um ein Zimmer bitten, das weiter weg liegt).

First Hotel Kong Frederik HOTEL €€
(Karte S. 52; ☎ 33 12 59 02; www.firsthotels.com; Vester Voldgade 25; EZ/DZ ab 880/960 Kr; @ 📶; 🚌 5A, 6A, 10, 11A, 14, 🚆 S-Bahn Vesterport) Das schwarz-weiße Kong Frederik hat etwas Nobles – dunkles Holz, Antiquitäten und Bilder mit dänischen Königen und Jagdszenen. Die gut ausgestatteten Zimmer sind thematisch gestaltet: klassisch, romantisch oder bibliophil (Letzteres mit silbriger „Bücherregal"-Fototapete). Die Mitarbeiter sind ausgesprochen freundlich, in der Hotelbibliothek steht eine Nespresso-Maschine.

Square HOTEL €€
(Karte S. 52; ☎ 33 38 12 00; www.thesquarecopenhagen.com; Rådhuspladsen 14; EZ/DZ ab 925/1030 Kr; ❄ @ 📶; 🚌 2A, 12, 26, 250S, 🚆 S-Bahn Vesterport) Mit Jacobsen-Stühlen und rotem Leder aufgemotzt, präsentiert sich das exzellente 3-Sterne-Hotel mit Designerflair und einem Komfort, den es sonst nur in teureren und förmlicheren Hotels gibt. Die Standardzimmer sind klein, aber gut ausgestattet, und einige bieten einen tollen Blick über den Rathausplatz. Außerdem sind alle Hauptsehenswürdigkeiten zu Fuß erreichbar.

UNTERNEHMUNGEN MIT KIDS

- Tivoli (S. 67)
- DGI-byen (S. 63)
- Nationalmuseet (S. 45)
- Kanalbootsfahrt (S. 64)
- Den Blå Planet (S. 63)

★Hotel Nimb BOUTIQUEHOTEL €€€
(Karte S. 52; ☎88 70 00 00; www.nimb.dk; Bernstorffsgade 5; Zi. ab 2600 Kr; @📶; 🚌2A, 5A, 9A, 12, 26, 250S, 350S, 🚆S-Bahn København H) Das Schmuckstück am Tivoli bietet 17 individuell eingerichtete Zimmer und Suiten, die klare Linien, schöne Kunst und Antiquitäten, luxuriöse Stoffe und Hightech-Extras wie TVs und Musikanlagen von Bang & Olufsen miteinander verbinden. Bis auf drei haben alle Zimmer einen Kamin und bis auf eines einen Blick über den Tivoli. Zu den Vorzügen im Haus gehört auch eine kultivierte Cocktail-Lounge mit prasselndem Kaminfeuer.

Radisson BLU Royal Hotel HOTEL €€€
(Karte S. 46; ☎33 42 60 00; www.radissonblu.com; Hammerichsgade 1; EZ/DZ ab 1745/1845 Kr; P❄@📶; 🚌2A, 5A, 9A, 12, 26, 250S, 350S, 🚆S-Bahn København H) Zentral gelegen und berühmt unter Designfreunden: Arne Jacobsen zeichnet für den Entwurf verantwortlich, und Zimmer 606 ist noch im Originalzustand – zum Preis von sauberen 5500 Kr pro Nacht. Der mehrstöckige Bau mit 260 Zimmern ist beliebt bei erfolgreichen Geschäftsreisenden und Prominenten. Der Service ist unvergleichlich, es gibt ein Fitnessstudio mit allem drum und dran und das hervorragende Restaurant Alberto K im 20. Stockwerk.

Palace Hotel HOTEL €€€
(Karte S. 52; ☎33 14 40 50; www.scandichotels.com; Rådhuspladsen 57; Zi. mit Frühstück 1300 Kr; ❄@📶; 🚌12, 26, 33, 11A, 🚆S-Bahn København H) Das Palace Hotel liegt direkt am Rådhuspladsen in einem charakteristischen, von Anton Rosen entworfenen Gebäude aus den 1920er-Jahren. Es schafft die Balance zwischen historischer Architektur und modernen Details. In den elegant-zurückhaltend eingerichteten Zimmern mit schicken Bädern lockern Pastell- oder Grautöne das skandinavische Weiß auf.

Strøget & Umgebung

★Generator Hostel HOSTEL €
(Karte S. 52; www.generatorhostel.com; Adelgade 5–7; B 230–325 Kr, Zi. 800–1070 Kr; @📶; 🚌11A, 350S, Ⓜ Kongens Nytorv) Das peppige und designorientierte Generator am Rand des mittelalterlichen Kerns von Kopenhagen ist eine solide Wahl in der Kategorie „günstig und schick". Es ist mit Designmöbeln ausgestattet, die Gemeinschaftsbereiche sind elegant (mit Bar und Außenterrasse) und die Mitarbeiter jung und freundlich. Die Zimmer sind zwar klein, aber hell und modern. Einzelzimmer und Schlafsäle haben jeweils ein eigenes Bad.

Hotel SP34 BOUTIQUEHOTEL €€
(Karte S. 52; ☎33 13 30 00; www.brochner-hotels.dk; Sankt Peders Stræde 34; Zi. ab 1255 Kr; 📶; 🚌5A, 6A, 14, 10, 11A, 🚆S-Bahn Vesterport) Das weltläufige SP34 ist eines der neuesten Boutiquehotels Kopenhagens. Braun- und zarte Pastelltöne bestimmen die edle, lichtdurchflutete Lounge, den modernistisch angehauchten Leseraum und die elegante Lobby-Bar. Die 118 Zimmer mit schiefergrauen Wänden, gedeckten Akzenten und Badezimmern mit REN-Toilettenartikeln sind schick und schlicht gehalten. Zum Frühstück gibt's Bioerzeugnisse und zwischen 17 und 18 Uhr ein Glas Wein gratis.

Hotel d'Angleterre HOTEL €€€
(Karte S. 52; ☎33 12 00 95; www.dangleterre.com; Kongens Nytorv 34; Zi. ab 2750 Kr; ❄@📶🏊; Ⓜ Kongens Nytorv) Das klassizistische Hotel d'Angleterre von 1755 ist die glamouröseste Herberge Kopenhagens. Nach einer aufwendigen Renovierung entspricht es wieder den Ansprüchen von Hoheiten oder auch ganz normalen Luxusgenießern. Königliche Porträts, Kamine und Jugendstilschnörkel verleihen den öffentlichen Räumen angemessene Noblesse, während die Zimmer und Suiten mit pudrigen Farbakzenten, luxuriösen Stoffen und Marmorbädern klassischem Luxus einen zeitgenössischen Pfiff verleihen.

Zur Neugestaltung des Hotels gehört auch ein 185 m² großer Pool aus Kacheln und Marmor im luxuriösen Spabereich. Weitere Extras sind die erste Champagnerbar der Stadt und das Sternerestaurant Marchal.

Hotel Skt. Petri HOTEL €€€
(Karte S. 52; ☎33 45 91 00; www.hotelsktpetri.com; Krystalgade 22; Zi. ab 1160 Kr; @📶; 🚌11A, Ⓜ Nørreport) Das designbewusste Skt. Petri

zeigt zugegebenermaßen hier und da einige Abnutzungserscheinungen. Aber abgesehen davon sind die Zimmer komfortabel, und ihre neutralen Töne wurden mit Kunstpanelen über dem Bett in kräftigen Farben aufgepeppt. Den schönsten Ausblick bieten die Zimmer ab dem dritten Stock aufwärts. Hinzu kommen ein Fitnesscenter und eine trendige Konzeptbar mit üppig belegten Broten und Bier.

Nyhavn

Copenhagen Strand HOTEL €€
(Karte S. 52; ☎33 48 99 00; www.copenhagenstrand.dk; Havnegade 37; Zi. mit Frühstück ab 1060 Kr; @📶; 🚌11A, 66, Ⓜ Kongens Nytorv) Das reizvolle Strand in einem umgebauten Speicher aus dem 19. Jh. liegt am Kopenhagener Hafen. Die Zimmer sind klassisch mit Holz, Messing und königsblauen Tönen eingerichtet. Die Standardzimmer sind eher klein, aber gemütlich; die nobleren Zimmer und Suiten haben alle einen Hafenblick.

Scandic Front HOTEL €€
(Karte S. 46; ☎33 13 34 00; www.scandichotels.dk; Sankt Annæ Plads 21; Zi. ab 1200 Kr; ❄@📶; 🚌11A, 66 Ⓜ Kongens Nytorv) Praktisch am Ende von Nyhavn gelegen und mit Blick auf den Hafen bietet das Front eine leichte, helle Atmosphäre, die mit frechen Farben aufgepeppt wird (die Zimmer mit den orangefarbenen Teppichen sollten aber besser vermieden werden). Die Zimmer sehen vielleicht etwas abgenutzt aus, aber die sauberen Steinfußböden im Bad, die liebenswerten Mitarbeiter und der praktische Fitnessraum machen das wieder wett.

71 Nyhavn Hotel HOTEL €€€
(Karte S. 46; ☎33 43 62 00; www.71nyhavnhotel.com; Nyhavn 71; Zi. ab 1050 Kr; @📶) Das stimmungsvolle 71 Nyhavn ist in ein 200 Jahre altes Lagerhaus am Kanal eingezogen und bietet eine wunderbare Aussicht auf den Hafen und den Kanal. Die Zimmer mit Blick auf den Nyhavn sind ziemlich klein; die Zimmer ohne Aussicht bieten dafür mehr Platz. Das Hotel ist besonders bei Geschäftsleuten beliebt, wodurch es an Wochenenden günstiger sein kann.

Christianshavn

CPH Living SCHWIMMENDES HOTEL €€
(Karte S. 46; ☎61 60 85 46; www.cphliving.com; Langebrogade 1C; Zi. mit Frühstück ab 1000 Kr; 📶; 🚌5A, 12) Das einzige schwimmende Hotel Kopenhagens auf einem umgebauten Frachter hat zwölf stilvolle, modern eingerichtete Zimmer mit Blick auf den Hafen und die Stadt. Außerdem gibt es Flachbild-TV, moderne Badezimmer mit Regenwalddusche und ein gemeinschaftliches Sonnendeck zum Faulenzen. Das Frühstück ist simpel. Dank der zentralen Lage sind das Stadtzentrum, Christianshavn und der Hafenstrand Islands Brygge leicht zu Fuß zu erreichen.

Nørreport

Ibsens Hotel BOUTIQUEHOTEL €€
(Karte S. 52; ☎33 13 19 13; www.ibsenshotel.dk; Vendersgade 23; EZ/DZ ab 740/870 Kr; @📶; 🚌5A, 40, 350S Ⓜ Nørreport) Das Ibsens ist ein wahres Boutiquehotel und eine solide Option für anspruchsvolle Städter. Dänische Kreativität scheint überall durch, ob bei den aparten Textilien oder den Kunstwerken. Die Zimmer sind minimalistisch, dabei luxuriös mit gedeckten Farbtönen, Designerinventar und herrlichen Betten eingerichtet. Die günstigsten Preise gibt's bei früher Buchung.

Hotel Kong Arthur HOTEL €€
(Karte S. 52; ☎33 11 12 12; www.kongarthur.dk; Nørre Søgade 11; Zi. ab 1220 Kr; @📶; 🚌5A, 40, 350S Ⓜ Nørreport) Das Kong Arthur verbindet dezente Eleganz mit originellen historischen Details wie z. B. Ritterrüstungen. Die 155 Zimmer mit schönen Badezimmern und zeitgenössischer Kunst sind in wohltuendem Weiß gehalten; einige blicken über das Wasser des Peblinge Sø. Die Nutzung des neuen hauseigenen Spas mit Whirlpool, Sauna und Aromadampfbad ist für Gäste, die ein Zimmer direkt über die Website des Hotels buchen, kostenlos.

Vesterbro

★ **Hotel Guldsmeden** BOUTIQUEHOTEL €€
(www.hotelguldsmeden.dk) Zu den schlichtweg hinreißenden Guldsmeden-Hotels gehören das **Bertrams** (Karte S. 46; ☎70 20 81 07; Vesterbrogade 107; EZ/DZ ab 895/995 Kr; 🚌6A, 3A), das **Carlton** (Karte S. 46; ☎33 22 15 00; Vesterbrogade 66; EZ/DZ ab 695/795 Kr; 🚌6A), das **Axel** (Karte S. 46; ☎33 31 32 66; Helgolandsgade 7–11; EZ/DZ 765/895 Kr; 🚌6A, 26, 🚆S-Bahn København H) und das neue **Babette** (Karte S. 46; ☎33 14 15 00; Bredgade 78; EZ/DZ ab 795/945 Kr; 📶; 🚌1A). Nur Letzteres liegt nicht in Vesterbro, sondern an der Nordseite des Stadtzentrums zwischen Amalienborg und Kastellet. Alle vier bieten dezente, ba-

linesisch angehauchte Eleganz mit unbearbeitetem Stein und Holz, Himmelbetten und blütenweißer Bettwäsche.

Unnötig zu erwähnen, dass die Guldsmeden-Kette zur Standardunterkunft für anspruchsvolle, stilbewusste Reisende geworden ist.

Andersen Hotel HOTEL €€
(Karte S. 46; ☎33 31 43 44; www.andersen-hotel.dk; Helgolandsgade 12; EZ/DZ ab 1255/1435 Kr; 📶; 🚌6A, 26, 🚆S-Bahn København H) Verspieltes Design in kräftigen Farben hat im trendigen Andersen das Ganz-in-Weiß ersetzt. Die Zimmer sind einfach, aber dennoch geschickt mit witzigen Details aufgepeppt, wie geometrisch gemusterte Decken und Kissen, Teppiche und Stühle im Stil von *Mad Men* oder Textwandbilder (im Bad gibt's manchmal auch ein Gummientchen). Wer einen leichten Schlaf hat, sollte um ein Zimmer zum Innenhof bitten.

Der Service ist aufrichtig freundlich, und das Hotel liegt nur ein paar Schritte vom Hauptbahnhof und den beliebten Bars, Restaurants und Kneipen Vesterbros entfernt. Bei frühzeitiger Buchung sinken die Preise oft bis auf 850 Kr für ein Einzel- und 1030 Kr für ein Doppelzimmer.

Wakeup Copenhagen HOTEL €€
(Karte S. 46; ☎44 80 00 10; www.wakeupcopenhagen.com; Carsten Niebuhrs Gade 11; Zi. ab 450–1500 Kr; @📶; 🚌11A, 🚆S-Bahn København H) Das Hotel, ein kurzes Stück zu Fuß von Hauptbahnhof und Tivoli, ist eines der zwei Häuser von Wakeup Copenhagen, bekannt dafür, dass sie Stil für wenig Geld bieten (falls online und frühzeitig gebucht wurde). Das Foyer ist eine eindrucksvolle Kombination aus Beton, Glas und Arne-Jacobsen-Stühlen, die über 500 Zimmer sind stilvoll und kompakt und haben Flachbildschirm-TVs und kapselartige Duschen.

Die zweite **Filiale** (Karte S. 52; ☎44 80 00 00; Borgergade 9; 📶) von Wakeup liegt noch zentraler in der Nähe des Nyhavn.

Tiffany HOTEL €€
(Karte S. 46; ☎33 21 80 50; www.hoteltiffany.dk; Colbjørnsensgade 28; EZ/DZ ab 745/895 Kr; @📶; 🚆S-Bahn København H) Das Tiffany, das sich selbst „Sweet Hotel" nennt, ist klein, liebenswürdig und voller Charakter. Alle 30 Zimmer bieten TV, Telefon, Hosenbügler, Bad und Kochnische mit Kühlschrank, Mikrowelle und Toaster. Die Angestellten sind nett und entgegenkommend. Das Haus liegt nur einen kurzen Fußweg vom Hauptbahnhof und von den hippen Cafés, Bars und Restaurants des Vesterbro-Viertels entfernt.

Großraum Kopenhagen

Charlottenlund Fort CAMPINGPLATZ €
(☎39 62 36 88; www.campingcopenhagen.dk; Strandvejen 144B; Camping pro Erw./3–12 J./bis 2 J. 100/45/20 Kr; ⏱Anfang März–Mitte Okt. 🚆S-Bahn Svanemøllen, dann Bus 14) Der freundliche Campingplatz 8 km nördlich des Zentrums liegt am Strand von Charlottenlund und auf dem baumbestandenen Gelände einer alten Festung mit Burggraben. Da der Platz knapp ist, sollte man frühzeitig reservieren. Es gibt dort Duschen und eine Münzwaschmaschine; eine Bäckerei und ein Supermarkt liegen nur wenige hundert Meter außerhalb. Anfahrt mit den S-Bahnlinien A, B oder C bis Bahnhof Svanemøllen, umsteigen in Bus 14 (den Fahrer bitten, am Campingplatz zu halten).

Danhostel Copenhagen Amager HOSTEL €
(☎32 52 29 08; www.copenhagenyouthhostel.dk; Vejlands Allé 200, Amager; B 160 Kr, EZ/DZ 490/530 Kr; P@📶; Ⓜ Bella Center) In einem abgeschiedenen Teil von Amager nahe der E20 und etwa 5 km südöstlich vom Zentrum entfernt liegt eines der größten Hostels Europas mit 528 Betten, verteilt auf mehrere Flachbauten mit Zwei- und Fünfbettzimmern, außerdem mit Waschmaschinen und Gästeküche. Zu erreichen mit der Metro bis Bella Center.

Essen

Kopenhagen ist nach wie vor für Feinschmecker eine der angesagtesten Adressen Europas, mit mehr Michelinsternen als in jeder anderen skandinavischen Stadt.

Jenseits der Kultrestaurants der Neuen Nordischen Küche, wie Noma, Geranium und Kadeau, findet zeitgenössische dänische Küche auch in immer mehr Mittelklasserestaurants Verbreitung, vom Höst und Manfreds og Vin bis zu Kødbyens Fiskebar und Kadeaus kleinem Bruder, dem Pony.

Aber nicht alles dreht sich um Sanddorn, *skyr* (isländische Dickmilch) und eingelegte Wachteleier. Traditionelle dänische Gerichte spielen noch immer eine große Rolle. Und es gehört zu einem Besuch in Kopenhagen, auch die Klassiker zu probieren: *frikadeller* (Frikadellen), *sild* (eingelegter Hering) oder das typisch dänische Smørrebrød (z. B. in Institutionen wie dem Schønnemann).

In Dänemark wird anders als in Südeuropa abends früh gegessen; nach 22 Uhr ist kaum noch ein Restaurant geöffnet. Davon abgesehen gehen die Kopenhagener gern auswärts essen, es ist also ratsam, sich in gefragten Restaurants einen Tisch zu reservieren, besonders gegen Wochenende. Viele Restaurants bieten mittlerweile eine praktische Reservierung über ihre Website an.

Rådhuspladsen & Tivoli

Andersen Bakery BÄCKEREI €
(Karte S. 52; ☎33 75 07 35; www.andersenbakery.com; Bernstorffsgade 5; Gebäck ab 10 Kr, Gourmet-Hotdog 50 Kr; ⊙Mo–Fr 6.30–19, Sa & So 7.30–19 Uhr; 📶; 🚌2A, 5A, 9A, 250S, 🚆S-Bahn København H) Andersen macht außergewöhnliches Gebäck. Die halbwegs gesunde *kanelsnegle* (Zimtschnecke) aus Vollkornmehl ist ein sofortiger Muntermacher. Fans von Blauschimmelkäse sollten auf keinen Fall das Danablu Horn versäumen, eine süß-salzige Offenbarung: ein mit dänischem Blauschimmelkäse, Honig und Walnüssen gefülltes Hörnchen. Mittags wird der Grand Danois verschlungen, der berühmte Gourmet-Hotdog von Andersen.

Die Bäckerei liegt gleich gegenüber dem Hauptbahnhof.

Grøften DÄNISCH €€
(Karte S. 52; ☎33 75 06 75; www.groeften.dk; Smørrebrød 69–135 Kr, Hauptgerichte 145–385 Kr; ⊙Anfang April–Ende Sept. tgl. 12–22 Uhr, sonst kürzere Zeiten; 📶; 🚌2A, 5A, 9A, 97N, 250S, 🚆S-Bahn København H) Wer sich im Tivoli vergnügt, findet im Grøften die passende Stärkung. Klar, es ist ein bisschen touristisch, aber da es schon seit 1874 hier steht, ist es auch eine Art lokale Institution. Es gibt Smørrebrød-Klassiker wie handgepulte Krabben mit Zitrone und Mayonnaise, und die Hauptgerichte bestehen u. a. aus üppigen Fleisch- und Fischgerichten ohne Schnickschnack.

Wagamama JAPANISCH €€
(Karte S. 52; www.wagamama.dk; Tietgensgade 20; Hauptgerichte 95–135 Kr; ⊙tgl. 12–21 Uhr; 📶; 🚌1A, 2A, 5A, 9A, 11A, 🚆S-Bahn København H) Das Wagamama ist zwar eine allgegenwärtige britische Kette, aber aus mehreren Gründen trotzdem klasse: Das Essen ist frisch und schmackhaft, das Restaurant ist täglich geöffnet, und es liegt nur ein kurzes Stück vom Hauptbahnhof entfernt. Als Appetithäppchen gibt's z. B. leckere *gyoza* (Teigtäschchen) oder bunten Seetangsalat, danach Schüsseln mit dampfender Nudelsuppe.

Das Wagamama befindet sich zwar im Tivoli, ist aber in der Tietgensgade allgemein zugänglich.

★ **Alberto K** MODERN DÄNISCH €€€
(Karte S. 46; ☎33 42 61 61; www.alberto-k.dk; Hammerichsgade 1; 5-/7-Gänge 750/950 Kr; ⊙Mo–Sa 18–21.45 Uhr; 🚌5A, 6A, 26, 🚆S-Bahn Vesterport, København H) Das Alberto K im 20. Stock des Radisson Blu Royal Hotel ist ein kulinarischer Höhepunkt, buchstäblich wie im übertragenen Sinn. Der preisgekrönte Chefkoch Jeppe Foldager verbindet dänische Produkte von kleinen Erzeugern mit französischer Kochkunst und kreiert faszinierende und verführerische Gerichte. Besteck und Möbel von Arne Jacobsen würdigen den berühmten Designer des Hotels, und das Weinangebot des Restaurants ist eine Freude.

Strøget & Umgebung

Cock's & Cows HAMBURGER €
(Karte S. 52; ☎69 69 60 00; http://cocksandcows.dk; Gammel Strand 34; Hamburger 89–129 Kr; ⊙So–Do 12–21.30, Fr & Sa bis 22.30 Uhr; 🚌1A, 2A, 26, 40, 66) Wenn die Lust auf Hamburger steigt, schafft Cock's Abhilfe. In einem Ambiente aus halb amerikanischem Diner und halb dänischer Moderne (rote Ledernischen und Poul-Henningsen-Lampen) servieren dynamische Mitarbeiter frische, hausgemachte Hamburger, die riesig und irrsinnig gut sind. Das Fleisch kommt aus Dänemark und wird auf Holzkohle gegrillt, für Vegetarier gibt's eine pflanzliche Version. Die Zwiebelringe als Beilage sind ein Muss.

Palæo INTERNATIONAL €
(Karte S. 52; www.palaeo.dk; Pilestræde 32; Gerichte 59–89 Kr; ⊙Mo–Fr 8–20, Sa 10–19, So 11–17 Uhr; 📶; 🚌11A, Ⓜ Kongens Nytorv) Fast Food auf Steinzeitart gibt's im Palæo, einem hippen Imbisslokal, das sogenanntes „Ur-Essen" anbietet. Die Gerichte richten sich nach der Paläo-Diät, im Prinzip kohlenhydratarme Kreationen wie Hotdogs in eine Art Omelette gewickelt (nicht mit Brötchen) und Risotto statt aus Reis mit Selleriesamen. Die übliche Mungobohnen-Langeweile herrscht hier nicht: Die Speisen hat der Sternekoch Thomas Rode Andersen zusammengestellt.

La Glace KONDITOREI €
(Karte S. 52; www.laglace.dk; Skoubougade 3; Kuchenstücke 57 Kr, Gebäck 36 Kr; ⊙Mo–Fr 8.30–18, Sa 9–18, So 10–18 Uhr, Ostersonntag–Sept. So geschl.; 🚌11A) Kopenhagens älteste *konditori*

SØLLERØD KRO

Søllerød Kro (☎45 80 25 05; www.soelleroed-kro.dk; Søllerødvej 35, Holte; 2-/3-Gänge-Mittagsmenü 375/475 Kr, 4-/6-Gänge-Abendmenü 775/995 Kr; ⏲Mi–So 12–14.30 & 18–21.30 Uhr) Nicht alle Michelinsterne gehen an Restaurants im Kopenhagener Zentrum. Einer ging in die unauffällige Vorstadt Holte, 19 km nördlich der City, an den Søllerød Kro in einem schönen, reetgedeckten Gasthaus aus dem 17. Jh. Die Kreationen dieser Küche sind außerordentlich und treiben die moderne dänische Kochkunst in neue strahlende Höhen.

Hier werden z. B. gedörrte Artischocken mit Haselnussmilch und Rauch gepaart oder gebratene Foie gras mit Rote Beete und Holunderbeersaft kombiniert. Die Balance aus Geschmack und Konsistenz ist oft atemberaubend, ebenso wie die passend ausgesuchten Weine zu jedem Gang.

Trotz des Ruhms, der Lobeshymnen und der klassisch-schicken Inneneinrichtung bleibt der Søllerød Kro auf dem Boden, ignoriert Pomp und Dünkel und pflegt stattdessen eine aufrichtige Gastlichkeit, die ein ebensolches Highlight ist wie die Probiermenüs.

Aus Kopenhagen nimmt man die S-Bahn (Linie E) Richtung Norden bis Holte. Von dort fährt der Bus 195 bis 150 m vor das Restaurant (dem Busfahrer sagen, wohin man möchte). Die Anfahrt dauert etwa 35 Minuten.

(Konditorei) gefährdet seit 1870 die Taille. Einem Stück klassischem *valnøddekage* (Walnusskuchen), einer sündhaften Leckerei aus gehackten und karamellisierten Walnüssen, Schlagsahne und Mokkazuckerguss, kann wohl niemand widerstehen. Das Diätprogramm kann man auch mit *sportskage* (zerstoßenes weißes Nougat, Sahne und karamellisierte Windbeutel) unterwandern.

★Höst MODERN DÄNISCH €€
(Karte S. 52; ☎89 93 84 09; http://cofoco.dk/da/restauranter/hoest; Nørre Farimagsgade 41; Hauptgerichte 195–215 Kr, 3-Gänge-Menü 295 Kr; ⏲tgl. 17.30–21.30 Uhr; 🚌40, Ⓜ Nørrebro) Die phänomenale Popularität des Höst war abzusehen: behagliche, preisgekrönte Einrichtung, bezahlbare Preise und Neue Nordische Küche, die ebenso fabelhaft wie sättigend ist. Das Menü ist ein Schnäppchen, da noch drei kleinere „Überraschungsgerichte" dazu gehören sowie Kreationen wie gepökelte Jakobsmuscheln von den Färöern mit Mais, frischen Pflaumen, eingelegten Totentrichterlingen (eine Pfifferlingart) und Bärlauch. Die Weinkarte „deluxe" ist um Klassen besser als die Standardkarte. Besonders zum Wochenende sollte reserviert werden.

Brdr. Price INTERNATIONAL €€
(Karte S. 52; ☎38 41 10 20; http://rosenborggade.brdr-price.dk; Rosenborggade 15–17; Café Hauptgerichte 145–195 Kr, Restaurant Hauptgerichte 175–265 Kr; ⏲Café So–Do 12–24, Fr & Sa bis 1 Uhr, Restaurant So–Mi 17.30–22, Do–Sa bis 22.30 Uhr; 📶; 🚌6A, 11A, 150S, Ⓜ Nørrebro) Die Brüder Adam und James Price haben ihre eigene TV-Kochsendung (Adam schuf auch die Fernsehserie *Borgen – Gefährliche Seilschaften*). In ihrem Restaurant verarbeiten sie erstklassige Zutaten zu allerleckersten Gerichten. Feinschmecker, *Borgen*-Fans und der eine oder andere Dichter genießen im Bistro-Café herausragende Gerichte wie zartschmelzendes Schweinegeschnetzeltes im Brötchen. Unten im Restaurant sorgen kitschige Kronleuchter für ein passendes Ambiente für die traditionellen Gerichte wie Hummer Thermidor.

Bistro Pastis FRANZÖSISCH €€
(Karte S. 52; ☎33 93 44 11; http://bistro-pastis.dk; Gothersgade 52; Salate & Sandwiches 115–145 Kr, Hauptgerichte 165–285 Kr; ⏲Mo–Sa 11.30–15 & 17.30–22.30 Uhr; 🚌11A, 350S) Das peppige Bistro ist perfekt für eine Stärkung nach dem Einkaufsbummel oder eine Verabredung zum Abendessen. Die lippenstiftroten Bänke und weißen U-Bahnkacheln erinnern an Paris und New York. Gäste machen sich über den leichten *salade chèvre chaud* (Salat mit gegrilltem Ziegenkäse, Walnüssen und Rosinen) her oder genießen reichhaltige Klassiker wie Bouillabaisse (Fischeintopf mit Gruyère).

Café Hovedtelegrafen DÄNISCH €€
(Karte S. 52; ☎33 41 09 86; www.cafehovedtelegrafen.dk; Købmagergade 37; Gerichte 99–159 Kr; ⏲tgl. 10–16 Uhr; 🚌11A, Ⓜ Nørreport, Kongens Nytorv) Speisen mit Blick auf die Dächer der Stadt in diesem lichten Café oben im Post & Tele Museum ist äußerst beliebt bei Anzugträgern und feinen Damen, die hier frische, gut zubereitete Klassiker wie Smørrebrød,

eingelegte Heringe, bunte Salate und echt köstliche Hamburger genießen. Um bei schönem Wetter einen Platz auf der Terrasse zu ergattern, lohnt frühe Ankunft.

42° Raw VEGETARISCH €€
(Karte S. 52; 32 12 32 10; www.42raw.com; Pilestræde 32; Mahlzeiten 88–128 Kr; Mo–Fr 7–20, Sa 10–18, So 11–17 Uhr; ; 11A) Gesundheitsbewusste essen in diesem trendigen Imbisslokal: Hier gibt's nämlich Rohkost in Form von bunten, bissfesten Gerichten, wie „rohe" Lasagne, thailändische Nudelgerichte und pfiffige Salate mit Erdbeeren, Wassermelone und Chili. Zur Frühstücksauswahl gehören Joghurt und Haferflocken samt Biokaffee und frisch gepresstem Orangensaft oder Smoothies.

Sticks 'N' Sushi JAPANISCH €€
(Karte S. 52; 33 11 14 07; www.sushi.dk; Nansensgade 47; Nigiri pro Stück ab 21 Kr, Sushi-/Sashimi-Teller ab 105 Kr; So–Do 11–22, Fr & Sa bis 22.30 Uhr; 40, 5A, 350S, M Nørreport) Das erste und immer noch spannendste Sushi-Lokal in Kopenhagen serviert besonders gutes Thunfischtatar und *hamachi*-Carpaccio. Es gibt mehrere Filialen in der Stadt – alle auf der Website gelistet.

Slotsholmen

Øieblikket CAFÉ €
(Karte S. 52; Søren Kierkegaards Plads 1; Suppen & Salate 40–45 Kr, Sandwiches 50–55 Kr; Mo–Fr 8–19, Sa 9–18 Uhr; ; 9A, Det Kongelige Bibliotek) Das Café in der Königlichen Bibliothek hat ein kleines Angebot an preisgünstigen, frischen Gerichten, z. B. Suppe, ein paar Salate und belegte Brote und reichlich verführerische Kuchen zum Nachmittag. Der Kaffee ist gut, und die Liegestühle am Hafen sind super an sonnigen Sommernachmittagen.

Søren K MODERN DÄNISCH €€
(Karte S. 52; 33 47 49 49; Søren Kierkegaards Plads 1; Gerichte mittags 85–175 Kr, abends 190 Kr; Mo–Sa 12–16 & 18–22 Uhr; ; 9A, Det Kongelige Bibliotek) Das schicke Restaurant in der Königlichen Bibliothek ist selbst an den trübsten Tagen lichtdurchflutet und serviert zudem erstklassige Speisen aus regionalen Zutaten. Die saisonabhängigen Gerichte bestehen aus delikaten, modernen Variationen nordischer Klassiker, wie Räucherhering mit Kressegelee, Eigelb und Rettich, norwegischer Hummer mit Gurke, Apfel und Sesam oder Buchweizeneis mit Buttermilch und Waldmeister. Welche Jahreszeit auch immer, die Speisen schmecken alle authentisch und rein.

Vom Nyhavn bis zur Kleinen Meerjungfrau

Meyers Bageri BÄCKEREI €
(Karte S. 52; www.clausmeyer.dk; Store Kongensgade 46; Gebäck ab 20 Kr; Mo–Fr 7–18, Sa bis 16, So bis 13 Uhr; 1A, 26, M Kongens Nytorv) Die wunderbarsten Leckereien gibt's in dieser winzigen Bäckerei, die Claus Meyer, dem Gründungsvater der Neuen Nordischen Küche, gehört. Nur im Haus verarbeitetes Mehl ist gut genug für die süßen Gebäckstücke, wie Apfelcroissants, *blåbærsnurrer* (Heidelbeerkringel) und köstliche *kanelsnægel* (Zimtschnecken) mit *remonce* (Buttercremefüllung).

Eine Filiale gibt es im Untergeschoss des Kaufhauses Magasin (S. 90).

Atelier September CAFÉ €
(Karte S. 52; http://atelier-september.dk; Gothersgade 30; Gerichte 30–125 Kr; Mo–Sa 8–18 Uhr; ; 11A, M Kongens Nytorv) Das Lokal mag zwar wie aus einer Fotoreportage der *Vogue* daherkommen (komplett weiße Einrichtung, schwarz gekleidete Bedienung und unglaublich schöne Gäste), aber eigentlich ist es ein ganz normales Café. Geboten werden Kunst, anspruchsvolle Zeitschriften, buntes Geschirr, wunderbarer Espresso und eine kleine Auswahl einfacher, kreativer Speisen. Sehr lecker sind die Avocadoschnitten auf Roggenbrot mit geriebener Zitronenschale, Schnittlauch, Paprika und Olivenöl.

The Yogurt Shop JOGHURT €
(Karte S. 52; www.theyogurtshop.dk; Ny Adelgade 7; Joghurt 45–53 Kr; Mo–Fr 7.30–18, Sa 10–16 Uhr; ; 11A, M Kongens Nytorv) Von Hay entworfene Stühle, flackernde Teelichter und stapelweise Modemagazine – in Dänemark bringen selbst Joghurtverkäufer Lifestyle-Redakteure in Ekstase. Hier haben Schickis und Gesundheitsbewusste eine große Auswahl. *Skyr*, griechischer oder laktosefreier Joghurt? Himbeer-Ingwer-Püree oder Erdbeer-Chili-Püree? Mit Müsli, frischem Obst oder Nüssen? Ganz klar alles Fragen zu Luxusproblemen – aber lecker!

Big Apple SANDWICHES €
(Karte S. 52; Kronprinsessegade 2; Sandwiches 50 Kr, Salate 55 Kr; Mo–Fr 8–18, Sa & So 9–18 Uhr; ; 11A, M Kongens Nytorv) Betonböden, rustikale Gemeinschaftstische und

leuchtend grüne Tupfer verleihen dem beliebten Sandwichladen ein nordisches und natürliches Flair. Das Brot ist vegan, getoastet und mit Kombinationen aus Ziegenkäse, Avocado, Gurke und hausgemachtem Pesto gefüllt. Zum Getränkeangebot gehören frisch gepresste Säfte und phantastischer Kaffee der dänischen Rösterei The Coffee Collective. *Und* es gibt Sojamilch!

Orangeriet MODERN DÄNISCH €€
(Karte S. 52; ☎33 11 13 07; www.restaurant-orangeriet.dk; Kronprinsessegade 13; Smørrebrod 75 Kr, 3-/5-Gänge-Abendmenü 375/495 Kr; Mo–Sa 11.30–15 & 18–22, So 12–16 Uhr; 11A, 26, 350S) Man nehme eine alte Orangerie am Ostrand des Kongens Have, füge elegante, saisonale Speisen hinzu, und schon hat man die Orangeriet. Chef ist der mit Preisen ausgezeichnete Koch Jasper Kure, der mit seinen zeitgenössischen Kreationen den Schwerpunkt auf Einfachheit und erstklassige Zutaten legt. Zu den unverfälschten, faszinierenden Gerichten gehören glasierter Kabeljau mit Sellerie, Kohl, Kresse und Muschelsauce mit Dorschrogen. Mittags gibt es nur Smørrebrød. Reservierung ratsam.

Brasserie Granberg FRANZÖSISCH €€
(Karte S. 52; ☎33 12 45 32; http://brasseriegranberg.dk; Ny Adelgade 3; Hauptgerichte 125–240 Kr; Di–Fr & So 17–22, Sa 12–22 Uhr; 11A, M Kongens Nytorv) Im französischen Granberg mit Kronleuchtern, alten Postern und strahlend weißen Tischtüchern würde es nicht überraschen, auf Edith Piaf zu treffen. Gemütlich in einem der Sessel und mit einem perfekten Gin Tonic kann man sich aus der kurzen und prägnanten Speisekarte Traditionsgerichte wie Hummercremesuppe mit Cognac, Muscheln und Pommes frites oder unglaublich frische Austern bestellen. Im Winter ist ein Tisch im sehr gemütlichen Hinterzimmer am schönsten.

Ché Fè ITALIENISCH €€
(Karte S. 52; ☎33 11 17 21; www.biotrattoria.dk; Borgergade 17A; Hauptgerichte 150–195 Kr; Mo–Sa 18–22 Uhr; 11A, 26, M Kongens Nytorv) Das Ché Fè wirkt mit seinen rustikalen Bauernstühlen, Sackleinenvorhängen und bunten Keramiken wie frisch aus der Toskana hierher versetzt. Bei jedem Wetter werden wohltuende italienische Gerichte wie hausgemachte Pasta mit Wild oder deftige toskanische Würste mit Tomatensauce und schwarzen Kichererbsen serviert. Das Menü (250 Kr) ist recht preiswert, vor allem wenn man bedenkt, dass die meisten Zutaten biologisch sind.

NICHT VERSÄUMEN

SMØRREBRØD BEI SCHØNNEMANN

Schønnemann (Karte S. 52; ☎33 12 07 85; www.restaurantschonnemann.dk; Hauser Plads 16; Smørrebrød 72–178 Kr; Mo–Sa 11.30–17 Uhr; 6A, 11A, M Nørreport) Die Institution Schønnemann füllt seit 1877 Gäste mit Smørrebrød und Schnaps ab. Das Restaurant war ursprünglich ein Anlaufpunkt für Bauern, die in der Stadt ihre Erzeugnisse verkauften, heute verkehren hier u. a. Starköche wie René Redzepi vom Norma. Zwei Smørrebrød pro Person sollten ausreichen, um den Hunger zu stillen. Herausragend ist „Kongens Have"(Kartoffeln mit geräucherter Mayonnaise, gebratenen Zwiebeln, Schnittlauch und Tomaten). Ein Bier und ein Schnaps gehören natürlich dazu. Mittags kann es voll werden, also vorher reservieren oder frühzeitig eintreffen.

Union Kitchen CAFÉ €€
(Karte S. 52; Store Strandstræde 21; Mo & Di 7.30–17, Mi & Do bis 23, Fr bis 24, Sa 8–24, So 8–17 Uhr; 11A, 66, M Kongens Nytorv) Gleich um die Ecke vom Nyhavn liegt das trendige Union Kitchen, wo tätowierte Angestellte wie Punk-Pop-Rocker aussehen, die Farbe Grau dominiert und das umfängliche Speisenangebot aus modernen kleinen Gerichten wie hausgemachtem Müsli und getoastetem Sauerteigbrot mit Hüttenkäse, Tomaten, Thymian und Olivenöl besteht. Am besten sind die „Balls of the Day", eine täglich wechselnde Kombination aus saftigen, hausgemachten Frikadellen und interessanten Beilagen.

Wokshop Cantina THAILÄNDISCH €€
(Karte S. 52; www.wokshop.dk; Ny Adelgade 6; Nudelgerichte 65–129 Kr, Hauptgerichte abends 129–169 Kr; Mo–Sa 12–22 Uhr; 11A, M Kongens Nytorv) Das beliebte Kellerlokal, nicht weit vom Kongens Nytorv und Hotel d'Angleterre, bietet Gemeinschaftstische und frische südostasiatische Gerichte. Dazu gehören Traditionsspeisen wie thailändische Fischküchlein, *tom-yam-goong*-Suppe und jede Menge roter, grüner und gelber Currys.

Clou MODERN DÄNISCH €€€
(Karte S. 52; ☎36 16 30 00; restaurant-clou.dk; Borgergade 16; 3-/5-/7-Gänge-Menü inkl. Wein 850/1300/1600 Kr; Di–Sa 18–21 Uhr; 1A, 11A, 26,

Ⓜ Kongens Nytorv) Das Sternerestaurant Clou geht gegen den Trend des zwanglosen Speisens und bietet stattdessen große Tische mit Stofftischdecken, Polsterstühle und Kellner mit Fliege und Ärmelhaltern. Abgesehen davon sind die Speisen gewagt und modern, mit nordischen und internationalen Einflüssen, wie Entenbrust mit saftigen Beeren und in Anis geschmorte Kastanien mit Ahornsirup. Was die Weine angeht: Sie sind so gut, dass das Essen auf sie passend zubereitet wird.

Rebel MODERN DÄNISCH €€€
(Karte S. 52; ☎33 32 32 09; www.restaurantrebel.dk; Store Kongensgade 52; Gerichte 119 Kr; ⏲Di–Sa 17.30–22.30 Uhr) Das preisgekrönte Rebel rühmt sich, faszinierende, modern dänische Speisen ohne viel Trara zu servieren. Der schwarz-weiße Gastraum ist relativ klein, einfach und schmucklos und richtet alle Aufmerksamkeit auf geniale Kreationen wie gepökelte Muscheln mit Gurke und Dill oder zartes Filet mit Hagebutten, eingelegten Zwiebeln und Kohlrabi. Der Sommelier empfiehlt die passenden Weine, darunter einige herausragende Tröpfchen aus der Alten und der Neuen Welt. Mindestens zwei Gerichte müssen pro Person bestellt werden.

Damindra JAPANISCH €€€
(Karte S. 52; ☎33 12 33 75; www.damindra.dk; Holbergsgade 26; Mittagsgerichte 175–398 Kr, 7-Gänge-Probiermenü 750 Kr (mind. 2 Pers.); ⏲Di–Sa 11–15 & 17–22 Uhr; 🚌11A, 66, Ⓜ Kongens Nytorv) Überraschend wäre es nicht, wenn das japanische Damindra in den nächsten Jahren einen Michelinstern erhielte. Von den butterzarten Sashimi bis zum unvergesslichen Garnelen-Tempura sind die Gerichte unglaublich frisch und faszinierend. Das abendliche Sushi-Menü „Chef's Choice" (398 Kr) ist eine perfekte kulinarische Einführung und Desserts wie das Grünteeeis mit Pflaumenkompott und frischer Wasabisahne bilden einen großartigen Abschluss.

Christianshavn

Copenhagen Street Food INTERNATIONAL €
(Karte S. 46; http://copenhagenstreetfood.dk; Halle 7 & 8, Trangravsvej 14, Papirøen; Gerichte ab 40 Kr; ⏲Imbissstände generell 12–22 Uhr ✎; 🚌11A, 66, ⛴Papirøen) 🍃 Der angesagte Neuling ist ein ehemaliger Speicher voller Imbisswagen und -stände, Hipster-Baristas und lässiger Bars. Der Schwerpunkt liegt auf frischem, erschwinglichen Essen, von hausgemachten Pasta, Tacos und Ratatouille bis zu *koldskål* (Kaltschale aus Biobuttermilch). Die Portionen sind nicht riesig, aber die Qualität ist hoch.

Bei schönem Wetter stehen draußen am Hafen Liegestühle.

Morgenstedet VEGETARISCH €
(Karte S. 46; www.morgenstedet.dk; Langgaden; Hauptgerichte 80–100 Kr; ⏲Di–So 12–21 Uhr; ✎; 🚌2A, 9A, 40, 350S, Ⓜ Christianshavn) 🍃 Das gemütliche, alternative Schlupfloch im Herzen von Christiania bietet nur zwei Tagesgerichte, eins davon ist immer eine Suppe. Die Gerichte sind alle vegetarisch und Bio und schmecken am besten im idyllischen Garten.

Lagkagehuset BÄCKEREI €
(Karte S. 46; ☎32 57 36 07; www.lagkagehuset.dk; Torvegade 45; Gebäck ab 18 Kr, Sandwiches 50 Kr; ⏲Sa–Do 6–19, Fr bis 19.30 Uhr; 📶; 🚌2A, 9A, 40, 350S, Ⓜ Christianshavn) Die Bäckerei direkt gegenüber der Metrostation Christianshavn ist die ursprüngliche (und manche würden sagen: beste) der Lagkagehuset-Kette. Die Ladentheke biegt sich unter köstlichen Kuchen, gesunden Sandwiches, Minipizzas und schweren Roggenbrotlaiben – alles praktisch für einen schnellen Happen unterwegs. Es gibt aber auch Sitze am Tresen und sogar kostenloses WLAN (falls jemand unbedingt seine *kanelsnegle* auf Instagram zeigen will).

Café Wilder INTERNATIONAL €€
(Karte S. 52; www.cafewilder.dk; Wildersgade 56; Hauptgerichte mittags 90–149 Kr, abends 179–209 Kr; ⏲Mo–Mi 9–21.30, Do & Fr 9–22, Sa 11–22, So 11–21.30 Uhr; 📶; 🚌2A, 9A, 40, 350S, Ⓜ Christianshavn) Das klassische Eckcafé serviert wunderbare, großzügige Mittagsgerichte wie Räucherlachssalat mit Bioeiern, gebackenen Tomaten und Roggenbrot-Croutons. Abends gibt es dann solide Gerichte wie in Butter gebratenes Stubenküken mit cremigem Champignon-Risotto. Es ist eines der ältesten Cafés Kopenhagens und erschien mehrmals in der Kultfernsehserie *Borgen – Gefährliche Seilschaften*.

Bastionen + Løven DÄNISCH €€
(Karte S. 46; Christianshavn Voldgade 50; Wochenendbrunch 175 Kr, Hauptgerichte abends 185–215 Kr; ⏲Di–Fr 11–21.30, Sa 10–21.30, So 10–14 Uhr 📶; 🚌2A, 9A, 40, 350S, Ⓜ Christianshavn) Das Holzinterieur und der Märchengarten dieses alten Müllerhauses reichen zwar schon, um Phantasien von nordischer Idylle auszulösen, aber der eigentliche Grund für einen Besuch ist das Brunchbuffet am Wochenende: Man muss eine Woche zuvor reservieren (so be-

liebt ist es). Das Restaurant serviert auch Mittag- und Abendgerichte, aber beide sind Glückssache – es gibt weitaus bessere Alternativen in der gleichen Preisklasse. Nur Barzahlung.

★Noma MODERN DÄNISCH €€€
(Karte S. 46; ☎32 96 32 97; www.noma.dk; Strandgade 93; Probiermenü 1600 Kr; ⏲Di–Sa 12–16 & 19–0.30 Uhr; 🚌2A, 9A, 11A, 40, 66, 350S, Ⓜ Christianshavn) Das Noma ist der heilige Gral für Feinschmecker aus aller Welt. Chefkoch René Redzepi und sein Team verwenden nur Zutaten aus Skandinavien, wie Moschusochse und *skyr*, und kreieren außerordentliche Sinfonien aus Geschmack und Konsistenz. Die Tische sind auf Monate ausgebucht, man muss sich also mit der Warteliste begnügen. Tipp: Gruppen ab vier Personen haben eine größere Chance, relativ kurzfristig einen Tisch zu ergattern.

★Kanalen MODERN DÄNISCH €€€
(Karte S. 46; ☎32 95 13 30; http://restaurant-kanalen.dk; Wilders Plads 2; 6-/7-Gänge-Menü 700/800 Kr; ⏲Mo–Sa 11.30–15 & 17.30–22 Uhr; 🚌2A, 9A, 11A, 40, 66, 350S, Ⓜ Christianshavn) Das Kanalen bietet eine unwiderstehliche Kombination: moderne dänische Küche und eine Lage am Kanal. Die Mittagskarte enthält zwar kompetente Interpretationen dänischer Klassiker, aber die Abendkarte ist wirklich atemberaubend. Zu den makellosen, aufwendigen Gerichten gehören zartester Kabeljau in Rote-Bete-Gelee oder gebackene Pflaumen auf Sorbet mit Lakritz und weißer Schokolade.

Die Gerichte sind à la carte zu bestellen; das Probiermenü ist ein unvergesslicher kulinarischer Gaumenkitzel.

★Kadeau MODERN SKANDINAVISCH €€€
(Karte S. 46; ☎33 25 22 23; www.kadeau.dk; Wildersgade 10a; 4-/8-Gänge-Menü 550/850 Kr; ⏲Mi–Fr 12–15.30 & Di–So 18 Uhr bis spät) Das Sternerestaurant ist der Ableger des hoch gelobten Kadeau auf Bornholm, dessen herausragende Neue Nordische Küche bei einheimischen und ausländischen Feinschmeckern zum festen Programm gehört. Ob es nun gesalzene, schwarz gebratene Jakobsmuscheln in Muschelbouillon sind oder eine unerwartete Kombination aus Toffee, Crème fraîche, Kartoffeln, Rettich und Holunder – die Gerichte sind eindrucksvoll und erhebende Offenbarungen. Eine ebenso spannende Weinkarte und eleganter, freundlicher Service machen das Lokal zu einem Muss. Reservierung ist ratsam.

Von Vesterbro bis Frederiksberg

Dyrehaven DÄNISCH €
(Karte S. 46; www.dyrehavenkbh.dk; Sønder Blvd 72, Vesterbro; Frühstück 28–120 Kr, Hauptgerichte mittags 58–85 Kr, abends 125–162 Kr; ⏲Mo–Mi 9–24, Do & Fr bis 2, Sa 10–2, So 10–24 Uhr, Küche schließt So–Do um 21, Fr & Sa um 22 Uhr; 📶; 🚌1A, 10, 14) Einst eine staubige Arbeiterkneipe (die Kunststoffsitzecken und PVC-Böden sagen alles), heute das zweite Wohnzimmer der coolen, jungen Künstler von Vesterbro. Rein in die enge Jeans und dann nichts wie hin: günstige Getränke, einfaches leckeres Essen (Kartoffel-Ei-Brot mit selbstgemachter Mayo und gebratenen Zwiebeln) und nette Gesellschaft bis spät in die Nacht.

Siciliansk Is EIS €
(Karte S. 46; ☎30 22 30 89; http://sicilianskis.dk; Skydebanegade 3; Eis ab 25 Kr; ⏲Mitte Mai–Aug. 12–21 Uhr, April–Mitte Mai & Sept. 13–18 Uhr; 🚌10, 14) Die Eismeister Michael und David haben ihrem Können auf Sizilien den letzten Schliff verpasst. Das Ergebnis ist das beste Eis in Kopenhagen (vielleicht sogar in ganz Dänemark): weiche und saisonale Aromen z. B. wie *havtorn* (Sanddorn) oder *koldskål* (die gefrorene Variante des dänischen Buttermilch-Zitrone-Dessertklassikers). Eine unvergessliche Kombination ist *lakrids* (Lakritze) mit sizilianischer Mandarine.

Øl & Brød DÄNISCH €€
(Karte S. 46; ☎33 31 44 22; http://mikkeller.dk/ol-brod; Viktoriagade 6; 5-/7-Gänge-Menü 500/1100 Kr; ⏲Di–Do & So 11.30–22, Fr & Sa bis 23 Uhr 🚌6A, 10, 14, 26, 🚆S-Bahn København H) Moderne dänische Möbel, Arne-Jacobsen-Besteck und gedeckte Grau- und Grüntöne bilden das perfekte Ambiente für spitzenmäßiges, zeitgenössisches Smørrebrod. Zur Wahl stehen ein fünf- und ein siebengängiges Menü (Letzteres enthält passendes Craft-Bier) mit raffinierten Neuerfindungen wie getrocknete und geräucherte Gänsebrust mit weich gekochtem Ei, gedünstetem Mais und Kerbel. Das Restaurant behauptet, das größte Sortiment Dänemarks an Aquavit und Schnaps zu besitzen.

Pony MODERN DÄNISCH €€
(Karte S. 46; ☎33 22 10 00; www.ponykbh.dk; Vesterbrogade 135; Gerichte 110–185 Kr, 4-Gänge-Menü 450 Kr; ⏲Di–So 17.30–22 Uhr; 🚌6A) Wenn der Steuerberater ein Essen im Kadeau nicht empfiehlt, dann geht's halt ins Pony, dem Bistro-Ableger. Die Neue Nordische Küche

ist hier zwar einfacher, aber ebenso umwerfend. Geboten werden Tatar mit Totentrompete (Pilzart), Brombeeren und Pilzbrühe oder Rotzunge mit Blumenkohl, eingelegten Äpfeln, Grünkohl, Mandeln und Kapern. Die Atmosphäre ist lebhaft und intim. Reservierung ratsam, besonders freitags und samstags.

Paté Paté INTERNATIONAL €€

(Karte S. 46; ☎39 69 55 57; www.patepate.dk; Slagterboderne 1; Gerichte 80–130 Kr; ⊙Mo–Do 9–22, Fr 9–23, Sa 11–23 Uhr; 📶; 🚌10, 14) Das Weinbar-Restaurant, ehemals eine Pastetenfabrik, ist ein weiterer Hit in Kødbyen und verleiht europäischen Klassikern einen neuen Pfiff. Das Speisenangebot wechselt zwar täglich, aber zu den typischen Gerichten zählen erfrischender Burrata (Frischkäse) mit gebratenem Pfirsich, Pesto, Chili und brauner Butter sowie deftiges gegrilltes Spanferkel mit Mojo rojo, *sobrasada* (luftgetrocknete Rohwurst), Borlotti-Bohnen und gegrillten Möhren. Das Lokal ist trendig und trubelig, aber absolut freundlich, zudem ist die Bedienung sachkundig. Es gibt eine sehr gute Weinkarte und Plätze an der Bar für Sologäste.

Nose2Tail DÄNISCH €€

(Karte S. 46; ☎33 93 50 45; Flæsketorvet 13; Hauptgerichte 150–190 Kr; ⊙Mo–Do 18–22, Fr & Sa bis 23 Uhr; 🚌10, 14) 🍃 Das Restaurant im Keller einer ehemaligen Fabrik findet Inspiration in den dänischen Kneipen von einst: Es verwendet jeden Teil des Tieres für bodenständige, rustikale Gerichte, die auf hölzernen Hackblöcken serviert werden. Die Speisekarte ist kurz und saisonal, die Zutaten lokaler und biologischer Herkunft, die Atmosphäre gleichermaßen cool wie gemütlich – Kerzen flackern auf weißen Kacheln, serviert wird auf altem dänischen Geschirr, und schiefe alte Fotos schmücken die Wände.

In der wärmeren Jahreszeit werden lange Gemeinschaftstische nach draußen gestellt. Dazu gibt es die stimmungsvolle Kulisse des industriell geprägten Kødbyen gratis.

Sokkelund INTERNATIONAL €€

(Karte S. 46; ☎38 10 64 00; http://cafe-sokkelund.dk; Smallegade 36E, Frederiksberg; Salate 135–165 Kr, Hauptgerichte 165–259 Kr; ⊙Mo–Fr 8–22, Sa 9.30–22, So 9.30–21 Uhr; 📶; 🚌9A, 72, 73, Ⓜ Frederiksberg) Das Sokkelund ist eine typische Stadtteil-Brasserie, eingerichtet mit liebevoll abgenutzten Lederbänken, Zeitungen am Haken und gutaussehenden Kellnern in strahlend weißen Hemden. Ob zum Frühstück, Mittag- oder Abendessen, hier verzehren Stammgäste Bistrogerichte wie Muscheln mit Pommes frites oder die saftigsten Hamburger der Stadt. Die handgeschnittenen Pommes sind einfach klasse.

Mother PIZZERIA €€

(Karte S. 46; http://mother.dk; Høkerboderne 9–15; Pizzas 75–145 Kr; ⊙Mo–Fr 8–23, Sa 11–23, So 11–22 Uhr; 📶; 🚌10, 14) Die Pizzeria Mother verzichtet auf Karotischdecken und setzt lieber auf coole Betonböden, Schlachthauskacheln und eine angesagte Adresse in Kødbyen. Die brutzelnde, dünnkrustige Pizza besteht aus Biosauerteig mit authentischen Zutaten wie Büffelmozzarella und Prosciutto di Norcia. Wer auf einen Tisch warten muss (wahrscheinlich), kann sich in der angrenzenden Bar von Mother mit einem Aperol Spritz die Zeit verkürzen.

Granola CAFÉ €€

(Karte S. 46; ☎40 82 41 20; Værndemsvej 5, Vesterbro; Hauptgerichte mittags 75–145 Kr, abends 135–195 Kr; ⊙Mo–Fr 7–22, Sa 9–22, So 9–16 Uhr; 🚌6A, 9A, 26) Das Granola ist toll zum Frühstück oder Brunch (an Wochenenden früh eintreffen) und lockt mit seiner Retro-Mixtur aus Industrielampen, Terrazzoböden und Kramladenvitrinen eine coole Vesterbro-Kundschaft an. Zum Frühstück gibt's einfache Sachen wie Haferflocken mit Obst, Croque Monsieur oder Pfannkuchen, später dann Klassiker wie Muscheln in Weißwein, geschmorte Schweinebacke und Salade Niçoise.

Süßmäuler sollten noch Platz für das samtige Eis aus Jütland lassen.

Cofoco FRANZÖSISCH-DÄNISCH €€

(Karte S. 46; ☎33 13 60 60; http://cofoco.dk; Abel Cathrines Gade 7; 4-Gänge-Menü 275 Kr; ⊙Mo–Sa 17.30–21.30 Uhr; 🚌6A, 10, 14, 26, 🚆S-Bahn København H) Das Cofoco ist eines von mehreren guten Restaurants, die dem gleichen Team gehören und nur feste Menüs serviert. In glamourösem Ambiente gibt's feine Leckereien wie Kalbstatar mit Wasabi, Essiggürkchen und Artischocken oder Hummercremesuppe mit gesalzenen Muscheln, eingelegtem Kürbis, Kürbiskernen und Estragonöl. Perfekt für ein preisbewusstes Essen zu zweit.

★Kødbyens Fiskebar FISCH & MEERESFRÜCHTE €€€

(Karte S. 46; ☎32 15 56 56; fiskebaren.dk; Flæsketorvet 100; Hauptgerichte 215–255 Kr; ⊙tgl. 17.30–23 Uhr; 🚌10, 14) Betonböden, Kacheln und ein 1000-Liter-Aquarium bilden das Ambiente für makellose Meeresfrüchte in dem Sternerestaurant mitten in Vesterbros Trendviertel Kødbyen. Statt ein Hauptgericht lohnen sich drei oder vier Vorspeisen; die Austern sind phänomenal und die zarten Schwertmuscheln auf einer knusprigen „Muschelschale" aus Reispapier überragend. Man kann zwar einen Tisch bestellen, aber viel mehr Spaß macht es, an der zentralen Bar zu essen.

Mielcke & Hurtigkarl MODERN DÄNISCH €€€
(Karte S. 46; ☎38 34 84 36; www.mielcke-hurtigkarl.dk; Frederiksberg Runddel 1, Frederiksberg; kleines/großes Probiermenü 800/950 Kr; ⏰Di–Sa 18–21 Uhr; 🚌18, 26) Mielcke & Hurtigkarl, in einem ehemaligen königlichen Sommerhaus mit zeitgenössischen Wandbildern und dem Rauschen der Bäume im Hintergrund, ist so traumhaft wie die Speisen himmlisch sind. Chefkoch Jakob Mielckes geniale Verarbeitung lokaler und internationaler Zutaten erscheint in Kreationen wie geräucherte Austern mit Schweinefleisch und Preiselbeeren. Für viele Gerichte werden frische Zutaten direkt aus dem Küchengarten verwendet.

Nørrebro & Østerbro

★ Manfreds og Vin MODERN DÄNISCH €€
(Karte S. 46; ☎36 96 65 93; http://manfreds.dk; Jægersborggade 40, Nørrebro; kleine Portionen 75–95 Kr, 7-Gänge-Probiermenü 250 Kr; ⏰12–15.30 & 17.30–22 Uhr; 🚌5A, 18, 350S) Das gesellige Manfreds in der angesagten Jægersborggade ist ein Stadtteil-Bistro, wie es sein soll: engagiertes Personal, Wein von Kleinerzeugern und einfache, aber sensationell zubereitete Speisen aus vorwiegend lokalen Bioprodukten. Köstlich und von hinreißender Konsistenz sind etwa gedünsteter Spinat mit fettgebratenen Croutons und pochiertem Ei oder leicht angebrannter Broccoli mit Käsecreme, eingelegten Zwiebeln und geröstetem Bulgur.

Empfehlenswert: das preiswerte Menü mit sieben Gängen und ein Platz an der Bar oder in der offenen Küche, wo es als Zugabe zum Essen die Späße des Personals und spontane Gespräche gibt.

Oysters & Grill FISCH & MEERESFRÜCHTE €€
(Karte S. 46; ☎70 20 61 71; http://cofoco.dk/en/restaurants/oysters-and-grill; Sjællandsgade 1B, Nørrebro; Hauptgerichte 155–195 Kr; ⏰Mo–Do 17.30–21.30, Fr & Sa bis 22, So bis 21.15 Uhr; 🚌5A) Leckerstes „Surf and Turf" gibt's in diesem tollen, unprätentiösen Klassiker samt kitschigen Vinyltischdecken und einer fröhlich-lässigen Atmosphäre. Wer Meeresfrüchte liebt, sollte unbedingt die unglaublich frischen Austern und die mit Petersilienöl beträufelten Herzmuscheln bestellen. Auch das Fleisch ist umwerfend zart und saftig. Reservierung ist ratsam.

Aamanns Takeaway DÄNISCH €€
(Karte S. 46; ☎35 55 33 44; www.aamanns.dk; Øster Farimagsgade 10; Smørrebrød 55–95 Kr, Hauptgerichte abends 90–98 Kr; ⏰Smørrebrød Mo–Sa 11–16, So 12–16, außerdem Mo–Fr 17–20 Uhr; 🚌6A, 14, 40, 42, 150S, 184, 185) Kundige Feinschmecker essen ihr Smørrebrød im Aamanns, wo die Butterbrote aus hauseigenem Biosauerteigbrot mit saisonalem, kunstvollem Belag gereicht werden (möglichst vor 13 Uhr eintreffen, um Warteschlangen zu vermeiden). Ein Glanzpunkt ist das Rinderlendentatar mit Pilzcreme, Gürkchen, eingelegten Buchenpilzen, Schalotten und kleinen Kartoffelchips. Werktags werden auch zwei einfache Abendgerichte serviert, eines stets mit Frikadellen.

Fischer ITALIENISCH €€
(☎35 42 39 64; hosfischer.dk; Victor Borges Plads 12, Østerbro; Pasta 139 Kr, Hauptgerichte abends 189–235 Kr; ⏰Mo–Fr 11–22, Sa & So 10.30–22 Uhr; 🚌3A) Das freundliche Fischer in einer umgebauten Arbeiterkneipe serviert italienisch inspirierte Hausmannskost, z. B. frische Linguini mit Bottarga (Rogen), Zitrone und Minze oder Meerbarbe mit Palmkohl, Selleriepüree und Muscheln. Dass dies alles unglaublich gut ist, überrascht nicht, denn Besitzer und Chefkoch David Fischer hat in Rom im Sternerestaurant La Pergola gearbeitet. Am Wochenende gibt's von 10.30 bis 15.30 Uhr Brunch.

Laundromat Cafe INTERNATIONAL €€
(Karte S. 46; www.thelaundromatcafe.com; Elmegade 15, Nørrebro; Gerichte 45–155 Kr; ⏰Mo–Fr 8–24, Sa & So 10–24 Uhr; 📶; 🚌3A 5A, 350S) Die herrlich altmodische Nørrebro-Institution ist gleichzeitig Café, Buchladen und Waschsalon und immer gut besucht. Besonders zum Brunch ist es sehr beliebt, wenn es „saubere" (vegetarische) und „schmutzige" (fleischige) Brunchteller, starken Kaffee und frische Säfte gibt. Zum Frühstück werden u. a. Haferbrei und Croque Madame serviert, den ganzen Tag über Hamburger (auch vegetarische), Chili con Carne und ein Salat aus Birnen und Ziegenkäse.

AUF ZUM MARKT!

Seit der Eröffnung 2011 ist die Markthalle **Torvehallerne KBH** (Karte S. 52; www.torvehallernekbh.dk; Israels Plads; ⌚ Mo–Do 10–19, Fr bis 20, Sa bis 18, So 11–17 Uhr) Anlaufpunkt für Kopenhagener Feinschmecker. Die schönen und appetitanregenden Stände mit ihren frischen und leckeren Waren aus Kleinproduktion verkaufen u. a. Kräuter und Beeren der Saison, geräucherte Wurst und Schinken, Meeresfrüchte, Käse, Smørrebrød, frische Pasta und handgefilterten Kaffee. Man kann leicht ein oder zwei Stunden in den beiden Hallen verbringen, mit den Verkäufern plaudern und ihre Produkte probieren. Das Schönste ist aber, dass man hier auch sehr gut ganze Mahlzeiten essen kann – zu kleinen Preisen. Hier einige absolute Highlights:

Grød (Karte S. 52; Torvehallerne KBH, Halle 2, Stand A8; Hafergrütze 40–75 Kr; ⌚ Mo–Do 8–19, Fr bis 20, Sa 10–18, So 10–17 Uhr) Das Grød ist ideal für ein Frühstück und macht mit seinen modernen Grützeversionen Haferbrei wieder sexy. Zur hausgemachten Auswahl gehören Haferbrei mit Stachelbeerkompott, Lakritzzucker, *skyr* (isländischer Joghurt) und Haselnüssen oder gesunder, in Möhrensaft gekochter Getreidebrei mit Apfel, gerösteten Leinsamen, Rosinen und einem aromatischen Ingwersirup. Später am Tag locken Reisbrei mit Huhn, Frühlingszwiebeln, Koriander und Erdnüssen.

Coffee Collective (Karte S. 52; http://coffeecollective.dk; Torvehallerne KBH, Halle 2, Stand C1; ⌚ Mo–Fr 7–20, Sa & So 8–18 Uhr) Für eine Kaffeepause lohnt sich die angesehenste Kleinrösterei Kopenhagens. Die Bohnen stammen aus fairem Anbau direkt von den Bauern. Hier gibt's meist zwei Espressomischungen, eine vollmundig und traditionell, die andere säuerlicher und gehaltvoller im Geschmack. Findet man, dass Espresso eigentlich schon wieder „kalter Kaffee" ist, empfiehlt sich ein handgefilterter Kaffee. Es gibt zwei weitere Filialen: in Nørrebro (S. 82) und in Frederiksberg (Karte S. 46; Godthåbsvej 34b; ⌚ Mo–Fr 7.30–21, Sa ab 9, So ab 10 Uhr).

Omegn (Karte S. 52; Torvehallerne KBH, Halle 1, Stand E2; Käse- & Wurstplatte 70–95 Kr; ⌚ Mo–Do 9–19, Fr bis 20, Sa bis 18, So 10–17 Uhr) Der Feinkostladen führt Spitzenprodukte von kleinen dänischen Erzeugern. Zum Käseangebot zählt der Thybo, ein wunderbarer, pikanter Kuhmilchkäse aus Nordjütland. Ebenfalls lohnenswert sind die hausgebrauten Borghgedal-Biere aus Vejle. Hungrige Kundschaft kann sich gleich an einem Tisch niederlassen und eine Käse- und Wurstplatte bestellen oder ganz traditionell eine warme Schüssel *skipperlabskov* (Rindseintopf) löffeln.

Unika by Arla (Karte S. 52; Torvehallerne KBH, Halle 1, Stand F5; ⌚ Mo–Do 10–19, Fr bis 20, Sa bis 18, So 11–17 Uhr) Unika by Arla arbeitet mit kleinen Molkereien, Käseherstellern und Spitzenköchen zusammen, um ganz eigenen nordischen Käse herzustellen. Bemerkenswert ist der unpasteurisierte Kry-Käse (es heißt, unpasteurisierter Käse habe einen feineren Geschmack). Ebenfalls einzigartig sind die süßen Apfelweine aus der jütländischen Cold Hand Winery, deren Geschmack an leichten Portwein erinnert.

Hallernes Smørrebrød (Karte S. 52; Torvehallerne KBH, Halle 1, Stand F2; Smørrebrød 38–52 Kr; ⌚ Mo–Do 10–19, Fr bis 20, Sa bis 18, So 11–17 Uhr) Das Smørrebrød ist hier nicht nur so lecker wie das Bier und der Schnaps, sondern auch noch preiswert. Zum Mikkeller-Bier an der hölzernen Bar passen sehr schön angerichtete Klassiker wie *fiskefilet* (Fischfilet) mit Remoulade. Wenn er gerade im Angebot ist, lohnt sich auch der Schweinebraten mit Rotkohl. Bei kleinem Hunger reicht ein Smørrebrød, bei großem sollten es zwei sein.

Bottega della Pasta (Karte S. 52; Torvehallerne KBH, Halle 1, Stand E4; Pasta 80–110 Kr; ⌚ Mo–Do 10–19, Fr bis 20, Sa bis 18, So 11–17 Uhr) Eigentlich bevorzugen wir immer die nordischen Köstlichkeiten, aber für dieses tolle Stückchen Italien machen wir eine Ausnahme. Die Pasta ist hausgemacht und wird zu irrsinnig leckeren Gerichten verarbeitet, z. B. gehaltvolle, deftige Pasta mit Parmesancreme und frisch geraspelten Trüffeln. Der Hauswein ist angenehm süffig, und wer ganz viel Glück hat, bekommt zum Nachtisch noch gratis einen Limoncello.

Geranium MODERN DÄNISCH €€€

(☎ 69 96 00 20; http://geranium.dk; Per Henrik Lings Allé 4, Østerbro; Probiermenü mittags/abends 1250/1550 Kr, leichteres Probiermenü mittags 950 Kr; ⌚ Do–Sa 12–13, Mi–Sa 18.30–21 Uhr;) Das Geranium im 8. Stock des Fußballstadions Parken ist eines von zwei Restaurants mit zwei Michelinsternen in Kopenhagen (das andere ist das Noma). In der Küche herrscht der mit dem Bocuse d'Or ausgezeichnete Koch Rasmus Kofoed, der lokale Zutaten zu nordischen Esskunstwerken verarbeitet, z. B. Wild mit geräuchertem Schweinespeck und Roter Bete oder Königskrabben mit Zitronenmelisse und Moltebeeren. Preisbewusste Feinschmecker können sich für das etwas günstigere Mittagsmenü entscheiden, und wer keinen der (tollen!) Weine trinken mag, bekommt auch interessante Säfte. Reservierung ist ratsam.

★ Pop – et Spiseri ITALIENISCH €€€

(Karte S. 46; ☎ 42 36 02 22; www.pop-etspiseri.dk; Griffenfeldsgade 28, Nørrebro; Menü 600 Kr; ⌚ Mi–Fr 18–22 Uhr; ; 3A, 5A, 12, 66, 350S) Das kleine Pop wird von vier Däninnen geführt, die eine Leidenschaft für italienisches Essen haben. Es gibt keine konventionelle Speisekarte, nur das 4-Gänge-Menü mit passendem Wein und Kaffee für 600 Kr. Ob *pappa al pomodoro* (toskanische Brotsuppe) oder saftiges Schweinefleisch mit gebratenem Mangold, Pfifferlingen und Rosmarin, alles besteht aus feinsten Zutaten und ist extrem lecker. Die Bedienung ist kompetent, und leere Weingläser werden großzügig nachgefüllt. Reservierung ist ratsam.

Ausgehen & Nachtleben

Kopenhagen hat eine reiche und vielfältige Ausgehszene – schicke Cocktailbars, lärmende, verrauchte Kneipen und alles mögliche dazwischen. Die Grenze zwischen Café, Restaurant und Kneipe ist oft verschwommen, viele Lokale wechseln im Lauf des Tages von einem zum anderen. Trubelige Ausgehviertel sind z. B. Kødbyen (das alte Schlachthofviertel), die Istedgade in Vesterbro, die Ravnsborggade, die Elmegade und Sankt Hans Torv in Nørrebro, die Nansensgade nahe Nørreport und die Straßen nördlich der Strøget, wie Pilestræde, sowie rund um Gråbrødretorv und die besonders schwulenfreundliche Studiestræde. An warmen Abenden ist auch Nyhavn stets eine beliebte Option – allerdings kann es gut sein, dass dort gerade eine Dixieland-Jazzband spielt …

★ Ved Stranden 10 WEINBAR

(Karte S. 52; www.vedstranden10.dk; Ved Stranden 10; ⌚ Mo–Sa 12–22 Uhr; ; 1A, 2A, 26, 40, 66) Politiker und versierte Weinkenner zieht es in diese Weinbar am Kanal, deren Keller beneidenswert mit klassischen europäischen Jahrgängen, Bioweinen und unbekannteren Tropfen gefüllt ist. Die mit modernem dänischen Design eingerichteten Gasträume und die freundlichen, sachkundigen Angestellten verleihen der Bar eine intime, kultivierte Atmosphäre, die perfekt für eine gepflegte Unterhaltung ist. Bei Häppchen wie Oliven, Käse und Räucherschinken lässt sich gut über Terroir und Tannine plaudern.

★ Forloren Espresso CAFÉ

(Karte S. 52; www.forlorenespresso.dk; Store Kongensgade 32; ⌚ Di–Fr 8–16, Sa ab 9 Uhr; ; 1A, 26, 11A, M Kongens Nytorv) Kaffeeverwöhnte weinen Freudentränen bei den feinen Espressos und „Third-Wave"-Kaffees in diesem hübschen, lichten Café, in dem auch Fotobildbände herumliegen. Der bebrillte Besitzer Niels kümmert sich um seine Gerätschaften wie ein besessener Wissenschaftler und braut aus Bohnen, die in Großbritannien und Schweden geröstet wurden, süffigen, vollmundigen Kaffee. Welche Sorte auch bevorzugt wird – dazu passt immer am besten ein Danablu Horn, ein unglaublich köstliches Brothörnchen, das mit Blauschimmelkäse, Honig und Walnüssen gefüllt ist.

★ 1105 COCKTAILBAR

(Karte S. 52; www.1105.dk; Kristen Bernikows Gade 4; ⌚ Mi, Do & Sa 20–2, Fr 16–2 Uhr; 11A, M Kongens Nytorv) Wer in dieser schummrigen, edlen Cocktaillounge einen Platz an der Bar haben möchte, muss vor 23 Uhr kommen. Sie ist die Domäne des weltbekannten Barkeepers Hardeep Rehal, der bei den Diageo World Class, der inoffiziellen Olympiade der Bartender, 2014 zu den Top Ten gehörte. Rehals Martini ist zwar legendär, aber zu den verführerischen Getränken des 1105 gehören neben Klassikern auch neue Überraschungen. Whisky-Connaisseure werden hier ebenfalls begeistert sein.

Ruby COCKTAILBAR

(Karte S. 52; www.rby.dk; Nybrogade 10; ⌚ Mo–Sa 16–2, So 19–1 Uhr; 1A, 2A, 11A, 26, 40, 66) Cocktailkenner heben ihr Glas auf das meisterhafte Ruby. Versierte Hipster-Mixer schütteln und rühren nahezu perfekte Drinks, z. B. Green & White (Wodka, Dill, weiße Schokolade und Lakritzwurzel), und die beschwingten Gäste verteilen sich auf ein Labyrinth aus gemütlichen, opulenten Räumen. Wer Herrenclub-Atmosphäre sucht, verzieht sich im Untergeschoss in eine Welt aus Chesterfields, Ölgemälden und Holzvitrinen, gefüllt mit Schnapsflaschen.

★ Coffee Collective CAFÉ

(Karte S. 46; http://coffeecollective.dk; Jægersborggade 10, Nørrebro; ⏲ Mo–Fr 7–19, Sa & So 8–19 Uhr; 🚌 12, 18, 66) In einer Stadt, in der fader Kaffee so oft vorkommt wie perfekte Wangenknochen, verkauft diese Mikro-Rösterei wirklich guten Stoff, also vollmundige, komplexe Koffeinmagie. Die Baristas sind engagiert, wenn es um Bohnen geht, und das Café selbst liegt in der kreativen Jægersborggade in Nørrebro. Es gibt zwei weitere Filialen, eine im Markt Torvehallerne KBH (S. 80) und eine in Frederiksberg.

Lidkoeb COCKTAILBAR

(Karte S. 46; ☎ 33 11 20 10; www.lidkoeb.dk; Vesterbrogade 72B, Vesterbro; ⏲ Mo–Sa 16–2, So 20–1 Uhr; 📶; 🚌 6A, 26) Lidkoeb spielt gern Verstecken: Die Schilder „Lidkoeb" führen in den zweiten, mit Lichterketten geschmückten Hinterhof. Wer die edle Cocktaillounge dann gefunden hat, wird mit dynamischen Barkeepern, Børge-Mogensen-Stühlen und pfiffigen Drinks nach Saison belohnt. Dänische Erfindungsgabe äußert sich in Drinks wie der Koldskål, eine Variation des typischen dänischen Buttermilchdesserts, aber mit Wodka. Dazu gibt's nordische Barknabbereien – und oben eine extra Whiskeybar mit über 100 Sorten.

Mikkeller BAR

(Karte S. 46; http://mikkeller.dk; Viktoriagade 8B-C, Vesterbro; ⏲ So–Mi 13–1, Do & Fr bis 2, Sa 12–2 Uhr; 📶; 🚌 6A, 10, 14, 26, 🚆 S-Bahn København H) Tief hängende Lampen, moosgrüner Boden und 20 Biersorten vom Fass: Die Kultkneipe Mikkeller macht sich für Craft-Bier stark und schenkt u. a. eigenes hochgelobtes Gebräu sowie Gastbiere von Kleinbrauereien aus der ganzen Welt aus. Das Angebot an Flaschenbieren ist ebenfalls klasse, als Grundlage für das schaumige Vergnügen gibt's Käse und Snacks.

Christianshavns Bådudlejning og Café CAFÉ, BAR

(Karte S. 52; ☎ 32 96 53 53; www.baadudlejningen.dk; Overgaden Neden Vandet 29; ⏲ Juni–Mitte Aug. tgl. 9–24 Uhr, sonst kürzere Zeiten, Okt.–März geschl.; 📶; 🚌 2A, 9A, 40, 350S, Ⓜ Christianshavn) Die fröhliche Café-Bar mit Holzveranda direkt am Hauptkanal von Christianshavn ist wunderbar für einen Drink am Wasser. Es ist eine gemütliche und leutselige Kneipe mit gut gelaunten Gästen, Lichterketten und kleinen Ruderbooten (werden verliehen), die wie Badewannenspielzeug angedockt sind. Hungrige kriegen auch etwas zu essen, und Gasöfen und Planen schützen vor der Kälte.

Nørrebro Bryghus BRAUEREI

(Karte S. 46; ☎ 38 60 38 60; www.noerrebrobryghus.dk; Ryesgade 3, Nørrebro; ⏲ Mo–Do 11–24, Fr & Sa bis 2 Uhr; 🚌 3A, 5A, 350S) Die mittlerweile klassische Brauerei startete vor ein paar Jahren die Welle der Kleinbrauereien. Zum Glück stimmt das Konzept noch immer, und die Kneipe ist nach wie vor prima, um einheimische Biere zu trinken. Hungrig bleibt auch niemand, da das hauseigene Restaurant leckere, erschwingliche Gerichte serviert, wie gebratene Muscheln, Fish and Chips und Risotto.

Kassen BAR

(Karte S. 46; Nørrebrogade 18B, Nørrebro; ⏲ Mi 20–2, Do 20–3, Fr 14–4, Sa 20–4 Uhr; 🚌 5A) Das laute, stickige Kassen macht mit seinen spottbilligen Getränken und Happy-Hour-Angeboten (Cocktails für 80 Kr) der Leber schwer zu schaffen. Mittwochs kann jeder für 250 Kr so viel trinken, wie er will, den Rest der Woche gibt's zwei Drinks zum Preis von einem: donnerstags den ganzen Abend, freitags von 14 bis 22 Uhr und samstags von 20 bis 22 Uhr. Das Cocktailangebot ist das übliche und eher auf der süßen Seite, aber bei den Preisen geht das in Ordnung. Es wird großzügig eingeschenkt, das Publikum ist gemischt und gut drauf.

Kind of Blue BAR

(Karte S. 46; ☎ 26 35 10 56; http://kindofblue.dk; Ravnsborggade 17, Nørrebro; ⏲ Mo–Mi 16–24, Do–Sa bis 2 Uhr; 📶; 🚌 5A) Kronleuchter, Parfüm und Wände in hypnotischem Blau gestrichen: Der Geist des Tiefen Südens hat sich im intimen Kind of Blue, das nach dem Miles-Davis-Album benannt ist, breit gemacht. Hier tummeln sich nachts gerne die Hipster, trinken Porter und lauschen der persönlichen Jazz-, Blues- und Folksammlung von Besitzer Claus. Die Bar liegt in der Kneipenmeile Ravnsborggade in Nørrebro.

Mesteren & Lærlingen BAR

(Karte S. 46; Flæsketorvet 86, Vesterbro; ⏲ Mi–Sa 20–3 Uhr) Früher war dies eine Schlachthausschänke, heute ist das Mesteren & Lærlingen einer der Geheimtipps Kopenhagens, wo sich zwischen den gekachelten Wänden freundliche, trendige Gäste in Schirmmützen und Skinny Jeans drängen. Hausspezialität ist Rum mit Ginger Ale. DJs drehen Retro, Soul, Reggae und Country.

Bibendum WEINBAR
(Karte S. 52; Nansensgade 45; Mo–Sa 16–24 Uhr; ; 5A, 40, 350S, M Nørreport) Das Bibendum in einem behaglichen, rustikalen Keller in der trendigen Nansensgade ist eine Oase für Weinliebhaber. Die sachkundige Karte listet über 30 Weine, u. a. aus Australien, Neuseeland, Spanien, Frankreich und Italien – auch schoppenweise. Die Atmosphäre ist intim und relaxt und das Speisenangebot mit kleinen Portionen (89–95 Kr) einfach toll.

Malbeck WEINBAR
(Karte S. 46; Birkegade 2, Nørrebro; So–Do 16–24, Fr & Sa bis 1 Uhr; 3A, 5A, 350S) Riesige Lampen im Industriedesign, mit Schnipselbildern dekorierte Theke und ein fröhliches Stimmengewirr bilden das Ambiente in der angesehenen Weinbar in Nørrebro. Lohnenswert sind die weniger bekannten argentinischen Weine; sonntags bis donnerstags von 16 bis 18 Uhr kostet ein Glas nur die Hälfte. Wenn sich Hunger meldet, schaffen Käse, Wurstplatten und Kroketten oder ein saftiges Steak Abhilfe.

Union Bar BAR
(Karte S. 52; www.theunionbar.dk; Store Strandstræde 16; Di–Do 20–2, Fr 16–3, Sa 20–3 Uhr) Das Union versteckt sich hinter einer unauffälligen schwarzen Tür – ganz im Stil der illegalen New Yorker Bars der Prohibitionszeit (sogar die Cocktailnamen sind im Slang der 1920er-Jahre). Wer rein will, muss klingeln, dann geht es ein paar Stufen hinunter in ein schummriges, dekadentes Ambiente mit hübschen Barmännern, eingeweihten Nachtschwärmern und sanften Tönen.

Falernum WEINBAR
(Karte S. 46; 33 22 30 89; www.falernum.dk; Værnedamsvej 16; So–Do 12–24, Fr & Sa bis 2 Uhr; ; 6A, 9A, 26) Abgewetzte Dielen und Stühle, Regale voller Flaschen und sanfte Musik verleihen der einnehmenden Café-Weinbar eine herrlich behagliche, stimmungsvolle Atmosphäre. Allein 40 offene Weine stehen zur Wahl, hinzu kommen Spezialbiere, Kaffee und ein Angebot einfacher, saisonaler Gerichte zum Teilen, wie Osso Buco mit gebratenen Artischocken und Zwiebeln sowie Käse und Wurst.

Halvandet STRANDBAR
(70 27 02 96; www.halvandet.dk; Refshalevej 325, Refshaleøen; Juni–Aug. 10–24 Uhr, April, Mai & Sept. kürzere Zeiten; Refshaleøen) Kopenhagen mit einem Hauch Ibiza erleben Gäste in dieser sommerlichen Bar-Lounge am Hafen: auf der Liege faulenzen, Mojito schlürfen und zu schmeichelnder Loungemusik in der Sonne aalen. Nahrung gibt es in Form von Sandwiches, Grillfleisch, Fisch und Salaten – aber die meisten kommen her wegen der Atmosphäre und der Musik. Das Halvandet liegt nördlich der Oper, am Nordende von Amager.

Bakken BAR
(Karte S. 46; Flæsketorvet 19–21, Vesterbro; Fr & Sa 18–4 Uhr; 10, 14) Erschwingliche Drinks, Disco und Rock vom DJ und eine Adresse im alten Schlachthofviertel machen das intime, gerammelt volle, raue Bakken zum Anziehungspunkt für junge Menschen jenseits von Schickimicki.

Bankeråt BAR
(Karte S. 52; 33 93 69 88; www.bankeraat.dk; Ahlefeldtsgade 27; Mo–Fr 9.30–24, Sa 10.30–24, So 10.30–23 Uhr; ; 40, 12, 66, 68, M Nørrebro) Das unkomplizierte Bankeråt ist mit ausgestopften Tieren in verrückter Aufmachung aufgepeppt – es gibt sogar einen Schafsbock in historischem Kostüm. Der Kopf dahinter ist der dänische Künstler Phillip Jensen. Ist das denn eigentlich Kunst? Diese Frage und die mundförmigen Urinalbecken kann man bei ein paar Carlsberg diskutieren.

Library Bar BAR
(Karte S. 52; 33 14 92 62; www.librarybar.dk; Bernstorffsgade 4; Mo–Do 16–24, Fr & Sa bis 1.30 Uhr; 2A, 5A, 9A, 97N, 250S, S-Bahn København H) Die intime Hotelbar des Copenhagen Plaza imitiert mit Ledersesseln, Kamin und Bücherregalen einen klassischen Londoner Herrenclub. Donnerstags bearbeitet ein Pianist die Tastatur, samstags ab 20 Uhr gibt's Jazzkonzerte.

Nimb Bar COCKTAILBAR
(Karte S. 52; 88 70 00 00; www.tivoli.dk/nimb; Bernstorffsgade 5; So–Do 17–24, Fr & Sa bis 1 Uhr; 2A, 5A, 9A, 250S, S-Bahn København H) Wer Kronleuchter, witzige Wandbilder und ein offenes Kaminfeuer zum gut gemixten Drink mag, sollte einen Abstecher in die Bar des superschicken Hotels Nimb einplanen. Gegründet wurde die Bar von dem legendären Barmann Angus Winchester. Das Bier ist teuer, aber man kommt schließlich wegen der saisonalen, klassischen Cocktails. Nur deswegen.

Oscar Bar & Cafe
SCHWULENBAR

(Karte S. 52; www.oscarbarcafe.dk; Regnbuepladsen 77; So–Do 11–23, Fr & Sa bis 2 Uhr; ; 11A, 12, 26, 33, S-Bahn København H) Die kleine Café-Bar im Schatten des Rådhus ist noch immer die beliebteste Schwulenbar. Es gibt was zu essen und ein ordentliches Kontingent an schönen einheimischen und auswärtigen Menschen. In den wärmeren Monaten sind die Straßentische voll mit Nachtschwärmern – ein Auge auf den Freund, ein anderes auf Grindr.

Jailhouse CPH
SCHWULENBAR

(Karte S. 52; http://jailhousecph.dk; Studiestræde 12; So–Do 15–2, Fr & Sa bis 5 Uhr; ; 5A, 6A, 11A) Trendig, unkompliziert und vor allem von älteren Männern frequentiert, verspricht diese Themenbar mit „Wärtern“ in Uniform allerlei Sträfliches.

Den Plettede Gris
CAFÉ

(Karte S. 46; Trangravsvej 5; Mo–Fr 9.30–18, Sa & So 10–18 Uhr; ; 9A, Papirøen) Das winzige „gefleckte Schwein“ auf Papirøen (Papierinsel) ist das jüngste Unternehmen des dänischen Designers, Künstlers, Musikers und generell Avantgardisten Henrik Vibskov. Der Innenraum mit längs gespannten Gummibändern an der Wand, roten, orangenen und rosa Farbtupfern und einer locker-lässigen Atmosphäre ist typisch Vibskov. Geboten werden in Schweden gerösteter Kaffee, Biotees und -säfte sowie Spezialbiere, zugesetzt z. B. mit Holunder.

Achtung: Die Öffnungszeiten am Wochenende sind manchmal etwas beliebig.

Sort Kaffe & Vinyl
CAFÉ

(Karte S. 46; 61 70 33 49; Syydebanegade 4, Vesterbro; Mo–Mi 8–19, Do & Fr 8–22, Sa 9–22, So 9–19 Uhr; 10) Das schmale Café mit Plattenladen ist die zweite Heimat für Kaffeeliebhaber in Vesterbro. Neben samtigem Espresso gibt es z. B. auch Ausgaben der limitierten LP „Blaxploitation“. Die Stühle auf dem Bürgersteig sind besonders begehrt und perfekt, um attraktive Stammgäste zu beäugen.

Palæ Bar
KNEIPE

(Karte S. 52; www.palaebar.dk; Ny Adelgade 5; Mo–Mi 11–1, Do–Sa bis 2, So 16–1 Uhr; 11A, M Kongens Nytorv) Die Luft in der kompromisslos altmodischen Kneipe ist voller Tabakrauch und interessanter Gespräche. Das Lokal ist angesagt bei Journalisten, Autoren und Politikern, aber nichts für Asthmatiker und überzeugte Nichtraucher.

Never Mind
SCHWULENBAR

(Karte S. 52; http://nevermindbar.dk; Nørre Voldgade 2; 10–18 Uhr; 5A, 6A, 11A) Winzig, verraucht und oft packend voll – das Never Mind ist der perfekte Ort für nächtlichen Spaß, Popmusik und heiße Flirts.

Rust
CLUB, LIVEMUSIK

(Karte S. 46; 35 24 52 00; www.rust.dk; Guldbergsgade 8, Nørrebro; unterschiedliche Zeiten, Club meist Fr & Sa 23–5 Uhr; 3A, 5A, 350S) Ein toller Club und einer der größten und coolsten in Kopenhagen. Die Musikrichtung der Konzerte ist überwiegend Alternative oder Indie-Rock, Hip-Hop oder Electronica. Im Club dröhnt mittwochs Hip-Hop, Dancehall und Electro und freitags und samstags House, Electro und Rock. Ab 23 Uhr ist der Zutritt ab 18 Jahre (Mi & Do) oder ab 20 Jahre (Fr & Sa).

Culture Box
CLUB

(Karte S. 46; www.culture-box.com; Kronprinsessegade 54A; White Box Fr & Sa 21 Uhr bis spät, Red Box Fr & Sa 22 Uhr bis spät, Black Box Fr & Sa 24 Uhr bis spät; 26) Electronica-Liebhaber zieht es in den Club Culture Box, der für seine Acts dänischer und internationaler DJs und seine starken Sessions von Electro, Techno, House und Drum'n'Bass bekannt ist. Der Club ist in drei Bereiche aufgeteilt: die Bar White Box für Drinks vor dem Clubbing, der intime Club Red Box und die Black Box, wo berühmte DJs das gewaltige Soundsystem bearbeiten.

Sunday
CLUB

(Karte S. 52; 53 66 82 28; www.sundayclub.dk; Lille Kongensgade 16; Fr & Sa 23.30–5 Uhr; M Kongens Nytorv) Die Club-Maestros Simon Frank und Simon Lennet sind bekannt dafür, exklusive, kultige Clubs mit abgefahrenem oder subversivem Dreh zu eröffnen. Das Sunday ist keine Ausnahme: Bangkoker Ladyboys als Kellner und hedonistisches Partyvolk mit einer „Anything-goes“-Haltung. Bei Electro, Rock, Hip-Hop und R'n'B geht hier die Post ab.

KBIII
CLUB

(Karte S. 46; 33 23 45 97; www.kb3.dk; Kødboderne 3, Vesterbro; Champagnerbar Do–Sa 20 Uhr bis spät, Club Fr & Sa 23–4 Uhr; 1A, S-Bahn bis Dybbølsbro) Das KBIII ist der größte Club im angesagten Kødbyen (Schlachthofviertel), passenderweise in einem gigantischen ehemaligen Fleischkühlhaus untergebracht. Das Programm umfasst zwar auch Filmaufführungen, Livekonzerte, Varieté und

Album-Release-Partys, aber Schwerpunkt sind die stampfenden Club-Rhythmen von internationalen und Haus-DJs. In der Vergangenheit drehten hier schon u. a. Just Blaze und Secondcity die Scheiben. Im Sommer ist der Garten des Clubs eine quirlige Partyzone.

☆ Unterhaltung

Kopenhagen hat eine blühende Livemusik- und Clubszene, zu denen intime Jazz- und Bluesclubs ebenso wie megagroße Rockarenen und Underground-Clubs mit experimentellen Beats gehören. Große Bühnen wie die Operaen (Kopenhagener Oper) und das Skuespilhuset (Königlich-dänisches Schauspielhaus) bieten Oper und Theater der Spitzenklasse, und Kinos zeigen Blockbuster- wie Arthousefilme. Übrigens: In vielen Clubs geht es auch in Kopenhagen erst gegen 23 oder 24 Uhr richtig los.

Karten für die meisten Veranstaltungen können über **Billetnet** (☎70 15 65 65; www.billetnet.dk) gekauft werden, das eine Filiale im Tivoli hat. Eine Alternative ist **Billetlugen** (☎70 26 32 67; www.billetlugen.dk).

Ein Veranstaltungsprogramm steht auf www.aok.dk (meist auf Dänisch).

Kinos

Filmpremieren werden auf rund 20 Leinwänden in der Vesterbrogade zwischen Rådhuspladsen und Hauptbahnhof gezeigt. Eintrittskarten kosten ab 70 Kr für Nachmittagsvorstellungen unter der Woche bis zu 90 Kr für Abendvorstellungen am Wochenende. Wie in Dänemark üblich werden die Filme meist im Original mit dänischen Untertiteln gezeigt.

Cinemateket KINO
(Karte S. 52; www.dfi.dk; Gothersgade 55; ⌚Di–Fr 9.30–22, Sa 12–22, So 12–19.30 Uhr; 🚌11A, 350S) Das Kinozentrum des Dänischen Filminstituts zeigt über 60 Filme pro Monat, darunter jeden zweiten Sonntag dänische Klassiker (mit englischen Untertiteln). Das Zentrum besitzt auch eine umfassende Bibliothek mit Kino- und TV-Literatur, eine Videothek mit über 1500 Titeln sowie einen Laden und ein Restaurant-Café.

Grand Teatret KINO
(Karte S. 52; ☎33 15 16 11; www.grandteatret.dk; Mikkel Bryggersgade 8; Eintritt 65–85 Kr; ⌚tgl. 11–21.30 Uhr; 📶; 🚌11A, 12, 26, 33, 🚆S-Bahn København H) Das historische Theater von 1913 nahe der Strøget zeigt hauptsächlich europäische Arthousefilme. Das Café serviert einfachen Imbiss, wie Quiche und Kuchen sowie Biokaffee aus fairem Handel und tolle Tees.

Tanz, Oper, Theater & Klassische Musik

Das **Tivoli Billetcenter** (☎33 15 10 12; Vesterbrogade 3; ⌚Mo–Fr 10–20, Sa & So 11–17 Uhr) am Haupteingang zum Tivoli verkauft Karten für verschiedene Veranstaltungen – nicht nur im Tivoli. Es fungiert auch als Filiale von Billetnet, das landesweit Tickets für Konzerte und Musikfestivals verkauft.

Operaen OPER
(Kopenhagener Oper; Karte S. 46; ☎Kartenverkauf 33 69 69 69; www.kglteater.dk; Ekvipagemestervej 10; 🚌9A, ⛴Opera) Das von Henning Larsen entworfene, hochmoderne Opernhaus hat zwei Bühnen: die Hauptbühne und das kleinere, experimentellere Takkeløftet. Das Repertoire reicht von klassischer bis zeitgenössischer Oper. Die Aufführungen sind meist schon im Voraus ausgebucht, frühzeitiger Kartenkauf ist also ratsam.

Det Kongelige Teater BALLETT, OPER
(Königliches Theater; Karte S. 52; ☎33 69 69 69; http://kglteater.dk; Kongens Nytorv; 🚌1A, 11A, 20E, 26, 350S, Ⓜ Kongens Nytorv) Der Schwerpunkt der opulenten Gamle Scene („alte Bühne“) sind Oper und Ballett der Spitzenklasse, darunter auch Aufführungen des Königlich-Dänischen Balletts. Das derzeitige Gebäude, das vierte Theater an dieser Stelle, wurde 1872 vollendet und von Vilhelm Dahlerup und Ove Petersen entworfen. Karten sollten frühzeitig gekauft werden.

Skuespilhuset THEATER
(Königlich-Dänisches Schauspielhaus; Karte S. 46; ☎33 69 69 69; http://kglteater.dk; Sankt Anne Plads 36; 🚌11A, Ⓜ Kongens Nytorv) Kopenhagens schönes, zeitgenössisches Schauspielhaus ist Spielstätte des Königlich-Dänischen Theaters und hat ein Weltklasse-Repertoire mit nationalen und internationalen Stücken. Die Produktionen reichen von Klassikern bis zu provokativen modernen Inszenierungen. Karten sind schnell ausverkauft; wer also ein bestimmtes Stück sehen will, sollte frühzeitig reservieren.

Dansehallerne TANZ
(Karte S. 46; ☎Kartenverkauf 33 88 80 08; www.dansehallerne.dk; Pasteursvej 20, Vesterbro; 🚌1A, 🚆S-Bahn Enghave) Die Dansehallerne in einer stillgelegten Mineralwasserfabrik von Carlsberg ist die führende Tanzbühne von Kopen-

hagen. Auf zwei Bühnen werden jährlich 20 Inszenierungen gezeigt, sowohl von dänischen als auch von internationalen Ensembles. Karten können telefonisch werktags von 13 bis 15 Uhr im Kartenverkauf oder online auf www.teaterbilletter.dk oder www.billetten.dk (auf Dänisch) bestellt werden.

Københavns Musikteater MUSIKTHEATER
(Karte S. 52; 33 32 55 56; http://kobenhavnsmusikteater.dk; Kronsprinsensgade 7; 11A, M Kongens Nytorv) Neue Horizonte eröffnet das Avantgarde-Musiktheater, das ein breites Spektrum künstlerischer Crossover-Darbietungen zeigt. Alle Aufführungen präsentieren neu komponierte oder neu interpretierte Musikstücke, das geht von klassischer und Kammermusik über Electronica und poetischen Pop bis zu Rock. Das aktuelle Programm steht auf der Website.

Tivoli Koncertsal KONZERTHALLE
(Karte S. 52; www.tivoli.dk; Tietgensgade 30; 2A, 12, 26, S-Bahn København H) In der Konzerthalle im Tivoli treten dänische und internationale Sinfonie- und Kammerorchester sowie Solisten klassischer Musik auf, ebenso Musiker mit zeitgenössischen Werken und Ballettensembles. Karten gibt es online oder im Tivoli Billetcenter.

Livemusik

★ Jazzhouse JAZZ
(Karte S. 52; 33 15 47 00; www.jazzhouse.dk; Niels Hemmingsensgade 10; 11A) Das führende Jazzlokal Kopenhagens bietet dänischen und internationalen Talenten eine Bühne, mit Musikstilen, die von Bebop bis Fusion Jazz reichen. Eintritt ist meist ab 19 Uhr, die Konzerte beginnen um 20 Uhr. Freitags und samstags gibt es auch späte Konzerte (ab 23 Uhr). Einzelheiten stehen auf der Website. Bei berühmten Künstlern sollte früh gebucht werden.

La Fontaine JAZZ
(Karte S. 52; www.lafontaine.dk; Kompagnistræde 11; tgl. 20–5 Uhr, Livemusik Fr & Sa ab 22, So ab 21 Uhr; 1A, 2A, 11A, 26, 40, 66) Der gemütliche und intime Jazzclub-Veteran ist groß im Entdecken neuer Musiker, aber hier spielen auch bekannte Namen. Spät am Abend darf das Publikum auf die Bühne und singen.

Vega Live LIVEMUSIK
(Karte S. 46; 33 25 70 11; www.vega.dk; Enghavevej 40, Vesterbro; ; 3A, 10, 14) Das Vega ist der Patriarch unter den Kopenhagener Livemusikbühnen und Clubs. Hier gibt's Acts von großen Namen aus Rock, Pop, Blues und Jazz bis zu Nachwuchskünstlern aus Underground-Indie, Hip-Hop und Electro. Die Gigs finden entweder auf der Hauptbühne (Store Vega), der kleinen Bühne (Lille Vega) oder in der Ideal Bar im Erdgeschoss statt. Das Haus selbst ist eine ehemalige Gewerkschaftszentrale aus den 1950er-Jahren, entworfen von dem führenden dänischen Architekten Vilhelm Lauritzen. Genaue Termine für die Konzerte stehen auf der Website.

Jazzhus Montmartre JAZZ
(Karte S. 52; 70 26 32 67; www.jazzhusmontmartre.dk; Store Regnegade 19A; Do–Sa 17.30–23.30 Uhr; 11A, 350S, M Kongens Nytorv) Das Jazzhus Montmartre ist eines der großartigen Jazzlokale Skandinaviens und präsentiert einheimische und internationale Talente. An Konzertabenden wird vor der Vorstellung italienisch inspiriertes Essen angeboten (3-Gänge-Menü 325 Kr, Wurstplatte 165 Kr) – und zwar im Cafe-Restaurant, das vom Team des Sternerestaurants Era Ora betrieben wird.

Huset KBH LIVEMUSIK
(Karte S. 52; 21 51 21 51; www.huset-kbh.dk; Rådhusstræde 13; unterschiedliche Zeiten, Restaurant Di–Sa 18–21 Uhr; ; 1A, 2A, 11A, 26, 40, 66) Das Huset KBH ist eine Institution mit fast 1500 Events im Jahr, die von Livemusik, Theater und Arthousefilmen bis zu Poetry Slam, Kleinkunst und Stand-up-Comedy reichen. In dem Komplex befindet sich ein Restaurant, das überschüssige Erzeugnisse verwendet, die von der Lebensmittelindustrie gespendet werden. Alle Gewinne gehen an humanitäre Projekte in Sierra Leone.

Loppen MUSIK
(Karte S. 46; 32 57 84 22; www.loppen.dk; Bådsmandsstræde 43; So–Do 20.30 Uhr bis spät, Fr & Sa ab 21 Uhr; 2A, 9A, 40, 350S, M Christianshavn) Im Loppen, einem alten Speicher mit Holzbalkendecke im alternativen Christiania, rocken bekannte und junge Acts aus Dänemark und anderen Ländern. Die Musikstile sind so gemischt wie das Publikum: Rock, Funk, Post-Punk, Jazz ... Die Gigs finden meist von Mittwoch bis Sonntag statt (vorher die Website checken). Nur Barzahlung.

DR Koncerthus KONZERTHALLE
(35 20 62 62; www.dr.dk/Koncerthuset; Emil Holms Kanal 20, Amager; M DR Byen) Jean Nouvels leuchtend blauer Kasten ist die Hausbühne des Dänischen Sinfonieorchesters

ALL THAT JAZZ

Das Copenhagen Jazz Festival (S. 67) ist das größte Ereignis im Veranstaltungskalender der Stadt. Es beginnt mit zehn jazzigen Tagen am ersten Freitag im Juli. Das Festival zieht die dänische Hauptstadt in seinen Bann wie nichts anderes. Nicht nur, dass auf den Straßen, an den Kanälen und in den verschiedensten Lokalen Livemusik gespielt wird, es liegt tatsächlich eine spürbare Begeisterung in der Luft.

Im Schnitt finden über 1200 verschiedene Konzerte in jedem verfügbaren Raum statt: von Cafés und Straßenecken bis hin zum Opernhaus und zum Konzertsaal im Tivoli. Die ganze Stadt ist eine große Bühne. In diesen Sommernächten ist die Partylaune wahrhaft ansteckend. Selbst wer sonst eine Aversion gegen schwarze Rollkragenpullover hat, wird von den tollen Künstlern, die hier auftreten, begeistert sein. Im Kongens Have gibt es spezielle Veranstaltungen für Kinder, damit auch die nächste Generation die Liebe zu Sax und Bass weiterträgt.

Seit den 1920er-Jahren, als der Montmartre Club zu den berühmtesten Jazzclubs in Europa zählte, ist Kopenhagen die Jazzhauptstadt Skandinaviens. Nach langer Auszeit wurde der Club 2010 wieder eröffnet; heute befindet sich das Jazzhus Monmartre in guter Gesellschaft. Zusammen mit Top-Läden wie dem La Fontaine, dem härtesten Jazzclub der Stadt, und dem großen und beliebten Jazzhouse wird die Jazztradition des Landes bewahrt. Dazu kommt, dass in der Stadt ungewöhnlich viele dänische und internationale Jazzmusiker wohnen.

Das erste Jazzfestival fand 1978 statt. Seit damals hat es sich zu einem der führenden europäischen Jazzevents gemausert. Über die Jahre haben hier Größen wie Dizzy Gillespie, Miles Davis, Sonny Rollins, Oscar Peterson, Ray Charles und Wynton Marsalis gespielt. Tony Bennett, Herbie Hancock und Keith Jarrett treten regelmäßig auf – ebenso David Sanborn oder die dänische Jazz-Sängerin Cæcilie Norby.

Es herrscht eine ausgelassene und spontane Atmosphäre. Die meisten Konzerte im Freien sind kostenlos, nur Veranstaltungen mit großen Künstlern und in den namhaften Hallen kosten Eintritt. Die Musik beim Copenhagen Jazz Festival ist genauso vielfältig wie die Schauplätze es sind. Der Sound reicht von altmodischem Dixieland Jazz und Soloimprovisationen à la Louis Armstrong bis zu Swingmusik aus den Zeiten von Duke Ellington und Benny Goodman, aber auch dänischer Free Jazz fehlt nicht. Zudem wird viel moderner Jazz geboten, wie ihn der legendäre Trompeter Miles Davis inspiriert hat. Auch zeitgenössische Hybrid-Sounds wie Free Jazz, Acid Jazz, Soul Jazz, Nu Jazz, Jazz Vocals und Rhythm & Blues sind dabei. Das Programm wird gewöhnlich im Mai veröffentlicht.

Wer es nicht im Sommer zum großen Jazzfestival nach Kopenhagen schafft, kann vielleicht zu dem kleineren Festival im Winter kommen. Es heißt schlicht Vinter Jazz und hat die gleiche Website wie das Festival im Juli. Im Winter geht's ein wenig ruhiger zu.

und des Dänischen Kammerorchesters. Hier finden Konzerte von Weltrang statt, von klassischer, Kammer- und Chormusik bis zu Rock-, Pop- und Experimentalmusik. Aktuelle Veranstaltungen stehen auf der Website.

Mojo BLUES

(Karte S. 52; ☎33 11 64 53; www.mojo.dk; Løngangstræde 21C; ⏲tgl. 20–5 Uhr; 🚌1A, 2A, 11A, 26, 40, 66, 🚉S-Bahn København H) Das Mojo östlich des Tivoli ist ein heißer Tipp für Blues, tägliche Liveauftritte und literweise Fassbier.

Shoppen

Die meisten großen Namen und großen dänischen Marken – z. B. Illums Bolighus, Georg Jensen und Royal Copenhagen – finden sich in der Fußgängerzone Strøget.

Die ebenfalls verkehrsfreie Strædet (die aus zwei Straßen besteht, der Kompagnistræde und der Læderstræde) verläuft parallel südlich der Strøget. Hier sind interessante Schmuck- und Antiquitätenläden angesiedelt. Nördlich der Strøget im Pisserenden (um Studiestræde, Larsbjørnstræde und Vestergade) liegen zahlreiche Shops für Streetstyle. Buchhandlungen und Modeboutiquen lohnen den Abstecher in das sogenannte Latinerkvarter (von der Vor Frue Kirke bis zur Købmagergade).

Fashionistas treibt es in das Gebiet, das von Strøget, Købmagergade, Kronprinsensgade und Gothersgade eingegrenzt wird, wo sich die hochklassigen nordischen Labels, trendige Konzeptläden und innovative Juweliere tummeln.

Die exklusive Bredgade und Store Kongensgade nördlich von Nyhavn sind gesäumt von Kunstgalerien und Antiquitätenläden; sie verkaufen klassische Sammlerstücke dänischen Möbeldesigns.

Erschwinglichen Schnickschnack, alten Schmuck und kitschige Möbel gibt es in den Läden der Ravnsborggade in Nørrebro. Ebenfalls im künstlerischen Nørrebro befinden sich die Elmegade und die Jægersborggade, zwei Straßen voll mit interessanten, unabhängigen Läden.

Weiter südlich haben sich im ebenso angesagten Vesterbro zahlreiche unabhängige Modedesigner und Geschäfte für Inneneinrichtung niedergelassen, vor allem in und um die Istedgade und den Værndamsvej.

Illums Bolighus DESIGN

(Karte S. 52; www.illumsbolighus.dk; Amagertorv 8–10, Strøget; Mo–Fr 10–19, Sa bis 18, So 11–18 Uhr; 11A) In dem mehrstöckigen Kaufhaus gibt es einfach alles, von Klamotten bis zum kompletten Wohnzimmer. Hier sind die großen Namen des dänischen und internationalen Designs vertreten. Zum Angebot gehören Mode, Schmuck, Besteck, Gläser und reichlich dänische Möbel, Textilien sowie Papeterie.

Day Birger Mikkelsen MODE, ACCESSOIRES

(Karte S. 52; 33 45 88 80; www.day.dk; Pilestræde 16; Mo–Fr 10–18, Sa bis 17 Uhr; 11A, Kongens Nytorv) Dezente Eleganz mit einem Hauch Hippy sind das Markenzeichen des bekannten dänischen Modehauses. Im Flagship-Store gibt es die Damenmode des Labels sowie Accessoires wie Schmuck und Handtaschen.

Gleich um die Ecke befindet sich der eigene Laden der Designerin **Malene Birger** (Karte S. 52; 35 43 22 33; www.bymalenebirger.dk; Antonigade 10; Mo–Fr 10–18, Sa bis 17 Uhr; 11A, Kongens Nytorv) – sie ist nicht mehr Teil der Day-Gruppe.

Han Kjøbenhavn MODE, ACCESSOIRES

(Karte S. 52; www.hankjobenhavn.com; Vognmagergade 7; Mo–Do 11–18, Fr bis 19, Sa 10–17 Uhr; 11A, Kongens Nytorv) Das moderne Ambiente ist zwar klasse, aber was wirklich begeistert, ist das Angebot: originelle, wunderbar gefertigte Herrenbekleidung, die skandinavische Eleganz mit einem Touch alter dänischer Arbeiterkultur verbindet. Zu den Accessoires gehören unglaublich coole Brillen sowie tolle Lederwaren des Amerikaners Kenton Sorensen.

Storm MODE, ACCESSOIRES

(Karte S. 52; htttp://stormfashion.dk; Store Regnegade 1; Mo–Do 11–17.30, Fr bis 19, Sa 10–16 Uhr; 11A, Kongens Nytorv) Storm ist einer der genialsten Modeläden in Kopenhagen, mit trendigen Labels für Männer und Frauen, wie Chauncey, Géométrick und Merz b. Schwanen. Die Atmosphäre ist jung und urban, und als Extras gibt's Statement-Sneaker, Nischenparfüm, Kunst- und Designbücher, Modezeitschriften und Schmuck. Ein Muss für betuchte Hipster.

Wood Wood MODE, ACCESSOIRES

(Karte S. 52; htttp://woodwood.dk; Grønnegade 1; Mo–Do 10.30–18, Fr bis 19, Sa bis 17 Uhr; 11A, Kongens Nytorv) Der Flagship-Store für Männer und Frauen ist ein wahres Who is Who der Straßenmode-Labels. An oberster Stelle stehen die eigenen trendigen Kreationen von Wood Wood aus feinsten Stoffen und mit viel Liebe zum Detail. Daneben gibt es noch gediegene Strickwaren vom klassischen dänischen Label SNS Herning, Brieftaschen von Comme des Garçons und Sonnenbrillen von Kaibosh.

Henrik Vibskov MODE

(Karte S. 52; www.henrikvibskov.com; Krystalgade 6; Mo–Do 11–18, Fr bis 19, Sa bis 17 Uhr; 11A, Nørreport, S-Bahn Nørreport) Henrik Vibskov ist nicht nur ein Schlagzeuger und produktiver Künstler, das dänische Enfant terrible treibt auch die Mode ins Extreme. Die frechen, hellen und einfallsreich geschnittenen Kleidungsstücke für progressive Jungs und Mädchen brechen mit den Konventionen – so wie auch andere Modelabels, etwa Issey Miyake, Walter Van Beirendonck und Stine Goya aus Dänemark.

Piet Breinholm – The Last Bag LEDERWAREN

(Karte S. 52; www.pietbreinholm.dk; Nansensgade 48; Fr 11–19 Uhr, sonst nach Vereinbarung; 40, Nørreport) Der ehemalige Musiker Piet Breinholm ist als Designer berühmt für seine klassischen Lederranzen – in klein und groß, von einfachem Schwarz bis knalligem Kanariengelb und in verschiedenen Stilen. Das hochwertige Leder kommt von einer ökologisch arbeitenden Gerberei in Brasilien. Musterexemplare und B-Ware werden manchmal zum halben Preis verkauft.

Stilleben DESIGN

(Karte S. 52; 33 91 11 31; www.stilleben.dk; Niels Hemmingsensgade 3; Mo–Fr 10–18, Sa bis 17 Uhr; 11A) Der Laden gehört den Absolventen der Dänischen Designschule Ditte Reckweg und Jelena Schou Nordentoft. Er führt ein bezauberndes Sortiment an Keramik, Gläsern, Schmuck und Textilien von überwiegend jungen dänischen und internationalen Kreativen. Ein Muss für Designfans und alle, die gern gefragt werden: „Boah, wo ist das denn her?"

Hay House DESIGN

(Karte S. 52; www.hay.dk; Østergade 61, Strøget; Mo–Fr 10–18, Sa bis 17 Uhr; 11A) Rolf Hays fabelhafter Laden für Wohndesign verkauft die eigene, gefragte Kollektion von Möbeln, Textilien und Designobjekten sowie jene von anderen innovativen dänischen Designern. Zu den kleineren Geschenkmitbringseln zählen z. B. Notizbücher, Keramiktassen oder schöne Bauklötze für Kids. Eine Filiale befindet sich in der Pilestræde 29–31.

Bruuns Bazaar MODE

(Karte S. 52; www.bruunsbazaar.com; Vognmagergade 2; Mo–Do 10–18, Fr bis 19, Sa bis 17 Uhr; 11A, 350S) Damen- und Herrenkleidung gibt es im Flagship-Store von Bruuns Bazaar, eine der gefragtesten und international angesehensten Marken Dänemarks. Der Stil ist zeitgemäß und typisch skandinavisch mit Schwerpunkt auf moderne Tageskleidung, die frisch, gut geschnitten und klassisch schick daherkommt.

Den kongelige Porcelænsfabrik PORZELLAN

(Karte S. 52; 33 13 71 81; www.royalcopenhagen.com; Amagertorv 6; Mo–Fr 10–19, Sa bis 18, So 11–16 Uhr; 11A, M Kongens Nytorv) Dies ist der größte Verkaufsraum der traditionellen dänischen Porzellanmanufaktur „Royal Copenhagen". Die Blaumalerei auf geriffeltem Porzellan ist weltberühmt, ebenso das teure Service Flora Danica, dessen botanische Motive von Johann Christoph Bayer im 18. Jh. gemalt wurden.

Georg Jensen DESIGN

(Karte S. 52; 33 11 40 80; www.georgjensen.com; Amagertorv 4; Mo–Fr 10–19, Sa bis 18, So 11–16 Uhr; 11A) Das Geschäft des weltberühmten Silberschmieds verkauft u. a. Ringe, Broschen und Uhren, auffallende Vasen und Tafelgeschirr. Beliebte Geschenke unter 300 Kr sind z. B. Geldklammern und Visitenkartenetuis sowie klassische Jensen-Flaschenöffner in Elefantenform.

Designer Zoo DESIGN

(Karte S. 46; 33 24 94 93; www.dzoo.dk; Vesterbrogade 137, Vesterbro; Mo–Do 10–17.30, Fr bis 19, Sa bis 15 Uhr; 6A) Zum Abstecher nach Vesterbro gehört unbedingt ein Besuch in diesem supercoolen Designkomplex. Hier arbeiten Mode-, Schmuck- und Möbeldesigner Seite an Seite mit Keramikkünstlern und Glasbläsern. Die Stücke der limitierten Kollektionen werden gleich hier verkauft.

Hoff SCHMUCK

(Karte S. 52; 33 15 30 02; www.gallerihoff.dk; Kronprinsensgade 12; Di–Do 12–18, Fr bis 19, Sa bis 15 Uhr; 11A, M Kongens Nytorv) Ingrid Hoff gehört zu den innovativsten und begabtesten Schmuckdesignerinnen Dänemarks. Jedes Stück, das sie hier ausstellt (von sich und anderen), ist ein echter Blickfang. Auch wenn die verschiedenen Schmuckkünstler teils Gold und Silber mit Acryl und Nylon verarbeiten, heißt das beileibe nicht, dass es sich um vergänglichen Modeschmuck handelt: Hier gibt es nur wirklich einzigartige und limitierte Stücke fürs Leben.

Le Klint EINRICHTUNG

(Karte S. 52; 33 11 66 63; www.leklint.com; Store Kirkestræde 1; Di–Fr 10–18, Sa bis 16 Uhr; 1A, 2A, 11A, 26, 40, 66, M Kongens Nytorv) Wunderschöne Lampen sind eine skandinavische Leidenschaft, und die handgemachten Falten-Lampenschirme von Le Klint sind kleine Kunstwerke. Die von einigen der angesehensten Designern und Architekten Dänemarks entworfene Kollektion umfasst Decken-, Tisch- und Wandlampen, meist im klassischen Weiß.

Filippa K MODE

(Karte S. 52; 33 93 80 00; www.filippa-k.com; Ny Østergade 13; Mo–Fr 10–18.30, Sa bis 17 Uhr; 11A, M Kongens Nytorv) Der dänische Laden der schwedischen Designerin Filippa Knutsson verkauft ihre einfachen, modernen und oft monochromen Kollektionen für Männer und Frauen. Der Look ist ganz und gar nordisch – frisch, klar und schnörkellos. Zum Sortiment gehören Jeans und Basics, Hemden, Pullover, Partykleider und sinnliche Abendgarderoben.

Klassik Moderne Møbelkunst MÖBEL

(Karte S. 52; 33 33 90 60; www.klassik.dk; Bredgade 3; Mo–Fr 11–18, Sa 10–15 Uhr; 1A, 11A, 20E, 26, 350S, M Kongens Nytorv) Hier in der Nähe des Kongens Nytorv ist das Walhalla für Liebhaber dänischen Designs. Der Shop führt Klassiker von Poul Henningsen, Hans J. Wegner, Arne Jacobsen, Finn Juhl und Nanna Ditzel – mit anderen Worten: quasi ein Museum für skandinavische Möbel ab Mitte des 20. Jhs.

Normann Copenhagen WOHNACCESSOIRES, MODE
(Karte S. 46; ☎35 27 05 40; www.normann-copenhagen.com; Østerbrogade 70; ⊙Mo–Fr 10–18, Sa bis 16 Uhr; 🚌1A, 3A, 14) Das weitläufige Normann in einem umgebauten Kino im bürgerlichen Østerbro verführt Augen und Brieftaschen mit bildschönen Designerwaren, ob Schalen, Glaswaren, Teesiebe, Möbel, Lampen oder Kissen. Wer seine Wohnung im skandinavischen Stil einrichten möchte, ist hier richtig. Und: Der Laden verschickt in die ganze Welt.

Illum KAUFHAUS
(Karte S. 52; ☎33 14 40 02; www.illum.dk; Østergade 52; ⊙Mo–Sa 10–20, So 11–18 Uhr; 🚌11A, 350S, Ⓜ Kongens Nytorv) Das jüngst komplett renovierte Illum ist das Modekaufhaus schlechthin. Allerdings entspricht das Angebot eher dem üblichen Standard mit dänischen und internationalen Massenmarken. Lohnenswerte nordische Labels sind u. a. Stine Goya, Dagmar, Filippa K, Acne, Whyred und Won Hundred. Das Atrium des Ladens wurde von dem bekannten italienischen Architekten Claudio Silvestrin umgebaut.

Magasin KAUFHAUS
(Karte S. 52; ☎33 11 44 33; www.magasin.dk; Kongens Nytorv 13; ⊙10–20 Uhr; 🚌1A, 11A, 26, Ⓜ Kongens Nytorv) Das größte (und älteste) Kaufhaus der Stadt belegt einen ganzen Straßenzug an der Südwestseite des Kongens Nytorv. Abgesehen von internationalen Modemarken gibt es hier dänische Labels wie Mads Nørgaard, Henrik Vibskov sowie Baum und Pferdgarten. Im Untergeschoss ist die größte Auswahl an internationalen Zeitschriften in Kopenhagen zu finden.

Susanne Juul HÜTE
(Karte S. 52; ☎33 32 25 22; www.susannejuul.dk; Store Kongensgade 14; ⊙Di–Do 11–17.30, Fr bis 18, Sa 10–14 Uhr; 🚌1A, 11A, 26, Ⓜ Kongens Nytorv) Kronprinzessin Mary fährt hier schon mal mit ihrem Fahrrad hin – kein Wunder, schließlich gilt Susanne Juul als eine der besten Hutmacherinnen Kopenhagens. Der Look ist klassisch und edel, ob bei den Filzhüten und Fascinators oder den eleganten Mützen und Hüten für Männer. Der Kopfputz kostet ab 375 Kr bis in schwindelnde Höhen.

Pop Cph MODE
(Karte S. 52; www.popcph.dk; Møntergade 5; ⊙Mo–Do 11–18, Fr bis 19, Sa bis 17 Uhr; 🚌11A, 350S, Ⓜ Kongens Nytorv) Seit 2005 geben Mikkel Kristensen und Kasper Henriksen Partys für die kreative Szene Kopenhagens. Die Partys sind noch immer Inspiration für das junge Modelabel des Duos: Die vier Kollektionen pro Jahr kombinieren Dinnerparty-Glamour mit subversiven Details und Hipster-Uniformen, z. B. schriftbedruckte T-Shirts.

ℹ Praktische Informationen

GELD

Banken gibt es reichlich, besonders im Zentrum Kopenhagens. Die meisten sind werktags von 10 bis 16 Uhr (Do bis 17.30 Uhr) geöffnet. Fast alle haben Geldautomaten, die rund um die Uhr zugänglich sind.

GEPÄCKAUFBEWAHRUNG

Hauptbahnhof(⊙Mo–Sa 5.30–1, So 6–1 Uhr) Gepäckaufbewahrung (☎24 68 31 77; pro 24 Std. und Gepäckstück 55–65 Kr, max. 10 Tage; ⊙Mo–Sa 5.30–1, So 6–1 Uhr) und Schließfächer (pro 24 Std. klein/groß 50/60 Kr, max. 72 Std.). Beides befindet sich ganz hinten im Bahnhof nahe dem Ausgang zur Reventlowsgade.

Flughafen Kopenhagen Schließfächer (pro 24 Std. klein/groß 50/75 Kr, max. 72 Std.) auf dem Parkplatz 4 (P4) gegenüber von Terminal 2.

INFOS IM INTERNET

Vier ausgezeichnete Websites bieten massenweise Informationen:

www.visitcopenhagen.com Die offizielle Tourismus-Website Kopenhagens hat eine Fülle an Informationen zu Unterkünften, Sehenswürdigkeiten, Events, Restaurants und mehr.

www.aok.dk Ein Online-Führer durch Kopenhagen mit teilweise englischsprachigen Infos.

http://cphpost.dk Die Online-Ausgabe der Copenhagen Post mit jeder Menge Nachrichten und Verzeichnissen. Auf Englisch.

www.kopenhagen.dk Top-Website zur Kopenhagener Kunstszene: Infos und Termine zu Ausstellungen, Nachrichten und Interviews. Auf Englisch und Dänisch.

ZU FUSS

Man kann es nicht oft genug sagen, dass sich Kopenhagen am besten zu Fuß erkunden lässt. Es ist die wohl fußgängerfreundlichste Hauptstadt Europas. Das Zentrum ist überwiegend autofrei, und nur wenige der Hauptsehenswürdigkeiten oder Einkaufsmeilen liegen mehr als 20 Minuten zu Fuß davon entfernt.

COPENHAGEN CARD

Die **Copenhagen Card** (www.copenhagencard.com; Erw./10–15 J. 24 Std. 339/179 Kr, 48 Std. 469/239 Kr, 72 Std. 559/289 Kr) gibt es bei der Touristeninformation oder online. Sie bietet freien Eintritt in 72 Museen und Sehenswürdigkeiten in der Stadt und Umgebung sowie kostenlose Fahrten mit Bus, S-Bahn und Metro innerhalb der sieben Zonen.

INTERNETZUGANG

Hovedbiblioteket (Krystalgade 15; ⊙ Mo–Fr 8–19, Sa 9–16 Uhr; 📶) Die Zentralbibliothek stellt Computer mit Internetzugang und WLAN zur Verfügung.

MEDIZINISCHE VERSORGUNG

Die Kosten für private Arzt- oder Zahnarztbesuche variieren, um 1400 Kr sind üblich: ☎ 60 75 40 70.

Überall in der Stadt gibt es zahlreiche Apotheken, die an ihrem *apotek*-Schild zu erkennen sind.

Ein vorheriger Anruf über 1813 vor dem Besuch der Notfallaufnahme im Krankenhaus spart Wartezeiten. Krankenhäuser mit 24-Std.-Notdienst:

Amager Hospital (☎ 32 34 35 00; Italiensvej 1, Amager) Südöstlich des Stadtzentrums.

Bispebjerg Hospital (☎ 35 31 23 73; Bispebjerg Bakke 23) Nordwestlich des Stadtzentrums.

Tandlægevagten (☎ 1813; Oslo Plads 14) Zahnärztlicher Notdienst in der Nähe des Bahnhofs Østerport.

Steno Apotek (Vesterbrogade 6C) 24-Std.-Apotheke gegenüber vom Hauptbahnhof.

NOTFALL

Unter ☎ 112 sind Polizei, Krankenwagen oder die Feuerwehr zu erreichen (kostenlos von jedem öffentlichen Telefon aus).

Politigården (☎ 33 14 88 88; Polititorvet 14) Polizeizentrale; südlich des Tivoli.

POST

Postamt (Karte S. 52; Købmagergade 33; ⊙ Mo–Fr 10–18, Sa bis 14 Uhr) Praktisch gelegen in der Nähe von Strøget und Latinerkvarter.

Postamt København H (Karte S. 46; Hauptbahnhof; ⊙ Mo–Fr 9–19, Sa 12–16 Uhr) Postamt im Hauptbahnhof.

TOURISTENINFORMATION

Touristeninformation (Karte S. 52; ☎ 70 22 24 42; www.visitcopenhagen.com; Vesterbrogade 4A; ⊙ Mai, Juni & Sept. Mo–Sa 9–18, So bis 14 Uhr, Juli & Aug. 9–19 Uhr, sonst Mo–Fr 9–16, Sa bis 14 Uhr; 📶) Die exzellente Touristeninformation Kopenhagens hat mehrsprachige Mitarbeiter sowie eine Bäckerei und eine Lounge mit kostenlosem WLAN und Steckdosen. Sie ist die beste Infoquelle in der Stadt – kostenlose Stadtpläne, massenhaft Broschüren und Stadtführer zum Mitnehmen sowie gegen eine Gebühr auch Hotelbuchungen. Hier wird außerdem die Copenhagen Card verkauft.

An- & Weiterreise

AUTO & MOTORRAD

Die wichtigsten Straßen nach Kopenhagen sind die E20 von Jütland und Fünen (und dann weiter Richtung Malmö in Schweden) und die E47 von Helsingør und Schweden. Auf der E47 von Norden kommend, gelangt man über die Ausfahrt Lyngbyvej (Straße 19) nach Süden ins Zentrum.

BUS

Eurolines (Karte S. 46; ☎ 33 88 70 00; www.eurolines.dk; Halmtorvet 5) Busverbindungen in mehrere europäische Städte. Der Fahrkartenschalter befindet sich hinter dem Hauptbahnhof. Die Fernbusse fahren gegenüber vom DGI-byen-Sportkomplex in der Ingerslevsgade (südwestlich des Hauptbahnhofs København H) ab. Einige Verbindungen:

Berlin 329 Kr, 7½ Std., 2- bis 3-mal tgl.

Hamburg 349 Kr, 6 Std., 3-mal tgl.

FLUGZEUG

Der benutzerfreundliche internationale Flughafen Kopenhagen ist der verkehrsreichste Knotenpunkt Skandinaviens mit Direktflügen zu Städten in Europa, Nordamerika und Asien sowie Dänemark.

Der Flughafen liegt in Kastrup, 9 km südöstlich des Kopenhagener Stadtzentrums. Hier gibt es Restaurants, Geschäfte und Infostellen.

Achtung: Dies ist ein „stiller" Flughafen, also ohne Durchsagen und Aufrufe zum Boarding. Es gibt im ganzen Terminal zahlreiche Bildschirme mit Fluginformationen.

SCHIFF/FÄHRE

Von Kopenhagen gibt es regelmäßige Fährverbindungen von/nach Norwegen sowie eine Busverbindung (inkl. Fähre) nach Polen und eine Zugverbindung (inkl. Fähre) nach Deutschland.

DB (www.bahn.de) Direkte ICE-Verbindung von Kopenhagen nach Hamburg (einfach ab 635 Kr, 4½ Std., mehrmals tgl.) inkl. Fährverbindung Puttgarden–Rødby.

DFDS Seaways (☎ 33 42 30 10; www.dfdsseaways.com; Dampfærgevej 30) Einmal täglich von/nach Oslo (einfach 750 Kr, 17¼ Std.) ab Søndre Frihavn, gleich nördlich vom Kastellet.

Polferries (☎ 44 45 12 80; www.polferries.com/ferry) Bietet eine Busverbindung (inkl.

Fähre) von/nach Polen (einfach ab 400 Kr). Der Bus 866 fährt von Kopenhagen nach Ystad in Schweden (1¼ Std.), wo Fähren nach Świnoujście (Swinemünde) in Polen übersetzen; die Überfahrt dauert zwischen sechs und achteinhalb Stunden.

ZUG

Kopfbahnhof aller Fernzüge ist Københavns Hovedbanegård (Hauptbahnhof), kurz København H genannt, eine imposante Halle aus dem 19. Jh. mit Holzbalkendecke. Im Bahnhof gibt es eine Wechselstube, ein Postamt, Schließfächer und eine Gepäckaufbewahrung sowie Lebensmittelläden und Imbisse. Einige Zugverbindungen:

Odense 276 Kr, 1½ Std., mindestens 2-mal stündl.

Aarhus 382 Kr, 3–3½ Std., 2-mal stündl.

Aalborg 431 Kr, 4½–5 Std., mindestens stündl.

 Unterwegs vor Ort

AUTO & MOTORRAD

Außer morgens zur Rushhour, wenn alles in die Stadt drängt (und gegen 17 Uhr stadtauswärts), ist der Verkehr in Kopenhagen recht flüssig. Autofahren ist kein Problem, abgesehen von der Parkplatzsuche im Zentrum.

Die kompakte Größe Kopenhagens, die zuverlässigen öffentlichen Verkehrsmittel und fahrradfreundlichen Straßen machen Autofahren quasi unnötig.

Parken

- Zum Parken auf der Straße ist ein Parkschein aus einem *billetautomat* (Parkscheinautomat) erforderlich; Bezahlung ist auch mit Kreditkarte möglich. Der Schein wird hinter die Windschutzscheibe gelegt.
- Kopenhagen ist in Zonen unterteilt (rot, grün und blau). Mit 11 Kr/Std. ist das Parken in der blauen Zone am Rand des Zentrums am günstigsten. Näher zum Zentrum wird die Zone grün, fürs Parken müssen 18 Kr/Std. bezahlt werden. Die Parkplätze nahe den Einkaufszonen im Zentrum (rot) sind die teuersten (30 Kr/Std.). Die Beträge gelten für die Zeit zwischen 8 und 18 Uhr, zu anderen Zeiten ist es günstiger. Kostenlos sind Parkplätze von samstags ab 17 Uhr bis montags um 8 Uhr sowie an Feiertagen.
- Eine Alternative zur Straße sind die Parkhäuser der größeren Kaufhäuser und am Israels Plads neben der Markthalle Torvehallerne KBH (Einfahrt in der Linnesgade).
- *Parkering forbudt* bedeutet „Parken verboten" (meist verbunden mit einem runden Verkehrszeichen mit rotem Schrägbalken); zum Be- und Entladen darf für maximal drei Minuten gehalten werden. Ein rundes Zeichen mit rotem „X" oder ein Schild Stopforbud bedeutet „Absolutes Halteverbot".

Autovermietung

Die folgenden Vermietungen haben Schalter im internationalen Terminal des Flughafens und im Zentrum.

Avis (☎ 70 24 77 07; www.avis.com; Kampmannsgade 1)

Budget (☎ 33 55 05 00; www.budget.dk; Kampmannsgade 1)

Europcar (☎ 33 55 99 00; www.europcar.com; Gammel Kongevej 13A)

Hertz (☎ 33 17 90 20; www.hertzdk.dk; Ved Vesterport 3)

FAHRRAD

Kopenhagen konkurriert mit Amsterdam als fahrradfreundlichste Stadt der Welt. An fast allen Straßen gibt es Radwege und vor allem: Die meisten Autofahrer respektieren Radler.

Fahrräder können umsonst in S-Bahnen mitgenommen werden, nicht jedoch am Bahnhof Nørreport während des Berufsverkehrs an Werktagen. Einstieg in den Wagon ist durch die mittlere Tür; Stehplätze mit Fahrrad sind hinter der roten Linie innerhalb des ausgezeichneten Bereichs; immer beim Fahrrad bleiben. Mitnahme in der Metro ist auch möglich, nicht aber zwischen September und Mai an Werktagen von 7 bis 9 Uhr und von 15.30 bis 17.30 Uhr. Ein Fahrradticket kostet 13 Kr.

VOM/ZUM FLUGHAFEN

Metro

Die Metro (www.m.dk) fährt rund um die Uhr alle vier bis 20 Minuten zwischen dem Ankunftsterminal des Flughafens (Station Lufthavnen) und dem westlichen Ende des Stadtzentrums. Sie hält nicht am København H (Hauptbahnhof),

SMART BIKES

2014 führte Kopenhagen die nächste Generation der **Bycyklen** (Stadtfahrräder; http://bycyklen.dk) ein. Diese „Smart Bikes" sind mit Touchscreen-Tablets mit Navi, mehrgängigen Elektromotoren, pannenfesten Reifen und Schlössern ausgerüstet. Die Fahrräder werden bei einigen der stadtweiten Stationen verliehen, u. a. am Hauptbahnhof, den S-Bahnhöfen Vesterport, Østerport und Dybbølsbro und am Rådhuspladsen. Sie stehen das ganze Jahr über rund um die Uhr zur Verfügung, kosten 25 Kr pro Stunde und müssen mit Kreditkarte über den Touchscreen des Fahrrads bezahlt werden. Weitere Informationen und eine komplette Liste der Stationen stehen auf der Website von Bycyklen.

ist aber günstig, um nach Christianshavn und Nyhavn zu kommen (nach Nyhavn bis Kongens Nytorv, Fahrzeit 14 Min., 36 Kr).

Taxi

Mit dem Taxi dauert die Fahrt vom Flughafen ins Stadtzentrum etwa 20 Min., je nach Verkehrslage. Es kostet zwischen 250 und 300 Kr.

Zug

Züge (www.dsb.dk) verbinden das Ankunftsterminal des Flughafens etwa alle zwölf Minuten mit dem Hauptbahnhof in Kopenhagen (København H), Fahrdauer 14 Min. (36 Kr). Fahrzeiten stehen auf www.rejseplanen.dk.

ÖFFENTLICHE VERKEHRSMITTEL

Kopenhagen besitzt ein umfassendes Netz öffentlicher Verkehrsmittel, bestehend aus Metro (U-Bahn), Bahn, Bus und Fähren. Alle Fahrkarten gelten für Metro, Bus und S-tog (S-Bahn oder Nahverkehrszug), auch wenn sie je nach Ausgabestelle etwas verschieden aussehen. Die von der Touristeninformation verteilten kostenlosen Stadtpläne zeigen alle Buslinien mit Nummern und sind für die Orientierung sehr hilfreich. Online bietet www.rejseplanen.dk Infos zu allen Strecken und Fahrplänen.

➡ **Metro** (www.m.dk) Besteht derzeit aus zwei Linien (M1 und M2). Eine Ringbahn (Cityringen) soll bis 2018 oder Anfang 2019 fertiggestellt sein. Die Metro verkehrt rund um die Uhr, zu Spitzenzeiten im Takt von zwei bis vier Minuten, tagsüber und an Wochenenden im Takt von drei bis sechs Minuten und nachts im Takt von sieben bis 20 Minuten. Beide Linien verbinden Nørreport mit dem Kongens Nytorv und Christianshavn. Die Linie M2 (gelbe Linie) fährt zum Flughafen.

➡ **S-Bahn** (www.dsb.dk) Die Kopenhagener S-Bahn, S-tog genannt, hat sieben Linien ab Hauptbahnhof (København H). Sie fährt auch zu beliebten Touristenorten wie Helsingør und Køge. Die Züge verkehren von etwa 5 bis 0.30 Uhr alle vier bis 20 Minuten. Freitags und samstags fahren sie stündlich die ganze Nacht hindurch (Linie F halbstündlich).

➡ **Movia** (www.moviatrafik.dk) Die Endhaltestelle des ausgedehnten Kopenhagener Busnetzes ist der Rådhuspladsen, ein paar Blocks nordöstlich des Hauptbahnhofs. Es gibt sieben Hauptstrecken, jede mit dem Buchstaben „A" vor der Liniennummer. Diese Buslinien fahren zu Stoßzeiten alle drei bis sieben Minuten, ansonsten etwa alle zehn Minuten. Die Nachtbusse (mit einem „N" vor der Liniennummer) verkehren zwischen 1 und 5 Uhr auf einigen Hauptstrecken. Movia betreibt auch die Pendlerfähren der Stadt, die sogenannten **Hafenbusse**. Es gibt drei Strecken mit zehn Haltestellen, u. a. an der Königlichen Bibliothek, am Nyhavn und am Opernhaus.

Fahrkarten

Der Kopenhagener Verkehrsverbund von Bus, Bahn und Hafenbus hat ein integriertes Fahrkartensystem mit sieben Zonen. Für Stadtbesucher sind in der Regel nur zwei relevant. Die Fahrt zwischen Stadtzentrum und Flughafen geht durch drei Zonen.

Die günstigste Fahrkarte *(billet)* gilt für zwei Zonen, damit darf man uneingeschränkt eine Stunde fahren (Erw./12–15 J. 24/12 Kr). Kinder unter 12 Jahre fahren in Begleitung eines Erwachsenen kostenlos.

Für Abstecher zu Sehenswürdigkeiten außerhalb der Stadt, z. B. nach Helsingør, die Nordküste von Seeland oder nach Roskilde, lohnt sich ein 24-Std.-Ticket (alle Zonen Erw./12–15 J. 130/65 Kr) oder eine 7-Tage-FlexCard (alle Zonen 590 Kr).

Die **Rejsekort**, eine Chipkarte, die beim Ein- und Aussteigen benutzt wird, gilt landesweit für alle Zonen und alle öffentlichen Verkehrsmittel. Sie ist an den Rejsekort-Automaten in Metrostationen, am Hauptbahnhof und am Flughafen erhältlich und kostet 180 Kr (80 Kr für die Karte und 100 Kr Guthaben). Sie wird in Bahnhöfen und Metrostationen oder beim Einstieg in Busse oder Pendlerfähren sowie am Zielort beim Aussteigen gegen entsprechende Sensoren gehalten. Sie sollte erst ganz am Ende der Fahrt wieder deaktiviert werden – fährt man mit der Metro und anschließend gleich weiter mit dem Bus, muss sie in der Metrostation und dann nochmals im Bus aktiviert, aber nur beim Ausstieg aus dem Bus deaktiviert werden.

TAXI

Taxis halten auf Zuwinken am Straßenrand; außerdem gibt es Taxistände an verschiedenen Stellen im Zentrum. Wenn das gelbe Taxischild (taxa) leuchtet, ist das Fahrzeug frei. Die Grundgebühr beträgt 37 Kr (Fr–Sa 23–7 Uhr 50 Kr), dazu kommt ein Kilometergeld: Mo–Fr 7–16 Uhr 14,20 Kr; Fr & Sa 23–7 Uhr 18,75 Kr, zu allen anderen Zeiten 15 Kr. Die meisten Taxis akzeptieren gängige Kreditkarten. Drei der größeren Unternehmen sind **DanTaxi** (☎ 70 25 25 25; www.dantaxi.dk), **Taxa** (☎ 35 35 35 35; www.taxa.dk) und **Amager-Øbro Taxi** (☎ 27 27 27 27; www.amagerobrotaxi.dk).

RUND UM KOPENHAGEN

Die meisten Sehenswürdigkeiten in der Umgebung sind schnell und bequem zu erreichen. Wer Wälder, Seen, Strände, historische Stätten oder großartige Kunstmuseen sucht, wird unter den folgenden Zielen sicher das Richtige finden.

Wer gleich noch ein zweites Land abhaken will: Die drittgrößte Stadt Schwedens, Malmö, liegt nur 35 Minuten von Kopenhagen entfernt und ist mit dem Zug vom Hauptbahnhof aus über die Øresund-Brücke und den Tunnel zu erreichen.

Ishøj

Arken Museum für Moderne Kunst

MUSEUM

(Arche; www.arken.dk; Skovvej 100, Ishøj; Erw./Kind 95 Kr/frei; ⌚Di & Do–So 10–17, Mi bis 21 Uhr) Freunde moderner Kunst sollten einen Ausflug zum herausragenden Arken einplanen. Die herrliche Sammlung mit Kunst der Nachkriegszeit zeigt u. a. einige Warhols, Arbeiten von Jeff Koons und Damien Hirst sowie Werke berühmter dänischer Künstler wie Per Kirkeby, Asger Jorn, Jesper Just und Olafur Eliasson. Auch für Kinder hat das Museum einiges zu bieten – z. B. einen tollen Sandstrand direkt vor der Tür.

Anfahrt aus Kopenhagen mit der S-Bahn in südwestliche Richtung bis zur Haltestelle Ishøj, dann weiter mit Bus 128.

Charlottenlund

Charlottenlund ist ein wohlhabender Vorort an der Küste, direkt hinter dem nördlichen Stadtrand von Kopenhagen. Hier gibt es einen schönen **Sandstrand**. Eine weitere Sehenswürdigkeit ist ein tolles Kunstmuseum.

Sehenswertes

Ordrupgaard

MUSEUM

(☎39 64 11 83; www.ordrupgaard.dk; Vilvordevej 110, Charlottenlund; Erw./Kind 110 Kr/frei; ⌚Di–Fr 13–17, Sa & So 11–17 Uhr; S-Bahn Klampenborg, dann Bus 388) Der ungewöhnliche Erweiterungsbau aus Glas und Stein der Architektin Zaha Hadid machte Ordrupgaard international bekannt. Aber das kleine Kunstmuseum in einem Herrenhaus aus dem 20. Jh. nördlich von Kopenhagen besaß immer schon eine beneidenswerte Sammlung von Kunst aus dem 19. und 20. Jh. Zum Museum gehören auch das ehemalige Haus des dänischen Designers Finn Juhl sowie ein schickes Café. Zur Sammlung Ordrupgaards zählen Werke von Gauguin, der viele Jahre in Kopenhagen lebte.

ABSTECHER

LOUISIANA: MUSEUM FÜR MODERNE KUNST

Das herausragende **Louisiana** (www.louisiana.dk; Gammel Strandvej 13, Humlebæk; Erw./Kind 110 Kr/frei; ⌚Di–Fr 11–22, Sa & So bis 18 Uhr) gehört oben auf die Besuchsliste, auch wenn man sich nicht so wahnsinnig für moderne Kunst begeistert. Das beeindruckende Museum, bestehend aus vier riesigen ober- und unterirdischen Gebäudeflügeln im Stil des Modernismus, erstreckt sich in einen Skulpturengarten bis hinunter zum Meer. Die Sammlung selbst ist spitzenmäßig und umfasst u. a. Werke von CoBrA-Künstlern, des Minimalismus, des abstrakten Expressionismus, der Pop-Art und der Fotografie.

Ausgestellte internationale Koryphäen sind z. B. Pablo Picasso, Francis Bacon und Alberto Giacometti, im hügeligen Gartengelände stehen monumentale Bronzeskulpturen von Henry Moore und Tierfiguren von Max Ernst. Zu den bekannten dänischen Künstlern gehören Asger Jorn, Carl-Henning Pedersen, Robert Jacobsen und Richard Mortensen. Jedes Jahr finden acht Sonderausstellungen statt; zum Abendprogramm gehören oft Kunstvorträge und Livemusik.

Ein kompletter Flügel ist für Kinder eingerichtet, die sich hier, inspiriert von den Werken der Galerie, mit allen möglichen Materialien und Techniken (vom Buntstift bis zu interaktiven Computerprogrammen) kreativ austoben können. Das gepflegte Café im Louisiana ist mit seiner großen, sonnigen Terrasse inklusive Meerblick ein toller Platz für einen wiederbelebenden Kaffee. Der Museumsshop verkauft Kunstbücher, Drucke und skandinavisches Design.

Das Louisiana liegt in der grünen Stadt **Humlebæk**, 30 km nördlich von Kopenhagen. Vom Bahnhof in Humlebæk sind es noch 1,5 km zu Fuß über den Gammel Strandvej zum Museum (ausgeschildert). Züge fahren etwa alle 30 Minuten von Kopenhagen (108 Kr, 35 Min.) und Helsingør (36 Kr, 10 Min.). Bei einem Tagesausflug von Kopenhagen lohnt sich das 24-Std.-Ticket (Erw./Kind 130/65 Kr).

Weitere Künstler, die in der ständigen Sammlung vertreten sind, sind Renoir, Matisse sowie dänische Künstler des „Goldenen Zeitalters", darunter J. T. Lundbye und Vilhelm Hammershøj. Das Haus von Finn Juhl ist nur an Wochenenden von September bis Juni geöffnet.

Klampenborg

Klampenborg, mit der S-Bahnlinie C nur 20 Minuten vom Hauptbahnhof entfernt, ist ein beliebtes Familienausflugsziel.

Ein paar hundert Meter östlich des Bahnhofs breitet sich der **Sandstrand Bellevue** aus, der im Sommer immer ziemlich gut besucht ist.

Sehenswertes

Bakken ERLEBNISPARK

(www.bakken.dk; Dyrehavevej 62; Armband für Mehrfachfahrten Erw./Kind 249/179 Kr) Bakken, 800 m westlich vom Bahnhof Klampenborg, wurde im 16. Jh. gegründet und ist somit der älteste Vergnügungspark der Welt. Die bodenständigere Version des Tivoli bietet den üblichen Rummel mit Autoscootern, Achterbahnen, Spielautomaten und Bierbuden. Aktuelle Öffnungszeiten stehen auf der Website.

Dyrehaven WANDERN, RADFAHREN

Dyrehaven, offiziell eigentlich Jægersborg Dyrehave, ist ein 1000 ha großes Gebiet aus Buchen und Wiesen und einem prima Wander- und Radwegenetz. Das heute beliebteste Picknickareal der Hauptstadt wurde ursprünglich 1669 als königliches Jagdrevier angelegt. Im Park leben noch immer um die 2000 Hirsche – meist Damwild, aber auch Rothirsche und japanische Sika-Hirsche. Unter den Rothirschen gibt es seltene, weiße Exemplare; es sind Nachkommen von Tieren, die 1737 aus Deutschland importiert wurden, wo sie heute ausgestorben sind.

Lyngby

Hauptattraktion der Gegend um Lyngby ist das **Frilandsmuseet** (41 20 64 55; www.natmus.dk; Kongevejen 100; Eintritt frei; Juli–Aug. Di–So 10–17 Uhr, sonst kürzere Zeiten) GRATIS, ein weitläufiges Freilichtmuseum mit alten Dorfhäusern, die von Standorten aus ganz Dänemark zusammengetragen wurden. Über 50 historische Gebäude vermitteln eine Vorstellung vom dänischen Landleben in den unterschiedlichen Regionen und Bevölkerungsschichten. Es ist nicht ganzjährig geöffnet; auf der Website stehen die aktuellen Öffnungszeiten.

Zum Frilandsmuseet führt ein ausgeschilderter, zehnminütiger Fußweg vom Bahnhof von Sorgenfri. Vom Hauptbahnhof fahren S-Bahnen der Linie B in 25 Minuten dorthin. Die Busse 184 und 191 halten direkt am Eingang.

Seeland

Inhalt ➡

Gut essen

➡ Dragsholm Slot (S. 117)
➡ Babette (S. 130)
➡ Skipperhuset (S. 107)
➡ Restaurant Mumm (S. 116)
➡ Rustica (S. 104)

Schön übernachten

➡ Helenekilde Badehotel (S. 111)
➡ Gilleleje Badehotel (S. 110)
➡ Vallø Slotskro (S. 123)
➡ Dragsholm Slot (S. 117)
➡ Ewaldsgården Pension (S. 108)

Auf nach Seeland

Dänemarks größte Insel hat mehr zu bieten als nur das glanzvolle Kopenhagen. Im Norden sind herrliche Strände, urige Fischerdörfer und großartige Schlösser wie Kronborg Slot in Helsingør oder das romantische Frederiksborg Slot in Hillerød zu entdecken. Auch das neue Seefahrtsmuseum von Dänemark ist beeindruckend.

Westlich von Kopenhagen liegt Roskilde mit einem Dom (Unesco-Weltkulturerbe), dem größten Rockfestival von Skandinavien und einem genialen Wikingerschiffsmuseum. Hier wie im nahen Sagnlandet Lejre wird Geschichte lebendig. Noch weiter im Westen steht die rund tausend Jahre alte Ringfestung von Trelleborg.

Der Süden ist bekannt für das mittelalterliche Køge, die als Weltnaturerbe geführte Küste von Stevns Klint und das innovative Museum von Vordingborg, Dänemarks Burgenzentrum.

Seeland ist verkehrstechnisch gut erschlossen. Mit der Copenhagen Card kann man die öffentlichen Verkehrsmittel kostenlos nutzen und in vielen Sehenswürdigkeiten freien Eintritt erhalten.

Reisezeit

Die beste Reisezeit für Seeland ist Juni bis August. Dann ist es warm, die Landschaft ist üppig-grün und die schöne Nordküste zeigt sich von ihrer besten Seite. Touristeninformationen und Sehenswürdigkeiten sind geöffnet und zu großen Events wie dem Roskilde Festival reisen Topstars an. Der Nachteil ist, dass man nicht der Einzige ist, den es nach Sonne, Meer und Kultur gelüstet. Die meisten Dänen machen im Juli Urlaub, sodass in den Badeorten Hochbetrieb herrscht und Unterkünfte rar sind – vorausbuchen.

Eine gute Reisezeit sind die Monate Mai und September. Das Wetter ist mild, es ist weniger voll und die meisten Sehenswürdigkeiten haben noch geöffnet. Im Winter werden die Tage kalt, kurz und in den meisten Küstenstädten der Region ist nichts mehr los; Museen und Touristenziele haben kürzere Öffnungszeiten.

An- & Weiterreise

Die meisten Orte in Nordseeland sind von Kopenhagen aus in weniger als einer Stunde zu erreichen, mit dem Auto sogar schneller. Die Copenhagen Card gilt für viele Bus- und Bahnverbindungen der Region.

Von Kopenhagen nach Norden gehen zahlreiche Züge. Für die Fahrt nach Helsingør ist es besser, ab Klampenborg (Endstation der S-Bahnlinie C) den Bus Nr. 388 zu nehmen, um einen schöneren Blick auf die Küste zu haben. Vom Bahnhof Helsingør verkehren Züge der Danske Statsbaner (DSB) und der Lokalbanen. Die Lokalbanen ist ein Privatunternehmen im Großraum Kopenhagen.

Das Verkehrsnetz von Südseeland ist ebenfalls auf Kopenhagen ausgerichtet, und es gibt kaum einen Ort, der von der Hauptstadt aus nicht in einer Stunde zu erreichen ist. Ein eigenes Fahrzeug ist trotzdem angenehm, da die Orte weiter verstreut liegen als im Norden der Insel. Das Ländliche macht den Reiz der Region aus.

Wer mit dem Auto zwischen Køge und Korsør unterwegs ist, kann statt der Autobahn E20 die landschaftlich reizvolle Straße 150 wählen.

Unterwegs vor Ort

Ein Verbundsystem (24 Kr pro Zone) umfasst die Stadtbusse in Kopenhagen, die Züge der DSB und die S-Bahnen im Großraum Kopenhagen und in Nordseeland bis hinunter nach Køge sowie einige private Bahnlinien in der Region (im Umkreis von etwa 40 km um die Hauptstadt). Man kann mit einem Ticket zwischen den verschiedenen Bussen und Bahnen wechseln.

Je nachdem, wie viele Zonen man durchfahren möchte, lohnt sich der Kauf einer Tageskarte (alle Zonen Erw./Kind 130/65 Kr) oder die aufladbare Rejsekort, eine Chipkarte, die Beginn und Ende einer Fahrt registriert.

Die meisten Städte an der Nordküste können nur durch Umsteigen in Hillerød oder Helsingør erreicht werden.

Die wichtigste Ost-West-Bahnverbindung zwischen Kopenhagen und Odense verläuft durch Zentralseeland und bedient Städte wie Sorø und Korsør. Die wichtigste Nord-Süd-Strecke führt von Kopenhagen über Køge und Vordingborg nach Nykøbing F auf Falster.

Viele Bahnstrecken in Südseeland werden privat betrieben. Nicht ans Bahnnetz angeschlossene Orte werden gewöhnlich von Bussen angesteuert. Umfassende Informationen zum öffentlichen Verkehrsnetz liefert die Website www.rejseplan.dk.

ØRESUND-KÜSTE

Der Øresund ist die Meerenge zwischen Dänemark und dem nahe gelegenen Schweden. Die Region wird wegen der schönen Strandhäuser oft Dänische Riviera genannt, doch das ist etwas übertrieben. Wer von goldenen Sandstränden träumt, sollte lieber an die Nordküste der Insel fahren. Die Hauptattraktionen an der Ostküste sind einige hervorragende Museen und Helsingør mit dem monumentalen Schloss Kronborg.

Rungsted

Für Fans der phantastischen, erotischen und ironischen Geschichten von Karen Blixen (1885–1962) wartet in der Küstenstadt Rungsted eine Überraschung: Rungstedlund, der Landsitz der Schriftstellerin, ist heute als Museum ihrem Leben und Werk gewidmet.

Sehenswertes

Karen Blixen Museet MUSEUM

(www.karen-blixen.dk; Rungsted Strandvej 111; Erw./Kind 60 Kr/frei; Mai–Sept. Di–So 10–17 Uhr, Okt.–April Mi–Fr 13–16, Sa & So 11–16 Uhr) Karen Blixens einstiger Wohnsitz in Rungsted ist heute das Karen-Blixen-Museum. Verehrer ihrer Bücher werden erfreut sein, dass alles weitgehend unverändert geblieben ist. Zu sehen sind Fotos, Massai-Speere, Malereien, Schilde und andere Erinnerungsstücke aus ihrer Zeit in Afrika, wie z. B. das Grammophon, das Blixen von ihrem Liebhaber Denys Finch-Hatton geschenkt bekam. Auf dem Schreibtisch steht noch immer die alte Corona-Schreibmaschine, auf der sie ihre Romane getippt hat.

Ein Gebäudeflügel beherbergt eine Bibliothek mit ihren Werken, ein Café, eine Buchhandlung und eine audiovisuelle Ausstellung über ihr Leben. In der bewaldeten Parkanlage, die auch ein Vogelschutzgebiet ist, befindet sich Blixens **Grab**, eine schlichte Steinplatte mit ihrem Namen.

Das Museum liegt gegenüber vom Jachthafen, 1,5 km vom Bahnhof entfernt. Der Weg führt auf dem Østre Stationsvej nach Norden, bei der Ampel rechts auf den Rungstedvej abbiegen und an der Kreuzung mit Rungsted Strandvej etwa 300 m nach Süden gehen.

An- & Weiterreise

Züge nach Rungsted verkehren alle 20 Minuten ab Kopenhagen (84 Kr, 30 Min.) und ab Helsingør (60 Kr, 25 Min.).

Highlights

1. Am weiten Strand von **Hornbæk** (S. 108) überlegen: Ist das Dänemark oder Südfrankreich?
2. Hinter den Mauern von **Kronborg Slot** (S. 101), Schauplatz von Shakespeares *Hamlet*, herumschnüffeln
3. Geschichte und eine spektakuläre Architektur beim Publikumshit von Helsingør, dem **Dänischen Seefahrtsmuseum** (S. 101), erleben
4. Auf einer Schlössertour auch das schöne **Frederiksborg Slot** (S. 105) besuchen
5. In der Eisenzeitsiedlung in **Lejre** (S. 117) den Kindern eine Axt in die Hand drücken
6. Beim größten Rockfestival Nordeuropas in **Roskilde** (Kasten S. 115) mitgrölen
7. Die bis heute ungelösten Rätsel der Wikingerburg **Trelleborg** (S. 127) ergründen
8. Im Gassengewirr von **Køge** (S. 118) das älteste Fachwerkhaus Dänemarks entdecken
9. In **Danmarks Borgcenter** (S. 129) in Vordingborg Machtstrategien des Mittelalters verstehen

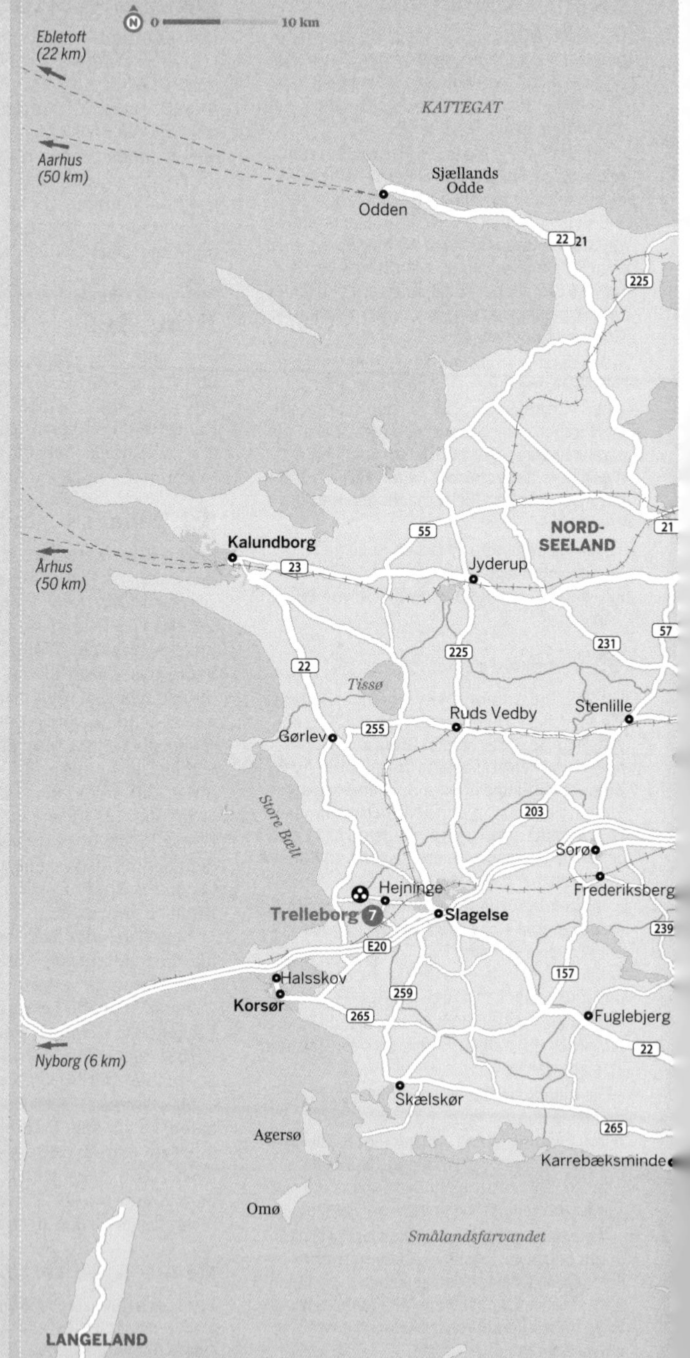

Gilleleje
Smidstrup
Hornbæk
1
Rågeleje
SCHWEDEN
Hellebæk
251
227
235
223
Helsingborg
Tisvildeleje
Kronborg Slot
2
205
3
Tisvilde Hegn
Esrum Sø
Helsinge
Gribskov
Helsingør
Liseleje
6
205
ØRESUND
Nødebo
Arresø
267
Hundested
Fredensborg
Humlebæk
16
Frederiksværk
Ishød
Rørvig
4
Sølager
Hillerød
E47
Lynæs
Frederiksborg Slot
152
HVEN
Kulhuse
19
Rungsted
201
207
Gørløse
Hørsholm
6
16
Isefjord
211
19
Frederikssund
Ølstykke
Klampenborg
233
Lyngby
ORØ
Hellerup
E47
Skibby
6
211
KOPENHAGEN
Roskilde-Fjord
O4
Holbæk
53
O3
Ishøj
21
Kastrup
23
Roskilde
6
Kopenhagen
E20
Lejre
5
217
E20
Dragør
AMAGER
6
255
Osted
Solrød
14
Køge Bugt
215
8
Køge
E20
Ringsted
150
E47
E55
269
209
261
14
SÜD-SEELAND
Vråby
Stevns Klint
Store Heddinge
Skelby
Haslev
154
Fensmark
Rødvig
Suså
54
Fakse
151
Næstved
209
Fakse Ladeplads
Gavnø
265
Præstø-Fjord
Dybsø-Fjord
Fakse Bugt
Præstø
265
22
Knudshoved Odde
E47
Møn
Vordingborg
9
E55
Kalvehave
59

JENSEITS VON RUNGSTED

Karen Blixen (1885–1962) wurde als Karen Christenze Dinesen in Rungsted geboren, einem wohlhabenden Ort nördlich von Kopenhagen. Ihr ganzes Leben hindurch hat diese ungewöhnliche Frau eine exzentrische Aura um sich herum geschaffen. Sie hat verschiedene Namen ausprobiert, ihr Leben in eine Fiktion verwandelt und mit ihren „dekadenten" Büchern allerlei Kontroversen provoziert.

Um der Enge ihrer bürgerlichen Familie zu entfliehen, heiratete sie 1914 im Alter von 28 Jahren ihren Großcousin Baron Bror von Blixen-Finecke, nachdem eine Beziehung zu dessen Zwillingsbruder Hans gescheitert war. Es war eine Zweckehe. Sie wollte seinen Titel, er brauchte ihr Geld.

Das Paar zog nach Kenia und gründete eine Kaffeeplantage, die Karen verwaltete. In Afrika diagnostizierten die Ärzte eine Syphilis. Sie war überzeugt davon, dass ihr ständig fremdgehender Ehemann sie angesteckt hatte. Möglich ist aber auch, dass ihre Gesundheitsprobleme von einer Vergiftung durch Arsen herrührten, das sie einnahm, weil sie befürchtete, Syphilis zu haben. Die Diagnose belastete sie vor allem psychisch, da ihr Vater nach einer Syphilisdiagnose Selbstmord begangen hatte, als Karen zehn Jahre alt war. Sie kehrte für eine medizinische Behandlung nach Dänemark zurück und ging dann wieder nach Afrika, um sich 1925 von ihrem Mann scheiden zu lassen.

Danach lebte sie sechs Jahre mit der Liebe ihres Lebens, dem Engländer Denys Finch-Hatton, zusammen, bis dieser 1932 bei einem Flugzeugunglück ums Leben kam. In der oscargekrönten Verfilmung von *Out of Africa (Jenseits von Afrika)*, Blixens Autobiografie, spielen Meryl Streep und Robert Redford das Liebespaar. Kurz danach verließ Blixen Afrika und kehrte auf ihren Familienbesitz in Rungsted zurück, wo sie zu schreiben begann. Es dauerte lange, bis ihr Werk in Dänemark Anerkennung fand. Zum Teil sicher deshalb, weil sie in einem altmodischen Stil schrieb, die Aristokratie verherrlichte und darauf bestand, als Baronesse angesprochen zu werden – während das Gros der Gesellschaft sich bemühte, Klassenunterschiede zu verwischen.

Nachdem Verlage in Dänemark und England ihr erstes Buch abgelehnt hatten, veröffentlichte sie es unter dem Pseudonym Isak Dinesen 1934 in New York. Erst als dieser Band mit Kurzgeschichten unter dem Titel *Seven Gothic Tales* in den USA großen Anklang fand, begannen dänische Verlage sich ernsthaft für sie zu interessieren.

Nach dem großen Erfolg von *Out of Africa* (1937) sowohl in dänischer als auch in englischer Sprache folgten weitere Bücher: *Winter's Tales* (1942), *The Angelic Avengers* (1944), *Last Tales* (1957), *Anecdotes of Destiny* (1958) und *Shadows on the Grass* (1960). Ein weiterer oscargekrönter Film, *Babettes Fest*, basiert auf einer ihrer Geschichten.

Helsingør

46 400 EW.

Hauptattraktion der geschäftigen Hafenstadt Helsingør ist Schloss Kronborg, ein Koloss, der über der engsten Passage des Øresund thront. Das Schloss wurde als Schauplatz von Shakespeares *Hamlet* berühmt, wenngleich der martialische Bau in krassem Gegensatz zu dem subtil-psychologischen Drama steht, das sich auf „Elsinore Castle" abspielt.

Neben Hamlets Hütte kann sich Helsingør mit atmosphärischen Straßen und Fachwerkhäusern, gotischen Kirchen und mittelalterlichen Klöstern brüsten.

Zahlreiche Fähren verbinden die Stadt mit dem Nachbarland und werden besonders fleißig von Schweden genutzt, die in Dänemark (für ihre Verhältnisse) billige alkoholische Getränke kaufen.

Sehenswertes

★Kronborg Slot SCHLOSS

(www.kronborg.dk; Kronborgvej; Innenräume inkl. Führung Erw./Kind 80/35 Kr; Juni–Aug. 10–17.30 Uhr, Mai & Sept.–Okt. 11–16 Uhr, sonst kürzer; Führungen tgl. 11.30 & 13.30 Uhr) Das von der Unesco zum Weltkulturerbe erklärte Kronborg Slot wurde von dem dänischen König Erik von Pommern in den 1420er Jahren als das beeindruckende Zollhaus Krogen erbaut. Das Schloss wurde 1585 von Frederik II. erweitert und brannte 1629 bis auf die Außenmauern nieder. Der unermüdliche Bauherr König Christian IV. ließ es im ursprünglichen Renaissancestil mit einigen barocken Ergänzungen wieder aufbauen. Die Kapelle mit ihrer Säulenhalle war der einzige Teil des Schlosses, der 1629 den Flammen entging. Sie gibt ein gutes Bild von der ursprünglichen Atmosphäre.

Während der dänisch-schwedischen Kriege kam das Unglück zurück. Die Schweden besetzten das Schloss von 1658 bis 1660 und räumten alles ab, was nicht niet- und nagelfest war – auch den berühmten Brunnen. Danach ließ Christian V. zwar die Befestigungen verstärken, doch das dänische Königshaus nutzte Kronborg fortan nicht mehr als Residenz. Von 1785 bis 1924 dienten die Anlagen als Kaserne, danach wurden sie zum Museum ausgebaut (und die schwedische Regierung war so anständig, einige der geplünderten Gegenstände zurückzugeben). Für das Schloss selbst ist Eintritt zu bezahlen, doch der Zutritt zum imposanten Innenhof über mehrere Wassergräben, auf denen Schwäne ihre Bahn ziehen, ist kostenlos – ebenso wie ein Spaziergang rings um die Befestigungsanlagen (geöffnet täglich bis Sonnenuntergang) mit schönen Picknickplätzen.

➡ Königsgemächer

Die Königsgemächer sind heute ziemlich leer. Im Schlafgemach des Königspaars zum Beispiel gibt es nur einen Marmorkamin, ein paar Möbel und einige allerdings prachtvolle Deckengemälde – gelegentliche Ausstellungen moderner Kunst machen das Ganze interessanter. Am eindrucksvollsten ist der Rittersaal, der bei seiner Einweihung 1585 der längste in ganz Skandinavien war. Die Festessen umfassten 65 Gänge, und jeder Gast bekam seinen eigenen Brechkübel. Sieben der ursprünglichen Tapisserien – ausgezeichnet erhalten und mit interessanten Erläuterungen beschildert – sind im angrenzenden Kleinen Saal zu sehen.

➡ Kasematten

Unter einem überraschend großen Teil des Schlosses erstrecken sich niedrige und kalte Verliese, die auch als Vorratslager und Unterkunft für die Soldaten dienten. Eigentlich sind sie düster und gespenstisch genug, trotzdem lohnt es sich, vor dem Besuch etwas über das einstige Kasernenleben zu lesen, um eine lebendige Vorstellung zu bekommen. Drunten erwarten einen dann Fledermäuse und eine Statue des Wikingerhäuptlings Holger Danske (Holger der Däne), der der Sage zufolge in der Stunde der Not wiederkehren und Dänemark zur Seite stehen wird.

★M/S Museet for Søfart — MUSEUM

(Dänisches Seefahrtsmuseum; www.mfs.dk; Ny Kronborgvej 1; Erw./Kind 110 Kr/frei; ⌚Juli & Aug. tgl. 10–17 Uhr, sonst Di–So 11–17 Uhr) Dänemarks unterirdisches Seefahrtsmuseum wurde auf geniale Weise in und rund um ein Trockendock neben dem Kronborg Slot gebaut. Sowohl die Architektur als auch die ausgezeichneten Mulitmediaausstellungen, die die dänische Seefahrtsgeschichte und -kultur auf dynamische und moderne Weise darstellen, lohnen den Besuch. Neben den üblichen Ausstellungsstücken, wie nautische Instrumente, Seekarten und Kriegsobjekte, werden unterschiedliche Themen vertieft, etwa die Repräsentation des Seefahrers in der Popkultur, der Seehandel, die Ausbeutung in den dänischen Überseekolonien oder die globalen Seewege moderner Containerschiffe.

Neugierige können Seefahrertatoos erstellen, ihre Navigationskünste testen und sogar eine eigene Handelsfirma führen. Außerdem gibt es ein modernes Café und einen phantastischen Museumsshop, in dem maritime Mitbringsel neben dänischem Design und Modeartikeln verkauft werden.

Sankt Mariæ Kirke & Karmeliterklostret — KIRCHE, KLOSTER

(www.sctmariae.dk; Sankt Anna Gade 38; ⌚Di–So 10–15 Uhr) Die mittelalterliche Kirche birgt einige zusammengewürfelte Fresken aus dem 15. Jh., in denen Frösche, Füchse, Bullen und Böcke aus bizarr blickenden Gesichtern springen oder Pfeifen- und Lautenspieler aus gigantischen Blumen herausbrechen. Zu den weiteren Höhepunkten gehören eine prachtvolle Rokokoempore und die Orgel aus dem 17. Jh., auf der schon Dietrich Buxtehude (1637–1707) gespielt hat, ein Komponist der Barockzeit, der großen Einfluss auf Bach hatte. Die häufigen Orgelkonzerte sind ein Genuss für Freunde dieser Musik. Die Sankt Mariæ Kirke gehört zu einem der am besten erhaltenen mittelalterlichen Klöster Skandinaviens, dem Karmeliterklostret.

Es wird erzählt, dass hier Dyveke (1490–1517), die Geliebte von Christian II., begraben liegt.

Sankt Olai Domkirke — KATHEDRALE

(⌚Mai–Aug. 10–16 Uhr, Sept.–April 10–14 Uhr) Die von Linden umgebene Sankt Olai Domkirke ist ein reizvoller gotischer Backsteinbau von 1559. Zu den Besonderheiten zählen ein 12 m hohes in Weiß und Gold gefasstes Altarrelief, eine ominöse schwarze Steinplatte, auf der die Namen einiger Übeltäter eingra-

Helsingør

Helsingør

Highlights

1 Kronborg Slot D2
2 M/S Museet for Søfart C2

Sehenswertes

3 Helsingør Bymuseum B3
4 Sankt Mariæ Kirke & Karmeliterklostret B3
5 Sankt Olai Domkirke B3

Essen

6 Kvickly A3
7 Rådmand Davids Hus B4
8 Rustica A5
9 Spisehuset Kulturværftet B2

viert sind, und eine in einem Bogengang steckende englische Kanonenkugel, die auf dem Weg zur Schlacht von Kopenhagen (1801) abgefeuert wurde.

Helsingør Bymuseum MUSEUM

(www.vaerftsmuseet.dk; Sankt Anna Gade 36; Erw./Kind 30 Kr/frei; Di–Fr & So 12–16, Sa 10–14 Uhr) Nördlich vom Dom ist das Stadtmuseum von Helsingør in einem Gebäude untergebracht, das die Mönche des benachbarten Klosters 1516 als Spital für Seeleute errichteten. Es zeigt ein kleinteiliges Modell der Stadt im 19. Jh., eine aufschlussreiche 15-minütige Aufzeichnung zu ihrer Geschichte (auch in deutscher Sprache) sowie ein Sam-

SEIN ODER NICHT SEIN

Shakespeares *Hamlet* (1602) spielt im Kronborg Slot von Helsingør (Elsinore). Auch wenn er es in seinem Stück sehr anschaulich schildert, hat der Dichter doch nie dänischen Boden betreten. Möglicherweise entnahm er Einzelheiten über das imposante neue Schloss den Berichten einer Schauspieltruppe, die 1585 in Helsingør aufgetreten war, dem Jahr der Fertigstellung von Kronborg. Außerdem porträtierte Shakespeare in *Hamlet* zwei dänische Adelige der damaligen Zeit, Frederik Rosenkrantz und Knud Gyldenstierne (Guildenstern), die um 1590 am englischen Hof zu Gast waren.

Obwohl die weiteren Figuren aus einer Geschichte stammen, die schon damals 800 Jahre alt war, hielt sich beim Publikum die Überzeugung, dass das Stück auf einer tatsächlichen Begebenheit beruhe. Englische Händler, die nach Helsingør kamen, besuchten das Schloss aus Verehrung für Hamlet. Und da so viele Besucher wissen wollten, wo denn der unentschlossene Däne begraben liege, wurde schließlich auf dem Gelände von Marienlyst Slot „Hamlets Grab" angelegt.

Jeden August ist im Schloss das Shakespeare Festival zu Gast, bei dem einige der angesehensten Theaterensembles der Welt mit Stücken des Meisters im Hof von Kronborg Slot auftreten. Aktuelle Infos bietet die Website www.hamletscenen.dk.

melsurium von Exponaten (alte Apothekerflaschen, mittelalterliche Keramikfunde und 200 Puppen).

Danmarks Tekniske Museum MUSEUM
(www.tekniskmuseum.dk; Fabriksvej 25; Erw./Kind 65/35 Kr; ⏲Di–So 10–17 Uhr) Das Technikmuseum im Industriegebiet südwestlich des Stadtzentrums zeigt Erfindungen aus dem ausgehenden 19. und frühen 20. Jh.: Grammofone, Radios, Motorfahrzeuge und Flugzeuge, darunter ein dänisches Modell von 1906, das als erstes in Europa geflogen sein soll (für elf Sekunden!). Das Museum liegt 25 Minuten außerhalb und ist mit der Buslinie 802 in Richtung Espergærde zu erreichen.

Hammermøllen HISTORISCHES GEBÄUDE
(www.hammermollen.dk; Bøssemagergade 21; Erw./Kind 10 Kr/frei; ⏲Di–So 10–17 Uhr) Wer Zeit für einen Ausflug hat, sollte eine Radtour zur 5 km westlich in Hellebæk gelegenen Hammermøllen unternehmen. Christian IV. ließ die Schmiede mit Reetdach und Wasserrädern 1765 einrichten, um hier Kanonen für seine Schiffe gießen zu lassen. Später diente sie als Kupferschmiede und Tuchfabrik. Ein netter Platz, um bei Kaffee und Kuchen zu entspannen.

Schlafen

Danhostel Helsingør HOSTEL €
(☎49 28 49 49; danhostelhelsingor.dk; Nordre Strandvej 24; B/EZ/DZ/3BZ 225/495/550/595 Kr; P 📶) Das 180-Betten-Hostel in einem Herrenhaus 2 km nordwestlich der Stadt steht an einem kleinen Strand mit Blick auf Schweden. Die 08/15-Schlafsäle sind in einem kleineren Anbau untergebracht. Zum Angebot zählen eine Selbstversorgerküche, ein kleiner Spielplatz und Tischtennisplatten im Freien. Anfahrt von Helsingør mit Bus 842 (24 Kr).

Helsingør Camping CAMPGINGPLATZ €
(☎49 28 49 50; www.helsingorcamping.dk; Strandalleen 2; Stellplatz pro Erw./Kind 70/35 Kr, Hütte mit Bad 850 Kr; ⏲ganzjährig) Der weitläufige, unauffällige Campingplatz am Strand östlich des Danhostels Helsingør, etwa 1,5 km nordwestlich vom Stadtzentrum, bietet einen Laden und Waschsalon und liegt in der Nähe eines der besten Strände der Umgebung. Bus 842 fährt ab Hauptbahnhof in Helsingør.

Marienlyst Hotel & Casino HOTEL €€
(☎49 21 40 00; www.marienlyst.dk; Nordre Strandvej 2; EZ 800–425 Kr, DZ 1000–625 Kr; P @ 📶 🏊) Das 4-Sterne Hotel zieht sich entlang der Küste und bietet einen Swimmingpool, ein Kasino und einen Blick über das Meer nach Schweden. Die Zimmer sind in neutralen Farben und klassisch ohne Design-Schnickschnack eingerichtet, aber gemütlich und passabel.

Essen

Um den Hauptplatz Axeltorv liegen mehrere Restaurants und Biergärten. Für Kaffee und Kuchen ist die autofreie Stengade zu empfehlen.

Westlich des Axeltorv gibt es einen **Kvickly** (Stjernegade 25; ⏲Mo–Fr 8–20, Sa & So 8–18 Uhr) mit Bäckerei.

Rådmand Davids Hus DÄNISCH €
(☎49 26 10 43; Strandgade 70; Gerichte 38–98 Kr; ⌚Mo–Sa 10–17 Uhr) In dem lauschigen, schiefen Haus aus dem 17. Jh. mit kopfsteingepflastertem Hof kommen dänische Klassiker auf den Tisch: Smørrebrød, Hering und ein besonderes „Shopping-Lunch" – meist ein großzügiger Teller mit Salat, Lachspastete, Kochschinken, Käse und selbstgemachtem Roggenbrot. Unbedingt Platz lassen für den Grand-Marnier-Eierkuchen.

Spisehuset Kulturværftet INTERNATIONAL €
(www.kulturvaerftet.dk; Allégade 2; Mahlzeiten 45–95 Kr; ⌚Mo–Fr 10–19, Sa & So bis 17 Uhr; 📶) In dem herrlichen Kulturzentrum am Wasser mit Theater, Ausstellungsräumen und der Stadtbibliothek serviert dieses lockere, helle Café frische, moderne Kost. Bei Smørrebrød, kreativen Suppen und Salaten oder den gehaltvolleren Tagesgerichten bietet sich den Gästen ein Blick auf Hamlets Hütte. Wer sich davon inspiriert fühlt, kann gleich losschreiben: Es gibt kostenloses WLAN, guten Kaffee und leckeres Gebäck.

Rustica ITALIENISCH €€
(☎20 68 56 44; www.rustica.dk; Stengade 26E; Hauptgerichte 179–229 Kr; ⌚Di–Sa 11 Uhr–spät) Am Ende eines Hofes oberhalb der Treppen serviert Rustica herrliche, saisonale Gerichte in einer modern-rustikalen Einrichtung mit gekalkten Holzbalken, riesigen Glühlampen und langen Gemeinschaftstischen, die der Chef selbst getischlert hat. Die italienische Karte ist klein mit einer Handvoll Antipasti, Hauptgerichten, Pizzas und Desserts aus hochwertigen Zutaten und natürlichen Gewürzen.

Das Ergebnis ist z. B. ein saftiges dänisches Entrecôte mit in Kräutern gebratenen Kartoffeln, Strauchtomaten, pfeffrigem Rucola, Parmesan und gegrillten Chilischoten. Das Lokal ist perfekt für ein Glas Vino, und zweimal im Monat gibt es Livemusik.

ℹ Praktische Informationen

Bibliothek (Allégade 2, Kulturværftet; ⌚Mo–Fr 10–21, Sa bis 16 Uhr) Kostenloser Internetzugang.

Post (Stjernegade 25; ⌚Mo–Fr 10–17, Sa 10–12 Uhr) Im Gebäude des Kvickly-Supermarkts.

Touristeninformation (☎49 21 13 33; www.visitnordseeland.de; Havnepladsen 3; ⌚Juli–Anfang Aug. Mo–Fr 10–17, Sa & So bis 14 Uhr, sonst kürzer) Gegenüber vom Bahnhof.

ℹ An- & Weiterreise

AUTO

Helsingør liegt 64 km nördlich von Kopenhagen und 24 km nordöstlich von Hillerød. Kostenlose Parkplätze gibt es in der ganzen Stadt, u. a. westlich des Kvickly-Supermarkts. Parken vor Schloss Kronborg kostet zwischen 8 und 20 Uhr 10 Kr/Std.

SCHIFF

Scandlines (☎33 15 15 15; www.scandlines.dk) verkehrt zwischen Helsingør und Helsingborg in Schweden (Person/Auto plus 9 Insassen hin & zurück 59/745 Kr, 20 Min.). Autotickets sind günstiger, wenn sie online gebucht werden.

ZUG

Der Bahnhof von Helsingør besteht aus zwei nebeneinander liegenden Gebäuden, dem DSB-Terminal für Fernzüge und dem kleineren Lokalbanen-Terminal der Privatbahn, die entlang der Nordküste verkehrt.

Züge nach Kopenhagen (108 Kr, 45 Min.) fahren vom frühen Morgen bis etwa Mitternacht ungefähr dreimal stündlich. Züge nach Hillerød (über Fredensborg, 72 Kr, 30 Min.) verkehren bis etwa Mitternacht mindestens stündlich.

Der Lokalbanen-Zug von Helsingør nach Gilleleje (72 Kr, 45 Min.) fährt bis etwa Mitternacht ein- bis zweimal die Stunde.

ORTE IM BINNENLAND

Im Inneren von Seeland liegen Hillerød und Fredensborg, zwei kleine Städte, die um zwei eindrucksvolle, jedoch sehr unterschiedliche Königsresidenzen herum entstanden sind. Die prunkvollen Räume und stolzen Türme des Schlosses von Hillerød können Besucher das ganze Jahr hindurch besichtigen, während der bescheidenere Palast von Fredensborg seine Pforten nur im Juli öffnet. Seine herrlichen Gärten am See sind das ganze Jahr über geöffnet.

Hillerød

31 180 EW.

Hillerød, 30 km nördlich von Kopenhagen, ist ein modernes Marktstädtchen und mit seinem prachtvollen Schloss ein Muss für Besucher. Hier zeigt sich, was für ein meisterlicher Bauherr Christian IV. war. Inmitten eines herrlichen Sees liegt auf mehreren Inseln Frederiksborg Slot, ein Traum aus Kupfertürmchen und Barockgärten und eine der schönsten Attraktionen der Region.

Hillerød ist zudem ein Verkehrsknotenpunkt von Nordseeland mit Bahnverbindungen zu den Stränden an der Nordküste. Der Bahnhof liegt rund 500 m außerhalb des Zentrums.

Sehenswertes

★Frederiksborg Slot SCHLOSS

(www.frederiksborgmuseet.dk; Erw./Kind 75/20 Kr; April–Okt. 10–17 Uhr, sonst 11–15 Uhr) Das beeindruckende Frederiksborg Slot im Stil der niederländischen Renaissance erhebt sich auf drei Inseln im Schlosssee (Slotsø). Der älteste Teil von Schloss Frederiksborg stammt aus der Zeit von Frederik II., nach dem es benannt ist. Sein Sohn Christian IV. wurde hier geboren. Auch er fühlte sich diesem Ort tief verbunden. Der größte Teil des heutigen Bauwerks entstand Anfang des 17. Jhs. unter seiner Bauleitung. Die Innenräume des Schlosses sind mit vergoldeten Decken, Tapisserien und kunstvollen Gemälden prächtig ausgestattet. Besonders schillernd ist die Slotskirken (Krönungskapelle), in der die von Christian IV. beauftragte ursprüngliche Gestaltung erhalten ist.

Die Kapelle wurde von einem Feuer, das 1859 das Schloss verwüstete, verschont und birgt eine herrliche Pracht aus Goldverzierungen, rotbäckigen Engeln und Silberreliefs an Kanzel und Altar. Kein Wunder, dass hier zwischen 1671 und 1840 die dänischen Könige gekrönt wurden. Jeden Donnerstag zwischen 13.30 und 14 Uhr spielt der Organist auf der kostbaren **Compenius-Orgel** (1610). Im Juli und August werden sonntags um 17 Uhr kostenlose Orgelkonzerte gegeben.

Ebenfalls gut erhalten ist der **Audienzsaal** mit Trompe-l'œil-Malerei und einem selbstgefälligen Porträt des großnasigen Christian V. als römischem Kaiser. Höhepunkt ist eine Art Thronlift aus dem 17. Jh., der es dem König gestattete, würdevoll durch den Fußboden emporzuschweben!

Weitere Räume des Schlosses wurden im 19. Jh. im Originalzustand wiederhergestellt. Besonders eindrucksvoll gelungen ist das beim reich geschmückten **Riddersalen** (Rittersaal) mit Stuckfriesen von Hirschen, in die echte Geweihe eingesetzt wurden. Imposant ist auch die Große Galerie, ein riesiger Ballsaal mit einer Empore für die Spielleute, kostbaren Wandteppichen und Deckenschnitzereien.

Die Räume im 1. und 2. Stock beherbergen das Nationalhistoriske Museum mit einer chronologisch geordneten Galerie mit Gemälden von Königen, Nobilitäten und einstigen Berühmtheiten sowie einigen außergewöhnlichen Möbelstücken. Ein bisschen zu viel für einen einzigen Besuch. Besser ist es, sich eine Epoche herauszupicken. Im 3. Stock befindet sich die **Moderne Samling** (Moderne Sammlung) mit Gemälden und Fotografien aus dem 20. und 21. Jh.

Beide Könige, Frederik II. und Christian IV., nutzten Frederiksborg als Residenz, doch nachdem Hillerød im 17. Jh. von Pest, Feuer und plündernden Schweden heimgesucht worden war, wurde der Regierungssitz im 18. Jh. ins ruhigere Fredensborg verlegt.

➡ Slotshaven

Die Schlossgärten erstrecken sich nach Norden hin. Der symmetrische Barockgarten (geöffnet von 10 Uhr bis Sonnenuntergang) ist bereits von den Fenstern aus zu sehen. Die perfekt angelegten Terrassen und makellos geschnittenen Eiben- und Buchshecken sollten zeigen, dass selbst die Natur sich dem Willen des Königs beugen musste. Im romantischen Garten Indelukket ist von dieser Strenge nichts zu finden. Das 19. Jh. bevorzugte Anlagen im natürlichen Stil.

ES SPUKT IM STAATE DÄNEMARK

Esrum Kloster (www.esrum.dk; Klostergade 11–12, Esrum; Erw./Kind 50 Kr/frei; April–Mitte Okt. Di–So 11–17, sonst Do–So 11–16 Uhr), ein Kloster 15 km nördlich von Hillerød, ist der Schauplatz einer schaurigen Geistergeschichte über den teuflischen Bruder Rus, der dort im 16. Jh. als Koch diente. Es heißt, der niederträchtige Bursche habe seinen Mitbrüdern ziemlich unziemliche Speisen und Unmengen sündhaften Weins serviert, zwischendurch die Mägdelein in der Küche vernascht und spät nachts mit dem Satan geplaudert.

Als der Abt von diesen Übeltaten erfuhr, ließ er Bruder Rus zu Tode foltern – auf seinem eigenen Küchengrill, der heute im Kloster besichtigt werden kann. Ein Spritzer seines Blutes scheint allen Scheuermitteln zu widerstehen und um Mitternacht soll der verfluchte Mönch durch das Kloster geistern.

Bus 390R von Helsingør nach Helsinge fährt am Kloster vorbei.

Noch weiter nördlich liegt der Eichenwald von Lille Dyrehave. Er wurde angelegt, um Holz für den Schiffsbau zu gewinnen, nachdem die Engländer 1807 die dänische Flotte konfisziert hatten. Ein gemütlicher Spaziergang durch alle drei Areale nimmt gut eine Stunde in Anspruch.

➡ Slotsø-Fährboot

Von Mitte Mai bis Mitte September macht das kleine **Fährboot Frederiksborg** (Erw./Kind 30/10 Kr) montags bis samstags zwischen 11 und 17 Uhr sowie sonntags zwischen 13 und 17 Uhr 30-minütige Rundfahrten auf dem Schlosssee. Es legt dabei dreimal an: am Rand des Torvet (Marktplatz), nahe des Schlosseingangs und beim Barockgarten.

Schlafen

Zimmer sind knapp in Hillerød und sogar außerhalb der Saison rasch ausgebucht – zeitig reservieren! Ein Verzeichnis der Unterkünfte bietet www.visitnordseeland.de.

Danhostel Hillerød HOSTEL €
(☎48 26 19 86; www.hillerodhostel.dk; Lejrskolevej 4; B/EZ/DZ 200/585/620 Kr; P@📶) Das schöne Hostel am See liegt 2,5 km östlich der Stadt und bietet bequeme Betten in ländlicher Idylle. Das Hostel ist auf Schulklassen ausgerichtet und mit Tischtennisplatten, Kanus und Fahrrädern (75 Kr/Tag) sowie Möglichkeiten für Air-Hockey, Badminton und Pétanque ausgestattet. Die Zimmer in dem neueren Gebäude (EZ/DZ 700/735 Kr) sind am größten und hellsten mit modernen Toiletten, Designmöbeln und ohne Teppich.

Die Buslinien 301, 302 und 305 verkehren zwischen einer Haltestelle nahe dem Hostel und der Stadt.

Hillerød Camping CAMPINGPLATZ €
(☎48 26 48 54; www.hillerodcamping.dk; Blytækkervej 18; Stellplatz pro Erw./Kind 100/50 Kr; ⌚Mitte April–Sept.; P) Der wunderschöne 2-Sterne-Platz liegt via Slangerupgade 20 Fußminuten südlich des Schlosses. Er ist liebevoll angelegt und bietet einen kostenlosen Fahrradverleih, viel Spielzeug, eine makellose Küche und einen gemütlichen Aufenthaltsraum mit Büchern und Zeitschriften.

Hotel Hillerød HOTEL €€
(☎48 24 08 00; www.hotelhillerod.dk; Milnersvej 41; EZ 620–1135 Kr, DZ 800–1340 Kr; P@📶) Die Zimmer in diesem Bungalowhotel sind nett, aber absolut durchschnittlich im Ikea-Stil eingerichtet. Die „Superior"-Zimmer haben Klimaanlage und mehrere Zimmer praktische Küchenzeilen. Das Hotel liegt etwa 2 km südlich des Schlosses.

Essen

Il Gallo Nero ITALIENISCH €€
(☎48 24 35 33; Torvet 1; Brunch 139 Kr, Pizza 119–139 Kr, abends Hauptgerichte 229–269 Kr; ⌚tgl. 17–22 sowie Fr–So 11–15 Uhr) Der „schwarze Hahn" wird tatsächlich von Italienern betrieben und bietet feine italienische Küche aus erstklassigen Zutaten – die Pizzas sind ebenso köstlich wie die Gerichte von der Karte, z. B. leckere Spinat-Ricotta-Tomaten-Crêpe, mächtige Gorgonzola-Lasagne oder die Fleischgerichte wie gegrilltes Lamm *cacciatora*. Freitags und sonntags gibt es Brunch.

Café Vivaldi INTERNATIONAL €€
(Torvet 11; mittags 95–109 Kr, abends Hauptgerichte 169–199 Kr; ⌚So–Do 10–22, Fr & Sa bis 23 Uhr) Das mitten auf dem abschüssigen Stadtplatz gelegene Café ist der geeignete Ort, um Leute zu beobachten. Es bietet eine gute Auswahl an kleineren Gerichten wie Nachos, Sandwiches und Salaten, aber auch größere Mahlzeiten, z. B. Steaks. Das Brunchbuffet am Wochenende (10–13 Uhr) ist eher durchschnittlich.

Praktische Informationen

Touristeninformation (☎48 24 26 26; www.visitnordseeland.de; Frederiksværksgade 2A; ⌚Mai–Sept. Mo–Fr 9.30–16 Uhr, Ende Juni–Anfang Aug. auch Sa 9.30–13.30 Uhr) Nicht weit vom Schloss entfernt.

An- & Weiterreise

Zwischen Kopenhagen und Hillerød verkehren an Wochentagen alle 10–20 Minuten S-Bahnen (108 Kr, 40 Min.). Am Wochenende muss man evtl. am Bahnhof Gentofte in den Bus nach Hillerød umsteigen; Gesamtdauer der Fahrt 55 Min.

Von Hillerød fahren Züge in Richtung Osten nach Fredensborg (24 Kr, 10 Min.) und Helsingør (72 Kr, 30 Min.), Richtung Norden nach Gilleleje (60 Kr, 30 Min.) und Richtung Westen nach Tisvildeleje (60 Kr, 30 Min.); alle verkehren stündlich oder öfter.

Es fahren auch Busse zwischen Hillerød und Orten in Nordseeland, aber sie sind langsamer als die Bahn und nicht billiger.

Unterwegs vor Ort

Die Buslinien 301 und 302 fahren regelmäßig vom Bahnhof bis in die Nähe des Eingangs zum Schloss (24 Kr).

Fredensborg

8380 EW.

Im ruhigen, kleinen Fredensborg gibt es nicht viel mehr als die königliche Residenz und die märchenhaften Schlossgärten am Esrum Sø, dem zweitgrößten See des Landes. Für die Öffentlichkeit ist das Schloss nur im Juli zugänglich, aber auch sonst lohnt sich ein Ausflug, um die idyllischen Grünanlagen zu genießen, zu baden, zu angeln oder Boot zu fahren.

Sehenswertes

Fredensborg Slot SCHLOSS

(www.ses.dk; Slotsgade 1; Führungen Erw./Kind 75/30 Kr; ⌚Führungen Juli–Anfang Aug. tgl. 13.45–15.30 Uhr, auf Englisch) Die Sommerresidenz der königlichen Familie wurde 1720 von Frederik IV. erbaut. Der Hauptbau im italienischen Barockstil mit Marmorböden und einer großen Zentralkuppel kann nur im Juli besichtigt werden, wenn die königliche Familie anderswo Urlaub macht. Ist die königliche Familie anwesend, steht eine Wache aus strammen „Zinnsoldaten" mit weiß gestreiften Uniformen und Bärenfellmützen vor dem Schloss. Die **Wachablösung** findet täglich um 12 Uhr statt.

Die Räume in Fredensborg Slot sind nicht so imposant wie andere Herrschaftssitze in Dänemark. Der wahre Höhepunkt sind die Schlossgärten: eine Mischung aus barocker Formstrenge und einem sinnlicheren, romantischen Stil. Der Name „Friedensschloss" erinnert an den Waffenstillstand, den Dänemark damals gerade mit seinen skandinavischen Nachbarn geschlossen hatte. Der Landhauscharakter verkörpert die friedvolle Stimmung dieser Zeit und steht in scharfem Kontrast zur Architektur der von Gräben umgebenen Vorgängerbauten Kronborg und Frederiksborg.

Das Schloss ist 1 km vom Bahnhof entfernt, der Weg ist ausgeschildert.

Fredensborg Slotshave SCHLOSSPARK

(⌚Schlosspark ganzjährig; Privatgärten Juli 9–17 Uhr) Während die 120 ha Wald des **Schlossparks** das ganze Jahr für die Öffentlichkeit zugänglich sind, können die Privatgärten nur im Juli besichtigt werden. In dieser Zeit dürfen Besucher im Rahmen von Führungen durch die **Orangerie und den Kräutergarten** (Kombiticket für Schloss, Orangerie & Kräutergarten Erw./Kind 75/30 Kr; ⌚Führungen nur Juli tgl. 14.30 Uhr, auf Englisch) der königlichen Familie flanieren. Der Schlosspark ist durchzogen von Reitwegen, die strahlenförmig vom Schloss ausgehen. Ungewöhnlich ist **Normandsdalen**, ein Amphitheater westlich des Schlosses, mit 70 lebensgroßen Skulpturen von Volksgestalten aus Norwegen und von den Färöern.

Der norwegische Briefträger Jørgen Christensen Garnaas hatte im 18. Jh. die Vorlagen für diese Fischer, Bauern, Diener und Soldaten aus Holz geschnitzt und an König Frederik V. geschickt. Der war davon so angetan, dass er sie in Sandstein hauen ließ.

Esrum Sø SEE

Etwa 1 km westlich des Schlosses (über die Skipperallé zu erreichen) liegt der Esrum Sø. Er ist mit 17 km^2 der zweitgrößte See Dänemarks. Am Ufer entlang zieht sich ein Fußweg. Außerdem gibt es hier das Seerestaurant Skipperhuset sowie einen **Kanu- und Kajakverleih** (www.kanokongen.dk; Sørupvej 1; Kanu 1 Std./1–4 Std. 150/250 Kr; ⌚Juli & Aug. 10–19 Uhr). Im Sommer pendelt eine **Fähre** (☎48 48 01 07; www.bådfartenesrumsø.dk; hin & zurück Erw./Kind 100/60 Kr; ⌚Mai–Sept.) und bringt Ausflügler nach **Gribskov**, ein Waldgebiet mit Spazierwegen und Picknickplätzen am Westufer des Sees. An Wochentagen fährt Bus 371 stündlich vom Bahnhof in Fredensborg zum See.

Schlafen

Danhostel Fredensborg HOSTEL €

(☎48 48 03 15; www.fredensborghostel.dk; Østrupvej 3; EZ 320 Kr, DZ ab 490 Kr; ⌚Jan.–Mitte Dez.; P 📶) Das Hostel befindet sich in erstklassiger Lage nur 300 m südlich von Schloss Fredensborg. Es hat keine Schlafsäle, die meisten der 88 Betten stehen in DZ (alle mit Waschbecken). Am besten ist der große, abgeschiedene Garten.

Essen

★Skipperhuset DÄNISCH €€

(☎48 48 10 12; www.skipperhuset.dk; Skipperallé 6; mittags 89–145 Kr, abends Hauptgerichte 195–285 Kr; ⌚Mitte April–Sept. Di–So 12–17 Uhr, Mai–Aug. auch Fr & Sa 18–21 Uhr) Eine idyllischere Kulisse als dieses Restaurant am Esrum Sø ist für ein Essen im Freien kaum vorstellbar. Viele der verarbeiteten Zutaten sind bio, Kräuter und Gemüse werden frisch im nahen Schlossgarten geerntet. Die frischen, aromatischen Gerichte werden herrlich angerichtete serviert, seien es neuer Spargel mit pochierten Eiern, Kräutern und knusprigem Roggenbrot oder Hummer und Fisch in brauner Butter mit Gemüse der Saison.

Wer hier abends essen möchte, sollte einen Tisch reservieren.

Restaurant Under Kronen DÄNISCH €€
(underkronen.dk; Jernbanegade 1; mittags 59–168 Kr, abends Hauptgerichte 168–188 Kr; ⌚9–22 Uhr) Nur ein Steinwurf vom Schlossgarten entfernt liegt dieses schicke Restaurant. Auf der Karte stehen saisonale Gerichte, darunter dänische Mittagsklassiker wie Hering, geräucherter Lachs, Smørrebrød und Tatar. Am Abend gibt es z. B. frische Muscheln in Weißwein oder Hähnchen mit Ratatouille – alles in erstklassiger Qualität, versteht sich. Am Wochenende findet von 9 bis 12 Uhr ein Brunch statt und der Kiosk nebenan verkauft kühlendes Eis.

Praktische Informationen

Touristeninformation (www.visitnordseeland.de; Slotsgade 2; ⌚Juli Mo–Fr 10–17, Sa & So bis 14 Uhr, Juni & Aug. Mo–Fr 10–16 Uhr, sonst kürzer) Im Hotel Fredensborg Store Kro; in derselben Straße wie Fredensborg Slot.

An- & Weiterreise

Fredensborg liegt auf halber Strecke zwischen Hillerød (24 Kr, 10 Min.) und Helsingør (60 Kr, 20 Min.). Züge verkehren etwa jede halbe Stunde.

NORDKÜSTE

Traumhafte weiße Sandstrände mit flachem Wasser und sanften Wellen säumen die nördliche Kattegat-Küste. Im Winter haben die verstreuten Städtchen und Dörfer nur wenige tausend Einwohner, doch im Sommer füllen sich die Ferienhäuser, und Scharen von Badegästen sorgen für vergnügte Ferienstimmung.

Hornbæk

3500 EW.

Das von den Touristenbroschüren als „Dänemarks Saint-Tropez" angepriesene Hornbæk hat tatsächlich zwei Dinge mit dem Ferienort am Mittelmeer gemeinsam: Der riesige Strand (Blaue Flagge) aus weichem, weißem Sand kann sich mit jedem in Südfrankreich messen, und der Ort zieht eine Menge junger Snobs an.

Dänische Künstler entdeckten im 19. Jh. den Reiz des damals kaum bekannten Fischerorts – und die ersten Feriengäste ließen nicht lange auf sich warten. Geografische Besonderheiten bescheren Hornbæk mehr Sonnenstunden als jedem anderen Ort des Landes.

Sehenswertes & Aktivitäten

Hornbæk Strand STRAND
Der traumhafte Blaue-Flagge-Strand von Hornbæk ist der schönste der Nordküste und die Hauptattraktion der Stadt. Der Sand ist schneeweiß, die Luft riecht nach Salz und wilden Rosen. Der Strand erstreckt sich zu beiden Seiten des Hafens, und obwohl er direkt an die Stadt angrenzt, zeigt er sich herrlich ursprünglich, da alle kommerziellen Einrichtungen hinter den Dünen liegen. Der Ostteil ist bei Wind- und Kitesurfern beliebt. Ausrüstung wird allerdings nicht vermietet.

Vom Bahnhof sind es zu Fuß etwa fünf Minuten – rund 200 m – auf dem Havnevej direkt nach Norden bis zum Hafen. Links hinter den Dünen beginnt der Strand.

Hornbæk Plantage WANDERN
Spazierengehen ist möglich in Hornbæk Plantage, einem Wald, der sich von Hornbæk 3,5 km die Küste entlang zieht. Links und rechts der Straße 237 beginnen zahlreiche Wanderpfade. Einer startet am Lochersvej in Hornbæk und folgt dem Strand bis zum östlichen Ende des Waldgeländes. Am Nordre Strandvej (Straße 237) liegen mehrere Parkplätze, die sich als Ausgangspunkt eignen. Die Karte *Vandreture i Statsskovene, Hornbæk Plantage* verzeichnet alle Wege und ist kostenlos bei der Touristeninformation erhältlich.

Schlafen

Hornbæk Camping DCU CAMPINGPLATZ €
(☎49 70 02 23; www.camping-hornbaek.dk; Planetvej 4; Stellplatz pro Erw./Kind 80/50 Kr; ⌚ganzjährig) Der 3-Sterne-Platz liegt 1,5 km südöstlich vom Zentrum am Sauntevej. Er ist gut ausgestattet mit modernen Waschräumen, Hütten zum Mieten, Spielplatz und Hüpfburg.

Hotel Hornbækhus HOTEL €€
(☎49 70 01 69; www.hornbaekhus.com; Skovvej 7; EZ/DZ inkl. Frühstück 895/995 Kr, ohne Bad 725/825 Kr; P @ ᯤ) Im flottesten Hotel am Ort herrscht das Ambiente eines vornehmen Wohnsitzes. Es liegt an einer begrünten Straße voller Blumen und Vögel. Die Zimmer sind elegant und klassisch eingerichtet, einige haben einen Balkon. Es gibt auch günstigere Zimmer mit Gemeinschaftsbad.

Ewaldsgården Pension PENSION €€
(☎49 70 00 82; www.ewaldsgaarden.dk; Johannes Ewalds Vej 5; EZ/DZ inkl. Frühstück 565/875 Kr; ⌚Mitte Juni–Mitte Aug.; P @ ᯤ) Die Pension in einem Bauernhaus aus dem 17. Jh. ist

eine wahre Freude – mit malerischem Garten und einer gemütlichen Kombination aus Antiquitäten und Landhausstil. Alle 12 Zimmer haben ein Waschbecken; Duschen und Toiletten sind auf dem Flur. Auch eine einfache Gästeküche steht zur Verfügung. Ewaldsgården liegt fünf Gehminuten südöstlich vom Bahnhof.

Hotel Villa Strand HOTEL €€
(49 70 00 88; www.villastrand.dk; Kystvej 12; EZ/DZ inkl. Frühstück 895/995 Kr, ohne Bad 725/825 Kr; Juni–Aug.;) Der Name passt: Wäre das Hotel noch etwas näher am Meer gebaut, es würde nach Schweden treiben. Die Zimmer im Haupthaus sind groß, hell, größtenteils in Weiß gehalten und haben Holzdielen. Die Zimmer mit Gemeinschaftsbad sind günstiger.

Essen

Fiskehuset Hornbæk FISCH & MEERESFRÜCHTE €
(Havenevej 32; Gerichte 45–75 Kr; Sommer 11–20 Uhr, sonst kürzer) Das Fiskehuset, ein bescheidener Fischhändler mit Verkaufsstand, ist ein Juwel am Hafen von Hornbæk. Hier machen sich die Gäste glücklich über geräucherten Kabeljaurogen, Räucherhering und -makrele, frische Krabben, *fiskefrikadeller* (Fischfrikadellen), Muschelsuppe und alle möglichen frischen Fischgerichte her – zu günstigen Preisen.

Restaurant Søstrene Olsen DÄNISCH, INTERNATIONAL €€
(Øresundsvej 10; mittags 70–175 Kr, abends Hauptgerichte 175–325 Kr; Do–Mo 12–16 & 18–21 Uhr) Hornbæk ist nicht gerade ein Mekka für Feinschmecker, aber Thorleif und Minne Aagaard servieren feine Küche in einem hübschen, reetgedeckten Haus direkt am Strand. Die Gerichte wie Kalix-Kaviar mit Blinis, eingelegten Zwiebeln und Kräuterquark zum Mittag oder selbstgemachte Tortellini in leckerer Gorgonzolasoße am Abend orientieren sich an der dänischen, französischen und italienischen Küche.

Hansens Café DÄNISCH €€
(49 70 04 79; Havnevej 19; mittags 72–149 Kr, abends Hauptgerichte 178–238 Kr; Mo–Fr 16–24, Sa & So 13–24 Uhr) Das Hansens befindet sich im ältesten Haus der Stadt, einem Fachwerkbau mit begrüntem Dach, unter dem angenehme Kneipenatmosphäre herrscht. Es bietet täglich wechselnde Gerichte und solide dänische Küche wie *fiskefrikadeller* (Fischfrikadellen) mit hausgemachter Remoulade oder Muscheln in Weißwein.

Praktische Informationen

Touristeninformation (49 70 47 47; www.hornbaek.dk; Vestre Stejlebakke 2A; Mo & Do 13–17, Di, Mi & Fr 10–15, Sa 10–14 Uhr) In der Bücherei, direkt hinter der nördlichen Seite des Nordre Strandvej; kostenloser Internetzugang.

An- & Weiterreise

Züge von und nach Helsingør (38 Kr, 25 Min.) und Gilleleje (48 Kr, 20 Min.) fahren etwa 1- bis 2-mal in der Stunde.

Hornbæk Cykeludlejning (20 78 03 43; Nordre Strandvej 315D; Fahrrad pro Tag/Woche 100/600 Kr; Mo–Mi 9–12 & 15–16, Do bis 17, Sa & So 10–12 Uhr) Verleiht Fahrräder.

Gilleleje

6510 EW.

Die nördlichste Stadt von Seeland, seit dem 14. Jh. ein Fischerort, hat sich einen zeitlosen Charakter erhalten. Im Zweiten Weltkrieg wurden von hier Tausende Juden mit Fischerbooten nach Schweden geschleust. Heute hat der Ort nichts Aufregendes mehr. Zu seinen bescheidenen Reizen zählen mehrere Strände, eine morgendliche Fischauktion im Hafen, beliebte Fischrestaurants und ein Strandweg zu einem kleinen Denkmal für Kierkegaard. Zwischen Hornbæk und Gilleleje liegt das Tegners Museum mit Skulpturenpark, das einem der bekanntesten Bildhauer des Landes gewidmet ist.

Sehenswertes & Aktivitäten

Rudolph Tegners Museum & Skulpturenpark MUSEUM
(www.rudolphtegner.dk; Museumsvej 19, Villingerød; Erw./Kind 50 Kr/frei; Juni–Aug. Di–So 11–18 Uhr, Mitte April–Mai & Sept.–Mitte Okt. Di–So 12–17 Uhr) Rudolph Tegner (1873–1950), einer der ersten dänischen Bildhauer, der mit Beton arbeitete, machte die ursprüngliche Heidelandschaft zwischen Gilleleje und Hornbæk zur Kulisse für seine monumentalen Skulpturen aus Gips, Ton, Bronze und Marmor. Das Museum zeigt über 250 Werke von ihm, dazu 14 monumentale Bronzeplastiken im Skulpturenpark. Gleichzeitig ist es ein Mausoleum: Tegner wurde in einer Kammer im Herzen des Bauwerks beigesetzt. Bus 362 aus Gilleleje hält am Museumsvej.

Fyrhistorik Museum på Nakkehoved MUSEUM
(Fyrvejen 20; Erw./Kind 40 Kr/frei; Mitte Juni–Aug. Di–So 11–16 Uhr, sonst kürzer) Der östliche Leuchtturm ist heute das Fyrhistorik Mu-

seum på Nakkehoved, das die Geschichte der dänischen Leuchttürme ab dem 16. Jh. erzählt. Er ist zu Fuß über den Küstenpfad zu erreichen oder mit dem Auto via Straße 237, Abzweigung Fyrvejen.

Gilleleje Museum MUSEUM
(Vesterbrogade 56; Erw./Kind 35 Kr/frei; ⌚Juni–Aug. Mi–Mo 13–16 Uhr, Sept.–Mai Mi–Fr 13–16, Sa 10–14 Uhr) Das Museum im Westteil der Stadt informiert über ihre Geschichte vom Mittelalter bis zur Ankunft der ersten Badegäste und zeigt u. a. ein Fischerhaus aus dem 19. Jh.

Strände STRAND
Gilleleje ist von Stränden umgeben, die allerdings nicht so lang und weiß sind wie in Hornbæk oder Tisvildeleje. Der westlich gelegene Sand- und Steinstrand erfüllt die Blaue-Flagge-Kriterien und ist im Sommer bewacht.

Wanderwege WANDERN
Es gibt zwei **Küstenpfade**. Der westliche Pfad beginnt in der Nähe der Kreuzung Nordre Strandvej und Vesterbrogade und führt 1,75 km zu einem **Gedenkstein** für den dänischen Philosophen Søren Kierkegaard, der die Küste mehrfach besucht hat.

Der östliche Pfad beginnt gleich an der Hovedgade und führt 2,5 km bis zu der Stelle, an der 1772 zwei Leuchttürme errichtet wurden.

Schlafen

In Gilleleje gibt es weder Hostels noch einen Campingplatz, aber die Touristeninformation vermittelt Privatzimmer zu 450/800 Kr pro EZ/DZ plus 35 Kr Reservierungsgebühr.

Gilleleje Badehotel HOTEL €€
(☎48 30 13 47; www.gillelejebadehotel.dk; Hulsøvej 15; Zi. inkl. Frühstück ab 1090 Kr; P 📶) In dem luxuriösen Strandhotel 1 km westlich der Stadt war Kierkegaard oft zu Gast. Die Atmosphäre ist so nostalgisch, dass man fast Sepia-Tönung erwarten könnte – tatsächlich ist die Einrichtung cremefarben. Alle Zimmer sind hell und sonnig, und die meisten haben einen Balkon mit Blick nach Schweden. Das Hotel bietet außerdem Sauna, Dampfbad und Massagen; 1 km westlich der Stadt.

Essen

Adamsen's Fisk FISCH & MEERESFRÜCHTE €
(Gilleleje Havn; Mahlzeiten 50–79 Kr; ⌚11–21 Uhr, Sushibar 11–20 Uhr) Der beliebte Fischimbiss am Hafen offeriert Fisch und Meeresfrüchte mit Pommes frites und Salat. Fisch und Meeresfrüchte werden dick paniert – wer auf seine Linie achtet, nimmt vielleicht besser die Varianten vom Grill. Für alle, die rohen Fisch bevorzugen, gibt's nebenan eine Sushibar (10 Stück 130 Kr).

Rogeriet Bornholm RÄUCHEREI €
(Gilleleje Havn; Fisch 40–60 Kr; ⌚Mo–Fr 8–18.30, Sa & So bis 17.30 Uhr) In der Nähe von Adamsen's Fisk verkauft die einfache Räucherei günstigen geräucherten Fisch.

Isen EISCREME €
(Vesterbrogade 3; 2 Kugeln 30 Kr; ⌚Juli & Aug. Mo–Fr 12–21, Sa & So 11–21 Uhr, sonst kürzer) Als Verfechter der traditionellen Eisherstellung stellt Isen seine Waffeltüten in schmiedeeisernen Gussformen her. Gefüllt werden sie mit dem in Nordseeland berühmten Hansen-Sahneeis. Das Ergebnis ist großartig! Nicht von den Schlangen abschrecken lassen – gut Ding will Weile haben.

Restaurant Brasseriet FISCH & MEERESFRÜCHTE €€
(Nordre Havnevej 3; mittags 58–148 Kr, abends Hauptgerichte 188–255 Kr; ⌚12–16 & 17.30–21 Uhr) Die Brasseriet am Hafen mit einem schattigen Hof lockt mittags Hungrige mit leckeren dänischen Klassikern an, wie saftigen *fiskefrikadeller* mit Zwiebelquark. Die kürzere Abendkarte bietet ein Tagesfischspezial sowie ein Steak- und ein Pastagericht. Vegetarier haben es hier schwer.

Gilleleje Havn DÄNISCH €€
(www.gillelejehavn.dk; Havnevej 14; mittags 78–138 Kr, abends Hauptgerichte 170–250 Kr; ⌚tgl. 11.30–22 Uhr) Gilleleje Havn ist ein exzellentes, modernes Restaurant mit offener Küche und dänisch inspirierter Karte. Fisch und Meeresfrüchte dominieren das Angebot mit einer ordentlichen Auswahl, darunter mit Hummer verfeinerter Fischsuppe und Gilleleje Toast – eine geniale Zubereitung aus frischem Meeresfrüchtesalat, Krabben, Rogen und Krebsscheren auf getoastetem Brot. Alternativ gibt's Zupfbraten-Sandwich und Spare Ribs mit Krautsalat und Barbecue-Soße.

Praktische Informationen

Touristeninformation (www.visitnordseeland.de; Gilleleje Stationsvej 10; ⌚Juli–Anfang Aug. Mo–Fr 10–17, Sa bis 14 Uhr, Mai–Juni & Mitte Aug.–Ende Sept. Mo–Fr 10–16 Uhr) Am Bahnhof.

An- & Weiterreise

Züge fahren zwischen Hillerød und Gilleleje (60 Kr, 30 Min.) sowie zwischen Helsingør und Gilleleje (72 Kr, 45 Min.) 1- bis 2-mal pro Stunde.

Tisvildeleje

Tisvildeleje besteht im Wesentlichen aus einem traumhaften Sandstrand mit einem kleinen Badeort dahinter. Gesäumt wird der Strand von Hügeln und Wäldern mit zahlreichen Spazierwegen - der ideale Ort, um einige Tage zu entspannen, die Sonne zu genießen, zu baden, durch die Wälder und die Boutiquen der Stadt zu streifen und die Seele baumeln zu lassen.

Sehenswertes & Aktivitäten

Strand STRAND

Der 1 km lange Blaue-Flagge-Strand aus herrlichem Sand lockt die Gäste nach Tisvildeleje. Da er flach abfällt und im Hochsommer bewacht ist, kommen Familien mit Kindern besonders gern hierher. Am Parkplatz gibt es Toiletten und eine Eisbude. Weitere Strände liegen nur einen kurzen Fußweg vom Ort entfernt.

Waldwege WANDERN

Vom Parkplatz geht man am Strand entlang oder auf einem Trampelpfad durch den Wald zum 3 km südlich gelegenen **Troldeskoven** (Hexenwald), dessen uralte Bäume der Wind bizarr geformt hat.

Landeinwärts liegt der **Tisvilde Hegn**, ein Wald mit Bäumen und Heidehügeln, der sich über 8 km weit nach Südwesten erstreckt. Durch den Tisvilde Hegn führen zahlreiche Wanderwege, darunter der zur **Asserbo Slotsruin**. Die von Gräben umgebenen Überreste eines Herrenhauses und Klosters aus dem 12. Jh. liegen am Südrand des Waldes.

Ein Großteil dieses zauberhaften Waldes wurde im 18. Jh. angepflanzt, um Wanderdünen zu stoppen, die das Umland unter sich zu begraben drohten. Kostenlose Wanderkarten gibt die Touristeninformation aus.

Schlafen & Essen

In Tisvildeleje gibt es eine gute **Bäckerei** (Hovedgaden 60; 7–18 Uhr) und ein Stück weiter die Straße entlang einen Lebensmittelladen. Im Zentrum und am Parkplatz am Strand bieten zwei Imbissstände Burger, Hotdogs, Pizza und Eis.

Danhostel Tisvildeleje HOSTEL €

(48 70 98 50; www.helene.dk; Bygmarken 30; B/EZ/DZ 200/680/700 Kr; ganzjährig; P @) Das moderne Hostel liegt 1 km östlich der Stadt. Die Gäste können die hervorragenden Einrichtungen der angrenzenden Sankt-Helene-Ferienanlage nutzen. Das 12 ha große Gelände mit Wanderwegen, Sportanlagen und Spielplätzen bietet Aktivitäten für Kinder und ein ordentliches Restaurant. Zum Sandstrand sind es nur wenige Schritte. Wer mit dem Zug anreist, steigt eine Station vor Tisvildeleje am Bahnhof Godhavns aus. Von dort ist es ein kurzer Spaziergang nach Norden bis zum Hostel.

Bed & Breakfast Hårlandsgård PENSION €

(48 70 83 96; www.haarlandsgaard.dk; Harlands Allé 12; EZ 420 Kr, DZ 560–600 Kr; P) Der Bauernhof aus dem 18. Jh., etwa 1 km außerhalb, nahe dem Bahnhof Godhavns, besitzt einen sonnigen Garten und komfortable Zimmer sowie eine Kunstgalerie in den ehemaligen Ställen. Frühstück kostet 60 Kr extra. Das Gebäude liegt rechter Hand in der ersten scharfen Kurve der Harlands Allé.

Tisvildeleje Strand Hotel HOTEL €€

(48 70 71 19; www.strand-hotel.dk; Hovedgaden 75; EZ/DZ 1050/1350 Kr; Ende Juni–Mitte Aug.; P) Schlichte Farbtöne, Kunstbücher und Antiquitäten mit Patina verleihen der Herberge Landhausstimmung. In den Zimmern sorgen Kokosteppiche, wollene Bettdecken und moderne Bäder in Anthrazittönen für Behaglichkeit. Die drei Zimmer mit Gemeinschaftsbad sind günstiger (850 Kr). Außerdem gibt es ein beliebtes Restaurant.

★ **Helenekilde Badehotel** BOUTIQUEHOTEL €€€

(48 70 70 01; www.helenekilde.com; Strandvejen 25; Zi. mit Meerblick inkl. Frühstück ab 1695 Kr, Zi. ohne Meerblick inkl. Frühstück ab 1395 Kr; P) Wie beim Tisvildeleje Strand Hotel ist auch die Innenausstattung dieser reizenden Unterkunft das Werk des Designers und Balletttänzers Alexander Kolpin. Die stilvollen und gemütlichen Gemeinschaftsbereiche sind mit schönen Möbeln und Kunst eingerichtet. Hier und da wurde ein alter Koffer zu einem Kaffeetischchen umfunktioniert. Die Zimmer sind dagegen einfach, aber elegant eingerichtet; 16 haben Meerblick.

Mit einem traumhaften Meerblick wartet auch das auf lockere Art elegante **Restaurant** (mittags 245 Kr, 3-Gänge abends 425 Kr; tgl. 12–14 & 18–20.30 Uhr, Sept.–Mai So geschl.) auf. Auf der täglich wechselnden Karte stehen rustikale dänische Gerichte. Vor allem zwischen September und Mai sollte vorab reserviert werden. Vom Bahnhof weisen Schilder den kurzen Weg.

Tisvildeleje Cafeen INTERNATIONAL €€
(Hovedgaden 55; Hauptgerichte 129–162 Kr; ⏲ Sommer tgl. 11–23 Uhr, sonst kürzer) Das beliebte Café mit Sommerterrasse bietet allerlei Speisen von Salaten und Hamburgern bis zu Currygerichten und Fischsuppe. Happy Hour mit günstigem Bier und Cocktails ist Freitag bis Sonntag zwischen 17 und 19 Uhr. Im Sommer gibt's freitag- und samstagabends Livemusik und DJs.

An- & Weiterreise

Die öffentliche Verkehrsverbindung zwischen den beiden Küstenorten Gilleleje und Tisvildeleje könnte besser sein. Von Gilleleje fährt der Bus 360R nach Helsinge, von da geht's mit dem Zug weiter nach Tisvildeleje (36 Kr, Mo–Sa 50 Min., So 80 Min.). Unter der Woche fährt er halbstündlich bis stündlich, am Wochenende stündlich. Zwischen Tisvildeleje und Hillerød (60 Kr, 30 Min.) verkehren halbstündlich bis stündlich Züge.

ORTE AM FJORD

Der Roskilde-Fjord schneidet sich über 30 km tief ins Land. An seinem Ufer liegen einige Städte, von denen Roskilde die interessanteste ist: ein sehenswerter Touristenort mit einem prachtvollen, von der Unesco als Welterbe ausgezeichneten Dom, spannenden Funden aus der Wikingerzeit und einem jährlich wiederkehrenden Rockfestival.

Roskilde

48 720 EW.

Im Juli strömen Zigtausende Fans zum viertägigen Roskilde Festival in die Stadt, das mit dem von Glastonbury in England um den Titel des größten Rockfestivals in Europa konkurriert. Alle internationalen Größen sind hier schon aufgetreten, darunter Nirvana, Metallica und die Arctic Monkeys.

Wer kein Freund solcher Veranstaltungen ist, kann nur alle bedauern, die dann lauwarmes Bier trinken und vor den Toiletten Schlange stehen, und selbst in Ruhe die Innenstadt genießen. Roskilde ist zu Recht berühmt für ein hervorragendes Wikingerschiffsmuseum und den atemberaubenden Dom, in dem die dänischen Könige beigesetzt wurden.

Die Stadt gelangte schon zur Wikingerzeit als Hauptstadt Dänemarks zu Ruhm und Ehren. Harald Blauzahn ließ hier 980 die erste christliche Kirche Seelands errichten. Der Holzbau wurde 1026 durch eine Steinkirche ersetzt – auf Geheiß einer Frau namens Estrid, deren Mann in der Stabkirche ermordet worden war, als es über eine Schachpartie zu hitzigem Streit kam. Die Fundamente liegen noch unter dem heutigen Dom.

Im Mittelalter war Roskilde eine blühende Handelsmetropole und Machtzentrum der katholischen Kirche Dänemarks – reich genug, um das größte Gotteshaus des Landes zu errichten. Als Anfang des 15. Jhs. die Hauptstadt nach Kopenhagen verlegt wurde, begann der Abstieg. Nach der Reformation schrumpfte die Einwohnerzahl drastisch.

Heute ist Roskilde ein beliebtes Ziel für Tagesausflüge vom 30 km entfernten Kopenhagen.

Sehenswertes

★ Wikingerschiffsmuseum MUSEUM
(☎ 46 30 02 00; www.vikingeskibsmuseet.dk; Vindeboder 12; Erw./Kind Mai–Mitte Okt. 115 Kr/frei, Mitte Okt.–April 80 Kr/frei, Bootsfahrt ohne Museum 90 Kr; ⏲ Ende Juni–Mitte Aug. 10–17 Uhr, sonst bis 16 Uhr, Bootsfahrten Mitte Mai–Sept. tgl.) Wikingerfans werden von dem erstklassigen Museum begeistert sein, das fünf Wikingerschiffe zeigt, die auf dem Grund des Roskilde-Fjords gefunden wurden. Das Museum umfasst zwei Bereiche: die Schiffshalle, in der u. a. die Funde ausgestellt sind, und die Museumsinsel, wo Handwerker und Archäologen teils für Besucher zugänglich arbeiten und forschen. Kostenlose 45-minütige Führungen in englischer Sprache werden von Ende Juni bis Ende August täglich um 12 und 15 Uhr und von Mai bis Ende Juni und im September an Wochenenden um 12 Uhr angeboten.

➡ Schiffshalle

Mitte des 11. Jhs. befürchteten die Wikinger von Roskilde einen Angriff. Zu Verteidigungszwecken versenkten sie an einer Engstelle im Fjord 20 km nördlich von Roskilde fünf klinkerbeplankte Schiffskörper (alle aus der Zeit zwischen 1030 und 1042), die sie mit Steinen beschwerten.

1962 errichteten Archäologen um diese Sperre herum einen Kofferdamm und pumpten das Meerwasser heraus. Vier Monate später konnten sie die Steine abtragen und

Roskilde

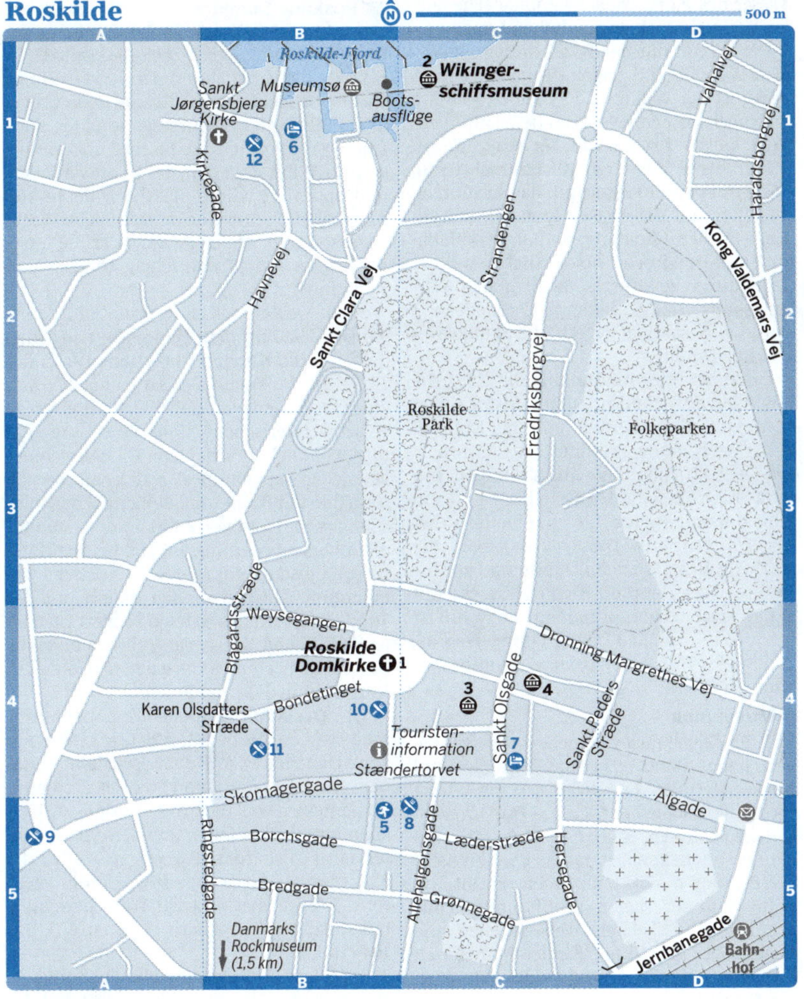

Roskilde

Highlights

1 Roskilde Domkirke B4
2 Wikingerschiffsmuseum C1

Sehenswertes

3 Museum for Samtidskunst C4
4 Roskilde Museum C4

Aktivitäten, Kurse & Touren

5 Jupiter Cykler B5

Schlafen

6 Danhostel Roskilde B1
7 Hotel Prindsen C4

Essen

8 Café Vivaldi C5
9 Gimle A5
10 Raadhuskælderen B4
11 Restaurant Mumm B4
12 Store Børs B1

die Schiffe heben, deren Holzrümpfe in tausend Stücke zerbrochen waren. In der eigens errichteten Schiffshalle wurden die Stücke auf einem Rahmenskelett wie ein Puzzle wieder zusammengesetzt. Heute verleihen die geisterhaften Schiffe, die wieder auf dem

Wasser des Fjords zu schwimmen scheinen, der nüchternen Halle magischen Glanz.

Die Schiffe mit der Bezeichnung Skuldelev 1, 2, 3, 5 und 6 zeigen die ganze Schiffsbaukunst der Wikinger. Es handelt sich um ein hochseetüchtiges Handelsschiff, ein 30 m langes Kriegsschiff für Angriffe auf weitentfernte Ziele, ein Küstenfrachtschiff, ein 17 m langes Kriegsschiff, das vermutlich vor allem auf der Ostsee kreuzte, und ein Schiff für den Fischfang. Radiokarbondatierung und Dendrochronologie haben weitere Geheimnisse gelüftet, z. B. über den Wirkungskreis der Wikinger: Die Skuldelev 1 wurde in Norwegen gebaut, die Skuldelev 2 kam aus Dublin.

Faszinierende Ausstellungen über die Wikingerzeit liefern den historischen Kontext zu den Schiffen, und das Kino im Keller zeigt einen 14-minütigen Film (u. a. auf Deutsch) über die Ausgrabungen von 1962. Eine fesselnde Ausstellung und ein Film dokumentieren die spannende Fahrt der *Havhingsten fra Glendalough*, die 2007 von Roskilde nach Dublin und zurück segelte. Das dem 60-Riemen-Kriegsschiff Skuldelev 2 nachempfundene Langschiff ist der größte Nachbau eines Wikingerschiffs, in dem das Holz von sage und schreibe 340 Bäumen steckt.

➡ Museumsø

Auf der Museumsinsel neben der Schiffshalle haben Handwerker mit Techniken und Werkzeugen der damaligen Zeit die Wikingerschiffe nachgebaut. *Ottar, Havhingsten fra Glendalough, Roar Ege, Helge Ask* und *Kraka Fyr* (Rekonstruktionen der Skuldelev 1, 2, 3, 5 und 6) liegen im Hafen vertäut.

Im Sommer zeigen Schiffszimmerleute, Schmiede, Teerkocher, Weber, Seiler und Pfeilmacher ihre Kunst. Kinder können sich beteiligen, Münzen prägen oder ihre eigenen Schilde bemalen.

➡ Bootsfahrten

Wer schon immer einmal ein Wikingerschiff besteigen wollte, um ein bisschen plündern zu gehen, der kann hier an einem Segeltörn teilnehmen. Die Langschiffe der Wikinger wurden durch Ruder angetrieben – in diesem Fall rudern die Museumsbesucher!

Zwischen Mitte Mai und Ende September werden 1- bis 3-mal am Tag 50-minütige Fahrten angeboten sowie je nach Wetterlage zusätzliche zwei bis drei Fahrten zwischen Ende Juni und Mitte August. Über die Zeiten sollte man sich vorab telefonisch informieren. Das Ticket für die Fahrt (90 Kr) ist nicht im Eintritt zum Museum enthalten.

★ Roskilde Domkirke KATHEDRALE

(www.roskildedomkirke.dk; Domkirkepladsen; Erw./Kind 60 Kr/frei; ⌚April–Sept. Mo–Sa 9–17, So 12.30–17 Uhr, sonst kürzer) Der zweitürmige Gigant ist nicht nur die Crème de la Crème der dänischen Kathedralen, sondern auch Unesco-Weltkulturerbe. Bischof Absalon begann 1170 mit dem Bau, der so oft verändert und optimiert wurde, dass sich heute 800 Jahre dänische Architekturgeschichte darin widerspiegeln. Als Grablege ist er die letzte Ruhestätte von 37 dänischen Königen und Königinnen.

Nicht weniger als elf Krypten und Kapellen wurden dazu dem Hauptschiff angegliedert, wie die **Kapelle Christians IV.** an der Nordseite des Doms. Der Sarg, umgeben von einer Prozession von Engeln, ist für einen so verschwenderischen Monarchen wie ihn ungewöhnlich bescheiden. Die Ausschmückung der Kapelle – riesige, dramatisierende Gemälde mit Szenen aus seinem Leben, umrahmt von Trompe-l'œil-Malerei – stammt allerdings aus dem 19. Jh., da die ursprüngliche Grabstätte ein Jahr vor Christians Tod abbrannte. Aus seiner Zeit datiert nur das Tor der Kapelle, das so reich verziert ist, dass es dem Teufel selbst zugeschrieben wurde (tatsächlich schuf es Christians bevorzugter Kunstschmied Caspar Fincke).

Die **Dreikönigskapelle** birgt phantastische Fresken aus dem 15. Jh. (die größten in ganz Dänemark) sowie die Renaissancegräber von Christian III. und Frederik II., die am opulentesten von allen verziert sind. Sie gleichen antiken Tempeln, flankiert von Soldaten mit Hellebarden. Bemerkenswert ist die Königssäule, auf der die Körpergröße mehrerer Könige markiert ist: von Christian I. mit stolzen 210 cm bis zu Christian VII. mit 164 cm.

Die klassizistische **Kapelle Frederiks V.** steht für den Tod wie kein anderer Teil des Doms. Hier ruhen zwölf Mitglieder der Königsfamilie in Gräbern und umgeben von Schädeln, Engeln und klagenden Frauen.

Im **Hauptschiff** befinden sich die Loge Christians IV. und eine kunstvolle Kanzel (1610), die der Kopenhagener Steinmetz Hans Brokman aus Marmor, Alabaster und Sandstein schuf. Der Mechanismus der wundervollen **Uhr** wurde im 18. Jh. von einem humorlosen Kleriker außer Betrieb gesetzt, der sich ärgerte, dass seine Schäfchen mehr auf die Uhr achteten als auf ihn. Doch spätere Kirchenherren haben nachgegeben: Jetzt erschlägt der hl. Georg wieder zu jeder vollen Stunde den Drachen, das arme Vieh stößt einen Mitleid erregenden Schrei aus und zwei theatralische Gestalten schlagen die Glocken.

Viel Beachtung finden auch der elegante Sarkophag von Margrethe I. und der goldene Altaraufsatz im **Chor**. Uns haben die lebendigen Schnitzereien am Chorgestühl aus dem 15. Jh. mehr beeindruckt. Die Nordseite zeigt Szenen aus dem Neuen Testament, die südliche furchterregende Darstellungen aus dem Alten Testament: Josef, wie er in den Brunnen geworfen wird, Judith mit dem Haupt des Holofernes und Noahs Familie, die sich in die Arche zwängt.

Kostenlose Konzerte auf der Barockorgel aus dem 16. Jh. finden im Juni, Juli und August gewöhnlich jeden Donnerstag um 20 Uhr statt. Samstags ist der Dom wegen Hochzeiten häufig geschlossen – besonders im Frühjahr.

Danmarks Rockmuseum MUSEUM

(www.danmarksrockmuseum.dk; Rabalderstræde 1) Das dänische Rockmuseum soll Mitte 2015 eröffnen. Besucher begeben sich auf eine Reise der Sinne durch die wilde, häufig grenzüberschreitende Geschichte der Rockmusik. Sie können Hits komponieren und remixen, Tanzschritte einüben und vor einer virtuellen Fanmeute beim Roskilde Festival spielen. Infos zur Eröffnung und zu Eintrittspreisen stehen auf der Website. Vom Bahnhof in Roskilde fahren die Busse 202A und 212 bis zu 350 m an das Museum heran.

Museum for Samtidskunst MUSEUM

(samtidskunst.dk; Stændertorvet 3D; Erw./Kind 40 Kr/frei; ⌚Di–So 12–16 Uhr, erster Mi im Monat bis 20 Uhr) Das avantgardistische Museum für zeitgenössische Kunst residiert im Roskilde-Palais, das im 18. Jh. für Christian VI. als Residenz erbaut wurde. Die Ausstellungen widmen sich überwiegend neuen Kunstformen; oft sind Klang- und Videoinstallationen oder Performances dänischer und ausländischer Künstler zu sehen.

Roskilde Museum MUSEUM

(www.roskildemuseum.dk; Sankt Olsgade 18; Erw./Kind 25 Kr/frei; ⌚11–16 Uhr) Das Museum dokumentiert die Geschichte der Stadt von der Steinzeit über Harald Blauzahn bis zur ersten Eisenbahn in Dänemark.

Aktivitäten

Jupiter Cykler RADFAHREN

(☎46 35 04 20; www.jupitercykler.dk; Gullandsstræde 3; 100 Kr/Tag; ⌚Mo–Do 9–17.30, Fr bis 18, Sa bis 14 Uhr) Der zentral gelegene Laden vermietet Fahrräder.

Schlafen

Roskilde hat für seine Größe wenige Unterkünfte, da wegen der Nähe zu Kopenhagen vor allem Tagesausflügler kommen.

Danhostel Roskilde HOSTEL €

(☎46 35 21 84; www.danhostel.dk/roskilde; Vindeboder 7; B/EZ/DZ 250/575/700 Kr; P 📶) Das moderne Hostel liegt direkt beim Wikin-

ROSKILDE ROCKT

Dänemarks Gegenstück zum Glastonbury Festival in England, das **Roskilde Festival** (www.roskilde-festival.dk), ist Nordeuropas größte Musikveranstaltung. Jedes Jahr Ende Juni oder Anfang Juli bringt das vier Tage dauernde Gelage mit Bands und Bier den Ort zum Rocken.

Seit 1971 treten international bekannte Künstler verschiedener Musikrichtungen auf. Auf sieben Bühnen spielen über 160 Rock-, Metal-, Techno- und Weltmusik-Bands. 2014 waren die Rolling Stones, Arctic Monkeys, Jack White, Stevie Wonder und Trentemøller unter den Gästen. Noch Fragen? Die Veranstalter haben ein Gespür für Trends, sodass oft auch vielversprechende neue Bands zu hören sind.

Die Musik steht natürlich im Mittelpunkt, aber es wird auch sonst Unterhaltung geboten: Badesee, Koch-Workshops, Kunstveranstaltungen – und ein Nacktlauf! Viele Besucher schlagen ihre Zelte schon am Sonntag vor Festivalbeginn auf, um ordentlich vorzuglühen. Straßenstände bieten alles von Tattoos bis Fastfood, aber es lohnt sich, Proviant mitzubringen, denn die Preise sind hoch.

Tickets kosten um 1965 Kr und sind über die offizielle Website erhältlich, von der zu **Billetnet** (www.billetnet.dk) verlinkt wird. Wer ohne eigenes Zelt anreisen möchte, kann eines ab 825 Kr (ohne Festival-Pass) mieten.

Der Vorverkauf beginnt in der Regel im Oktober. Bis Juni sind die 75 000 Tickets meist ausverkauft – es lohnt sich also, früh zuzuschlagen.

gerschiffsmuseum am Wasser. Jedes der 40 großen Zimmer hat Dusche und Toilette und ist mit schwarz-weißen Wandbildern dekoriert. Das Personal ist freundlich, unsere Matratzen waren allerdings durchgelegen. WLAN kostet extra: 20 Kr/Std. (100 Kr/24 Std.).

Roskilde Camping CAMPINGPLATZ €
(46 75 79 96; www.roskildecamping.dk; Baunehøjvej 7, Veddelev; Stellplatz pro Erw./Kind 85/45 Kr; April–Sept.) Ein familienfreundlicher und gut ausgestatteter 3-Sterne-Platz in schöner Lage am Ufer des Roskilde-Fjords, 4 km nördlich des Wikingerschiffsmuseums. Gleich davor erstreckt sich ein Blaue-Flagge-Sandstrand. Vom Bahnhof in Roskilde mit Bus 203 (24 Kr, 25 Min.).

Hotel Prindsen HOTEL €€€
(46 30 91 00; www.prindsen.dk; Algade 13; EZ/DZ inkl. Frühstück 1395/1495 Kr; P @) Das Prindsen wurde erstmals 1695 eröffnet und ist Dänemarks ältestes Hotel, in dem schon König Frederik VII. und Hans Christian Andersen übernachtet haben. Die Zimmer sind komfortabel und klassisch eingerichtet; die teppichfreien Nordischen Zimmer (EZ/DZ 1505/1605 Kr) sind größer als die Standardzimmer, lohnen den Aufpreis aber nicht. An Wochenenden und Feiertagen sinken die Preise häufig.

Essen

Gimle INTERNATIONAL €
(www.gimle.dk; Helligkorsvej 2; Mahlzeiten 49–99 Kr; Di & Mi 12–24, Do bis 14, Fr & Sa bis 17, So 10–17 Uhr;) Gimle deckt alle Grundbedürfnisse ab – vom entspannten Café und Kulturtreffpunkt bis zur Bühne für Livemusik und Club am Wochenende; dazu kommen Retroeinrichtung und einfache Küche mit leckeren Sandwiches, Nachos und Hamburger (auch als vegetarische Variante). Der Brunch am Sonntag geht von 10 bis 13 Uhr und WLAN ist kostenlos.

Store Børs DÄNISCH, INTERNATIONAL €€
(46 32 50 45; www.store-bors.dk; Havnevej 43; mittags 89–198 Kr, abends Hauptgerichte 198–278 Kr, 7-Gänge-Verkostungsmenü 495 Kr; Di–Sa 17–21.30, Sa & So auch 12–15.30 Uhr) In dem melonenfarbenen Häuschen am Hafen wird mit das beste Essen der Stadt serviert. Hier wird der Fisch selbst geräuchert, die Kräuter kommen aus dem Garten des Restaurants, und aus allem zaubern die Köche abends tolle Leckereien wie gebratene Makrele mit geräucherten Kartoffeln, Estragonsahne und Sprossen.

Raadhuskælderen DÄNISCH, INTERNATIONAL €€
(www.raadhuskaelderen.dk; Stændertorvet; Smørrebrød 68–118 Kr, abends Hauptgerichte 188–348 Kr; Mo–Sa 11–21 Uhr;) Der stimmungsvolle Rathauskeller (von 1430) ist eine verlässliche Adresse. Auf der Mittagskarte stehen Heringsteller, Salate, Burger und Smørrebrød. Abends gibt's Lamm mit Tsatsiki und Rosmarinsoße oder Carpaccio vom geräucherten Lachs mit Semmelbröseln. Nichts für Vegetarier.

Café Vivaldi INTERNATIONAL €€
(Stændertorvet 8; Sandwiches & Salate 99–109 Kr, Hauptgerichte 169–199 Kr; So–Do 10–22, Fr & Sa bis 23 Uhr) Das Bistro direkt am Hauptplatz mit Blick auf den Dom liegt ideal, um während des Essens Passanten zu beobachten. Auf der Karte stehen Suppen, belegte Brote, Wraps, Burger und Salate, dazu sättigende Pasta und Fleischgerichte. Die Portionen sind großzügig. Auch sonntags geöffnet, wenn der Rest der Stadt zumeist die Schotten dicht macht.

Restaurant Mumm DÄNISCH, INTERNATIONAL €€€
(46 37 22 01; www.mummroskilde.com; Karen Olsdatters Stræde 9; Gerichte 120 Kr; Mo–Sa 17.30–23 Uhr) Das kleine Mumm ist eines der exklusiveren Restaurants von Roskilde. Die dänische Küche mit globalen Einflüssen tischt Schmackhaftes in Tapas-Portionen auf, wie glasiertes Kalbsbries mit eingelegten Zwiebeln und Malzerde. Vier bis sechs „Gerichte" sollten satt machen; vorab reservieren.

Praktische Informationen

Bibliothek (www.roskildebib.dk; Dronning Margrethes Vej 14; ganzjährig Mo–Fr 10–19, Sa 10–14 Uhr, Mitte Sept.–Mitte April auch So 12–16 Uhr) Kostenloser Internetzugang.

Post (Algade 51; Mo–Fr 10–17.30, Sa bis 13 Uhr) Im Gebäude des Kvickly-Supermarkts.

Touristeninformation (46 31 65 65; www.visitroskilde.com; Stændertorvet 1; Mo–Fr 10–17, Sa bis 13 Uhr) Die Touristeninformation bietet neben Infos auch die Vermittlung von Unterkünften an.

An- & Weiterreise

AUTO

Wer mit dem Auto von Kopenhagen kommt, nimmt die Straße 21 bis Roskilde und dann die

ABSTECHER

DRAGSHOLM SLOT

Wie wär's mit einer Nacht in einem Gourmetschloss? **Dragsholm Slot** (☎59 65 33 00; www.dragsholm-slot.dk; Dragsholm Allé, Hørve; EZ/DZ ab 1895/1995 Kr; P) liegt am Rand des Lammefjord, jener fruchtbaren Region, die auch als „Dänemarks Gemüsegarten" bekannt ist. In den Mauern des Schlosses befindet sich ein Hotspot der Neuen Nordischen Küche, die von Ex-Noma-Chef Claus Henriksen geführte **Slotskøkkenet** (Schlossküche; 5/7 Gänge 700/900 Kr; ⏲Juni Mi–Sa 18–22 Uhr, Juli–Anfang Sept. Di–Sa 18–22 Uhr, sonst kürzer). „Regionalismus" lautet das Stichwort: Fast alle Zutaten kommen aus der Umgebung, von den in ganz Dänemark begehrten Lammefjord-Karotten bis zu den Kräutern aus dem Schlossgarten. Das Resultat erscheint täuschend einfach, mit Schöpfungen wie Brunnenkresse und Krebs mit Rettich und geräuchertem Schmalz oder kandierte Kräuter mit *skyr* (isländischer Joghurt) und Sellerie. Im Obergeschoss bietet das lockerere **Lammefjordens Spisehus** (2-Gänge mittags 245 Kr, 3-Gänge abends 345 Kr; ⏲tgl. 12–15 & 18–22 Uhr) günstigere, abgespeckte Versionen nordischer Gerichte aus denselben erstklassigen Rohwaren wie Hering in Kräutermarinade oder über Heu geräuchertem Lachs. Für die Slotskøkkenet ist reservieren Pflicht, für das Spisehus empfehlenswert.

Vom Essen abgesehen, ist Dragsholm für 800 Jahre bewegte Geschichte bekannt, zu der gehört, dass hier der letzte katholische Bischof von Roskilde gefangen gesetzt und der Leichnam einer verführten Bediensteten in eine Nische eingemauert wurde – heute hinter einer Plexiglasscheibe zu sehen. Einige der Gästezimmer, die sich auf das Schloss und das benachbarte Pförtnerhäuschen verteilen, sind modern eingerichtet. Die meisten haben jedoch eindeutig herrschaftliches Ambiente, dafür sorgen Himmelbetten, Fleur-de-lis-Tapeten und zum Teil auch Whirlpools. Dazu kommen Salons im spätromantischen Stil, Ballsäle und ein großer märchenhafter Garten – so fühlt man sich bald wie ein gut umsorgter Adliger. Auf der Website werden Pakete für Übernachtung plus Essen angeboten, häufig zu vergünstigten Preisen. Am besten fragt man nach einem Zimmer mit Blick auf die Felder oder den Garten.

Dragsholm Slot liegt 91 km westlich von Kopenhagen, zu erreichen über die Autobahn 21. Mit öffentlichen Verkehrsmitteln hierher zu kommen, ist schwierig.

Ausfahrt auf die Straße 156, die ins Zentrum führt. Einen großen Parkplatz gibt es beim Wikingerschiffsmuseum.

ZUG

Zwischen Kopenhagen und Roskilde verkehren regelmäßig Züge (96 Kr, 25 Min.).

Lejre

Das Zentrum für experimentelle Archäologie bei Lejre (ein winziges Dorf 8 km südwestlich von Roskilde) ist wirklich einzigartig.

Sehenswertes

Sagnlandet Lejre MUSEUM
(www.sagnlandet.dk; Slangealleen 2; Erw./Kind 130/85 Kr; ⏲Ende Juni–Mitte Aug. 10–17 Uhr, sonst kürzer) Das Zentrum für experimentelle Archäologie kann leicht vom Bahnhof mit Bus 233 erreicht werden und ist unbedingt sehenswert. Die engagierten Mitarbeiter haben die Aufgabe, durch praktische Anwendung historischer Techniken wissenschaftliche Theorien zu überprüfen: Wie viele Personen waren erforderlich, um einen Dolmen zu bauen? Mit welchen Pflanzen konnte man Stoffe färben? Wie hinderte man die Ziegen daran, am Reetdach zu nagen? Kinder können im „Feuertal" experimentieren: im Einbaum paddeln, einen Feuerbohrer ausprobieren oder mit primitiven Äxten Holz spalten.

Hinzukommt die wunderschöne Landschaft bei Lejre, mit Hügeln und kleinen Tümpeln. Ein 3 km langer Pfad durch das Gelände führt vorbei an einem Marktplatz der Wikingerzeit, an prähistorischen Grabhügeln, an einem Eisenzeitgehöft, durch Felder, auf denen historische Feldfrüchte angebaut werden, zu einem Opferteich und schließlich über klapprige Pfahlbrücken.

An- & Weiterreise

Von Roskilde ist es nur eine kurze Bahnfahrt bis Lejre, wo die Buslinie 233 Anschluss sowohl zum Ledreborg Slot als auch zum Sagnlandet Lejre bietet (24 Kr).

Wer selbst fährt, nimmt von Roskilde den Ringstedvej (Straße 14), biegt rechts auf die

Straße 156, dann gleich wieder links auf die Ledreborg Allé und folgt den Schildern zum 6 km entfernten Ledreborg. Eine lange, von alten Ulmen gesäumte Zufahrt führt direkt auf den Eingang zu. Das Sagnlandet Lejre liegt 2 km weiter westlich an derselben Straße.

SÜDSEELAND

Zwar liegen deutlich mehr Sehenswürdigkeiten in Nordseeland, doch auch der Süden der Insel hat etwas zu bieten. Die Trelleborg ist die am besten erhaltene Ringburg in Dänemark, und das älteste Fachwerkhaus im Land steht in Køge. Weitere Attraktion sind das bezaubernde Dörfchen Vallø sowie das Weltnaturerbe Stevns Klint.

Køge

35 770 EW.

Køge ist eine hübsche Stadt, die auch als Zwischenstopp auf dem Weg nach Bornholm (mit Fähre), Stevns Klint oder eine der südlichen Inseln geeignet ist.

Das einstige mittelalterliche Handelszentrum präsentiert sich fotogen mit Kopfsteinpflasterstraßen, die von den besterhaltenen Häusern Dänemarks aus dem 17. und 18. Jh. gesäumt werden. Im Zentrum liegt der Torvet, der größte Marktplatz des Landes.

Nördlich und südlich der Stadt säumen schmale Strände die Bucht, allerdings stört die Industriekulisse des modernen Handelshafens den Blick.

1677 waren die Gewässer vor Køge Schauplatz einer entscheidenden Seeschlacht, die als Schlacht in der Køge-Bucht bekannt wurde. Sie machte den dänischen Admiral Niels Juel unsterblich, dem es gelang, die angreifende schwedische Marine vernichtend zu schlagen.

Sehenswertes

Køge Museum MUSEUM

(☎56 63 42 42; www.koegemuseum.dk; Nørregade 4) Das umgestaltete Køge Museum in einem Fachwerkhaus aus dem 17. Jh. nutzt modernste Technologie, um Zeugnisse der Lokalgeschichte zum Leben zu erwecken. Eine Ausstellung untersucht das unglückliche Schicksal des Schlachtschiffs *Dannebroge* aus dem 17. Jh., eine andere erkundet das Strøby Egede-Grab aus dem Jahr 4000 v. Chr. Mit acht Skeletten von Kindern und Erwachsenen ist es bislang das einzige Massengrab aus dieser Epoche, das in Europa gefunden wurde. Das Museum birgt außerdem den größten Münzschatz des Landes, einen Berg Silberstücke aus dem 17. Jh., den zwei Elektriker im Hof in der Brogade 17 entdeckten. Es wird vermutet, dass die 32 kg schweren Münzen während der Kriege zwischen Dänemark und Schweden dort versteckt wurden.

Zurzeit von Hans Christian Andersen hieß es, in die Fensterscheibe eines örtlichen Gasthauses seien die Worte „Gott, oh Gott in Kjøge“ eingeritzt. Da er die Inschrift nirgends finden konnte, brachte Andersen sie kurzerhand selbst an und notierte anschließend in seinem Tagebuch: „Ich hab's geschrieben und nun steht es klar zu lesen.“ Heute ist das Fensterglas im Museum ausgestellt.

KØS MUSEUM

(www.koes.dk; Vestergade 1; Erw./18–24 J./Kind 50/20 Kr/frei; ⌚Di–So 10–17 Uhr) Køge Skitsesamling, das Museum für Kunst im öffentlichen Raum, ist ein außergewöhnliches Kunstmuseum, das nicht fertige Werke, sondern die zahlreichen Notizen, Skizzen, Modelle etc. auf dem Weg dorthin zeigt. Gerade für Besucher, die nicht selbst Künstler sind, ist es faszinierend, einmal diese kreativen Prozesse zu verfolgen.

Sankt Nicolai Kirke KIRCHE

(Kirkestræde 31; Eintritt frei, Turm Erw./Kind 10 Kr/frei; ⌚Mo–Fr 10–16, So 12–16 Uhr, Turm Juli–Aug. tgl. 12–16 Uhr) Die Sankt Nicolai Kirke wurde nach dem Schutzpatron der Seeleute benannt. Ein Ziegelvorsprung (Lytgen genannt) oben an der Ostseite des Turms wurde genutzt, um eine brennende Laterne aufzuhängen, die einlaufenden Schiffen den Weg in den Hafen wies. Von diesem Kirchturm aus beobachtete Christian IV. seine Seeflotte, als sie die Stadt 1677 siegreich gegen die Schweden verteidigte.

Der Turm aus dem 14. Jh. ist der älteste Teil der Kirche und kann von Juli bis Anfang August bestiegen werden. Bemerkenswert im Inneren der Kirche sind der schmuckvolle Altar und die Kanzel aus dem 17. Jh. sowie eine mit Schnitzereien verzierte Empore, auf der sich die Adeligen von Køge über das gemeine Volk erhoben. Die Kirche liegt zwei Straßen nördlich vom Torvet.

Hafen & Strände STRAND

Frühaufsteher können zusehen, wie im Fischereihafen Heringe und Aale ausgeladen werden. Der Jachthafen liegt 2 km weiter nördlich. Es gibt auch zwei Strände, die sich

Køge

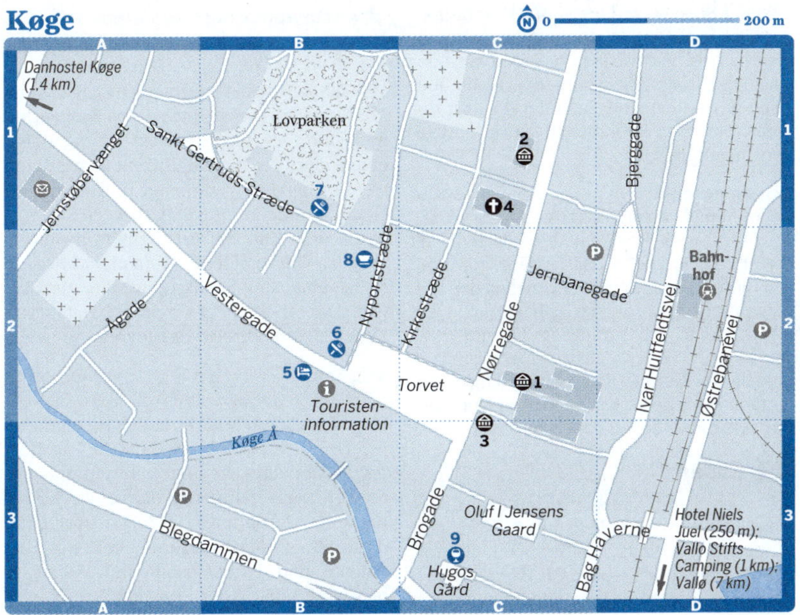

Køge

Sehenswertes
1 Køge Museum ... C2
2 KØS ... C1
3 Rådhus ... C3
4 Sankt Nicolai Kirke ... C1

Schlafen
5 Centralhotellet ... B2

Essen
6 Café Vivaldi ... B2
7 StigAnn ... B1

Ausgehen & Nachtleben
8 Café T ... B2
9 Hugos Vinkjælder ... C3

nördlich und südlich vom Industriehafen erstrecken.

Bekannt ist die Køge-Bucht für die Strände von Solrød und Greve, 8 km bzw. 17 km nördlich von Køge. Sie sind ein beliebtes Erholungsgebiet für die Bewohner von Kopenhagen und von dort nur eine kurze S-Bahnfahrt entfernt.

Schlafen

Die Touristeninformation reserviert gegen eine Buchungsgebühr von 25 Kr Privatzimmer zu rund 500 Kr pro Doppelzimmer.

Danhostel Køge HOSTEL €
(☎56 67 66 50; www.danhostel-koege.dk; Vamdrupvej 1; B 200 Kr, Zi. ab 380 Kr; P WLAN) Das freundliche 116-Betten-Hostel liegt in einer ruhigen Gegend 2 km nordwestlich der Stadt. Die Zimmer sind gemütlich und freundlich; diejenigen im oberen Stock haben Dachfenster mit entspannendem Blick in den Himmel. Die teureren Zimmer haben ein eigenes Bad. Außerdem gibt es Münzwaschmaschinen, einen kleinen Spielplatz und Frühstücksbuffet (60 Kr). Von Køge fährt Bus 101A bis Norsvej, von dort sind es noch 850 m zu Fuß.

Vallø Stifts Camping CAMPINGPLATZ €
(☎56 65 28 51; www.valloecamping.dk; Strandvejen 102; Stellplatz pro Erw./Kind 78/45 Kr; April–Anfang Okt.; @ WLAN) Der grüne Platz in einem Naturschutzgebiet liegt nur 1 km vom Zentrum von Køge entfernt. Er eignet sich bestens für Familien, denn auf dem Platz gibt es Ziegen, Minigolf, Tischtennis, Pétanque und Spielplätze. Ein kinderfreundlicher Strand liegt gleich über die Straße. Decken, Kissen und Bettwäsche gibt's gegen Leihgebühr, und es werden einfache Hütten für vier bis sechs Personen (350–590 Kr pro Nacht) vermietet.

Hotel Niels Juel HOTEL €€
(☎56 63 18 00; www.hotelnielsjuel.dk; Toldbodvej 20; EZ/DZ inkl. Frühstück 1225/1395 Kr; P WLAN) Das sympathische Hotel mit Restaurant guckt

ein paar Straßen südlich vom Bahnhof über den Hafen. Es hat 51 gut ausgestattete Zimmer in zwei Farbvarianten: Meerblau oder warme Erdtöne. Alle Zimmer verfügen über Telefon, Minibar und Satelliten-TV. Auf der Website werden Rabatte und spezielle Angebote angekündigt.

Centralhotellet HOTEL €€
(☎56 65 06 96; centralhotellet.dk; Vestergade 3; EZ/DZ inkl. Frühstück ohne Bad 450/795 Kr, EZ/DZ mit Bad 745/995 Kr; P📶) Das passend zur Lage benannte Centralhotellet liegt neben der Touristeninformation; in der Lobby gibt es ein schickes Café. Die Zimmer im Obergeschoss sind klar und ohne jeden Schick, während die renovierten Zimmer im separaten Flügel hinter dem Haus heller und moderner sind. Vier Doppelzimmer haben ein eigenes Bad.

Essen

Mittwoch- und samstagvormittags findet auf dem Torvet ein Lebensmittel-, Käse- und Blumenmarkt statt. Östlich vom Hauptbahnhof befinden sich am Havnepladsen zahlreiche Restaurants in den restaurierten Gebäuden.

★ **Restaurant Arken** FISCH & MEERESFRÜCHTE €€
(☎56 66 05 05; www.restaurant-arken.dk; Bådehavnen 21; mittags 68–168 Kr, abends Hauptgerichte 158–288 Kr; 🕐Mo–Do & So 11.30–21, Fr & Sa bis 21.30 Uhr; 📶) Dieser Import aus Skagen hat aufgrund der hochwertigen Fischgerichte einen ausgezeichneten Ruf. Spitzenzutaten werden herrlich verarbeitet und führen zu Gaumenfreuden wie überbackenen, norwegischen Knoblauch-Hummerschwänzen. Es gibt eine exzellente Weinauswahl sowie selbstgemachten Schnaps und Bier aus Skagen. Das Arken liegt direkt im Hafen von Køge, 2,5 km nördlich des Torvet.

StigAnn EUROPÄISCH €€
(☎56 63 03 30; www.stigann.dk; Sankt Gertruds Stræd 2; mittags 70–110 Kr, abends Hauptgerichte 195–285 Kr; 🕐Di 16–22, Mi–Sa 12–16 & 17–21.30 Uhr) Sicher eines der besten Restaurants der Stadt, das mit raffinierten dänischen Gerichten mit internationalem Touch überzeugt, darunter glasiertes Lamm auf würziger Polenta und Portweinsoße mit Weintrauben oder gebackener Seehecht auf Erbsenrisotto mit knusprigem, luftgetrocknetem

KØGE: EINE ALTE HANDELSSTADT

Die alten Bürgerhäuser in den Straßen von Køge entführen Besucher in die Vergangenheit und beflügeln die Phantasie. Das Køge Museum (S. 118) befindet sich in einem Gebäude von Anfang des 17. Jhs., die Weinstube Hugos Vinkjælder residiert in einem mittelalterlichen Keller aus Ziegelsteinen, der auf die Zeit um 1300 zurück datiert werden kann, und das klassizistische **Køge Rådhus** am östlichen Ende des Torvet gilt als das älteste noch genutzte Rathaus Dänemarks. Das Gebäude an seiner Rückseite wurde 1600 als Gasthof für König Christian IV. errichtet, damit er auf dem Weg von Kopenhagen nach Nykøbing Slot zu seiner Mutter dort rasten konnte.

Die **Marmortafel** mit der Inschrift *Kiøge Huskors* (Kiøge und Kjøge sind alte Schreibweisen für Køge) am Eckgebäude Torvet 2 ist weniger gefällig. Sie erinnert an die Opfer einer Hexenverfolgung im 17. Jh., bei der 16 Personen lebendig verbrannt wurden, darunter auch zwei Bewohner eines Vorgängerbaus an dieser Stelle.

In der südöstlichen Ecke des Torvet kann die Brogade mit unzähligen alten Gebäuden aufwarten. Im Haus **Brogade 1** befindet sich seit 1660 eine Apotheke, während **Brogade 16** das längste Fachwerkhaus von Køge ist, das 1636 vom Bürgermeister gebaut wurde. 1987 haben Arbeiter im Hof von **Brogade 17** eine alte Holzkiste mit über 2000 Silbermünzen aus dem 17. Jh. ausgegraben. Das war der größte Münzschatz, der je in Dänemark gefunden wurde. Einige werden heute im Køge Museum ausgestellt. Ein weiteres Überbleibsel aus dem 17. Jh. ist **Brogade 23**, das um 1638 gebaut wurde. Die Engelsfiguren aus Stein stammen von dem im 17. Jh. berühmten Künstler Abel Schrøder.

Am ältesten ist aber das Gebäude in der **Kirkestræde 20**, das 1527 erbaut wurde. Es ist das älteste Fachwerkhaus in Dänemark und misst nur 4 mal 5 m. Dennoch lebte hier im 19. Jh. ein Gerber mit seiner Frau und zehn Kindern. Interessant ist auch das Haus in der **Kirkestræde 3**, das 1638 von Oluf Sandersen und seiner Frau Margareta Jørgensdatter erbaut wurde. Das Datum steht über der Tür. Ganz in der Nähe steht das Haus **Kirkestræde 13** aus dem 16. Jh. Auffällig ist sein verdrehter Kaminaufsatz, der Passanten darauf aufmerksam machen sollte, dass dort ein Schmied seine Werkstatt hatte.

KÖNIGSKIRCHE VON RINGSTED

Sankt Bendts Kirke (Sankt Bendtsgade 1; ⌚ Mai–Mitte Sept. 10–17 Uhr, sonst Mo–Fr 11–13, Sa & So 15 Uhr) Ringsted ist eine überwiegend moderne Stadt mit einem geschäftigen Einkaufszentrum. Es gibt wenig, was Fremde interessieren könnte. Auf der Durchreise lohnt sich jedoch ein Stopp bei der eindrucksvollen Sankt Bendts Kirke. Skandinaviens älteste Ziegelkirche wurde 1170 von Waldemar I. als Begräbniskirche für seinen Vater Knud Lavard erbaut. Er verfolgte damit das politische Ziel, die Macht seiner Familie mit der der katholischen Kirche zu verbinden.

Das interessanteste sind die Fresken aus dem 14. Jh. Eine Bildfolge schildert das Leben Eriks IV. (1216–1250), der in seiner kurzen und turbulenten Regierungszeit sowohl gegen die eigene Familie als auch gegen die Bauern zu kämpfen hatte, ehe er auf Befehl seines Bruders Abel ermordet wurde. Erik trug den Spitznamen „Pflugpfennig", nach einer von ihm erhobenen Steuer auf Pflüge, die niemand gern zahlte. Sein Leichnam wurde in die Kirche überführt. Die Fresken zeigen Königin Agnes auf dem Thron. Zu ihrer Linken erstechen die Mörder Erik mit einem Speer, auf der rechten Seite bergen Fischer seinen Leichnam aus dem Wasser.

150 Jahre lang diente die Kirche als königliche Grablege: Steinplatten im Fußboden des Hauptschiffs kennzeichnen die Gräber der frühen dänischen Könige. In einem Grab wurde ein besonderer Fund gemacht. Königin Dagmar (1186–1213), die erste Gemahlin von Waldemar II., war eine von den Dänen hochverehrte böhmische Prinzessin. Als ihr Grab 1683 geöffnet wurde, kam ein kleines Goldkreuz mit filigranen Emailarbeiten zum Vorschein. Es ist heute als **Dagmar-Kreuz** bekannt und soll aus der Zeit um 1000 n. Chr. stammen. Eine Seite zeigt den Gekreuzigten, die andere zeigt Jesus Christus, die Jungfrau Maria, Johannes den Täufer, den Apostel Johannes und Basilius den Großen. Das Kreuz im byzantinischen Stil befindet sich heute im Nationalmuseum von Kopenhagen. In der Sankt Bendts Kirke ist eine Nachbildung zu sehen. Es ist Tradition, dass Bräute, die hier heiraten, eine Kopie des Dagmar-Kreuzes tragen.

Bei Trauungen bleibt die Kirche geschlossen, was besonders an Samstagen im April und Mai häufig der Fall ist.

Ringsted liegt 65 km südwestlich von Kopenhagen. Mit dem Auto geht es auf der E20 bis zur Ausfahrt 14. Von Kopenhagen(88 Kr, 37–48 Min.) oder von Roskilde (44 Kr, 16–22 Min.) fahren mehrere Züge stündlich nach Ringsted.

Schinken. Mittags gibt's einfache dänische Küche mit Gerichten wie Fischkuchen mit Remoulade. Die Hauptgerichte sind meist mit Fleisch.

Café Vivaldi INTERNATIONAL €€
(☎ 56 63 53 66; www.cafevivaldi.dk; Torvet 30; mittags 95–149 Kr, abends Hauptgerichte 169–199 Kr; ⌚ So–Do 10–22, Fr bis 23, Sa bis 24 Uhr) Das Konzept-Café ist eine sichere Wahl, wenn man Bistrogerichte wie Salate, belegte Brote, Burger und Burritos sucht, es gibt aber auch größere Fleisch- und Fischgerichte. Bestellt wird direkt am Tresen. Tische gibt's auch draußen auf dem Platz.

Ausgehen

Hugos Vinkjælder WEINLOKAL
(Brogade 19; ⌚ Mo–Do 12–23, Fr 12–2, Sa 22–2, So 13–18 Uhr) Hugos ist ein phantastisches Weinlokal in einem dämmerig-gemütlichen Kellergewölbe aus dem 14. Jh. Die Weinkarte ist nicht schlecht, obendrein gibt es eine Auswahl von über 200 Bieren aus aller Welt und von mehreren dänischen Mikrobrauereien. Im Sommer spielen samstagmittags Jazzbands auf dem Hof.

Café T CAFÉ
(Nyportstræde 17; ⌚ Mo–Fr 8–17.30, Sa bis 16, So 10–14.30 Uhr) Direkt am Marktplatz liegt das übergroße Puppenhaus, in dem Kaffee, Tee und süße Verführungen wie klassische *kanelsnegle* (Zimtschnecken) oder Teegebäck mit Zitronenmarmelade serviert werden. Wem die alten Sofas, Retrolampen und niedlichen Teeservice gefallen, kann auch diese käuflich erwerben – das Café ist nebenbei ein Trödelladen.

Praktische Informationen

Bibliothek (☎ 56 65 23 00; www.koegebib.dk; Kirkestræde 18; ⌚ Mo–Fr 10–18, Sa bis 14 Uhr) Kostenloses Internet.

STEVNS KLINT: WELTNATURWUNDER

Im Juni 2014 wurden das Wattenmeer und Stevns Klint in die berühmte Weltnaturerbeliste der Unesco aufgenommen. Letzteres ist eine fossilienreiche Kreide- und Kalksteinküste südlich der Køge Bugt (Køge Bucht), die es wegen ihrer herausragenden geologischen Spuren des Chicxulub-Meteoriteneinschlags auf die Liste geschafft hat. Der Meteor krachte vor rund 65,5 Mio. Jahren vor der mexikanischen Halbinsel Yucatan auf die Erde und soll das Ende der Kreidezeit und des Zeitalters der Dinosaurier eingeleitet haben. In der dünnen, grauen, horizontalen Schicht Fischlehm, die sich zwischen den Kreidefelsen oben und dem Kalkstein unten durch die Mitte der Klippen zieht, sind Spuren der Aschewolke, die sich beim Aufschlag gebildet hatte, und von den Pflanzen aus der Zeit vor und nach dem Einschlag enthalten.

Besucher können zurzeit nicht nahe an den Fischlehm herankommen. Der beste Platz, um die Schichtung zu sehen und die außerordentliche Schönheit der Gegend zu bewundern, ist Stevns Klint Højerup, 5 km südöstlich der Stadt Store Heddinge. Am südwestlichen Ende des Parkplatzes befindet sich hier auch das **Stevns Museum** (Højerup Bygade 38; Erw./Kind 25 Kr/frei; ⏲Juli & Aug. tgl. 10–17 Uhr, Mai, Juni & Sept. Di–So 11–17 Uhr), das sich mit der einzigartigen Geologie der Küste beschäftigt. Östlich des Parkplatzes, am Rand der Klippen, steht die **Højerup Gamle Kirke** (⏲Juni–Sept. tgl. 9–17 Uhr, sonst kürzer) aus dem 13 Jh. Im März 1928 sind der Chor und Teile des Kirchfriedhofs ins Meer gestürzt, als die Felswand abrutschte. Deshalb endet das Hauptschiff der Kirche nun in einem kleinen Balkon, von dem man einen tollen Blick auf Stevns Klint und das Meer hat.

Wer zum Fuß von Stevns Klint möchte, muss 110 Stufen südlich des Kirchengrundstücks hinuntersteigen. Unten angekommen folgt eine zweite Treppe (neben der ersten), über die man den felsigsten Teil des Strandes umgeht. Der Weg führt an den Fuß der Klippe, von wo man die dünne Schicht Fischlehm auf der Hälfte der Felswand sehen kann.

Oben auf der Felsklippe verläuft nördlich vom Kirchengrundstück ein Wanderweg, von dem aus sich eindrucksvolle Ausblicke auf Stevns Klint eröffnen. Der Weg selbst ist hübsch; es geht durch Wälder und vorbei an Weizenfeldern mit Blick über das tiefe Blau des Øresund. Nach lockeren 1,3 km Richtung Norden kommt **Stevns Fyr** (Fyrvej, Tommestrup; ⏲Leuchtturm Mo–Fr 11–15, Sa & So 12–15 Uhr, Galerie Mo–Fr 11–16, Sa & So 12–16 Uhr), ein Leuchtturm aus dem Jahr 1878. Direkt daneben finden in Stevns Fyrcentre wechselnde Kunstausstellungen statt. Im Frühling und Herbst bietet sich die Gegend an, um Zugvögel, darunter auch Kraniche, zu beobachten.

Auf dem Weg von Højerup Gamle Kirke Richtung Süden kommt nach 3 km **Koldkrigsmuseum Stevnsfort** (Museum des Kalten Krieges; Korsnæbsvej 60, Rødvig; Untergrundfestung Führung Erw./Kind 110/60 Kr; ⏲April–Okt. tgl. 10–17 Uhr). Besucher können im Rahmen einer 90-minütigen Führung die während des Kalten Krieges super geheime unterirdische Festung zur Verteidigung Dänemarks und der Nato besichtigen. Die Führung ist auf Dänisch, es gibt aber eine begrenzte Anzahl von Audioguides auf Englisch und Deutsch.

Wer das oberirdische Gelände der Festung erkunden möchte, kann das auf eigene Faust tun. Zu sehen sind Kanonen, und im Besucherzentrum gibt es eine Ausstellung über den Kalten Krieg. Smartphone-Besitzer können die kostenlose und informative Stevns Klint App (Kalklandet) herunterladen.

Ishuset Højeruplund (2 Kugeln 30 Kr; ⏲April–Aug. tgl. 10–20 Uhr) in Stevns Klint Højerup verkauft Eis und Erfrischungen. Im Restaurant **Traktørstedet Højeruplund** (mittags 85–152 Kr, Hauptgerichte abends 169–225 Kr; ⏲Juli & Aug. 12–20 Uhr, April–Juni & Sept. Mo geschl., sonst kürzer) nebenan kommen klassische dänische Gerichte auf den Tisch (allerdings nur wenige ohne Fleisch).

Stevns Klint liegt 29 km südöstlich von Køge. Mit dem Auto geht es über die Straße 261 nach Store Heddinge und dann links in den Frøslevvej (später Højerupvej). Vom Bahnhof in Køge fährt Bus 253 (60 Kr, 55 Min.) nach Højerup, von wo es zu Fuß 550 m in östlicher Richtung entlang Højerup Bygade bis Stevns Klint weitergeht. Im Juli und August fährt ein kostenloser Shuttlebus mehrmals täglich von einigen Bahnhöfen der Region (darunter Store Heddinge und Rødvig) zu beliebten Punkten entlang der Küste, wie Stevns Klint, Stevns Fyr und Koldkrigsmuseum Stevnsfort. Infos und Fahrzeiten gibt's online unter stevnsbussen.dk.

Post (Jernstøbervænget 2; ⌚Mo–Fr 8–18, Sa bis 13 Uhr)

Touristeninformation (☎56 67 60 01; www.visitkoege.com; Vestergade 1; ⌚Juli & Aug. Mo–Fr 9.30–18, Sa 10–15 Uhr, sonst Mo–Fr 9.30–17, Sa 10–13 Uhr; 📶) Direkt am Marktplatz gibt es hier Informationen und kostenloses WLAN; auch Buchung von Unterkünften.

An- & Weiterreise

AUTO

Køge liegt 42 km südwestlich von Kopenhagen und 23 km südöstlich von Roskilde. Wer mit dem Auto reist, nimmt von Kopenhagen die E47/E55, von Roskilde die Straße 6 und dann die 151 nach Süden ins Zentrum von Køge.

SCHIFF

Bornholmer Færgen (☎70 23 15 15; www.faergen.dk; Erw./Kind 12–15 J./unter 11 J. 290/145 Kr/frei, Auto inkl. 5 Insassen 1625 Kr) Bietet das ganze Jahr über täglich Fähren zwischen Køge und Rønne auf der Insel Bornholm. Von Køge legen die Fähren um 0.30 Uhr ab und kommen um 6 Uhr in Rønne an. Abfahrt von Rønne ist um 17 Uhr, Ankunft in Køge um 22.30 Uhr.

ZUG

Køge ist die südlichste Station am Ende der Linie A im erweiterten S-Bahnnetz von Kopenhagen. Züge von Kopenhagen (108 Kr, 45 Min.) fahren 3- bis 6-mal in der Stunde.

Unterwegs vor Ort

Parkplätze gibt's am Torvet, doch die Parkdauer ist auf eine Stunde begrenzt. Kostenlose und weniger begrenzte Parkmöglichkeiten befinden sich am Bag Haverne (die Brogade runter und dann der Fændediget folgen) und nördlich des Hafens.

Vallø

Das kleine Vallø ist ein Postkartenidyll mit romantischen Gässchen, einem Dutzend senfgelber Häuser und dem Vallø Slot, einer Renaissanceburg mit Wassergraben. Es liegt 7 km südlich von Køge und eignet sich prima für einen netten kleinen Ausflug abseits der Touristenpfade.

Sehenswertes

Vallø Slot SCHLOSS, GARTEN

(www.valloe-stift.dk; ⌚8–Sonnenuntergang, nur Garten) Das aus roten Ziegeln erbaute Vallø Slot ist eine Burg wie aus dem Bilderbuch: gekrönt von spitzen Türmchen und umgeben von einem Wassergraben voller Seerosen und quakender Frösche. Obwohl große Teile 1893 nach einem Brand erneuert werden mussten, blieb der Charakter der Burg als Bauwerk aus dem 16. Jh. gewahrt. Zwar ist das Schloss nicht für jedermann zugänglich, Besucher können aber durch die herrlichen Wälder und Gärten wandeln, die sich vom Schloss bis an die Küste erstrecken.

1737 gründete Königin Sophie Magdalene, der die Ländereien gehörten, eine Stiftung und stellte die Burg als Residenz für „alte Jungfern hoher Geburt" zur Verfügung. Unverheiratete Töchter aus dem dänischen Adel ohne eigenes Schloss konnten auf Vallø wohnen und wurden durch die Stiftung und staatliche Sozialprogramme versorgt. Bis in die 1970er-Jahre wurden Bewohnerinnen aufgenommen. Heute lebt hier nur noch eine Handvoll (sehr) alter Adelsjungfern.

Schlafen & Essen

★**Vallø Slotskro** GASTHOF €€

(☎Gasthof 56 26 70 20, Restaurant 56 26 62 66; www.valloeslotskro.dk; Slotsgade 1; Menüs ab 400 Kr; ⌚Mi–Sa 18–21 Uhr; P) In dem 200 Jahre alten Gasthof gleich vor dem Burgtor verbirgt sich ein elegantes Restaurant mit französisch-dänischer Gourmetküche, wie z. B. Wachteln mit Gänsestopfleber und Sommertrüffeln. Leider waren die sieben Doppelzimmer des Gasthofs bei unserem Besuch wegen Renovierung geschlossen. Die Website informiert über den Stand der Dinge und über Essens-/Übernachtungspakete. Ein kurzer Aufenthalt in Vallø garantiert stimmungsvolle Stunden.

An- & Weiterreise

Vom Bahnhof Vallø, zwei Stationen südlich von Køge, ist es bis zur Burg ein bequemer Spaziergang von 1,25 km entlang einer baumgesäumten Landstraße Richtung Osten.

Wer mit dem Auto unterwegs ist, nimmt südlich von Køge die Straße 209, biegt rechts auf den Kirkehøjen und dann wieder rechts auf den Vallørækken.

Es gibt auch einen ausgeschilderten Radweg von Køge bis zum Valløvej.

Sorø

7845 EW.

Sorø ist ein bildhübsches Städtchen mit vielen Fachwerkhäusern und umgeben von stillen Seen und Wäldern. Es verdankt seine

Søro

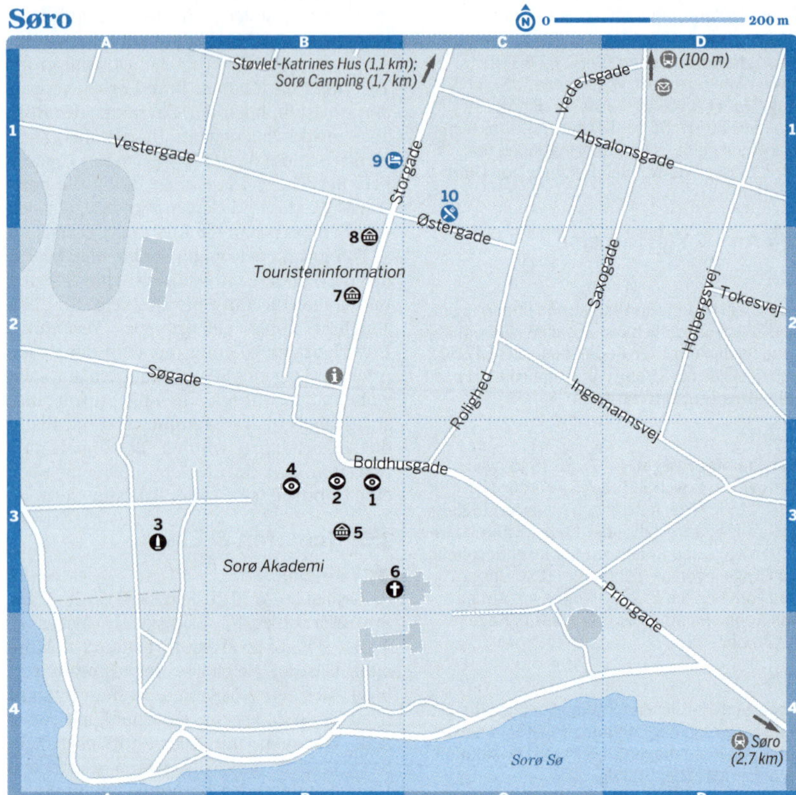

Søro

Sehenswertes

1 Boldhuset ... B3
2 Klosterporten ... B3
3 Ludvig-Holberg-Statue ... A3
4 Ridehuset ... B3
5 Sorø Akademi ... B3
6 Sorø Kirke ... B3
7 Sorø Kunstmuseum ... B2
8 Sorø Museum ... B2

Schlafen

9 Hotel Postgaarden ... B1

Essen

10 Café Tre Konger ... C1

Existenz der Sorø Akademi, einer Eliteschule für Söhne des Adels, die Christian IV. gründete. Sie ist bis heute eine angesehene Schule. Das Gelände und der Park am See stehen Besuchern offen und laden zu einem idyllischen Spaziergang ein.

Während des „Goldenen Zeitalters" von Dänemark, zur Zeit der Romantik (1800–1850), wurde Sorø zum Treffpunkt prominenter Kulturschaffender wie Bertel Thorvaldsen, N. F. S. Grundtvig und Adam Oehlenschläger.

Sehenswertes & Aktivitäten

Schönste Straße des Ortes ist die **Søgade**, gesäumt von windschiefen Fachwerkgebäuden und senfgelben Häusern mit roten Ziegeldächern. Die Straße erstreckt sich westlich des Hauptplatzes (Torvet).

Sorø Kirke KIRCHE

(9–16 Uhr) Dänemarks größte Klosterkirche und einer der ältesten Ziegelbauten des Landes ist die im 12. Jh. erbaute Sorø Kirke auf dem Akademiegelände. Der romanische Innenraum ist schlicht und wirkt sehr harmonisch. Für Licht und Farbe sorgen **mittelalterliche Fresken** mit blauen, roten, grünen, weißen und orangenen Mustern,

Schilden und Blättern. Alles überwölbt eine hohe gotische Decke aus dem 13. Jh.

An prominenter Stelle direkt hinter dem Hauptaltar ruht Bischof Absalon, Mitglied der einflussreichen Hvide-Familie und einer der bedeutendsten Staatsmänner Dänemarks.

Er gründete 1161 ein Zisterzienserkloster in Sorø. Er ließ die Kirche auf dem Klostergelände als Familienmausoleum errichten. In einer Vitrine rechts vom Altar sind sein Bischofsstab aus Elfenbein, mehrere Gold- und Saphirringe sowie der Silberkelch zu sehen, die er als Grabbeigaben erhielt. Sie wurden seinem Grab im 19. Jh. entnommen.

In Absalons Gesellschaft ruhen die Könige Waldemar IV., Christoph II. und Olav II. Auch Königin Margrethe I., Gründerin der Kalmarer Union, wurde hier beigesetzt. Sie wurde jedoch später in die Domkirche von Roskilde (S. 114) umgebettet. Am Ende des linken Seitenschiffs birgt ein Marmorsarkophag die Überreste von Ludvig Holberg, des berühmten Dramatikers und Verfassers geistreicher Lyrik.

Zum prachtvollen Inventar zählt ein 6 m hohes Kruzifix aus dem 16. Jh., das der aus Odense stammende Bildhauer Claus Berg aus einem einzigen Holzblock schnitzte. Die prachtvoll verzierte Kanzel und der Altar stammen aus der Barockzeit. Die im 16. Jh. gebaute Orgel steht im Mittelpunkt des Sorø International Music Festival.

Sorø Akademi HISTORISCHES GEBÄUDE

Nach der Reformation verfügte Frederik II., dass das Kloster von Sorø künftig als Schule dienen sollte. 1623 machte sein Nachfolger Christian IV. daraus die Ritterakademie, eine Eliteeinrichtung für Adelssöhne. Unterrichtet wurden sie u. a. in der Kunst der Jagd, in Benehmen und guten Sitten - eine maßgeschneiderte Erziehung für angehende Diplomaten.

Auch wenn die heutigen Schüler aus etwas weniger hohen Häusern stammen, ist die Sorø Akademi nach wie vor eine exklusive Schule. Besucher sind eingeladen, das ausgedehnte Gelände zu erkunden.

Der südliche Teil der Hauptstraße von Sorø, der Storgade, führt direkt zur Akademie. Sie passiert dabei die **Klosterporten**, ein mittelalterliches Tor, an dem die Mönche die Außenwelt hinter sich ließen.

Weitere mittelalterliche Klostergebäude wurden im 17. Jh. durch Renaissancebauten ersetzt. Darin lerne es sich besser, hieß es damals. Das **Ridehuset** westlich der Klosterporten ließ Christian IV. zur Unterbringung von Pferden und Hunden für die Jagd errichten. Das **Boldhuset** östlich der Klosterporten stammt ebenfalls aus der Regierungszeit Christians IV. und beherbergt heute die Bibliothek.

Eine **Statue** des dänischen Dramatikers Ludvig Holberg (1684–1754) steht im Westteil des Gartens. Er rettete die Schule, als sie wegen finanzieller Probleme vor dem Aus stand. Malerische **Spazierwege** führen von der Statue Richtung Westen zum Sorø Sø.

Sorø Kunstmuseum MUSEUM

(www.sorokunstmuseum.dk; Storgade 9; Erw./Kind 70 Kr/frei; ⌚Di, Mi & Fr–So 11–17, Do bis 18 Uhr) In einem preisgekrönten Erweiterungsbau der Kopenhagener Architekten Lundgaard & Tranberg dokumentiert das Museum 300 Jahre dänische Kunstgeschichte. Die vielfältigen Sammlungen umfassen das ganze Spektrum von mittelalterlichen Schnitzereien bis zu moderner Bildhauerei und Fotografie. Am bekanntesten sind die Gemälde des „Goldenen Zeitalters" (19. Jh.), aber es gibt auch die größte Sammlung russischer Ikonen aus der Zeit von 1500 bis 1900 in Dänemark zu sehen. In den letzten Jahren wurde der Bestand vor allem mit moderner Kunst erweitert. Vier Wechselausstellungen im Jahr zeigen Werke von dänischen und internationalen Künstlern.

Kulturelle Erschöpfung kann im Café des Museums (Kuchen 25 Kr) gelindert werden.

Sorø Museum MUSEUM

(www.vestmuseum.dk; Storgade 17; ⌚Juli & Aug. Di–So 10–16 Uhr, sonst kürzer) GRATIS In einem reizvollen Fachwerkbau von 1625 zeigt das Museum eine vielseitige Auswahl regionaler Kunstwerke sowie die teilweise Rekonstruktion eines 5500 Jahre alten Bornholmer Langhauses. Eine Reihe von Räumen sind mit historischem Mobiliar eingerichtet, z. B. wie das Wohnzimmer eines Adligen. Außerdem sind ein Kramladen von 1880 und persönliche Gegenstände des Dichters B. S. Ingemann zu sehen, der an der Sorø Akademi unterrichtete. Die Beschriftung ist fast ausschließlich auf Dänisch.

Festivals & Events

Sorø International Music Festival MUSIK

(www.soroemusik.dk) Das Internationale Musikfestival findet in der Sorø Kirke statt. Von Juni bis Ende August werden zumeist mittwochabends klassische Konzerte veranstaltet. Eintrittskarten (ab 100 Kr) gibt es im

Vorverkauf bei der Touristeninformation sowie an der Abendkasse, die 75 Minuten vor Vorstellungsbeginn öffnet.

Sorø Jazz MUSIK
(soroejazz.dk) Das stetig wachsende Jazzfestival von Sorø findet eine Woche lang im Juli statt und bietet rund 25 Konzerte an verschiedenen Orten – in Museen, Kirchen, Cafés – überall in der Gemeinde. Infos gibt es in der Touristeninformation und stehen auf der Website.

Schlafen

Sorø Camping CAMPINGPLATZ €
(☎57 83 02 02; www.soroecamping.dk; Udbyhøjvej 10; Stellplatz pro Erw./Kind 79/40 Kr; P ᯤ) Der 3-Sterne-Platz liegt herrlich am Ufer des Pedersborg Sø, rund 150 m nördlich des Slagelsevej. Er hat Münzwaschmaschinen, eine Hüpfburg und veranstaltet Kurse im Lutschermachen. Besucher können auch Hütten für vier bis sechs Personen oder Ferienwohnungen (450–800 Kr pro Nacht) mieten. In die Stadt fährt Bus 422, aber es führt auch ein schöner, 1 km langer Uferweg dorthin.

Hotel Postgaarden HOTEL €€
(☎57 83 22 22; www.hotelpostgaarden.dk; Storgade 25; EZ/DZ inkl. Frühstück 750/925 Kr; P ᯤ) Der renovierte Hotelgasthof mit 300-jähriger Geschichte ist eine gute Wahl, wenn man im Stadtzentrum wohnen möchte. Die 18 Zimmer sind nicht gerade hypermodern, aber ausgesprochen wohnlich. Einige liegen zur autofreien Hauptstraße hin, andere zum ruhigen Hof. Es gibt ein Restaurant.

Essen

An der Storgade liegen mehrere preisgünstige Lokale sowie eine Bäckerei und ein Pizza-Imbiss.

Café Tre Konger INTERNATIONAL €€
(Østergade 3; mittags 89–125 Kr, abends Hauptgerichte 98–238 Kr; ⏲Mo–Sa 11–22, So bis 21 Uhr) Das Café in einem umgebauten Kino mit kitschigen Kronleuchtern und Samtvorhängen bereitet frische und sattmachende Kost. Viele der Zutaten stammen aus dem Ort, von den Brötchen der phantastischen Burger bis hin zu den süchtig machenden Kartoffelecken. Abends stehen Pastagerichte und Steak auf der Karte.

Im Sommer ist der schattige Hof perfekt für ein oder zwei Glas des lokalen Sorø-Bryghus-Biers.

Støvlet-Katrines Hus DÄNISCH €€€
(☎57 83 50 80; www.stovletkatrineshus.dk; Slagelsevej 63; mittags 95–165 Kr, 5-/8-Gänge abends 395/635 Kr; ⏲Mo–Sa 12–16 & 17.30–21.30, 1. So im Monat auch 11–13 Uhr) Am westlichen Ende der Stadt liegt das Feinschmeckerlokal Støvlet-Katrines Hus in einem ehemaligen Heim der Geliebten von Christian VII. Heute wird die Lust in Form von leckeren, saisonalen Gerichten serviert, wie grauer Seeteufel mit Sahnespinat und eingelegtem Kürbis oder Kirschen mit Vanille-Panna cotta, Buttermilch und Holunderblüte.

Vom Stadtzentrum geht man die Storgade Richtung Norden und biegt dann links in den Hauchsvej (der dann zum Kongebrovej wird) ab. Das Restaurant liegt am Ende der Straße an der Kreuzung mit dem Slagelsevej.

Praktische Informationen

Bibliothek (Storgade 7; ⏲Mo 10–19, Di, Do & Fr 10–8, Mi 13–18, Sa 10–13 Uhr) Kostenloser Internetzugang.

Post (Rådhusvej 6; ⏲Mo–Fr 12–17, Sa 10–12 Uhr)

Touristeninformation (☎57 82 10 12; www.soroe-turistbureau.dk; Torvet 2; ⏲Mitte Juni–Aug. Mo 13–17, Di–Fr 10–17, Sa 10–12.30 Uhr, sonst kürzer) Sorøs Touristeninformation liegt am zentralen Platz der Stadt.

An- & Weiterreise

AUTO

Sorø liegt 15 km östlich von Slagelse und 16 km westlich von Ringsted, erreichbar via Straße 150 oder E20.

ZUG

Der Bahnhof von Sorø liegt in Frederiksberg, 3 km südlich vom Zentrum. Zwischen Bahnhof und Zentrum verkehren mindestens stündlich Busse der Linien 421, 422 und 425.

Über Sorø verläuft die Bahnstrecke zwischen Kopenhagen (99 Kr, 50 Min.) und Odense (181 Kr, 45 Min.), auf der halbstündlich bis stündlich Züge verkehren.

Auf der Strecke liegen Slagelse (36 Kr, 10 Min.), Korsør (48 Kr, 20 Min.), Ringsted (36 Kr, 10 Min.) und Roskilde (53 Kr, 25 Min.).

Trelleborg

Trelleborg, die besterhaltene von vier Wikingerburgen in Dänemark, liegt 7 km westlich von Slagelse und 22 km westlich von Sorø. Slagelse ist leider etwas langweilig, zum Übernachten ist Sorø die bessere Wahl. Wer dennoch Slagelse vorzieht, kann sich zwecks Unterkunftssuche an die **Slagelse Touristeninformation** (☎70 25 22 06; www.visitwestseeland.de; Løvegade 7; ⏲Mitte Juni–Aug. Mo–Fr 10–17, Sa bis 15 Uhr, sonst kürzer) wenden.

Sehenswertes

Trelleborg RINGBURG

(www.vikingeborgen-trelleborg.dk; Trelleborg Allé 4; ⏲Juni–Aug. Di–So 10–17 Uhr, April, Mai, Sept. & Okt. Di–Sa 10–16 Uhr) GRATIS Wer sich für Geschichte interessiert, wird von der Wikinger-Ringburg aus dem Jahr 980 begeistert sein, denn sie zählt zu den bedeutendsten Stätten der Wikingerzeit. Es lohnt sich, vor der Besichtigung der Festung und der Rekonstruktion der Wikingerhäuser das kleine, sehr informative **Museum** zu besuchen, das erklärt, wie und wann die Festung erbaut, bewohnt und schließlich aufgegeben wurde. Ausgestellt sind Waffen (Speerspitzen, Äxte, Pfeilspitzen und Schilde) sowie Alltagsgegenstände (Töpferwaren, Bronzeschmuck, Schlösser und Schlüssel, Kämme und Webstuhlgewichte). Auch zwei Skelette vom Burgfriedhof sind zu sehen.

➡ Ringburg

Trelleborg wurde als Ringfestung nach einem genau berechneten Grundriss angelegt und beherbergte eine Garnison von etwa 500 Soldaten sowie Handwerker und einige Frauen und Kinder. Mächtige Erdwälle, 17 m dick und 6 m hoch, zogen sich schützend um die Anlage. Zwei Straßen teilten den Raum innerhalb der Wälle in Viertel. In jedem Viertel umgaben vier Langhäuser einen Innenhof. Die zwei nahen Wasserläufe garantierten Zugang zum Meer und ins Landesinnere.

Die gewaltigen Dimensionen und die strategische Lage von Trelleborg sowie die ähnlich angelegten Festungen von Fyrkat, Nonnebakken und Aggersborg lassen darauf schließen, dass die Bewohner im 10. Jh. zahlreich und sehr mächtig waren. Dendrochronologische Untersuchungen haben ergeben, dass die Bäume für die Palisaden zur Verstärkung der Erdwälle um 980, während der Regierungszeit von Harald Blauzahn, gefällt wurden. Eine Theorie ist, dass Harald die Festungen als Reaktion auf einen Aufstand seines Sohns Sven Gabelbart errichten ließ.

Zahlreiche Hinweise in allen Teilen der Anlage lassen auf eine schwere Bedrohung schließen. Die Festung war nur sehr kurze Zeit bewohnt und wurde 990 aufgegeben. Es gibt Anzeichen eines großen Brandes. Auf dem Wikingerfriedhof zwischen dem inneren und dem äußeren Ringwall befinden sich zwei Massengräber mit den Überresten von Männern im Alter zwischen 20 und 30 Jahren.

REICHE WIKINGER

Funde aus der Wikingerzeit mögen in Seeland nichts Besonderes sein, einzigartig ist aber die Fülle der Funde auf dem Gelände eines Wikingerherrenhofs aus dem 6. Jh. am Westufer des Tissø, einem See zwischen Slagelse und Kalundborg.

Der Komplex ist viermal so groß wie alle anderen bisher entdeckten Herrenhöfe der Wikingerzeit. Es wird daher vermutet, dass er als Landsitz, Jagdhaus, Festgebäude oder Kultzentrum (es wurden 20 Thorhämmer gefunden) des Königshauses diente – oder mehrere Zwecke zugleich erfüllte. Da keine Gräber gefunden wurden, nehmen die Archäologen an, dass die Anlage nicht ständig bewohnt war.

Einige Experten gehen davon aus, dass es sich um die Residenz der frühen Wikingerkönige handelt. Zahlreiche Stücke, die aus England, Irland, Deutschland und Norwegen stammen, weisen jedenfalls darauf hin, dass die Nutzer ihren Reichtum großteils militärischen Abenteuern und der Plünderei verdankten – und daher zur Elite der Wikingergesellschaft gehört haben müssen.

Seitdem 1995 mit planmäßigen Ausgrabungen begonnen wurde, sind über 12 000 Gegenstände entdeckt worden. Doch nicht nur die schiere Menge, sondern auch der hohe Wert der Funde hat beträchtliches Aufsehen erregt. Eine Fülle arabischer und nordischer Münzen, wunderschön gearbeitete Silberbroschen, Schmuckanhänger in Tiergestalten aus Bronze, eine goldene Türangel, ein Stimmwirbel für eine Harfe sowie kostbare Schwertgriffe und Steigbügel, alle aus der Zeit zwischen 500 und 1050, sind nur ein kleiner Teil der Schätze, die dort freigelegt wurden. Die besten Stücke sind im Kopenhagener Nationalmuseum (S. 45) ausgestellt, wie z. B. ein Halsring aus massivem Gold, der 1,8 kg wiegt.

DER GROSSE BELT

Die 18 km lange **Storebælts-forbindelsen** (Verbindung über den Großen Belt; www.storebaelt.dk; einfache Maut Motorrad 125 Kr, kleines/mittelgroßes/großes Auto 125/235/360 Kr) ist der Traum aller Ingenieure. Sie besteht aus zwei Brücken, einer Insel und einem Tunnel für die Autobahn E20 zwischen Seeland und Fünen, der größten und der drittgrößten Insel des Landes – eine atemberaubende Konstruktion. Die Spitzen der beiden 254 m hohen Pylone der Ostbrücke zwischen Seeland und der Insel Sprogø sind die höchsten Punkte in ganz Dänemark. Die Westbrücke führt von Sprogø weiter nach Fünen. Beide Brücken bieten besonders abends und nachts einen faszinierenden Anblick, wenn sie in der Dunkelheit glitzern.

3 km südlich liegt auf der seeländischen Seite der Ort **Korsør**, dank der Lage an der schmalsten Stelle zwischen Seeland und Fünen einst ein trubeliger Fährhafen. Durch die Eröffnung der Straßenverbindung über den Großen Belt änderte sich das, und der ehemalige Verkehrsknotenpunkt wurde ein Opfer des Fortschritts. Zwar ist die Stadt eigentlich nicht weiter sehenswert, sie beherbergt jedoch das **Korsør By og Overfartsmuseum** (Stadt- und Fährmuseum Korsør; www.byogoverfartsmuseet.dk; Søbatteriet 3; ⏲Mai–Mitte Sept. Di–So 11–16 Uhr) GRATIS. Das Museum ist den Fähren und Eisbrechern gewidmet, die in den vergangenen zwei Jahrhunderten über den Großen Belt kreuzten.

Korsørs neuer Bahnhof liegt 3 km nördlich der Stadt an der Storebælt-Verbindung, an der Strecke zwischen Seeland und Fünen. Züge nach Kopenhagen (138 Kr, 1 Std.) und Odense (146 Kr, 30 Min.) verkehren etwa halbstündlich. Zwischen dem Bahnhof und dem Zentrum von Korsør pendeln die Nahverkehrsbusse 460, 901 und 908 (26 Kr, 10–15 Min.).

Auch über 1000 Jahre nach seiner Errichtung ist der Ringwall noch perfekt erhalten. Die Holzkonstruktionen der Gebäude sind natürlich längst zerfallen. Doch Pfostenlöcher und Giebelenden wurden mit Beton ausgegossen, so dass die Grundrisse klar zu erkennen sind. Vom grasbedeckten Wall aus ist die Geometrie der Festung deutlich erkennbar. Grasende Schafe verbreiten eine ruhige, zeitlose Stimmung.

➡ Rekonstruktionen

Mehrere Gebäude der Wikingerzeit wurden mit authentischen Materialien und Methoden rekonstruiert. Am beeindruckendsten ist der Nachbau des Langhauses, das 1941 im Stabbaustil errichtet wurde. Wer still auf einer der Schlafbänke entlang der Mauern sitzt und den Schwalben zusieht, die durch die Türöffnungen und den Schornstein flitzen, würde sich wohl nicht wundern, wenn plötzlich ein ehemaliger Festungsbewohner hereinträte.

Mittlerweile haben die Archäologen ihre Vorstellung von der Architektur eines Langhauses geändert. Heute sind sie überzeugt, dass es keine äußere Galerie gab und dass das Dach viel tiefer heruntergezogen war. Trotzdem hundert Punkte für die Bemühungen!

Eine Hand voll dicht gedrängter Nachbauten bilden Trelletorp, ein kleines Wikingerdorf. Kostümierte Angestellte gehen darin Tätigkeiten der damaligen Zeit nach: Sie schärfen Äxte, hacken Holz und backen Brot. Von Juni bis August werden auch Veranstaltungen für Kinder angeboten, z. B. Vorführungen im Bogenschießen und Töpferkurse.

ℹ An- & Weiterreise

AUTO

Wer von Slagelse mit dem Auto kommt, folgt dem Strandvejen bis zu seinem Ende im Dorf Hejninge und dann noch 1 km den Schildern bis Trelleborg.

BUS & ZUG

Montags bis freitags fährt die Buslinie 439 von Slagelse nach Trelleborg (26 Kr, 12 Min.). Es verkehren etwa sieben Busse pro Tag. Der erste fährt um 7 Uhr am Bahnhof in Slagelse ab, der letzte, der noch während der Öffnungszeit des Museums ankommt, um 14.56 Uhr (Juni–Aug.) bzw. 13.56 Uhr (April, Mai, Sept. & Okt.).

Zwischen Kopenhagen und Slagelse (121 Kr, 1 Std.) verkehren regelmäßig Züge.

TAXI

Die Taxifahrt von Slagelse nach Trelleborg kostet unter der Woche etwa 190 Kr, am Wochenende ca. 220 Kr. Taxis können bestellt werden bei **DanTaxi** (☎70 25 25 25).

Vordingborg

11 750 EW.

Vordingborg ist heute vor allem als Tor zu den südlichen Inseln von Seeland bekannt; in der frühen dänischen Geschichte hat die Stadt aber eine entscheidende Rolle gespielt. Vordingborg war unter Waldemar I. (Waldemar der Große), der dafür berühmt ist, dass er das dänische Königreich 1157 nach einem Bürgerkrieg wieder zusammenführte, königliche Residenz und das Machtzentrum des Ostseeraums. Hier unterzeichnete Waldemar II. (Waldemar der Sieger) 1241 das Jütische Recht, eine zivile Gesetzesordnung, die festlegte, dass rechtmäßige Gesetze auf einer objektiven und unabhängigen Rechtsprechung basieren mussten. Die Gesetzesordnung war ein Vorreiter des nationalen dänischen Rechts.

Geschichte wird lebendig im brandneuen Multimediamuseum von Vordingborg, in Danmarks Borgcenter. Das Museum steht auf dem Gelände der berühmten mittelalterlichen Festung. Hier befindet sich auch das städtische Wahrzeichen, der Gänseturm, der heute Teil des Museums ist.

Nur eine kurze Fahrt von der Stadt liegt die Halbinsel Knudshoved Odde mit Wiesen und schmalen, felsigen Stränden – perfekt für einen Sprung ins Wasser, wenn die Temperatur es erlaubt.

Sehenswertes

Danmarks Borgcenter MUSEUM

(Dänisches Burgenzentrum; www.danmarksborgcenter.dk; Slotsruinen 1; Erw./Kind 115 Kr/frei; ⏲tgl. 10–17 Uhr) Den Ruinen von König Waldemars großem Vordingborg Slot wurde mit der Eröffnung des Dänischen Burgenzentrums neues Leben eingehaucht. Das High-Tech-Museum zeigt die Geschichte des Schlosses und Aspekte mittelalterlicher Macht, Politik und des Burgenlebens in Dänemark. Besucher ergründen interaktiv mit iPads Themen wie die Taktiken der Könige, um Macht zu gewinnen und zu erhalten, und können sich über die historischen Exponate des Museums informieren, wie z. B. das Kettenhemd aus dem 15. Jh., das fast 11 kg wiegt.

Auf dem Außengelände stellt das iPad mithilfe digitaler Rekonstruktionen das ursprüngliche Bauwerk nach. Für Kinder gibt es besondere Angebote, wie Geisterjagden zwischen den Ruinen. Mit der Eintrittskarte hat man auch Zugang zum **Gåsetårnet** (Gänseturm), dem einzigen Überbleibsel der einst mächtigen Festung.

Vor Frue Kirke KIRCHE

(Kirketorvet; ⏲Juni–Aug. Mo–Fr 10–15, sonst bis 14 Uhr) Westlich der Algade erhebt sich der Ziegelbau der Vor Frue Kirke (Liebfrauenkirche). Den ältesten Teil bildet das Kirchenschiff aus der Mitte des 15. Jhs. Sie ist mit erstklassigen Fresken ausgeschmückt und beherbergt einen barocken Altaraufsatz von Meister Abel Schrøder von 1642.

Aktivitäten

Knudshoved Odde WANDERN

Wer mit dem eigenen Fahrzeug unterwegs ist, kann auf der 18 km langen Halbinsel Knudshoved Odde westlich von Vordingborg in der als „Bronzezeitliche Landschaft“ bekannten Region wandern. Die Wege führen durch Moore und über Wiesen, vorbei an Schlehdorn, Heckenkirschen und wilden Rosen. Hier weidet auch eine kleine Herde amerikanischer Bisons, die von der Familie Rosenfeldt, der die Halbinsel gehört, angesiedelt wurde. Der Wanderweg beginnt an einem Parkplatz (15 Kr) etwa auf halber Länge der Halbinsel am Knudskovvej.

Schlafen

Danhostel Vordingborg HOSTEL €

(☎55 36 08 00; www.danhostel.dk/vordingborg; Præstegårdsvej 18; B 150 Kr, EZ/DZ 450/600 Kr; P) Das Hostel mit 66 Betten liegt 2 km nördlich der Stadt in einer reizvoll ländlichen Gegend, umgeben von Spazierwegen und Seen. Die Zimmer sind ansprechend, und zum Service gehören u. a. Münzwaschmaschinen.

Hotel Kong Valdemar HOTEL €€

(☎55 34 30 95; www.hotelkongvaldemar.dk; Algade 101; EZ/DZ inkl. Frühstück 595/795 Kr; P WiFi) Das Hotel liegt praktisch direkt gegenüber von Gåsetårnet und Danmarks Borgcenter. Die 60 einfachen, altbackenen Zimmer könnten eine Erneuerung gebrauchen, aber alle haben ein eigenes Bad.

Essen

Restaurant Borgen DÄNISCH, INTERNATIONAL €€

(Slotsruinen 1; mittags 80–165 Kr, 2-/3-Gänge abends 295/335 Kr; ⏲tgl. 10–17, Do–Sa auch 18–21 Uhr) Gekalkte Wände im Fachwerkstil und schwarze, tief hängende Lampen prägen das schicke Café-Restaurant im Burgenzentrum. Aus saisonalen Zutaten der Region werden geschmackvolle Mittagsgerichte wie Smørrebrød und leckere Burger mit Zwiebelmarmelade und Gemüsechips gezaubert.

Abends gibt es gewöhnlich eine Vorspeise, ein Hauptgang und ein Dessert, die täglich den besten Zutaten des Morgens gewidmet werden.

Das könnten z. B. gebackener Kabeljau mit roter Bete und Gartenkräutern sein oder zartes Kalb mit Gemüse der Saison und einer Soße aus schwarzen Johannisbeeren. Die Küche macht auch Vegetarier glücklich.

Cafe Oscar DÄNISCH, INTERNATIONAL €€
(www.babette.dk; Nordhavnsvej 8; Gerichte 85–195 Kr; ⏲ Juni–Aug. Di–So 12–16 & 17–21 Uhr, sonst kürzer) Das saisonal geöffnete Oscar in einer alten Pökelhütte am Hafen hat sein Publikum schnell erobert. Es wird vom selben Team geführt wie das Babette – man ist also in kompetenten Händen –, aber zu erschwinglicheren Preisen als dort. Das Angebot an einfachen, frischen Speisen ist klein, aber fein. Mittags locken Salate, Sandwiches und ein Gourmetburger, abends eine Suppe, ein Nudelgericht sowie je ein Hauptgericht mit Fisch und Fleisch … und, nicht zu vergessen, der überaus köstliche Burger. Für Vegetarier gibt's eine dänische Käseplatte mit Oliven und Brot.

★ **Babette** DÄNISCH, EUROPÄISCH €€€
(☎ 55 34 30 30; www.babette.dk; Kildemarksvej 5; 5-Gänge-Menü 645 Kr; ⏲ Mi–Fr 12–15 & 18–21, Sa 18–21 Uhr) Das 1 km nördlich des Zentrums gelegene Babette ist unbedingt einen Besuch wert. Das Lokal verbindet ein großartiges gastronomisches mit einem ästhetischen Erlebnis. Es wurde nach dem Film *Babettes Fest* benannt und ist bekannt für seine originelle europäische Küche. Aus überwiegend regionalen Produkten der Saison werden teils ungewöhnliche Kombinationen kreiert. Wie wär's z. B. mit geschmortem Duroc-Schweinefleisch mit Obstsirup, Kreuzdorn und Möhren?

Neben einer hervorragenden Küche bietet das Babette Panoramablicke über Land und Meer. Reservieren!

ℹ Praktische Informationen

Post (Prins Jørgens Alle 10–12; ⏲ Mo–Fr 10–17.30, Sa 9–13 Uhr) Im Gebäude des Kvickly-Supermarkts, nördlich von Algade.

Touristeninformation (☎ 55 34 11 11; www.visitmoen.de; Algade 97; ⏲ Mo–Fr 10–15 Uhr) Gegenüber von Danmarks Borgcenter und Gåsetårnet. Wenn hier geschlossen ist, gibt es auch im Burgenzentrum Infos.

ℹ An- & Weiterreise

Vordingborg liegt rund 28 km südlich von Næstved an der Straße 22. Nach Møn sind es 13 km via Straße 59.

Der Zug von Kopenhagen (138 Kr) nach Vordingborg fährt etwa 65–75 Minuten. Wer nach Møn reisen will, muss in Vordingborg von der Bahn in den Bus umsteigen.

Møn, Falster & Lolland

Inhalt ➜

Gut essen

- La Comida (S. 142)
- Oreby Kro (S. 142)
- Lollesgård (S. 136)
- David's (S. 136)
- Portofino (S. 139)

Schön übernachten

- Oreby Mølle (S. 142)
- Tohøjgaard Gæstgivern (S. 140)
- Liselund Ny Slot (S. 138)

Auf nach Møn, Falster & Lolland

Die „dänischen Südseeinseln“ verkörpern die Idylle des ländlichen Skandinaviens, mit wogenden Weizenfeldern, Sandstränden und jungsteinzeitlichen Gräbern.

Die interessanteste der drei Inseln ist Møn. Sie besitzt die ideale Urlaubsgröße, ein künstlerisches Flair und eine dänische Rarität: Klippen! Vier Kirchen sind mit erstaunlichen mittelalterlichen Fresken geschmückt. Nicht zu vergessen die traumhaften Strände, verwunschenen Wälder und gemütlichen Pensionen, die zum perfekten Inselparadies beitragen.

Falster ist bekannt und beliebt für seine Strände, die im kurzen dänischen Sommer die Sonnenanbeter anlocken. Highlights in der endlosen Feld- und Waldlandschaft von Lolland, das weiter im Westen liegt, sind das zauberhafte Städtchen Maribo und Publikumsmagneten wie der Wasserpark Lalandia und der Knuthenborg Safaripark.

Alle drei Inseln sind über Brücken mit Südseeland verbunden.

Reisezeit

Die Orchideen von Møn blühen zwischen Mai und August. Die Jahreszeit ist generell gut für Urlaub, denn alle Attraktionen sind geöffnet. Die berühmten Strände von Falster sind im Juli und August überfüllt. Ideal für alle Inseln ist der September; das Wetter ist meist schön und besonders die Familienattraktionen von Lolland weniger voll.

Die ruhigste Zeit ist der Winter; dann bleiben viele Unterkünfte und Geschäfte an der Küste geschlossen, die Landschaft scheint sich einzuigeln.

Highlights

1 An den strahlend weißen Kalkfelsen **Møns Klint** (S. 138) auf Fossilienjagd gehen

2 Im **Middelaldercentret** (S. 141) bei Nykøbing F den Ritter oder das Burgfräulein in sich entdecken

3 In der **Elmelunde Kirke** (S.137) und der **Fanefjord Kirke** (S. 139) auf Møn mittelalterliche Fresken auf sich wirken lassen

4 Am Sandstrand von **Marielyst** (S. 143), Hauptbadeort auf Falster, sonnenbaden, schwimmen und relaxen

5 In der eleganten und liebevoll restaurierten **Oreby Mølle** (S. 142) nächtigen

6 Mit dem Auto durch den **Knuthenborg Safaripark** (S. 146) in Bandholm fahren

7 Die Kids mit einem Besuch im Erlebnisbad **Lalandia** (S. 146) glücklich machen

MØN

9580 EW.

Kaum einer, der sich nicht in Møn verliebt, sie ist die zauberhafteste der südlichen Inseln. Ihre größte Attraktion ist die spektakuläre weiße Steilküste, Møns Klint. Die Insel ist sanft gewellt, langgestreckt und von einem tiefgrünen Wald bewachsen. Das zauberhafte Flair hat viele Künstler auf die Insel gelockt.

Inspiration bieten auch traumhafte, endlose Sandstrände mit kleinen verborgenen Buchten, jungsteinzeitliche Gräber und mittelalterliche Kirchen, die mit wunderlichen Fresken bemalt sind.

Der schwere Lehmboden von Møn zieht auch Töpfer in die Gegend (auf *keramik*-Schilder an der Straße achten), und die Feldfrüchte und der frische Fisch haben kulinarische Glanzlichter hervorgebracht.

Also rauf aufs Fahrrad, Motorrad oder ins Auto (auf Møn gibt es keine Züge, und die Busanbindung ist dürftig) und los auf Entdeckungstour über eine Insel, die sicher bald zur Lieblingsecke Dänemarks werden wird.

An- & Weiterreise

Nach Møn nimmt man den Zug bis Vordingborg in Südseeland und steigt dann in den Bus um. Die Züge von Kopenhagen nach Vordingborg (138 Kr, 1½ Std.) fahren bis etwa Mitternacht mindestens jede Stunde.

Die Abfahrt von Bus 660R (manchmal auch Linie 664) von Vordingborg in Südseeland nach Stege (48 Kr, 45 Min.) auf Møn ist auf die Ankunft der Züge abgestimmt. Werktags machen sich die Busse halbstündlich auf den Weg, am Wochenende stündlich.

Für Autofahrer: Die Autobahn E47 führt nach Falster und Lolland. Um nach Møn zu gelangen, die E47 an der Ausfahrt 41 verlassen und auf der Straße 59 nach Osten fahren. Brücken verbinden Møn und Falster (dazwischen liegt noch die kleine Insel Bogø).

Unterwegs vor Ort

Die Straße 287, die von Osten nach Westen quer über die Insel führt, ist die Hauptverkehrsstraße auf Møn. Viele hübsche Landstraßen zweigen von ihr ab – zum Teil geht es dann nur langsam voran.

BUS

In Stege fahren alle Møn-Busse ab. Der Fahrpreis richtet sich nach der Anzahl der Zonen und beträgt höchstens 24 Kr. Je nach Saison und Wochentag fahren mehr oder weniger Busse.

Am häufigsten verkehren die Busse der Linie 667 von Stege via Keldby, Elmelunde und Magleby nach Klintholm Havn (24 Kr, 30 Min.).

Linie 678 verkehrt stündlich zwischen Stege und Møns Klint (24 Kr, 35 Min.). Der letzte Bus nach Møns Klint verlässt Stege um 17.40 Uhr. An der Steilküste fährt der letzte Bus um 18.06 Uhr (18.36 Uhr am Wochenende).

FAHRRAD

Point S (Storegade 91; 65 Kr pro Tag; ⌚Mo–Fr 7.30–17, Sa 9–13 Uhr) in Stege verleiht Fahrräder, genauso wie der Supermarkt Min Købmand in Klintholm Havn. Møn-Karten für Radfahrer bekommt man in der Touristeninformation in Stege.

Stege

3830 EW.

Die Inselhauptstadt Stege ist das Tor nach Møn und der belebteste Ort der Insel. An der einzigen, schmalen Hauptstraße befindet sich die Touristeninformation, eine Handvoll netter Cafés, kleine Läden, ein Kino und (ganz wichtig) eine Mikrobrauerei. Die Insel ist so klein, dass Stege und seine Einkaufsmöglichkeiten von jedem Winkel schnell erreichbar ist.

Im Mittelalter gehörte Stege dank des lukrativen Heringsfangs zu den reichsten Provinzstädten Dänemarks. Bis 1534 war der ganze Ort befestigt, dann rissen die Einwohner die Burgmauern nieder. Teile des Befestigungswalls sind noch zu erkennen, etwa nahe dem Campingplatz.

Sehenswertes & Aktivitäten

Zwischen Stege und Møns Klint sowie zwischen Stege und Bogø sind Radwege ausgeschildert. In der Touristeninformation sind Wander- und Fahrradkarten erhältlich.

Thorsvang MUSEUM

(thorsvangdanmarkssamlermuseum.dk; Thorsvangs Allé 7; Erw./Kind 50/25 Kr; ⌚Mitte April–Mitte Okt. 10–17 Uhr, sonst kürzer) Thorsvang besteht aus 30 nachgebauten Geschäften und Werkstätten (darunter ein Barbier, ein Metzger, eine Bäckerei, aber auch eine Kinolobby mit alten Filmmagazinen, Süßigkeiten und einem italienischen Filmprojektor von 1967). Es hat sehr viel Atmosphäre und auf jedes Detail wird peinlich genau geachtet. Ein kleiner Teil des Museums ist Oldtimern gewidmet. Die Stars der Ausstellung sind von Ford das Modell T (1927) und das erste Modell A (1928).

Møn

Thorsvang liegt 800 m südwestlich der Touristeninformation von Stege an der Straße 59.

Stege Kirke KIRCHE
(Provstesstræde; ⌚9–17 Uhr) Die Kirche wurde im 13. Jh. von der einflussreichen Hvide-Familie erbaut. Im Inneren schauen von Wänden und Decke affenartige Gesichter, die auf Ästen wachsen, ein Jäger, der undefinierbare Tiere jagt, und eine traurige Gestalt mit großen Flecken (Masern?) auf den Betrachter herab – die rot-schwarzen Fresken aus dem 14. und 15. Jh. sind rührend naiv. Die Reliefs auf der prächtig verzierten Kanzel sind von 1630.

Empiregården MUSEUM
(Storegade 75; Erw./Kind 40 Kr/frei; ⌚Di–So 10–16 Uhr) Der Empiregården gehört zum Møn Museum und dokumentiert die regionale Kulturgeschichte. Zu den archäologischen Funden aus der Steinzeit bis zum Mittelalter zählen Skelette, Schmuck und der älteste Kaugummi der Welt: Er wurde vor 11 000 Jahren in einer Siedlung nördlich von Vordingborg gekaut. Außerdem sind Einrichtungsgegenstände aus dem 19. Jh., Spielzeug, Münzen und Töpferwaren ausgestellt.

Stege

Sehenswertes
1 Empiregården ... D1
2 Mølleporten ... D1
3 Stege Kirke ... B2

Schlafen
4 Motel Stege ... B2

Essen
5 Bryghuset Møn ... C2
6 David's ... B2
7 Din Bager ... C2
8 Kiwi Mini Pris ... C2
9 SuperBrugsen ... B3

Møn

Highlights
1 Fanefjord Kirke A4
2 Keldby Kirke C3

Sehenswertes
3 Elmelunde Kirke C2
4 Geocenter Møns Klint D3
5 Grønsalen A4
6 Liselund D2
7 Thorsvang B3

Schlafen
8 Bakkegaard Gæstgiveri D3
9 Camping Møns Klint D3
10 Danhostel Møns Klint D3
11 Liselund Ny Slot D2
12 Nyord B&B A2
13 Pension Elmehøj C3
14 Tohøjgaard Gæstgivern B3

Essen
15 Damme Kro A4
Liselund Ny Slot Cafe .... (s. 11)
Lollesgård .... (s. 12)
16 Møn Is B3

Mølleporten HISTORISCHES BAUWERK
(Storegade) Von den drei mittelalterlichen Stadttoren in Stege steht heute nur noch die Mühlenpforte an der Storegade. Sie ist eines der besterhaltenen Stadttore des Landes.

Schlafen

Die Touristeninformation gibt eine Broschüre mit B&Bs der Insel heraus. Gäste dürfen das Telefon der Touristeninformation kostenlos benutzen, um eine Unterkunft zu kontaktieren. Ein privates EZ/DZ kostet im Durchschnitt 300/400 Kr.

Motel Stege MOTEL €€
(☎55 81 35 35; www.motel-stege.dk; Provstestræde 4; EZ 550–650 Kr, DZ 575–750 Kr; P 📶) Die beste Wahl mitten in Stege. Die zwölf Zimmer sind einfach, aber adrett. Die im Hauptgebäude sind über eine Außentreppe zugänglich und bieten Platz für vier Personen, die Zimmer im Anbau verfügen über eine Kochmöglichkeit. Alle Gäste dürfen die gemütliche Gemeinschaftsküche und den Speiseraum nutzen. Waschmaschine und Trockner sind weitere Annehmlichkeiten.

Essen

Die Bäckerei **Din Bager** (Storegade 36; süße Stücke ab 11 Kr; ⌚Mo–Fr 5–17, Sa 6–14, So 6–13 Uhr) ist empfehlenswert, außerdem gibt es in Stege mehrere große Supermärkte, z. B. **SuperBrugsen** (Vasen 3; ⌚Mo–Fr 9–19, Sa 8–18, So 10–18 Uhr). Am zentralsten gelegen ist **Kiwi Mini Pris** (Storegade 44; ⌚8–22 Uhr).

Stege

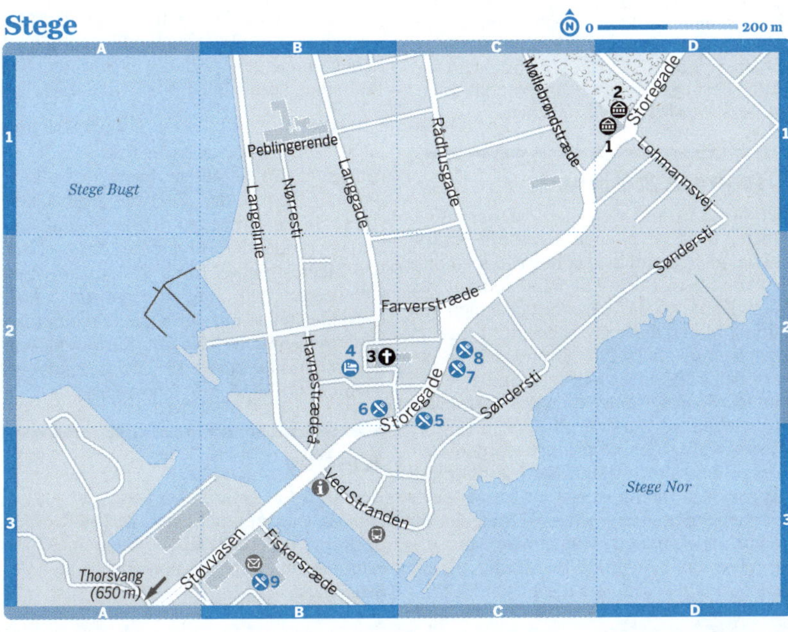

David's INTERNATIONAL €€
(www.davids.nu; Storegade 11A; Gerichte 89–150 Kr; ⌚Mo–Fr 10–17, Sa & So bis 16 Uhr) In Davids Küche werden fabelhafte zeitgenössische Bistrogerichte zubereitet, z. B. die hochgelobte Vorspeisenplatte oder Räucherlachsröllchen und Äpfel mit Forellenmousse und grünem Salat. Die hausgebackenen Kuchen sind genau richtig für Schleckermäuler. An sonnigen Tagen wird im begrünten Hof serviert. Keine Kreditkartenzahlung möglich.

Bryghuset Møn DÄNISCH, INTERNATIONAL €€
(Storegade 18; mittags 65–115 Kr, abends Hauptgerichte 119–180 Kr; ⌚April–Mitte Okt. tgl. 11–21 Uhr, sonst kürzer) Im Hof des Luffes Gård verbirgt sich die bekannte Mikrobrauerei von Møn. Dort bekommt man leckeres Mittagessen wie Smørrebrød (Sandwiches), in Butter gebratenes Fischfilet mit selbst eingelegtem Gemüse und deftige Fleischklopse mit Rotkohl-Gurken-Salat. Abends ist das Speisenangebot weniger vielfältig; gewöhnlich gibt's ein Gericht mit Fleisch und eins mit Fisch – und dazu natürlich eins der feinen Biere aus eigener Herstellung.

Praktische Informationen

Bücherei (Møllebrøndstræde 12; ⌚Mo–Fr 12–16, Sa 10–13 Uhr) Kostenloser Internetzugang.

Post (Støvvasen 3; ⌚Mo–Fr 11–17, Sa 10–12 Uhr) Im Gebäude des SuperBrugsen-Supermarkts.

Touristeninformation (☎55 86 04 00; www.visitmoen.de; Storegade 2; ⌚Juni & Aug. Mo–Fr 9.30–16, Sa 9.30–12.30 & 14.30–16, Juli Mo–Fr 9.30–17, Sa 9.30–12.30 & 14.30–17 Uhr, Rest des Jahres kürzer) Informationen zur Insel. Internet 10 Kr/15 Minuten.

Ulvshale & Nyord

Der beste Strand der Insel ist der unberührte, flach abfallende **Ulvshale-Strand** auf der gleichnamigen Halbinsel 6 km nördlich von Stege. Der weiße Sand stammt von Møns Klint, wo das Meer in tausenden von Jahren Material abgewaschen und hierher geschwemmt hat. Der Strand ist besonders bei Windsurfern beliebt und mit der Blauen Flagge (internationales Öko-Label für nachhaltig genutzte Strände und gute Wasserqualität) ausgezeichnet worden. Parallel zum Strand verläuft die „Hauptstraße" Ulvshalevej. Dahinter erstreckt sich einer der wenigen ursprünglichen Wälder, die Dänemark noch besitzt (Vorsicht, Schlangen!). Er reicht bis zum Ende der Halbinsel, wo eine schmale Brücke zur Insel Nyord führt.

Nyord ist erst seit 1968 mit Møn verbunden. Die einstige Isolation hat das Eiland vor der Erschließung verschont, sodass die einzige Ortschaft (ebenfalls Nyord genannt) bis heute ein zauberhaftes Dörfchen mit reetgedeckten Häusern aus dem 19. Jh. und idyllischen Gärten geblieben ist. Autos sind im Ort nicht erlaubt (außerhalb gibt es einen Parkplatz). Das lauteste Geräusch ist das Zwitschern der Schwalben. Ein Großteil der 5 km² großen Insel, vor allem der Osten, ist von Marschland und Salzwiesen bedeckt. Etwa 1 km westlich der Brücke steht ein **Vogelbeobachtungsturm**, der in dieser flachen Landschaft nicht zu übersehen ist. Zu den hiesigen Vogelarten gehören Fischadler, Turmfalken, Schneeammer, Kampfläufer, Säbelschnäbler, Schwäne, Uferschnepfen, Küstenseeschwalben, Brachvögel und verschiedene Entenarten.

Schlafen & Essen

Nyord B&B PENSION €
(☎55 86 32 57; www.nyord-bb.dk; Aksvej 8, Nyord; EZ/DZ mit Bad 450/575–775 Kr, ohne Bad 375/450 Kr; ⌚April–Okt.; 📶) Wer Ruhe braucht, findet sie garantiert im Nyord B&B. Das Bauernhaus gehört dem leutseligen ehemaligen Seemann Niels Andreasen und seiner Familie und liegt in dem autofreien Dorf, gegenüber dem gemütlichen Restaurant Lollesgård. Die acht weißen Zimmer sind einfach, sauber und komfortabel. Zwei haben eine eigene Toilette; es gibt kein TV. Frühstück kostet 75 Kr. Nur Barzahlung.

Lollesgård DÄNISCH €€
(☎31 39 99 82; www.lolles.dk; Hyldevej 1, Nyord; mittags 45–125 Kr, abends Hauptgerichte 125–345 Kr; ⌚Sommer tgl. 12–21 Uhr, sonst kürzer) Anja Hansens urgemütliches Restaurant fährt erstklassige regionale Erzeugnisse wie Meeresfrüchte, Rind, Wurst, Käse und Gemüse auf. Saisonale und naturbelassene Gerichte stehen auf der Karte, etwa der berühmte gebratene Aal mit Kartoffeln und Petersiliensauce (340 Kr). Mittags gibt es leichtere Gerichte, z. B. Smørrebrød.

Keldby

Keldby, 5 km östlich von Stege, ist vor allem für seine prächtigen Kirchenfresken bekannt. Außerdem gibt es ein kleines Bauernmuseum ein paar Kilometer südlich der Straße 287.

Sehenswertes

★ Keldby Kirke KIRCHE

(Straße 287; ⏲8–16.45 Uhr) Einige der prachtvollsten Fresken Dänemarks finden sich an den Wänden und der Decke dieser Backsteinkirche aus dem 13. Jh. Die ältesten von 1275 zieren die Chorwand. Etwa 100 Jahre jünger ist die beeindruckende Darstellung des Jüngsten Gerichts. Sie zeigt die Erlösten mit den Heiligen, während die Verdammten in eine Hölle mit Dämonen hinabsteigen. Dies ist auch ein Motiv des „Elmelunde-Meisters“ aus dem 15. Jh., dessen abgeklärt dreinblickende Gestalten die Gewölbe zieren.

Essen

Møn Is EISCREME €

(www.moen-is.dk; Hovgårdsvej 4; 2 Kugeln 25 Kr; ⏲Sommer tgl. 11–17 Uhr, sonst kürzer) Eiscremehersteller werben oft mit „frischen Zutaten“, aber frischer als bei Møn Is geht's wirklich nicht: Hier schauen die Kühe, die die Milch für die kalten Köstlichkeiten liefern, beim Schlecken zu. Es gibt Sorbets aus saisonalen Früchten und sahnige Genüsse wie Lakritz. Die Adresse des Bauernhofs bezieht sich zwar auf Stege, aber er liegt tatsächlich 8 km südöstlich des Orts (bzw. 2 km südöstlich von Keldbylille).

Elmelunde

Freskengeschmückte Kirchen gibt es viele in der Region. Nach der Kirche in diesem Dörfchen zwischen Stege und Møns Klint wurde der berühmte Freskenmaler benannt. Die Busse 667 und 678 aus Stege halten direkt davor.

Sehenswertes

Elmelunde Kirke KIRCHE

(Kirkebakken 41; ⏲April–Sept. 8–16.45, sonst bis 15.45 Uhr) Die Kirche von Elmelunde (1080) ist eine der ältesten Steinkirchen Dänemarks. Ihre Gewölbe hat der „Elmelunde-Meister“ bemalt, dessen Freskenmotive von der Schöpfung bis zum Jüngsten Gericht reichen. Zu sehen sind eine riesige Schlange im Garten Eden mit einem menschlichen Kopf, Herodes' Krieger in mittelalterlichen Rüstungen, ein Teufel, der die Verdammten in den Höllenschlund führt, und mehrere Jagdszenen, die an die Vergänglichkeit des Lebens gemahnen.

Schlafen

Pension Elmehøj PENSION €

(☎55 81 35 35; www.elmehoj.dk; Kirkebakken 39; EZ/DZ 310/390 Kr; ⏲Jan.–März geschl.; P @) Die Pension neben der Elmelunde Kirke hat 24 eierschalenfarbene Zimmer, alle mit Gemeinschaftstoilette und -dusche. Gäste dürfen ihr eigenes Bettzeug und Handtücher mitbringen, sonst kann man diese für 50 Kr ausleihen. Die Einrichtung ist etwas institutionell, dafür gibt es eine praktische Gästeküche, ein lauschiges Fernsehzimmer und Trampolins. Der Gastgeber ist sehr herzlich. Kinder unter zwölf Jahre zahlen nur die Hälfte. Frühstück kostet 60 Kr extra.

DIE ELMELUNDE-FRESKEN

Viele der Kirchen auf Møn sind so reich mit Fresken verziert, dass sie mittelalterlichen Kunstgalerien gleichen. Sie sollten den leseunkundigen Bauern die Geschichten der Bibel nahebringen, und die klaren, einfachen Bilder sind bis heute tatsächlich für jeden leicht zu verstehen. Die Darstellungen reichen von den unschuldigen Freuden im Garten Eden bis zu grässlichen Dämonen und dem gähnenden Höllenschlund.

Wer mehrere Kirchen der Region besucht, wird irgendwann das Gefühl haben, alles schon einmal gesehen zu haben. Das liegt daran, dass die meisten Fresken aus dem 15. Jh. von ein und demselben Künstler stammen. Da seine Identität unklar ist, wird er nach der Kirche von Elmelunde einfach „Elmelundemesteren“ (Elmelunde-Meister) genannt. Seine Figuren haben ruhige, emotionslose Gesichter. Die Farbpalette des Meisters ist von warmen Erdtönen geprägt: Rostrot, Senfgelb, Siena, Ziegelrot, Kastanienbraun und Blassblau.

Die Kirchenfresken von Møn, die mit Farbe auf frisch verputzte, noch feuchte Wände und Decken gemalt wurden, gehören zu den besterhaltenen in Dänemark. Ihr Überleben verdanken sie einem glücklichen Zufall. Evangelische Pfarrer hielten die Darstellungen für zu katholisch und ließen sie im 17. Jh. übertünchen. Ironischerweise hat gerade diese Maßnahme, kombiniert mit einer Schutzschicht aus Staub zwischen Fresko und Tünche, die mittelalterlichen Kunstwerke vor Beschädigung und Ausbleichen bewahrt. Erst im 20. Jh. wurde die Tünche entfernt.

Møns Klint & Umgebung

Manchmal wundert es einen, dass die Insel unter dem schieren Gewicht der zahllosen Besucher von Møns Klint im Osten nicht kippt. In Dänemarks ansonsten so flacher Landschaft wirken die Kreidefelsen, die steil aus dem jadegrünen Meer aufragen, besonders beeindruckend – ein 1-A-Postkartenmotiv!

Der Besucherbereich Store Klint umfasst einen Parkplatz (35 Kr), ein Geocenter und ein nettes Café.

Sehenswertes & Aktivitäten

Møns Klint KREIDEFELSEN

Die 128 m hohen Kreidefelsen gehören zu den spektakulärsten Sehenswürdigkeiten Dänemarks. Gleich hinter dem Geocenter Møns Klint führt ein Fußweg nach rechts; bereits dort hat man einen sensationellen Blick auf die Klippen und das Meer. Zum Strand gelangt man über eine nahezu vertikale Holztreppe; schwimmen ist leider nicht möglich, die Strömung ist zu stark. Aber man sollte unbedingt nach Fossilien aus der Kreidezeit Ausschau halten. Im GeoCenter kann man sie anschließend von Experten untersuchen und bestimmen lassen.

Ein 1½-stündiger, etwas anstrengender Spaziergang folgt der Küste erst in südlicher Richtung und führt dann im Bogen durch einen dichten, kühlen Wald mit knorrigen Buchen wieder empor. Auf dem Rückweg gibt es eine absolut umwerfende Aussicht von den Felsen aufs Meer.

Die Kreideklippen entstanden in der letzten Eiszeit. Damals wurden kalkhaltige Ablagerungen – die Überreste von Millionen von Muscheln – vom Meeresboden an die Oberfläche gedrückt. Interessanterweise schimmern die Klippen aus der Nähe nicht einfach nur weiß, sondern die Farbskala reicht von Orange über Grau bis Violett. Außerdem sind sie von Schichten grau-schwarzer Feuersteine durchzogen. Sie sind der landesweit einzige Brutort des Wanderfalken.

GeoCenter Møns Klint MUSEUM

(www.moensklint.dk; Stengårdsvej 8, Borre; Erw./Kind 120/80 Kr; ⌚Ende Juni–Anfang Aug. 10–18 Uhr, sonst kürzer) Das hochmoderne GeoCenter Møns Klint am Store Klint vermittelt Geologie ungemein spannend. Phantasievoll arrangierte Ausstellungen erklären die Entstehung der Klippen (auf Dänisch, Deutsch und Englisch), es gibt eine übersichtlich gestaltete Fossiliensammlung und fremdartig aussehende Meereskreaturen aus der Kreidezeit. Kinder sind begeistert von dem interaktiven Naturkundezentrum. Überall laufen Experten herum, die Fragen beantworten. Im oberen Stock können Besucher im Café bei Kaffee, Kuchen oder belegten Broten über den Einfallsreichtum der Natur nachdenken.

Liselund GARTENANLAGE

(⌚Führungen Herrenhaus Mi–So 10.30, 11, 13.30 & 14 Uhr) Den durch und durch romantischen Garten ließ der französische Adelige Antoine de la Calmette Ende des 18. Jhs. für seine Frau anlegen (der Name bedeutet „Lises Hain"). Pfade winden sich unter ausladenden Kastanien an Wasserfällen, Bächen und Weihern vorbei zu einem Aussichtspunkt auf den Meeresklippen. Die Bauwerke erinnern an exotische Orte: ein chinesischer Pavillon, griechische „Ruinen" und eine ägyptische Pyramide. Ein wahrer Traum, höchstens gelegentlich unterbrochen durch die heiseren Schreie der Pfauen.

Schlafen & Essen

Camping Møns Klint CAMPINGPLATZ €

(☎55 81 20 25; www.campingmoensklint.dk; Klintevej 544, Borre; Stellplätze 90/66/30 Kr pro Erw./Kind/Zelt; ⌚Mitte April–Okt.; @📶🏊) Der riesige, familienfreundliche 3-Sterne-Platz liegt 3 km nordwestlich von Møns Klint. Die Ausstattung ist gut: 25-Meter-Freibad, Gästeküche, Münzwaschmaschinen, Tennisplatz, Minigolf, Fahrrad- (100 Kr/Tag) und Bootsverleih (50 Kr/Std.), Internet und Laden. Im Hochsommer gibt es geführte Kajaktouren (350 Kr) und Naturworkshops in englischer, deutscher und dänischer Sprache.

Danhostel Møns Klint HOSTEL €

(☎55 81 24 34; www.danhostel.dk/hostel/danhostel-moens-klint; Klintholm Havnevej 17A, Borre; B/EZ/DZ/3BZ ab 180/340/380/470 Kr; P📶) Das Hostel mit vielen Schatten spendenden Bäumen und hoppelnden Hasen liegt lauschig am See 3 km nordwestlich von Møns Klint. Es gibt 29 Zimmer, gemütliche Sitzecken und jede Menge Kinderspielzeug. Leihfahrräder kosten 70 Kr pro Tag. Von Stege mit Bus 667.

★ **Liselund Ny Slot** HOTEL €€

(☎55 81 20 81; www.liselundslot.dk; Langebjergvej 6; EZ/DZ mit Frühstück 800/1200 Kr, 2. Übernachtung DZ 900 Kr; P) Wer gern in einem romantischen Herrenhaus aus dem 19. Jh. nächtigen möchte, ist hier gerade richtig. Im Liselund Ny Slot sind die Wände förmlich mit Kunst tapeziert und die 17 Zimmer (jedes nach einem anderen Märchen von Hans

Christian Andersen benannt) sind schlicht, aber doch elegant eingerichtet (alte Holzdielen inklusive). Der Blick geht auf den friedlichen Garten hinaus. Im hauseigenen **Café** (Kuchen 25 Kr, Mittagessen 85–135 Kr; ⌚Ende Juni–Anfang Aug. tgl. 10–18 Uhr, sonst kürzer) sitzt man auf einer ebenfalls märchenhaften Wiese.

Im Hotel kann auch zu Abend gegessen werden, die Küche ist aber nicht herausragend.

Bakkegaard Gæstgiveri PENSION €€
(☎55 81 93 01; www.bakkegaarden64.dk; Busenevej 64, Busene; EZ mit/ohne Aussicht 390/440 Kr, DZ mit/ohne Aussicht 650/550 Kr; P @) Künstler und Kunstbeflissene werden die Pension der Maler Vivi Schlechter und Uffe Hofmann Andersen lieben. Sie liegt nur ein paar Schritte von Møns Klint in einer stillen Ecke mit Meerblick und hat zwölf Zimmer, die von 13 lokalen Künstlern gestaltet wurden. Die Unterkunft wird von einer kleinen Galerie ergänzt, es finden gelegentlich Malkurse statt. Das hauseigene Café/Restaurant serviert Gerichte, die meist aus biologisch und lokal angebauten Zutaten bestehen.

Klintholm Havn

Das verschlafene Dorf erwacht erst im Sommer richtig zum Leben, wenn das große Ferienzentrum seine Pforten öffnet. Dann beleben deutsche Touristenjachten und Klintholmer Fischerboote die Szenerie. Scharen von Sonnenanbetern strömen zum langen **Sandstrand**. Der Ostabschnitt ist noch ziemlich ursprünglich, mit feinem, grauem Sand, kleinen Dünen und toller Brandung. Zum Schwimmen ist der Abschnitt westlich von Klintholm besser geeignet.

Eine originelle Art, die weißen Klippen zu bewundern, ist die zweistündige **Bootsfahrt** (☎21 40 41 81; www.sejlkutteren-discovery.dk; Erw./Kind 175/90 Kr) ab Klintholm Havn (Ende Juni–Ende Aug. tgl. um 10, 12, 14, 16 und 19 Uhr, Mitte April–Ende Juni um 12 und 14, manchmal auch um 16 Uhr).

Der **Supermarkt Min Købmand** (Thyravej 6; ⌚7–20 Uhr) vermietet Räder für 70 Kr pro Tag.

Essen

Klintholm Røgeri FISCH & MEERESFRÜCHTE €€
(Thyravej 25; Buffet mittags/abends 125/165 Kr; ⌚12–16 & 18–21 Uhr; 📶) In der Räucherei am Hafen wird ein köstliches Buffet mit gegrillten, geräucherten und marinierten Meeresfrüchten aufgefahren. Kinder unter zwölf Jahre zahlen nur die Hälfte.

Portofino ITALIENISCH €€
(Thyravej 4A; Pizza 59–99 Kr, Pasta 59–118 Kr, Hauptgerichte 128–188 Kr; ⌚Juli–Mitte Aug. Mi–Mo 13–21, Di 17–21, sonst Do–So 17–21 Uhr) Das bescheidene Portofino versorgt seine Gäste mit guter italienischer Küche. Die Pizza ist authentisch und die Pasta *al ragù* schmeckt wie bei Mamma. Wer Glück hat, kommt sogar in den Genuss eines kleinen Konzerts: Besitzer Adriano aus der Toskana spielt Keyboard.

Westliches Møn

Auf den engen Landsträßchen der westlichen Inselhälfte gibt es mehr Fasane als Wanderer. Wer die wenigen historischen Sehenswürdigkeiten besuchen möchte, braucht ein eigenes Transportmittel, da Busse nur auf der Straße 287 verkehren.

Sehenswertes

★ **Fanefjord Kirke** KIRCHE
(Fanefjordvej; ⌚8–18 Uhr) Die Kirche aus dem 13. Jh. besitzt wunderbare Fresken. Das älteste Fresko stammt von 1350 und stellt den hl. Christophorus dar, der Christus über eine Furt trägt. Die meisten Gewölbe sind mit naiven Bildern, der „Armenbibel", des Elmelunde-Meisters bemalt. Einzigartig sind z. B. Darstellungen von Judas, dem zwei Teufel die Seele entreißen, Maria am Jüngsten Tag, die die Waagschale zugunsten der Menschheit neigt, und ein hämischer Dämon mit knubbeligen Knien, der zwei Frauen beim Klatsch belauscht.

Ganggräber ARCHÄOLOGISCHE STÄTTE
GRATIS Auf Møn gibt es sage und schreibe 119 Megalithgräber aus der Zeit von 4000 bis 1800 v. Chr. Zwei der bekanntesten Ganggräber (*jættestuer* oder „Riesenzimmer") sind Kong Asgers Høj und Klekkende Høj, 2 km außerhalb von Røddinge. **Kong Asgers Høj** (Kong Asgersvej) nordwestlich von Røddinge ist das größte Ganggrab Dänemarks. Die Grabkammer ist 10 m lang und mehr als 2 m breit. **Klekkende Høj** südöstlich von Røddinge ist das einzige Doppelganggrab auf Møn. Die nebeneinander liegenden Eingänge führen in eine 7 m lange Grabkammer.

Vom winzigen Parkplatz aus geht's 400 m quer über einen Acker.

Grønsalen ARCHÄOLOGISCHE STÄTTE

Ein kurzer Weg von der Fanefjord Kirke (vor der Kirche links) führt zum Hügelgrab Grønsalen, einem der längsten Megalithgräber Dänemarks. Eine Besichtigung von innen ist nicht möglich, aber allein die Größe ist sehr beeindruckend. Es ist 102 m lang und von 145 riesigen, rosa glitzernden Felsblöcken umgeben.

Schlafen & Essen

★ Tohøjgaard Gæstgivern PENSION €€

(☎55 81 60 67; www.tohoejgaard.com; Rytsebækvej 17, Hjelm; Zi. 480–700 Kr; ⏲Mitte März–Mitte Okt.; P 📶) Reservierung ist ein Muss, um in der heiß begehrten Pension mit beschaulichem Meerblick zu nächtigen. Das Bauernhaus von 1875 ist von Feldern umgeben, in der Nähe befindet sich ein 4000 Jahre altes Hügelgrab. Die sechs individuell eingerichteten Zimmer bieten eine gemütliche Mischung aus Trödelkram, Büchern und kuscheligen Bademänteln. Eine nette Geste ist das Tablett mit Bioschokolädchen, Obst und Saft. Das Frühstück kostet 70 Kr extra.

Am Gemeinschaftstisch im umgebauten Melkstall serviert Gastgeberin Christine immer freitags und samstags leckerstes skandinavisches Essen (zwei Gänge 195 Kr), an den übrigen Abenden gibt's ein einfacheres „Biker-Abendbrot“ (ab 130 Kr). Die Pension liegt 9,5 km südwestlich von Stege. Von der Bushaltestelle sind es noch etwa 4 km zu Fuß.

Damme Kro DÄNISCH €€

(Fanefjordgade 162, Askeby; mittags 32–112 Kr, Hauptgerichte abends 99–229 Kr; ⏲Di–Fr 16–21, Sa & So 12–21 Uhr) Kalorien und Cholesterinspiegel existieren in der Welt von Damme Kro, einem phantastisch altmodischen dänischen Gasthaus, nicht. Hier ist die Sauce Béarnaise schön sämig und der Hering wird mit einer Portion Schmalz serviert. Der Speisesaal ist mit alten Fläschchen, Topfpflanzen und Poul-Henningsen-Lampen geschmückt. Hier sitzen die Gäste und machen sich über ehrliche Hausmannskost her: gebratenen Aal mit gekochten Kartoffeln in Weißweinsauce, Hackfleisch mit Spiegelei und Schnitzel in goldfarbener Panade.

In Stege Bus 684 nehmen; hält direkt vor dem Haus.

Bogø

Auf der Insel Bogø westlich von Møn ist jeder nur auf der Durchreise. Eine Dammstraße verbindet die Insel mit Møn, die eindrucksvollen Farø-Brücken mit Seeland und Falster. Fahrräder sind auf den Brücken nicht erlaubt. Also bleibt nur die **Autofähre** (☎30 53 24 28; www.idas-venner.dk; einfach Erw./Kind 25/15 Kr, Auto/Fahrrad 65/20 Kr; ⏲Mai–Mitte Sept.), die nur im Sommer zwischen dem Süden von Bogø und Stubbekøbing auf Falster verkehrt. Die Schiffe legen von Bogø stündlich zwischen 9.15 und 18.15 Uhr und von Stubbekøbing zwischen 9 und 18 Uhr ab. Von Anfang bis Mitte Mai verkehren die Fähren ab Bogø zwischen 10.15 und 14.15, ab Stubbekøbing zwischen 10 und 13.30 Uhr.

FALSTER

43 400 EW.

Die Südostküste von Falster ist ein Sommertraum mit weißen Sandstränden. Sie ziehen deutsche und dänische Urlauber an. Der Ferienort Marielyst ist mit seinem Aktivangebot besonders bei Familien beliebt. Ein wei-

terer Traum liegt nur eine kurze Autofahrt entfernt: das Middelaldercentret in Nykøbing. Dort können Kinder zusehen, wie gigantische Katapulte abgeschossen werden, sie dürfen Ritter beim Turnier anfeuern und eine mittelalterliche Stadt erkunden.

Schön ist auch eine Auto- oder Radtour durch das bäuerliche Binnenland bis zur Südspitze der Insel. Der Sydstenen (Südstein), ein großer Felsbrocken, markiert den südlichsten Punkt Dänemarks.

An- & Weiterreise

Nykøbing F liegt 128 km südwestlich von Kopenhagen. Die Nord-Süd-Autobahn E55 verläuft direkt durch die Stadt; über die Straße 9 ist Falster via Frederik-IX.-Brücke mit Lolland verbunden.

Züge gehen ab Kopenhagen stündlich nach Nykøbing F (171 Kr, 2 Std.).

Es gibt Fährverbindungen von Gedser (26 km südlich von Nykøbing F) nach Rostock. Gedser wird von der Buslinie 740 angesteuert (36 Kr, 40 Min.) – montags bis samstags ein- oder zweimal pro Stunde, am Sonntag alle zwei Stunden.

Unterwegs vor Ort

Vom Bahnhof in Nykøbing F sind es 25 Minuten mit Bus 741 bis Marielyst (24 Kr). An Wochentagen verkehrt der Bus stündlich, am Wochenende im Zweistundentakt. Linie 742 pendelt ebenfalls zwischen Nykøbing F und Marielyst.

Die Touristeninformation in Marielyst verleiht Fahrräder für 60 Kr pro Tag.

Nykøbing F

16 450 EW.

Nykøbing F ist die einzige große Stadt auf Falster und dehnt sich über die Frederik-IX.-Brücke hinweg bis auf die Insel Lolland aus. Hauptattraktion ist das Mittelalterzentrum jenseits der Brücke auf Lolland, wo Ritter & Co. die ganze Familie begeistern. Ansonsten ist Nykøbing F eine moderne Stadt und für Urlauber wenig interessant.

Das „F" steht übrigens für Falster; so kann die Stadt nicht mit den Nykøbings auf Seeland und Mors verwechselt werden.

Sehenswertes

Middelaldercentret ERLEBNISPARK

(Mittelalterzentrum; www.middelaldercentret.dk; Ved Hamborgskoven 2, Sundby L; Erw./Kind/Fam. 125/65/300 Kr; Juli–Mitte Aug. 10–17, Mai, Juni & Mitte Aug.–Sept. bis 16 Uhr, Mai & Sept. Mo geschl.;) Wie wäre es zur Abwechslung mit einer Zeitreise zu Burgfräulein und Rittern ins Mittelalter? Die nachgebaute Stadt aus dem frühen 15. Jh. ist die beliebteste Attraktion der Region und macht vor allem Kindern Spaß. Hier gibt es Kriegs- und Belagerungsmaschinen zu sehen (die um 12 Uhr abgefeuert werden), ein Kaufmannshaus mit Hafen und Booten, einen von Handwerksbetrieben umgebenen Marktplatz und einen Spielplatz mit mittelalterlichen Spielgeräten. Am spektakulärsten ist ein Besuch natürlich anlässlich der Ritterturniere (Ende Juni–Mitte Aug. tgl. 13.45 Uhr, restl. Jahr Di, Mi, Do, Sa & So um 13.30 Uhr).

Das Mittelalterzentrum liegt am Stadtrand von Nykøbing F auf der Lolland-Seite. Bus 702 fährt werktags halbstündlich und am Wochenende stündlich vom Bahnhof Nykøbing F aus dorthin.

Museet Falsters Minder MUSEUM

(Langgade 2; Eintritt 50 Kr; Mitte Juni–Aug. Mo–Fr 10–17, Sa bis 16, sonst Di–Sa 10–16 Uhr) Ein gut präsentiertes Heimatmuseum in einem der ältesten Gebäude der Stadt. Es zeigt Trachten, Spielzeug, rekonstruierte Zimmer und Geschäfte aus dem 19. Jh. und frühen 20. Jh., Porzellan und Glas. Sehr sehenswert ist die elegante Goldschmiede, inspiriert vom antiken Pompeji. Die Beschriftungen sind meist auf Dänisch.

Schlafen

Die Touristeninformation führt eine Liste der Privatunterkünfte; Preise ab 300 Kr pro Person plus 25 Kr Buchungsgebühr.

Falster City Camping CAMPINGPLATZ €

(54 85 45 45; www.fc-camp.dk; Østre Allé 112; Stellplätze 80/40 Kr pro Erw./Kind, kleine/große Hütte 160/230 Kr; Ostern–Sept.;) Der sehr ländliche 2-Sterne-Campingplatz liegt an einer ruhigen Allee nahe dem Hostel und Nykøbings herrlichem Schwimmbad. Er vermietet auch kleine, rote Häuschen, hat einen Spielplatz mit Hüpfburg und kostenloses WLAN. Fahrräder werden für 50 Kr pro Tag vermietet.

Danhostel Nykøbing Falster HOSTEL €

(54 85 66 99; www.danhostel.dk/nykoebingfalster; Østre Allé 110; B/EZ/DZ 300/350/450 Kr; P) Es gibt wahrscheinlich nicht viele Jugendherbergen, in denen die Gäste brüllende Tiger hören können. Das moderne Hostel mit 94 Betten befindet sich nahe dem Zoo, 1 km östlich des Zentrums. Ein großer Dachvorsprung lässt wenig Licht in die Zim-

ABSTECHER

OREBY KRO & MØLLE

Über eine malerische Landstraße gelangt man 4 km nordwestlich von Sakskøbing zu zwei der am besten gehüteten Geheimnisse von Lolland. Nummer eins ist **Oreby Kro** (☎ 54 17 44 66; Orebygaard 2, Sakskøbing; mittags 89–180 Kr, Hauptgerichte abends 180 Kr; ⏲ Juni–Sept. Di–Sa 12–16 & 17.30–22, So 12–16 Uhr, sonst kürzer), ein Landgasthof mit dicken Mauern direkt am Fjord. Das Haus datiert von 1847. Ölgemälde, antike Möbel und der eine oder andere Hirschkopf schmücken die eleganten Speisesäle – die passende Kulisse für mit viel Liebe gemachte dänische Küche aus saisonalen Zutaten. Es gibt Scholle, in Butter gebraten mit Zwiebeln, Kapern, gegrillter Zitrone und Kartoffeln, oder auch *koldskål* (kalte Buttermilchsuppe) mit *kammerjunker*-Keksen und Erdbeeren.

Neben dem Oreby Kro steht **Oreby Mølle** (☎ 54 70 70 88; www.orebymolle.dk; Orebygaard 4, Sakskøbing; EZ/DZ mit Bad inkl. Frühstück 995/1195 Kr, EZ ohne Bad mit Frühstück ab 595 Kr; P 📶), eine Adeligenvilla mit bildschönem Grundstück inklusive Fjordblick. Das Haus wurde unter Anleitung von Hans Michael Jebsens restauriert; der dänische Geschäftsmann ist bekannt für sein gutes Händchen, wenn es um die „Wiederbelebung" historischer Anwesen geht. Inzwischen ist es eins der romantischsten Hotels von ganz Dänemark. Die schmucken Zimmer (kostbare Kunst, Antiquitäten, schöne Textilien) transportieren die Gäste in eine andere Epoche, und zu den Gemeinschaftsbereichen gehört eine alte Bibliothek mit Regalen voller Folianten, in denen man auf Samtsofas schmökern kann. Vier Zimmer haben ein En-suite-Bad, manche ein eigenes WC, in den übrigen teilt man sich ein Bad. Besonders schön sind die Unterkünfte im Hauptgebäude. Dort ist auch die gigantisch große Hochzeitssuite mit eigenem Kamin und Esszimmer zu finden (1995 Kr).

Sakskøbing liegt 17 km westlich von Nykøbing F und 9 km östlich von Maribo. Zwischen der Stadt und Oreby Kro/Oreby Mølle verläuft der Orebyvej; er geht von der Hauptstraße Brogade ab. Nahverkehrszüge fahren halbstündlich bis stündlich von Nykøbing F (36 Kr, 16 Min.) und Maribo (24 Kr, 7 Min.) nach Sakskøbing, vom Bahnhof sind es noch 4,7 km nach Oreby Kro und Oreby Mølle – nicht so praktisch ohne eigenes Fahrzeug.

mer, aber dafür haben alle eine Toilette, und es gibt eine Waschmaschine und ein Fernsehzimmer. Bus 741 (24 Kr) fährt vom Bahnhof von Nykøbing F dorthin.

Hotel Falster HOTEL €€
(☎ 54 85 93 93; www.hotel-falster.dk; Skovalléen 2; EZ/DZ mit Frühstück 765/955 Kr; P @) Ein Familienbetrieb mit 69 komfortablen, nicht mehr ganz frischen Zimmern und freundlicher Leitung. Nicht unbedingt schön, aber relativ zentral ist die Lage an einer verkehrsreichen Straße. Mitte 2014 wurden das Hotelrestaurant und die Lobby nach einem Brand renoviert.

Essen

Café Vandtårnet CAFÉ €
(Hollandsgård 20; Sandwiches 45 Kr; ⏲ Mo–Fr 10–16 Uhr) Möbel in kräftigen Farben, niedrige Tischlampen und zeitgenössische Kunst vermitteln einen Hauch Kopenhagen in dem coolen Café unten im alten Wasserturm. Hier gibt es den besten Kaffee der Stadt, neben frischen Sandwiches, Muffins und Kuchen. Gäste zahlen nur die Hälfte für die **Gallerie** (vandtaarnet.multicentersyd.dk; Erw./Kind 20/10 Kr; ⏲ Mo–Fr 10–16 Uhr) oben.

★ **La Comida** DÄNISCH €€
(☎ 54 85 09 10; www.lacomida.dk; Slotsgade 22; Hauptgerichte 210 Kr; ⏲ Di–Sa 17–21 Uhr) Junges, talentiertes Volk schmeißt diesen Laden, einen weißgetünchten Weinkeller aus dem 19. Jh. und eins der Toprestaurants auf den südlichen Inseln. Auf der kurzen Speisekarte stehen Gerichte – brillant in ihrer Schlichtheit – aus marktfrischen Zutaten. Das langsam (15 Stunden!) gegarte Kalbsfleisch wird mit grünen Tomaten in einem Sud aus Apfelessig, Kardamom und Vanille serviert.

Die Weinauswahl umfasst ein paar außergewöhnliche Tropfen; die Kellner kennen sich gut aus.

ℹ Praktische Informationen

Der Torvet, der zentrale Platz, liegt zehn Minuten zu Fuß westlich des Bahnhofs.

Touristeninformation (☎ 51 21 25 08; www.visitlolland-falster.de; Langgade 2; ⏲ Mo–Fr 10–17, Sa bis 14 Uhr; 📶) Im Museet Falsters Minder. Infos und kostenloses WLAN.

Marielyst

705 EW.

Der herrliche lange Strand macht Marielyst zu einem der gefragtesten Ferienorte Dänemarks. Zum Glück verteilen sich die Massen, sodass jeder ein relativ ruhiges Fleckchen findet. Die praktischste Parkmöglichkeit liegt am Ende der Hauptstraße.

Im Ort selbst reihen sich am Weg zum Strand monoton Läden, Bars, Pizzerias und Eisbuden aneinander. In der Hauptsaison bieten sich verschiedenste Aktivitäten von Windsurfen bis Paintball an. Die Touristeninformation hilft weiter.

Schlafen

In der Touristeninformation gibt's eine Übersicht aller verfügbaren Zimmer und Ferienhäuser. Sie wird täglich aktualisiert. Für ein Doppelzimmer werden ca. 800 Kr fällig.

Marielyst Feriepark & Camping CAMPINGPLATZ €
(☎70 20 79 99; www.marielyst-camping.dk; Marielyst Strandvej 36; Stellplätze 75/35 Kr pro Erw./Kind; ⌚April–Sept.; @) Der zentrale Campingplatz liegt an der Hauptstraße. Die Stellplätze sind durch Hecken unterteilt, was sie allerdings auch etwas einengt.

Hotel Nørrevang HOTEL €€€
(☎54 13 62 62; www.norrevang.dk; Marielyst Strandvej 32; DZ ab 995 Kr, Hütten ab 1450 Kr; P) Die exklusivste Unterkunft in Marielyst mit dem niedrigen Reetdach vermietet klassische Hotelzimmer. Die Standardzimmer haben eine Toilette, Telefon, Satelliten-TV und kostenloses WLAN. Hinzu kommen 54 Häuschen mit Küche und Platz für vier bis sechs Personen sowie ein Hallenbad mit Wasserrutsche und Wellnessbereich. Das Restaurant ist weniger überzeugend.

Essen

Außerhalb der Hauptsaison haben die Lokale in Marielyst meist mittags und montags geschlossen. An der Ecke Bøtøvej/Marielyst Strandvej gibt es viele Eisdielen und Würstchenbuden.

Larsen's Plads INTERNATIONAL €€
(☎54 13 21 70; Marielyst Strandvej 53; Pizzas 52–85 Kr, Hauptgerichte 149–169 Kr, Buffet abends 159 Kr; ⌚tgl. 10–21 Uhr) „Meine Frau ist mit meinem besten Freund durchgebrannt. Verflucht. Er fehlt mir." Nicht witzig? Nun ja. Jede Menge Sprüche dieser Art zieren die Wände des eigenwilligen Restaurants. Hier gibt's deftige Rind-, Huhn- und Fischgerichte, mehrere vegetarische Speisen, ein üppiges Brunch (99 Kr) und Pizza zum Mitnehmen. Frisches Brot und Süßes bekommt man auf der anderen Straßenseite, in **Larsen's Bageri** (süße Stücke 12 Kr; ⌚6–17 Uhr).

Praktische Informationen

Touristeninformation (☎54 13 62 98; www.visitmarielyst.com; Marielyst Strandpark 3; ⌚Ende Juni–Mitte Aug. Mo–Fr 10–16, Sa bis 17, So bis 14 Uhr, sonst kürzer) An der Bowlingbahn am Stadtrand. Reichlich Infos, kostenloses Internet und WLAN.

LOLLAND

65 580 EW.

Mehrere Familienattraktionen beleben das flache Ackerland von Lolland. Wer ein eigenes Fahrzeug hat, fährt zum Knuthenborg Safaripark mit Affen und Tigern und zum Wasserpark Lalandia. Die bei weitem schönste Stadt Lollands ist Maribo, an einem vogelreichen See gelegen.

Anreise & Unterwegs vor Ort

Die wichtigste Ost-West-Bahnlinie verläuft zwischen Nykøbing F (auf Falster) und Nakskov (84 Kr, 45 Min.). Sie wird im Halbstundentakt befahren (am Wochenende stündl.).

Eine zweite Bahnstrecke führt von Nykøbing F zur Fähre in Rødby (48 Kr, 25 Min.). Züge ab Rødbyhavn gehen mehrmals täglich – abgestimmt auf die Fähren von Puttgarden in Deutschland. Die meisten Züge fahren von Nykøbing F weiter nach Kopenhagen.

Die Autofähre von **LangelandsFærgen** (☎70 23 15 15; www.faergen.dk; Erw./Kind/Auto mit bis zu 9 Pers. einfach 80/40/260 Kr) zwischen Tårs im äußersten Westen von Lolland und Spodsbjerg auf Langeland verkehrt einmal pro Stunde. Die Fahrzeit beträgt 45 Minuten. Aktuelle Abfahrtszeiten stehen auf der Website.

Von Rødbyhavn, dem kleinen Hafen im Süden, gehen Fähren nach Puttgarden (Deutschland). Sie verbinden die Europastraße E47 zwischen Deutschland und Dänemark.

Maribo

5925 EW.

Maribo ist ganz sicher die netteste Stadt auf Lolland. Sie liegt malerisch am großen **Søndersø**. Hauptattraktionen sind die Domkir-

Lolland

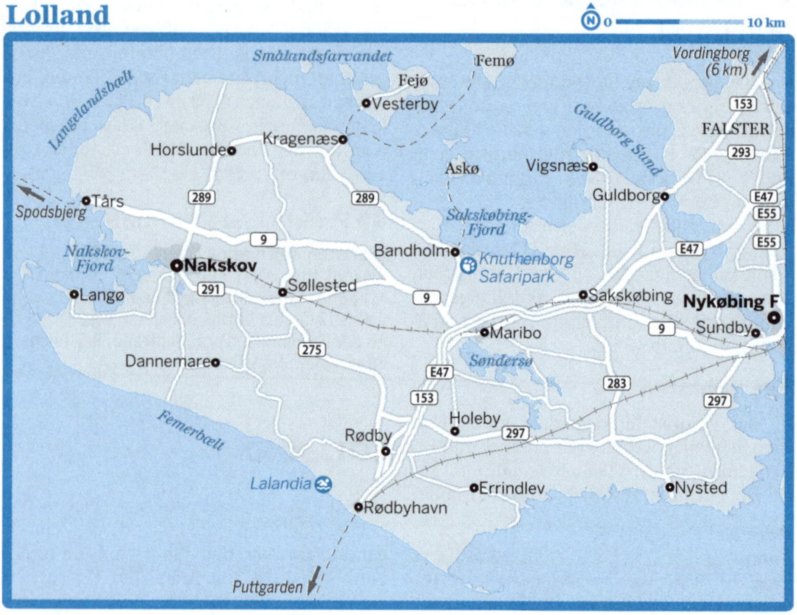

che, dichte Buchenwälder, Uferwege und einige kleine Museen. Der ideale Ort, um zu bummeln, zu relaxen und alles hinter sich zu lassen.

Sehenswertes & Aktivitäten

Maribo Domkirke KATHEDRALE

(April–Okt. Mo 9–15, Di–Sa 8–18, So 8–16 Uhr, sonst kürzer) Der Bau stammt aus dem 15. Jh. und gehörte früher zu einem größeren Klosterkomplex. Dem Kloster trat Gräfin Leonora Christine (Tochter Christians IV.) 1685 bei, nachdem sie aus ihrer 22-jährigen Gefangenschaft in der Burg von Kopenhagen entlassen worden war. Hier verbrachte sie den Rest ihres Lebens. In ihren bedeutsamen Gefängnistagebüchern schilderte sie ihre Leiden: Ratten und Flöhe in der Zelle, ein lüsterner Wärter und die rachsüchtige Königin Sophia Amelia. Die Gruft von Leonora Christine befindet sich in der Domkirche und ist an einem schlicht beschrifteten Grabstein zu erkennen.

Frilandsmuseet Maribo FREILICHTMUSEUM

(www.aabne-samlinger.dk; Meinckesvej 5; Erw./Kind inkl. Eintritt zum Stiftsmuseum Maribo 60 Kr/frei; Mai–Sept. Di–So 10–16 Uhr) Ein Freilichtmuseum wie aus dem Bilderbuch! Hier stehen verschiedene Gebäude (Bauernhof, Feuerwache, Windmühle, Molkerei, Schulhaus, Schmiede usw.), die an anderen Orten Dänemarks abgebaut und hier wieder aufgebaut wurden. Zudem werden im Garten historische Spiele angeboten. Das Museum liegt 1 km vom Torvet entfernt nahe dem Campingplatz.

Stiftsmuseum Maribo MUSEUM

(www.aabne-samlinger.dk; Banegårdspladsen 5; Erw./Kind inkl. Eintritt zum Frilandsmuseet Maribo 60 Kr/frei; Do–Sa 11–16 Uhr) Das kleine Museum neben dem Bahnhof zeigt Pfeilspitzen aus der Steinzeit, Wikingerkämme, Glasperlenketten aus der Eisenzeit sowie Kleidung, Spielzeug und Möbel. Mehrere Räume dokumentieren das Leben polnischer Einwanderer, die im 18. Jh. auf den Rübenfeldern und in den Zuckerfabriken in der Region arbeiteten. Die meisten Informationen sind auf Dänisch und auf Deutsch.

Anemonen BOOTSTOUR

(54 78 04 96; uk.naturparkmaribo.dk; Erw./Kind hin & zurück nach Borgø 75/30 Kr) Das gute alte Schiff *Anemonen* kreuzt im Sommer auf dem inselreichen See. Auf einigen Touren legt das Schiff an dem Inselchen Borgø an. Dort verbirgt sich die Ruine einer Burg aus

dem 11. Jh., die während der Bauernaufstände im Mittelalter zerstört wurde. Das Schiff fährt von Mai bis September mindestens einmal wöchentlich (bis zu viermal wöchentlich im Juli und August). Aktuelle Fahrpläne online.

Festivals & Events

Maribo Jazz Festival MUSIK
(www.maribojazz.dk auf Dänisch) Das viertägige Maribo Jazz Festival sorgt am dritten Juliwochenende für eine beschwingte Atmosphäre.

Schlafen

Die gut organisierte Touristeninformation vermittelt private EZ/DZ zu 300/500 Kr plus 25 Kr Buchungsgebühr.

Maribo Sø Camping CAMPINGPLATZ €
(☎54 78 00 71; www.maribo-camping.dk; Bangshavevej 25; Stellplätze 78/42 Kr pro Erw./Kind; ⌚April–Mitte Okt.; 📶) Der 3-Sterne-Platz am Søndersø hat eine tolle Lage mit Blick auf die Domkirche am jenseitigen Ufer. Zur sehr guten Ausstattung zählen Laden, Küche, Waschmaschinen und Fernsehzimmer. Der Platz ist behindertengerecht und liegt 500 m südwestlich der Stadt.

Danhostel Maribo HOSTEL €
(☎54 78 33 14; www.maribo-vandrerhjem.dk; Søndre Blvd 82B; B/EZ/DZ 180/350/400 Kr; ⌚Feb.–Mitte Dez.; P) Das moderne Hostel mit 96 Betten liegt 2 km südöstlich vom Torvet nahe dem Søndersø. Es gibt einen Uferweg in die Stadt und Fahrradverleih (85 Kr pro Tag).

Ebsens Hotel HOTEL €€
(☎54 78 10 44; www.ebsens-hotel.dk; Vestergade 32; EZ/DZ mit Frühstück ab 595/695 Kr; P @ 📶) Die Zimmer sind klein und einfach, aber das freundliche Familienunternehmen punktet mit relativ günstigen Preisen, vor allem für die vier Zimmer ohne Toilette. Das Hotel hat auch ein lauschiges, mit Holz verkleidetes **Restaurant**, das mittags und abends geöffnet ist und meist dänische Küche serviert (Hauptgerichte 149–268 Kr).

Essen

Restaurant Svanen INTERNATIONAL €€
(2-/3-Gänge-Abendmenü 345/395 Kr; ⌚18–21 Uhr) Das beste Restaurant des Ortes im Hotel Maribo Søpark kommt natürlich mit weißen Tischdecken und Uferlage daher. Auf der Speisekarte stehen Leckerbissen wie mit Limettensaft marinierter Lachs oder Seehecht „Saltimbocca-Style“ mit Schinken und Brie in Weißweinsauce.

Panya Thai THAILÄNDISCH €€
(Vesterbrogade 55; Hauptgerichte 94–115 Kr; ⌚16–21.30 Uhr) Vielleicht bekommt man hier nicht das authentischste Thai Food, aber das Panya ist dennoch eine willkommene Abwechslung zu Burgern, Smørrebrød und anderen dänischen Leibspeisen. Ein kleines Schlaraffenland für Vegetarier.

Praktische Informationen

Touristeninformation (☎54 78 04 96; www.visitlolland-falster.de; Rådhuset, Torvet; ⌚Mitte Juni–Aug. Mo–Fr 10–16.30, Sa bis 14 Uhr, sonst kürzer) Am Hauptplatz.

ABSTECHER

FUGLSANG KUNSTMUSEUM

Lollands Kulturlandschaft erhielt einen dringend benötigten Auftrieb, als das **Fuglsang Kunstmuseum** (www.fuglsangkunstmuseum.dk; Nystedvej 71; Erw./Kind 70 Kr/frei; ⌚Juni–Aug. 10–17 Uhr, sonst kürzer) eröffnete. Das weiße, abstrakte Gebäude, von den typischen grünen Feldern Lollands kontrastreich umrahmt, gilt als eines der umfassendsten Museen für regionale Kunst in Dänemark. Die ständige Sammlung besteht aus Gemälden, Zeichnungen und Skulpturen dänischer Künstler von 1780 bis heute.

Zu sehen sind Landschaftsgemälde überaus produktiver Maler des 19. Jhs. wie Jens Juel oder P. C. Skovgaard (dessen Bild *Blick von Møns Klint* von 1852 ist ein Highlight). Besonders eindrucksvoll sind die Werke aus dem frühen 20. Jh., darunter Jais Nielsens futuristisches Gemälde *Afgang!* (1918).

Neben der ständigen Sammlung beherbergt das Museum auch jährlich mehrere Wechselausstellungen, ein Café und einen kleinen, ziemlich coolen Laden.

Das Fuglsang Kunstmuseum liegt 4,5 km südlich von Sakskøbing, das wiederum 9 km östlich von Maribo liegt.

Ausflüge auf Lolland

Knuthenborg Safari Park

Der **Knuthenborg Safaripark** (www.knuthenborg.dk; Knuthenborg Allé, Bandholm; Erw./Kind 199/109 Kr; ⌚Juli–Anfang Aug. 10–18 Uhr, sonst kürzer), 7 km nördlich von Maribo über die Straße 289, ist der größte Safaripark Nordeuropas und eine der Topattraktionen Dänemarks. Zu den über 1200 wilden Tieren gehören frei umherstreifende Zebras, Antilopen, Giraffen, Nashörner, Wallabys und andere exotische Tiere. Das Parkgelände war einst das größte private Anwesen des Landes. Hier befindet sich heute auch ein Arboretum, ein Vogelhaus, eine eingezäunte Tigerzone (in der die Raubtiere dann frei herumlaufen) und ein großer Abenteuerspielplatz. Achtung: Die „Savanne" darf nur im geschlossenen Auto besucht werden.

Lalandia

Da sich in dem **Erlebnispark** (www.lalandia.dk; Lalandia Centret 1, Rødby; Erw./Kind 200/150 Kr; ⌚Wasserpark Ende Mai–Ende Aug. 13–19 Uhr, sonst kürzer) die größte Badelandschaft Dänemarks befindet, verkauft sich das Lalandia mit der Bezeichnung „Wasserpark" wirklich unter Wert. Es gibt hier nicht nur Hallen- und Freibäder, Wasserrutschen, Whirlpools und eine Wellenmaschine, sondern auch Minigolf, Bowling, ein Fitnesszentrum, diverse Sportplätze, einen Indoor-Skihang, Restaurants, einen Supermarkt, den Indoorspielplatz Monky Tonky Land sowie Kindershows und -diskos. Die meisten Besucher buchen ein mindestens zweitägiges Pauschalprogramm (ab 2050 Kr in der Hauptsaison). Als „Bewohner" haben sie freien Zutritt zu Wasserpark und Indoorspielplatz und profitieren von längeren Öffnungszeiten. Lalandia liegt 5 km nordwestlich des Städtchens Rødbyhavn im Süden der Insel.

Bornholm

Inhalt ➡

Gut essen

- ➡ Kadeau (S. 152)
- ➡ Lassens (S. 159)
- ➡ Nordbornholms Røgeri (S. 160)
- ➡ Hallegård (S. 153)
- ➡ Café Sommer (S. 160)

Schön übernachten

- ➡ Stammershalle Badehotel (S. 159)
- ➡ Byskrivergaarden (S. 159)
- ➡ Jantzens Hotel (S. 157)
- ➡ Christiansø Gæstgiveriet (S. 162)
- ➡ Hotel Romantik (S. 160)

Auf nach Bornholm!

Bornholm liegt weit draußen in der Ostsee, 200 km östlich von Kopenhagen, und ist die sonnigste Ecke Dänemarks. Aber es ist nicht nur das (relativ) schöne Wetter, dass so viele Urlauber anlockt. Mutter Natur war wohl besonders gut gelaunt, als sie die „Perle der Ostsee“ schuf und ihr hinreißende Kreidefelsen, stille Wälder, schneeweiße Strände und ein reines, ätherisches Licht schenkte, das viele Maler einzufangen versucht haben.

Die Bewohner fügten bezaubernde Details hinzu, wie eine mittelalterliche Burgruine, reetgedeckte Fischerhäuser, die *rundkirker* (Rundkirchen) und ein modernes Kunstmuseum. Die Keramik- und Glaskünstler der Insel sind landesweit bekannt, ebenso wie die traditionellen Räuchereien und Bornholmer Delikatessen. Kein Wunder, dass fast drei Viertel aller Besucher wiederkehren.

Gut zu wissen: Viele Einrichtungen schließen von Oktober bis April (www.bornholm.info).

Reisezeit

Bornholm erwacht von Juni bis Mitte September zum Leben, wenn Ferienattraktionen, Touristeninformationen, das Busnetz und Kulturveranstaltungen auf vollen Touren laufen. Lange Tage und warmes Wetter sind ideal zum Wandern, Radfahren und Baden an den herrlichen Stränden. Im Juni findet an einem Tag der berühmteste dänische Kochwettbewerb statt: Sol over Gudhjem.

Im Sommer, besonders im Juli, sollten Unterkünfte frühzeitig gebucht werden. Außerhalb der Sommermonate geht es geruhsamer zu. Viele Veranstalter, Restaurants und Unterkünfte schränken ihre Öffnungszeiten ein oder schließen ganz.

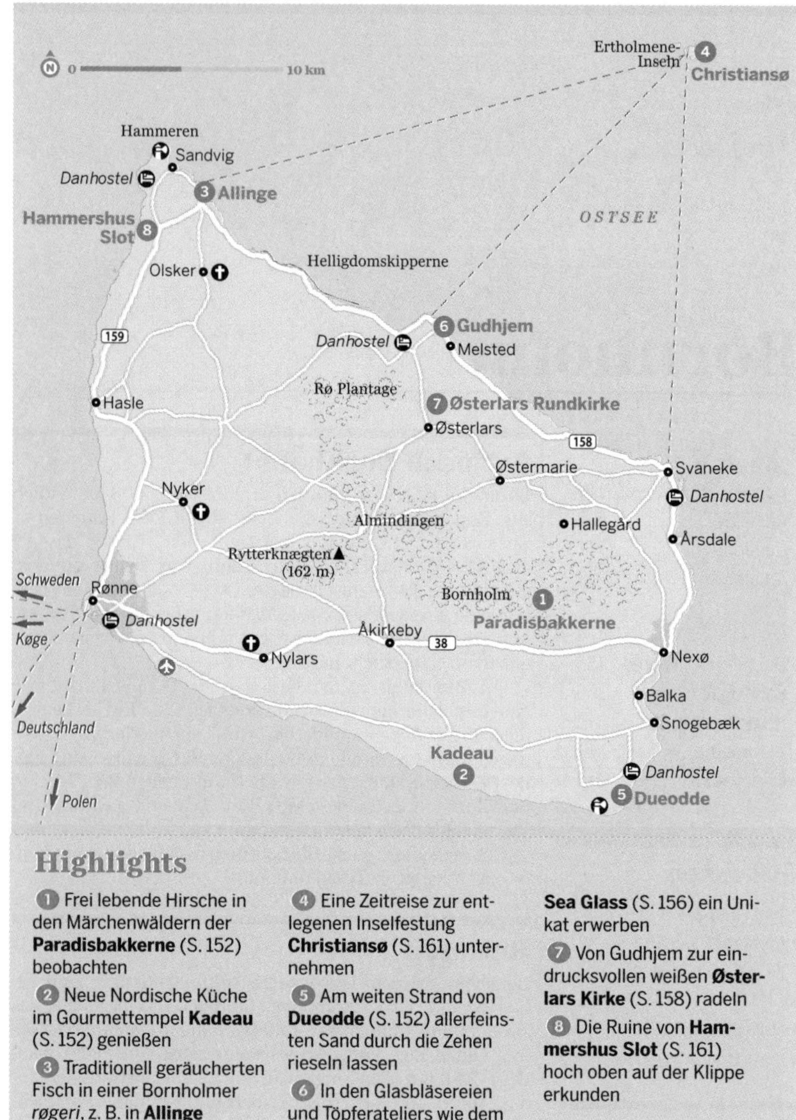

Highlights

1 Frei lebende Hirsche in den Märchenwäldern der **Paradisbakkerne** (S. 152) beobachten

2 Neue Nordische Küche im Gourmettempel **Kadeau** (S. 152) genießen

3 Traditionell geräucherten Fisch in einer Bornholmer *røgeri*, z. B. in **Allinge** (S. 159), probieren

4 Eine Zeitreise zur entlegenen Inselfestung **Christiansø** (S. 161) unternehmen

5 Am weiten Strand von **Dueodde** (S. 152) allerfeinsten Sand durch die Zehen rieseln lassen

6 In den Glasbläsereien und Töpferateliers wie dem bekannten Glasstudio **Baltic Sea Glass** (S. 156) ein Unikat erwerben

7 Von Gudhjem zur eindrucksvollen weißen **Østerlars Kirke** (S. 158) radeln

8 Die Ruine von **Hammershus Slot** (S. 161) hoch oben auf der Klippe erkunden

An- & Weiterreise

Bornholm ist per Flugzeug, per Schiff oder von Schweden aus mit einer Kombination aus Schiff und Bus bzw. Zug zu erreichen.

BUS & FÄHRE

Die Busse von **Graahundbus** (www.graahundbus.dk) verkehren mehrmals täglich zwischen dem Hauptbahnhof Kopenhagen und dem schwedischen Ystad (Linie 866), wo der Katamaran nach Bornholm ablegt (Erw./Kind 290/150 Kr). Die Busfahrt dauert etwa 70 Minuten, der Katamaran braucht 1¼ Stunden nach Rønne.

FLUGZEUG

Danish Airport Transport (DAT; ☎ 76 92 30 40; www.dat.dk) fliegt mehrmals täglich zwischen

Kopenhagen und Rønne. Bei frühzeitiger Buchung sind die Preise günstiger.

SCHIFF/FÄHRE

BornholmerFærgens (70 23 15 15; www.faergen.dk; Erw./Kind 12–15 J./unter 11 J. 290/145 Kr/frei, Pkw inkl. 5 Passagiere 1625 Kr) betreibt eine Nachtfähre von Køge, 39 km südlich von Kopenhagen, nach Bornholm. Die Fähre legt täglich um 0.30 Uhr ab und trifft um 6 Uhr ein. Der Vorteil: Man verbringt die Reisezeit schlafend (eine Koje kostet 278 Kr extra). Der Nachteil: Die Zugfahrt nach Køge dauert ab Kopenhagen etwa 30 Minuten und kostet zusätzlich.

ZUG & FÄHRE

DSB (www.dsb.dk) bietet eine kombinierte Zug- & Katamaranverbindung (Erw./Kind 328/149 Kr) nach Rønne. Vom Hauptbahnhof in Kopenhagen fahren Züge nach Ystad, mit Anschluss an die Fähre nach Rønne. Insgesamt dauert die Reise 3½ Stunden..

 Unterwegs vor Ort

AUTO & MOTORRAD

Europcar (56 95 43 00; www.europcar.com; Nordre Kystvej 1, Rønne) befindet sich an der Tankstelle Q8 und vermietet Autos ab 600 Kr pro Tag sowie Motorroller. Im Flughafen gibt es eine Filiale.

BUS

Bornholms Amts Trafikselskab (BAT; www.bat.dk; Pass pro Tag Erw./Kind 150/75 Kr, pro Woche 500/250 Kr) ist die Busgesellschaft der Insel. Der Fahrpreis richtet sich nach der Anzahl der befahrenen Zonen, am teuersten sind Fahrkarten für alle fünf Zonen. Eine Fahrkarte kostet pro Zone 13 Kr und gilt für beliebige Fahrten in einer Zone innerhalb von 30 Minuten. Für jede weitere Zone kommen 15 Minuten Gültigkeit hinzu. Die Mehrfahrtenkarte RaBATkort gilt für zehn Fahrten und ist übertragbar. Ein Tages-/Wochenpass kostet 150/500 Kr. Kinder zahlen die Hälfte. Die Busse fahren das ganze Jahr, aber von Oktober bis April seltener. Alle Fahrkartentypen können beim Busfahrer erworben werden.

Die Buslinien 7 und 8 fahren rund um die Insel und halten in allen größeren Ortschaften. Weitere Busse fahren direkt von Rønne nach Nexø, Svaneke, Gudhjem und Sandvig.

FAHRRAD

Mit über 230 km Radwegen quer über die Insel ist Bornholm auf Radfahrer bestens eingestellt. Einige Wege folgen ehemaligen Gleisstrecken, andere gehen durch Wälder oder verlaufen neben Hauptstraßen. Von Rønne führen Radwege in alle Richtungen: nach Allinge, Gudhjem, Nexø, Dueodde und in den Almindinger Wald.

Wer nicht die ganze Strecke strampeln will, kann sein Rad für 24 Kr Aufpreis im Bus mitnehmen.

Die Touristeninformation in Rønne verkauft den praktischen deutschsprachigen Führer *Bornholm – Fahrradführer zu Erlebnissen* (129 Kr), der auf 82 Seiten Routen skizziert und Sehenswürdigkeiten entlang des Weges beschreibt. Dann gibt's noch eine schlichte Übersichtskarte mit Radrouten, die kostenlos ist.

Fahrradverleiher gibt es in den meisten größeren Orten. **Bornholms Cykeludlejning** (Fahrradverleih 1/2/7 Tage 70/140/390 Kr; Mo–Fr 9.30–17.30, Sa 9–12 & 14–17.30 Uhr) liegt besonders günstig, nämlich neben der Touristeninformation nahe dem Fährhafen in Rønne.

VOM/ZUM FLUGHAFEN

Der Inselflughafen Bornholms Lufthavn liegt 5 km südöstlich von Rønne an der Straße nach Dueodde. Zwischen Flughafen und Rønne verkehren die Buslinien 6 und 7.

Rønne

13 570 EW.

Rønne ist die größte Stadt auf Bornholm und der wichtigste Anlaufhafen für Fähren von Ystad in Schweden und Køge in Dänemark. Der Ort ist seit dem Mittelalter das Wirtschaftszentrum der Insel. Er ist seither zwar gewachsen, wirkt aber bis heute eher wie ein großer Vorort. Einige gut erhaltene Viertel lohnen einen Rundgang, etwa das Wohngebiet westlich des Store Torv mit alten Gebäuden und Kopfsteinpflaster, z. B. in der Laksegade und Storegade.

Sehenswertes

Bornholms Museum — MUSEUM

(www.bornholmsmuseum.dk; Sankt Mortensgade 29; Erw./Kind inkl. Eintritt zur Hjorths Fabrik 70 Kr/frei; Juli–Mitte Aug. 10–17 Uhr, sonst kürzer, Mitte Mai–Juni & Mitte Aug.–Mitte Okt. So geschl.) Bornholms wichtigstes Museum zeigt prähistorische Funde wie Waffen, Werkzeug und Schmuck. Es besitzt eine erstaunlich umfassende und abwechslungsreiche Sammlung zur Inselgeschichte, darunter interessante Gegenstände aus der Wikingerzeit. Die gute Meeresabteilung ist wie das Innere eines Schiffes gestaltet. Zu allerlei naturkundlichen Sammlungen kommen alte Spielsachen, römische Münzen, Keramik und Gemälde.

Hjorths Fabrik — MUSEUM

(www.bornholmsmuseum.dk/hjorths; Krystalgade 5; Erw./Kind inkl. Eintritt zum Bornholms Museum 70 Kr/frei; Museum Juli–Mitte Aug. 10–17 Uhr,

Rønne

Rønne

Sehenswertes
1 Bornholms Forsvarsmuseum C5
2 Bornholms Museum C2
3 Hjorths Fabrik B2

Schlafen
4 Danhostel Rønne C5

Essen
5 Jensen's Bageri B2
6 Oste-Hjørnet C3

sonst kürzer, Mitte Mai–Juni & Mitte Aug.–Mitte Okt. So geschl.; Atelier Mitte Mai–Mitte Okt. Mo–Fr 10–16 Uhr) Zu diesem Keramikmuseum gehört auch eine Werkstatt. Den meisterlichen Töpfern dabei zuzuschauen, wie sie aus Lehm wunderschöne Kunstobjekte modellieren, ist die eigentliche Sensation. Vorne im Laden, der keinen Eintritt kostet, werden hochwertige Objekte aus der Region verkauft.

★ Nylars Rundkirke KIRCHE
(Kirkevej 10K, Nylars; ⌚ April–Sept. 7–18 Uhr, Okt.–März 8–15.30 Uhr) Nylars Rundkirke wurde 1150 erbaut und ist die am besten erhaltene

und am einfachsten zu erreichende Rundkirche in der Umgebung von Rønne. Die Mittelsäule zieren wunderbare Fresken aus dem 13. Jh. mit Szenen aus der Schöpfungsgeschichte, darunter die Vertreibung von Adam und Eva aus dem Paradies. Das Rundschiff umfasst drei Stockwerke, von denen das oberste im Mittelalter als Ausguck und zur Verteidigung diente.

Am Hauptportal innen stehen zwei der 40 Runensteine von Bornholm (Gedenksteine mit Inschriften aus der Wikingerzeit).

Die Kirche ist 8 km von Rønne entfernt, an der Straße nach Åkirkeby, und mit Bus 5 oder 6 in 15 bis 20 Minuten zu erreichen. Von der Haltestelle in Nylar sind es via Kirkevej 350 m nach Norden. Auch der Radweg Rønne–Åkirkeby führt an der Kirche vorbei.

Bornholms Forsvarsmuseum MUSEUM
(Verteidigungsmuseum; www.bornholmsforsvarsmuseum.dk; Arsenalvej 8; Erw./Kind 55/35 Kr; Mitte Mai–Anfang Okt. Di–Sa 10–16 Uhr) Das Forsvarsmuseum ist in einer Zitadelle aus dem 17. Jh. südlich der Stadt untergebracht. Es besitzt eine ansehnliche Sammlung von Waffen sowie Bomben und Uniformen, bietet aber nur knappe Auskünfte über den historischen Hintergrund. Kurze Infos in Englisch sind an der Kasse erhältlich. Besonders umfassend sind die Ausstellungen über die Besetzung der Insel durch die Nazis und die sowjetische Bombardierung von Rønne und Nexø Ende des Zweiten Weltkriegs.

Schlafen

Die Touristeninformation reserviert gebührenfrei Privatzimmer in Rønne (EZ/DZ 225/400 Kr).

Galløkken Camping CAMPINGPLATZ €
(56 95 23 20; www.gallokken.dk; Strandvejen 4; Stellplätze pro Erw./Kind 72/37 Kr; Mai–Aug.) Der gut ausgestattete, familienorientierte Campingplatz 1 km südlich der Stadt vermietet auch Holzhütten mit vier Betten (ab 550 Kr pro Tag) und verleiht Fahrräder (70 Kr pro Tag).

Danhostel Rønne HOSTEL €
(56 95 13 40; www.danhostel-roenne.dk; Arsenalvej 12; B/EZ/DZ/3BZ 200/350/450/530 Kr; April–Ende Okt.; P) Das tadellos geführte, weiß getünchte Hostel mit 140 Betten und gepflegtem Garten liegt abgeschieden nahe dem Campingplatz Galløkken. Die Schlafsäle sind klein und ordentlich, aber etwas unpersönlich.

Radisson Blu Fredensborg Hotel HOTEL €€
(56 90 44 44; www.bornholmhotels.dk; Strandvejen 116; Zi. inkl. Frühstück ab 1125 Kr; P@) Das Fredensborg liegt am Südrand von Rønne auf einer hübschen Anhöhe mit Blick auf wellenumtoste Felsen. Die 72 komfortablen Zimmer, alle mit Meerblick, sind nach klassisch skandinavischer Art eingerichtet (manche hätten allerdings eine Überholung nötig). Einige haben ziemlich kleine Toiletten im 70er-Jahre-Stil, ein paar sind rollstuhlgerecht. Es gibt auch eine Sauna, einen Tennisplatz und ein Restaurant.

Essen

Am und rund um den Hauptplatz Store Torv findet man eine leidliche Auswahl an Restaurants und Cafés, aber keins davon sticht wirklich heraus.

Oste-Hjørnet DELIKATESSEN €
(Østergade 40B; Käseplatten ab 70 Kr; Mo–Do 9–17.30, Fr bis 18, Sa bis 13 Uhr) Da läuft einem das Wasser im Munde zusammen ... Der kleine Feinkostladen hat besten Käse von nah und fern vorrätig, dazu Wurstwaren aus der Region, gefüllte Pfannkuchen (herzhaft!) und frisches Brot – also genau der Stoff, aus dem das perfekte Picknick gemacht ist.

Jensen's Bageri BÄCKEREI €
(Snellemark 41; Focaccias 16 Kr, süße Stücke 10 Kr; Mo–Fr 6–17.30, Sa & So bis 15 Uhr) Frische Focaccias, „Wienerle" im Brötchen, süßes Gebäck und noch mehr leckere Snacks gibt's in dieser niedlichen Bäckerei zwischen Touristeninformation und Store Torv.

Praktische Informationen

Bibliothek (Pingels Allé; Mo–Fr 9.30–18, Sa bis 14 Uhr) Kostenloser Internetzugang.

Bornholms Centralsygehus (56 95 11 65; Sygehusvej 9) Das Inselkrankenhaus liegt am Südrand der Stadt.

Post (Store Torv 11; Mo–Fr 10–16.30, Sa 9.30–12 Uhr) Im Eurospar-Supermarkt.

Touristeninformation (Bornholms Velkomstcenter; 56 95 95 00; www.bornholm.info; Nordre Kystvej 3; Ende Juni–Anfang Aug. 9–18.30 Uhr, sonst kürzer) Die große, freundliche Information ein paar Gehminuten vom Hafen hat massenhaft Infomaterial zu ganz Bornholm und Christiansø.

Åkirkeby

2050 EW.

Åkirkeby liegt im Binnenland und ist eine Mischung aus alten Fachwerkhäusern und neueren, gewöhnlichen Wohnhäusern.

Die Touristeninformation, der Parkplatz und ein paar einfache Speiselokale befinden sich östlich der Kirche in der Jernbanegade. Der Marktplatz liegt 150 m östlich der Touristeninformation.

Sehenswertes

★ NaturBornholm MUSEUM

(www.naturbornholm.dk; Grønningen 30; Erw./Kind 100/60 Kr; ⏲ April–Okt. 10–17 Uhr) NaturBornholm schildert die Geschichte der Geologie und Biologie der Insel auf spannende Weise; sie beginnt mit dem Zeitpunkt, als Bornholm noch ein langsam abkühlender Klumpen Magma war. Das Museum steckt voller interessanter Fakten – ein Highlight für Familien mit Kindern. Passenderweise steht das Gebäude genau auf einer Bruchlinie zwischen dem Sandstein im Süden Bornholms und dem Gneiss und Granit im Norden. Es wurde von Henning Larsen entworfen, dem Architekten der Kopenhagener Oper.

Aa Kirke KIRCHE

(Nybyvej 2; ⏲ 8–17 Uhr) Seinen Namen verdankt Åkirkeby seiner bedeutendsten Sehenswürdigkeit, der Aa Kirke. Sie ist die größte Kirche auf Bornholm. Der romanische Steinbau aus dem 12. Jh. erhebt sich auf einer Anhöhe mit Blick über Äcker und Wiesen. Zu den zahlreichen kunsthistorischen Schätzen zählt ein Taufbecken aus dem 13. Jh. mit biblischen Szenen und Runeninschrift. Altar und Kanzel stammen von etwa 1600.

Essen

★ Kadeau MODERN SKANDINAVISCH €€€

(☎ 56 97 82 50; www.kadeau.dk; Baunevej 18; Mittagsgerichte 125–150 Kr, 4-/6-/8-gängiges Abendessen ab 600/750/950 Kr; ⏲ Juli–Mitte Aug. 12–16 & 17.30–24 Uhr, sonst kürzer) Das Kadeau hat sich zu einem der spannendsten und innovativsten Restaurants in Dänemark gemausert. Die Speisen basieren auf der kreativen Verarbeitung nordischer Produkte und selbstgesammelter Zutaten, wie Wildkräuter vom nahen Strand und aus dem Wald. Die Mittagsauswahl ist klein, aber genial. Die Vollendung ist allerdings das Abendessen: Gerichte wie in Zucker gepökelte Jakobsmuscheln in Kamillenmilch mit eingelegtem Sellerie lassen einen schwach werden.

Achtung: Die Adresse lautet zwar Åkirkeby, das Restaurant liegt aber 8 km südöstlich des Ortes direkt am Strand. Reservierung ist ein Muss.

Waldgebiete

Ein Fünftel von Bornholm ist bewaldet, womit die Insel Dänemarks waldreichster Bezirk ist. Buchen, Tannen, Fichten, Hemlocktannen und Eichen überwiegen. Die drei größten Waldgebiete im Inselinneren sind durch einen Radweg verbunden, und jedes ist von Wanderwegen durchzogen (kostenlose Wanderkarten in den Touristeninformationen).

Almindingen, mit 2421 ha das größte Waldgebiet auf Bornholm, liegt in der Mitte der Insel, nördlich von Åkirkeby. Hier befindet sich der höchste Punkt der Insel, der 162 m hohe **Rytterknægten** mit dem Aussichtsturm Kongemindet.

In den **Paradisbakkerne** (Paradieshügeln), 2 km nordwestlich von Nexø, gibt es Rotwild und einen Wanderweg, der an einem riesigen, alten Grabstein vorbeiführt. 5 km südwestlich von Gudhjem liegt die **Rø Plantage** mit heidebewachsenen Hügeln und Wäldern.

Dueodde

Dueodde, der südlichste Punkt Bornholms, ist ein Traum von Strand, gesäumt von dunkelgrünen Kiefern und Sanddünen. Der weiche Sand ist so feinkörnig, dass er früher für Sanduhren und als Streusand zum Tinte löschen verwendet wurde.

Eine richtige Ortschaft gibt es nicht. Der Bus hält einfach am Ende der Straße, wo ein Hotel, ein Steakhaus mit entspannter Atmosphäre und einige Imbissbuden stehen. Ein Steg führt durch das Marschland bis zum Strand. Einzige Sehenswürdigkeit ist der **Leuchtturm** westlich der Dünen. Wer die 197 Stufen emporsteigt, kann einen Blick über endlose Sand- und Wasserflächen genießen.

Der **Strand** von Dueodde ist ideal für Kinder: Das Wasser ist meist ruhig und so seicht, dass ein Erwachsener erst nach etwa 100 m schwimmen kann. Im Juli und August ist der Strandzugang oft ziemlich überfüllt, doch etwas weiter links oder rechts findet jeder ein ruhiges Plätzchen.

ABSTECHER

HALLEGÅRD

Die Feinkostfleischerei **Hallegård** (☎56 47 02 47; www.hallegaard.dk; Aspevej 3, Østermarie; Tapasplatte 150 Kr; ⌚Ende Juni–Mitte Sept. 10–18 Uhr, sonst kürzer) mag Fremden unspektakulär erscheinen, von Dänen, die lokale Produkte schätzen, wird sie geliebt. Sogar Spitzenköche in Kopenhagen beziehen ihre Wurstwaren von dem idyllischen Bauernhof 8 km südwestlich von Svaneke. Geleitet wird der Betrieb von dem freundlichen Jørgen Toft Christensen, seiner Frau Lis Frederiksen und ihrer Familie. Sie haben sich mit traditionellen und modernen Wurstkreationen einen ziemlich guten Ruf erworben. Ein Klassiker ist die Ritawurst aus Schwein, Rind, Kirschwein und getrockneten Zwiebeln. Jørgens Schwiegersohn Christian bezeichnet sie als Hallegårds „politische Wurst", denn sie ist nach der Frau eines ehemaligen Landwirtschaftsministers benannt. Von ihr stammt das Rezept, und hin und wieder schaut sie zu einer „Qualitätskontrolle" vorbei.

Insgesamt produziert Hallegård um die 30 Wurstarten, von denen einige in traditionellen Ziegelöfen geräuchert werden. Der Räucherprozess für den kaltgeräucherten Schinken, eine Art Bornholmer Prosciutto, dauert sechs Monate, wobei die Schinken in ehemaligen Bunkern aus dem Zweiten Weltkrieg in der Umgebung abgehangen werden.

Appetit bekommen? Das hauseigene Feinkost-Café serviert eine Wurstplatte nach Wahl. Mit einem Glas des Bio-Hausweins (40 Kr) ergibt sich daraus eins der leckersten Essen von ganz Bornholm.

Zu erreichen ist der Hof von Svaneke aus über die Korshøje nach Südwesten, dann an der T-Kreuzung rechts auf den Ibskervej, dann links auf den Lyrsbyvej (auf das Schild „Hallegård" achten) und schließlich wieder links in den Aspevej. Die Öffnungszeiten können sich in der Nachsaison ändern, also besser vorher anrufen.

Schlafen

Dueodde Vandrerhjem & Camping Ground HOSTEL, CAMPINGPLATZ €
(☎56 48 81 19; www.dueodde.dk; Skorkkegårdsvejen 17; EZ/DZ/3BZ/4BZ 225/375/450/530 Kr, Stellplätze pro Erw./Kind 72/37 Kr, Zelt 30–40 Kr; ⌚Mai–Sept.; P) Das peppige Strandhostel mit Campingplatz liegt zehn Gehminuten östlich der Bushaltestelle. Neben den Unterkünften im Haus werden auch nette, mit Fichtenholz verkleidete Hütten/Apartments vermietet; sie kosten 4500 Kr pro Woche für zwei Personen. Ein nettes Extra ist das Hallenbad.

Dueodde Badehotel APARTMENTS €€
(☎56 95 85 66; www.dueodde-badehotel.dk; Sirenevej 2; DZ für 3 Nächte inkl. Frühstück 2184–3744 Kr, Selbstversorger-Apartment für 3 Tage 1444–3805 Kr; P) Die schicken, modernen Apartments im Ikea-Stil, 150 m vom Strand, haben Terrassen oder Balkone mit Blick auf den hübschen Garten. Sie bieten Platz für zwei bis fünf Personen und sind daher besonders für Familien geeignet. In der Anlage gibt es auch Doppelzimmer, teils mit Terrasse oder Balkon sowie Sofa und Kochnische ausgestattet. Es gibt außerdem Münzwaschmaschinen, einen Tennisplatz und eine Sauna.

Snogebæk

706 EW.

Snogebæk ist ein idyllisches Küstendorf mit einem hübschen, weiten Strand. Auf der Fahrt mit Auto oder Rad zwischen Nexø und Dueodde lohnt sich ein Abstecher. **Kjærstrup Chocolate By Hand** (www.kjaerstrup.dk, auf Dänisch; Hovedgade 9; ⌚tgl. 11–21 Uhr) direkt im Ort macht mit himmlischen Schokokreationen Naschkatzen glücklich. Probierenswert sind die göttlichen Trüffel und *flødebolle* (die dänische Version von Schokoküssen mit süßer Eiweißcreme und knackiger Schokoladenhülle).

Direkt am Wasser, am Südende des Havnevej, und die Hovedgade weiter hinunter sind ein paar Geschäfte, die Kleidung und hochwertige, dennoch günstige mundgeblasene Glaswaren verkaufen. Auf der Hovedgade ist auch eine gute **Räucherei** (Hovedgade 6; Buffet mittags/abends 120/180 Kr; ⌚Juli 12–22 Uhr, Juni & Aug. bis 21 Uhr, sonst kürzer), wo es außer Räucherfisch weitere Spezialitäten und kaltes Bier gibt. Rechts daneben wird das geniale Bioeis von **Boisen Is** (www.boisen-is.dk; Hovedgade 4; 2 Kugeln 28 Kr; ⌚Ende Juni–Aug. 10 Uhr–Sonnenuntergang, sonst kürzer) verkauft, das wirklich so gut ist wie sein Ruf.

Am Ende der Straße sind häufig Wanderenten und andere Wasservögel zu beobachten. Wer etwas mehr von der Gegend sehen oder Kalorien verbrennen möchte, kann dem Küstenpfad am Strand entlang Richtung Norden folgen.

Nexø

3685 EW.

Nexø (Neksø) ist der zweitgrößte Ort auf Bornholm. Wie Rønne gleicht es seine spärlichen Reize mit viel Betriebsamkeit aus. Es besitzt einen großen, modernen Hafen, in dem Fischer ihren Fang anlanden. Ort und Hafen wurden nach den Bombenangriffen der Sowjets im Zweiten Weltkrieg neu aufgebaut. Auch wenn Nexø nicht an Touristenorte wie Gudhjem und Svaneke heranreicht, gibt es doch ein paar malerische Ecken.

Sehenswertes & Aktivitäten

Nexø Museum MUSEUM

(Havnen 2; Erw./Kind 30/10 Kr; Juli & Aug. Mo–Fr 10–16, Sa bis 13 Uhr, sonst kürzer) Das bescheidene, aber liebevoll eingerichtete Nexø Museum in einem schönen Sandsteingebäude von 1796 zeigt originelle Stücke zur Vergangenheit des Ortes. Dazu gehören neben Aufnahmen aus der Zeit vor der Bombardierung im Zweiten Weltkrieg auch Soldatenhelme der Nazis und Russen. Weitere vergleichbare Raritäten sind Kanonen, historische Toilettenartikel und ein 150 kg schwerer Taucheranzug aus Pionierzeiten.

Wohnhaus Martin Andersen Nexø MUSEUM

(Ecke Andersen Nexøvej & Ferskeøstræde; Erw./Kind 30/10 Kr; Mitte Mai–Mitte Okt. Mo–Fr 10–16 Uhr, Juli & Aug. auch Sa 10–14 Uhr) In diesem Haus verbrachte der Autor des Romans *Pelle, der Eroberer* (Verfilmung 1988 mit dem Oskar ausgezeichnet) seine Kindheit. Es steht im Süden des Ortes und zeigt Fotos sowie Briefe und andere Erinnerungsstücke.

Balka STRAND

Im Zentrum von Nexø wird die Küste zwar industriell genutzt, aber 2 km südlich liegt das beliebte Badegebiet Balka mit einem sanft gebogenen, weißen Sandstrand.

Schlafen

Da die Strände außerhalb des Ortes wesentlich schöner sind, übernachtet kaum jemand direkt in Nexø.

Hotel Balka Søbad HOTEL €€

(56 49 22 25; www.hotel-balkasoebad.dk; Vester Strandvej 25; EZ inkl. Frühstück 850 Kr, DZ inkl. Frühstück 1050–1300 Kr; Mai–Sept.; P @) Das Hotel mit 106 geräumigen Zimmern in zweistöckigen Gebäuden besitzt einen eigenen Badestrand. Die Einrichtung erinnert ein wenig an die späten 1970er-Jahre, aber die Zimmer sind nett und sauber und mindestens mit zwei Einzelbetten, einem Sofabett, Balkon und Kochnische ausgestattet. Manche haben sogar ein zweites Schlafzimmer. Zur Hotelanlage gehören ein Tennisplatz, ein Swimmingpool, eine Bar und ein Restaurant.

Hotel Balka Strand HOTEL €€

(56 49 49 49; www.hotelbalkastrand.dk; Boulevarden 9; EZ/DZ inkl. Frühstück 875/1075 Kr; P) Das smart aufgemachte, nette Hotel nur 200 m vom Strand vermietet Doppelzimmer und schöne Apartments, alle modern eingerichtet. Zusätzliche Angebote sind Pool, Masseur, Bar und Restaurant.

Essen

Ein paar Restaurants befinden sich nahe dem bzw. direkt am Hauptplatz Torvet, aber auch am Hafen. Wirklich umwerfend ist keins davon.

Kvickly SUPERMARKT €

(Købmagergade 12; 8–20 Uhr) Wer lieber am Strand picknickt, bekommt alles, was er braucht, in diesem Supermarkt mit Bäckerei und Frischetheke bei der Bushaltestelle im Zentrum der Stadt.

Praktische Informationen

Touristeninformation (56 49 70 79; www.bornholm.info; Sdr Hammer 2G; Juli & Aug. Mo–Fr 10–17, Sa & So bis 14 Uhr, sonst kürzer, Mai, Juni, Sept. & Okt. So geschl.) Das hilfsbereite Team im Tourismusbüro gegenüber der zentralen Bushaltestelle hat Infomaterial zu Nexø, Snogebæk, Svaneke und Dueodde.

Svaneke

1060 EW.

Svaneke ist ein schnuckeliges Hafenstädtchen mit roten Ziegeldächern und Häusern aus dem 19. Jh. Es ist weithin bekannt, da es seinen historischen Charakter bewahrt hat. Es ist bei Skippern wie Landurlaubern gleichermaßen beliebt. Die hübsche Hafenfront säumen senfgelbe Fachwerkhäuser, in denen früher Kaufleute lebten und die heute teilweise zu Hotels oder Restaurants umfunktioniert sind. In Svaneke befinden sich die bekannteste Räucherei der Insel sowie eine Brauerei, beide sehr empfehlenswert.

Sehenswertes & Aktivitäten

Glastorvet KUNSTHANDWERK

Wer sich für Kunsthandwerk interessiert, findet in der Stadt mehrere Töpferwerkstätten und Handarbeitsläden. Glastorvet im Zentrum hat eine Werkstatt, in der Besucher zuschauen können, wie aus orange glühender Glasschmelze kristallklare Kunstwerke entstehen.

Svaneke Kirke KIRCHE

(Kirkepladsen 2; Mo–Fr 8–15 Uhr) Um die Svaneke Kirke, ein paar Gehminuten südlich des Stadtplatzes Svaneke Torv, stehen interessante historische Gebäude. Die wassermelonenfarbene Kirche besitzt einen Runenstein und stammt von 1350, wurde aber in den 1880er-Jahren stark umgebaut.

Windmühlen HISTORISCHE GEBÄUDE

In der östlichsten Stadt Dänemarks weht eigentlich immer Wind, sie hat daher einige Windmühlen. Im Nordwesten stehen eine alte **Bockwindmühle** (bei der sich das ganze Mühlengebäude in Windrichtung dreht) und eine **Holländische Windmühle**. Daneben erhebt sich ein ungewöhnlicher dreiseitiger **Wasserturm** des Architekten Jørn Utzon, der durch den Bau des Opernhauses von Sydney berühmt wurde. Im Dorf **Årsdale**, an der Hauptstraße 3 km südlich von Svaneke, ist noch eine Windmühle in Betrieb; sie verkauft Mehl.

Schlafen

Hullehavn Camping CAMPINGPLATZ €

(56 49 63 63; www.hullehavn.dk; Sydskovvej 9; Stellplatz pro Erw./Kind 72/36 Kr; April–Ende Sept.) Von zwei Campingplätzen in Svaneke hat dieser 3-Sterne-Platz die schönere Lage und einen eigenen Sandstrand. Er liegt knapp 400 m südlich des Danhostel Svaneke.

Danhostel Svaneke HOSTEL €

(56 49 62 42; www.danhostel-svaneke.dk; Reberbanevej 9; B/EZ/DZ 160/450/510 Kr; April–Ende Okt.; P) Ein einfaches, modernes Hostel mit Flachdach, 1 km südlich des Zentrums von Svaneke. Es gibt eine Gemeinschaftsküche und Waschmaschinen.

Hotel Siemsens Gaard HOTEL €€

(56 49 61 49; www.siemsens.dk; Havnebryggen 9; EZ inkl. Frühstück 850 Kr, DZ inkl. Frühstück ab 1275 Kr; Jan. & Feb. geschl.; P@) Die schlichten Zimmer des Hafenhotels sind ohne Schick, aber komfortabel und mit Kühlschrank und Toilette ausgestattet (einige Doppelzimmer haben sogar eine Kochnische). Schöner sind die Zimmer im alten Trakt, einem Fachwerkbau aus der Mitte des 17. Jhs. Der Service ist freundlich, die Gäste können Fahrräder für 75 Kr pro Tag mieten.

Essen & Ausgehen

Nahe dem Torv befindet sich der Supermarkt **Dagli'Brugsen** (Nansensgade 11; 8–20 Uhr).

★ **Rogeriet i Svaneke** FISCH & MEERESFRÜCHTE €

(Fiskergade 12; Verkauf an der Theke 35–115 Kr; Juli & Aug. 9–20.30 Uhr, sonst kürzer) Die lange Ladentheke präsentiert eine verlockende Auswahl an köstlichen Räucherwaren wie Forelle, Lachs und Hering, außerdem Garnelen, Fischfrikadellen, Smørrebrød und leckere *frikadeller* (dänische Fleischbällchen). Drinnen hat man einen Blick auf die schwarzen Türen der Räucheröfen, draußen im Hof auf alte Kanonen.

Die Räucherei liegt nördlich des Zentrums am Ende der Fiskergade nahe dem Wasser.

Svaneke Chokoladeri SCHOKOLADE €

(www.svanekechokoladeri.dk; Torv 5; Schokotrüffel 11 Kr; Mo–Fr 10–17, Sa 10–15, So 11–15 Uhr;) Am Eingang zum Bryghuset hat einer der besten Schokoladenhersteller Bornholms seinen Laden. Die göttlichen Schokokreationen (z. B. die Trüffel aus weißer Schokolade, Kokos und Limette) und die typischen Bornholmer *stout øl*-Trüffel mit Schwarzbier werden alle frisch im Haus hergestellt. Unwiderstehlich.

Bryghuset MIKROBRAUEREI

(Torv 5; Mittagessen 69–129 Kr, Abendessen Hauptgerichte 149–298 Kr; 10–24 Uhr, Küche schließt um 21.30 Uhr) Das Brauhaus ist landesweit für sein ausgezeichnetes Bier bekannt. Das Lokal ist eines der beliebtesten auf der Insel und serviert herzhafte Kneipenkost. Mittags gibt's z. B. Smørrebrød (Sandwiches) und *fiskefrikadeller* (Fischfrikadellen) mit Roggenbrot und Remoulade. Das Abendessen besteht meist aus einem saftigen Stück Fleisch mit Beilagen.

Hotel Siemsens Gaard DÄNISCH €€

(www.siemsens.dk; Havnebryggen 9; mittags 68–196 Kr, Hauptgerichte abends 218–272 Kr; 11.30–21 Uhr) Die Terrasse am Hafen ist an sonnigen Tagen der ideale Platz fürs Mittagessen. Die Küche verwendet hauptsächlich lokale Produkte und bereitet leckere Gerichte zu, wie appetitlich angerichtetes Smørrebrød, geräucherten und marinierten Lachs sowie reichhaltigere Fisch- und Fleischgerichte.

Praktische Informationen

Post (Nansensgade 11; 8–18 Uhr) Im Supermarkt Dagli Brugsen.

Touristeninformation (56 49 70 79; Peter F Heerings Gade 7; Mitte Juni–Mitte Sept. Mo–Fr 10–16 Uhr) Am Hafen.

Gudhjem & Melsted

710 EW.

Gudhjem ist zweifellos der attraktivste Hafenort auf Bornholm. An der breiten Hauptstraße überragt eine gedrungene Windmühle die Fachwerkhäuser und die Gassen, die hinab zum hübschen Hafen führen. Der Ort ist ein guter Ausgangspunkt, um die Insel zu erkunden. Von hier gehen Rad- und Wanderwege los, es gibt gute Busverbindungen, viele Unterkünfte und Restaurants sowie Fähren nach Christiansø. Übrigens wurden einige Szenen des oskargekrönten Films *Pelle, der Eroberer* nach dem Roman des Bornholmer Schriftstellers Martin Andersen Nexø am Hafen gedreht. Nexø wuchs im gleichnamigen Ort ganz in der Nähe auf (S. 154).

Sehenswertes & Aktivitäten

Der Ort selbst hat zwar nur Felsküste, doch 1 km südöstlich, bei Melsted, liegt ein kleiner **Sandstrand**. Ein 4 km langer **Radweg** führt nach Süden zur Østerlars Kirke, die mit ihren dicken Mauern und mächtigen Pfeilern die stattlichste Rundkirche der Insel ist.

★ Oluf Høst Museet MUSEUM
(www.ohmus.dk; Løkkegade 35; Erw./Kind 75/35 Kr; Mitte Juni–Aug. 11–17 Uhr, sonst kürzer;) Das wunderbare Museum zeigt die Arbeitsräume und Gemälde von Oluf Høst (1884–1966), einem bekannten Bornholmer Künstler. Es befindet sich in dem Haus, in dem Oluf Høst von 1929 bis zu seinem Tod lebte. Im wunderschönen Garten wartet eine kleine Hütte mit Papier, Farben und Stiften auf kreative Kinder.

Baltic Sea Glass GLASKUNST, GALERIE
(www.balticseaglass.com; Melstedvej 47; Fr–Mi 10–17, Do bis 19 Uhr) Überall auf der Insel gibt es kleine, selbstständige Keramik- und Glasateliers. Eines der besten ist Baltic Sea Glass wenige Kilometer südlich von Gudhjem: ein großes, modernes Atelier mit Verkaufsraum, in dem regelmäßig Wechselausstellungen und eine ständige Ausstellung mit Werken von Maibritt Jonsson und Pete Hunner gezeigt werden.

Gudhjem Glasrøgeri GLASKUNST
(56 48 54 68; Ejnar Mikkelsensvej 13A; Ostern–Nov. Mo–Fr 10–20, Sa & So bis 17 Uhr, sonst kürzer) In der Glasbläserei am Hafen können Besucher den Glasbläsern bei der Arbeit zusehen.

Wanderungen WANDERN
Ein kurzer Aufstieg von fünf Minuten auf den von Heidekraut bewachsenen **Bokul** eröffnet einen schönen Blick über die roten Ziegeldächer des Ortes und das Meer.

Einen **Hafenblick** bietet die Erhebung am Südwestende des Hafens von Gudhjem. Der Pfad folgt der Küste weitere 1,5 km nach Südosten bis Melsted, wo es einen kleinen **Sandstrand** gibt. Es ist ein herrlicher Naturpfad, wo man auf Schwalben, Nachtigallen und Wildblumen trifft.

Schlafen

Danhostel Gudhjem HOSTEL €
(56 48 50 35; www.danhostel-gudhjem.dk; Løkkegade 7; B/EZ/DZ 220/385/490 Kr;) Das Hostel direkt am Hafen vermietet helle, gemütliche 6-Bett-Zimmer. Die Rezeption befindet sich in einem kleinen Lebensmittelgeschäft in der Løkkegade, 75 m nordwestlich des Hostels. Es vermietet Fahrräder für 90 Kr pro Tag.

Sannes Familie Camping CAMPINGPLATZ €
(56 48 52 11; www.familiecamping.dk; Melstedvej 39; Stellplatz pro Erw./Kind 90/60 Kr, Hütte für 4 Pers. pro Woche 3050–7850 Kr; April–Mitte Sept.;) Der wunderbare 4-Sterne-Platz liegt direkt am Strand und hat auch eine Sauna für Schlechtwettertage. Wer nicht zelten will, kann in einer der gemütlichen Hütten für drei bis zehn Personen übernachten. In den neuen „Luxus-Hütten" für vier Personen stehen Siemens-Geräte in der Küche. Mieträder kosten 65/250 Kr pro Tag/Woche, WLAN gibt's ebenfalls (20 Kr pro Tag).

Gudhjem Camping CAMPINGPLATZ €
(56 48 50 71; www.slettenscamping.dk; Melsted Langgade 36A; Stellplatz pro Erw./Kind 72/37 Kr; Mitte Mai–Mitte Sept.;) Von allen Campingplätzen liegt dieser dem Ort am nächsten, zum Hafen sind es nur 15 Gehminuten. Die voll eingerichteten Zelte für vier Personen – samt Betten, Küche und Strom – kosten

Gudhjem & Melsted

2075 bis 3550 Kr pro Woche. Die ebenfalls voll ausgestatteten Wohnwagen kosten 3095 bis 4765 Kr pro Woche.

Jantzens Hotel HOTEL €€
(☎ 56 48 50 17; www.jantzenshotel.dk; Brøddegade 33; EZ 850 Kr, DZ 1200–1300 Kr; 📶) Das Jantzens ist ein wahrhaft zauberhaftes Hotel mit kleinen urgemütlichen, stylisch eingerichteten Zimmern (einige mit Meerblick) in einem schönen alten Haus. Und: Ein besseres Frühstück als hier bekommt man auf ganz Bornholm kaum.

Therns Hotel HOTEL €€
(☎ 56 48 50 99; www.therns-hotel.dk; Brøddegade 31; EZ 650 Kr, DZ 750–1050 Kr; 📶) Ein 2-Sterne-Hotel mit 30 netten Zimmern und erschwinglichen Tarifen in zentraler Lage. Leihräder kosten 90 Kr pro Tag.

Essen

Über die Brøddegade gelangt man zu einem **Spar-Supermarkt** (Kirkevej; ⏲ 8–22 Uhr).

Gudhjem Rogeri FISCH & MEERESFRÜCHTE €
(Gudhjem Hafen; Buffet mittags/abends 120/180 Kr; ⏲ Juli & Aug. 10–21 Uhr, sonst kürzer) Eine beliebte Räucherei, die Fisch und Salate serviert – der Klassiker ist *Sol over Gudhjem* (Sonne über Gudhjem: Räucherhering mit einem rohen Eigelb darüber). Tische stehen drinnen und draußen. Im Sommer gibt es fast jeden Abend Folk-, Country- oder Rockkonzerte.

Gudhjem & Melsted

Highlights
1 Oluf Høst Museet B1

Sehenswertes
2 Bokul B1
3 Gudhjem Glasrøgeri B1

Schlafen
4 Danhostel Gudhjem B1
5 Gudhjem Camping D3
6 Jantzens Hotel B1
7 Therns Hotel B1

Essen
8 Café Klint B1
9 Gudhjem Rogeri B1
10 Spar C2

Café Klint INTERNATIONAL €€
(☎ 56 48 54 59; Ejnar Mikkelsensvej 20; leichte Mahlzeiten 45–129 Kr, abends 139–189 Kr; ⏲ Mitte Juni–Mitte Aug. 10–21 Uhr, sonst kürzer; 📶) Bei einem Bier auf der Terrasse mit Hafenblick lässt es sich an sonnigen Tagen wunderbar entspannen. Zu essen gibt es leckere Salate, Sandwiches, Tapas und deftige Steaks. Von

Mitte Juni bis Mitte August wird immer montags bis samstags abends Livemusik geboten.

Praktische Informationen

Im Hafen gibt es Toiletten und Duschen und gleich nordwestlich liegt ein Parkplatz.

Post (8–18 Uhr) Im Spar-Supermarkt.

Touristeninformation (56 48 64 48; www.allinge.dk; Ejnar Mikkelsensvej 17; Juli & Aug. 10.30–16 Uhr, sonst kürzer) Ein kleines Büro am Hafen mit Infos zu Gudhjem und Bornholm insgesamt.

Rund um Gudhjem & Melsted

Die Gegend um Gudhjem birgt mehrere kulturelle Sehenswürdigkeiten, wie das eindrucksvolle Kunstmuseum, die markanteste Rundkirche der Insel und ein faszinierendes Mittelalterdorf. Hier befindet sich auch eines der beiden Bornholmer Spitzenrestaurants.

Sehenswertes & Aktivitäten

★ Bornholms Kunstmuseum MUSEUM
(www.bornholms-kunstmuseum.dk; Otto Bruuns Plads 1; Erw./Kind 70 Kr/frei; Juni–Aug. 10–17 Uhr, sonst kürzer, April, Mai, Sept. & Okt. Mo geschl.) Das Kunstmuseum ist dem Louisiana in Kopenhagen nachempfunden und in einem eleganten, modernen Gebäude in schönster Lage mit Blick auf Meer, Felder und (bei gutem Wetter) auf die Insel Christiansø untergebracht. Ausgestellt sind Werke von Künstlern der Bornholmer Schule wie Olaf Rude, Oluf Høst und Edvard Weie, die alle in der ersten Hälfte des 20. Jhs. malten, und anderer dänischer Künstler, unter denen Michael Anchers Ansichten von Bornholm herausragen.

Im Haus befindet sich ein Café. Direkt vor dem Museum liegt eine Bushaltestelle (Bus 2 von Rønne, Bus 4 oder 8 von Gudhjem bzw. Sandvig).

Østerlars Rundkirke KIRCHE
(Vietsvej 25; Eintritt 10 Kr; Mo–Sa 9–17 Uhr) Die größte und beeindruckendste Rundkirche auf Bornholm datiert mindestens auf das Jahr 1150. Die sieben schweren Stützpfeiler und die Verteidigungsgalerie im oberen Stock offenbaren, dass sie früher einmal als Festung diente. Ursprünglich hatte sie ein Flachdach, das als Gefechtsplattform diente. Später wurde es durch das heutige konische Dach ersetzt, da es die Mauern zu sehr belastete. Der Innenraum ist heute überwiegend weiß getüncht – bis auf einige mittelalterliche Fresken, die restauriert wurden.
Am Eingang befinden sich ein Runenstein von 1070 und darüber eine Sonnenuhr.

Der 4 km lange Radweg zur Kirche führt weiter ins Landesinnere südlich von Gudhjem. Die Kirche ist auch mit den Buslinien 1 und 9 ab Gudhjem zu erreichen, von Rønne mit Buslinie 4.

Bornholms Middelaldercenter FREILICHTMUSEUM
(Bornholmer Mittelalterzentrum; www.bornholmsmiddelaldercenter.dk; Stangevej 1, Gudhjem; Erw./Kind 145/110 Kr; Juli Mo–Sa 10–17 Uhr, Aug. Mo–Fr 10–16 Uhr, Sept. Mo–Fr 11–15 Uhr) Auf dem 10,5 ha großen Areal stehen Nachbauten einer Festung und eines Dorfes aus dem Mittelalter. Hier können die Dänen einer ihrer Lieblingsbeschäftigungen nachgehen: Sich historisch kostümieren und mit Gummischwertern aufeinander eindreschen. Im Sommer hämmern sie auch in einer Schmiede, treiben Ackerbau, mahlen Weizen in einer Wassermühle und verrichten weitere häusliche Arbeiten vergangener Zei-

UM DIE WETTE KOCHEN

An einem Samstagnachmittag Ende Juni wetteifern beim **Sol over Gudhjem** (www.solovergudhjemkonkurrence.dk) vier prominente Köche Dänemarks um das beste Zwei-Gänge-Menü, wobei sie ausschließlich Zutaten aus Bornholm verwenden dürfen.

Rahmenprogramm zum Kochwettbewerb ist ein kulinarischer Markt mit über 40 Ständen, an denen beste dänische Produkte und Spezialitäten verkauft werden, von Hering über Honig bis zu Käse. Auch die Besucher können an verschiedenen Wettbewerben teilnehmen und mit Glück neues Küchengerät, Kunst oder (noch besser) ein Essen in einem Spitzenrestaurant in Kopenhagen gewinnen. Der offizielle Kochwettbewerb beginnt um 13 Uhr, der Eintritt ist frei. Um einen guten Platz zu ergattern, sollte man schon gegen 12 Uhr da sein. Schließlich will man die Wettkampfgerichte ja kosten, oder nicht?

Das genaue Datum und weitere Details stehen auf der Website.

RUNDKIRCHEN

Was die weißen Windmühlen für Mykonos und die Steinstatuen für die Osterinsel sind, das sind die vier Rundkirchen aus dem 12. Jh. für Bornholm. Die *rundkirker* (Rundkirchen) sind die Wahrzeichen der Insel und jedem Dänen bestens bekannt. Sie stammen aus einer Zeit, als plündernde Wenden (Elbslawen) aus Ostdeutschland die Küstengebiete im gesamten Ostseeraum verwüsteten. Typisch für die Rundkirchen sind die 2 m dicken, weißen Mauern und das schwarze, konische Dach. Die Kirchen dienten nicht nur als Gotteshäuser, sondern auch als Zuflucht bei Angriffen. Das obere Stockwerk fungierte zugleich als Geschützgalerie. Außerdem wurden sie als Lagerräume genutzt, um Wertgegenstände und Handelswaren gegen Piraten zu schützen.

Jede der Kirchen steht etwa 2 km landeinwärts auf einer Anhöhe, um auch als Aussichtsposten mit Blick auf das Meer zu dienen. Mit ihrer strengen und wuchtigen Architektur erinnern die auffälligen, einzigartigen Bauten mehr an Festungen als an Gotteshäuser. In allen vier Kirchen finden heute noch Gottesdienste statt. Die Rundkirchen stehen in Østerlars, Olsker, Nyker und Nylars.

ten. Im Juli führen Falkner und Bogenschützen ihre Kunst vor, und Kinder dürfen bei verschiedenen handwerklichen Tätigkeiten mitmachen.

Das Middelaldercenter liegt 500 m nördlich der Østerlars Kirke und ist von Gudhjem mit den Buslinien 1 und 9 zu erreichen bzw. mit Linie 4 ab Rønne.

Schlafen & Essen

★Stammershalle Badehotel BOUTIQUEHOTEL €€
(☎56 48 42 10; www.stammershalle-badehotel.dk; Sdr Strandvej 128, Rø; EZ/DZ inkl. Frühstück ab 700/900 Kr; P Wi-Fi) Die schönste Unterkunft von Bornholm ist ein imposantes Kurhotel aus dem frühen 20. Jh. Es liegt an einem felsigen Teil der Küste ein paar Kilometer nördlich von Gudhjem; das Gebäude ist eine wunderbare Mischung aus Fachwerk und vornehmer Seebäderarchitektur – und es beherbergt einen der aufgehenden Sterne am dänischen Gourmethimmel für Neue Nordische Küche, das Lassens. Weit im Voraus reservieren, insbesondere in der Hauptsaison im Sommer.

★Lassens MODERN SKANDINAVISCH €€€
(☎56 48 42 10; www.stammershalle-badehotel.dk; Sdr Strandvej 128, Rø; kleines/großes Probiermenü 450/550 Kr; ⌚Juli & Aug. 18–23 Uhr, sonst kürzer, Mai, Juni & Sept. Mo geschl.) Es gibt auf Bornholm zwei Restaurants, die Feinschmecker auf keinen Fall versäumen dürfen: das Kadeau und das Lassens im Stammershalle Badehotel. Im Lassens kocht der preisgekrönte Daniel Kruse, der unverfälschte Kompositionen wie geräucherte Jakobsmuscheln mit isländischem *skyr* (eine Art Joghurt), gedörrten Oliven, Trüffelmayonnaise, Petersiliensauce und Malzfritten auf den Tisch zaubert – da verschlägt es einem wirklich die Sprache. Die Bedienung ist sachkundig und charmant, und der Anblick des Sonnenuntergangs über dem Meer mindestens genauso bezaubernd wie das, was aus der Küche kommt. Reservierung erforderlich.

Sandvig & Allinge

EW. 1635

Sandvig ist ein stiller, kleiner Badeort mit alten Häuschen, Rosenhecken und gepflegten Blumengärten. Es gibt eine herrliche Sandbucht und viele reizvolle Wanderwege.

Allinge, der größere und besser erschlossene Teil der Gemeinde Allinge-Sandvig, liegt 2 km südöstlich von Sandvig. Es ist nicht so idyllisch wie Sandvig, hat dafür aber Geschäfte, Banken und Lebensmittelläden. Hier befindet sich auch die regionale Touristeninformation.

Im kleinen Dörfchen **Olsker**, 7 km südöstlich von Sandvig, steht die kleinste der vier Rundkirchen Bornholms. Der Inselbus nach Rønne fährt daran vorbei und hält auf Wunsch.

Schlafen & Essen

Byskrivergaarden PENSION €€
(☎56 48 08 86; www.byskrivergaarden.dk; Løsebækegade 3, Allinge; EZ/DZ inkl. Frühstück 750/1000 Kr; ⌚Mitte Mai–Mitte Sept.; P Wi-Fi) Das bezaubernde Bauernhaus mit weißen Mauern und schwarzen Balken, direkt am Wasser, ist unser Favorit in Allinge. Die Zimmer sind schlicht und frisch eingerichtet. Am schöns-

ten sind natürlich die auf der Meerseite. Es hat einen hübschen Garten und einen gemütlichen Frühstücksraum. In der Nähe gibt es Gezeitentümpel mit Seetang – wer mag, kann hineinhüpfen.

Hotel Romantik HOTEL €€
(☎ 20 23 15 24; www.hotelromantik.dk; Strandvejen 68, Sandvig; EZ/DZ ab 650/800 Kr, Apt. 2–4 Pers. ab 3402 Kr pro Woche; P @) Das Romantik direkt an der Küste verfügt über komfortable Zimmer, einige mit Meerblick. Noch schöner sind die 40 stylischen Apartments inklusive moderner Küchenzeile. In dem unauffälligen Anbau auf der anderen Straßenseite sind ein paar einfache, durchaus zufriedenstellende Budgetzimmer untergebracht (EZ/DZ ab 600/700 Kr).

Nordbornholms Røgeri FISCH & MEERESFRÜCHTE €
(Kæmpestranden 2, Allinge; Buffet 180 Kr; tgl. 11–21 Uhr;) Die besten Köche von Bornholm schwören auf diese Räucherei. Sie bereitet nicht nur köstlichen Räucherfisch, Salate und Suppen zu – ihre Lage am Wasser ist auch genau der richtige Platz, um die Köstlichkeiten aus der Ostsee zu genießen. Für Kinder zwischen fünf und elf Jahre gibt's das Buffet zum halben Preis.

Café Sommer INTERNATIONAL €€
(Havnegade 19, Allinge; mittags 95–150 Kr, abends 2/3 Gänge 245/295 Kr; Juli 10–21.30 Uhr, Juni & Aug. 11.30–21.30 Uhr) Das Café mit der gut besuchten Terrasse am Hafen und der coolen, urbanen Inneneinrichtung serviert mittags leckere Salate, Hamburger und Smørrebrød (3 für 135 Kr inkl. gebratenem Salzhering mit Roter Beete, Zwiebeln und Senf). Abends gibt es Handfesteres wie z. B. panierten Kabeljau, gebacken mit Kräutern und serviert mit Gemüse der Saison und einer Dill-Zitronen-Creme.

Praktische Informationen

Allinge ist das Geschäftszentrum der Umgebung, mit Banken, Lebensmittelläden und einer Touristeninformation.

Touristeninformation (☎ 56 48 64 48; www.allinge.dk; Kirkegade 4, Allinge; Juli & Aug. Mo–Fr 9–16, Sa 11–15 Uhr, sonst kürzer) Regionale Touristeninformation.

INSIDERWISSEN

DANIEL KRUSE – STERNEKOCH & GEBORENER BORNHOLMER

Meine liebste Ecke von Bornholm ...

... ist die Nordküste. Sie ist mit Klippen, Stränden und Wäldern äußerst vielfältig. Ich bin stark optisch orientiert, und meine Gerichte sind meist von Bildern inspiriert. Sobald ich Form und Gestalt im Kopf habe, finde ich die Zutaten, die nicht nur zu diesem Bild passen, sondern auch wunderbar zusammenwirken. Ich verwende viele Wildkräuter aus den Wäldern und von der Küste. Besonders gern mag ich *skovsyre* (Waldsauerklee). Er ist pikant, vielseitig und hat Pfiff.

Feinschmecker sollten auf Bornholm nicht versäumen ...

... im Restaurant Kadeau (S. 152) mit Neuer Nordischer Küche oder in einer der berühmten *røgeri* (Räuchereien) zu essen. Meine Lieblingsräucherei ist die Nordbornholms Røgeri (s. o.)) in Allinge. Die Betreiber legen größten Wert auf den richtigen Räucherprozess, und die Qualität ist wunderbar. Dann sind da noch das Bier vom Bryghuset (S. 155) in Svaneke, einheimische Spezialitäten aus der Gudhjem Mølle und die fabelhaften Schinken und Würste von Hallegård (S. 153), eine phantastische Metzgerei bei Østermarie. Nicht zu vergessen mein Restaurant, das Lassens.

Außerhalb Bornholms lohnt sich ein Essen ...

... im Noma (S. 77) in Kopenhagen. Nicht nur das Essen ist perfekt, auch der Service ist es – zuvorkommend und aufgeschlossen. Ebenso gern besuche ich das Søllerød Kro am Nordrand von Kopenhagen. In dem „Gasthof" bekommt man weniger Neue Nordische, sondern eher dänisch-französische Küche. Aber wie im Norma fühlt man sich gut aufgehoben und umsorgt, sobald man das Restaurant betritt. Sie servieren zwar auch ein gutes Mittagessen, aber erst am Abend entfaltet sich die ganze Kreativität der Küchenmannschaft.

Interview: Cristian Bonetto

Hammershus Slot

Die Ruine von Hammershus Slot aus dem 13. Jh., in dramatischer Lage auf einer Klippe über dem Meer, ist die größte Anlage dieser Art in ganz Skandinavien. Die Burg wurde vermutlich um 1250 unter dem Erzbischof von Lund gebaut, um sein Bistum gegen die dänische Krone zu verteidigen, die gierig die Hände danach ausstreckte. In den folgenden Jahrhunderten wurde die Burg erweitert. Die oberen Stockwerke des rechteckigen Turms kamen Mitte des 16. Jhs. hinzu.

Doch der damaligen Schiffsartillerie waren die Mauern nicht gewachsen, und so fiel die Festung 1645 nach kurzem Beschuss vorübergehend an Schweden. Hammershus diente als Kaserne und Gefängnis. Leonora Christine, die Tochter Christians IV., war hier 1660/61 wegen Hochverrats inhaftiert.

1743 gab das dänische Militär Hammershus auf. Viele Mauersteine wurden zur Weiterverwendung als Baumaterial abgetragen. Glücklicherweise blieb noch so viel übrig, dass sich ein Rundgang durch die weitläufige Ruine lohnt. Sie ist immer zugänglich und kostet keinen Eintritt.

An- & Weiterreise

Zwischen Sandvig und Hammershus Slot verkehrt jede Stunde ein Bus (Linie 2 oder 8). Schöner ist es, über die Hügel von Hammeren dorthin zu laufen (etwa eine Stunde). Der gut ausgetretene und beschilderte Pfad beginnt am Sandvig Familie Campingplatz.

Von Rønne fährt, ebenfalls etwa stündlich, die Buslinie 2 zum Hammershus Slot. Linie 7 verkehrt alle zwei Stunden.

Hammeren

Auf Hammeren, der hammerförmigen Halbinsel aus Granitklippen an der Nordspitze von Bornholm, ziehen sich zahlreiche **Wanderwege** über Hänge mit lila Heidekraut. Einige führen landeinwärts, andere folgen der Küste – ein Paradies für Spaziergänger.

Zu den anspruchsvolleren Routen zählen die Wege zwischen Sandvig und Hammershus Slot. Der kürzeste Weg führt durch das Landesinnere von Hammeren. Er geht vorbei am **Hammer Sø**, Bornholms größtem See, und am **Opaløsen**, einem tiefen Wasser in einem alten Steinbruch. Eine längere, meist windige Route folgt der felsigen Küste von Hammeren. Sie passiert einen **Leuchtturm** an der Nordspitze von Bornholm und führt dann entlang der Küste südwärts nach **Hammer Havn**.

Von Hammershus Slot ziehen sich südwärts Pfade durch die Heidelandschaft **Slotslyngen** und ostwärts durch Wälder zum **Granitbruch Moseløkken**. Moseløkken hat auch eines kleines **Museum** (www.moseloekken.dk; Moseløkkevej 4; Erw./Kind 70/60 Kr; ⏲April–Mitte Sept. Mo–Fr 9–16 Uhr), in dem die Arbeiten hiesiger Steinmetze und Skulpturen der Bildhauer Anker Hansen und Ole Christensen zu sehen sind. Ab und zu gibt's Demonstrationen der traditionellen Steinmetztechnik.

Eine detaillierte Karte mit allen Wegen in der Region enthält die kostenlose Broschüre *Hammeren og Hammershus, Slotslyng*, herausgegeben von der Forstverwaltung; sie ist in jeder Touristeninformation auf der Insel erhältlich.

INSEL-TROLL

Wer durch Bornholm fährt, wird unweigerlich Bilder und kleine Statuen des Inselmaskottchens Krølle Bølle entdecken: ein verschlagen aussehender, gehörnter Troll. Er stammt aus den Geschichten, die der Eisenbahnangestellte Ludvig Mahler in den frühen 1940er-Jahren seinem Sohn erzählte und die dann ein Rønner Verlag veröffentlichte. Meist wird Krølle Bølle mit einem bereits geräucherten Hering an der Angel dargestellt (eine beachtliche Leistung, selbst für einen Troll). Wie es heißt, lebt Krølle Bølle mit seinen Eltern Bobbasina und Bobbarækus unter dem Langebjerg, nahe dem Hammershus Slot, und erscheint Schlag Mitternacht nach dem dritten Eulenruf.

Christiansø

90 EW.

Wer glaubt, Bornholm sei der entlegenste Winkel Dänemarks, der täuscht sich. Mit dem Schiff eine Stunde nordöstlich von Bornholm, weit draußen in der unbarmherzigen Ostsee, liegt das winzige Christiansø. Die stimmungsvolle Inselfestung aus dem 17. Jh. mit schroffen, moosigen Felsen, historischen Steinbauten und einer zähen Einwohnerschaft erinnert an die nordatlantische Inselgruppe Färöer. Besucher fühlen sich in vergangene Zeiten zurückversetzt, insbesondere wenn sie in der bezaubernden Christiansø Gæstgiveriet übernachten und die Insel nach Abreise der Tagesausflügler erleben.

Christiansø war seit dem Mittelalter ein saisonal bewohnter Fischerort und fiel 1658 kurzzeitig an Schweden. Daraufhin ließ Christian V. es zu einer uneinnehmbaren Seefestung ausbauen. Bastionen und Kasernen wurden errichtet, eine Kirche, eine Schule und ein Gefängnis folgten.

Christiansø wurde zum Vorposten der dänischen Marine in der Ostsee. Es diente der Überwachung schwedischer Handelsrouten und in weniger friedlichen Zeiten als Angriffsbasis gegen Schweden. Um 1850 wurde der Vorposten nicht mehr benötigt und die Marine zog ab. Wer als Fischer bleiben wollte, konnte die alten Unterkünfte mietfrei nutzen. Die Nachkommen derer, die blieben, sowie einige später zugezogene Fischer und Künstler bilden heute die etwa 100-köpfige Einwohnerschaft. Die ganze Insel ist ein unberührtes Schutzgebiet ohne Katzen, Hunde, Autos und moderne Gebäude – ein Paradies für zahlreiche Vogelarten, darunter Papageientaucher.

Wem in Christiansø „zu viel los" ist, der kann auf eine noch kleinere Insel flüchten, und zwar über eine Fußgängerbrücke nach **Frederiksø**.

Græsholm, die Insel nordwestlich von Christiansø, ist ein Vogelschutzgebiet und Brutplatz für Lummen, Tordalken und andere Seevögel. Die Einheimischen tun alles, um die einmalige Natur zu schützen.

Alle drei Inseln zusammen heißen Ertholmene-Inseln. Im Frühling nisten hier bis zu 2000 Eiderenten. Besucher sollten darauf achten, sie nicht von ihren Nestern nahe den Küstenpfaden aufzuscheuchen, da Raubmöwen nur auf eine solche Gelegenheit lauern, um die unbewachten Eier zu stehlen. Naturschutzbestimmungen verbieten, Pflanzen aus diesem einzigartigen Ökosystem mitzunehmen. 2011 hat sich eine Seehundekolonie auf den Inseln niedergelassen.

Sehenswertes & Aktivitäten

Christiansø und Frederiksø zusammen lassen sich auf einem gemütlichen Spaziergang von etwa einer Stunde gut erkunden. Sie sind also ein geeignetes Ziel für einen entspannten Tagesausflug.

Türme

Wichtigste Sehenswürdigkeit sind die beiden runden Verteidigungstürme.

Lille Tårn BAUDENKMAL, MUSEUM

(Kleiner Turm; Museum Erw./Kind 20/5 Kr; Museum Juli & Aug. 11.30–16 Uhr, Mai–Juni & Sept. Mo–Fr 11.30–16, Sa & So 11.30–14 Uhr) Der Lille Tårn auf Frederiksø stammt von 1685 und dient heute als Heimatmuseum. Im Erdgeschoss werden Fischereigerät, Werkzeug und Schmiedearbeiten gezeigt, im oberen Stock Kanonen, altes Mobiliar, Modelle und eine Ausstellung zur örtlichen Flora und Fauna.

Store Tårn BAUDENKMAL

(Großer Turm; Juni–Aug. 12–16 Uhr) GRATIS Christiansøs Store Tårn von 1684 ist ein beeindruckendes Bauwerk mit einem Durchmesser von 25 m. Der 100 Jahre alte **Leuchtturm** bietet einen grandiosen Rundblick über die Insel. Bei unserem letzten Besuch stand eine großangelegte Renovierung ins Haus, die erst 2017 abgeschlossen sein wird.

Spaziergang

Die meisten Gäste auf Christiansø laufen auf den mit Kanonen bestückten Verteidigungsmauern einmal um die Insel. Auf der Ostseite liegen Schären (Felsinseln) mit nistenden Seevögeln und eine stille **Badebucht**.

Schlafen & Essen

Neben dem Christiansø Gæstgiveriet gibt es einen Tante-Emma-Laden und einen Imbiss.

Christiansø Teltplads CAMPINGPLATZ €

(24 42 12 22; Stellplätze 75–100 Kr; Mai–Aug.) Auf dem kleinen Feld auf der Nordseite von Christiansø werden im Sommer Zeltstellplätze vermietet. Das Angebot ist jedoch begrenzt und die Buchung daher schwierig. Der Campingplatz hat eine (kürzlich renovierte) Gästeküche.

Christiansø Gæstgiveriet PENSION €€

(56 46 20 15; www.christiansoekro.dk; EZ/DZ ohne Bad 1050/1150 Kr; Ende Dez.–Jan. geschl.) Das einzige Gasthaus der Insel wurde 1703 als Haus des Marinekommandanten gebaut. Es hat sechs einfache Gästezimmer und ein **Restaurant** mit traditionell dänischer Küche (tgl. mittags und abends). Die meisten Zimmer blicken auf den Hafen.

An- & Weiterreise

Christiansøfarten (56 48 51 76; www.bornholmexpress.dk; hin & zurück Erw./Kind 250/125 Kr) betreibt ganzjährig Passagierfähren zwischen Christiansø und Gudhjem. Von Juli bis Ende August machen sich die Fähren täglich um 10, 12.30 und 15 Uhr in Gudhjem auf den Weg. Von Christiansø zurück geht's um 14, 16.15 und 19.30 Uhr. Die Überfahrt dauert etwa eine Stunde. Eingeschränkter Verkehr in der Nebensaison. Der Fahrplan steht auf der Website.

Achtung: Es dürfen keine Haustiere nach Christiansø mitgenommen werden.

Fünen

Inhalt ➡

Gut essen

- Fiske Restaurant Rudolf Mathis (S. 176)
- Skovsgaard MadMarked (S. 188)
- Falsled Kro (S. 180)
- Café Aroma (S. 191)
- Restaurant no.61 (S. 172)

Schön übernachten

- Pension Vestergade 44 (S. 190)
- Falsled Kro (S. 180)
- Vesteraas Bed & Nature (S. 190)
- På Torvet (S. 190)
- Odense City B&B (S. 170)

Auf nach Fünen!

Fünen (dänisch Fyn) ist so etwas wie das „Sandwichkind“ von Dänemark: Es hat nicht den Hauptstadt-Bonus von Seeland und nicht die geografischen Ausmaße von Jütland. Deshalb verschlägt es eher wenig Besucher hierhin, höchstens für eine Stippvisite nach Odense, dem Geburtsort des Schriftstellers Hans Christian Andersen. Dort gibt es sein Geburtshaus und ein Museum über ihn.

Der Meister des Märchens macht sich gut als Lieblingssohn der Inselhauptstadt, und im quirligen Odense gibt es auch sonst viel Kultur, doch Fünen hat so viel mehr zu bieten: reetgedeckte Bauernhöfe, Küstenstädte wie aus dem Bilderbuch, prachtvolle Renaissance-Schlösser und einen grünen Flickenteppich aus Feldern und Wäldern.

Fünen ist auch der Garten Dänemarks. Auf den sanft geschwungenen Äckern und Wiesen werden das beste Gemüse und Obst des Landes angebaut. Vorgelagert erstrecken sich idyllische Inseln wie Ærø. Fünen ist ein „Best of“ von Dänemark im Kleinformat!

Reisezeit

Im Sommer ist auf Fünen am meisten los. Ab Juli wimmelt es in den Häfen von Bootsbesitzern, und in den Orten herrscht eine ausgelassene Stimmung. Die tollen Museen und Restaurants von Odense haben das ganze Jahr über ihren Reiz. Festivalzeit ist der August, schön sind auch die Wochen vor Weihnachten. Egeskov Slot ist von Mitte April bis Mitte Oktober und an zwei Wochenenden im November (mit märchenhaftem Weihnachtsmarkt) geöffnet.

Für Feinschmecker gibt es ganzjährig Köstliches zu entdecken. In der Saison gibt's Spargel und junge Kartoffeln und von Frühling bis Sommer saftige Beeren. Die Vielfalt an regionalem Gemüse ist im Frühherbst am buntesten.

Highlights

1 **Egeskov Slot** (S. 177) mit Burggraben, Labyrinth-Garten und mehreren Museen erkunden

2 In **Odense** (S. 165) in die Märchenwelt von Hans Christian Andersen eintauchen

3 Das einzige Wikingerschiffsgrab Dänemarks im **Vikingemuseet Ladby** (S. 177) bestaunen

4 Die Landstraßen auf **Ærø** (S. 188), einer der nettesten Inseln Dänemarks, abradeln

5 Sich in den Bunkern und Kriegsschiffen im **Langelandsfort** (S. 187) der Zeit des Kalten Kriegs annähern

6 Die Holzschiffe im Hafen von **Svendborg** (S. 180) ansehen und durch das südfünische Inselmeer schippern

7 Im Süden Fünens an Obst- und Gemüseständen entlang der Straße halten und im **Falsled Kro** (S. 180) einkehren

ODENSE

172 500 EW.

Fünens 1000 Jahre alte Hauptstadt strahlt etwas Fröhliches aus, sie ist schön kompakt – prima für Erkundungstouren zu Fuß oder mit dem Rad – und bietet genug Zerstreuung, um Besucher ein paar Tage bei Laune zu halten.

Odense ist besonders stolz darauf, der Geburtsort von Hans Christian Andersen zu sein. Es gibt jede Menge Attraktionen zu seinen Ehren, darunter Museen, ein Kinderzentrum und Skulpturen zu seinen berühmten Geschichten; witzigerweise hat der Schriftsteller sogar Modell für das Männchen an den Fußgängerampeln gestanden. Es gibt jedoch noch weit mehr zu entdecken als Geschichtenerzähler mit Hut. Zu nennen wären der Kunst-Hotspot Brandts, der tollste Zoo Dänemarks und zig wunderbare Cafés.

Odense ist der wichtigste Verkehrsknotenpunkt der Insel und somit die beste Basis, wenn man ohne eigenes Fahrzeug unterwegs ist.

Geschichte

Der Name Odense bedeutet wörtlich übersetzt „Odins Heiligtum". Odin, der Gott des Krieges, der Dichtung und der Weisheit, war der mächtigste Gott der Wikinger. Bereits Mitte des 18. Jhs. war Odense, damals noch ohne Hafen, Dänemarks größte Provinzstadt. 1800 wurde sie durch einen Kanal mit dem Meer verbunden und florierte bald als ein Zentrum der Textilindustrie.

Sehenswertes & Aktivitäten

In der Touristeninformation gibt's gute Infoblätter auch auf Englisch, z. B. *In HC Andersen's footsteps* („Auf den Spuren von H. C. Andersen"), ein Wegweiser zu den Attraktionen, Parks und Veranstaltungen, die in Verbindung mit dem berühmtesten Sohn der Stadt stehen. Ein Ermäßigungspass (169 Kr) ist 24 Stunden gültig und gewährt kostenlosen Zutritt zu den meisten Sehenswürdigkeiten (Zooeintritt für die Hälfte).

Von September bis Mai sind die meisten Museen montags geschlossen.

★H. C. Andersens Hus MUSEUM

(www.museum.odense.dk; Bangs Boder 29; Erw./Kind 95 Kr/frei; Juli & Aug. 10–17 Uhr, Sept.–Juni Di–So 10–16 Uhr) H. C. Andersens Hus liegt in einer der engen Gassen des ehemaligen Armenviertels, heute oft als HCA-Viertel bezeichnet. Es eröffnet einen detaillierten, spannenden Einblick in Andersens außergewöhnliches Leben und die Zeit, in der er lebte. Seine Errungenschaften werden in einen interessanten historischen Kontext gestellt, z. B. durch audiovisuelles Material und ausgefallene Exponate (etwa das zu Andersens Körpergröße: Er war 25 cm größer als der durchschnittliche Däne jener Zeit).

Das Museum umfasst einen Neubau und Andersens recht karges Geburtshaus. Zu sehen sind auch ein Nachbau seines Kopenhagener Arbeitszimmers, Tuschezeichnungen und Scherenschnitte sowie eine umfangreiche Sammlung seiner Bücher, die in rund 140 Sprachen übersetzt wurden (Rekord!).

Das Ticket gilt auch für H. C. Andersens Barndomshjem; der Besuch muss allerdings am selben Tag erfolgen.

BRÜCKEN

Zwischen Fünen und Seeland verläuft die Storebælts Bro (Brücke über den Großen Belt), Jütland erreicht man über die Lillebælts Bro (Brücke über den Kleinen Belt).

Autofahrer müssen eine Brückenmaut (235 Kr für normale Pkw) bezahlen, um die beeindruckende, 18 km lange Storebælts Bro zu überqueren. Mehr unter www.storebaelt.dk.

Børnekulturhuset Fyrtøjet KULTURZENTRUM

(www.museum.odense.dk; Hans Jensens Stræde 21; Eintritt 80–95 Kr; Feb.–Mitte Dez. Fr–So 10–16 Uhr, während der Schulferien tgl.;) Neben H. C. Andersens Hus steht das Fyrtøjet („Feuerzeug", nach dem gleichnamigen Andersen-Märchen), ein Kulturhaus für Kinder, in dem die Kleinen in die Welt von Hans Christian Andersen abtauchen können. Dabei helfen Musik und, natürlich, seine Märchen (die werden zwar auf Dänisch erzählt, aber die angebotenen Aktivitäten sind sprachenunabhängig). Die kleinen Besucher dürfen sich verkleiden, werden geschminkt, können ihre Lieblingsgeschichten nachspielen oder Bilder im Kunstatelier malen.

H. C. Andersens Barndomshjem MUSEUM

(www.museum.odense.dk; Munkemøllestræde 3–5; Erw./Kind 30 Kr/frei; Juli & Aug. 10–17 Uhr, Sept.–Juni Di–So bis 15 oder 16 Uhr) Das kleine Haus, in dem Hans Christian Andersen von seinem 2. bis zu seinem 14. Lebensjahr wohnte (also von 1807 bis 1819), vermittelt einen Eindruck von den ärmlichen Verhältnissen, in denen der Schriftsteller aufwuchs.

Odense

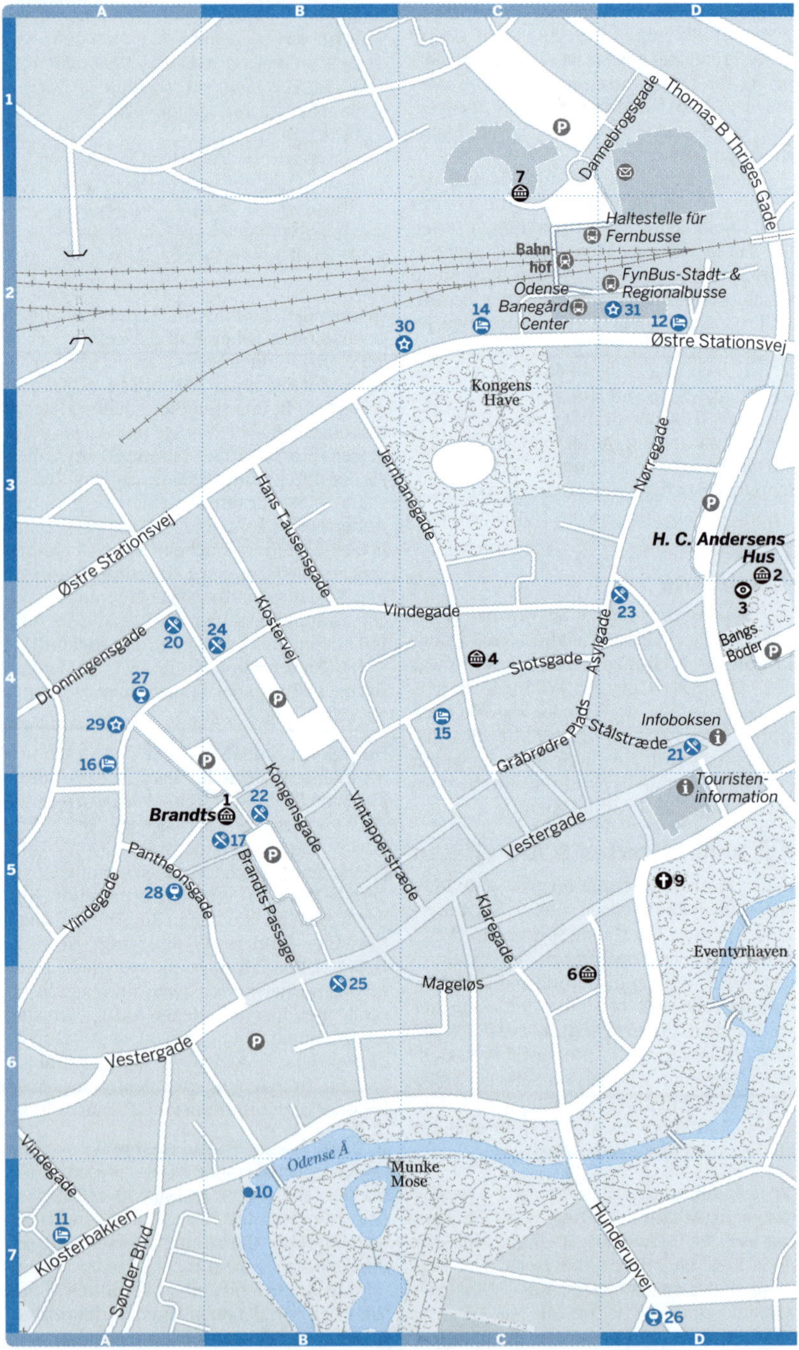

A B C D
1 2 3 4 5 6 7

Thomas B Thriges Gade
Dannebrogsgade
7
Haltestelle für Fernbusse
Bahnhof
Odense Banegård Center
FynBus-Stadt- & Regionalbusse
14
31
12
30
Østre Stationsvej
Kongens Have
Nørregade
Jernbanegade
Hans Tausensgade
Østre Stationsvej
H. C. Andersens Hus
2
3
Klostervej
Vindegade
23
Bangs Boder
Dronningensgade
20
24
4
Slotsgade
Asylgade
27
29
15
Infoboksen
Stålstræde
Gråbrødre Plads
21
16
Touristen-information
1
Brandts
22
Kongensgade
Vintapperstræde
17
Vestergade
Pantheonsgade
Brandts Passage
9
28
Vindegade
Klaregade
Eventyrhaven
6
25
Mageløs
Vestergade
Odense Å
Munke Mose
10
Vindegade
Hunderupvej
11
Klosterbakken
Sønder Blvd
26

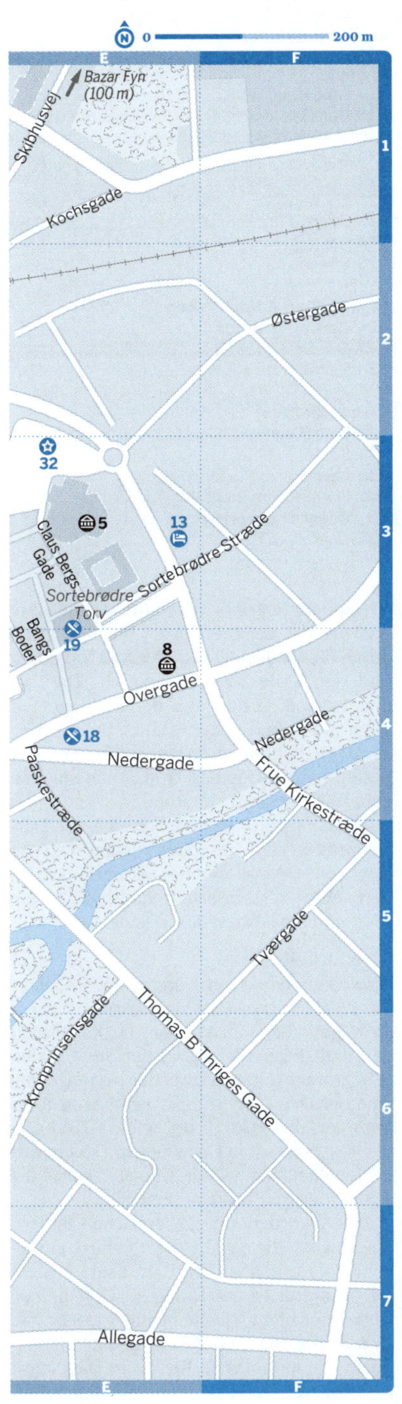

Odense Zoo

ZOO

(www.odensezoo.dk; Sønder Blvd 306; Erw./Kind 175/95 Kr; ⌚ tgl. ab 10 Uhr; 👪) Dänemarks Vorzeige-Zoo liegt 2 km südlich vom Stadtzentrum und wird von den beiden Flussufern begrenzt. Dazwischen tummeln sich Tiger, Löwen, Giraffen, Zebras und Schimpansen sowie Pinguine und Manatis (Rundschwanzseekühe) im „Oceanium". Der Zoo ist auch aktiver Unterstützer von Naturschutz- und pädagogischen Programmen.

Den Höhepunkt des Zoos bildet das Kiwara-Areal, eine offene Fläche, die der afrikanischen Savanne nachempfunden ist. Dort dürfen Besucher Giraffen füttern (70 Kr), und sie können das Gelände von der oberen Terrasse des hervorragenden Besucherzentrums aus überblicken.

Toll für Kids sind der Spielplatz und die vielen Spiele zum Thema Tiere. Auf der Website findet man den Fütterungsplan und Infos zu täglichen Highlights. Der Zoo schließt zu unterschiedlichen Zeiten, aber generell zwischen 16 Uhr (Winter) und 19 Uhr (Sommer).

In der Hauptsaison legen die Boote von Odense Aafart am Zoo an, man kann auch verschiedene Busse nehmen (40, 42, 51, 52, 151, 152; 23 Kr; fahren regelmäßig) oder zu Fuß oder mit dem Rad dem 2 km langen Weg am Flussufer entlang folgen, der in Munke Mose beginnt.

★Brandts

KUNSTMUSEUM

(www.brandts.dk; Brandts Torv; Kombiticket Erw./Kind 90 Kr/frei; ⌚ Di, Mi & Fr–So 10–17, Do 12–21 Uhr) Die ehemalige Tuchfabrik an der Brandts Passage wurde zu einem großen Kulturzentrum umgebaut. Hier finden Wechselausstellungen statt, die clever aufbereitet sind (die Tattoo-Ausstellung bei unserem letzten Besuch war phantastisch!). Tipp: Donnerstags ist der Eintritt ab 17 Uhr frei.

Brandts Samling, die ständige Sammlung, umfasst neben Werken aus 250 Jahren dänischer Kunst von klassisch bis modern eine beeindruckende Auswahl internationaler Fotografie.

Schmuckstücke der Sammlung sind Portraits von Christoffer Wilhelm Eckersberg (dem „Vater" der dänischen Malerei) und H. A. Brendekildes beklemmendes *Udslidt* („Abgearbeitet"; 1889), das einen Landarbeiter zeigt, der auf dem Feld zusammengebrochen ist, außerdem P. S. Krøyers *Italienske markarbejdere* („Italienische Landarbeiter"; 1880). Auch Künstler von der Insel sind

Odense

Highlights
1 Brandts ... B5
2 H. C. Andersens Hus ... D3

Sehenswertes
3 Børnekulturhuset Fyrtøjet ... D4
4 Brandts 13 ... C4
5 Carl Nielsen Museet ... E3
6 H. C. Andersens Barndomshjem ... C6
7 Jernbanemuseet ... C1
8 Møntergården ... E4
9 Sankt Knuds Kirke ... D5

Aktivitäten, Kurse & Touren
10 Odense Aafart ... B7

Schlafen
11 Ansgarhus Motel ... A7
12 CabInn Odense Hotel ... D2
13 City Hotel ... E3
14 Danhostel Odense City ... C2
15 First Hotel Grand ... C4
16 Odense City B&B ... A4

Essen
17 Cafe Biografen ... B5
18 Den Gamle Kro ... E4
19 Bauernmarkt ... E3
20 Goma ... A4
21 Lagkagehuset ... D4
22 LEI:K ... B5
23 Odense Chokoladehus ... D4
24 Restaurant no.61 ... B4
25 Simoncini ... B6

Ausgehen & Nachtleben
26 Carlsens Kvarter ... D7
27 Den Smagløse Café ... A4
28 Nelle's Coffee & Wine ... A5

Unterhaltung
Cafe Biografen ... (s. 17)
29 Dexter ... A4
30 Musikhuset Posten ... C2
31 Nordisk Film Biografer Odense ... D2
Odense Koncerthus ... (s. 5)
32 Odeon (im Bau) ... E3

vertreten: Johannes Larsens bildschönes Gemälde *Svanerne letter, Fiil Sø* zeigt eine Gruppe Schwäne, die sich in die Lüfte erhebt.

Im dritten Stock ist **Danmarks Mediemuseum** untergebracht, in dem sich alles um die Geschichte der dänischen Medien dreht (ein Tablet liefert Infos für alle, die kein Dänisch verstehen).

Rund um das Brandts sind tolle Wandbilder und Street Art zu sehen.

Brandts 13 — KUNSTMUSEUM

(www.brandts.dk; Jernbanegade 13; Erw./Kind 13 Kr/frei; Mi & Fr–So 10–17, Do 12–21 Uhr) Dieser Ableger des Brandts erstreckt sich über die Stockwerke eines stattlichen Gebäudes von 1884. Der Fokus liegt auf moderner Kunst (Multimedia, Video etc.), die in wechselnden Ausstellungen präsentiert wird und einen schönen Kontrast zu der klassizistischen Architektur des Gebäudes bildet.

Møntergården — MUSEUM

(www.museum.odense.dk; Møntersträde; Erw./Kind 50 Kr/frei; Juni–Aug. 10–17 Uhr, Sept.–Mai Di–So 10–16 Uhr) Das „aufgemöbelte" Møntergården ist das Musterbeispiel eines clever designten Museums (und das ist etwas, was die Dänen wirklich richtig gut können!). In „Fünen – Zentrum des Universums" unternimmt man eine Reise quer durch die Weltgeschichte und nimmt dabei den Blickwinkel aus Fünen an. Es werden Stationen wie die industrielle Revolution und ihre Auswirkung auf die Dörfer, die Besetzung durch die Wehrmacht im Zweiten Weltkrieg und der Kalte Krieg behandelt. Darüber hinaus sind Funde aus der Wikingerzeit ausgestellt, und man erfährt, wie Fünen zu dem Beinamen „Dänemarks Garten" gekommen ist (kleiner Tipp: Äpfel spielten dabei eine wesentliche Rolle).

Verschiedene Gebäude beherbergen Darstellungen zum mittelalterlichen Odense bzw. zum Odense der Renaissance, das Innere eines restaurierten Stadthauses von 1646 und ein Armenhaus aus dem 17. Jh.

Sankt Knuds Kirke — KIRCHE

(www.odense-domkirke.dk; Klosterbakken; April–Okt. 10–17 Uhr, Nov.–März bis 16 Uhr) Der imposante gotische Dom aus dem 14. Jh. spiegelt den damaligen Wohlstand der Stadt wider. Sein größter Schatz liegt in der Krypta, in die eine unscheinbare Treppe rechts vom Altar hinunterführt. Dort birgt eine Glasvitrine die 900 Jahre alten Gebeine von Dänemarks Nationalheiligem, König Knut IV., sowie die seines jüngeren Bruders Benedikt.

Beide wurden von jütländischen Bauern erschlagen, die gegen die Steuern aufbegehrten. Knut, so heißt es, traf sein Schicksal, während er auf Knien zu Gott betete. Obwohl er nicht wie ein Heiliger gelebt hat, sprach ihn der Papst 1101 heilig, um dadurch die katholische Kirche in Dänemark zu festigen.

Carl Nielsen Museet
MUSEUM

(www.museum.odense.dk; Claus Bergs Gade 11; ⌚Mai–Aug. Mi–So 11–15 Uhr, Sept.–April Do & Fr 15–19, Sa & So 11–15 Uhr) GRATIS In dem Museum wird die Karriere des bekanntesten dänischen Komponisten, Carl Nielsen (1865–1931), beleuchtet, der gebürtig aus Odense stammt. Nielsen komponierte nicht nur, er war auch ein begnadeter Dirigent und Violinist. Sechs Symphonien, mehrere Opern, zahlreiche Chorwerke und Lieder gehen auf sein Konto.

Jernbanemuseet
MUSEUM

(www.jernbanemuseet.dk; Dannebrogsgade 24; Erw./Kind 90/45 Kr; ⌚10–16 Uhr) Das dänische Eisenbahnmuseum liegt direkt hinter dem Bahnhof. Es zeigt rund zwei Dutzend Lokomotiven und Waggons aus dem 19. Jh. Highlights sind doppelstöckige Wagen und der Königliche Salonwagen von Christian IX., der mit allem eingerichtet ist, was ein König so braucht.

Den Fynske Landsby
FREILICHTMUSEUM

(www.museum.odense.dk; Sejerskovvej 20; Erw./Kind 85 Kr/frei; ⌚Juli & Aug. tgl. 10–18 Uhr, April–Juni & Sept.–Okt. Di–So 10–17 Uhr) Genau richtig für alle, die Lust auf eine kleine Zeitreise haben: Historische Gebäude aus verschiedenen Regionen Fünens wurden in dieses tolle Freilichtmuseum „verpflanzt", um ein ländliches Dörfchen zu schaffen, inklusive Hoftiere, Ententeich, Apfelbäume und Blumengärten. Kostümierte „Bauern" hüten die Gänse, während Kinder in Kniebundhosen mit Stöcken und Reifen spielen.

Das Museum liegt 4 km südlich vom Stadtzentrum im Grünen. Die Busse 110 und 111 (23 Kr) halten in der Nähe, am besten nimmt man aber das Schiff: Von Mai bis August unternimmt Odense Aafart stündlich die Tour von Munke Mose am Zoo vorbei zur Endstation Fruens Bøge. Von dort sind es dann noch mal 15 Minuten zu Fuß durch den Wald.

Odense Aafart
BOOTSFAHRT

(☎66 10 70 80; www.aafart.dk; Erw./Kind hin & zurück 80/60 Kr) Der am Fluss gelegene Park Munke Mose ist ideal für ein Picknick, einen ausgedehnten Spaziergang oder eine Bootsfahrt. Von Mai bis August bietet Odense Aafart 30-minütige Flussfahrten in das Waldgebiet Fruens Bøge. Auf dem Naturspielplatz dort stehen riesige Holzpilze und Tausendfüßler; er ist nur 15 Gehminuten von Den Fynske Landsby entfernt. Unterwegs hält das Boot am Odense Zoo.

Die Boote verlassen Munke Mose zwischen 10 und 17 Uhr immer zur vollen Stunde (von Juli bis Anfang August bis 18 Uhr).

Im Hochsommer spielt auf den Schiffen samstags eine Jazzband (besser reservieren; 120 Kr), und an Wochentagen im Juli ist die Fahrt um 14 Uhr speziell für Familien gemacht: Dann gibt es nämlich eine Märchenvorführung. Weitere Infos gibt es online.

Wer selbst aktiv sein will, kann Munke Mose von Mai bis August in einem Leihruder- oder -tretboot erkunden (100 Kr pro Std.), beim Bootskiosk nachfragen.

EINE STADT IM WANDEL

Odense erfindet sich gerade neu. Das erkennt man an ein paar großen Bauprojekten: Der Hafen und die Universität werden saniert, ein neues Krankhaus und ein neues Konzerthaus entstehen.

Mitte 2014 wurde ein Abschnitt der vierspurigen Thomas B Thriges Gade (eine der Hauptverkehrsadern im Stadtzentrum) dauerhaft für den motorisierten Verkehr gesperrt, um den historischen Stadtkern wiederzubeleben. In den kommenden Jahren wird auch noch der südliche Teil der Straße bis zum Fluss „lahmgelegt" werden. Stattdessen sollen neue Grünflächen, Gebäude, Fahrradwege und unterirdische Parkhäuser entstehen – und zuletzt eine 14 km lange Stadtbahn.

Odense ist Vorbild für Städteplaner von nah und fern und demonstriert, wie man einer Stadt ihr Herzstück zurückgibt und ein Stadtzentrum ausschließlich für Fußgänger und Radfahrer gestaltet. Es gibt natürlich auch Kritiker, doch die Politik war sich einig.

Kurz gesagt darf man sich auf einige Veränderungen (und reichlich Baustellen) einstellen. Autofahrer sollten sich eine aktuelle Karte besorgen oder – noch besser – am Stadtrand parken und zu Fuß ins Zentrum laufen. Eine Übersicht der Bauprojekte findet man unter www.odense.dk/storby und www.fragadetilby.com. Infos liefert auch die große rote **Infoboksen** (Fisketorvet).

Festivals & Events

Odense Blomsterfestival BLUMENFEST
(www.blomsterfestival.dk) Mitte August verwandelt sich Odense für fünf Tage in ein Meer aus Farben und Düften.

H. C. Andersen Festivals KULTUR
(http://hcafestivals.com/) Mitte August wird der Lieblingssohn der Stadt eine Woche lang mit einem bunten Programm aus Vorführungen, Lesungen, Konzerten, Comedy und Familienspaß gefeiert.

Odense International Film Festival KINO
(OFF; www.filmfestival.dk) Beliebtes Kurzfilmfestival Ende August.

Schlafen

Odense bietet preisgünstige Budget- und Mittelklasse-Unterkünfte in guter Lage. Im gehobenen Segment gibt es wenig. Die Hotels der großen Ketten sind in der Regel eher wenig gemütlich und in vielen Fällen auch nicht sehr zentral gelegen.

Es empfiehlt sich, direkt bei der Buchung nach Parkmöglichkeiten zu fragen; die sind nämlich, einmal vor Ort, häufig nicht mehr verfügbar bzw. kosten dann extra.

Die Touristeninformation vermittelt Unterkünfte bei Privatleuten (EZ/DZ ca. 350/500 Kr).

★ **Odense City B&B** B&B €
(www.odensecitybb.dk; Vindegade 73B; EZ/DZ ab 200/300 Kr;) Ein bisschen widerwillig teilen wir unser Wissen über dieses geniale B&B mit der Welt. Ein weitgereistes Pärchen hat die Pension mit fünf frischen Zimmern in ihrem zentral gelegenen Wohnhaus eingerichtet. Vor der Tür stolpert man ins Brandts und in mehrere Restaurants. Die Gäste teilen sich zwei Bäder und eine kleine Küchenzeile. Erstklassiges Preis-Leistungs-Verhältnis. Das Frühstück kostet 50 Kr.

Danhostel Odense City HOSTEL €
(63 11 04 25; www.odensedanhostel.dk; Østre Stationsvej 31; B/DZ ab 250/470 Kr; @) Bus-Terminal und Bahnhof liegen gleich nebenan – sehr praktisch –, und der Kongens Have (ein großer Park) ist direkt gegenüber. In dem großen, modernen Hostel gehören eigene Toiletten zur Standardausstattung der Zimmer. Außerdem gibt's eine Gästeküche sowie einen Fernsehraum im Untergeschoss und die Möglichkeit, Wäsche zu waschen.

CabInn Odense Hotel HOTEL €
(63 14 57 00; www.cabinn.com; Østre Stationsvej 7; EZ/DZ ab 495/625 Kr; @) Ein Konkurrent des Danhostel an derselben Straße ist das CabInn, das einer beliebten Budgethotelkette angeschlossen ist. Auch hier ist man auf Backpacker und Zugreisende eingestellt. Gut, die Betten sind schmal und die nüchternen Zimmer nicht eben anheimelnd, doch angesichts des Preises darf man wohl nicht meckern.

DCU-Odense City Camp CAMPINGPLATZ €
(66 11 47 02; www.camping-odense.dk; Odensevej 102; Stellplätze pro Erw./Kind/Zelt 80/50/48 Kr, Hütten ab 560 Kr; @) Adretter Zeltplatz, von Bäumen umringt und unweit mehrerer Spazier- und Radwege. Die Anlage umfasst eine TV-Lounge, ein Freibad sowie Spiel und Spaß für Kinder. Wer nicht zelten will, kann eine der einfachen Hütten mieten. Der Platz liegt 4 km südlich vom Zentrum (Buslinie 21, 22 oder 23 nehmen), das Freilichtmuseum Den Fynske Landsby ist nicht weit entfernt.

City Hotel HOTEL €€
(66 12 12 58; www.city-hotel-odense.dk; Hans Mules Gade 5; EZ/DZ inkl. Frühstück ab 735/1035 Kr; P@) Praktisch gelegen, wenn man sich das HCA-Viertel anschauen will (Museen, Bauernmarkt). Ein weiteres Plus sind die kostenlosen Parkplätze. Der Service ist freundlich, die Zimmer sind unspektakulär, aber komfortabel. Hinzu kommen die Dachterrasse, der Fahrradverleih und Vergünstigungen im Gasthof Den Gamle Kro (hat dieselben Besitzer). Die Sommer- und Wochenend-Specials lohnen sich.

Ansgarhus Motel HOTEL €€
(66 12 88 00; www.ansgarhus.dk; Kirkegårds Allé 17; EZ/DZ inkl. Frühstück 575/745 Kr; P) Eine solide Wahl ist dieser kleine Familienbetrieb in einem ruhigen Wohngebiet nahe dem Fluss und der Parkanlage. Die Zimmer sind kuschelig, und der begrünte Hof lädt zur Pause ein. Die meisten Zimmer haben ein eigenes Bad, nur vier preiswerteren Einzelzimmern fehlt dieser „Luxus" (450 Kr).

First Hotel Grand HOTEL €€
(66 11 71 71; www.firsthotels.dk; Jernbanegade 18; Zi. ab 750 Kr; P) Odenses Grande Dame stammt von 1897, nach ihr verrenken sich die Spaziergänger aber immer noch die Hälse. Die letzte fachmännische Renovierung liegt noch nicht lange zurück. Seither kann auch die Innenausstattung wieder mithalten. Warme Schokotöne dominieren

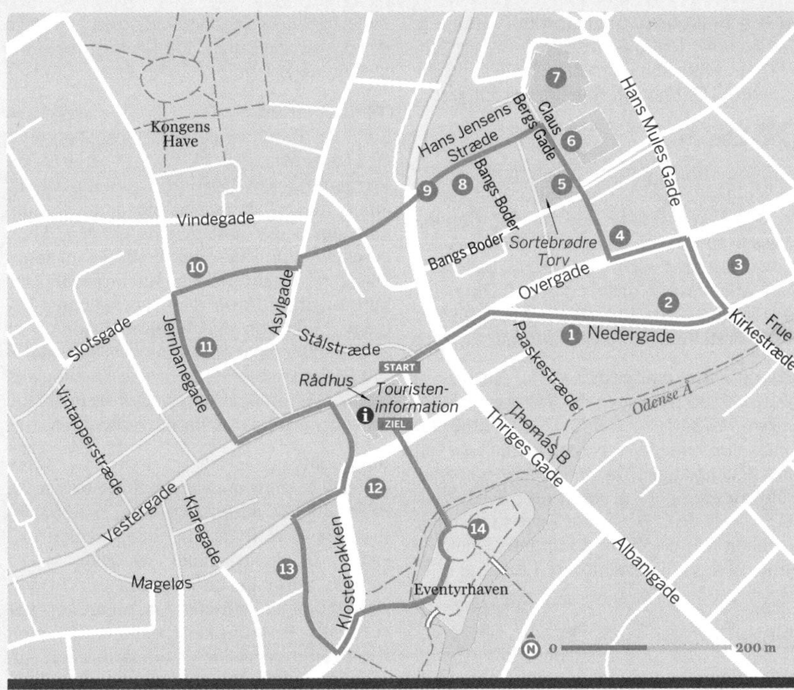

Stadtspaziergang: **Märchenhaftes Odense**

START RÅDHUS
ZIEL RÅDHUS
LÄNGE 1,5 KM
DAUER 2–3 STUNDEN

Vom Rathaus nimmt man die Vestergade nach Osten über die Thomas B Thriges Gade in die mit Kopfsteinen gepflasterte 1 **Nedergade**. Hier reihen sich windschiefe Fachwerkhäuser und Antiquitätenläden wie 2 **Kramboden** aneinander.

Am Ende der Nedergade gelangt man links zur 3 **Vor Frue Kirke**, der (wahrscheinlich) ältesten Kirche der Stadt (13. Jh.).

Von der Kirche läuft man weiter zur Overgade mit dem sehenswerten Museum 4 **Møntergården** (S. 168). Rechts geht's in die Claus Bergs Gade bis zum 5 **Sortebrødre Torv**, dem Marktplatz von Odense.

Vor dem Radisson Hotel steht eine 6 **Skulptur** des berühmten Sohns der Stadt, H. C. Andersen, auf einer Bank sitzend.

Nördlich erhebt sich das 7 **Odense Koncerthus** (S. 174) mit Museum über den gefeierten Komponisten Carl Nielsen.

Weiter geht's auf der Straße Ramsherred zu 8 **H. C. Andersens Hus** (S. 165), dem Geburtshaus des Schriftstellers, und zum 9 **Fyrtøjet** (S. 165), einem Kulturzentrum für Kinder. Das Viertel ist voller bunter Häuser, besonders malerisch ist Bangs Boder.

Die Gravene führt westlich zur Slotsgade. An der Ecke Jernbanegade befindet sich das 10 **Brandts 13** (S. 168) mit Ausstellungen zeitgenössischer Kunst. Weiter geht's links in die Jernbanegade bis zur Vestergade und am mittelalterlichen 11 **Gråbrødre Kloster** vorbei, das heute als Seniorenheim dient.

Von der Vestergade biegt man nach Süden ab. Dort steht die Kathedrale von Odense, die 12 **Sankt Knuds Kirke** (S. 168). An der Munkemøllestræde liegt 13 **H. C. Andersens Barndomshjem** (S. 165); hier verbrachte der Schriftsteller seine Kindheit.

Zurück auf dem Klosterbakken führt ein Weg in den 14 **Eventyrhaven** („Märchengarten"), einen Park am Fluss mit einer weiteren Andersen-Statue. Richtung Norden gelangt man zurück zum Rådhus.

in den funktional aufgemachten Zimmern. Die Lage ist top, das Frühstück ausgezeichnet. Am schönsten sind die Lounge und die Brasserie. Online von Rabatten profitieren!

Essen

An der Fußgängerzone Vestergade liegen verschiedene nette Restaurants und Cafés. In der Kongensgade und an der Brandts Passage sind belebte Bars und Bistros. Viele haben mindestens bis Mitternacht geöffnet (am Wochenende oft bis 2 oder 3 Uhr), wobei die Küche gewöhnlich ab 21 oder 22 Uhr keine Bestellungen mehr annimmt.

Odense Chokoladehus SCHOKOLADE €

(www.odensechokoladehus.dk; Nørregade 32; Süßigkeiten ca. 20 Kr; Di–Fr 10–17, Sa 10–13.30 Uhr) Glück pur sind die macarons in allen Farben des Regenbogens, die in diesem winzigen Süßwarentempel verkauft werden. Vielleicht aber doch lieber die Tarte mit weißer Schokolade und Zitrone wählen?! Oder die Brownies. Die hausgemachte Eiscreme ...

Bazar Fyn INTERNATIONAL €

(www.bazarfyn.dk; Thriges Plads 3; Di–So 10–21 Uhr) Der Bazar Fyn ist mehr als ein toller Ort, um den Wocheneinkauf zu erledigen. Der überdachte Markt fünf Gehminuten vom Bahnhof entfernt erlaubt einen Einblick in die multikulturelle Seele von Odense. Neben frischem Obst und Gemüse bekommt man hier allerlei Feinkost (die Läden schließen um 18 Uhr), und in dem Imbissbereich kann man günstig essen – libanesisches Schawarma, griechisches Souvlaki, indische Currys, vietnamesische *pho* (Nudelsuppe) und mehr.

Lagkagehuset BÄCKEREI €

(Vestergade 1; Sandwiches & Salate um 60 Kr; Mo–Fr 6.30–19, Sa & So bis 18 Uhr) Wer wird bei einem richtig guten Bäckerei-Café nicht schwach? Im Lagkagehuset gibt's ordentlichen Kaffee, sehr leckeres, butteriges Gebäck sowie (mittags) Salate und Sandwiches.

Cafe Biografen CAFÉ €

(www.cafebio.dk; Brandts Passage 43; Mahlzeiten 64–145 Kr; 11–23 Uhr) Die bunt zusammengewürfelte Klientel des großen Cafés neben dem Brandts eignet sich bestens zum Leutebeobachten. Dazu noch eine fröhliche Atmosphäre und ein Amphitheater draußen, das im Sommer regelmäßig als Konzertbühne dient. Auf der Speisekarte stehen die üblichen Verdächtigen (Burger, Salate, Pasta, Sandwiches), und der Brunch am Wochenende hat viele Fans (109 Kr), genauso wie das preiswerte Buffet (139 Kr) mittwochs bis freitags ab 17 Uhr.

★ Restaurant no.61 EUROPÄISCH €€

(☎ 61 69 10 35; www.no61.dk; Kongensgade 61; 2-/3-Gänge-Menü 255/295 Kr; Di–Sa ab 17 Uhr) Ein gemütliches Bistro im Landhausstil mit einer monatlich wechselnden Karte, die man am besten mit den Adjektiven „kurz, bescheiden und saisonal" beschreiben kann. Die klassisch europäische Küche erhält sehr gute Kritiken. Unter den Gerichten aus Zutaten direkt von den Feldern Fünens sind z. B. weißer Spargel an Sauce Hollandaise mit feiner Trüffelnote oder eine Kreation aus Erdbeeren, Rhabarber, weißer Schokolade und Crème anglaise. Besser reservieren.

Simoncini ITALIENISCH €€

(☎ 66 17 92 95; www.simoncini.dk; Vestergade 70; Pasta 110–140 Kr, Hauptgerichte 195–250 Kr; Mo–Sa ab 17.30 Uhr) In dem rustikal eleganten Speisesaal nahe der Hauptstraße werden saisonale Zutaten aus der Region auf typisch italienische Art zubereitet. Ravioli mit Perlhuhnfleischfüllung, Spargelrisotto und gegrillter Oktopus machen Appetit auf mehr. Das monatlich wechselnde Menü ist wirklich preisgünstig (2/3/4 Gänge 199/249/299 Kr).

LEI:K INTERNATIONAL €€

(☎ 66 11 66 12; www.leik.dk; Brandts Passage 33–35; mittags 99–119 Kr, Hauptgerichte abends 185–395 Kr; Mo–Mi 12–23, Do–Sa bis 1 Uhr) In diesem ultraschicken Szenelokal zeigt sich Odense von seiner erwachsenen Seite. Die Inneneinrichtung lässt an New Yorker Industrielook denken, und auf der Speisekarte stehen Burger und feine Stücke vom Rind; das Steak kann man mit Foie gras oder norwegischem Hummer noch weiter veredeln. Die langen Öffnungszeiten werden konsequent eingehalten. Mittagessen wird bis 16 Uhr serviert, die Küche bleibt donnerstags bis sonntags bis Mitternacht geöffnet (auf dass die Cocktailtrinker nicht irgendwann ermattet vom Stuhl kippen).

Den Gamle Kro DÄNISCH, FRANZÖSISCH €€

(☎ 66 12 14 33; www.dengamlekro.eu; Overgade 23; Smørrebrød 71–135 Kr, Hauptgerichte abends 218–348 Kr; Mo–Sa 11–22, So bis 21 Uhr) Der romantische Gamle Kro erstreckt sich über mehrere Fachwerkhäuser aus dem 17. Jh., zu denen auch ein Hof mit Glasdach und ein mittelalterlicher Weinkeller gehören. Die hungrige Mittagsmeute macht sich u. a. über klassisches Smørrebrød her, das Abendessen ist hingegen eine sehr edle französische Angelegenheit. Es gibt Entenstopfleberterrinen, Entenbrust mit Trüffelsauce, Scholle *meunière* (Müllerinart) und Tournedos Rossini. Die saisonalen Menüs lohnen sich preislich am meisten (2/3 Gänge 298/385 Kr).

Goma JAPANISCH €€€
(66 14 45 00; www.goma.nu; Kongensgade 66–68; Menüs 300–500 Kr; Di–Sa 17.30 Uhr–spät) Das Goma ist einem Innenarchitektur-Hochglanzmagazin entsprungen – so kommt es einem zumindest vor. Blondgoldenes Holz, eine coole Beleuchtung und ungewöhnliche Stühle prägen die Einrichtung. In der Bar im Erdgeschoss gibt's Snacks und Cocktails (Gin ist die Spezialität des Hauses), treppab ist ein Restaurant untergebracht, in dem die Köche typisch Japanisches mit einer phantasievollen kalifornischen Note zubereiten. Der Sushi-Teller (16 Stück) ist ein kleines Fest fürs Auge. Eine gute Alternative sind die Menüs.

Selbstversorger

Im Bahnhof sind ein kleiner Lebensmittelladen (bis 22 Uhr geöffnet) und eine vernünftige Bäckerei zu finden. Der Bazar Fyn (S. 172) ist top für Obst, Gemüse & Co. sowie günstige Imbisse.

Bauernmarkt MARKT
(Sortebrødre Torv; Mi & Sa 8–13 Uhr) Zweimal pro Woche werden im hübschen HCA-Viertel Obst-, Gemüse-, Blumen- und Käsestände (und noch mehr) aufgebaut. Der Markt erstreckt sich vom Platz bis zum Carl Nielsen Museet.

Ausgehen & Nachtleben

Das Nachtleben spielt sich vor allem in der Brandts Passage und in der Vintapperstræde ab: Restaurants, Bars und Cafés drängen sich in diesen beiden Fußgängerstraßen.

★ Den Smagløse Café BAR
(http://densmagloesecafe.dk; Vindegade 57; 12–24 Uhr oder später;) Nette, unkonventionelle Bar mit interessanter Selbstwahrnehmung („erinnert an das Wohnzimmer bei Oma oder den Wohnwagen von Onkel Udo aus Deutschland"). Sie ist *hyggelig* (gemütlich) auf etwas irre, aber wunderbare Weise, und mit alten Sofas und Lampen, Büchern und allerlei Nippes und Tand ausstaffiert. Zu trinken gibt es eine große Bandbreite (Kaffee, Cocktails, Bier), eigenes Essen darf gern mitgebracht werden (in der Nähe befinden sich mehrere Pizzerien).

Unser liebstes Extra ist das „Pølsemuseum" (Wurstmuseum), ein Ausstellung von Würstchen im Glas. Weltklasse.

Nelle's Coffee & Wine BAR
(www.nelles.dk; Pantheonsgade; Mo–Do 9–22, Fr & Sa bis 24, So 9–17.30 Uhr;) Bei Nelle's kann man sich seine morgendliche Dosis Koffein abholen (nirgendwo in der Stadt schmeckt der Kaffee besser!) – und abends auf ein Gläschen Wein zurückkehren (rund 20 offene Weine; Glas ab 45 Kr). Warme Küche gibt's zwar nicht, aber es muss dennoch keiner hungrig nach Hause gehen: Morgens gibt's Gebäck, nachmittags Kuchen und abends Nüsse und Käseplatten.

Carlsens Kvarter PUB
(www.carlsens.dk; Hunderupvej 19; Mo–Sa 12–1, So 13–19 Uhr;) Wenn einem der Sinn eher nach Genusstrinken als nach Party steht, ist diese lauschige Eckkneipe genau das Richtige. Die netten Angestellten helfen gern weiter, wenn einen die riesige Auswahl an handwerklich gebrauten Bieren und Whiskies erschlagen sollte. Allein die Bierkarte umfasst 138 Sorten, darunter auch leckere Ales aus Trappistenhand und regionaler Gerstensaft. Die ideale Zuflucht, wenn das Wetter mal nicht mitspielt.

☆ Unterhaltung

Nordisk Film Biografer Odense KINO
(www.nfbio.dk; Østre Stationsvej 27) Blockbuster und Programmkino im 2. Stock des Bahnhofsgebäudes.

Cafe Biografen KINO
(www.cafebio.dk; Brandts Passage 39) Hinter dem Brandts. Hier werden neue Streifen und Arthousefilme gezeigt.

Dexter LIVEMUSIK
(www.dexter.dk; Vindegade 65) Vor allem (aber nicht ausschließlich) Jazz-, Blues-, Folk- und Weltmusiker aus Dänemark und der ganzen Welt stehen auf der Bühne dieses Musikclubs mit intimer Atmosphäre. Jam Sessions immer montags (Eintritt frei). Veranstaltungskalender online.

Musikhuset Posten LIVEMUSIK
(www.postenlive.dk; Østre Stationsvej 35) Etablierte und Nachwuchskünstler verschiedener Genres (Rock, Pop, Hip-Hop etc.) treten in dem alten Postlager nahe dem Bahnhof auf. In einem der beiden Säle wird eigentlich immer irgendetwas Spannendes geboten. Das Programm steht auf der Website.

Odense Koncerthus KONZERTHALLE
(www.odensesymfoni.dk; Claus Bergs Gade 9) Hier ist das Odense Symfoniorkester zuhause. Auf dem Programm mit klassischer Musik stehen häufig Werke des in der Stadt geborenen Carl Nielsen. Die Eintrittspreise variieren je nach Konzert – ab 140 Kr aufwärts. Das Programm findet man online. Übrigens: In der Nähe wird gerade das neue Konzerthaus/Theater **Odeon** gebaut.

Praktische Informationen

Der Bahnhof befindet sich im großen, modernen Odense Banegård Center (OBC) zusammen mit Cafés, Geschäften, Einrichtungen für Reisende (z. B. Schließfächer) und der städtischen Zentralbibliothek. Die Touristeninformation liegt etwas südlich davon.

GELD

Zahlreiche Banken an der Haupteinkaufsstraße Vestergade sind mit Geldautomaten ausgestattet.
Forex (Østre Stationsvej; Mo–Fr 9.30–17.30, Sa 10–15 Uhr) Wechselstube im Banegård Center.

INTERNETZUGANG

Galaxy Net Café (Østre Stationsvej; 1 Std. 17 Kr; 9–0.30 Uhr) Im 2. Stock des Bahnhofsgebäudes.
Zentralbibliothek Odense (www.odensebib.dk; Østre Stationsvej; Mo–Do 10–19, Fr bis 16, Sa bis 14 Uhr, Okt.–März auch So bis 14 Uhr) Im Bahnhof. Die Internetnutzung ist gratis. Ausländische Zeitungen.

POST

Hauptpost (Dannebrogsgade 2; Mo–Fr 10–18, Sa bis 13 Uhr) Nördlich vom Bahnhof.

TOURISTENINFORMATION

Touristeninformation (63 75 75 20; www.visitodense.com; Vestergade 2; Juli & Aug. Mo–Fr 9.30–18, Sa 10–15, So 11–14 Uhr, Sept.–Juni Mo–Fr 10–16.30, Sa bis 13 Uhr) Im Rathaus, ca. 700 m vom Bahnhof entfernt. Hilfsbereite Angestellte, viel Infomaterial.

An- & Weiterreise

Odense liegt 44 km nordwestlich von Svendborg und 50 km östlich von der Brücke nach Jütland.

AUTO & MOTORRAD

Die Autobahn E20 von Kopenhagen nach Esbjerg (an der Westküste Jütlands) verläuft südlich von Odense. Es gibt mehrere Ausfahrten.

BUS

Langstreckenbusse *(rutebiler)* mit Fahrtzielen außerhalb Fünens stehen an der Dannebrogsgade an der Rückseite des Bahnhofs bereit.
FynBus (63 11 22 00; www.fynbus.dk) bedient Strecken auf Fünen und in Odense; Abfahrt und Ankunft ist gewöhnlich direkt hinter dem Odense Banegård Center. Informationen online oder am Infoschalter des Bus-Terminals (besetzt Mo 9.30–17, Di–Fr bis 16 Uhr).

Hauptreiseziele mit regelmäßigen Verbindungen (mind. stdl.) sind Faaborg (71 Kr, 1 Std.) und Kerteminde (41 Kr, 40 Min.). Svendborg erreicht man mit dem Zug.

ZUG

Es gibt einen **Fahrkartenschalter** (Mo–Fr 7–18, Sa 9–16, So 10–18 Uhr) im 2. Stock des Bahnhofsgebäudes und zahlreiche Automaten.

Odense liegt an der Hauptlinie von Kopenhagen (276 Kr, 1½ Std., mind. stdl.) nach Aarhus (240 Kr, 1¾ Std., mind. stdl.) und Esbjerg (218 Kr, 1½ Std., stdl.).

Züge zwischen Odense und Kopenhagen halten in Nyborg (53 Kr, 15 Min.). Die einzige weitere Bahnstrecke auf Fünen ist die Linie Odense–Svendborg mit halbstündlichen Verbindungen (78 Kr, 40 Min.).

Unterwegs vor Ort

AUTO & MOTORRAD

Von den Hauptverkehrszeiten abgesehen, ist Autofahren in Odense kein Problem. Da jedoch viele Sehenswürdigkeiten in Fußgängerzonen liegen, ist es besser, das Auto zu parken und zu Fuß zu gehen.

An den Straßen im Zentrum stehen überall Parkautomaten; normalerweise muss montags bis freitags von 9 bis 18 Uhr und samstags von 9 bis 14 Uhr bezahlt werden. Rund um das Brandts (Zugang auf der Vindegade) und am Bahnhof kann man die großen Parkhäuser nutzen. Die Gebühr liegt bei 12 Kr pro Std.

BUS

Die Haltestelle der Stadtbusse ist hinter dem Odense Banegård Center (OBC). Fahrkarten gibt's beim Fahrer (23 Kr) – am besten passend bezahlen. Ein Tagesticket (Odensebillet) kostet 40 Kr. Das Tagesticket für ganz Fünen (inkl. der Langeland-Verbindungen) liegt bei 170 Kr.

Der superpraktische, kostenlose CityBus (Route 10) dreht jeweils an Wochentagen von 11 bis 17 und samstags bis 16 Uhr alle acht bis zehn Minuten eine Runde durch die Stadt – die Route kommt einer Gratis-Sightseeingtour gleich!

FAHRRAD

In Odense lässt sich wunderbar Rad fahren, besonders am Fluss entlang. In der Touristeninformation sind kostenlose Karten für Radfahrer erhältlich.

Das öffentliche Fahrradverleihsystem ist gut ausgebaut. Ohne dänische SIM-Karte muss man sich online registrieren (dafür benötigt man eine Kreditkarte), danach können Räder mithilfe des Handys ausgeliehen werden. Genauere Instruktionen unter www.cibi.dk (runterscrollen bis „Bycykel turist“ beim Menüpunkt Odense).

Das Prozedere ist nicht ganz unkompliziert. Wer direkt losfahren will, kann sich an **Odense Cykeludlejning** (☎29 29 25 89; www.odense cykler.dk; Nedergade 36; ⌚Mai–Aug. Mo–Fr 9–13 Uhr) wenden und ein Rad für 100 Kr pro Tag leihen. Außerhalb der Öffnungszeiten einfach auf der Website buchen oder ein Leihrad im City Hotel (S. 170) besorgen.

SCHIFF/FÄHRE

Fähren (S. 169) machen sich vom Park Munke Mose auf den Weg zum Zoo und zum Freilichtmuseum Den Fynske Landsby.

TAXI

Taxis warten am Bahnhof. Sonst kann man auch eins bei **Odense Taxa** (☎66 15 44 15) bestellen.

UNTERWEGS AUF FÜNEN

Ein Großteil der Insel ist von Wald und Ackerland bedeckt. Dazwischen verbergen sich Überraschungen: ein Wikingerschiffsgrab unter einem einsamen Hügel, das Märchenschloss Egeskov und ein rätselhaftes, 2000 Jahre altes Hünengrab.

Fünens verschlafene Städtchen sind um befestigte Herrensitze und mittelalterliche Stadtkerne herum entstanden. Auch auf einigen Inselchen vor der Küste haben sich kleine Gemeinden angesiedelt – auf anderen leben nur Vögel, Kaninchen und Rehe. Zweitgrößte Stadt ist Svendborg, dessen Bars und Cafés bei Seglern beliebt sind.

Kerteminde

5860 EW.

Das kleine, verschlafene Kerteminde hat nicht nur Fachwerkhäuschen und Kopfsteinpflaster zu bieten: Ein tolles Aquarium, die Sandstrände und ein Bootshafen sorgen für viel Abwechslung. Außerdem hat hier der „bäuerliche Maler“ Johannes Larsen traumhafte Werke für die Ewigkeit hinterlassen.

Kerteminde ist der geeignete Ausgangspunkt für eine Besichtigung des Wikingerschiffsgrabs in Ladby oder einen Ausflug nach Romsø – falls man einfach mal alles hinter sich lassen möchte.

Sehenswertes & Aktivitäten

★ Johannes Larsen Museet KUNSTMUSEUM
(www.johanneslarsenmuseet.dk; Møllebakken 14; Erw./Kind 80 Kr/frei; ⌚Juni–Aug. 10–17 Uhr, Sept.–Mai Mo geschl.) Nördlich der Stadt sind im ehemaligen Wohnhaus von Johannes Larsen (1867–1961) dessen naturalistische Gemälde von Tieren und vom Alltag in der dänischen Provinz zu sehen. Wie besessen arbeitete der Maler in seinem Atelier, während nebenan seine Frau Alhed – ebenfalls Malerin – die üppigen Blüten in ihrem Gewächshaus auf Leinwand bannte.

Dies ist ein wirklich ungewöhnlich gutes Museum für einen Ort dieser Größe. Ein zusätzliches Ausstellungsgebäude zeigt weitere Arbeiten des Ehepaares sowie Bilder von über 50 anderen sogenannten Fünen-Malern. Ein kleines Café (in einem früheren Waschhaus)am Ende des Gartens mit Blumen und Enten versorgt Besucher mit leichten Mittagsgerichten und selbstgebackenen Kuchen.

Fjord & Bælt AQUARIUM
(www.fjord-baelt.dk; Margrethes Plads 1; Erw./Kind 140/60 Kr; ⌚Feb.–Nov.; 👪) Familienfreundliches Aquarium am Hafen mit allerlei Becken, einem 40 m langen Unterwassertunnel, „Streichelfischen“ für Kinder, Seehunden und Schweinswalen. Am meisten Spaß macht natürlich die Fütterungszeit (zwischen 11 und 13 Uhr). Die Öffnungszeiten online checken; außerhalb der dänischen Schulferien bleibt das Aquarium montags geschlossen.

Romsø INSEL
Die bewaldete Insel Romsø, auf der nur Rehe, Kaninchen und Vögel leben, liegt per Boot 30 Minuten von Kerteminde entfernt. Ein Küstenpfad zieht sich rings um die 1 km² große Insel. Die meisten Besucher genießen einfach die Einsamkeit. Für Verpflegung muss man selbst sorgen, es gibt keinerlei Gastronomie.

Die Passagierschiffe von **Romsø-Båden** (☎23 43 63 04; www.romsoe.dk; Erw./Kind hin & zurück 240/120 Kr) fahren zwischen April und August mittwochs und samstags zur Insel. Abfahrt von Kerteminde ist um 9 Uhr, von Romsø um 14 Uhr. Reservierung erforderlich.

Schlafen

★ Købmandsgård B&B PENSION €
(☎65 32 46 51; www.bnb-kerteminde.dk; Andresens Købmandsgård 4; EZ/DZ ohne Bad 500/600 Kr; 📶) Købmandsgård ist ein schön anzu-

sehendes Kaufmannshaus aus dem 16. Jh. im Stadtzentrum. Ein Bereich des Bauwerks mit dem gepflasterten Innenhof dient als Pension mit vier Doppelzimmern, zu denen eine Küche/Wohnbereich und zwei Bäder gehören. Das Preis-Leistungs-Verhältnis ist super, die Unterkunft insgesamt frisch und einladend. Nette Besitzer. Das Frühstück kostet 75 Kr.

Danhostel Kerteminde HOSTEL €
(☎ 65 32 39 29; www.dkhostel.dk; Skovvej 46; B/DZ 275/595 Kr; 📶) Die gut geführte Herberge ist ein lauschiger Rückzugsort in einem Waldstück fünf Gehminuten vom Sandstrand und 15 Minuten südlich des Ortes. Alle 30 Zimmer haben eine eigene Toilette. In der Hauptsaison stehen auch Schlafsaalbetten zur Verfügung. Frühstück gibt's für 70 Kr.

Tornøes Hotel HOTEL €€
(☎ 65 32 16 05; www.tornoeshotel.dk; Strandgade 2; EZ/DZ inkl. Frühstück 775/975 Kr; 📶) Das Gebäude aus roten Ziegelsteinen steht am Ortseingang und fällt sofort ins Auge. Es ist ein heller, fröhlicher Ort mit gut ausgestatteten, wenn auch etwas unpersönlich wirkenden Zimmern und einem Restaurant, das einen tollen Blick aufs Wasser gewährt. Das Bier stammt übrigens aus der Mikrobrauerei der Hotelbesitzer, dem Kerteminde Bryghus.

Essen

Thorsteds FISCH & MEERESFRÜCHTE €€
(☎ 21 36 13 33; www.thorsteds.com; Hindsholmvej 5; Buffet mittags/abends 149/219 Kr; ⏲ Juni & Juli tgl. 10–22 Uhr, im Aug. Di geschl., Sept. kürzere Öffnungszeiten; 👪) Man suche sich einen Sitzplatz am Wasser oder so nah am Buffet wie möglich, denn dies ist eine Drei-Stunden-Völlerei mit Unmengen von Schätzen aus dem Meer. Auf dem Programm stehen Hummersuppe, Krabben, Muscheln und Räucherfisch (Lachs, Hering, Makrele), dazu gibt's Kartoffeln. Gut, es könnte mehr Gemüse aufgetragen werden, aber dafür ist alles andere köstlich. Wer keinen Fisch mag, kann sich auch für Fleisch von der kurzen Speisekarte entscheiden.

Die Öffnungszeiten auf der Website wegen der Ruhetage in der Nebensaison besser noch mal prüfen. Eine super Option fürs Wochenende ist das Brunchbuffet (139 Kr).

★ **Fiske Restaurant Rudolf Mathis** FISCH & MEERESFRÜCHTE €€€
(☎ 65 32 32 33; www.rudolf-mathis.dk; Dosseringen 13; Hauptgerichte 345 Kr, 3-Gänge-Menü mittags/abends 395/575 Kr; ⏲ März–Dez. Di–Sa 12–14 & 18–21.30 Uhr) Eins der besten Restaurants auf Fünen ist in einem auffälligen Haus am Ufer südlich des Hafens von Kerteminde untergebracht. Spezialität des Hauses sind klassische Fisch- und Meeresfrüchtegerichte, die auf innovative Weise zubereitet und serviert werden. Dabei wird Rücksicht auf feine Geschmacksnuancen genommen. Als Beilagen dienen erlesen kombinierte Zutaten aus der Region (im Frühling Spargel, im Sommer Beeren etc.). Spezialitäten sind Lachs aus eigener Räucherei und frischer Fisch, der über einem offenen Holzfeuer gegrillt wird. Eine beliebte Vorspeise sind die Jakobsmuscheln und der norwegische Hummer mit Zitronenmayo.

ℹ Praktische Informationen

Touristeninformation Kerteminde (☎ 65 32 11 21; www.visitkerteminde.dk; Hans Schacksvej 5; ⏲ Juni–Aug. Mo–Fr 10–18, Sa & So 10–15 Uhr, Sept.–Mai Mo–Fr 11–17, Sa 10–12 Uhr) In demselben Gebäude wie die Post. Verleiht Räder für 100 Kr pro Tag.

ℹ An- & Weiterreise

Kerteminde liegt an der Straße 165, 22 km nordwestlich von Nyborg und 19 km nordöstlich von Odense.

Die Buslinien 151 und 885 fahren von Kerteminde nach Odense (41 Kr, 40 Min.).

Ladby

Dänemarks einziges Wikingerschiffsgrab, bekannt als **Ladbyskibet** (Ladbyschiff), ist wirklich fesselnd. Es ist nach dem winzigen Dorf benannt, in dem es gefunden wurde. Um 925 wurde in dem 21,5 m langen Kriegsschiff ein Wikingerhäuptling zur letzten Ruhe gebettet – mit Grabbeigaben wie Waffen, Schmuck, Kleidung und weiteren Kostbarkeiten. Archäologen haben herausgefunden, dass sich nicht lange nach der Beerdigung Plünderer an dem Schiff zu schaffen gemacht und den Leichnam entfernt haben. Doch selbst geplündert ist das Ladbyskibet ein faszinierendes Zeugnis längst vergangener Zeiten. Die Holzplanken sind verrottet, aber der Abdruck des Schiffsrumpfs zeichnet sich akkurat in der Erde ab, ebenso rund 2000 Nieten, der Anker, Eisenornamente, die wahrscheinlich von einem geschnitzten Drachenkopf am Vordersteven stammen, sowie die unheimlich grinsenden Skelette geopferter Hunde und Pferde.

Die Fundstelle unter einem grasbewachsenen Grabhügel ist etwas gruselig. Die Atmosphäre wird auch von der schwachen Beleuchtung in der hermetisch verschlossenen Kammer getragen, in der der Fund aufbewahrt wird. Das angrenzende **Vikingemuseet Ladby** (www.vikingemuseetladby.dk; Vikingevej 123; Erw./Kind 60 Kr/frei; ⏲ Juni–Aug. 10–17 Uhr, Sept.–Mai Di–So 10–16 Uhr) zeigt Fundstücke aus dem Grab sowie einen Nachbau des Schiffs, so, wie es für die Bestattung hergerichtet war. Die Besucher bekommen einen lebendigen Eindruck davon, wie aufwendig die Beisetzung des Häuptlings gewesen sein muss.

Auf einem benachbarten Feld haben sich Wikingerenthusiasten daran gemacht, das *Ladbyskibet* nachzubauen – u. a. mit denselben Techniken, die auch die Wikinger anwandten.

An- & Weiterreise

Mit dem Wagen oder Fahrrad die Straße 315 aus Kerteminde hinaus nehmen, dann den Schildern Richtung Ladby folgen. In Ladby, 4 km südwestlich gelegen, auf dem einspurigen Vikingevej 1,2 km nach Norden bis zum Museumsparkplatz fahren. Von dort geht es zu Fuß über einen kurzen Feldweg zum Schiffsgrab.

Buslinie 482 (23 Kr) fährt in sechs Minuten von Kerteminde nach Ladby (den Vikingevej hinunter muss man zu Fuß gehen), allerdings nur an Schultagen. Im Sommer leiht man sich deshalb besser ein Fahrrad für die Strecke.

Egeskov Slot

Ein Tag in Egeskov Slot sollte unbedingt auf dem Programm stehen. Es ist eine Familienattraktion, keine Frage, aber auch Erwachsene ohne Kinder werden jede Menge Spaß haben.

Sehenswertes

★ Egeskov Slot SCHLOSS

(www.egeskov.dk; Egeskov Gade 18, Kværndrup; Erw./Kind Schloss & Schlosspark 210/130 Kr, nur Park 180/110 Kr; ⏲ Juli–Mitte Aug. 10–19 Uhr, Mitte April–Juni & Mitte Aug.–Mitte Okt. bis 17 Uhr) Egeskov Slot mit Burggraben und Zugbrücke ist ein erstklassiges Beispiel für den opulenten Stil, in dem während des „Goldenen Zeitalters" in Dänemark gebaut wurde. Das Schloss wurde 1554 auf einem Fundament aus Tausenden von Eichenstämmen errichtet; daher der Name Egeskov (Eichenwald).

Das Gelände umfasst so viele Attraktionen und man kann so viel unternehmen, dass ein Tag wie im Flug vergeht. Im Schloss selbst können zwölf Zimmer und das Dachgeschoss besichtigt werden. Es sind massenhaft antike Möbel, zeitgenössische Gemälde und Jagdtrophäen zu sehen.

Das Dachgeschoss beherbergt wunderschönes altes Spielzeug und eine Modelleisenbahn aus dem frühen 20. Jh. Das Highlight ist **Titanias Palast**. Beim Anblick dieses Puppenhauses verschlägt es einem schier die Sprache. Es wurde von dem englischen Offizier Sir Nevile Wilkinson in Auftrag gegeben, der das Haus über 15 Jahre hinweg mit kleinen Miniaturkunstwerken füllte. Man könnte Stunden damit zubringen, die zahllosen Details zu bewundern, z. B. das handgeschnitzte Mobiliar, die Tapeten, Buntglasfenster, das winzige Schachspiel und die illuminierte Bibel, die nicht größer als ein Daumennagel ist.

➡ Schlosspark

Der 15 ha große Park aus dem 18. Jh. umfasst jahrhundertealte Ligusterhecken, ein Hirschrudel, moderne Skulpturen und gepflegte Gartenanlagen im englischen Stil. Eine Handvoll hochkarätiger Museen präsentiert alte Autos und Flugzeuge, antike Motor- und Fahrräder, Rettungswagen und Pferdefuhrwerke sowie einen alten Krämerladen.

Außerdem gibt es auf dem Gelände eine ziemlich kitschige **Dracula-Krypta**, einen tollen Kinderspielplatz, drei Labyrinthe und einen Baumwipfelweg in luftiger Höhe mit wackeligen Brücken und Vogelstimmen auf Knopfdruck.

Die Parkanlage ist meist eine Stunde länger geöffnet als das Schloss. Auf der Website nachsehen, wann die nächste „Open By Night" stattfindet (gewöhnlich mittwochs im Sommer). Dann bleibt der Park bis 23 Uhr geöffnet, und die Besucher werden mit Abendkonzerten und Feuerwerk unterhalten. Vor Weihnachten gibt's auch immer Programm.

Schlafen & Essen

Gleich vor dem Schloss erstreckt sich ein kostenloser **Campingplatz** (nur Zelte). Duschmarken bekommt man am Ticketschalter.

Ein paar **Kioske** verkaufen Hotdogs und Eis. Beim **Cafe Jomfru Rigborg** (Mahlzeiten 49–165 Kr, Picknickkorb 95/145 Kr) gibt's substantiellere Gerichte mit einem Hauch Bella

Italia. Nett sind die Picknickkörbe, die man sich zusammenstellen lassen kann – mindestens 48 Stunden im Voraus bestellen.

An- & Weiterreise

Egeskov Slot liegt 2 km westlich von Kværndrup an der Straße 8 und ist gut ausgeschildert.

Von Nyborg und Faaborg aus fährt die Buslinie 920 (etwa stdl.) und hält 500 m vom Schloss entfernt (der Fahrer sagt, wo man aussteigen muss). Ansonsten fahren Züge nach Kværndrup, von wo aus es mit Bus 920, zu Fuß oder mit dem Taxi weitergeht.

Faaborg

7200 EW.

In seiner Blütezeit im 17. Jh. besaß dieses Städtchen eine der größten Fischereiflotten Dänemarks. Heutzutage geht es hier um einiges beschaulicher zu, doch in mit Kopfsteinen gepflasterten Gassen wie der Holkegade, Adelgade und Tårngade findet man noch Überbleibsel aus jener goldenen Ära. Hinzu kommen ein paar gute Museen und ein schick saniertes Hafenviertel – fertig ist ein netter Zwischenstopp!

Sehenswertes

Faaborg Museum MUSEUM

(www.faaborgmuseum.dk; Grønnegade 75; Erw./Kind 60 Kr/frei; ⌚ Juni–Aug. tgl. 10–16 Uhr, Sept.–Mai Mo geschl.) Das in einem hübschen, stattlichen Gebäude residierende Museum zeigt Werke fünischer Künstler, darunter Johannes Larsen, Peter Hansen, Jens Birkholm und Anna Syberg. Außerdem hat es einen Blumengarten und ein Café. Hier steht auch das Original von Kai Nielsens Granitskulptur *Ymerbrønd.*

Faaborg Arrest MUSEUM

(www.ohavesmuseet.dk; Torvet 19; Erw./Kind 50 Kr/frei; ⌚ Juli & Aug. tgl. 10–17 Uhr, Feb.–Juni & Sept.–Okt. Di–So 11–15 Uhr) In die ehemaligen Gefängniszellen (sie dienten diesem Zweck bis 1989) im Rathaus ist inzwischen ein Museum eingezogen, das sich mit dem Justizsystem und dem Gefängnisalltag beschäftigt.

Den Gamle Gaard HISTORISCHES GEBÄUDE

(www.ohavemuseet.dk; Holkegade 1; ⌚ Aug.–Mitte Sept. Mo–Mi 11–15 Uhr) GRATIS Das gut eingerichtete Museum in einem bildschönen Fachwerkhaus von ca. 1720 zeigt in 22 Räumen, wie ein wohlhabender Kaufmann Anfang des 19. Jhs. lebte. Die Zimmer sind voll mit antiken Möbeln, Porzellan, Spielzeug und Gegenständen aus der Seefahrt. Bei unserem Besuch waren die Öffnungszeiten eingeschränkt – auf der Website nachschauen.

Torvet & Umgebung PLATZ

Der Hingucker am Torvet (Hauptplatz) ist der Brunnen **Ymerbrønd**, eine ausgefallene Bronzeskulptur des Bildhauers Kai Nielsen, die bei der Aufstellung für viel Wirbel sorgte. Dargestellt ist ein norwegischer Schöpfungsmythos: der nackte Frostriese Ymir (aus dessen Körper Himmel und Erde erschaffen wurden), der am Euter einer Kuh saugt.

Der kürzlich renovierte **Klokketårnet** (Glockenturm; Tårnstræde; Erw./Kind 20 Kr/frei; ⌚ Mitte Juni–Aug. tgl.) ganz in der Nähe war einst Teil einer mittelalterlichen Kirche. Im Sommer darf er bestiegen werden. Von Ende Juni bis Mitte August besteht die Möglichkeit, sich dem Nachtwächter anzuschließen, der hier um 21 Uhr seine allabendliche Runde beginnt.

Das Stadttor **Vesterport** (Westtor) aus dem 15. Jh. ist eines von nur zwei Toren dieser Art in Dänemark.

Aktivitäten

Der sanierte Uferbereich mit dem **Badepavillon** aus Holz ist sehr schön geworden.

Svanninge Bakker, nördlich von Faaborg, ist eine Hügellandschaft – im Volksmund die „Alpen von Fünen“ genannt – mit Wäldern und vielen **Rad- und Wanderwegen**.

Syd Fyenske Veteranjernbane ZUGFAHRT

(☎ 62 61 17 09; www.veteranbanen-faaborg.dk; Erw./Kind hin & zurück 80/40 Kr) Die historische Eisenbahn fährt im Sommer vom alten Bahnhof von Faaborg (nahe dem Lidl-Supermarkt auf der Østebrogade) nordostwärts nach Korinth. Abfahrt ist von Ende Juni bis August sonntags um 13 und 15.30 Uhr und im Juli zusätzlich dienstags und donnerstags. Die Fahrt dauert hin und zurück 90 Minuten.

Schlafen

Danhostel Faaborg HOSTEL €

(☎ 62 61 12 03; www.danhostelfaaborg.dk; Grønnegade 71–72; B/DZ 175/375 Kr; ⌚ April–Sept.; WLAN) Das einfache, gemütliche Hostel erstreckt sich über zwei historische Gebäude, ein altes Kino und ein ehemaliges Armenhaus in Fachwerkbauweise. Sie sind lichtdurchflutet, und die Holzdielen knarzen und knarren. Extras? Fehlanzeige. Die Bäder teilt man sich mit anderen. In der Hauptsaison gibt es auch Schlafsaalbetten.

Faaborg

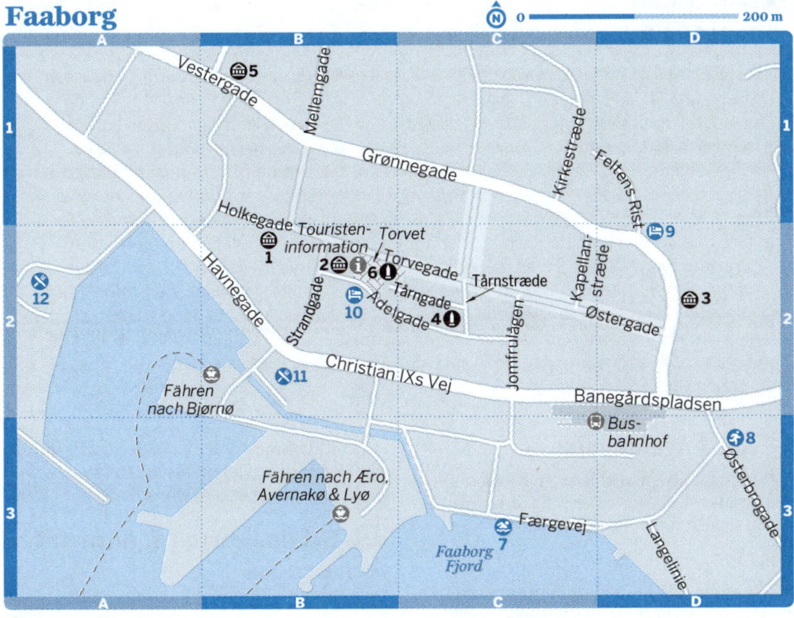

Hotel Faaborg HOTEL €€
(☎62 61 02 45; www.magasingaarden.dk; Torvet; EZ/DZ inkl. Frühstück 750/950 Kr; 📶) Ein Boutiquehotel wie aus dem Bilderbuch, gleich am zentralen Platz gelegen. Frische Zimmer, ein hübscher Hof und ein Café runden das positive Bild ab.

Essen

Faaborg Røgeri FISCH & MEERESFRÜCHTE €
(www.faaborgroegericafe.com; Vestkaj 3; Fischgerichte 32–76 Kr; ⏲Mitte Juni–Mitte Aug. tgl. 10–21 Uhr, sonst kürzer) Nichts schmeckt mehr nach Urlaub in Dänemark als eine Portion *fiskefrikadeller* (Fischfrikadellen) mit Remoulade in der Sonne am Hafen. Und dazu noch die salzige Meeresbrise ... perfekt.

Det Hvide Pakhus DÄNISCH €€
(☎62 61 09 00; www.dethvidepakhus.dk; Christian IXs Vej 2; mittags 88–135 Kr, Hauptgerichte abends 155–265 Kr; ⏲Mitte Juni–Aug. tgl. 11.30–22 Uhr, sonst kürzer) Det Hvide Pakhus nimmt ein helles, geräumiges Lagerhaus am Hafen ein und ist bei den Einheimischen mindestens genauso beliebt wie bei Touristen. Das Mittagessen zeigt, was dänische Küche der alten Schule ist: Es gibt vor allem Fisch direkt von den örtlichen Kuttern. Abends wird es dann etwas schicker, und auf dem Teller landen feine Stücke vom Rind. Bis 20 Uhr warme Küche.

Faaborg

Sehenswertes
1 Den Gamle Gaard B2
2 Faaborg Arrest B2
3 Faaborg Museum D2
4 Klokketårnet C2
5 Vesterport B1
6 Ymerbrønd B2

Aktivitäten, Kurse & Touren
7 Badepavillon C3
8 Syd Fyenske Veteranjernbane D3

Schlafen
9 Danhostel Faaborg D2
10 Hotel Faaborg B2

Essen
11 Det Hvide Pakhus B2
12 Faaborg Røgeri A2

Praktische Informationen

Touristeninformation (☎63 75 94 44; www.visitfaaborgmidtfyn.com; Torvet 19; ⏲Juni–Aug. Mo–Fr 9–17, Sa 9–14, Sept.–Mai Mo–Fr 10–16 Uhr) Leihräder, Rad- und Wanderkarten, Angellizenzen und mehr. Zimmerreservierungen und Fährtickets gegen eine geringe Gebühr.

ABSTECHER

FALSLED KRO

Falsled Kro (☎62 68 11 11; www.falsledkro.dk; Assensvej 513, Falsled; Zi. ab 2800 Kr; Hauptgerichte mittags 175–245 Kr, 4-/6-Gänge-Menü abends 825/1025 Kr) Zehn Kilometer westlich von Faaborg befindet sich der Gutshof Falsled Kro, der 2014 vom *White Guide*-Restaurantalmanach zum lohnendsten Gourmet-Reiseziel Dänemarks gewählt wurde. Das historische Gebäude von 1744 ist ein Schatz wie aus dem Bilderbuch. Unter dem rustikalen Reetdach erwarten einen eine geschmackvolle Einrichtung, Gästezimmer und leckeres Essen (die 4- oder 6-Gänge-Menüs bestehen in erster Linie aus regionalen Zutaten, die auf französische Art mit dem einen oder anderen nordischen Kniff zubereitet werden).

Ein oder zwei Nächte hier, in diesem ländlichen Küstenidyll – das wäre ein absolut unvergessliches Erlebnis! Wer aufs Geld achten muss, sollte sich wenigstens ein Mittagessen oder einen Kaffee in dem blühenden Hof gönnen und anschließend zu dem kleinen Jachthafen hinter dem Gasthaus spazieren. Spätestens da wird man verstehen, was es mit dem Prädikat „wie im Märchen" auf sich hat, das dem ländlichen Fünen so oft zugesprochen wird.

An- & Weiterreise

Faaborg liegt 28 km westlich von Svendborg (die Straße 44 ist eine malerische Strecke) und 42 km südlich von Odense (Straße 43).

BUS

Der Busbahnhof von Faaborg liegt am Banegårdspladsen beim stillgelegten Bahnhof im Süden der Stadt.

In Odense kann man in die Buslinien 111 und 141 (71 Kr) steigen; sie fahren regelmäßig (Linie 141 bedient die direktere Route; ca. 1 Std.). In Svendborg macht sich die Linie 931 häufig auf den Weg nach Faaborg (51 Kr, 55 Min.).

FÄHRE

Aerøfærgerne (☎62 52 40 00; www.aeroe-ferry.dk) bietet tägliche Fährverbindungen (1- bis 3-mal; Fahrplan online) nach Søby am nordwestlichen Ende der Insel Ærø (1 Std.). Die einfache Fahrt kostet 130/82 Kr pro Erw./Kind, für einen Pkw/ein Fahrrad werden 280/27 Kr fällig; Autofahrer sollten den Platz vorabbuchen.

Svendborg

26 700 EW.

Svendborg ist ein wichtiges Segelsportzentrum und der Liebling der dänischen Jacht- und Motorbootbesitzer; letztere bevölkern im Sommer denn auch die zahlreichen Cafés. In dieser Stadt sind mehr Boote registriert als in irgendeiner anderen dänischen Stadt (mit Ausnahme von Kopenhagen). Sie ist das Tor zum traumhaften südfünischen Inselmeer.

Svendborg ist in erster Linie eine moderne Industriestadt, es gibt aber auch baumbestandene Radfahrwege, beliebte Strände, ein tolles Naturkundemuseum und ein erstklassiges Hostel, außerdem natürlich im Hafen die vielen alten Holzboote aus dem gesamten Ostseeraum.

Sehenswertes & Aktivitäten

Maritimt Center Danmark HISTORISCHES GEBÄUDE
(☎63 75 94 92; www.maritimt-center.dk; Havnepladsen 2; Fahrten Erw./Kind 270/170 Kr) Am Ærø-Fähranleger findet man das Maritimt Center; die Zentrale ist in dem bunt gestreiften Lagerhaus (Pakhuset) aus dem späten 19. Jh. untergebracht. Hier werden in der Hauptsaison (Ende Juni bis Mitte August) Fahrten auf historischen Segelschiffen arrangiert; Abfahrt ist in verschiedenen Häfen in der näheren Umgebung (Svendborg, Faaborg, Marstal und Ærøskøbing auf Ærø, Rudkøbing auf Langeland). Die genauen Zeiten stehen auf der Website.

In der Pakhusbutikken, dem dazugehörenden Laden, werden Souvenirs verkauft sowie Waren aus der Region (die Skarø-Eiscreme ist ein Gedicht).

★ **Sejlskibsbroen** PIER
Ein Highlight ist der Sejlskibsbroen, ein Pier, an dem mehrere wunderbar erhaltene Holzsegelboote vertäut sind. In dem Jachthafen nebenan liegen zahllose Boote, die auf den umliegenden Gewässern zuhause sind.

Naturama NATURKUNDEMUSEUM
(www.naturama.dk; Dronningemaen 30; Erw./Kind 140 Kr/frei; ⏲Feb.–Nov.; 👪) Auf ein Stelldichein mit Mutter Natur trifft man sich in dem stattlichen naturhistorischen Museum, auf dessen drei Ebenen die Themen Wasser, Land und Luft behandelt werden. Im Keller

fallen besonders die Walskelette ins Auge, in der Mitte präsentiert sich ein Who-is-Who der skandinavischen Säugetiere, und ganz oben sind, wie im echten Leben, die Vögel zu finden. Die Sound- und Lichteffekte sind genial, regelmäßig werden Filme gezeigt, und für Kinder gibt es einen netten interaktiven Bereich.

Tipp: Die Öffnungszeiten online prüfen, denn das Museum ist außerhalb der dänischen Schulferien montags geschlossen.

Anne Hvides Gård HISTORISCHES GEBÄUDE
(Fruestræde 3) GRATIS Ältestes Gebäude der Stadt ist das leicht windschiefe Anne Hvides Gård von 1560, das sich schon durch die Farbe (Hummel-Look) von der recht modernen Umgebung abhebt. Die Innenräume können nach vorheriger Anmeldung besichtigt werden; beim **Svendborg Museum** (62 21 02 61; info@svendborgmuseum.dk) nachfragen.

Forsorgsmuseet MUSEUM
(www.forsorgsmuseet.dk; Grubbemøllevej 13; Erw./Kind 50 Kr/frei; Mai–Dez. Di–So 10–16 Uhr, sonst kürzer) Das Wohlfahrtsmuseum stimmt nachdenklich. Es wurde in dem ehemaligen Armenhaus eingerichtet. In den hundert Jahren, in denen es diesem Zweck diente (ab 1872), lebten hier Mittellose, die auf zwei Arten aufgenommen wurden: entweder als „ehrenwerte" Arme (das waren z. B. Greise oder Menschen mit Behinderung) oder als „unehrenwerte" Arme (Menschen, die hätten arbeiten können, aber dennoch nicht in Lohn und Brot standen: Alkoholiker, Landstreicher, „leichte Mädchen" usw.).

Es ist schwierig, ein so tolerantes Volk, wie es die Dänen von heute sind, mit derartig undifferenzierten Kategorisierungen zu vereinen – aber das Forsorgsmuseet schafft es, den damaligen Zeitgeist einzufangen und zu erklären. Ein Teil der Ausstellung widmet sich dem Alltag von Kindern in Heimen und Waisenhäusern.

M/S Helge BOOTSFAHRT
(www.mshelge.dk) Von Mitte Mai bis Mitte September macht sich das historische Boot *Helge* drei- oder viermal täglich auf den Weg zu verschiedenen Haltepunkten: Erst geht's zum Campingplatz Svendborg Sund an der Nordspitze von Tåsinge, dann nach Christiansminde, einem beliebten Strandbereich östlich von Svendborg, weiter nach Troense und Valdemars Slot auf Tåsinge, wo es dann umdreht und in den Hafen von Svendborg zurückkehrt.

Von Mitte Mai bis Mitte September ist um 10, 12.30 und 14.30 Uhr Abfahrt in Svendborg (im Juli gibt es noch eine zusätzliche Verbindung um 16.30 Uhr); insgesamt dauert die Fahrt bis zum letzten Halt 55 Minuten. Man kann das Ganze als eine lange Sightseeing-Tour betrachten (einfache Fahrt 60 Kr) oder auch als praktische Transportvariante (für bis zu 2 Stopps zahlt man 30 Kr).

Schlafen

In und um Svendborg gibt es einige gute, preiswerte B&Bs, von denen die meisten in einer Broschüre aufgeführt sind (in Touristeninformationen auf Fünen und online www.bed-breakfast-fyn.dk erhältlich).

Der nächste Campingplatz liegt auf Tåsinge, südlich des Svendborg-Sunds (S. 185).

★ **Danhostel Svendborg** HOSTEL €€
(62 21 66 99; www.danhostel-svendborg.dk; Vestergade 45; B/DZ inkl. Frühstück & Bettwäsche 275/750 Kr; P@) Ein schickes, professionell geführtes Hostel – eigentlich schon mehr ein Hotel. Das merkt man auch an den Preisen. Die simplen, sehr sauberen Zimmer (jeweils inkl. Toilette und TV) sind in einer renovierten Eisengießerei aus dem 19. Jh. im Stadtzentrum untergebracht. Im Winter finden hier oft Konferenzen statt. Es gibt jede Menge Extras: Waschmaschinen, eine Küche, einen Garten, ein Frühstücksbuffet (75 Kr) und viele gemütliche Rückzugsorte.

Für ein Doppelzimmer ohne Frühstück und Bettwäsche werden 600 Kr berechnet. Parken kann man nahe dem Nannavej.

Hotel Ærø HOTEL €€
(62 21 07 60; www.hotel-aeroe.dk; Brogade 1; EZ/DZ inkl. Frühstück 850/1025 Kr;) Die Hafenlage des hübschen senfgelb-weißen Hotels ist unschlagbar; die Fährdocks nach Ærø liegen gleich nebenan. Davon abgesehen hat das Gebäude viel Atmosphäre, und der Anbau mit den großen, modernen Zimmern ist hell und geräumig. Der „britische Kolonialstil" kommt in diesem Fall sehr dezent und entspannt daher, mit gemütlichen Holzbetten, Schreibtischen aus Mahagoniimitat und Holzböden. Für einen Blick auf den Hafen muss man noch mal 100 Kr drauflegen.

Hotel Svendborg HOTEL €€
(62 21 17 00; www.hotel-svendborg.dk; Centrumpladsen 1; EZ/DZ ab 995/1225 Kr; @) Die

Svendborg

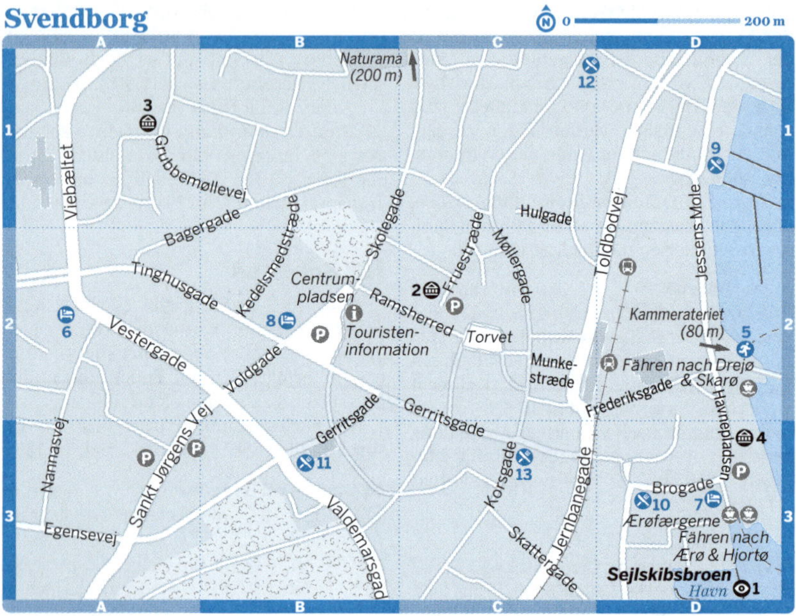

Svendborg

Highlights
1 Sejlskibsbroen D3

Sehenswertes
2 Anne Hvides Gård C2
3 Forsorgsmuseet A1
4 Maritimt Center Danmark D3

Aktivitäten, Kurse & Touren
5 M/S Helge D2

Schlafen
6 Danhostel Svendborg A2
7 Hotel Ærø D3
8 Hotel Svendborg B2

Essen
9 Bendixens Fiskehandel D1
10 Jettes Diner D3
11 Kvickly B3
12 Pizzeria La Pupa C1
13 Vintapperiet C3

Best-Western-Kette bietet minimalistischen, skandinavischen Stil mitten im Stadtzentrum. Das Hotel hat eine solide Ausstattung und wird unter der Woche vor allem von Geschäftsreisenden bevölkert. Die Wochenend- und Sommertarife sind entsprechend günstiger (EZ/DZ 875/975 Kr).

Essen & Ausgehen

Bendixens Fiskehandel FISCH & MEERESFRÜCHTE €
(www.bendixens-fiskehandel.dk; Jessens Mole 2; Mahlzeiten 40–95 Kr; Grill Mo–Sa 11–20 oder 21 Uhr) Gibt es etwas Besseres als Fish & Chips für 70 Kr und den Ausblick auf einen Hafen voller Boote gratis dazu? Zu dem Fischhandel gehört ein günstiger Grill. Dort gibt's frischen Fisch, den man an den Tischen im Freien verzehren kann.

Jettes Diner BURGER €
(www.jettesdiner.dk; Kullinggade 1; Burger 66–85 Kr; So & Mo 11.30–21, Di–Sa bis 21.30 Uhr) Bei Jettes dreht sich alles um „gut gepolsterte" Burger. Alle lieben diesen günstigen Laden, vom Arbeiter, der sich ein Bierchen gönnt, bis zu den Bootsbesitzern im nahe Hafen. Die Auswahl ist nicht übel: Neben dem typischen Rind- oder Hähnchenfleisch kann man auch zartes Schwein oder sogar vegetarische Varianten bestellen (die Brötchen sind glutenfrei).

Kvickly SUPERMARKT €
(Gerritsgade 33; Mo–Fr 9–20, Sa & So 8–18 Uhr) Für Selbstversorger. Die Bäckerei (öffnet um 7 Uhr) ist auch gut.

★ **Vintapperiet** FRANZÖSISCH €€
(62 22 34 48; Brogade 37; mittags 70–125 Kr, 2-/3-/4-Gänge-Menü 200/250/300 Kr; Juni–

Aug. Mo 11–17.30, Di–Sa 11–22 Uhr, sonst kürzer) Die Mischung macht's: Frankreich rustikal trifft auf Dänemark in diesem kleinen Bistro, das sich in einem Fachwerkhaus verbirgt. Mittags werden Käse- und Wurstplatten serviert, abends kann man Gerichte wie Coq au vin oder Lammschmorbraten niçoise von der kleinen Speisekarte wählen – und dazu ein Glas von einem der vielen offenen Weine. Manchmal wird sogar Livemusik gespielt.

Pizzeria La Pupa ITALIENISCH €€
(www.lapupa.dk; Møllergade 78; Pizzas 80–130 Kr, Hauptgerichte 200–250 Kr; ⌚17.30–22 Uhr) Die rustikale Pizzeria-Trattoria ist einen kurzen Fußmarsch vom Hafen entfernt und eine der Lieblingsadressen der Einheimischen, denn die Besitzerfamilie stammt tatsächlich aus Italien, ist sehr herzlich und macht hervorragende Pasta und Pizza.

Kammerateriet BAR
(www.kammerateriet.com; Svendborg Havn; ⌚Juni–Aug. Mo–Do 14–23, Fr 14–2, Sa 11–2, So 12–23 Uhr, sonst kürzer) Die angesagteste neue Bar mit Musikbühne befindet sich auf der anderen Seite der Brücke (vom Fähranleger aus). Sie wurde im Sommer 2014 in einem alten Werftgebäude eröffnet. Die Besitzer, Jungs von hier, haben da einen wirklich coolen Laden auf die Beine gestellt: super Stimmung, Drinks, Tapas und Livemusik. Und der künstlich aufgeworfene Strand sorgt für ein auch optisch rundes Urlaubs-Feeling.

ℹ Praktische Informationen

Touristeninformation (☎63 75 94 80; www.visitsvendborg.dk; Centrumpladsen 4; ⌚Mo–Fr 10–16 oder 17 Uhr, Sa bis 13 Uhr) Infos rund um den südlichen Teil Fünens. Die Angestellten helfen bei der Unterkunftssuche und buchen Fährtickets.

ℹ An- & Weiterreise

Svendborg ist der Verkehrsknotenpunkt zwischen Odense und dem Archipel vor Fünens Südküste. Die Stadt liegt 44 km südöstlich von Odense an der Straße 9.

BUS & ZUG

Busbahnhof und Bahnhof liegen ein paar Straßen nördlich des Ærø-Fährhafens am Toldboldvej.

Zahlreiche Busse verkehren zwischen Svendborg und Faaborg (Linie 931, 51 Kr, 55 Min.). Züge von Odense nach Svendborg fahren zweimal stündlich (78 Kr, 40 Min.).

SCHIFF/FÄHRE

Ærøfærgerne (☎62 52 40 00; www.aeroe-ferry.com) verkehrt bis zu zwölfmal am Tag zwischen Svendborg und Ærøskøbing (auf Ærø); die Überfahrt dauert 75 Min. Das Ticket für die einfache Fahrt liegt bei 130/82 Kr pro Erw./Kind. Einen Pkw/ein Rad mitzunehmen kostet 280/27 Kr. Autofahrer sollten die Fahrt vorab reservieren, insbesondere in der Hauptsaison.

Die M/S *Helge* (S. 181) bedient die Route zwischen Svendborg und Tåsinge.

ℹ Unterwegs vor Ort

Svendborg Cykeludlejning (☎30 17 69 27; www.svendborgcykeludlejning.dk; Jernbanegade 10; ⌚Juni–Aug. 9–13 Uhr, sonst kürzer) verleiht Fahrräder (90 Kr pro Tag). Die Öffnungszeiten kann man online noch mal nachprüfen.

Die Touristeninformation von Svendborg versorgt Reisende mit Karten und Infos zu hübschen Radrouten in der Gegend.

Tåsinge

6200 EW.

Die Insel Tåsinge ist mit Svendborg und Langeland durch Straßenbrücken verbunden. Die beiden Hauptsehenswürdigkeiten liegen im Nordosten: das idyllische Kapitänsdorf Troense und Valdemars Slot aus dem 17. Jh. Die übrige Insel ist von Wäldern, Hecken und Feldern bedeckt, zwischen denen die Straße 9 verläuft.

Sehenswertes

Troense DORF
Troense ist ein wohlhabender Küstenort mit einem kleinen Jachthafen und malerischen, reetgedeckten Häusern. Besonders schöne Straßen sind Grønnegade und Badstuen.

Valdemars Slot SCHLOSS
(www.valdemarsslot.dk; Slotsalléen 100, Troense; Erw./Kind 85/45 Kr; ⌚Juni–Aug. tgl. 10–17 Uhr, Mai & Sept. Mo geschl.) Valdemars Slot ist einer von vielen Wohnsitzen, die im Namen von Christian IV. gebaut wurden. Der König ließ es 1644 für seinen Sohn errichten, der aber nie hier lebte, weil er mit 34 Jahren in Polen fiel. Während der dänisch-schwedischen Kriege wurde das Schloss schwer beschädigt. Schließlich erwarb es der Admiral und Kriegsheld Niels Juel und ließ es zum barocken Herrenhaus umgestalten.

Im Schloss sind alte Möbel und Kuriositäten zu sehen – kostbares venezianisches Glas, Wandteppiche aus dem 17. Jh., eine in die Fensterbrüstung eingelassene versteckte

SÜDFÜNISCHES INSELMEER

Als südfünisches Inselmeer (dänisch Det Sydfynske Øhav) werden die 55 Eilande und unbewohnten Inselchen südlich von Faaborg und Svendborg bezeichnet, eine wahrhaft paradiesische Gegend: Mit Zeit und Entdeckergeist kann man ein paar Inseln besuchen und seine persönlichen Favoriten wählen.

Inseln

Abgesehen von den größeren Inseln Tåsinge und Langeland (mit Straßenverbindungen nach Fünen) sowie Ærø (jedermanns Lieblingsinsel, hübsch und nur per Fähre erreichbar) liegt noch eine Handvoll kleinerer Inseln vor der Küste, die im Sommer fahrplanmäßig von Fähren angesteuert werden (Abfahrt in Faaborg und Svendborg).

Diese Eilande sind wie gemacht fürs Radfahren (im Sommer können vor Ort Räder gemietet werden), Segeln, Spazierengehen, Schwimmen und Ausspannen. Tagesausflüge machen Spaß, es gibt aber vielfach auch Übernachtungsmöglichkeiten, u. a. Campingplätze.

➡ **Ab Faaborg** Die Website Visit Faaborg (www.visitfaaborg.dk) liefert Infos zu den Inseln **Lyø**, **Avernakø** und **Bjørnø**.

➡ **Ab Svendborg** Die Website Visit Svendborg (www.visitsvendborg.dk) liefert Infos zu den Inseln **Drejø**, **Skarø** und **Hjortø**.

Weitere Infos, Karten und Fährfahrpläne bekommt man in den regionalen Touristeninformationen. Lesenswert sind auch die Einträge auf Visit Fyn (www.visitfyn.com). Auf www.archipelagomap.dk gibt's eine tolle Karte zum südfünischen Inselmeer.

Aktivitäten

Auf der Archipel-Karte sind sämtliche Aktivitäten aufgelistet: vom Kajakfahren über Windsurfen, Angeln, Segeln und, natürlich, Fahrradfahren. Außerdem sind Outdoor-Veranstalter aufgeführt.

Ein Highlight ist der Fernwanderweg **Øhavssti** (Archipel-Weg). Er windet sich über eine Distanz von 200 km von Westen nach Osten an Fünens Südküste entlang und dann bis hinüber nach Langeland. Der letzte Abschnitt geht einmal der Länge nach über die Insel Ærø. Die Route führt durch einige der schönsten Landstriche der Region. Wer nicht den gesamten Weg ablaufen möchte, kann selbstverständlich auch nur einzelne Etappen absolvieren.

Die Reihe aus sieben Einzelheftchen mit Karten (jedes deckt eine 25 bis 35 km lange Strecke ab; auch auf Deutsch) ist kostenlos in den Touristeninformationen der Region erhältlich. Alternativ legt man sich einen detaillierten Guide zu.

Infos und pdf-Dateien zum Herunterladen bietet www.detsydfynskeoehav.dk.

Toilette, ein geheimes Munitionslager, Niels Juels reich gravierte Seekiste und signierte Fotos berühmter Besucher. In den Dachetagen zeigt das schauerliche **Jagt- & Trofæmuseet** völkerkundliche Exponate und ausgestopfte Tiere, die Großwildjäger Børge Hinsch und Konsorten erbeutet haben.

An dem Hof mit mehreren Teichen liegt ein zweites Museum, das **Danmarks Museum for Lystsejlads** (Jachtenmuseum; www.lystsejlads.dk; Erw./Kind inkl. Schloss 99/55 Kr; ⌚ Juni–Aug. 10–17 Uhr). Es beherbergt schnittige, lackierte Segelboote.

Das Betreten des Schlossgeländes und des Sandstrands (vorm Südtor) ist kostenlos. Besucher können Minigolf spielen und in dem entspannten Café bzw. dem schicken **Restaurant** (mittags 95–185 Kr; ⌚ April–Nov. Di–So 11.30–16 Uhr) im Gewölbekeller des Schlosses einkehren.

Das Schloss ist mit dem Bus zu erreichen (Nr. 250 hält 1 km entfernt), netter ist die Anfahrt mit dem Schiff: Die M/S *Helge* (S. 181) startet in Svendborg.

Bregninge — DORF

Im Dörfchen Bregninge, an der Straße 9, steht eine der meistbesuchten Kirchen Dänemarks, die mittelalterliche **Bregninge Kirke**. Was die Besucher anzieht, ist vor allem die grandiose Aussicht vom **Turm**.

Das **Tåsinge Museum** (www.taasinge-museum.dk; Kirkebakken 1; Erw./Kind 40 Kr/frei; ⌚ Juni–Aug. Di–So 10–16 Uhr) gegenüber der Kirche ist ein Heimatmuseum, das die Geschichte von Leutnant Sixten Sparre und der Artistin Elvira Madigan erzählt. Skandinaviens tragischstes Liebespaar nahm sich 1889 auf Tåsinge das Leben. Bis heute ist es Brauch, dass frisch Vermählte an dem Doppelgrab auf dem Friedhof von Landet, 3 km südlich von Bregninge, ihren Brautstrauß niederlegen.

Schlafen & Essen

Svendborg Sund Camping CAMPINGPLATZ €

(☎21 72 09 13; www.svendborgsund-camping.dk; Vindebyørevej 52; Erw./Kind 80/50 Kr, pro Stellplatz 35 Kr; ⏲April–Sept.; 📶) Der Svendborg am nächsten gelegene Zeltplatz ist eine gut gepflegte Anlage - sehr malerisch und familienfreundlich - direkt am Wasser an der Nordspitze von Tåsinge, 2 km nordöstlich der Svendborg-Brücke. Wer nicht zelten möchte, kann eine der Hütten mieten (in der Hauptsaison, wochenweise). Die Fähre M/S *Helge* hält quasi vor der Tür. Nettes Extra: Leihräder, -kajaks und -motorboote.

Hotel Troense HOTEL €€

(☎62 22 54 12; www.hoteltroense.dk; Strandgade 5; EZ/DZ inkl. Frühstück ab 875/1075 Kr; 📶) Das Hotel Troense thront oberhalb des Hafens. Die Zimmer verteilen sich auf das Haupthaus (mit Meerblick) und moderne Gebäude dahinter (mit möblierten Gartenterrassen). Die Zimmer sind ziemlich einfach, aber die Lage ist bildhübsch - und die betagte Einrichtung des Restaurants geht schon beinahe als retro durch. Die Küche ist, dazu passend, klassisch dänisch. Es ist von April bis Oktober zwischen 12 und 21 Uhr geöffnet, den Rest des Jahres montags bis samstags (nur abends).

An- & Weiterreise

Die Straße 9 verbindet Tåsinge mit Svendborg auf Fünen und Rudkøbing auf Langeland. Entlang der gesamten Strecke gibt es auch Radwege.

Es gibt eine Busverbindung zwischen Svendborg und Tåsinge (Nr. 250), die Haltestelle ist allerdings 1 km vom Schloss entfernt. Aber die Fahrt mit der historischen Fähre M/S *Helge* (S. 181) macht sowieso viel mehr Spaß!

LANGELAND

Langeland ist ein lang gezogener, schmaler Streifen Land. Das Eiland ist von Stränden gesäumt und durch eine Brücke mit Tåsinge verbunden. Auf den Feldern wird Getreide angebaut, dazwischen stehen Bauerndörfchen und Windmühlen. Hier plätschert das Leben gemütlich vor sich hin.

Der Hauptort der Insel, Rudkøbing, ist wenig reizvoll. Die eigentlichen Sehenswürdigkeiten liegen weiter nördlich und südlich: der Skulpturenpark Tickon und die ehemalige Militärfestung Langelandsfort. Die Insel eignet sich für Streifzüge, Vogelbeobachtungen oder eine Runde schwimmen in glasklarem Wasser.

An- & Weiterreise

Die Straße 9 führt von Langeland über die Langeland-Brücke nach Tåsinge.

Bus Nr. 930 bedient die 20 km lange Strecke von Svendborg nach Rudkøbing (41 Kr, 30 Min.; mind. stdl.). Der Fahrplan ist online nachzulesen: www.fynbus.dk.

Zwischen Spodsbjerg und Tårs auf Lolland schippert eine Fähre hin und her. Der Fährverkehr zwischen Rudkøbing und Marstal auf Ærø wurde eingestellt. Nach Ærø gelangt man via Svendborg.

Unterwegs vor Ort

Die Straße 305 verläuft von Lohals nach Bagenkop über die gesamte Insel.

BUS

In Rudkøbing macht sich der Nahverkehrsbus 913 auf Richtung Norden nach Lohals, Nr. 912 fährt nach Bagenkop im Süden. Die beiden Buslinien verbinden alle größeren Orte auf Langeland miteinander (Taktung: ca. alle 2 Std.).

FAHRRAD

Von Rudkøbing führen asphaltierte Radwege bis Lohals im Norden, Spodsbjerg im Osten und Bagenkop im Süden. Eine Radkarte von Langeland (30 Kr) mit insgesamt sechs Routen verkauft die Touristeninformation in Rudkøbing. **Lapletten** (☎ 62 51 10 98; www.lapletten.dk; Engdraget 1), ebenfalls in Rudkøbing, und die Campingplätze auf der Insel vermieten Fahrräder.

Rudkøbing

4500 EW.

Die holperigen Straßen von Rudkøbing sind nett für einen kurzen Bummel, ansonsten hält sich hier nur auf, wer mit dem Bus unterwegs ist und/oder sich mit Infos bzw. Vorräten eindeckt.

Zwischen dem Torvet und dem Hafen verlaufen schmale Kopfsteinpflastergassen, an denen sich winzige, windschiefe Häuschen drängen. Die schönsten drei Straßen heißen Ramsherred, Smedegade und Vinkældergade.

Schlafen & Essen

Hotel Rudkøbing Skudehavn HOTEL, APARTMENTS €€

(☎ 62 51 46 00; www.rudkobingskudehavn.dk; Havnegade 21; EZ/DZ inkl. Frühstück 575/795 Kr; P) In der Urlaubsanlage mit Restaurant und Bar am modernen Jachthafen stehen kleine, stylische Hotelzimmer bereit; noch schöner sind die Apartments mit zwei Schlafzimmern für insgesamt sechs Personen. Deren Standardausstattung besteht aus Toilette, Küche, TV und Balkon bzw. privater Terrasse. Zwei Übernachtungen kosten ab 1500 Kr, zusätzliche Nächte (und Aufenthalte während der Nebensaison) sind deutlich preiswerter.

Slagterpigerne SNACKS €

(www.slagterpigerne.dk; Torvet 6; Smørrebrød 22–45 Kr; ⏲ Mo–Do 9–17, Fr bis 18, Sa bis 13 Uhr) Die Metzgerei am Hauptplatz verkauft Smørrebrød zum Mitnehmen und andere Leckerbissen sowie Zutaten für ein Picknick.

Super Brugsen SUPERMARKT €

(Ahlefeldtsgade 5; ⏲ 8–19 Uhr) Großer Supermarkt mit günstigem Café und guter Bäckerei, die um 6.30 Uhr öffnet.

Praktische Informationen

Touristeninformation (☎ 62 51 35 05; www.langeland.dk; Torvet 5; ⏲ ganzjährig Mo–Fr 9.30–16.30 Uhr, Juli & Aug. auch Sa 9.30–14.30 Uhr) Umfassende Infos zur Insel. Die hilfsbereiten Angestellten buchen Fährtickets und Unterkünfte für 25 Kr.

Nordlangeland

Hauptsehenswürdigkeit von Nordlangeland ist Tranekær. In Lohals an der Nordspitze der Insel gibt es einen Hafen und ein paar Einrichtungen, und in der Umgebung erstrecken sich Strände. Lohals ist allerdings nicht so schön wie Tranekær. Die Strände im Süden sind insgesamt hübscher.

Sehenswertes

Tranekær Slot SCHLOSS

(www.tranekaergods.dk) Das Städtchen Tranekær erstreckt sich zwischen der Kirche und dem lachsfarbenen Tranekær Slot, das seit 1659 im Besitz ein und derselben Familie ist (hier stand schon im 13. Jh. eine Festung). Zugang haben Besucher nur im Rahmen von Führungen, die in zwei Juliwochen stattfinden (auf der Website nachlesen); das Schlossgelände ist hingegen täglich geöffnet. Es wird Tickon genannt.

Tickon KUNSTGARTEN

(Internationales Zentrum für Kunst & Natur Tranekær; Erw./Kind 25 Kr/frei; ⏲ Sonnenauf- bis Sonnenuntergang) Im bewaldeten Schlosspark von Tranekær Slot stehen verschiedene Kunstinstallationen. Besucher können um den See herum und durch das Arboretum spazieren, in dem eine Herde Rotwild zuhause ist. An so ziemlich jeder Ecke wartet eine Überraschung: Auf einer Lichtung „wächst" das Horn eines Einhorns aus dem Grund, ein „Fluss" aus Baumstümpfen ergießt sich einen Hang hinab usw. Insgesamt 19 Skulpturen sind über das Areal verstreut.

Schlafen & Essen

Rund um Tranekær haben sich ein paar nette B&Bs angesiedelt – auf www.langeland.dk unter „Private Accommodation" (Privatunterkunft) nachschauen oder die Touristeninformation von Rudkøbing kontaktieren.

Æblegaarden B&B €€
(☎59 64 02 44; www.aeblegaarden.dk; Fæbækvej 25; inkl. Frühstück 385 Kr pro Pers.; 📶) Der „Apfelgarten" liegt 8 km nördlich von Tranekær Slot. Auf dem wunderschönen, fruchtbaren Anwesen vermieten sehr nette Leute zwei schicke, lichtdurchflutete Räume mit einer Gemeinschaftsküche und -toilette. Das Frühstück ist ein echter Knaller: Es gibt Erzeugnisse aus eigenem Anbau. Auf Wunsch wird auch Abendessen gekocht (nach vorheriger Anmeldung).

Tranekær Gæstgivergaard PENSION €€
(☎62 59 12 04; www.tranekaerkro.dk; Slotsgade 74; EZ/DZ 750/950 Kr; P) Der Landgasthof von 1802 liegt 200 m südlich des Schlosses und erstrahlt in historischem Glanz. Die meisten Zimmer blicken auf den ruhigen Garten (sie befinden sich in einem moderneren Anbau hinten raus). Das Restaurant wird sehr gelobt (Hauptgerichte 250–390 Kr). In den Töpfen schmurgelt vor allem Wildbret aus der Region.

Südlangeland

Die idyllische Landschaft von Südlangeland hält viel Abwechslung bereit. Der beliebteste Blaue-Flagge-Strand der Insel liegt bei **Ristinge**, einem kleinen Badeort mit reetgedeckten Häusern. Weitere nette Anlaufstellen sind ein Herrenhaus und ein Relikt aus dem Kalten Krieg.

An der Südspitze von Langeland grasen zwei **freilaufende Herden von Exmoorponys** (den Schildern mit der Aufschrift „Vilde Heste" folgen), die hier angesiedelt wurden, um die Küstenwiesen kurz zu halten. Hier und bei Bagenkop gibt es drei exzellente Vogelbeobachtungsposten, die durch einen Fußweg verbunden sind. Auf halbem Weg zwischen Bagenkop und Ristinge liegt das Küstenschutzgebiet **Tryggelev Nor**.

In den drei Dörfern Humble, Bagenkop und Lindelse gibt es jeweils einen schlichten *kro* (Landgasthof) mit Schlafgelegenheiten und warmer Küche sowie kleine Supermärkte. Humble liegt näher am Strand von Ristinge, dafür hat Bagenkop mehr Charme und einen niedlichen kleinen Hafen.

Sehenswertes

Skovsgaard MUSEUM
(www.danmarksnaturfond.dk; Kågårdsvej 12; Erw./Kind 60 Kr/frei; ⌚Mitte Mai–Sept. Mo–So 10–17 Uhr) Im Vergleich zu den vielen herrschaftlichen Anwesen Dänemarks ist Skovsgaard eine interessante Abwechslung: In dem alten Herrenhaus sind Küchenkeller, der Speisesaal der Angestellten und der Hauswirtschaftsraum mit Requisiten und Figuren ausgestattet, sodass sie einen lebendigen Einblick in die Bedingungen geben, unter denen das Dienstpersonal in diesen Häusern lebte und arbeitete.

In den Stallungen sind Kutschen und Traktoren ausgestellt. Außerdem gibt es ein Bio-Café vor Ort.

Das Skovsgaard-Anwesen liegt an der Straße 305, rund 3 km südöstlich von Lindelse.

Langelandsfort HISTORISCHE STÄTTE
(www.langelandsfort.dk; Vognsbjergvej 4B, Bagenkop; Erw./Kind 95 Kr/frei; ⌚Mai–Sept. 10–17 Uhr, April & Okt. bis 15 Uhr) Das Langelandsfort ist ein ausgezeichnetes Beispiel für die Paranoia, die während des Kalten Krieges in Europa herrschte. Es wurde 1952/1953 zur Überwachung der westlichen Ostsee erbaut. Besucher können Bunker, Kommandozentralen und das enge Innere eines U-Boots besichtigen, ein Minensuchboot erkunden und einen Blick in zwei Kampfflugzeuge werfen. Dicke Betonmauern, rostiger Stacheldraht, tarnfarbene Geschützstellungen und Flugabwehrkanonen stehen in krassem Gegensatz zur malerischen Umgebung.

Das Gelände ist riesig. Wer alles sehen will, muss einen Fußmarsch von 2 km und ein paar Stunden Zeit einplanen. Eine neue Ausstellung widmet sich dem Thema Spionage im Kalten Krieg. Das Fort liegt gleich nördlich von Bagenkop.

Schlafen & Essen

Ristinge SommerCamp CAMPINGPLATZ €
(☎62 57 13 29; www.ristinge.dk; Ristingevej 104, Ristinge; 74/49/65 Kr pro Erw./Kind/Stellplatz; ⌚Mai–Sept.; @📶🏊) Viele sagen, dass der Sandstrand bei Ristinge einer der schönsten von ganz Dänemark ist. Von diesem tollen Campingplatz kann man zu Fuß zum Strand laufen. Zum Platz gehören ein Swimmingpool, ein Spielplatz, eine Minigolfanlage, ein Tennisplatz uvm. Es gibt auch Wohnwagen und Hütten zu mieten (ab 400 Kr pro Nacht). Fahrradverleih.

Bagenkop Kro GASTHOF €€
(☎62 56 13 04; www.bagenkopkro.dk; Østergade 15, Bagenkop; EZ/DZ 500/800 Kr; 📶) Die Zimmer in dem grauen *kro* an der Hauptstraße sind

schick, aber wirklich mini. Mittags und abends werden leckere traditionelle Mahlzeiten serviert, und freitags, samstags und sonntags wird abends ein Buffet mit reichlich Fisch und Meeresfrüchten (199 Kr) aufgetischt.

★ Skovsgaard MadMarked CAFÉ, LEBENSMITTEL €
(www.danmarksnaturfond.dk; Kågårdsvej 12; Platte mittags 75 Kr; ⌚Mitte Mai–Sept. 10–17, Do bis 21 Uhr) *Mad* (böse oder irre)? Klingt vielleicht nicht so einladend, dabei bedeutet *mad marked* nichts anderes als Lebensmittelmarkt. Und tatsächlich, diese helle, hübsche Mischung aus Café und Laden am Eingang zum Skovsgaard-Anwesen platzt förmlich vor frischem Bio-Obst und -Gemüse. Mittags gibt's diverse Fleischgerichte und Salate zu essen, wir können aber verstehen, wenn man direkt zu Kaffee und Kuchen übergeht. Rhabarber-Crumble – ein Gedicht!

Donnerstagsabends wird ein einfaches, günstiges Buffet aufgetischt (ab 17.30 Uhr; 98 Kr), sonst kann man sich hier auch mit leckeren Zutaten für ein Picknick eindecken.

ÆRØ

Ærø („Ärö") ist nur 30 km lang und 9 km breit, aber dennoch ein heißer Anwärter auf den Titel „entzückendste Insel Dänemarks".

Ærø ist durch die Seefahrt geprägt, weist nette Strände und fotogene Strandhütten auf. Dies und dazu der Ort Ærøskøbing – direkt aus dem Bilderbuch entsprungen – sowie die Landstraßen, die sich friedlich an reetgedeckten Fachwerkhäusern und alten Windmühlen vorbeiwinden, vermitteln einem den Eindruck, auf der Zeitachse ein paar Jahrhunderte nach hinten gerückt zu sein.

Damit nicht genug, sind die Bewohner von Ærø unglaublich nett. Da verwundert es kaum, dass der lokale Bus kostenlos genutzt werden darf. Die Distanz zwischen den drei größten Siedlungen (Ærøskøbing, Marstal und Søby) kann aber auch problemlos mit dem Rad zurückgelegt werden. Überhaupt ist das Fahrrad das ideale Transportmittel, auch, weil Ærø eine „grüne" Insel ist, auf der Energie fast ausschließlich aus erneuerbaren Energien wie Wind- und Solarkraft gewonnen wird.

Im Sommer ist richtig was los: Ende Juli/Anfang August steigt das **Jazzfestival** (www.aeroejazzfestival.dk). Die Insel ist auch ein Liebling dänischer Bootsbesitzer und außerdem „Hochzeitshochburg" des Landes. Gut. Mit Las Vegas kann sie vielleicht nicht mithalten (das Flair ist doch um einiges gesetzter), aber 2013 haben sich immerhin mehr als 2000 Paare aus aller Welt hier trauen lassen (Interessiert? www.getmarriedindenmark.com.)

An- & Weiterreise

Ærøfærgerne (☎62 52 40 00; www.aeroe-ferry.dk) betreibt Autofähren (ganzjährig):

- **Svendborg–Ærøskøbing** Hauptstrecke, bis zu 12-mal tgl., 75 Min.
- **Faaborg–Søby** 2- bis 3-mal tgl., 1 Std.
- **Fynshav–Søby** Legt in Fynshav auf Als (Südjütland) ab. Verkehrt 2- bis 3-mal tgl., 70 Min.

Die Preise sind auf allen drei Routen gleich:
Erw. einfach/hin & zurück 130/199 Kr
Kind einfach/hin & zurück 82/115 Kr
Pkw einfach/hin & zurück 280/437 Kr
Fahrrad einfach/hin & zurück 27/41 Kr

Autofahrer sollten ihre Überfahrt vorher buchen, insbesondere an Sommerwochenenden (online möglich).

Die Fährverbindung zwischen Marstal und Rudkøbing (auf Langeland) besteht nicht mehr.

Unterwegs vor Ort

BUS

Linie 790 fährt via Ærøskøbing einmal quer über die Insel, vom Hafen Søby bis zum Hafen Marstal (die komplette Tour dauert eine knappe Stunde). Die Fahrt ist kostenlos. An Wochentagen fährt der Bus stündlich (5–21 Uhr), am Wochenende etwas seltener (und nicht ganz so lang). Den Busfahrplan erhält man in den Touristeninformationen.

FAHRRAD

Ærø ist traumhaftes Radelterrain. Drei gut ausgewiesene Radrouten ergeben zusammen eine 60 km lange Rundfahrt:

- Route 90: Ærøskøbing bis Søby (17,5 km).
- Route 91: Søby bis Marstal (31,5 km).
- Route 92: Marstal bis Ærøskøbing (10,5 km).

In den Touristeninformationen bekommt man eine Radwanderkarte (20 Kr). Auch die Attraktionen entlang der Strecken sind eingezeichnet.

Bike Erria (☎32 14 60 74; www.bike-erria.dk) ist ein nützlicher Laden, der sich für den Fahrradtourismus auf der Insel stark macht und Besuchern beim Planen einer Radtour hilft (Tages- oder mehrtägige Ausflüge). Die Mitarbeiter liefern Räder aus und transportieren das Gepäck zu den geplanten Unterkünften etc.

Ab 9 Uhr dürfen Räder im Bus mitgenommen werden.

Auf Ærø liegen die Preise für ein Leihrad bei 60–75 Kr pro Tag. Folgende Anbieter sind gut:

Ærø

➡ **Pilebækkens Cykler** (☎ 62 52 11 10; Pilebækken 11, Ærøskøbing)

➡ **Nørremarks Cykeludlejning** (☎ 62 53 14 77; Møllevejen 77, Marstal)

➡ **Søby Cykelforretning** (☎ 40 33 91 14; Havnevejen 2, Søby)

Ærøskøbing

930 EW.

Ærøskøbing war im 17. Jh. eine reiche Kaufmannsstadt und hat es geschafft, die Stimmung dieser Zeit lebendig zu halten. Die Pflastergassen sind gesäumt von bunten, leicht schiefen Fachwerkhäusern mit Fenstern aus mundgeblasenem Glas, Stockrosen umranken Eingänge und halb verborgen liegende Höfe gestatten gelegentlich einen Blick in den Privatbereich der Bewohner.

Ærøskøbing bietet hervorragend Unterkünfte und ist sicher der praktischste und schönste Ferienort auf Ærø.

Sehenswertes & Aktivitäten

Über die drei hiesigen Museen kann man sich unter www.arremus.dk informieren. Ein Kombiticket für alle drei kostet 85 Kr.

Ein Bummel durch die Straßen von Ærøskøbing ist wie eine Reise in die Zeit vor ein oder zwei Jahrhunderten. Das älteste Gebäude steht an der Søndergade 36 und wurde 1645 erbaut. Auch Vestergade und Smedegade sind zauberhaft. Eine buchstäblich kleine Attraktion ist das Dukkehuset (Puppenhaus) in der Smedegade 37.

Hammerichs Hus — MUSEUM

(www.arremus.dk; Gyden 22; Erw./Kind 30 Kr/frei; ⏲ Juli & Aug. Do 12–15 Uhr, sonst nach vorheriger Anmeldung) Unser Favorit unter den Museen von Ærøskøbing ist das Hammerichs Hus, ein knorriger, alter Fachwerkbau, der wie eine Hobbithöhle wirkt (Kopf einziehen!). Er ist randvoll mit Antiquitäten, die der Bildhauer Gunnar Hammerich gesammelt hat. Besonders beeindruckend sind die Wände des Hauses mit rund 3000 wunderschön bemalten holländischen Kacheln aus dem 17. und 18. Jh.

Die Öffnungszeiten sind sehr begrenzt, aber die Mitarbeiter im nahe gelegenen Ærø Museum haben einen Schlüssel; einfach nachfragen, dann lassen sie Besucher ein.

Ærø Museum — MUSEUM

(www.arremus.dk; Brogade 3–5; Erw./Kind 30 Kr/frei; ⏲ Juli & Aug. Mo–Fr 11–16, Sa & So 11–15 Uhr, sonst nach vorheriger Anmeldung) Eine hübsche Sammlung, bestehend aus maritimen Gegenständen, traditioneller Kleidung, Möbeln und Haushaltsutensilien.

Flaske Peters Samling MUSEUM
(www.arremus.dk; Smedegade 22; Erw./Kind 40 Kr/frei; ⌚Juli & Aug. 10–16 Uhr, Mitte April–Juni & Sept.–Mitte Okt. Mo–Sa 11–15 Uhr, sonst nach vorheriger Anmeldung) Im ehemaligen Armenhaus ist das Lebenswerk von Peter Jacobsen, genannt „Flaschen-Peter", zu bewundern: Er hat 1700 (!) Buddelschiffe angefertigt.

Vesterstrand STRAND
(Vestre Strandvej) Der Strand mit leuchtend bunt gestrichenen Badehäuschen liegt ein paar Minuten nördlich des Ortes; man kann dorthin spazieren oder radeln (dem Strandvejen oder Sygehusvejen folgen). Nach einem erfrischenden Bad im Meer lässt sich abends der Sonnenuntergang beobachten.

Schlafen

Im *Ærø Guide,* erhältlich bei den Touristeninformationen, stehen alle B&Bs der Insel (eine alternative Quelle ist www.aeroe.dk). Ferienhäuschen werden ebenfalls zuhauf vermietet.

Andelen Guesthouse PENSION €
(☎61 26 75 11; www.andelenguesthouse.com; Søndergade 28A; EZ/DZ/3BZ ohne Bad 600/700/900 Kr) Nach einer umfassenden Renovierung hat eine junge, viel gereiste dänisch-englische Familie diese tolle Unterkunft eröffnet. Hingucker sind die Holzböden und -balken sowie der Hof. Die (Gemeinschafts-)Bäder sind durchgestylt und modern. Das Gebäude hat sehr viel Charme und Persönlichkeit; hier befindet sich auch das „Nachbarschaftskino" Bio Andelen mit gerade einmal 50 Sitzen (Zutritt für Gäste frei). Es ist schon einige Male als Bühne für Jazz-Gigs genutzt worden. Das Frühstück kostet 75 Kr.

Ærøskøbing Camping CAMPINGPLATZ €
(☎62 52 18 54; www.aeroecamp.dk; Sygehusvej 40; pro Stellplatz Erw./Kind 78/48 Kr) In der Nähe des Vesterstrand ca. 1 km nördlich vom Zentrum erstreckt sich ein grüner Campingplatz mit schützenden Hecken und sauberen Einrichtungen. Dazu kommen ein Spielplatz und ein Fahrradverleih. Die kleinen, niedlichen Standardhütten sind genau richtig, wenn man doch lieber ein festes Dach überm Kopf hat. Campen kann man alternativ auch in Marstal und Søby.

★Pension Vestergade 44 PENSION €€
(☎62 52 22 98; www.vestergade44.com; Vestergade 44; EZ/DZ ohne Bad inkl. Frühstück 990/1090 Kr; 📶) Das große Fachwerkhaus ließ ein Kapitän 1784 für seine Tochter bauen. Heute betreibt die wunderbare Susanna (sie stammt ursprünglich aus England) hier eine Pension – und macht dabei unserer Meinung nach alles richtig. Die sechs Zimmer haben viel zeitgenössisches Flair, der große Garten ist eine kleine Oase, und zum Frühstück gibt's frische Eier und selbstgemachte Marmelade.

Kurz gesagt: Die Bleibe ist perfekt; deshalb sollte man auch besser vorab reservieren.

På Torvet APARTMENTS, CAFÉ €€
(☎62 52 40 50; www.paatorvet.dk; Torvet 7; DZ (Studio) 750–950 Kr; 📶) Die netten neuen Besitzer haben das prachtvolle alte Gebäude am malerischen Dorfplatz renoviert und daraus eine helle Café-Bar gemacht. In einem Anbau hinten stehen zudem Gästezimmer bereit: insgesamt acht Studio-Apartments, ausgestattet mit schickem Mobiliar, kleiner Küche und Sitzbereich. Familien sollten nach den wunderbaren Apartments mit zwei Schlafzimmern für bis zu vier Personen über dem Café fragen.

BED & NATURE – ÜBERNACHTEN IN DER NATUR

Vesteraas Bed & Nature (☎61 28 62 52; www.vesteraas.dk; Voderup 41; Unterkunft 750–1250 Kr; ⌚Mai–Sept.) Eine junge Familie führt diese nachhaltige Farm, auf der Weiderinder gezüchtet werden. Die Landschaft ringsum ist fruchtbar, bildschön und voller glücklicher Kühe und Hühner. Zur Anlage gehören zwei stimmungsvolle, familienfreundliche Selbstversorger-Unterkünfte für bis zu sechs Personen. Eine befindet sich in den schick umgebauten alten Stallungen, die andere in dem zauberhaften „Gewächshaus".

Diese zwei Bleiben sind einzigartig, sehr ideenreich gestaltet und herrlich ruhig; was mit ländlichem Idyll gemeint ist, wird hier überdeutlich. In der Hauptsaison im Sommer liegt der Mindestaufenthalt bei einer Woche. Das Vesteraas Bed & Nature liegt in Voderup und ist an der Hauptstraße ab dem kleinen Ort Vindeballe ausgeschildert. Von Ærøskøbing aus sind es ca. 8 km Richtung Südwesten.

Essen

Ærøskøbing Røgeri FISCH & MEERESFRÜCHTE €
(Havnen 15; Mahlzeiten 36–82 Kr; ⌚Juli–Mitte Aug. 10–21 Uhr, Mitte April–Juni & Mitte Aug.–Mitte

Okt. 11–19 Uhr) In der traditionellen Fischräucherei gleich neben dem Hafen gibt's das Seebär-Feeling zu den günstigen Räucherfischplatten gratis dazu. Der Heilbutt mit Kartoffelsalat ist köstlich. Die Fischsandwiches können sich ebenfalls sehen lassen. Zum Runterspülen eignet sich regionales Bier – serviert im Plastikbecher.

Ærøskøbing Bageri BÄCKEREI €
(Vestergade 62; ⌚ Mo–Fr 7–17, Sa & So bis 14 Uhr) Brot, Sandwiches und die verschiedenen Leckereien sind noch einen Tick besser als der ohnehin sehr hohe dänische Standard. Der Laden hat eine phantastische Retro-Fassade und ein tolles Schaufenster.

Den Gamle Købmandsgaard LEBENSMITTEL €
(www.dengamlekoebmandsgaard.com; Torvet 5; ⌚ Mo–Fr 10–16.30, Sa bis 14 Uhr) Der „alte Kaufmannshof", ein überdachter Bauernmarkt, ist ein wichtiger Umschlagplatz für feinste regionale Erzeugnisse, Brot, Bier, Salami, Eiscreme, Honig, Schokolade und mehr. Ein Stopp lohnt sich für ein Tässchen Kaffee, ein Stück Kuchen oder einfach nur zum Schauen.

Netto SUPERMARKT €
(Vestre Allé 4; ⌚ 8–22 Uhr) Für Selbstversorger. Neben dem Hafen.

Café Aroma INTERNATIONAL €€
(☎ 62 52 40 02; www.cafe-aroma.dk; Havnepladsen; Hauptgerichte 72–225 Kr; ⌚ Juli & Aug. 11–22 Uhr, April–Juni & Sept.–Okt. bis 20 Uhr) Wollte man das Wort *hyggelig* (gemütlich) beschreiben, müsste man einfach nur auf die Inneneinrichtung dieses Cafés verweisen: Filmposter, alte Kinositze, ein durchgesessenes Sofa, ein Barbierstuhl … An warmen Sommerabenden drängen natürlich trotzdem alle nach draußen auf die Terrasse. Die Gerichte auf der Karte (durchgehende Küche) bestehen vor allem aus regionalen Produkten. Es gibt natürlich Fisch, Gourmet-Hotdogs und umwerfend gutes hausgemachtes Eis.

Über dem Café, im **Hotel Aroma**, laden wunderschöne Zimmer und Apartments (DZ ab 695 Kr) zum Übernachten ein. Sie sind stilvoll und bunt und haben viel Charakter.

ℹ Praktische Informationen

Touristeninformation Ærøskøbing (☎ 62 52 13 00; www.visitaeroe.dk; Havnen 4; ⌚ Mo–Fr 9–16 Uhr) Nahe dem Fährterminal. Dies ist das Hauptinfozentrum der Insel. Im Sommer sind auch die kleineren Filialen in Marstal und Søby geöffnet.

ABSTECHER

INSELBIER

Rise Bryggeri (☎ 62 52 11 32; www.risebryggeri.dk; Vandværksvej 5; ⌚ Laden Juli–Sept. 11–15 Uhr, Café Juli & Aug. 11–21 Uhr, Sept. 11–15 Uhr) Die Rise-Biere gibt's auf der gesamten Insel, aber eine Radtour zu der winzigen Inselbrauerei mit Laden lohnt sich dennoch. Hier werden köstliche Starkbiere, Pils, Helles und Dunkles gebraut. Das Walnuss-Bockbier ist ein heißer Tipp. Wer mag, kann in dem schönen Garten rustikal speisen.

Die Brauerei ist an der Hauptstraße des Weilers Store Rise, 7 km südlich von Ærøskøbing, ausgeschildert.

Marstal

2400 EW.

Marstal ist größer und moderner als Ærøskøbing, außerdem eine der Hauptattraktionen der Insel, denn der kleine Ort am östlichen Ende von Æro hat eine lebendige nautische Geschichte. Im 19. Jh. gingen jährlich über 300 Handelsschiffe im Hafen vor Anker, und es gab stolze acht Werften. Die Seefahrerseele hat sich Marstal bis heute bewahrt; in der Werft wird eifrig gearbeitet, es gibt einen Jachthafen und ein hervorragendes nautisches Museum.

Passenderweise ließ der Schriftsteller Carsten Jensen sein Meeresepos *Wir Ertrunkenen* in Marstal spielen. Der Roman ist im Museum und in den Touristeninformationen erhältlich und eine wunderbare Möglichkeit, in die maritime Welt der Insel einzutauchen.

👁 Sehenswertes & Aktivitäten

Marstal Søfartsmuseum MUSEUM
(www.marmus.dk; Prinsensgade 1; Erw./Kind 60 Kr/frei; ⌚ Juni–Aug. 9–17 Uhr, April, Mai, Sept. & Okt. 10–16 Uhr, Nov.–April Mo–Sa 11–15 Uhr) Wer eine Barke nicht von einer Brigg unterscheiden kann, lernt das im faszinierenden Marstal Søfartsmuseum. Es ist voller Schiffsmodelle, Seemannskisten und Souvenirs, die Matrosen aus Häfen der ganzen Welt mitgebracht haben. Dazu gibt's Alltagsgeschichten der Familien, die in der Heimat warteten. Sportliche Besucher können im Hof in die Takelage klettern. Am nahen Ufer liegt der frisch restaurierte Schoner *Bonavista* vor Anker; er wurde 1914 in Marstal gebaut.

Havkajak Center Marstal KAJAKFAHREN
(☎50 21 94 60; www.havkajakcenter-marstal.dk; Marstal Marina; ⊙April–Mitte Aug.) Mit dem Kajak die gewöhnlich ruhigen Gewässer um die Insel herum zu erkunden ist ein besonderes Erlebnis. Das Kajakzentrum bietet Unterricht, geführte Touren (in der Hauptsaison; Mi 16 Uhr, 2 Std.) und für erfahrene Paddler Leihkajaks. Hier trifft man in erster Linie lokale Enthusiasten – anrufen oder per E-Mail fragen, was machbar ist. Havkajak befindet sich am Jachthafen; den „Beach Volley"-Schildern folgen.

Eriks Hale STRAND
Südlich des Ortes ragt der Sandstreifen des beliebten Strands ins Wasser hinein. Wer gern Fotos von Strandhütten macht, muss unbedingt herkommen: Hier stehen mit die schönsten Exemplare Dänemarks! Sie haben Reetdächer, sind rot gestrichen und haben grüne Läden.

Schlafen

Danhostel Marstal HOSTEL €
(☎62 53 39 50; www.marstalvandrerhjem.dk; Færgestræde 29; B 220 Kr, DZ ohne/mit Bad 400/550 Kr; ⊙Mai–Mitte Sept.; 📶) Gut geführtes, hochwertiges Hostel mit hübsch gepflastertem Hof und einem stylischen Essbereich inklusive Holzkamin. Auch der Standort der Unterkunft auf halber Strecke zwischen Hafen und Strand ist nett. Eine Handvoll Zimmer hat En-suite-Toiletten, manche Räume gewähren einen Blick aufs Meer. In der Hauptsaison sind Schlafsaalbetten verfügbar. Eine gute Wahl.

Ærø Hotel HOTEL €€
(☎62 53 24 06; www.aeroehotel.dk; Egehovedvej 4; EZ/DZ inkl. Frühstück 750/850 Kr; 📶🏊) Wenn alle Boutiquebleiben belegt sind, schlägt die Stunde des größten Hotels auf der Insel (100 Betten). Es liegt ein Stück außerhalb von Marstal und ist seit kurzem im Besitz einer einheimischen Familie. Die ist freundlich und serviceorientiert und hat sich vorgenommen, die jetzt schon vernünftigen, hellen Zimmer zu modernisieren. Es gibt ein hauseigenes Restaurant und ein ziemlich cooles Innenschwimmbecken.

Essen

Wie überall auf der Insel sind die Öffnungszeiten der Restaurants in der Nebensaison auch in Marstal begrenzt. Ein paar Adressen sind ganzjährig in Betrieb. In den Unterkünften oder in der Touristeninformation erfährt man, wo man sein Glück versuchen sollte.

Von Mai bis September steht ein Imbisswagen mit thailändischem Essen unten am Jachthafen.

Ø-Smageriet CAFÉ €
(Kirkestræde 6; Mahlzeiten 65–135 Kr; ⊙Juli & Aug. tgl. 9–22 Uhr, Sept.–Juni Mo–Do 10–19, Fr & Sa bis 17 Uhr) Gehört zu dem Ensemble aus pastellfarbenen Gebäuden am Ende der Kirkestræde. Das hausgemachte italienische Eis ist sehr gut, aber es gibt auch Smørrebrød und leckere Snacks. Übrigens: In einer Eiscremesorte sind die Süßigkeiten drin, die in dem niedlichen gelben Haus gegenüber, dem **Ø-Bolcher**, hergestellt werden.

Super Brugsen SUPERMARKT €
(Ecke Kirkestræde & Skovgyden; ⊙Mo–Fr 8–19, Sa & So 8–18 Uhr) Am nördlichen Ende der Fußgängereinkaufsstraße Kirkestræde. Dort findet man auch eine Post, eine Bank usw.

Kongensgade 34 INTERNATIONAL €€
(www.kongensgade34.dk; Kongensgade 34; Mahlzeiten 85–169 Kr; ⊙Juli & Aug. So–Do 10–24, Fr & Sa bis 2 Uhr, sonst kürzer; 📶) Entspannte, ganztägig geöffnete Bistro-Bar, in der man sich vom Mittag- bis zum Abendessen aufhalten und dann noch auf ein Glas Bier verabreden kann. Auf der Karte stehen dänische und internationale Klassiker. Die Gäste genießen Burger, Muscheln oder einen Berg *pilselv rejer* (nicht gepulte Garnelen) mit Zitronenmayo in der Sonne.

Restaurant Edith MODERN DÄNISCH €€€
(☎62 25 25 69; www.restaurantedith.dk; Kirkestræde 8; 3-/5-/7-Gänge-Menü 445/599/699 Kr; ⊙18–23 Uhr) Das hübsche mintgrüne Edith ist eine Art schicke Verpackung für regionale Erzeugnisse wie Fisch, Fleisch, reichlich Kräuter, Gemüse und Sommerbeeren. Diese Zutaten werden hier in innovativen Gerichten verarbeitet. In der Nebensaison ist Edith nur freitags- und samstagsabends geöffnet – und nur nach vorheriger Anmeldung.

Praktische Informationen

Touristeninformation Marstal (Skolegade 26; ⊙Juni–Aug. Mo–Fr 10–18, Sa bis 16, So bis 17 Uhr, sonst kürzer) In der Bücherei an der Skolegade, einer kleinen Straße zwischen Hafen und Fußgängerzone (Kirkestræde).

Søby

540 EW.

Die Werft, eine Fischereiflotte und der Jachthafen prägen das kleine Søby, das allerdings für Reisende nicht so attraktiv ist wie Ærøskøbing oder Marstal. Trotzdem findet man ein paar exzellente ländliche B&Bs auf der Strecke zwischen Søby und Ærøskøbing.

Skjoldnæs Fyr LEUCHTTURM

(Erw./Kind 20/10 Kr) Der im 19. Jh. aus Granitblöcken erbaute Skjoldnæs Fyr erhebt sich 5 km nordwestlich von Søby neben dem kleinen Clubhaus des hübschen Golfplatzes. Der Leuchtturm ist tagsüber meist geöffnet, und wer die engen Stufen erklimmt, genießt einen phantastischen Blick auf sturmgebeutelte Schwalben und die raue See. Wenige Schritte weiter liegen ein Kiesstrand und ein Seevögel-Brutgebiet.

Søbygård HERRENHAUS

(www.arremus.dk; Søbygaardsvej; Erw./Kind 50 Kr/frei; ⌚Mitte April–Mitte Okt. tgl. 10–16 Uhr, Juli & Aug. bis 17 Uhr, sonst nach vorheriger Anmeldung) Die Erdwälle von Søby Volde – einst Teil einer Festung aus dem 12. Jh. – säumen 3 km südlich von Søby eine Seite der Hauptstraße. Auf der anderen Seite liegt Søbygård, ein kleines Herrenhaus aus dem 16. Jh. mit einem Graben, in dem eine Weiße Frau umgehen soll. Im Sommer werden dort Kunstausstellungen gezeigt und Konzerte veranstaltet.

Südjütland

Inhalt ➡

Gut essen

- ➡ Sønderho Kro (S. 201)
- ➡ Otto & Ani's Fisk (S. 210)
- ➡ Sælhunden (S. 206)
- ➡ Hjerting Badehotel (S. 198)
- ➡ Kolvig (S. 207)

Schön übernachten

- ➡ Hotel Koldingfjord (S. 196)
- ➡ Sønderho Kro (S. 201)
- ➡ Schackenborg Slotskro (S. 212)
- ➡ Weis Stue (S. 206)
- ➡ Danhostel Ribe (S. 206)
- ➡ Den Gamle Arrest (S. 206)

Auf nach Südjütland

Seine Faszination gewinnt Südjütland durch die Nordsee, aber auch durch die besondere Lage: Nur hier ist Dänemark über eine 68 km lange Grenze mit dem europäischen Festland verbunden. Die historische Verbindung mit Deutschland ist mancherorts deutlich spürbar.

Die Region ist geprägt von küstennahen Inseln mit salzhaltiger Luft, Schlössern und historischen Städten, die unerwartet moderne Seiten in Form von innovativer Kunst und Architektur und ausgefallenen Designmuseen offenbaren. Das Kronjuwel ist Ribe, die älteste Stadt des Landes und reines Postkartenmotiv. Die Inseln Als, Fanø und Rømø locken vor allem Strandurlauber an, sind aber auch bei Vogelfreunden bekannt, denn der Gezeitenwechsel macht das Wattenmeer zum Paradies für zahlreiche Vogelarten. Andere suchen Orte des dänischen Königshauses auf oder interessieren sich für Schlösser und Design.

Reisezeit

Wer Sonne und Strände sucht, begibt sich am besten zusammen mit vielen anderen zwischen Juni und August auf die Inseln Rømø, Fanø und Als. Im August wird der Sommer mit einem großen Paukenschlag verabschiedet: beim Tønder Festival, dem größten Fest in der Region.

Ribe ist zu jeder Jahreszeit sehenswert. Im Dezember hat die Stadt einen besonderen Zauber, denn da wird sie durch Weihnachtsmärkte und Adventsstimmung besonders *hyggelig* (gemütlich). Auch alle größeren Städte (Kolding, Esbjerg, Sønderborg, Tønder) sind das ganze Jahr über attraktiv. Im Frühjahr (März bis April) und Herbst (Mitte September bis Oktober), wenn die Vögel ziehen, bietet das Wattenmeer faszinierende Naturspektakel.

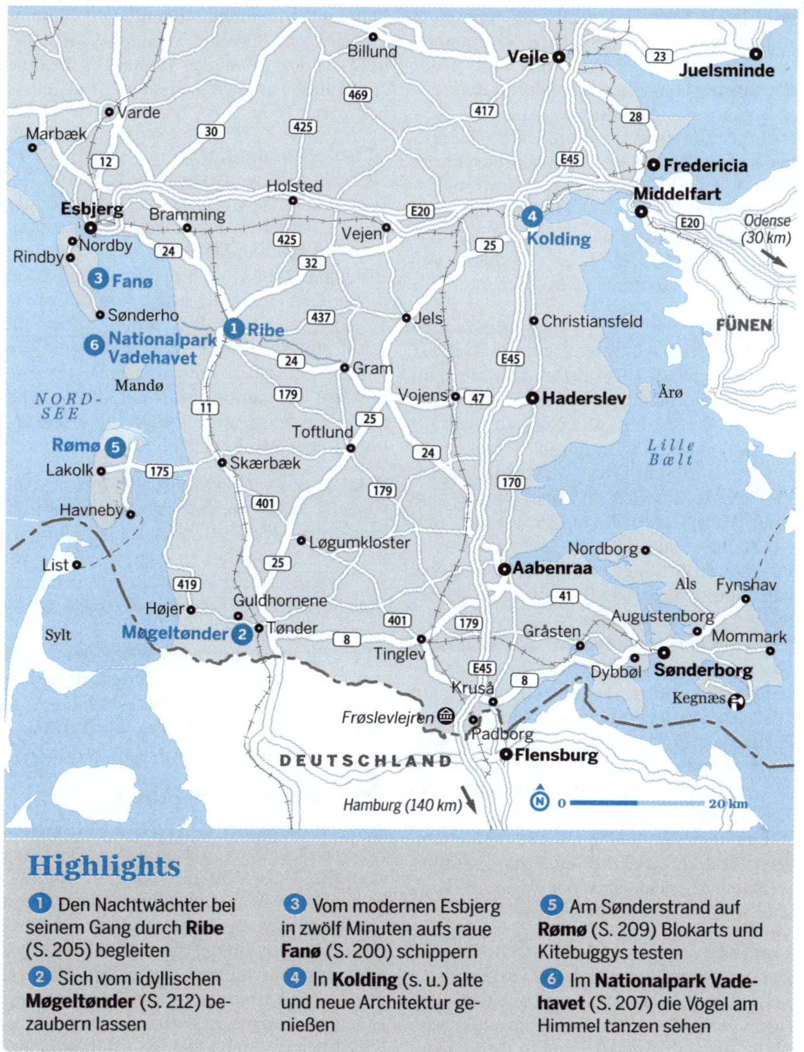

Highlights

1 Den Nachtwächter bei seinem Gang durch **Ribe** (S. 205) begleiten

2 Sich vom idyllischen **Møgeltønder** (S. 212) bezaubern lassen

3 Vom modernen Esbjerg in zwölf Minuten aufs raue **Fanø** (S. 200) schippern

4 In **Kolding** (s. u.) alte und neue Architektur genießen

5 Am Sønderstrand auf **Rømø** (S. 209) Blokarts und Kitebuggys testen

6 Im **Nationalpark Vadehavet** (S. 207) die Vögel am Himmel tanzen sehen

Kolding

58 000 EW.

Kolding ist eine jener mittelgroßen Städte, die einem auf Anhieb sympathisch sind. Die Mischung aus alter und neuer Architektur gipfelt in der Hauptsehenswürdigkeit, Schloss Koldinghus, das auf einem Hügel thront. Nach einem Bummel durch die Altstadt empfehlen wir einen Besuch im Trapholt. In dem Museum sind zig moderne Möbel zu sehen, die belegen, warum Dänemark berühmt für sein Möbeldesign ist.

Sehenswertes

Koldinghus SCHLOSS, MUSEUM

(www.koldinghus.dk; Markdanersgade; Erw./Kind 80 Kr/frei; ⌚10–17 Uhr) Schloss Koldinghus ist das glanzvolle Aushängeschild der Stadt. Es blickt auf eine turbulente Geschichte zurück. Bereits 1268 stand hier eine Burg; die heutige Anlage geht auf die Mitte des 15. Jhs. zurück. Nach einem großen Brand 1808 schien sicher, dass die Ruine nicht wieder aufgebaut werden würde, da sich Dänemark zu diesem Zeitpunkt im Krieg gegen Schweden befand und die Staatskasse leer war. Doch heute erstrahlt das renovierte Schloss wieder im alten Glanz, und gerade das Zusammenspiel von alter und neuer Bausubstanz hat einen besonderen Reiz.

Außer der Architektur sind auch die Ausstellungen interessant (Kunst, altes Tafelsilber sowie Wechselausstellungen zur Kunst der Gegenwart). Der an der Kasse erhältliche Grundriss ist für die Orientierung sehr hilfreich. Vom Turm bietet sich ein wunderbarer Panoramablick über die Stadt. Der lange Aufstieg lohnt sich also.

★Trapholt KUNSTMUSEUM

(www.trapholt.dk; Æblehaven 23; Erw./Kind 80 Kr/frei; ⌚Di–So 10–17, Mi bis 20 Uhr) Das Museum Trapholt für moderne bildende und angewandte Kunst und Möbeldesign liegt in einem Wohngebiet am nordöstlichen Stadtrand und ist selbst ein (architektonisches) Kunstwerk. Zu sehen sind Gemälde der Skagener Maler, kraftvolle moderne Kunst und ein Skulpturengarten. Die Möbelsammlung im unteren Stock zeigt dänische Sitzmöbel von Topdesignern wie Hans Wegner, Verner Panton und Arne Jacobsen.

Besonders faszinierend ist Jacobsens Sommerhausprototyp **Kubeflex**, den er 1969/1970 entwarf. Das Einzelstück besteht aus würfelförmigen Modulen, die nach dem Fertighausprinzip je nach Bedarf kombiniert werden können. Es kann täglich um 13 und 15 Uhr (am Wochenende auch um 11 Uhr) besichtigt werden.

Das Trapholt gehört zu den besten Museen Jütlands; auch das Café samt wunderschöner Aussicht und der Museumsshop sind spitze. Anfahrt mit Buslinie 4.

Stadtbild HISTORISCHE GEBÄUDE

Das rot-grüne Fachwerkhaus am Akseltorv nahe der Touristeninformation ist **Borchs Gård**, ein schmucker Renaissancebau von 1595. An der Einkaufsstraße **Helligkorsgade Nummer 18** steht das älteste Haus der Stadt: ein bildhübscher orange gestrichener Fachwerkbau von 1589, windschief und sehr charmant.

Schlafen

Danhostel Kolding HOSTEL €

(☎75 50 91 40; www.danhostelkolding.dk; Ørnsborgvej 10; B 215 Kr, DZ mit/ohne Bad 475/575 Kr; ⌚Mitte Jan.–Nov.; @📶) Die Topunterkunft liegt oberhalb eines Parks etwa 1,5 km nördlich vom Zentrum (zu Fuß 15 Min.). Im älteren Hauptbau liegen gemütliche, einfache Zimmer. Ein neuerer Anbau bietet Zimmer mit eigenem Bad und kleiner Wohnküche. Kein Wunder, dass das Hostel bei Backpackern und Familien beliebt ist. Buslinie 3 hält in der Nähe.

★Hotel Koldingfjord HOTEL €€

(☎75 51 00 00; www.koldingfjord.dk; Fjordvej 154; Zi. ab 1125 Kr; @📶🏊) In dem schlossähnlichen, ehemaligen Sanatorium in den Wäldern am Kolding-Fjord lebt sich's wahrhaft königlich (7 km östlich der Stadt und 2 km hinter dem Trapholt; Anfahrt mit Buslinie 4). Die gesamte Anlage atmet Ruhe und Erholung, die vielen Extras (Hallenbad, kostenlose Leihräder, ein Café, eine Terrasse und ein Restaurant) sind erstklassig, und das Zimmerdesign ist eine Ode an den skandinavischen Minimalismus.

Kolding Hotel Apartments APARTMENTS €€

(☎75 54 18 00; www.koldinghotelapartments.dk; Kedelsmedgangen 2; DZ/Fam.-Apt. ab 895/1295 Kr; 📶) Der Komplex in zentraler Lage am See ist perfekt für einen komfortablen Familienurlaub. Die stilvoll möblierten Apartments unterschiedlicher Größe (bis zu 6 Pers.) liegen in ungewöhnlichen, dreistöckigen Gebäuden – dreieckig, rund, achteckig und sternförmig (besonders hübsch vom Schlossturm aus anzusehen). Ein Parkplatz, Bettwäsche und Frühstück kosten extra.

Essen & Ausgehen

Den Blå Café INTERNATIONAL €€

(www.denblaacafe.dk; Slotsgade 4; Hauptgerichte 78–188 Kr; ⌚Mo–Mi 10–22, Do bis 23, Fr & Sa bis 2, So bis 16 Uhr) Ein entspanntes, den ganzen Tag geöffnetes Restaurant mit vielen Plätzen im Freien. Auf der Karte stehen beliebte Klassiker wie Burger, Salate und Nachos. Für den Fall, dass das Wetter zum Draußensitzen ungeeignet ist, gibt's einen gemütlichen Speiseraum im Bistrostil, der sich auch für einen Drink am Abend eignet. Das tägliche Brunchbuffet (98 Kr) ist ebenfalls zu empfehlen.

Nicolai Biograf & Café ITALIENISCH €€

(www.nicolaibio.dk; Skolegade 2, Eingang auf der Blæsbjerggade; Hauptgerichte 75–198 Kr; ⌚mittags & abends) Das Kulturzentrum nimmt eine renovierte Schule ein und umfasst ein Programmkino und ein cooles Café; dort gibt's gehobene Pizza und Pasta. Der Brunch am Wochenende (148 Kr) und das preisgünstige Pastabuffet am Sonntagabend (98 Kr) gelten als Insidertipps.

Kolding

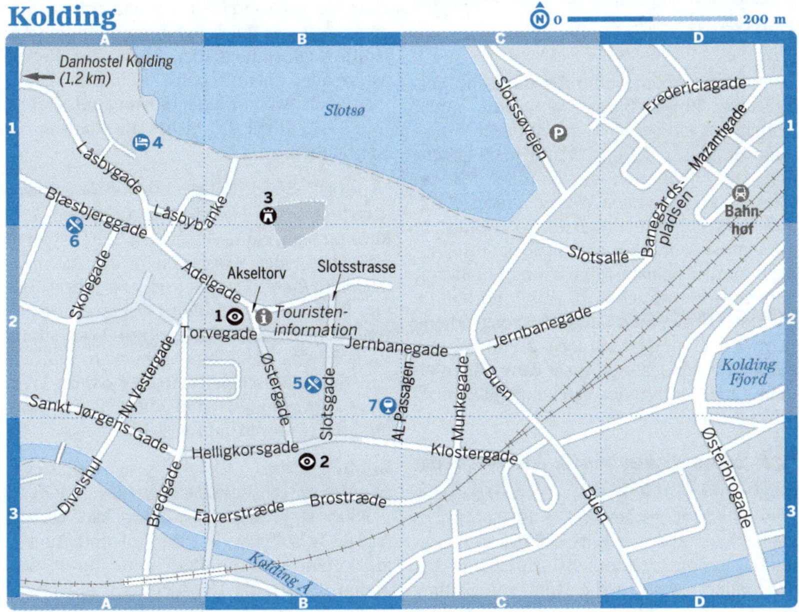

You'll Never Walk Alone PUB
(www.denengelskepub.dk; AL Passagen 2; So & Mo 14–20, Di–Do 12–24, Fr & Sa 11 Uhr–spät) Die Kneipe an einer Passage zwischen Jernbanegade und Klostergade wird von allen nur „das englische Pub" (siehe Website) genannt. Unter den gut 300 Bieren sind viele handwerklich gebraute Sorten aus Dänemark. Tische im Freien, warme Küche, Livemusik und Fußballübertragungen auf dem Großbildschirm sind weitere Trümpfe. Übrigens: Entlang der AL Passagen gibt es noch weitere Restaurants und Bars.

Praktische Informationen

Touristeninformation (76 33 21 00; www.visitkolding.dk; Akseltorv 8; Mo–Fr 10–17, Sa bis 14 Uhr) Kundige Mitarbeiter; gute Infos über Aktivitäten in der Nähe.

An- & Weiterreise

Kolding liegt 72 km östlich von Esbjerg und 82 km nördlich der deutschen Grenze. E20 (die weiter in Richtung Osten bis nach Fünen verläuft) und E45 verbinden Kolding mit anderen größeren Orten in Jütland. Wer mit dem Auto in Nordsüdrichtung unterwegs ist, kann als reizvolle Alternative zur E45 die Straße 170 wählen.

Ab Kolding bestehen regelmäßige Zugverbindungen in alle Ecken Jütlands. Nützliche Bahnlinien führen westwärts nach Esbjerg (99 Kr, 50 Min.) oder ostwärts nach Odense (121 Kr, 40 Min.) und weiter nach Kopenhagen. Wer nach Osten reist, muss eventuell in Fredericia umsteigen.

Unterwegs vor Ort

Busse fahren direkt neben dem Bahnhof ab. Für Autofahrer: Um die Innenstadt verläuft eine Ringstraße; Ndr Ringvej und Slotssøvejen bilden die nördliche und nordöstliche Begrenzung. Parkplätze gibt's am Slotssøvejen gegenüber der Bibliothek.

Kolding

Sehenswertes
1 Borchs Gård ... B2
2 Helligkorsgade 18 ... B3
3 Koldinghus ... B1

Schlafen
4 Kolding Hotel Apartments ... A1

Essen
5 Den Blå Café ... B2
6 Nicolai Biograf & Café ... A1

Ausgehen & Nachtleben
7 You'll Never Walk Alone Pub ... B2

Esbjerg

71 600 EW.

Boomtown Esbjerg, eine für dänische Verhältnisse junge Stadt, verströmt einen Hauch von Pioniergeist. Sie ist durch Fischfang, Handel und Öl groß und reich geworden. Die Ölfelder in der Nordsee fest im Blick, ist sie ganz nach Westen ausgerichtet.

Esbjerg gehört nicht zu der Sorte Stadt, in die man sich auf den ersten Blick verliebt – die Silos und Schornsteine können nicht mit der hübschen Nachbarin Ribe mithalten. Dennoch findet man auch hier ausgefallene Attraktionen und ist schnell (12 Min. mit der Fähre) auf der schönen Insel Fanø, die in einem anderen Zeitalter steckengeblieben zu sein scheint.

Sehenswertes & Aktivitäten

Musikhuset Esbjerg ARCHITEKTUR

(www.mhe.dk; Havnegade 18) Das 1997 eröffnete „Musikhaus" ist ein Entwurf des berühmten dänischen Architekten Jørn Utzon – bei dem jeder sofort an die Oper von Sydney denkt – und seines Sohnes Jan. Es ist der wichtigste Veranstaltungsort der Stadt für Kulturevents wie Konzerte, Opern, Ballett und mehr.

Esbjerg Kunstmuseum KUNSTMUSEUM

(www.eskum.dk; Havnegade 20; Erw./Kind 60 Kr/frei; ⏲10–16 Uhr) Das von Utzon designte Musikhuset ist auch das Zuhause der modernen Kunstsammlung des Esbjerg Kunstmuseum. Toll ist das Åbne Magasiner (Offenes Magazin) im Untergeschoss. Es gestattet einen Blick auf nicht ausgestellte Werke im Besitz des Museums. Außerdem sind vom Museum aus Architekturdetails wie Winkelstellungen u. Ä. besonders gut zu erkennen.

Esbjerg Vandtårn TURM

(Havnegade 22; Erw./Kind 20 Kr/frei; ⏲Juni–Mitte Sept. tgl. 10–16 Uhr, April–Mai & Mitte Sept.–Okt. Sa & So 10–16 Uhr) 1897 unternahm das selbstbewusste Esbjerg den Versuch, sich ein wenig mittelalterliche Atmosphäre zu verleihen. Der Stadtarchitekt entwarf den Wasserturm, der (für Besucher ganz praktisch) gleich neben dem Musikhuset Esbjerg steht. Der Turm bietet einen Blick über den weitläufigen Hafen und die ganze Umgebung.

Fiskeri- og Søfartsmuseet AQUARIUM

(www.fimus.dk; Tarphagevej 2; Erw./Kind 100–130 Kr/frei; ⏲tgl. ab 10 Uhr; 👪) 4 km nordwestlich vom Zentrum bietet das Meeresaquarium des Fischerei- und Seefahrtmuseums einen guten Einblick in Flora und Fauna der Nordsee (Buslinie 3 oder 6 nehmen). Neben zahlreichen heimischen Fischarten leben hier auch Seehunde (Fütterung tgl. um 11 und 14.30 Uhr), die nichts als Flausen im Kopf haben.

Mennesket ved Havet WAHRZEICHEN

(Hjertingvej) Am Hafen, gegenüber dem Fiskeri- og Søfartsmuseet, erhebt sich Esbjergs eindrucksvolles Wahrzeichen, der *Mennesket ved Havet* (Der Mensch am Meer). Die vier 9 m hohen, strahlend weißen, stilisierten Menschenfiguren, die am Ufer sitzen und auf das Meer hinaus blicken, wurden von dem dänischen Bildhauer Svend Wiig Hansen geschaffen – und sind mal ein etwas anderer Hintergrund für Urlaubsfotos.

Robbensafari BOOTSTOUREN

(www.faergen.com/sealsafari; Erw./Kind 130/70 Kr; ⏲Abfahrten in Esbjerg Juli & Aug. Mo–Do 10.45 & 13.45, Fr 10.45 Uhr; 👪) Im Juli und August gibt's eine 2½-stündige Tour durch den Hafen und in die Ho-Bucht, wo mit etwas Glück Robben zu sehen sind. Los geht's montags bis freitags ein- bis zweimal am Tag vom Fähranleger der Fanø-Fähre in Esbjerg.

Wer möchte, kann auf Fanø zusteigen; Abfahrt in Nordby ist jeweils 20 Minuten vor der ausgeschriebenen Abfahrtszeit in Esbjerg.

Schlafen

CabInn Esbjerg BUDGETHOTEL €

(☎75 18 16 00; www.cabinn.com; Skolegade 14; EZ/DZ ab 545/675 Kr; @📶) Die preisgünstigsten Betten der Stadt stehen in einem 100 Jahre alten Gebäude in bester Zentrumslage. Es wurde erst kürzlich renoviert. Die hellen Zimmer sind bei Dänen und internationalen Gästen gleichermaßen beliebt. Alle sind mit Bad, Wasserkocher und TV ausgestattet. Zudem gibt's kostenlose Parkplätze, ein gutes Frühstücksbuffet (70 Kr) und kostenloses WLAN.

Danhostel Esbjerg HOSTEL €

(☎75 12 42 58; www.esbjerg-danhostel.dk; Gammel Vardevej 80; B 230 Kr, DZ mit/ohne Bad 560/720 Kr; @📶) Eine hervorragende Wahl für alle, die nicht unbedingt im Zentrum wohnen müssen. Die Lage hat viel zu bieten: Nebenan sind ein Sportstadion, ein Schwimmbad, ein Park und ein Kino. Das alte Gebäude selbst ist wunderschön, und die Gemeinschaftsanlagen sind erstklassig. Die Zimmer im neuen

Esbjerg

Sehenswertes

1 Esbjerg Kunstmuseum B3
2 Esbjerg Vandtårn B3
3 Musikhuset Esbjerg B3

Schlafen

4 CabInn Esbjerg C2
5 Hotel Britannia B2

Essen

6 Dronning Louise C2
7 Sand's Restaurant A2

Ausgehen & Nachtleben

8 Paddy Go Easy B2

Flügel haben alle ein eigenes Bad. Das Hostel liegt 3 km nordwestlich der Innenstadt und ist mit Buslinie 4 erreichbar.

Hotel Britannia HOTEL €€€
(☎75 13 01 11; www.britannia.dk; Torvegade 24; EZ/DZ 1460/1660 Kr; @📶) Das größte Hotel der Stadt ist businessorientiert. Es bietet professionellen Service, clever aufgemachte Zimmer und gute Hotelrestaurants in zentraler Lage; die Standardpreise sind allerdings eindeutig an Geschäftsreisenden mit Spesenkonto ausgerichtet. Am Wochenende und im Sommer (Ende Juni–Aug.) sind die Preise mit 860/960 Kr pro EZ/DZ deutlich humaner.

Essen & Ausgehen

★ **Hjerting Badehotel** INTERNATIONAL €€
(☎75 11 70 00; www.hjertingbadehotel.dk; Strandpromenaden 1; 3-/5-Gänge-Menü 429/569 Kr, Café Hauptgerichte 119–249 Kr; 📶) Wenn einem angesichts all der Industrie und rauchenden Schornsteine das typisch dänische *hygge*-Gefühl (sprich: die Gemütlichkeit) fehlt, ist das prächtige Badehotel 10 km nördlich der Stadt am Strand die richtige Medizin. Dort gibt's zum einen ein Gourmetrestaurant, das angesehene **Strandpavillonen** (Mo–Sa abends; besser reservieren), zum anderen das **Ship Inn**, eine einladende Café-Bar (tgl. 11–24 Uhr).

Davon abgesehen kann man in dem Hotel in eleganten Zimmern (1195/1395 Kr für ein EZ/DZ) oder eleganten Strandhäusern für bis zu vier Personen wunderbar übernachten. Ein Wellnesszentrum lädt zum Verwöhnprogramm ein, es können Kajaks und Räder geliehen werden.

Sand's Restaurant DÄNISCH €€
(www.sands.dk; Skolegade 60; mittags 42–139 Kr, abends Hauptgerichte 109–249 Kr; ⏰Mo–

Sa 11.30–21.30 Uhr) Die Speisekarte in dem stilvollen 100 Jahre alten Restaurant ist ein Loblied auf die guten, alten dänischen Klassiker: mittags Platten mit *Smørrebrød* und Hering, abends Fisch (z. B. *bakskuld*, ein heimischer, flunderartiger Fisch) und ganz viel *bøf* (Rindfleisch).

Dronning Louise INTERNATIONAL €€
(www.dr-louise.dk; Torvet 19; mittags 90–145 Kr, abends Hauptgerichte 190–300 Kr; ⌚ Mo–Mi 10–1, Do bis 3, Fr bis 4, Sa bis 5, So bis 24 Uhr; 📶) Die Königin Louise thront erhaben am Torvet und ist ein wahrer Hans Dampf in allen Gassen: Sie ist Restaurant, Pub und Club (Fr & Sa) in einem – und manchmal sogar Konzertbühne. Die Speisekarte ist umfangreich und voller Leibgerichte, die man entweder am Torvet, drinnen oder in dem Hof hinten raus verspeisen kann. Die Küche schließt montags bis samstags um 22.30 Uhr, sonntags bereits eine Stunde früher.

Paddy Go Easy PUB
(Skolegade 42) Die Skolegade ist die Adresse für Durstige. Was uns am Paddy Go Easy besonders gut gefällt, ist, dass der irische Akzent der Barkeeper und oft auch der Kellner echt ist. Kilkenny und Guinness werden frisch vom Fass gezapft, die Stimmung ist super.

ℹ Praktische Informationen

Der Hauptplatz (Torvet) liegt am Schnittpunkt von Skolegade und Torvegade. Bahnhof und Busbahnhof befinden sich 300 m östlich davon, der Fährterminal liegt 1 km südwestlich.

Touristeninformation (☎ 75 12 55 99; www.visitesbjerg.dk; Skolegade 33; ⌚ Mo–Fr 10–16 Uhr) Am Torvet. Infobildschirme, viele Broschüren und Karten.

ℹ An- & Weiterreise

AUTO

Esbjerg liegt 77 km nördlich von Tønder, 31 km nordwestlich von Ribe, 59 km südwestlich von Billund und 92 km westlich der Fünen-Jütland-Brücke.

Wer mit dem Auto kommt, gelangt über die E20 (Hauptzufahrt von Osten) direkt ins Zentrum und zum Fährhafen.

BUS

Der **Busbahnhof** (Kurz- und Langstrecke) ist an der Jernbanegade neben dem Bahnhof.

Thinggaard Express (www.expressbus.dk) betreibt die Linie 980 von Esbjerg nach Frederikshavn (1-mal tgl.; 340 Kr, 5¼ Std.) mit Halt in Viborg und Aalborg.

Bus Nr. 915X ist praktisch: Er verbindet Esbjerg und Ribe (60 Kr, 30 Min.), danach geht's weiter via Gråsten nach Sønderborg (180 Kr, 2½ Std.) im Südosten von Jütland.

FLUGZEUG

Der **Flughafen Esbjerg** (www.esbjerg-lufthavn.dk) liegt 10 km östlich des Zentrums. Von dort gehen täglich Flüge zu zwei anderen Versorgungstandorten für Nordseebohrinseln: Stavanger (Norwegen) und Aberdeen (Schottland).

SCHIFF/FÄHRE

Zahlreiche **Boote** setzen nach Fanø über, s. S. 202.

ZUG

Es bestehen regelmäßige Verbindungen Richtung Süden nach Ribe (60 Kr, 35 Min.) und Tønder (110 Kr, 1½ Std.) sowie Richtung Osten nach Kolding (99 Kr, 45 Min.) und Aarhus (265 Kr, 2 Std.).

ℹ Unterwegs vor Ort

Die meisten Stadtbusse halten am Bahnhof. Die einfache Fahrt kostet 20 Kr (Ticket gibt's beim Fahrer). Linie 5 fährt alle 20 Minuten zum Hafen.

Fanø

3200 EW.

Das gemütliche Inselchen Fanø ist reizvoller als die größere und bekanntere Insel Rømø im Süden. Das mag schon mit der Anreise zu tun haben: Eine Fähre ist romantischer als ein 10 km langer Straßendamm. Zudem bezaubert Fanø mit zwei traditionellen Hafenorten, reetgedeckten Häusern, blühenden Gärten und gepflasterten Gassen mit Boutiquen und Cafés.

Badegäste finden an der Westküste breite Sandstrände und in der Sommersaison eine lebhafte Atmosphäre vor. Und all das liegt nur zwölf Minuten von der Stadt Esbjerg entfernt.

◉ Sehenswertes

Nordby und Sønderho, die beiden größten Orte, liegen an entgegengesetzten Enden der 16 km langen Insel. Die Fähren aus Esbjerg legen in **Nordby** an. **Sønderho** ist wahrscheinlich eins der hübschesten Dörfer von ganz Dänemark. Die durcheinandergewürfelten Häuser mit Reetdach stammen aus dem 16. Jh. und sehen schon sehr nach Mittelerde aus.

Die Touristeninformation bietet Broschüren und Karten für Rundgänge durch Nordby und Sønderho. In den Dörfern berichten bescheidene **Museen** über die wechselvolle Geschichte der Insel, die eng mit der Seefahrt verknüpft ist. Fanøs goldenes Zeitalter erreichte seinen Höhepunkt im späten 19. Jh. Damals konnte sich die Insel rühmen, nach Kopenhagen die zweitgrößte Flotte des Landes zu besitzen. Über einen Zeitraum von 150 Jahren wurden hier über 1000 Schiffe gebaut.

Nordby hat ein Seefahrt- sowie ein Geschichtsmuseum, Sønderho ein Kunstmuseum und ein Kapitänshaus aus dem 19. Jh., das sogenannte Hannes Hus.

Aktivitäten

Die Fahrt nach Fanø lohnt sich durchaus auch für einen Tagesausflug. Nach einem Bummel durch das charmante Nordby kann man mit dem Bus nach Sønderho fahren, ein Fahrrad mieten, an den Strand gehen, eine Bootsfahrt machen oder mal schauen, was der Tag so bringt. Vielleicht verschlägt es einen ja auf den ältesten **Golfplatz** (www.fanoe-golf-links.dk) des Landes? Weitere nette Optionen sind Ausritte oder Kajaktouren auf dem offenen Meer; die Touristeninformation hilft weiter.

Fanø ist ein Mekka für Drachenläufer aus aller Welt. Mitte Juni findet ein wunderbares Drachenfestival mit reichlich Gelegenheiten zum Fotografieren statt. Die Drachen erheben sich an verschiedenen Stränden in die Lüfte (s. www.kitefliers meetingfanoe.de).

Strände STRÄNDE

Familien und Wassersportfans (wie auch Bernsteinjäger) zieht es vor allem wegen der tollen Strände nach Fanø – zum Schwimmen ist der Abschnitt zwischen **Rindby Strand** und **Fanø Bad** (Dänemarks erstes internationales Strandresort) am besten geeignet. Weiter nördlich erstreckt sich die ausgedehnte Sandbank Søren Jessens Sand. Südlich von Rindby werden jede Menge Strand- und Wasseraktivitäten geboten: Wind- und Kitesurfing, Blokart-Fahren und mehr.

Fanø Klitplantage NATURSCHUTZGEBIET

Für Naturfreunde und Wildbeobachter ist dieses 1162 ha große Naturschutzgebiet im Inselinneren interessant. Wer den ausgeschilderten Wegen folgt, wird mit ziemlicher Sicherheit zahlreiche Vogelarten, Kaninchen und sogar Hirsche sehen. Eine beliebte Picknickstelle mit Waldspielplatz liegt in der Nähe von Pælebjerg.

Schlafen

Fanø hat insgesamt sieben Campingplätze, die fast alle nur einen Spaziergang von der Küste entfernt sind. Alle sind familienfreundlich, die meisten vermieten auch Hütten. Infos gibt's unter www.visitfanoe.dk.

Die Touristeninformation versorgt Gäste mit Infos über Ferienwohnungen und -häuser (meist für 4–6 Pers.), die wochenweise vermietet werden und auch direkt über Onlineportale (z. B. www.danibo.dk) gebucht werden können.

★ **Møllesti B&B** B&B €

(☎ 75 16 29 49; www.mollesti.dk; Møllesti 3, Nordby; EZ/DZ 300/450–500 Kr; ⏲ Juni–Aug.; 📶) Das B&B liegt verborgen in einer der hübschen Gassen von Nordby. Das malerische Kapitänshaus von 1892 bietet vier einfache, aber stilvoll eingerichtete Schlafzimmer. Je zwei davon teilen sich ein Bad und eine Essküche. Die Preise sind top. An Wochenenden nimmt es auch außerhalb der Saison Gäste auf – aber nur nach Voranmeldung. Das Frühstück kostet 50 Kr extra, Zimmer können nur mit einem Mindestaufenthalt von zwei Nächten gebucht werden.

Fanø Krogaard GASTHAUS €€

(☎ 76 66 01 66; www.fanoekrogaard.dk; Langelinie 11, Nordby; DZ ab 895 Kr; 📶) Der zauberhafte Gasthof am Hafen von Nordby ist seit anno 1664 in Betrieb. Er bietet behagliche Zimmer mit Antiquitäten (und modernere in einem neueren Anbau), eine gemütliche Atmosphäre, eine große Sonnenterrasse und tolle lokale Spezialitäten (Mittagessen 79–139 Kr; Abendessen 129–239 Kr).

★ **Sønderho Kro** GASTHAUS €€€

(☎ 75 16 40 09; www.sonderhokro.dk; Kropladsen 11, Sønderho; EZ/DZ inkl. Frühstück ab 1195/1495 Kr; Ⓟ) Das *hyggelig*-himmlische Reetdachhäuschen ist weit über Fanø hinaus bekannt als schönste Unterkunft der Insel. Es wurde 1722 erbaut und hat 14 individuell mit Antiquitäten aus der Gegend ausgestattete Zimmer. Doch das Gasthaus hat noch mehr zu bieten, nämlich ein namhaftes Gourmetrestaurant (Mittagessen 129–179 Kr, 3-/6-Gang-Abendmenü 495/695 Kr) mit Fokus auf regionaler Saisonküche. Der Speisesaal scheint aus einer anderen Epoche zu stammen.

Essen

Von den Gasthöfen mit Restaurant abgesehen, kann man am Hovedgaden von Nordby oder am Sønderland in Sønderho kaum einen

Spaziergang machen, ohne auf Schritt und Tritt über einladende kleine Lokale und sonnige Biergärten in Innenhöfen zu stolpern.

Die größeren Dörfer der Insel haben Supermärkte und Bäckereien. Heidehonig und Lamm sind lokale Spezialitäten. Ein weiteres Schmankerl ist das Bier aus der hiesigen Mikrobrauerei Fanø Bryghus.

Slagter Christiansen FEINKOST
(www.fanoeslagteren.dk; Hovedgaden 17; ⌚Mo–Do 8–17.30, Fr bis 18, Sa bis 13 Uhr) Die Metzgerei in Nordby ist in ganz Dänemark für ihren *Fanø skinke* (Fanøer Schinken) bekannt, der dem Parmaschinken ähnlich ist. Der Laden ist ein kleiner Gourmettempel und ein Lobgesang auf die feinsten Waren aus der Region.

Praktische Informationen

Die Hauptstraße von Nordby, Hovedgaden, verläuft einen Block westlich vom Fährterminal und wird von Banken, Geschäften und Restaurants gesäumt.

Die **Touristeninformation** (☎70 26 42 00; www.visitfanoe.dk; Skolevej 5, Nordby; ⌚Juli–Aug. Mo–Fr 9–17, Sa & So 10–16, Sept.–Mai Mo–Fr 10–17 Uhr) ist 700 m vom Fährhafen in Nordby entfernt (der Hovedgaden folgen).

Anreise & Unterwegs vor Ort

Ein Auto mit nach Fanø zu nehmen, ist teuer. Für ein- bis zweitägige Ausflüge ab Esbjerg ist es besser, sein Fahrzeug auf dem Festland zu lassen und auf der Insel ein Fahrrad zu mieten oder mit dem Bus zu fahren.

FanøFærgen (☎70 23 15 15; www.fanoefaergen.dk) betreibt eine Autofähre zwischen Esbjerg und Nordby. Sie verkehrt zwischen 5 und 2 Uhr ein- bis dreimal in der Stunde und braucht zwölf Minuten für die Überfahrt. Für die Hin- und Rückfahrt werden 45/40 Kr pro Fußgänger/Rad fällig. Der Preis für ein Fahrzeug (hin & zurück inkl. Passagiere) in der Haupt-/Nebensaison beträgt 415/300 Kr.

Die Buslinie 431 verbindet den Fähranleger von Nordby im Sommer stündlich mit Fanø Bad (20 Kr), Rindby Strand (20 Kr) und Sønderho (30 Kr).

Fahrräder können an verschiedenen Stellen gemietet werden, z. B. im **Fri BikeShop** (☎75 16 24 60; Mellemgaden 12, Nordby). Und hier noch die hiesige Taxirufnummer: ☎75 16 62 00.

Ribe

8200 EW.

Die krummen Pflastersträßchen von Ribe sind zurückdatierbar auf das späte 9. Jh. Der Ort selbst ist die älteste Stadt Dänemarks. Er zählt fraglos zu den schönsten Reisezielen im Land und ist ideal, um Halt zu machen und den Atem der Geschichte zu spüren. Ribe ist ein kleines Städtchen mit schiefen Fachwerkhäusern aus dem 16. Jh., einem malerisch mäandernden kleinen Fluss und üppigen Auen, überwacht von der ältesten Kirche des Landes. Der Ort ist so reich an historischer Substanz, dass die gesamte Altstadt mit über 100 Gebäuden unter Denkmalschutz gestellt wurde. Hier muss man einfach einmal gewesen sein.

Ribe

Highlights
1 Ribe Kunstmuseum C2

Sehenswertes
2 Den Gamle Rådhus A3
3 Johanne Dan A2
4 Kannikegården A3
5 Museet Ribes Vikinger D3
6 Ribe Domkirke A3
7 Sankt Catharinæ Kirke B3
8 Stormflodssøjlen A1
9 Taarnborg A4

Aktivitäten, Kurse & Touren
10 Nachtwächterrunde A3

Schlafen
11 Danhostel Ribe B1
12 Den Gamle Arrest A3
13 Hotel Dagmar A3
14 Weis Stue A2

Essen
15 Isvaflen B2
16 Kolvig B2
17 Kvickly D1
18 Sælhunden A2
Vægterkælderen .... (s. 13)
Weis Stue .... (s. 14)

Ausgehen & Nachtleben
19 Postgaarden C2
20 Ribe Bryghus A3

Geschichte

Das um 700 n. Chr. gegründete Ribe erblühte in der Wikingerzeit zu einem bedeutsamen Ort. Um 860 erhielt Erzbischof Ansgar, der Apostel des Nordens, vom dänischen König ein Stück Land und das Recht, eine Kirche zu bauen. Wann tatsächlich mit dem Bau begonnen wurde, ist nicht bekannt, doch 948 wurde Ribe erstmals als Bischofssitz erwähnt, da dürfte sie also gestanden haben. Durch den Fluss mit dem Meer verbunden, florierte Ribe in der Wikingerzeit als Han-

Ribe

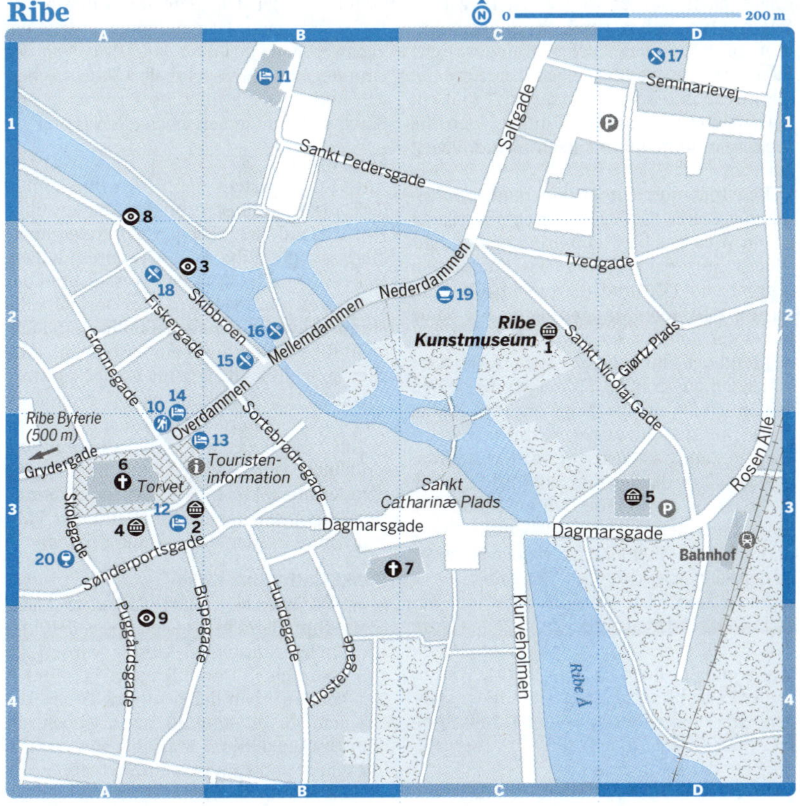

delszentrum zwischen dem Fränkischen Reich und Skandinavien.

Im 12. Jh. ließ die Waldemar-Dynastie den Ort befestigen, eine Burg errichten und sie zu einer Königsresidenz ausbauen.

Gegen Ende des Mittelalters erlebte die Stadt finstere Zeiten. Zwei Ereignisse stießen sie in einen 250 Jahre anhaltenden Niedergang: der verheerende Brand von 1580 und die Verlegung der Königsresidenz nach Kopenhagen, mit der auch das Geld die Stadt verließ. Die Einwohnerzahl sank, und der einst blühende Handelshafen verfiel zu einem unbedeutenden Provinznest.

Im Nachhinein hat sich dieser wirtschaftliche Niedergang als Segen erwiesen: Da kein Geld vorhanden war, um größere und bessere Häuser zu errichten, blieben die alten nahezu unberührt. 1899 entstand eine Organisation, die sich um die Denkmalpflege und die Förderung des Fremdenverkehrs kümmerte (was von beachtlichem Weitblick zeugt), und 1963 ließ der Stadtrat den ganzen Ortskern unter Denkmalschutz stellen. Diese kluge Entscheidung hat sich gelohnt: Inzwischen strömen Scharen von Touristen nach Ribe, um den historischen Charme zu erleben.

Sehenswertes

Ribe Domkirke KIRCHE

(www.ribe-domkirke.dk; Torvet; Turm Erw./Kind 20/10 Kr; Mai–Sept. Mo–Sa 10–17, So 12–17 Uhr, sonst kürzer) Hoch über dem Städtchen erhebt sich ein eindrucksvoller Kirchenbau. Die ersten Quellen, die von einem Bischof in Ribe berichten, stammen aus dem Jahr 948. Deshalb gilt der Dom zu Ribe als älteste Kirche in Dänemark. Als die Geldquellen kräftig sprudelten, entstand ab 1150 der erste Steinbau.

Als Baumaterial wurde vor allem Tuffstein verwendet, ein poröser Stein, der in der Nähe von Köln gebrochen und über den

Rhein nach Norden transportiert wurde. Der Neubau nahm rund ein Jahrhundert in Anspruch. Später wurden einige gotische Elemente hinzugefügt, doch im Kern ist die Kirche erkennbar romanisch – und ein Beispiel für den starken Einfluss, den die rheinische Romanik bis nach Skandinavien ausübte.

Den Innenraum prägt ein buntes Stilgemisch späterer Einflüsse. Der Orgelprospekt ist ein Werk des berühmten Bildhauers Jens Olufsen aus dem 17. Jh. Das Taufbecken stammt von 1375 und die prachtvolle Kanzel von 1597. Eine Markierung an der Säule hinter der Kanzel zeigt, wie hoch das Wasser während der Flut von 1634 stieg. Reste alter Malereien aus dem 16. Jh. zeigen die beiden letzten Säulen an der Nordseite der Kathedrale. Die Apsis hingegen ist mit modernen Fresken, Buntglasfenstern und sieben Mosaiken gestaltet, die der Künstler Carl-Henning Pedersen in den 1980er-Jahren schuf. Die unkonventionellen Werke beleben die Kirche und stehen in einem faszinierenden Kontrast zu den sonst eher düsteren Elementen.

Einen herrlichen Ausblick gewährt der 52 m hohe **Turm** aus dem Jahr 1333. Ganze 248 Stufen sind dafür zu erklimmen. Oben angekommen, begreift man sofort, warum früher Sturmflutwarnungen von hier ergingen. Die neuen **Museumsausstellungen** im Turm beschäftigen sich mit der Geschichte der Kathedrale.

In ihrer Nähe soll übrigens bald ein weiterer Ausstellungsbereich entstehen, **Kannikegården**. Dort werden die kürzlich gemachten Funde aus der Umgebung im Mittelpunkt stehen, die darauf schließen lassen, dass das Christentum bereits ein Jahrhundert früher in Ribe Einzug hielt als bislang angenommen.

Sehr stimmungsvoll sind die Klassikkonzerte im Sommer.

Stadtbild — ALTSTADT

Ribe ist übersät mit schönen Fachwerkhäusern und durchzogen von idyllischen Kopfsteinpflastergassen. Alle Straßen, die vom Torvet wegführen, eignen sich für einen Spaziergang, den man übrigens auch im Rahmen der Nachtwächterrunde machen kann.

Die Gegend lässt sich am besten mithilfe der kostenlosen Broschüre *Historischer Stadtrundgang – Ribe auf eigene Faust* erkunden, die bei der Touristeninformation erhältlich ist.

An der Puggårdsgade steht die charmante windschiefe **Taarnborg**, ein Landsitz aus dem 16. Jh., der sich heute in Privatbesitz befindet. Nebenan, Hausnummer 5, steht ein Fachwerkhaus aus dem Jahr 1550. Von der Grønnegade gehen schmale Gässchen bergab und über die hübsche Fiskergade und Skibbroen zum malerischen alten Hafen.

Flussufer — ALTSTADT

Am Flussufer steht der **Stormflodssøjlen** (Skibbroen), ein Pfosten, an dem der jeweilige Höchststand der vielen Sturmfluten markiert ist, die Ribe überschwemmt haben. Der oberste Ring zeigt den Wasserstand der Rekordflut von 1634 (6 m über normal!), die Hunderte von Menschenleben forderte. Obwohl Ribe heute durch ein System von Deichen geschützt ist, kommt es noch immer vor, dass die Bewohner wegen drohender Flut evakuiert werden müssen.

Nicht weit entfernt liegt die **Johanne Dan**, ein altes, flachrumpfiges Segelschiff, das auf dem seichten Fluss Ribe Å navigieren konnte. Besichtigungen nur im Rahmen einer Führung (Infos bei der Touristeninformation).

Sankt Catharinæ Kirke — KIRCHE

(www.ribe-kloster.dk; Sankt Catharinæ Plads; ⌚ Mai–Sept. 10–17 Uhr, Okt.–April Di–So 10–16 Uhr) Die Kirche samt einem Kloster wurde 1228 von spanischen Dominikanern gegründet. Der Vorgängerbau der heutigen Kirche, die aus dem 15. Jh. stammt, stand jedoch auf dem trockengelegten Marschland nicht solide genug und stürzte schließlich ein.

1536 waren die Dominikaner durch die Reformation gezwungen, Sankt Catharinæ aufzugeben. Von den 13 Kirchen und Klöstern, die vor der Reformation in Ribe gebaut wurde, sind heute nur noch die Sankt Catharinæ Kirke und die Ribe Domkirke erhalten. Das Kloster diente danach als Hospital und Kriegslazarett. Heute ist es ein Stift für alleinstehende ältere Menschen. Die Kirche musste in den 1920er-Jahren (wieder wegen Problemen mit den Fundamenten) kostspielig restauriert werden. 1934 wurde sie neu geweiht. Zur Ausstattung zählen eine prachtvolle Kanzel von 1591 und ein reich verzierter Altaraufsatz von 1650.

Der stille Klostergarten (5 Kr) ist, wie die gesamte Anlage, bestens erhalten und ein Ort der Ruhe.

Den Gamle Rådhus — HISTORISCHES GEBÄUDE

(Altes Rathaus; www.detgamleraadhusiribe.dk; Von Støckens Plads; Erw./Kind 15 Kr/frei; ⌚ Juni–Aug. tgl. 13–15 Uhr) Im ältesten Rathaus Dänemarks (1496) war bis 2006 das Gericht untergebracht. Heute ist es ein beliebtes

Standesamt, in dem neben zeremoniellen Gegenständen auch Exponate zur Geschichte der örtlichen Rechtsprechung zu sehen sind, z. B. ein Henkersbeil und mittelalterliche Waffen.

★ Ribe Kunstmuseum KUNSTMUSEUM
(www.ribekunstmuseum.dk; Sankt Nicolaj Gade 10; Erw./Kind 70 Kr/frei; ⌚Juli & Aug. Do–Di 10–17, Mi bis 20 Uhr, Sept.–Juni Di–So 11–16 Uhr) Die älteste Stadt des Landes besitzt eine beachtliche Kunstsammlung. Das bildschön renovierte Kunstmuseum zeigt meisterhafte Werke einheimischer Maler vor allem aus der ersten Hälfte des 19. Jhs., die in der dänischen Malerei als Goldenes Zeitalter gilt. Der Garten des Museums erstreckt sich am Fluss und ist eine beschauliche Kulisse für die Werke hochkarätiger dänischer Künstler. Er ist frei für jedermann zugänglich und unbedingt sehenswert. Brücken führen über den Fluss und zur Sankt Catharinæ Kirke oder zum Nederdammen.

Museet Ribes Vikinger MUSEUM
(www.ribesvikinger.dk; Odins Plads 1; Erw./Kind 70 Kr/frei; ⌚Juli & Aug. Do–Di 10–18, Mi bis 21, sonst 10–16 Uhr, Nov.–März Mo geschl.; 👪) Ribe zur Zeit der Wikinger und des Mittelalters wird im informativen Wikingermuseum vorgestellt. In der Erlebnishalle steht man mitten in zwei Szenenbildern, die die Stadt einmal um 800 und einmal um 1500 zeigen. Sie werden ergänzt durch seltene archäologische Stücke und gute Erklärungen, die beide Epochen anschaulich erläutern.

Ribe VikingeCenter FREILICHTMUSEUM
(www.ribevikingecenter.dk; Lustrupvej 4; Erw./Kind 100/50 Kr; ⌚Ende Juni–Ende Aug. 11–17 Uhr, Anfang Mai–Ende Juni & Ende Aug.–Mitte Okt. Mo–Fr 10–15.30 Uhr; 👪) Im Ribe VikingeCenter, einem interaktiven Freilichtmuseum, kann jeder nach Lust und Laune „den Wikinger rauslassen" (nur bitte ohne plündern ...). Es vermittelt Geschichte noch ein ganzes Stück lebendiger als das Museum. Verschiedene Rekonstruktionen (darunter ein 34 m langes Langhaus) zeigen einen Querschnitt des Wikingerlebens in Ribe. Kostümierte Mitarbeiter backen Brot am offenen Feuer, zeigen, wie mit dem Bogen geschossen wird, und demonstrieren Handwerke wie Töpfern, Weben und Schmieden. Außerdem gibt es Vorführungen von Falknern und ein „Kriegertraining" für Kids (Kämpfen mit Schwert und Schild). Auch vieles andere können die Besucher selbst ausprobieren – und das ist natürlich weit einprägsamer als jedes Buch zum Thema.

Das Zentrum liegt 3 km südlich der Stadt und wird von der Buslinie 417 angefahren.

☞ Geführte Touren

Stadtführung RUNDGANG
(Erw./Kind 75 Kr/frei; ⌚Juli & Aug. Mo–Fr 11.30 Uhr) Die Touristeninformation organisiert in der Hauptsaison 90-minütige Stadtführungen in dänischer und deutscher Sprache.

Geistertouren RUNDGANG
(www.ribesvikinger.dk; Erw./Kind 50 Kr/frei; ⌚Juli & Aug. Mi 21 Uhr) Die Geistertouren (1-mal wöchentl.) werden vom Museet Ribes Vikinger organisiert und dort beginnen sie auch. Sie zeigen die Stadt in einem völlig anderen Licht. Besonders spannend ist die Geschichte um Maren Spliid, die 1641 als letztes Opfer der Hexenverfolgung in Dänemark verbrannt wurde.

NICHT VERSÄUMEN

NACHTWÄCHTERRUNDGANG

Ein sehr unterhaltsames und dazu kostenloses Vergnügen ist die 45-minütige **Nachtwächterrunde** (⌚Mai–Mitte Sept. 20 Uhr, Juni–Aug. auch 22 Uhr; 👪) GRATIS in Ribe, die vor dem Hotelrestaurant Weis Stue am Torvet beginnt. Heute ist der Rundgang durch die historischen Straßen eine Touristenattraktion, früher hatte der Nachtwächter eine sehr verantwortungsvolle und notwendige Aufgabe.

Bereits im 14. Jh. gab es Nachtwächter in Ribe, die dafür sorgten, dass die Straßen auch im Dunkeln sicher waren. Außerdem hatten sie die Aufgabe, die Bewohner der Stadt rechtzeitig zu warnen, wenn irgendwo ein Feuer ausgebrochen war. Der letzte Nachtwächter von Ribe ging 1902 in den Ruhestand. 1935 wurde ein neuer „Nachtwächter" eingestellt: Mit Anekdoten und Informationen, Liedern und Geschichten über schillernde Persönlichkeiten der Stadt vermittelt er (in mehreren Sprachen) viel Lokalkolorit. Im Zusammenspiel mit den engen Gassen, dem Anblick der alten Häuser und einem späten Sonnenuntergang sind die Rundgänge eine herrliche Gelegenheit, einen langen geschichtsreichen Tag ausklingen zu lassen.

Schlafen

Eine von der Touristeninformation herausgegebene Liste enthält rund 35 Privatunterkünfte in und um Ribe, darunter preiswerte Zimmer und Apartments. Doppelzimmer kosten 350–600 Kr (ohne Frühstück). Bilder von den Zimmern sind online unter www.visitribe.dk zu sehen.

Zimmer werden auch über den Restaurants Sælhunden und Postgaarden vermietet.

Danhostel Ribe HOSTEL €
(☎75 42 06 20; www.danhostel-ribe.dk; Sankt Pedersgade 16; B 220 Kr, EZ/DZ ab 435/470 Kr; P@) Ideale Lage, clevere Mitarbeiter, blitzsaubere Zimmer (alle mit Bad) und eine beeindruckende Ausstattung. Das Hostel eignet sich hervorragend für Backpacker und Familien. Es liegt nur einen Steinwurf von Ribes Altstadt entfernt und vermietet auch Fahrräder. Anerkennung verdient das Haus für sein Engagement für die Umwelt, vom Fairtrade-Kaffee in den Kaffeeautomaten bis zur Förderung des nachhaltigen Tourismus in der Wattenmeerregion.

Weis Stue PENSION €
(☎75 42 07 00; www.weisstue.dk; Torvet; EZ/DZ 395/495 Kr) In dem alten Fachwerkhaus von 1600 liegen über dem Restaurant acht kleine und krumme Gästezimmer mit Gemeinschaftsbädern. Knarrende Dielen, schräge Wände und freigelegte Balken an niedrigen Decken sorgen für Flair.

Ribe Camping CAMPINGPLATZ €
(☎75 41 07 77; www.ribecamping.dk; Farupvej 2; 80/50/70 Kr pro Erw./Kind/Stellplatz; @) Nur 2 km nördlich vom Bahnhof liegt der bestens ausgestattete Platz mit guter Atmosphäre, beheiztem Pool, Fahrradvermietung und Spielplatz. Die noblen Häuschen (mit Whirlpool!) sind ab 600 Kr zu haben.

★ **Den Gamle Arrest** PENSION €€
(☎75 42 37 00; www.dengamlearrest.dk; Torvet 11; DZ inkl. Frühstück 740–1090 Kr) Alle Achtung! Es erfordert schon Phantasie, Gefängniszellen in gute Hotelzimmer zu verwandeln. Annitha, die wunderbare Besitzerin dieser Pension, hat ganze Arbeit geleistet. Das Gebäude in erstklassiger Lage diente bis 1989 als Haftanstalt. Jetzt können sich die Gäste in den hellen, einfachen Zimmern richtig wohlfühlen. Zur optimalen Raumnutzung wurde eine Zwischenetage für einen Tisch und Stühle eingezogen, darunter befindet sich ein Bett. Die meisten Zimmer haben ein Waschbecken, ein eigenes Bad bieten nur die alten „Wächterräume". Fotos auf der Website.

Ribe Byferie APARTMENTS €€
(☎79 88 79 88; www.ribe-byferie.dk; Damvej 34; Apt. (bis 4 Pers.) 895–1395 Kr; P@) Das gut geführte, moderne Apartmentdorf liegt in einem ruhigen Stadtviertel südwestlich des Torvet und nur einen kleinen Fußmarsch von diesem entfernt. Die großzügigen Selbstversorger-Unterkünfte bieten Platz für bis zu sieben Personen. Ein Wellnesscenter, ein Spielezimmer, ein Fahrrad- und Kanuverleih, ein Kinderclub, ein Spielplatz und Grillplätze stehen zur Verfügung. Die Preise variieren je nach Saison; Bettwäsche und Frühstück kosten extra.

Hotel Dagmar HOTEL €€€
(☎75 42 00 33; www.hoteldagmar.dk; Torvet; EZ/DZ inkl. Frühstück ab 1095/1295 Kr; @) Das vornehme und zentral gelegene Hotel Dagmar ist Dänemarks ältestes Hotel (1581 eröffnet) und hat jede Menge nostalgischen Charme. Altmodisches Dekor, Fliesenarbeiten, Kunstwerke, Antiquitäten und Goldtöne prägen Gänge und Zimmer. Auf der Website werden interessante All-inclusive-Arrangements angeboten.

Essen & Ausgehen

Isvaflen EISCREME €
(Overdammen 11; 2/3 Kugeln 23/29 Kr;) An Pizzalokalen und Eisverkäufern ist entlang der Touristenpfade wahrlich kein Mangel. Trotzdem ist das Isvaflen an warmen Tagen rammelvoll, denn das Eis hier ist einfach köstlich.

Kvickly SUPERMARKT €
(Seminarievej; ⏲Mo–Fr 8–20, Sa & So bis 18 Uhr) Günstig gelegen für Selbstversorger, die im Hostel übernachten. Inkl. Postfiliale.

Sælhunden DÄNISCH €€
(www.saelhunden.dk; Skibbroen 13; mittags 99–159 Kr, abends Hauptgerichte 135–220 Kr; ⏲11–22 Uhr) Das hübsche in Schwarz-Weiß gehaltene Restaurant am Flussufer, mit Tischen im Freien gleich neben dem Segler *Johanne Dan*, ist eine tolle Option. Wer weiß, dass *Sælhund* auf Dänisch „Seehund" heißt, wird nicht überrascht sein, dass es hier sehr gute Meeresfrüchte, zubereitet nach traditionell dänischer Art, gibt. Besonders lecker ist die Spezialität des Hauses, *stjerneskud:* je ein gegrilltes und ein gedünstetes Fischfilet auf Brot mit Krabben, Kaviar und Dressing.

Weis Stue TRADITIONELL DÄNISCH €€
(www.weisstue.dk; Torvet 2; mittags 84–118 Kr, abends Hauptgerichte 154–208 Kr; ⌚11.30–22 Uhr) Wer moderne Standardküche sucht, ist hier absolut verkehrt. Passend zum Ambiente (in einer der ältesten Gaststätten des Landes) ist auch die Karte ein Traum für Traditionalisten. Serviert werden große Portionen, deftige Fleisch- und Kartoffelgerichte und Klassiker wie Schweinemedaillons oder Wiener Schnitzel. Dazu passt natürlich ein einheimisches Bier. Atmosphäre gibt es reichlich, Vegetarier haben hier wenig Glück.

Vægterkælderen EUROPÄISCH €€
(Torvet; Hauptgerichte 100–225 Kr; ⌚12–22 Uhr) Im Sommer ist der Nachtwächterkeller des Hotels Dagmar wie leergefegt, denn die Gäste sitzen dann lieber draußen auf dem Platz. Die Einrichtung ist von Holzbalken, weichen Lederbänken und gemütlichen Nischen geprägt und eher für kalte Tage gemacht, die Speisekarte ist nach dem Motto „schön einfach" zusammengestellt: Hauptgerichte sind Burger und Salate, eine Mahlzeit mit 2/3 Gängen kostet 150/200 Kr.

Kolvig MODERN DÄNISCH €€€
(www.kolvig.dk; Mellemdammen 13; mittags 77–163 Kr, abends Hauptgerichte 163–245 Kr; ⌚Mo–Sa 11–24 Uhr) Auf der Terrasse zum Fluss hat man alles perfekt im Blick. Damit nicht genug ist die Küche extrem ambitioniert und bedient sich großzügig regionaler Schätze. Besonders spannend ist die Tapasplatte „Wattenmeer", auf der sich Krabben, Lachs und geräuchertes Lamm stapeln. Auch die Desserts sind aus lokalen Zutaten und sehr kreativ. Der Brotkuchen aus Roggenbrot wird mit Vanillemousse und Brombeeren serviert.

Postgaarden CAFÉ €
(www.postgaarden-ribe.dk; Nederdammen 36; Mahlzeiten 69–119 Kr; ⌚Mo–Fr 10–17.30, Sa bis 16 Uhr) Der Feinkostbereich des Postgaarden führt eine breite Palette dänischer und internationaler Hausbrauereibiere, und im malerischen Innenhof von 1668 wird zu den Leckereien auf der Café-Karte eine wechselnde Auswahl (manchmal ziemlich obskurer) Bierspezialitäten vom Fass ausgeschenkt.

Ribe Bryghus BRAUEREI
(www.ribebryghus.dk; Skolegade 4B; ⌚Sa 10–14 Uhr) In den Restaurants und Bars in der Stadt unbedingt nach dieser Biermarke Ausschau halten – oder gleich in der Brauerei vorbeischauen (neben dem Hof). Die ist allerdings offiziell nur einmal in der Woche geöffnet (und inoffiziell auch, wenn die Brauereimeister am Werk sind).

ℹ Praktische Informationen

Touristeninformation (☎75 42 15 00; www.visitribe.dk; ⌚Juli & Aug. Mo–Fr 9–18, Sa 10–17 Uhr, sonst kürzer) Hat eine Fülle von Infos über die Stadt und Umgebung sowie Internetanschluss und verkauft den RibePas (Erw./Kind 20/10 Kr), den ein paar Unterkünfte kostenlos ausgeben. Den Inhabern gewährt er bis zu 20 % Ermäßigung bei vielen lokalen Attraktionen, er soll aber eventuell durch ein anderes Rabattsystem ersetzt werden.

ℹ An- & Weiterreise

Ribe liegt 31 km südlich von Esbjerg via Straße 24 und 47 km nördlich von Tønder via Straße 11. Von Ribe fahren wochentags stündlich (sonst seltener) Züge in Richtung Norden nach Esbjerg (60 Kr, 35 Min.) und südwärts nach Skærbæk. Mit Letzteren sind Ausflüge nach Rømø (30 Kr, 20 Min.) und Tønder (78 Kr, 65 Min.) möglich.

ℹ Unterwegs vor Ort

Die Häuser von Ribe drängen sich dicht aneinander, und das Städtchen ist bequem zu erlaufen. Alle interessanten Orte, einschließlich Hostel und Bahnhof, liegen zu Fuß nicht mehr als zehn Minuten vom Torvet entfernt, an dem sich der mächtige Dom erhebt.

Zwar darf im Zentrum umsonst geparkt werden, aber die Höchstdauer ist tagsüber meist auf zwei Stunden begrenzt. Neben dem Hostel darf man den Wagen bis zu vier Stunden stehen lassen, gleich nördlich an der Saltgade 48 Stunden. Nördlich des Bahnhofs, an der Rosen Alle, gibt es einen weiteren 48-Stunden-Parkbereich.

Fahrräder vermietet das Danhostel Ribe zu 80/140 Kr für einen/zwei Tag(e).

Nationalpark Vadehavet

Der **Nationalpark Vadehavet** (Wattenmeer-Nationalpark; www.danmarksnationalparker.dk) ist einer der neuen dänischen Nationalparks. Er verläuft entlang der Westküste Jütlands von der Ho-Bucht (westlich von Esbjerg) bis zur deutschen Grenze und schließt die Ferieninseln Rømø und Fanø ein. Seine Salzwiesen sind Futter- und Rastplatz für Millionen von Zugvögeln. 2014 wurde das Areal zum Unesco-Welterbe erklärt.

Das Wattenmeer dehnt sich auf einer Länge von 450 km von Westjütland nach Süden und Westen aus, bis zur niederländischen Insel Texel. Große Teile des niederländischen und deutschen Wattenmeers haben schon seit Jahren Nationalparkstatus. Seitdem der dänische Abschnitt nun auch unter Naturschutz steht, ist dies einer der größten Nationalparks in Europa.

Zehn bis zwölf Millionen Wasservögel machen hier auf dem Weg zu oder von ihren Brutgebieten in Nordskandinavien, Sibirien oder Grönland Station. Dabei suchen sie Nahrung im Watt, das alle 24 Stunden zweimal freiliegt. Auch Fische und Seehunde kann man hier in ihrer natürlichen Umgebung erleben.

Aktivitäten

Die Touristeninformationen an der Westküste haben Infos über das Aktivitätsangebot im Park.

Ein paar Tour- und Outdoor-Veranstalter zeigen verschiedene Bereiche des Parks; man beobachtet z. B. Vögel oder Seehunde, sammelt Austern oder unternimmt Wattwanderungen und erkundet dabei die Sandbänke.

Besonders beliebt sind die Touren während der Zeit der **Sort Sol** (Schwarze Sonne), im Frühjahr zwischen März und April und im Herbst zwischen Mitte September und Ende Oktober. Mittelpunkt dieser Führungen ist das Phänomen der riesigen Starschwärme (bis zu einer Million Vögel), die sich in den Salzwiesen außerhalb von Ribe und Tønder sammeln. Die Sort Sol ereignet sich gegen Abend: Die Vögel erheben sich und fliegen in faszinierenden Formationen umher, bis sie einen Schlafplatz für die Nacht gefunden haben. Die Schwarmbewegungen werden gern mit einem Tanz verglichen, und die Schwärme sind so groß, dass sie die untergehende Sonne verdunkeln (daher der Name).

VadehavsCentret INFOS & AUSFLÜGE
(☎75 44 61 61; www.vadehavscentret.dk; Okholmvej 5, Vester Vedsted; Erw./Kind 70/35 Kr; ⌚Mitte Feb.–Okt. 10–16 oder 17 Uhr; 👪) Die beste Infoquelle zum Park liegt etwa 10 km südwestlich von Ribe und ist mit Buslinie 411 erreichbar. Das Besucherzentrum organisiert verschiedene Aktivitäten und zeigt **Ausstellungen** zu den Gezeiten sowie zur Flora und Fauna des Nationalparks. Das **Tourenangebot** (5 Std. Austern-Safari: 260 Kr, Sort-Sol-Ausflug: 65 Kr) ist exzellent.

Regelmäßig bei Ebbe fährt ein Traktor 6 km über das Watt zu der kleinen Insel **Mandø** hinaus (hin & zurück 60 Kr; Fahrplan unter www.mandoebussen.dk). Wer mag, kann das Inselchen auch mit dem Leihrad erkunden oder sich auf dem Campingplatz, in einem B&B oder einem *kro* (Gasthaus; s. www.mandoetourist.dk) einquartieren.

Naturcenter Tønnisgaard AKTIVITÄTEN
(☎74 75 52 57; www.tonnisgaard.dk; Havnebyvej 30, Rømø; Erw./Kind 22/11 Kr; ⌚Mitte März–Okt. Mo–Fr 10–16 Uhr, Nov.–Mitte März Mo–Mi 10–15 Uhr; 👪) Das Info- und Outdoor-Zentrum des Nationalparks auf Rømø zeigt Ausstellungen und organisiert familienfreundliche Touren (saisonal), z. B. Vogelbeobachtungen und Krabben-, Austern- bzw. Pilzesammeln.

Rømø

650 EW.

Im Sommer füllt sich die große Insel mit hauptsächlich deutschen Urlaubern. Erstaunlich ist das nicht, denn die gesamte Westküste ist ein einziger, langer Sandstrand – ein Paradies für Sonnenanbeter und Aktivurlauber. Ein 10 km langer Straßendamm (mit Radweg) verbindet die Insel mit dem Festland. In der kalten Jahreszeit ist sie ein windgepeitschter, verschlafener Ort mit dem Reiz weltferner Abgeschiedenheit – das krasse Gegenteil zum sommerlichen Gewimmel.

Sehenswertes

Kommandørgården HISTORISCHES GEBÄUDE
(www.natmus.dk; Juvrevej 60, Toftum; ⌚Mai–Sept. Di–So 10–17 Uhr, Okt. bis 15 Uhr) GRATIS Das hübsche, mit Reet gedeckte Kommandørgården, 1,5 km nördlich des Damms, ist das gut erhaltene Wohnhaus des Kapitäns eines Walfangschiffs im 18. Jh. Es prunkt mit bemalten Holzarbeiten im Rokokostil und holländischen Fliesen (sehr spärlich auf Englisch beschriftet) und ist ein Beleg dafür, welchen Reichtum der Walfang Rømø damals bescherte. In der Scheune hängt das 13 m lange Skelett eines 1996 auf Rømø gestrandeten Pottwals.

Rømø Kirke KIRCHE
(Havnebyvej, Kirkeby) Die Rømø Kirke aus dem 18. Jh. steht an der Hauptstraße von Kirkeby. Sie ist bekannt für die einzigartigen grönländischen Grabsteine an der Nordmauer des Friedhofs, die Seekapitäne errichten und mit Bildern von ihren Schiffen und Familien schmücken ließen.

Aktivitäten

Reiten

Die Strände eignen sich perfekt für einen Ausritt, dem Sonnenuntergang entgegen.

Kommandørgårdens Islændercenter REITEN
(☎74 75 51 22; http://islander.kommandoergaarden.dk; Havnebyvej 201;) Das Islændercenter gehört zum Hotel Kommandørgården und besitzt einen Stall voller Islandponies. Ausritte für Kinder, Anfänger und erfahrene Reiter führen durch die Wälder und am Strand entlang. Ein dreistündiger Ausritt bei Sonnenuntergang kostet 350 Kr, eine ganztägige Exkursion in den Norden von Rømø 895 Kr.

Windsportarten

Der lange Strand an der Westküste ist in Zonen für verschiedene Sportarten unterteilt. **Windsurfer** treffen sich vor allem nahe Lakolk. Die meisten kommen mit eigener Ausrüstung. Wo man Leihbretter etc. erhält, wissen die Angestellten der Touristeninformation.

An der Südwestspitze liegt der **Sønderstrand**. Die vielen Autos und ein buntes Treiben weisen den Weg zu diversen Strandaktivitäten, bei denen sich die Besucher den kräftigen Nordseewind zunutze machen. Ein kleiner Parkplatz befindet sich am Ende der Teerstraße. Viele fahren aber auch einfach am Strand entlang weiter. In Richtung Norden ist das bis Lakolk möglich.

Am Ende der Teerstraße beginnt links das Gebiet der Strandsegler *(strandsejlads)* oder Blokarts (dreirädrige Flitzer mit einem Segel). Rechts sind die Kitebuggys *(kitebuggykørsel)* unterwegs, die sich von einer Art Fallschirm ziehen lassen. Sie werden enorm schnell, und schon das Zuschauen ist ein Vergnügen. Wer es selbst ausprobieren möchte, kann sich an eins der Sportzentren wenden, die Unterricht anbieten und/oder Fahrzeuge ausleihen. Sie sind meist von Ende April bis Anfang Oktober geöffnet, solange das Wetter mitspielt.

Windriders EXTREMSPORT
(☎22 34 13 85; www.windriders.dk; Havnebyvej 60, Kongsmark) Einführungen für Blokart-Neulinge (225 Kr pro Std.) oder Leihfahrzeuge (150 Kr für 30 Min.).

KiteSyd EXTREMSPORT
(☎20 88 83 85; www.kitesyd.dk) Alles mit „Kite“: Kitesurfing, Kitebuggies und Kitelandboarding (dabei lässt man sich von einem Drachen auf einer Art Mega-Skateboard ziehen).

Andere Aktivitäten

Im Landesinneren von Rømø verlaufen stille Fußwege durch Heidemoore und Wälder.

Enjoy Resorts Rømø (☎74 75 56 55; www.enjoyresorts.dk; Vestergade 31, Havneby) liegt auf dem Weg nach Sønderstrand. Hier findet man ein Wellnesscenter (250 Kr für Tagesgäste), einen Indoor-Swimmingpool und ein Fitnesscenter (Erw./Kind 75/35 Kr), eine Bowlingbahn (1 Std. 120 Kr) und einen anspruchsvollen Golfplatz (18 Löcher 300 Kr).

Schlafen

Das Gros der Unterkünfte bilden rund 1600 Ferienhäuser und -wohnungen, die in der Hochsaison gewöhnlich wochenweise vermietet werden (außerhalb dieser Zeit ist eine dreitägige Mindestaufenthaltsdauer die Regel). Die Preise variieren nach Saison und Komfort. Die Touristeninformation hat einen Katalog und erledigt Reservierungen.

Danhostel Rømø HOSTEL €
(☎74 75 51 88; www.danhostel.dk/romo; Lyngvejen 7, Østerby; B 250 Kr, DZ mit/ohne Bad 420/520 Kr; April–Mitte Okt.) Der malerische Komplex mit Reetdächern (wieder ein alter Kapitänswohnsitz) liegt versteckt zwischen Kiefern abseits der Hauptstraße. Supermarkt und Bäckerei sind zu Fuß erreichbar. Die Zimmer (einige mit Bad) sind einfach, aber blitzsauber. Die Freianlagen machen Lust, den ganzen Urlaub dort auszuspannen.

Lakolk Strand Camping CAMPINGPLATZ €
(☎74 75 52 28; www.lakolkcamping.dk; Lakolk; Stellplatz pro Erw./Kind 90/56 Kr; Mitte April–Okt.;) Im Sommer ist der Strandcampingplatz mit Einkaufszentrum bei Lakolk ein Ferienparadies – oder die Hölle, je nach Standpunkt. Er quillt über von Familien, die auf gutes Wetter hoffen. Direkt neben dem riesigen Zeltgelände gibt es Plätze für Wohnmobile. Auch Wohnwagen und Hütten werden vermietet.

Hotel Kommandørgården HOTEL, CAMPINGPLATZ €€
(☎74 75 51 22; www.kommandoergaarden.dk; Havnebyvej, Østerby; pro Erw./Kind/Stellplatz 82/48/75 Kr, Hotel EZ/DZ ab 875/925 Kr;) Die große Anlage hat einfach alles, von Campingplatz und Ferienhäuschen über Hotelzimmer und Apartments bis Restaurant und Bar. Dazu jede Menge Aktivitätsangebote (Kajak, Reiten etc.), ein Wellnesscenter, ein Spielzentrum für Kinder, Leihräder und sowohl ein Hallen- als auch ein Freibad.

Enjoy Resorts Rømø RESORT €€€
(☎74 75 56 55; www.enjoyresorts.dk; Vestergade 31, Havneby; Häuser 1760–2098 Kr;) Ein luxuriöser „Spielplatz" für die ganze Familie mit Golfplatz, Wellnesscenter, Restaurant und einem riesigen Komplex mit Zweibettzimmern und komplett ausgestatteten Ferienhäusern (für bis zu acht Personen). Man muss mindestens zwei Nächte bleiben. Wochenpauschalen und verschiedene Golf-/Wellness-Arrangements sind möglich.

Essen

Havneby ist das kulinarische Zentrum der Insel mit einem großen Supermarkt und einer guten Auswahl an Lokalen, die überwiegend auf Familien ausgerichtet sind. In Lakolk gibt es einen kleinen Supermarkt, ein Bistro, eine Pizzeria und eine Diskothek (nur im Sommer) mit entspannter Atmosphäre, eine Eisdiele und Cafés.

Beim Essen lohnt es sich, Ausschau nach Rømø-Spezialitäten zu halten. Besonders gut: das *marsklam* (Weidelamm) und *rejer* (Krabben).

Otto & Ani's Fisk FISCH- & MEERESFRÜCHTE €
(Havnespladsen, Havneby; Mahlzeiten 65–195 Kr; ⌚11–20 Uhr) Das unkomplizierte Schnellrestaurant liegt direkt am Hafen von Havneby, sodass der Fisch gar nicht frischer sein könnte. Davor stehen Bänke, auf denen sich die Gäste mit Fish & Chips (65 Kr) oder Garnelenbrötchen (75 Kr) stärken. Es werden hier auch roher Fisch, Meeresfrüchte und Räucherfisch verkauft.

Holms Røgeri & Restaurant FISCH- & MEERESFRÜCHTE €€
(www.holmsrogeri.dk; Nordre Havnevej 1, Havneby; mittags 59–148 Kr, abends Hauptgerichte 123–208 Kr; ⌚11.30–21 Uhr) Bei diesem Fischspezialisten führt mittags an der *stjerneskud* (Sternschnuppe) oder einer Platte frischer Shrimps eigentlich kein Weg vorbei. Abends wird das Speisenangebot um ordentliche Steaks erweitert. Für das opulente (und deshalb sehr beliebte) Fischbuffet am Freitag- und Samstagabend (228 Kr) muss vorab reserviert werden.

Praktische Informationen

Touristeninformation (☎74 75 51 30; www.romo.dk; Nr Frankel 1, Havneby; ⌚Juli & Aug. Mo–Sa 9–17, So bis 15 Uhr, Sept.–Juni Mo–Sa 9–16.30, So bis 12 Uhr) Im Zentrum von Havneby; vermittelt Ferienhäuser.

An- & Weiterreise

Rømø liegt an der Straße 175, 14 km westlich von Skærbæk. Zwischen Skærbæk und Havneby fährt ein paar Mal täglich die Buslinie 285 (30 Kr, 40 Min.). Züge machen sich stündlich auf den Weg von Skærbæk nach Ribe, Tønder und Esbjerg.

Die **Sylt-Fähre** (☎73 75 53 03; www.sylt-ferry.com) pendelt mehrmals täglich zwischen Havneby und dem nahen Sylt. Die Überfahrt dauert 40 Minuten (einfache Fahrt Pkw inkl. Insassen 354 Kr, Erw. hin & zurück 77 Kr).

Unterwegs vor Ort

Die Strände in Lakolk und der Sønderstrand sind über Straßen mit dem Auto erreichbar; an der Westküste kann man auch direkt am Strand entlang fahren.

Der Havneby–Skærbæk-Bus (Linie 285) ist nicht besonders hilfreich, wenn man sich die nähere Umgebung ansehen will. Besser vorwärts kommt man mit einem Leihrad, z. B. von **Rømø Cykler** (☎22 34 13 85; www.romocykler.dk; Havnebyvej 60, Kongsmark; ab 60/300 Kr pro Tag/Woche; ⌚April–Okt. 10–17 Uhr, Juli & Aug. bis 18 Uhr), denn Rømø ist platt wie eine Flunder und damit 1a-Radelterrain.

Tønder

7700 EW.

Das einladende Tønder blickt auf eine wechselvolle Geschichte mit verheerenden Sturmfluten und deutscher Annexion. Die Verbindungen zu Deutschland, das nur 4 km weiter südlich beginnt, sind heute noch ausgeprägt.

Im 16. Jh. wurde eine Reihe von Deichen errichtet. Doch durch die schnitt sich die Stadt von ihrem Seehafen ab und musste neue Einnahmequellen erschließen. Die Klöppelei war ein sensationell erfolgreiches Start-up. Während ihrer Blütezeit im 18. Jh. arbeiteten bis zu 12 000 Frauen in der Spitzenherstellung.

Sehenswertes

Tønder Museum MUSEUM
(www.museum-sonderjylland.dk; Kongevej 51; Erw./Kind 50 Kr/frei; ⌚Juni–Aug.10–17 Uhr, Sept.–Mai Mo geschl.) Das Tønder Museum setzt sich aus drei Museen zusammen: **Kulturhistorie Tønder** präsentiert feinste Tønder-Spitze und hübsch bemalte Möbel. Im angrenzenden Flügel befindet sich das **Kunstmuseet i Tønder** mit wechselnden Kunstausstellungen. Und unser Favorit, der **Vandtårnet** (Wasserturm) von 1902, bietet Panoramablicke – mit dem Aufzug hochfahren und dann

ABSTECHER

SCHLOSS GRÅSTEN

Jeden Sommer erwacht das verschlafene Gråsten (4200 Ew.) drei Wochen lang zu emsiger Betriebsamkeit. Dann nämlich, wenn Königin Margrethe und Prinz Henrik (meist auch weitere Familienangehörige) sich zum Entspannen hierher, in ihre Sommerresidenz, zurückziehen. Solange keine Hoheiten hier weilen, steht der **Schlossgarten** (⌚ganzjährig ab 7.30 Uhr) mit seiner reichen Flora Besuchern offen. Die Schließzeiten variieren je nach Saison: im Winter schon um 16.30 Uhr, im Sommer um 20 Uhr.

Schloss Gråsten (www.slke.dk; Slotsgade) steht am Ufer des Slotssø. Mitte des 16. Jhs. errichtet, brannte es 1603 nieder. Es wurde wieder aufgebaut, fiel aber 1757 erneut den Flammen zum Opfer. Das heutige Schloss wurde 1842 fertiggestellt – und 1935 königliche Residenz.

Der einzige Teil des Schlosses, der Besuchern zugänglich ist, ist die reich geschmückte **Kapelle** (⌚April–Okt. Mi 11–14, Sa 10–14, So 14–16 Uhr). Sie wurde zwischen 1699 und 1702 erbaut und ist der einzige Teil des alten Schlosses, der den Brand von 1757 überlebt hat.

Züge auf der Strecke zwischen Kolding und Sønderborg halten unterwegs in Gråsten (ab Sønderborg 40 Kr, 12 Min.), das Schloss ist aber auch mit den Bussen 100, 223 und 915X zu erreichen (pendeln zwischen Gråsten und Sønderborg; 16 km, 40 Kr).

runterlaufen. Dabei kann man sich die bildschönen Designerstühle von Hans Wegner auf den insgesamt acht Etagen des Turms ansehen.

Wegner, einer der kreativsten und produktivsten dänischen Möbeldesigner überhaupt, stammt gebürtig aus Tønder. Jeder, der durch Dänemark reist, ist seinen Entwürfen schon begegnet. Hingucker sind der Ox Chair im 5. Stock, der kuriose Valet Chair im 4. Stock sowie der Peacock und der Wishbone Chair im 2. Stock.

Stadtbild HISTORISCHE GEBÄUDE

Bei einem Spaziergang südlich vom Torvet, die Søndergade entlang und dann rechts in die **Uldgade**, erhascht man einen Blick in die Vergangenheit der Stadt. Die gepflasterte Straße wird von Tønders schönsten Giebelhäusern gesäumt. An der verkehrsberuhigten Hauptstraße steht das 1672 errichtete **Drøhses Hus** (Storegade 14; Erw./Kind 30 Kr/frei; ⌚April–Dez. Mo–Fr 10–17, Sa 10–14 Uhr), das liebevoll restauriert wurde und für die Öffentlichkeit zugänglich ist. Besucher können Spitzenwaren, Kunstgegenstände und Handwerk besichtigen. **Det Gamle Apotek** (Die alte Apotheke; Østergade 1), eine ehemalige Apotheke am Torvet, betritt man durch ein kunstvoll gearbeitetes Barockportal von 1671, das von zwei Löwen flankiert wird. Sie bewachen ein schier unendliches Angebot von Mitbringseln im Andenkenladen.

Kristkirken KIRCHE

(Kirkepladsen; ⌚Mo–Sa 10–16 Uhr) Die prächtige Kristkirken an der Nordostseite des Torvet wurde 1592 erbaut. Die üppige Innenraumgestaltung war ein Geschenk der reichen Vieh- und Spitzenhändler, die in Tønder zwischen dem späten 17. und 18. Jh. großzügig spendeten.

Festivals & Events

Tønder Festival MUSIK

(www.tf.dk) Das viertägige Tønder Festival wird Jahr für Jahr größer und berühmter und lockt in der letzten Augustwoche um die 20 000 Besucher aus allen Winkeln des Landes an. Es gilt als eins der besten Folkfestivals in Europa; hier treten erstklassige internationale Folk- und Roots-Musiker auf.

Schlafen

B&Bs sind auf der Website www.toenderbb.dk aufgelistet. Wenn es etwas ganz Besonderes sein soll, empfehlen wir den alten *kro* (Gasthof) in Møgeltønder.

Danhostel Tønder HOSTEL €

(☎74 92 80 01; www.danhostel-tonder.dk; Sønderport 4; B 220 Kr, EZ & DZ mit Bad 495 Kr; @📶) Das Danhostel Tønder liegt wenige Gehminuten südöstlich des Zentrums und gleicht den anderen Danhostels in Südjütland. In einem schlichten, flachen Ziegelbau bietet es viele Zimmer (alle mit Bad), freundliches Personal, ansprechende Gemeinschaftsräume und saubere Sanitäranlagen. Gleich nebenan ist der Campingplatz.

Hostrups Hotel HOTEL €

(☎74 72 21 29; www.hostrupshotel.dk; Søndergade 30; EZ/DZ ab 380/490 Kr; 📶) Zuerst die niedrigen Preise, dann die abgetretenen Teppiche in der Eingangshalle: Das macht skeptisch. Doch gemach, die Zimmer sind wirklich nett! Das hübsche Hotel liegt an einem See und hat auch Zimmer mit Wasserblick.

Essen & Ausgehen

Café Engel CAFÉ €

(www.cafe-engel.dk; Frigrunden 3; Sandwiches 39–89 Kr; Di–Sa 11–17 Uhr) Das Café am Ende der Uldgade ist wunderbar schlicht eingerichtet und hat schöne Plätze draußen auf dem Platz. Der Kaffee ist lecker, und auf einer entzückenden, handgeschriebenen Speisekarte steht eine kleine, verführerische Auswahl an Sandwiches (besonders gut sind die mit Lachs und selbstgemachtem Zaziki).

Kloster Caféen CAFÉ €

(www.klostercafeen-toender.dk; Torvet 11; Mo–Fr 10–17, Sa 11–17, So 11–16 Uhr) Am Torvet sind mehrere Lokale, unter ihnen das Kloster Caféen im ältesten Haus von Tønder (erb. 1520) mit besonders schönen alten Kacheln. Auf dem Platz findet dienstag- und freitagvormittags ein pittoresker Obst-, Gemüse- und Käsemarkt statt.

Victoria INTERNATIONAL €€

(www.victoriatoender.dk; Storgade 9; Hauptgerichte 65–199 Kr; Mo–Do 11–22, Fr bis 4, Sa bis 2, So 12–22 Uhr) Ende des 19. Jhs. besaß Tønder eine rekordverdächtige Konzentration von Bars: eine pro 49 Einwohner! Nur das Victoria – heute eine Kombi aus Pub, Café und Restaurant – ist noch davon übrig geblieben. Es ist ein Renner mit einer Klientel aus allen Altersklassen, nostalgischem Holzdekor und einer guten Auswahl an heimischen und internationalen Biersorten. Die Speisekarte ist lang, abwechslungsreich (Burger, Burritos, Pasta, Sandwiches) und günstig.

Praktische Informationen

Touristeninformation (74 72 12 20; www.visittonder.dk; Storegade 2–4; Mo–Fr 10–17, Sa 10–14 Uhr) Die hilfreiche Touristeninformation bietet Infos zur Stadt und zu Møgeltønder.

Anreise & Unterwegs vor Ort

Tønder liegt an der Straße 11, nur 4 km nördlich der deutschen Grenze und 77 km südlich von Esbjerg.

Der Bahnhof befindet sich im Westen der Stadt, 1 km vom Torvet via Vestergade. Es bestehen zahlreiche Zugverbindungen nach Ribe (78 Kr, 65 Min.) und Esbjerg (111 Kr, 1½ Std.).

Buslinie 266 fährt regelmäßig nach Møgeltønder (20 Kr, 15 Min.).

Møgeltønder

Dieses Dörfchen ist so süß, dass man es am liebsten als Souvenir einpacken möchte. Ein Königsschloss, eine der schönsten Hauptstraßen von ganz Dänemark und eine freskengeschmückte Kirche zählen zu den Sehenswürdigkeiten.

Sehenswertes

Schackenborg SCHLOSS

(Schackenborgvej) Am östlichen Ortsrand steht das kleine Schloss Schackenborg, das Ende des 17. Jhs. erbaut wurde. 20 Jahre lang hat es dem jüngsten Sohn von Königin Margrethe, Prinz Joachim, und seiner Familie als Zuhause gedient. 2014 kündigten Joachim und seine Frau, Prinzessin Marie, jedoch an, dass sie mit ihren beiden kleinen Kindern nach Kopenhagen ziehen. Die frisch gegründete Schackenborg-Stiftung übernimmt die Verwaltung des Gebäudes.

Bei der Ankunft vor Ort sollte man sich zunächst bei der Touristeninformation erkundigen, ob das Schloss und der Park aktuell zugänglich sind. In den letzten Sommern fanden ein- oder zweimal wöchentlich tolle Führungen durch den Schlossgarten statt.

★ **Møgeltønder Kirke** KIRCHE

(www.moegeltoender-kirke.dk; Slotsgade 1; Mai–Sept. 8–16 Uhr, Okt.–April 9–16 Uhr) Am Westende der Slotsgade steht die Møgeltønder Kirke, die mit ihrer üppigen Ausstattung ein Fest für die Sinne ist. Das romanische Schiff stammt von 1180 und das Taufbecken von 1200. Viele Elemente wurden später hinzugefügt. Das gotische Chorgewölbe etwa wurde im 13. Jh. errichtet, der Turm um 1500 und die Kapelle an der Nordseite 1763. Den Innenraum zieren prachtvolle Fresken, Galeriebilder und Deckengemälde.

Hier steht auch die älteste, noch spielbare Kirchenorgel Dänemarks (1679). Der verzierte und vergoldete Altar stammt aus dem 16. Jh. Ein besonderes Plätzchen ist die „Gräfinnenlaube“, die Loge der Familie Schack, der die Kirche von 1661 bis 1970 gehörte.

Schlafen & Essen

Schackenborg Slotskro HOTEL €€

(74 73 83 83; www.slotskro.dk; Slotsgade 42; EZ/DZ 1099/1359 Kr;) Mit Prinz Joachim als Nachbar und Mitbesitzer hat der noble Gasthof beste Bedingungen. Im Hauptbau und in drei umliegenden Häusern bietet er 25 erstklassige Zimmer mit komfortabler Ausstat-

tung. Auch die traditionelle dänische Küche genießt einen guten Ruf. Es gibt Mittagessen (119–189 Kr) mit Lachs und Hering und abends ein umfangreiches Dinner (3-/6-gängiges Verkostungsmenü 414/669 Kr).

Mormors Lille Café CAFÉ €
(Slotsgade 9; Kuchen 30–45 Kr; ⌚ Juni–Aug. 11–18 Uhr) „Großmutters kleines Café" passt perfekt zur Atmosphäre des Dorfes: ein Postkartenhäuschen mit Reetdach, Blumenbeeten und Gartenwirtschaft. Zu essen gibt es *lagkage* (Schichttorte) wie früher oder natürlich *æblekage* (Apfelkuchen).

An- & Weiterreise

Møgeltønder liegt 5 km westlich von Tønder an der Straße 419. Buslinie 266 verbindet das Dorf mit Tønder (20 Kr, 15 Min.).

Sønderborg

27 400 EW.

Sønderborg erstreckt sich zu beiden Seiten der Meerenge Als Sund (Alsensund). Trotz mittelalterlicher Anfänge hat die Stadt eine moderne Atmosphäre. Mitte des 12. Jhs. ließ Waldemar I. hier eine Küstenfestung errichten, aus der sich die heutige Stadt entwickelte.

Als Schlachtfeld in zwei Kriegen gegen Deutschland hat Sønderborg die dänische Geschichte mitgeprägt. 1864 konzentrierten sich hier die dänischen Kräfte für die Schlacht von Dybbøl (Düppeler Schanzen). Doch mit 80 000 Granaten bahnten sich die Preußen den Weg und besetzten Jütland. Erst 60 Jahre später, nach dem Ersten Weltkrieg, fiel das Gebiet wieder an Dänemark.

Im Zuge der Aufbauarbeiten nach dem Zweiten Weltkrieg bekam die Stadt ihr modernes Gesicht. Heute erlebt sie regelmäßig eine Invasion anderer Art, wenn im Sommer Scharen deutscher und dänischer Urlauber einfallen. Viele Einwohner sprechen deutsch.

Sehenswertes

Sønderborg Slot SCHLOSS, MUSEUM
(www.museum-sonderjylland.dk; Sønderbro 1; Erw./Kind 60 Kr/frei; ⌚ April–Okt. 10–16 oder 17 Uhr, Nov.–März Di–So 13–16 Uhr) Schloss Sønderborg, errichtet Mitte des 12. Jhs., begann sein Dasein als Festung. Diese wurde später um mehrere Bollwerke erweitert. Sie ist der Stoff, aus dem Legenden und Geschichten gemacht sind, und beherbergt mittlerweile ein **Museum** zur Lokalgeschichte. Die Ausstellungen beschäftigen sich mit den Kriegen von 1848 und 1864 und dem politischen Hintergrund der Region. Es sind auch Gemälde aus dem „Goldenen Zeitalter" Dänemarks zu sehen.

Von 1532 bis 1549 wurde der abgesetzte König Christian II. in Sønderborg Slot festgehalten. Ende des 16. Jhs. fand der Umbau der Burg zur Königsresidenz statt (die königliche Kapelle von 1568 gilt als eine der ältesten Europas). Das barocke Erscheinungsbild erhielt das Schloss übrigens bei der Restaurierung 1718. Während der deutschen Besatzung diente es als Kaserne.

ABSTECHER

FRØSLEVLEJREN

Padborg (4500 Ew.) liegt direkt an der Grenze zu Deutschland. Gegen Ende des Zweiten Weltkriegs wurde nahe der Stadt das Frøslevlejren (Frøslevlager) eingerichtet. Die Deutschen hatten zugesagt, dänische Kriegsgefangene dort zu internieren und nicht außer Landes zu bringen. Trotzdem wurden 1600 Dänen in deutsche Konzentrationslager deportiert. In den neun Monaten seines Bestehens waren in Frøslev 12 000 Gefangene inhaftiert.

Das **Frøslevlejrens Museum** (www.froeslevlejrensmuseum.dk; Lejrvej 83; ⌚ Mitte Juni–Mitte Aug. 9–17 Uhr, sonst kürzer, Dez. & Jan. geschl.) GRATIS schildert die Geschichte des dänischen Widerstands und den Gefängnisalltag in Frøslev. Wer schon andere deutsche Kriegsgefangenenlager besucht hat, wird überrascht sein. Frøslev ist die leuchtende Ausnahme: Hier gab es genug zu essen, keine Folter und keine Hinrichtungen. Den Gefangenen war es sogar gestattet, einmal im Monat Besuch zu empfangen. Fürchten mussten sie nur die Deportation nach Deutschland. Nach Kriegsende erhielt das Lager einen anderen Namen. Die neuen Gefangenen waren mutmaßliche Nazi-Kollaborateure.

Frøslevlejren liegt am nordwestlichen Stadtrand von Padborg, 1 km westlich der E45 (Ausfahrt 76). Bus 110 verkehrt zwischen Sønderborg und Padborg, es besteht aber keine Anbindung zum Museum. Wer nicht zu Fuß gehen will (ca. 4 km), muss ein Taxi nehmen.

Historiecenter Dybbøl Banke KRIEGSMUSEUM
(www.museum-sonderjylland.dk; Dybbøl Banke 16; Erw./Kind 110/60 Kr; ⌚April–Okt. 10–17 Uhr) Am 18. April 1864 überrollten preußische Truppen die Dänen, und Südjütland blieb bis nach dem Ersten Weltkrieg unter deutscher Kontrolle. Das Geschichtszentrum Dybbøl Banke am Westrand der Stadt vermittelt einen fesselnden Eindruck von der blutigen Schlacht an den Düppeler Schanzen. Buslinie 1 fährt von der Stadt dorthin.

Dybbøl Mølle WAHRZEICHEN
(Dybbøl Banke 7; Erw./Kind 45/30 Kr; ⌚tgl. Mitte April–Mitte Okt.) Die Dybbøl Mølle oder Düppeler Windmühle wurde zweimal bis auf die Grundmauern zerstört und als heiß geliebtes nationales Symbol wieder aufgebaut. Die Exponate dokumentieren ihre Geschichte und erläutern ihre Bedeutung für die Dänen.

Schlafen

Danhostel Sønderborg City HOSTEL €
(☎74 42 31 12; www.sonderborgdanhostel.dk; Kærvej 70; B 175 Kr, EZ/DZ 435/570 Kr; @ 📶) Nur 15 Minuten nördlich des Zentrums steht das moderne Hostel mit Gartenanlage und Grillstellen. Alle Zimmer haben ein Bad. Für eine Billigunterkunft recht nobel. Schlafsaalbetten gibt es nur von Juni bis August. Die Stadtbusse der Linie 6 halten nahebei.

Sønderborg Camping CAMPINGPLATZ €
(☎74 42 41 89; www.sonderborgcamping.dk; Ringgade 7; pro Erw./Kind/Stellplatz 75/30/30 Kr; ⌚April–Sept.) Die Lage neben dem Jachthafen ist absolut idyllisch, die Stadt nach einem schönen zehnminütigen Spaziergang am Wasser schnell erreicht. Der Campingplatz ist familienfreundlich und gut ausgestattet. Kein Wunder, dass die Stellplätze im Sommer heiß begehrt sind; es empfiehlt sich, im Voraus zu buchen. Auch Hütten und Wohnwagen werden vermietet.

Hotel Sønderborg Garni HOTEL €€
(☎74 42 34 33; www.hotelsoenderborg.dk; Kongevej 96; EZ/DZ ab 650/875 Kr; 📶) Der nette Service und die erstklassige Lage in einem noblen Wohnviertel lassen einen den etwas grauen Eindruck, den die kleine Villa mit Turm von außen macht, rasch vergessen. Das 1904 errichtete Haus bietet 18 Zimmer, die alle unterschiedlich eingerichtet sind. Die kleinsten Einzelzimmer sind wirklich winzig, aber gemütlich. Es herrscht insgesamt eine heimelige, lockere Stimmung.

Essen & Ausgehen

Eine gute Auswahl von Speiselokalen wartet am Hafen (an der Havnegade) und am Rådhustorvet. Treppen verbinden die beiden Viertel.

Café Ib Rehne Cairo INTERNATIONAL €€
(www.ibrehnecairo.dk; Rådhustorvet 4; Mahlzeiten 72–145 Kr; ⌚Mo–Mi 10–23, Do bis 24, Fr & Sa bis 2, So bis 21 Uhr) Eine ganztägig geöffnete Café-Bar mit interessantem Namen: „Ib Rehne, Kairo" – so pflegte sich der frühere dänische Auslandskorrespondent in Kairo nach seinen Meldungen von den Zuschauern zu verabschieden. Die Einrichtung ist angenehm frisch, während die Speisekarte eher klassisch daherkommt (Bagel, Burger, Salate). Zur Brunchzeit sind die Tische im Freien stark belagert, aber drinnen sitzt man auch gut. Idealer Ort für einen Cocktail am Abend.

OX-EN Steakhouse STEAKHAUS €€€
(www.ox-en.dk; Brogade 2; Hauptgerichte 159–349 Kr; ⌚Mo–Sa 17.30–23 Uhr) Nach einer Reise um die halbe Welt landen in diesem schicken, gut besuchten Hafenrestaurant erstklassige australische Steaks auf dem Teller und werden perfekt durch Weine aus der neuen Welt ergänzt. Wer nicht auf Fleisch vom Lavasteingrill steht, findet auch steaklose Alternativen auf der Karte.

Praktische Informationen

Sønderborg liegt auf beiden Seiten des Als Sunds, den zwei Brücken überspannen. Das Zentrum und Sønderborg Slot liegen im Ostteil, auf der Insel Als. Dybbøl und der Bahnhof befinden sich auf der Westseite, auf dem jütländischen Festland.

Verschiedene Dienstleister säumen die Fußgängerstraße Perlegade, gleich nördlich des Rådhustorvet.

Touristeninformation (☎74 42 35 55; www.visitsonderborg.com; Rådhustorvet 7; ⌚Mo–Fr 10–17, Sa 10–13 Uhr) Am Hauptplatz. Viele Infos rund um das Thema Wandern und Radfahren in der Region.

Anreise & Unterwegs vor Ort

Sønderborg liegt via Straße 8 rund 30 km nordöstlich von Kruså, dem Grenzübergang nach Deutschland. Es bestehen Bahnverbindungen nach Kolding (160 Kr, 1½ Std.) und zu anderen Orten in Jütland.

Der Bahnhof liegt im Westen der Stadt im modernen Alsion-Komplex. Stadtbus 1 verbindet den Bahnhof mit dem Busbahnhof im Osten (an der Jernbanegade, einen Block östlich der Perlegade).

Als

Die Insel Als, durch den schmalen Als Sund von Jütland getrennt, ist vom Massentourismus relativ unberührt geblieben. Hier kommen Besuchern noch Postkartenmotive vom gemütlichen dänischen Landleben vor die Linse. Die Insel ist ideal für Ausflüge mit dem Auto oder dem Fahrrad. Auf die Busfahrpläne ist mitunter kein Verlass. Die besten Strände liegen an der Südküste (schön geschützt – Einheimische empfehlen Kegnæs). Die Ostküste weist charmante, kleine Dörfer auf. Campingplätze gibt es auf der ganzen Insel, im Sommer wimmeln sie von dänischen und deutschen Urlaubern.

Praktische Informationen und Karten hält die Touristeninformation Sønderborg bereit. Allen, die von Insel zu Insel hüpfen wollen, stehen Fährverbindungen zwischen Fynshav an der Ostküste von Als und Søby auf Ærø (www.aeroe-ferry.com) oder Bøjden auf Fünen (www.faergen.dk) zur Verfügung.

Mitteljütland

Inhalt ➡

Gut essen

- Kähler Villa Dining (S. 228)
- Restaurant Gastronomisk Institut (S. 241)
- St Pauls Apothek (S. 228)
- Molskroen (S. 234)
- Hotel Julsø (S. 242)
- Henne Kirkeby Kro (S. 250)

Schön übernachten

- Niels Bugges Hotel (S. 251)
- Hotel Guldsmeden (S. 226)
- Hotel Legoland (S. 246)
- Legoland Holiday Village (S. 246)
- Villa Zeltner (S. 239)

Auf nach Mitteljütland

Mitteljütland ist die größte und abwechslungsreichste Region Dänemarks. Zwischen den stillen Stränden der geschützten Ostküste und der rauen, von den Nordseewinden gepeitschten Westküste erstreckt sich weites Flachland, unterbrochen von einzelnen Hügeln und den Wäldern rund um das Seenhochland.

Die vielfältigsten Attraktionen sorgen dafür, dass in dieser Region für jeden Geschmack etwas dabei ist. Weltklassekunst? Oder tolle Restaurants? Aarhus, die bedeutendste Stadt Jütlands und zweitgrößte Dänemarks, hat von allem etwas zu bieten. Wer sich für die Wikinger interessiert, steuert Hobro an. Wer sich für die Anfänge des Christentums in Dänemark begeistert, fährt nach Jelling. Outdoorsportler und Naturfreunde entscheiden sich für den Rold Skov oder Silkeborg, Surfer für Hvide Sande. Und wer noch mal Kind sein möchte oder mit der Familie unterwegs ist, nimmt Kurs auf Legoland.

Reisezeit

Gutes Wetter ist fast überall in der Region eine Voraussetzung, um die Strände, Themenparks, Musikfestivals und anderen Aktivitäten genießen zu können. Aarhus allerdings ist das ganze Jahr über attraktiv mit Museen, Cafés und Boutiquen, ganz unabhängig vom Wetter.

In der Zwischensaison (Mai, Juni, September) sind die Vergnügungs- und Mottoparks nur eingeschränkt geöffnet. Legoland, Hauptanziehungspunkt der Region, hat von Mai bis August täglich und im April, September und Oktober an den meisten Tagen geöffnet. Von November bis März ist der Park geschlossen, wie auch die anderen großen Familienattraktionen.

Im Dezember verbreiten Weihnachtsmärkte eine besinnliche, gemütliche Stimmung.

AARHUS

310 000 EW.

Aarhus ist zwar die zweitgrößte Stadt Dänemarks, doch sie verströmt die sympathisch ruhige Atmosphäre einer mittleren Kleinstadt. Noch immer segelt die Stadt im Windschatten der glamourösen Schwester Kopenhagen.

Die Museen und Restaurants sind erstklassig, und rund 40 000 Studenten füllen die Parks, Bars und Kopfsteinpflastergassen mit Leben. Auch das (wachsende) Aufgebot an Festivals kann sich sehen lassen. Kurzum, immer mehr Reisende mit Sinn für coole Städte kommen her, um sich von Aarhus Charme verzaubern zu lassen. In den nächsten Jahren wird die Dynamik noch zulegen, denn 2017 ist Aarhus Kulturhauptstadt Europas (mehr Infos unter www.aarhus2017.dk).

Geschichte

Dank der zentralen Küstenlage war Aarhus schon immer eine blühende Handelsstadt. Der Name kommt von „Aros", was „Ort an der Flussmündung" bedeutet. Ausgrabungen seit Mitte der 1960er-Jahre lassen vermuten, dass die Stadt um 900 gegründet worden ist.

Das Mittelalter war für Aarhus die turbulenteste Zeit. Damals lag es mitten zwischen den zwei verfeindeten Staaten Dänemark und Schweden. Auch in den folgenden Jahrhunderten verhinderten Überfälle rivalisierender Wikingerstämme und wendischer Piraten den wirtschaftlichen und kulturellen Aufschwung.

Schließlich stabilisierte sich die Lage. Im 16. Jh. florierte die Stadt als Zentrum des Handels, der Kunst und der Religion.

Sehenswertes

★ ARoS Aarhus Kunstmuseum

KUNSTMUSEUM

(www.aros.dk; Aros Allé 2; Erw./Kind 110 Kr/frei; ⌚Di–So 10–17, Mi bis 22 Uhr; 👪) Das beste Kunstmuseum am Platz: Hinter den roten Ziegelsteinwänden des kubistischen Bauwerks verbergen sich neun Stockwerke mit geschwungenen Linien, hohen Räumen und weißen Wänden. Dort sind hervorragende Werke des „Goldenen Zeitalters", des dänischen Modernismus und eine Menge moderner Kunst zu sehen. Highlight des Hauses ist das spektakuläre **Your Rainbow Panorama**, ein 360-Grad-Rundweg auf dem Dach, der einen Blick auf die Stadt in allen Farben des Regenbogens bietet – durch bunte Glaswände hindurch.

AARHUS ODER ÅRHUS?

2011 kehrte die Stadt Århus zur ursprünglichen Schreibweise „Aarhus" zurück. Der Buchstabe „å" wurde 1948 offiziell ins dänische Alphabet eingeführt. Er repräsentiert den Laut „aa", im Deutschen in etwa ausgesprochen wie das „o" in „Wort". Achtung: Auf manchen Schildern und Karten steht immer noch Århus.

Interessanterweise orientiert sich das ARoS am Thema von Dantes *Göttlicher Komödie*. Der Eingang liegt auf Höhe des 4. Stocks. Von dort geht es entweder hinunter in die Hölle oder hinauf in den Himmel. Die Hölle mit den „9 Räumen" (**De 9 Rum**) liegt im untersten Stockwerk. Sie sind schwarz gestrichen und die passende Kulisse für ziemlich düstere Installationen. Den Himmel verkörpert der Regenbogen-„Heiligenschein" ganz oben, den sich Olafur Eliasson ausgedacht hat. Der dänisch-isländische Künstler ist für seine überdimensionierte Konzeptkunst bekannt.

Eine sehr eindrucksvolle Arbeit ist Ron Muecks **Boy** im 1. Stock: die erstaunlich lebensechte, übergroße (5 m hohe) Skulptur eines kauernden Jungen.

Es gibt außerdem abwechslungsreiche Sonderausstellungen, einen tollen Souvenirshop und ein lichtdurchflutetes Café im 4. Stock (Besuch auch ohne Museumsticket möglich). Der 8. Stock beherbergt ein Restaurant.

Den Gamle By

FREILICHTMUSEUM

(Altstadt; www.dengamleby.dk; Viborgvej 2; Erw./Kind 135 Kr/frei; ⌚10–17 Uhr; 👪) Die Dänen haben ganz offensichtlich eine Schwäche dafür, sich in historische Kostüme zu werfen und ihre Geschichte nachzuspielen. Seinen Höhepunkt erreicht dieses Nationalhobby in Den Gamle By. Das malerische Freilichtmuseum besteht aus 75 Fachwerkhäusern aus allen Teilen des Landes, die hierhin verpflanzt und zu einem Marktstädtchen wie zu Zeiten Hans Christian Andersens zusammengefügt wurden. Die neuesten Bereiche repräsentieren die Jahre 1927 und 1974.

Bei einer **Kutschfahrt** (Erw./Kind 40/30 Kr) kann man sich einen ersten Überblick verschaffen. Anschließend geht's hinein in die einzelnen Häuschen, Geschäfte und Werkstätten, wo man Handwerkern auch bei der Arbeit zusehen kann. Kleine Museumsbereiche widmen sich verschiedenen Themen.

Highlights

1. Von der bunt verglasten Dachterrasse des **ARoS Aarhus Kunstmuseum** (S. 217) über die Stadt schauen
2. Die Sehenswürdigkeiten von **Aarhus** (S. 217) abklappern, abends hervorragend essen und das Nachtleben inspizieren
3. Auf einer Kanutour die Schönheit des **Seenhochlands** (S. 238) entdecken
4. Die Welt im Miniaturformat in **Legoland** (S. 244) ansehen, Achterbahn und Karussell fahren
5. Sich bei einem Windsurfkurs in **Hvide Sande** (S. 252) den Wind um die Nase wehen lassen
6. In **Jelling** (S. 242), der legendären Geburtsstätte des dänischen Königshauses, in die Geschichte eintauchen
7. In **Djursland** (S. 233), der besten Region für Familienurlaub, Strände, Freizeit- und Tierparks besuchen

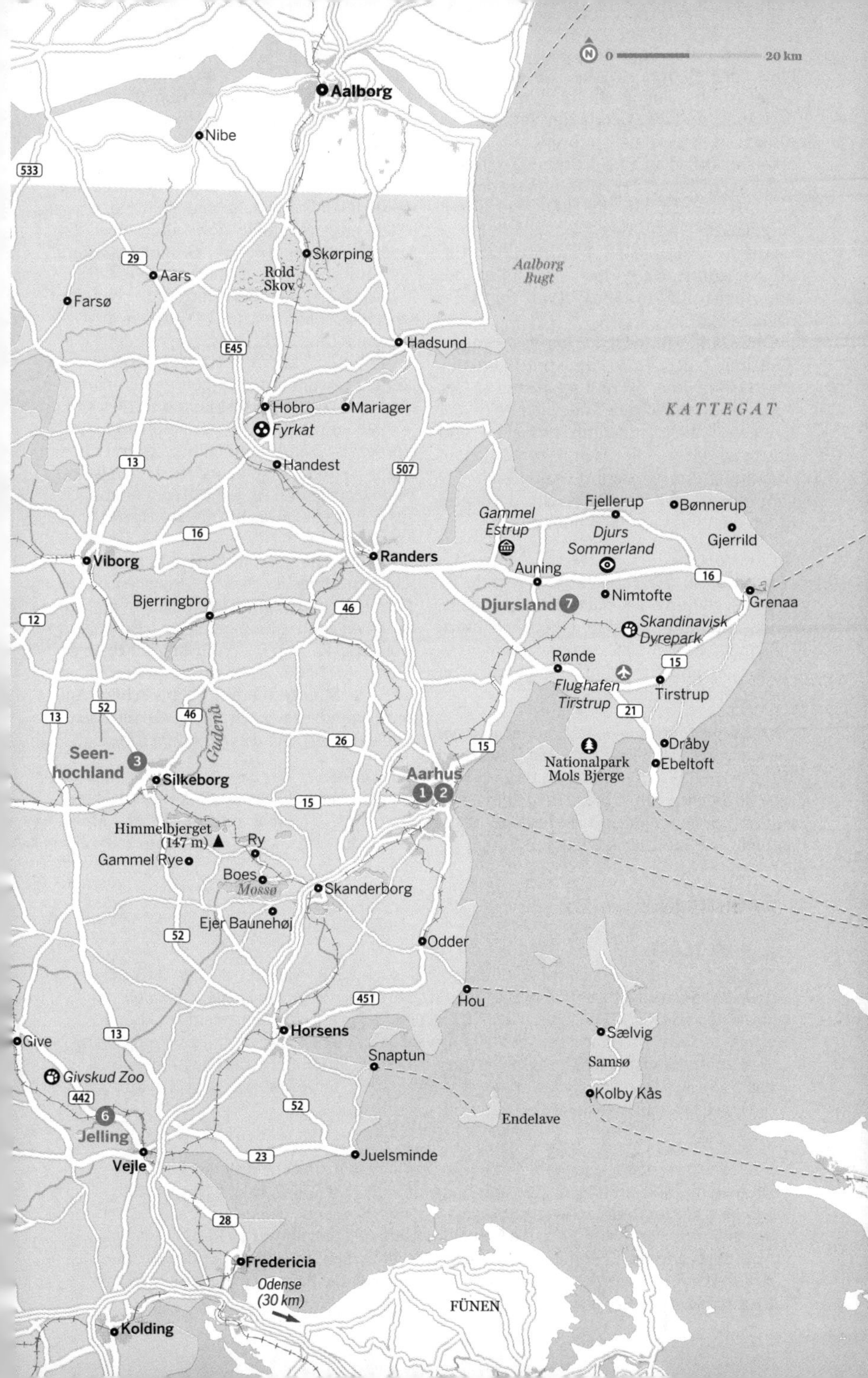

0
20 km
Aalborg
Nibe
533
Skørping
Rold
Skov
29
Aars
Farsø
Aalborg
Bugt
E45
Hadsund
KATTEGAT
Hobro
Mariager
Fyrkat
13
Handest
507
Gammel
Estrup
Fjellerup
Bønnerup
Gjerrild
Djurs
Sommerland
16
Viborg
Randers
Auning
16
Grenaa
Bjerringbro
Nimtofte
Djursland 7
12
46
Skandinavisk
Dyrepark
Rønde
15
Flughafen
Tirstrup
Tirstrup
21
13
52
46
Gudenå
26
15
Dråby
Seen-
hochland 3
Silkeborg
Aarhus
1 2
Nationalpark
Mols Bjerge
Ebeltoft
15
Himmelbjerget
(147 m)
Ry
Gammel Rye
Boes
Mossø
Skanderborg
Ejer Baunehøj
52
Odder
Hou
451
Horsens
Sælvig
Samsø
13
Give
Snaptun
Givskud Zoo
442
Kolby Kås
52
6
Jelling
Endelave
Vejle
23
Juelsminde
28
Fredericia
Odense
(30 km)
FÜNEN
Kolding

Das **Dänische Plakatmuseum** zeigt u. a. bildschöne Retroposter, das **Spielzeugmuseum** ist eine Fundgrube vergangener Kinderträume und die **Galerie der dekorativen Künste** ist auf Kunsthandwerk wie Silberarbeiten, Porzellan und Uhren spezialisiert. Nicht verpassen: Den Wohnungskomplex von 1974 und das TV- und HiFi-Geschäft mit Originalartikeln aus den 70ern.

Auf der Website sind Aktivitäten für Kinder aufgeführt; sie finden vor allem im Juli und August und in den Wochen vor Weihnachten statt.

Den Gamle By liegt 1,5 km westlich des Zentrums (zu Fuß 20 Min. vom Bahnhof). Die Buslinien 3a, 19 und 44 halten in der Nähe. Auf der Website findet man eine detaillierte Tabelle mit Öffnungszeiten und Eintrittspreisen (je nach den aktuellen Aktivitäten im Museum). Außerhalb der Öffnungszeiten können Besucher kostenlos durch die Pflasterstraßen bummeln.

Botanisk Have PARK

(Vesterbrogade) GRATIS Hinter Den Gamle By liegt der Botanische Garten mit authentischer Jütland-Flora und Gewächshäusern (in einem ist ein Café untergebracht). Zugang vom angrenzenden Freilichtmuseum oder über die Vesterbrogade.

★ **Moesgård Museum** MUSEUM

(www.moesmus.dk; Moesgård Allé; Erw./Kind 110 Kr/frei; ⏲ Di–So 10–17, Mi bis 21 Uhr, Juli–Sept. auch Mo geöffnet) Ein echtes Highlight ist das neu aufgemachte Moesgård Museum, 10 km südlich der Stadt. Die Wiedereröffnung erfolgte im Oktober 2014. Das spektakuläre, preisgekrönte Gebäude steht gleich neben dem Herrenhaus, in dem sich früher die exzellente prähistorische Abteilung befand. Magnet der Sammlung ist der 2000 Jahre alte **Grauballe-Mann**, dessen gut erhaltener Körper 1952 bei dem Dorf Grauballe, 35 km westlich von Aarhus, gefunden wurde.

Die ausgezeichnete Ausstellung über die Moorleiche kombiniert Geschichtsunterricht mit kriminologischer Analyse. Ist der Mann den Fruchtbarkeitsgöttern der Eisenzeit geopfert worden? Wurde er als Gefangener hingerichtet oder ermordet? Wie auch immer, das gebrochene Bein und die klaffende Wunde im Nacken weisen darauf hin, dass der Grauballe-Mann um 290 v. Chr. (+/- 50 Jahre) eines gewaltsamen Todes gestorben ist. Die besonderen biochemischen Eigenschaften des Torfmoors haben seine Haut gegerbt und seinen Körper erstaunlich gut konserviert – bis hin zu den Haaren und Fingernägeln.

Darüber hinaus macht das Museum verschiedene Epochen von der Steinzeit bis zu den Wikingern mit anschaulichen archäologischen und ethnografischen Exponaten erfahrbar. Es ist mit der Buslinie 18 zu erreichen (fährt häufig). Wer ein eigenes Fahrzeug hat: Die Strecke hierhin ist bildschön. Auf dem Strandvejen nach Süden fahren, dann dem Oddervej und den Schildern folgen.

Moesgård GELÄNDE

Die Moesgård-Gegend, 10 km südlich des Zentrums, ist nicht nur wegen des Moesgård Museums sehenswert; ein reizvoller

AARHUS IN...

... zwei Tagen

Als Einstieg empfiehlt sich in der Altstadt der Besuch zweier Museen, die das alte und neue Dänemark repräsentieren: Das **ARoS** mit avantgardistischer Kunst und Kultur sowie das städtische Freilichtmuseum **Den Gamle By**. Anschließend steht ein Abendessen unter freiem Himmel auf dem Åboulevarden auf dem Programm. Tags drauf geht's in das bemerkenswerte **Moesgård Museum** und anschließend in die **Kathedrale** und das Univiertel. Dort findet man immer ein nettes Café oder Restaurant, und oft wird auch irgendwo Livemusik gespielt.

... vier Tagen

Nach den zwei oben beschriebenen Tagen könnte man mit einem kostenlosen Citybike die Außenbezirke erkunden: **Marselisborg** im Süden oder **Risskov** im Norden. Bei warmem Wetter Badesachen nicht vergessen! Anschließend im neuen und angesagten Viertel **Frederiksbjerg** durch die Boutiquen bummeln und ein nettes Restaurant zum Abendessen wählen. Für den vierten Tag empfiehlt es sich, per Bahn oder Bus die Stadt zu verlassen, um die Wasserwege von **Silkeborg** oder die Strände und Freizeitparks von **Djursland** zu entdecken.

Pfad, der „Weg der Vorzeit“ *(Oldtidsstien)*, führt hinter dem Museum durch Felder mit Wildblumen, über Schafweiden und durch Buchenwälder bis zum **Moesgård Strand**, einem der besten Sandstrände von Aarhus. Das Museum führt eine Broschüre und eine Karte dazu. Hin und zurück sind es 4 km. Es gibt auch einen Bus, der vom Strand in die Stadt fährt.

Die Endstation der Buslinie 18 (häufige Verbindungen) befindet sich direkt am Museum. Bus 31 fährt hingegen nur im Sommer und endet am Moesgård Strand.

Aarhus Domkirke — KIRCHE

(www.aarhus-domkirke.dk; Bispetorv; Mai–Sept. Mo–Sa 9.30–16 Uhr, Okt.–April Mo–Sa 10–15 Uhr) Die Aarhus Domkirke ist dank eines luftigen Kirchenschiffs von fast 100 m Länge die längste Kirche Dänemarks. Die ursprüngliche romanische Kapelle am östlichen Ende stammt aus dem 12. Jh., der Rest der Kirche ist gotisch und wurde im 15. Jh. erbaut.

Wie auch andere dänische Kirchen war die Kathedrale einst üppig mit Fresken verziert, die den Bauern die biblischen Parabeln näherbringen sollten. Nach der Reformation 1536 befanden die Kirchenoberhäupter, dass die Fresken zu römisch-katholisch aussähen und ließen sie weiß übertünchen. Inzwischen wurden viele wieder freigelegt und restauriert. Die Motive sind vielfältig: vom märchenhaften hl. Georg beim Drachentöten bis hin zu Szenen aus dem Fegefeuer.

Ein Highlight ist der prachtvolle, fünfteilige Flügelaltar, den der berühmte Lübecker Holzschnitzer Bernt Notke im 15. Jh. geschaffen hat.

Vor Frue Kirke — KIRCHE

(www.aarhusvorfrue.dk; Frue Kirkeplads; Mai–Sept. Mo–Fr 10–16, Sa bis 14 Uhr; Okt.–April kürzer) Ein Stück versetzt von der Vestergade erhebt sich die Liebfrauenkirche, die mit ihrem mehrschichtigen Aufbau einer russischen Matroschkapuppe ähnelt. Hier ist kurz nach 1060 die erste Kathedrale von Aarhus errichtet worden. Das Bauwerk stand bis etwa 1240, als es durch die aktuelle Kirche aus roten Ziegeln ersetzt wurde. Deren Heiligtum befindet sich unter der Erde: die **Gewölbekrypta** der ursprünglichen Kathedrale. Sie wurde 1955 bei Restaurierungsarbeiten zufällig entdeckt (Zugang über die Treppenstufen unter der Kanzel). Eine **Kapelle** der Vor Frue Kirke weist Fresken aus dem frühen 16. Jh. auf. Sie ist über den Innenhof zu erreichen: nach Betreten der Hauptkirche die erste Tür links.

Møllestien — STRASSE

Bei dem Entdeckungsstreifzug durch die Altstadt darf die idyllische Møllestien nicht fehlen, die mit Abstand niedlichste Straße der Stadt (Kopfsteinpflaster, pastellfarbene Häuschen, Kletterrosen etc.).

Kvindemuseet — MUSEUM

(www.kvindemuseet.dk; Domkirkeplads 5; Erw./Kind 45 Kr/frei; Di–Sa 10–17, Mi bis 20 Uhr;) Dänemark gilt heute als Musterland der Gleichberechtigung, doch das ist nicht immer so gewesen. Die Ausstellung des Frauenmuseums im alten Rathaus dokumentiert das Leben der Frauen in Dänemark und ihre hart errungenen Rechte. Ein wirklich erhellendes Museum – nicht nur für die Damen der Schöpfung. Die interaktive Abteilung „Geschichte der Kindheit“ wird auch Kinder begeistern. Ein hübsches Café gibt's ebenfalls.

Besættelsesmuseet — KRIEGSMUSEUM

(www.besaettelsesmuseet.dk; Mathilde Fibigers Have 2; Erw./Kind 30 Kr/frei; Juni–Aug. Di–So 11–16 Uhr, Sept.–Mai Di, Sa & So 11–16 Uhr) Das kleine Museum, das sich der deutschen Besetzung Dänemarks im Zweiten Weltkrieg widmet, befindet sich in einem Gebäude, das die Deutschen damals als Gefängnis und für Verhöre nutzten. Der Eingang ist gleich hinter dem Kvindemuseet. Es zeigt Militärausrüstung sowie Propagandamaterial der Nazis und Dänen und gibt Einblick in den Kriegsalltag.

Vikingemuseet — MUSEUM

(www.moesmus.dk; Sankt Clements Torv 6; Mo–Fr 10.15–17 Uhr) GRATIS Der Keller der Nordea Bank, nur einen Steinwurf von der Kathedrale entfernt, birgt mehr Schätze als die üblichen Tresorräume. Bei Grabungsarbeiten Mitte der 1960er-Jahre wurden hier Stücke aus der Wikingerzeit gefunden. Zu sehen sind ein Skelett, ein rekonstruiertes Grubenhaus, 1000 Jahre alte Zimmermannswerkzeuge und Tonwaren.

Aarhus Rådhus — ARCHITEKTUR

(Rådhuspladsen) Das umstrittene Rathaus von Aarhus stammt vom Reißbrett des Architekten Arne Jacobsen, Pionier des dänischen Modernismus. Der 1942 fertiggestellte Bau ist mit norwegischem Marmor verkleidet und sieht vor allem grau aus. Viele der Innenräume wurden (gemeinsam mit Verner Panton) ebenfalls von Jacobsen entworfen und sind definitiv einen Blick wert, wenn man Design liebt.

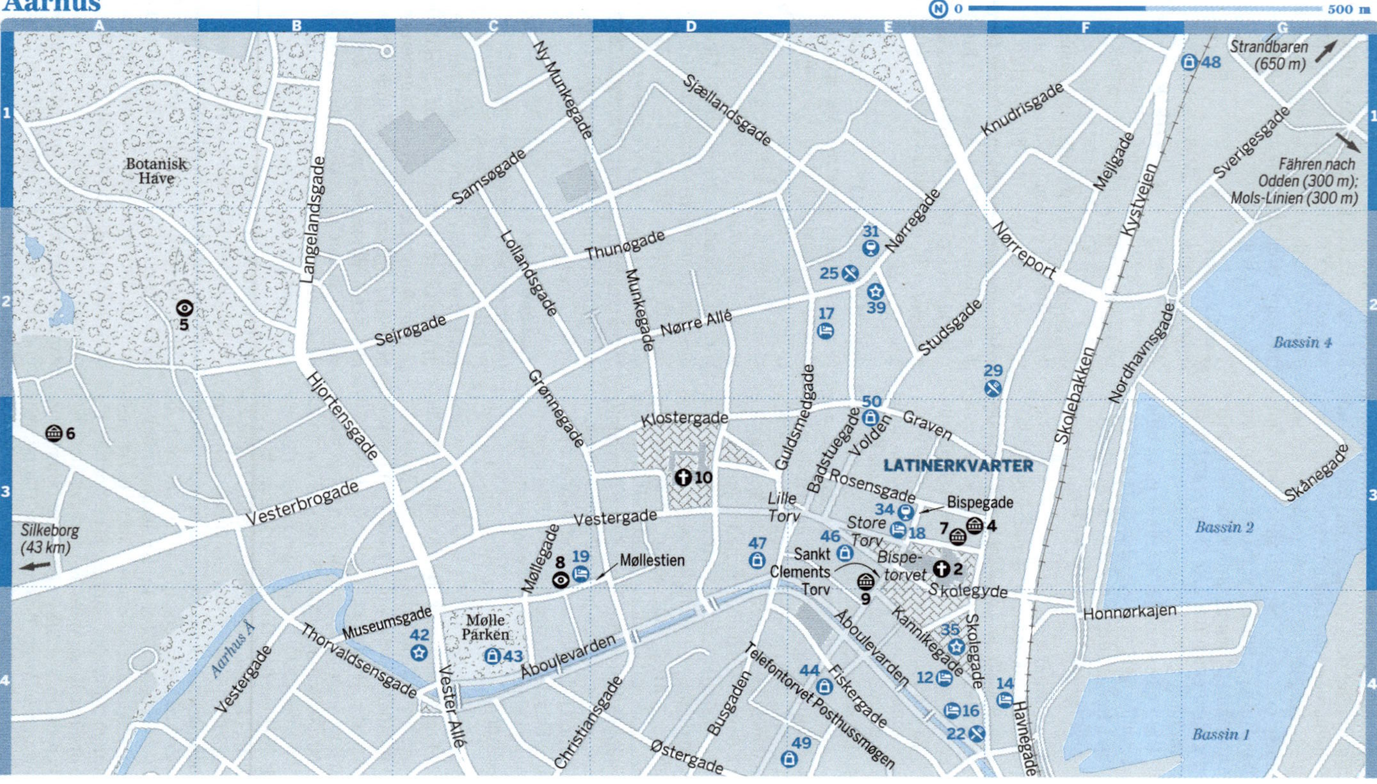
Aarhus
0
500 m
A B C D E F G
1 2 3 4
Botanisk Have
Strandbaren (650 m)
Fähren nach Odden (300 m); Mols-Linien (300 m)
Silkeborg (43 km)
Langelandsgade
Samsøgade
Ny Munkegade
Sjællandsgade
Knudrisgade
Mejlgade
Kystvejen
Sverigesgade
Thunøgade
Lollandsgade
Munkegade
Nørregade
Nørreport
Sejrøgade
Nørre Allé
Studsgade
Nordhavnsgade
Bassin 4
Hjortensgade
Grønnegade
Klostergade
Guldsmedgade
Badstuegade
Volden
Graven
Skolebakken
LATINERKVARTER
Skånegade
Vesterbrogade
Vestergade
Rosensgade
Lille Torv
Bispegade
Store Torv
Sankt Clements Torv
Bispetorvet
Skolegyde
Bassin 2
Møllegade
Møllestien
Honnørkajen
Museumsgade
Mølle Parken
Thorvaldsensgade
Aarhus Å
Vestergade
Vester Allé
Åboulevarden
Christiansgade
Busgaden
Telefontorvet
Posthussmøgen
Fiskergade
Kannikegade
Skolegade
Havnegade
Østergade
Bassin 1

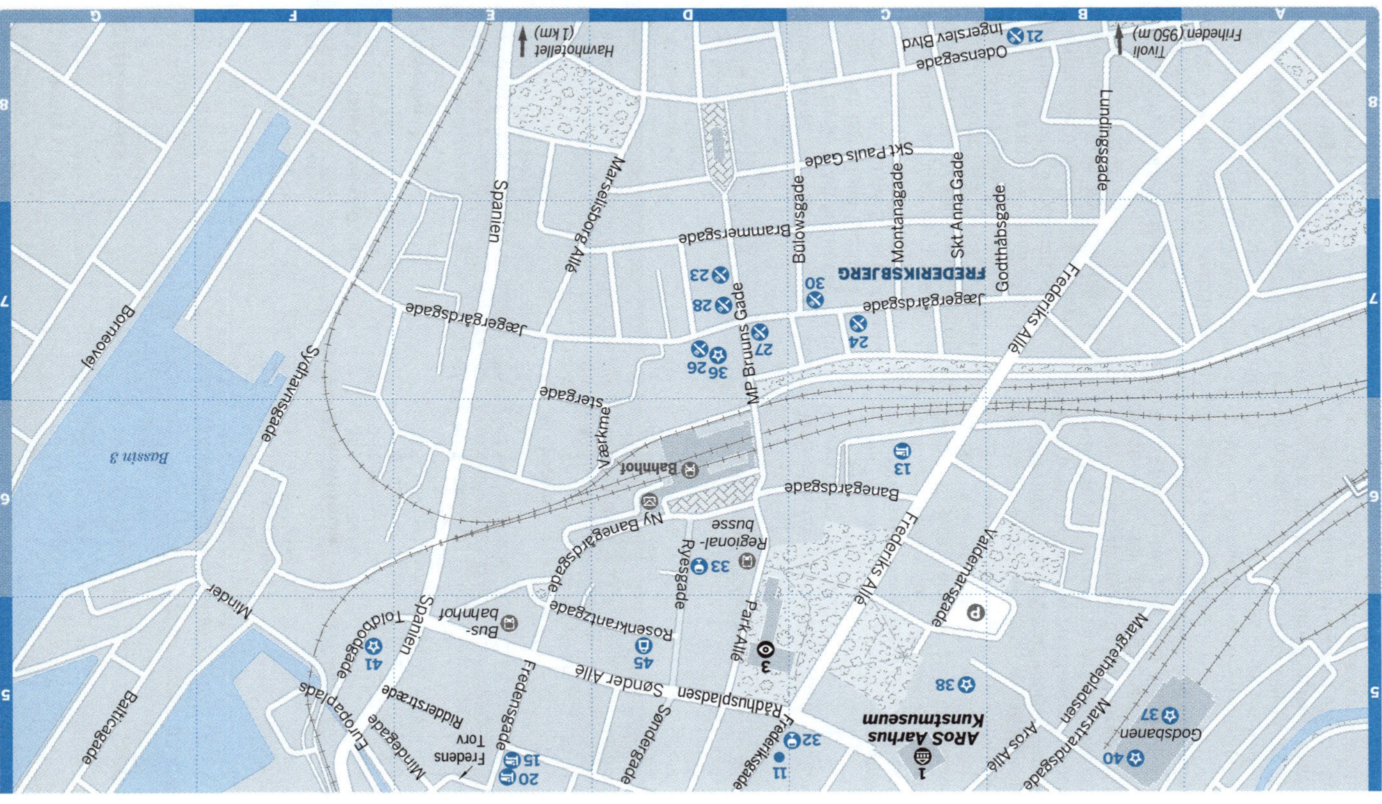
Bassin 3
Bornevej
Sydhavnsgade
Minder
Balticagade
Europaplads
Mindegade
Fredens Torv
Ridderstræde
Toldbodgade
Spanien
Bus-bahnhof
Fredensgade
Rosenkrantzgade
Ny Banegårdsgade
Værkmestergade
Jægergårdsgade
Marselisborg Allé
Havnhotellet (1 km)
Søndergade
Sønder Allé
Rådhuspladsen
Ryesgade
Regional-busse
Bahnhof
MP Bruuns Gade
Brammersgade
Skt Pauls Gade
Bülowsgade
Park Allé
Frederiksgade
Frederiks Allé
Banegårdsgade
FREDERIKSBJERG
Montanagade
Skt Anna Gade
Godthåbsgade
Odensegade
Ingerslev Blvd
Lundingsgade
Tivoli Friheden (950 m)
ARoS Aarhus Kunstmuseum
Valdemarsgade
Aros Allé
Margrethepladsen
Marstrandsgade
Godsbanen

Aarhus

Highlights
1 ARoS Aarhus Kunstmuseum C5

Sehenswertes
2 Aarhus Domkirke E3
3 Aarhus Rådhus D5
4 Besættelsesmuseet E3
5 Botanisk Have A2
6 Den Gamle By A3
7 Kvindemuseet E3
8 Møllestien C3
9 Vikingemuseet E3
10 Vor Frue Kirke D3

Aktivitäten, Kurse & Touren
11 Cycling Aarhus D5

Schlafen
12 CabInn Aarhus Hotel E4
13 City Hotel Oasia C6
14 City Sleep-In F4
15 Hotel Aarhus City Apartments E5
16 Hotel Ferdinand E4
17 Hotel Guldsmeden E2
18 Hotel Royal E3
19 Møllestien C3
20 Villa Provence E5

Essen
21 Bauernmarkt B8
22 Globen Flakket E4
23 Kähler Spisesalon D7
24 Klassisk 65 Bistro & Vinbar C7
25 Klassisk Fisk E2
26 Kvickly D7
27 Lagkagehuset D7
28 Nordisk Spisehus D7
29 Oli Nico F2
30 St Pauls Apothek C7

Ausgehen & Nachtleben
31 Løve's Bog- & VinCafé E2
32 Sherlock Holmes Pub C5
33 Sigfred's Kaffebar D6
34 Under Masken E3

Unterhaltung
35 Aarhus Teater E4
36 Cinemaxx D7
37 Godsbanen B5
38 Musikhuset Aarhus C5
39 Øst for Paradis E2
40 Radar B5
41 Train F5
42 VoxHall & Atlas C4

Shoppen
ARoS Aarhus Kunstmuseum .... (s. 1)
43 Flagstang Markeder C4
44 Georg Jensen E4
45 HAY D5
46 Kristian F Møller E3
47 Magasin du Nord D3
48 Paustian G1
49 Salling E4
50 Summerbird Chocolaterie E3

Marselisborg — GELÄNDE

2 km südlich der Stadt beginnt ein Grüngürtel, der sich fast 10 km Richtung Süden erstreckt und auch an der Küste entlangführt – ideal für Spaziergänge und Radtouren. Im Norden des Streifens liegt Marselisborg, Moesgård ist in der Mitte und Fløjstrup im Süden, benannt nach den Landgütern, zu denen sie einst gehörten.

Im nördlichen Teil sind das Schloss Marselisborg, der Vergnügungspark Tivoli Friheden, die Jysk Væddeløbsbane (Trabrennbahn) und der Sportkomplex Atletion zu finden.

Schloss & Park Marselisborg — SCHLOSS

(Kongevejen 100; Park April–Sept. 8–21 Uhr, Okt.–März 9–16 Uhr) Schloss Marselisborg ist eine Sommerresidenz der Königsfamilie. Solange das Schloss nicht bewohnt ist, sind die Außenanlagen im englischen Stil und der Rosengarten für Besucher geöffnet (Eintritt frei). Ist ein Angehöriger des Königshauses anwesend, können Besucher um 12 Uhr von einem Aussichtspunkt an der Straße die Wachablösung beobachten. Zum Schloss fahren Busse der Linie 19.

Tivoli Friheden — ERLEBNISPARK

(www.friheden.dk; Skovbrynet; Erw./Kind 110/90 Kr; Mitte April–Sept.;) Der Tivoli von Aarhus ist längst nicht so groß und phantastisch wie der von Kopenhagen, aber trotzdem ein beliebtes Familienziel und eine schöne Abwechslung nach den kulturlastigen Museen. Er bietet traditionelle Attraktionen wie Autoscooter und Riesenrad, aber auch schnellere moderne Anlagen. Neben Einzelfahrscheinen gibt es Kombitickets für mehrere Fahrten (Erw./Kind 220/200 Kr inkl. Eintritt). Der Park liegt am Nordrand des Waldes von Marselisborg und ist mit der Buslinie 16 zu erreichen.

Auf der Website stehen die wechselnden Öffnungszeiten des Parks (in der Hochsaison im Sommer bleibt er bis 23 Uhr geöffnet). Von Mai bis August finden freitagsabends Konzerte bekannter dänischer Künstler unter freiem Himmel statt. Das Ganze nennt sich Fed Fredag („Fetter Freitag").

Aktivitäten

Am besten lassen sich die herrlichen Landschaften um Aarhus zu Fuß oder per Fahrrad erkunden. Rad- und Wanderwege durchziehen den Grüngürtel südlich der Stadt.

Familienfreundliche Strände mit sauberem und ruhigem (aber oft kaltem) Wasser liegen am Rand der Stadt. Zu den beliebtesten im Norden gehören die traditionellen Seebäder **Den Permanente** in Risskov, nahe dem Hostel. Noch weiter nördlich liegt das ebenfalls beliebte **Bellevue** (4 km nördlich der Stadt; Anfahrt mit Buslinien 17 und 20).

Im Süden dehnt sich der **Moesgård Strand** (7 km vom Zentrum, Buslinie 31) aus. Den Permanente zieht in erster Linie junge Leute an, während Familien eher zum Moesgård gehen.

Geführte Touren

Über VisitAarhus erfährt man, ob in den Sommermonaten Führungen geplant sind.

Cycling Aarhus RADTOUREN
(☎27 29 06 90; www.cycling-aarhus.dk; Frederiksgade 78) Dieser Anbieter inklusive Fahrradverleih organisiert von April bis Oktober umfassende Radtouren. Eine Tour z. B. führt zu den Highlights von Aarhus, ist 12 km lang und dauert drei Stunden. Los geht's täglich um 10 und 14 Uhr. Manchmal werden auch kürzere Ausflüge unternommen (90 Min.); einer führt durch das Hafenviertel.

Festivals & Events

Spot Festival MUSIK
(www.spotfestival.dk) Jedes Jahr im Mai treten in und rund um das Musikhuset aufstrebende dänische und andere nordische Musiker auf.

Sculpture by the Sea KULTUR
(www.sculpturebythesea.dk) In den ungeraden Jahren verwandelt sich die südliche Strandpromenade den kompletten Juni über in eine Art Freiluftgalerie mit Dutzenden Skulpturen aus der Hand einheimischer und internationaler Künstler. Sie stehen am, aber auch im Wasser.

NorthSide Festival MUSIK
(www.northside.dk) Das dreitägige Festival Mitte Juni wird immer beliebter, denn das Line-up kann selbst mit dem legendären Festival von Roskilde mithalten.

Aarhus Jazz Festival MUSIK
(www.jazzfest.dk) Mitte Juli gibt's in verschiedenen Theatern, Cafés und anderen Lokalitäten Jazz von bekannten dänischen und internationalen Musikern auf die Ohren.

MEHR ERLEBEN – WENIGER BEZAHLEN

Für alle, die an den städtischen Attraktionen interessiert sind, ist die **AarhusCard** eine lohnende Investition. Sie ist am Busbahnhof und in den meisten Unterkünften erhältlich (Erw./Kind 24 Std. 129/69 Kr, 48 Std. 179/79 Kr) und erlaubt unbegrenzte Nutzung der Stadtbusse sowie kostenlosen oder ermäßigten Eintritt zu den meisten Sehenswürdigkeiten von Aarhus.

In der Universitätsstadt kann auch ein internationaler oder nationaler Studentenausweis sehr hilfreich sein. Pubs, Restaurants, Museen etc. bieten oft Ermäßigungen für Studenten.

Wikingertreffen WIKINGER
(www.moesmus.dk) Der Wikingermarkt wird Ende Juli an einem Wochenende in Moesgård abgehalten und bietet Kunsthandwerk, Essen und Reitveranstaltungen. Außerdem kämpfen Wikinger aller Nationalitäten gegeneinander.

Aarhus Festival KULTUR
(www.aarhusfestuge.dk) Ende August putzt sich die Stadt heraus, wenn das Aarhus Festival zehn Tage lang mit Musik, Essen, Kurzfilmen, Theater, bildenden Künsten und Events im Freien (viele davon kostenlos) alle Altersgruppen herbeiruft.

Schlafen

In Aarhus haben sich Ableger verschiedener neuer Hotelketten angesiedelt. Sie sind vor allem auf Geschäftsreisende und Konferenzbesucher zugeschnitten; die Wochenendtarife sind preiswerter. Wer sich etwas Besonderes gönnen möchte, sollte rechtzeitig ein Boutiquehotel buchen.

In der Rubrik „Unterkünfte" der Website von VisitAarhus (www.visitaarhus.dk) sind Privatzimmer und private Apartments aufgelistet. Viele sind zentral gelegen und günstig. Eine weitere Quelle für Unterkunftssuchende ist AirBnB (www.airbnb.com).

Achtung: Falls in den nachfolgenden Beschreibungen die Rede von Parkplätzen ist, sind sie selten kostenlos.

AARHUS FÜR KINDER

Aarhus, wie überhaupt ganz Jütland, ist ein ausgesprochen familienfreundliches Reiseziel (nähere Infos zu Reisen mit Kindern in Dänemark siehe S. 35). Der Eintritt in die meisten Museen ist für Kinder kostenlos. Damit Eltern nicht unter Zeitdruck stehen, weil ihre Kids anfangen sich zu langweilen, bieten fast alle Museen spezielle Abteilungen und Aktivitäten an. Außerdem gibt es Attraktionen (auch in der nahen Umgebung), die ganz auf Familien zugeschnitten sind, z. B. Tivoli Friheden in Aarhus (S. 224), die Parks von Djursland (S. 233) und Randers (S. 247) und natürlich Legoland (S. 244).

Weitere Pluspunkte für stressfreies Reisen: Viele Hotels bieten Familienzimmer. Gut sind vor allem das Danhostel Aarhus (S. 226), CabInn Aarhus (S. 226) und Aarhus City Apartments (S. 227). Fast alle Restaurants haben ein *børnemenu* (Kindermenü), Natur und Strände sind sanft und kinderfreundlich, und Bikes 4 Rent (S. 233) vermietet auch Kinderräder und -fahrradsitze.

City Sleep-In HOTEL €

(☎86 19 20 55; www.citysleep-in.dk; Havnegade 20; B 180 Kr, DZ ohne/mit Bad 450/500 Kr; @ 📶) Die zentralste Budgetunterkunft hat kleine, schlichte Zimmer. Schöner sind die Gemeinschaftsbereiche, z. B. der hübsche Innenhof oder das TV-Zimmer im 1. Stock. Das Personal ist hilfsbereit, das Feeling weltoffen und die Ausstattung gut (Schließfächer, Küche, Billardtisch, Waschmaschine).

Die Doppelzimmer sind vergleichsweise teuer; wer auch noch Bettzeug (50 Kr) und ein Handtuch (20 Kr) braucht, kann sich eigentlich auch gleich nach einem billigen Mittelklassehotels umsehen. Das Frühstück kostet 70 Kr.

Danhostel Aarhus HOSTEL €

(☎86 21 21 20; www.aarhus-danhostel.dk; Marienlundsvej 10; B 250 Kr, DZ ohne/mit Bad 550/720 Kr; ⏲Mitte Jan.–Mitte Dez.; P @ 📶) Das Hauptgebäude des Hostels ist bildschön: Es umfasst einen großen, achteckigen Raum, der früher als Tanzsaal genutzt wurde. Die Zimmer (z. T. mit Bad) sind einfach, aber hell; Bettwäsche kostet extra, Frühstück 64 Kr. Das Hostel liegt 3 km nördlich des Zentrums in einem herrlichen Wald nahe dem Strand (die Buslinien 17, 18 oder 20 nehmen).

Havnhotellet HOTEL €

(www.bbhotels.dk; Marselisborg Havnevej 20; EZ/DZ/3BZ inkl. Frühstück 600/600/825 Kr; P 📶) Ikea lässt grüßen – die preiswerten Zimmer haben eine frische Atmosphäre, es gibt jedoch einen Haken: Alle Buchungen laufen über das Internet (daher gibt's keine Telefonnummer), und auch der Check-in ist voll computerisiert. Das Hotel liegt 1,5 km südlich des Zentrums nahe dem Strandvejen (Buslinie 5A oder 19) und nur einen Spaziergang von Marselisborg entfernt. Gleich vor der Haustür locken ein paar Restaurants, außerdem gibt es einen kostenlosen Parkplatz.

Tipp: Die Zimmer im 1. Stock sind besser, weil etwas privater als die im Erdgeschoss. Ab der zweiten Übernachtung wird es günstiger.

CabInn Aarhus Hotel BUDGETHOTEL €

(☎86 75 70 00; www.cabinn.com; Kannikegade 14; EZ/DZ/3BZ ab 495/625/805 Kr; P @ 📶) Das Motto der CabInn-Hotels lautet „Toplage, Toppreis", und angesichts der Tatsache, dass sich der Aarhuser Ableger 2014 größenmäßig verdoppelt hat, scheint die Strategie aufzugehen. Die funktionellen Zimmer sind Schiffskajüten nachempfunden (das englische *cabin* bedeutet u. a. Kajüte). Die günstigsten Varianten sind wirklich mini, doch alle Zimmer verfügen über ein eigenes Bad, einen Wasserkocher und einen Fernseher. Und die Location ist in der Tat großartig. Frühstück gibt's für 70 Kr.

DCU-Camping Blommehaven CAMPINGPLATZ €

(☎86 27 02 07; www.blommehaven.dk; Ørneredevej 35; Erw./Kind/Stellplatz 80/50/48–70 Kr; ⏲Ende März–Ende Okt.; 📶) Der große Campingplatz am Strand liegt 6 km südlich des Stadtzentrums im schönen Marselisborger Wald auf dem Weg nach Moesgård. Er ist sehr familienfreundlich ausgestattet. In den einfachen Hütten (635 Kr) können vier Personen übernachten. Mit dem Auto erreicht man den Campingplatz auf dem Strandvejen Richtung Süden. Ansonsten fährt die Buslinie 18 (im Sommer auch die 31) hin.

★ **Hotel Guldsmeden** BOUTIQUEHOTEL €€

(☎86 13 45 50; www.hotelguldsmeden.com; Guldsmedgade 40; DZ ohne/mit Bad ab 995/1395 Kr; 📶) Ein hervorragender Tipp: Tolle Lage, sympathisches Personal, Zimmer im französischen Kolonialstil mit Perserteppichen, eine Oase von einem Garten und ein zwangloses und doch elegantes Ambiente. Das Frühstück besteht überwiegend aus biologischen Zutaten und ist im Preis inbegriffen. Das Hotel verwöhnt seine Gäste sogar mit einer eigenen Produktlinie Bio-Toilettenartikel. *Guldsmed* kann auf Dänisch sowohl „Goldschmied" als auch „Libelle" bedeuten – was das wiederkehrende Libellenmotiv im Dekor erklärt.

★ Villa Provence BOUTIQUEHOTEL €€
(☎86 18 24 00; www.villaprovence.dk; Fredens Torv 12; EZ/DZ/Suite inkl. Frühstück ab 1095/1295/2300 Kr; P) Bietet elegante Zimmer, individuell im provenzalischen Stil ausgestattet, für reifere, wohlhabende Gäste. Die Suiten sind groß und wirklich schön. Normale Zimmer sind kleiner, aber mit der gleichen Liebe zum Detail ausgestattet. Alle haben Flachbild-TV, französische Bettwäsche und echte französische Filmplakate. Neben dem Gourmetfrühstück hat uns vor allem der Hof mit blühenden Topfpflanzen und märchenhaft beleuchteten Bäumen beeindruckt.

Møllestien FERIENHÄUSER €€
(☎86 13 06 32; www.house-in-aarhus.com; Møllestien 49 & 51; DZ 800–900 Kr) An der fraglos schönsten Straße von Aarhus vermietet ein Töpfer zwei kleine, heimelige Häuschen mit jeweils eigenem Hof, Küche, Wohnzimmer und Bad (das billigere ist etwas rustikaler); Vorsicht: steile Treppe in den oberen Stock! Bei einmaliger Übernachtung gibt's einen Aufpreis von 300 Kr. Früh buchen!

City Hotel Oasia HOTEL €€
(☎87 32 37 15; www.hoteloasia.com; Kriegersvej 27; DZ wochentags/am Wochenende inkl. Frühstück 1295/975 Kr; P @) Das Oasia setzt eindeutig auf minimalistischen Stil. Daran lassen die hellen, modernen Zimmer, klaren Linien und erstklassige skandinavische Ausstattung (Betten von Hästens, TV von Bang & Olufsen, Designerstühle) kaum einen Zweifel. Günstig in Bahnhofsnähe gelegen.

Hotel Ferdinand BOUTIQUEHOTEL €€
(☎87 32 14 44; www.hotelferdinand.dk; Åboulevarden 28; EZ/DZ Studio ab 950/1150 Kr, Suite ab 1100/1300 Kr;) Das Ferdinand steht mitten im Geschehen am Åboulevarden und hat im Erdgeschoss zudem eine schicke französische Brasserie. Darüber sind acht Suiten (alle groß und luxuriös), im Haus nebenan noch fünf Studioapartments mit Küche, Waschmaschine und Balkon.

Hotel Aarhus City Apartments APARTMENTS €€
(☎86 27 51 30; www.hotelaca.dk; Fredensgade 18; DZ ab 799 Kr, Studio ab 989 Kr, Apt. ab 1189 Kr; P) Der dreistöckige, dunkelgraue Wohnblock mit modernen Zimmern, Studios und Apartments ist gerade richtig für Familien und alle, die einen längeren Aufenthalt planen. Alle Unterkünfte haben eine Küche oder zumindest eine Kochnische und Kabel-TV. Eine Rezeption gibt es nicht; Gäste müssen vorher reservieren und werden zum vereinbarten Zeitpunkt empfangen.

Hotel Royal HOTEL €€€
(☎86 12 00 11; www.hotelroyal.dk; Store Torv 4; EZ/DZ inkl. Frühstück ab 1295/1495 Kr; P) Wer glaubt, dass alle dänischen Spitzenhotels in dezent skandinavischem Stil ausgestattet sind, wird hier eine ziemliche Überraschung erleben. Vom Säulenportal über die Empfangshalle mit Kronleuchtern bis zu den üppigen Wandmalereien wirkt alles eher etwas protzig. Aber auch irgendwie schön. Uns haben besonders die Rezeption mit integriertem Aquarium und die Farbgestaltung beeindruckt. Die Zimmerausstattung ist passenderweise verschwenderisch.

Essen

Am Åboulevarden findet man die typischen Restaurants und Cafés. Interessanter wird's im Studentenviertel (wo es sehr gute Bistros gibt), an der Mejlgade (tolle Budgetlokale) und rund um MP Bruuns Gade und Jægergårdsgade im coolen Frederiksbjerg (südlich des Bahnhofs).

★ Oli Nico INTERNATIONAL €
(www.olinico.dk; Mejlgade 35; Gerichte 55–125 Kr; ⏲Mo–Fr 11.30–14 & 17.30–21, Sa 12–14 & 17.30–21, So 17.30–21 Uhr) Wer einen der heiß begehrten Tische im kleinen Delikatessenlokal Oli Nico will, braucht Kampfgeist. Die klassische Speisekarte ist erstaunlich günstig (z. B. *moules-frites* 60 Kr oder Ribeye-Steak 125 Kr, beides mit handgeschnittenen Pommes). Das täglich wechselnde Drei-Gänge-Abendmenü ist für 130 Kr ein echtes Schnäppchen und möglicherweise das bestgehütete Geheimnis von Aarhus. Man kann nicht reservieren. Gerichte auch zum Mitnehmen.

Lagkagehuset BÄCKEREI €
(MP Bruunsgade 34; Sandwiches & Salate um 60 Kr; ⏲Mo–Fr 6.30–19, Sa & So bis 18 Uhr) Ein kleines Schlaraffenland voller Köstlichkei-

ten aus dem Backofen – einfach eine Nummer ziehen und darauf warten, dass man endlich an der Reihe ist. Es gibt Brote, Kuchen und süße Stücke. Die Sandwiches und Salate machen sich gut als Mittagessen. Guter Kaffee.

Kähler Spisesalon MODERN SKANDINAVISCH €€
(www.spisesalon.dk; MP Bruuns Gade 33; Smørrebrød 75 Kr, 3-/4-Gänge-Menü 279/325 Kr; ⌚Mo–Sa 9–22, So 10–22 Uhr) Der elegante „Salon" besitzt eine wunderschöne Innenausstattung aus Pflanzen, Lampen, Spiegeln und Keramik, die man selbst gern hätte (von Kähler, einer 175 Jahre alten Traditionsporzellanmanufaktur, die praktischerweise nur ein paar Häuser weiter einen Laden hat). Ganz gleich zu welcher Tageszeit – hier ist es immer klasse. Unter der Woche gibt's ein Frühstücksbuffet (80 Kr), der Kaffee ist hervorragend und die kunstvolle Neuerfindung des klassischen *Smørrebrød* (belegtes Brot) genau wie das butterweich gegarte *boeuf bourguignon* himmlisch.

Klassisk 65 Bistro & Vinbar FRANZÖSISCH, DÄNISCH €€
(☎86 13 12 21; www.klassiskbistro.dk; Jægergårdsgade 65; Hauptgerichte 165–205 Kr; ⌚tgl. mittags & abends, So auch Brunch) Der liebevoll-trashige Laden besitzt viel rustikalen Charme und ist immer voll besetzt. Die Einrichtung besteht aus einem ausgesuchten Sammelsurium von Möbeln und Geschirr sowie Weinregalen. Die Einheimischen schätzen die *hyggelige* (gemütliche) Atmosphäre und die günstigen Preise. Die Karte listet französische Landküche mit dänischen Einflüssen; sehr zu empfehlen ist das dreigängige Tagesmenü für 295 Kr.

Globen Flakket CAFÉ, RESTAURANT €€
(www.globen-flakket.dk; Åboulevarden 18; Hauptgerichte abends 129–189 Kr; ⌚Mo–Do 8.30–24, Fr & Sa bis 2, So 9–23 Uhr; 👪) Das lebhafte Lokal am Fluss zieht ein gemischtes Publikum an und ist zu jeder Tageszeit eine gute Wahl. Neben der hitverdächtigen Speisekarte mit Burger, Pasta und Co. haben auch die günstigen Buffets magnetische Wirkung (wochentags Frühstücksbuffet 39 Kr, Wochenende Brunch 119 Kr, nachmittags Kuchenbuffet 39 Kr).

★**St Pauls Apothek** MODERN SKANDINAVISCH €€
(☎86 12 08 33; www.stpaulsapothek.dk; Jægergårdsgade 76; 2-/3-Gänge-Menü 245/295 Kr; ⌚Di–Do 17.30–24, Fr & Sa bis 2 Uhr) Die ehemalige Apotheke hat eine Metamorphose durchgemacht und sich in das angesagteste Restaurant von Aarhus verwandelt, eine Mischung aus Hipster-Barkeepern, Vintage-Elementen und sexy Beleuchtung, alles New York-/Brooklyn-Style. Die Speisenauswahl ist sehr übersichtlich, dabei voller nordischer Erzeugnisse in spannenden Arrangements, und für 595 Kr gibt's ein Drei-Gänge-Menü mit den dazu passenden, phantasievollen Cocktails. Reservieren!

Wer nur etwas trinken möchte, sollte zu vorgerückter Stunde vorbeischauen und einen der krachermäßigen Cocktails bestellen.

★**Kähler Villa Dining** MODERN DÄNISCH €€€
(☎86 17 70 88; www.villadining.dk; Grenåvej 127; 4-Gänge-Abendmenü inkl. Wein 599 Kr; ⌚Mo–Sa 18.30–21.30 Uhr) Der Gourmettempel von Aarhus befindet sich 5 km nördlich des Zentrums. In der traumhaften alten Villa wirken die Köche wahre Geschmackswunder – und man wird noch nicht mal arm davon! Das Konzept dahinter ist clever durchdacht: Für pauschal 599 Kr und zu einer festgelegten Zeit wird den Gästen ein Menü aus *amuse-gueule*, Vorspeise, Hauptgericht, Dessert und Kaffee sowie Wein (All you can drink) serviert.

Auf dem Skovvejen nach Norden fahren, vorbei am Risskov (dem hübschen Wald, in dem das Danhostel steht). Dann geht die Straße in den Grenåvej über. Die Strecke wird von mehreren Stadtbussen bedient, z. B. von den Linien 17, 18 und 100.

Nordisk Spisehus MODERN DÄNISCH €€€
(☎86 17 70 99; www.nordiskspisehus.dk; MP Bruuns Gade 31; 3-/5-Gänge-Mittagessen 199/299 Kr, 3-/5-/8-Gänge-Abendmenü 399/599/799 Kr; ⌚Mo–Sa 12–22 Uhr) Noch ein Restaurant mit coolem Konzept. Hier stehen die Menüs meist unter einem geografischen Motto, z. B. „Rom" oder „New York trifft Paris", und die Rezepte dazu stammen aus Michelin-gekürten Restaurants aus aller Welt. Bevor sie auf dem Teller landen, erhalten sie noch einen nordischen Kniff. Alle zwei Monate gibt's eine neue Gerichte-Kombi – eine ganz schöne Herausforderung für das Küchenteam, aber die meistert es mit Bravour. Der Preis fürs Mittagessen ist top.

Klassisk Fisk FISCH & MEERESFRÜCHTE €€€
(☎28 71 99 95; www.klassiskfisk.dk; Nørregade 38; mittags 65–160 Kr, Hauptgerichte abends 215–245 Kr; ⌚Mo–Sa 12–16 & 17.30–22 Uhr) Elegante Aufmachung, entspannte Atmosphäre und frischer Fisch und Meeresfrüchte. So einfach ist das! Hier widmen dieselben Leute, die

auch in dem französischen Bistro Klassisk 65 am Werk sind, ihre ganze Aufmerksamkeit dem, was aus dem Meer kommt. Naturbelassene Austern, Hummer, Thunfisch-Carpaccio, Weichkrebse und Bouillabaisse buhlen auf der Karte um die Aufmerksamkeit der Gäste. Eine prima Option sind auch die dreigängigen Tagesmenüs (295 Kr).

Selbstversorger

Die meisten Supermärkte sind von 8 bis 20 oder 22 Uhr auf. Die Bäckereien in den Supermärkten öffnen um 7 Uhr.

Kvickly SUPERMARKT
(MP Bruuns Gade 25; ⌚Mo–Fr 8–20, Sa & So bis 18 Uhr) Das Einkaufszentrum Bruun's Galleri ist mit dem Bahnhof verbunden; unten befindet sich ein großer Supermarkt.

Bauernmarkt MARKT
(Ingerslevs Boulevard; ⌚Mi & Sa 8–14 Uhr) Zweimal wöchentlich werden im coolen Viertel Frederiksbjerg Obst und Gemüse, Blumen, Fisch, Käse etc. verkauft.

Ausgehen & Nachtleben

Die zahlreichen Studenten der Stadt sorgen dafür, dass ab Donnerstagabend alle Bars voll sind. Einige Straßen sind fast durchgehend bestückt mit Bars und Kneipen. Am nördlichen Teil des Åboulevarden liegen vor allem schicke Restaurant-Bars, in denen durchgestylte Gäste ein- und ausgehen; der südliche Abschnitt ist das Revier der Studenten, die sich in den großen Kneipen, die freitags und samstags bis in die Puppen geöffnet sind, sichtbar wohlfühlen. An der nahen Skolegade findet man eine Handvoll gemütlicher Kneipen und Kellerbars. An der Frederiksgade drängen sich zahllose englische und irische Pubs, die mit billigem Bier (½ l Carlsberg für 30 Kr), Livemusik und Jamsessions, TV-Sportübertragungen, Quizwettbewerben und Karaoke werben.

★Strandbaren BAR
(facebook.com/strandbarenaarhus; Havnebassin 7, Pier 4; ⌚Mai–Sept.) Man nehme: Frachtcontainer, einen Haufen Sand und ein schönes Fleckchen am Hafen – fertig ist die Strandbar. Die chillige Adresse in Aarhus Ø (direkt hinter dem Fährhafen) hat Essen, Drinks, auch Flirts und diverse wetterabhängige Events zu bieten. Zeit und Ort stehen auf der Facebook-Seite (wegen des Hafenumbaus muss die Strandbaren eventuell eine Zeitlang umziehen; sonst ist immer dann auf, „wenn die Sonne scheint").

Bus Nr. 33 fährt hier entlang. Sehenswert sind die neuen Gebäude, die in Aarhus Ø entstehen, z. B. der sogenannte Isbjerget (Eisberg).

★Løve's Bog- & VinCafé BAR
(www.loeves.dk; Nørregade 32; ⌚Mo–Fr 9–24, Sa ab 10, So 10–17 Uhr) Das kuschelige „Buch- und Weincafé" ist voller Bücherregale, alter Möbel und einer Klientel, die nicht ohne Lesestoff oder Laptop auftaucht. Dichterlesungen und Jazzbands stehen auf dem Programm, und die kleinen Gerichte der kurzen, einfachen Speisekarte geben Kraft fürs Weiterbüffeln.

Sigfred's Kaffebar KAFFEEBAR
(www.sigfreds.dk; Ryesgade 28; ⌚Mo–Do 8–18, Fr bis 19, Sa 10–17 Uhr) Sigfred's räumt regelmäßig Preise für den „besten Kaffee der Stadt" ab. Er wird gebraut von erstklassigen *baristas* und getrunken von treuen Stammgästen. Der ursprüngliche Laden versorgt die Leute, die auf der Fußgängereinkaufsstraße unterwegs sind, mit Koffein, die Filiale in der Guldsmedgade 20 die Studenten.

Under Masken BAR
(Bispegade 3; ⌚Mo–Sa 12–2, So 14–22 Uhr) Von einem Künstler betrieben und das sieht man auch: Das Dekor des Under Masken ist ausgefallen-schräg, ein Durcheinander aus Spiegeln im Goldrahmen, beleuchteten Aquarien, afrikanischen Masken und Fotos von Seebären. Viel Vergnügen bei einem lauten, verrauchten, superwitzigen Abend, einziger Nachteil: Hier gibt's nichts zu essen.

Sherlock Holmes Pub PUB
(www.sherlock-holmes.dk; Frederiksgade 76; ⌚12 Uhr–spät) Ein typisch englisches Pub: dämmerig und gemütlich, mit Livemusik, Karaoke, Fußballübertragungen und Jamsessions. Das **Golden Lion** nebenan serviert gutes englisches Pub-Essen, und die beliebten Irish Pubs **Tir na Nog** (Hausnummer 40) und **Waxies** (Hausnummer 16) sind nur ein kurzes Stück die Straße hinunter.

☆ Unterhaltung

Livemusik

Aarhus gilt als Musikhauptstadt Dänemarks. Neben dem vielfältigen Programm des Musikhuset Aarhus und von Clubs wie dem Train gibt es eine Fülle kleinerer Treffs, wo gute Musik gespielt wird. Im Sommer finden außerdem an Orten wie dem Freizeitpark Tivoli Friheden Open-Air-Konzerte statt. Wer Livemusik liebt, muss zur Festivalsaison kommen.

Die Websites sind auf Dänisch, aber der Veranstaltungskalender ist trotzdem verständlich.

Musikhuset Aarhus LIVEMUSIK
(www.musikhusetaarhus.dk; Thomas Jensens Allé 2) Die Konzerthalle von Aarhus ist ein großer Bau mit Glasfront und Veranstaltungsort verschiedenster Events: Rod Stewart live, *Rigoletto*, Königlich Dänisches Ballett (Den Kongelige Ballet) oder Symphonieorchester Aarhus.

Train LIVEMUSIK, CLUB
(www.train.dk; Toldbodgade 6; ⌚Club Fr & Sa ab 24 Uhr) Die Nummer eins der Clubs in Aarhus ist in erster Linie eine Konzertbühne mit mehreren Events pro Woche. Immer wieder sind auch namhafte internationale Künstler dabei. Freitags und samstags dient das Train als Club mit Platz für bis zu 1700 Gäste, die von bekannten DJs beschallt werden. Zum Komplex gehört auch ein Loungeclub: Das Kupé ist wirklich funky.

Radar LIVEMUSIK
(www.radarlive.dk; Godsbanen, Skovgaardsgade 3) Das Radar ist wie ein Fenster in die alternative Szene von Aarhus. Es hat ein großes Musikangebot (Rock, Techno, Punk und Folk). Die Location, der Frachthof Godsbanen, ist sehr cool und gewissermaßen das neue kulturelle Herz der Stadt. **Godsbanen** (www.godsbanen.dk; Skovgaardsgade 3) umfasst Bühnen, Werkstätten und ein tolles Café, ist Ausstellungs- und Veranstaltungsort – ein Abstecher dorthin lohnt sich.

VoxHall & Atlas LIVEMUSIK
(www.fondenvoxhall.dk; Vester Allé 15) Die VoxHall ist eine etablierte Livemusikbühne (Kapazität: 700 Personen), die Musikrichtungen sind bunt gemischt. Gleich daneben befindet sich das intimere Atlas mit einer Kapazität von 300 Plätzen, das vor allem Jazz und Weltmusik auf die Bühne bringt.

Theater

Aarhus Teater THEATER
(www.aarhusteater.dk; Bispetorv) Das Theater befindet sich in einem gebührend theatralischen Gebäude von 1900 mit Wasserspeiern und anderem extravaganten Ornament. Meist werden Aufführungen in dänischer Sprache geboten, gelegentlich auch Musicals und Tanzperformances.

Kino

Kinokarten kosten zwischen 70 und 95 Kr. Die Vorführungen tagsüber sind günstiger.

★Øst for Paradis KINO
(www.paradisbio.dk; Paradisgade 7–9) Programmkino im nördlichen Univiertel. Zeigt Filme im Original mit dänischen Untertiteln.

Cinemaxx KINO
(www.cinemaxx.dk/aarhus; MP Bruuns Gade 25) Im Einkaufszentrum Bruun's Galleri (Eingang auch durch den Bahnhof). Gezeigt werden kommerzielle Filme und kleinere, regionale Produktionen.

Shoppen

Shoppen kann man hier ganz hervorragend; überraschend sind allenfalls die begrenzten Öffnungszeiten. Ein paar kleinere Geschäfte haben am Wochenende nur ein paar Stunden am Samstagvormittag geöffnet.

Die 850 m lange Fußgängerzone beginnt gegenüber dem Bahnhof und heißt dort Ryesgade, später Søndergade. Hier findet man große Ladenketten mit Mainstream-Ware.

Das Studentenviertel ist kopfsteingepflastert, größtenteils verkehrsberuhigt und hat originellere Mode- und Designboutiquen. Badstuegade und Volden sowie das westliche Ende der Vestergade sind ebenfalls einen Blick wert.

Frederiksbjerg präsentiert eine buntere Mischung an Klamotten- und Designläden, darunter auch Retro- und Kunsthandwerksläden. Bruuns Gade, Sankt Pauls Kirkeplads und Jægergårdsgade heißen die Top-Anlaufstellen.

Die Warenhäuser im Zentrum haben längere Öffnungszeiten und bieten alles von Kosmetik über Mode bis zu Haushaltswaren, einschließlich der bekannteren dänischen Marken wie Lego (Spielwaren), Royal Copenhagen (Porzellan) oder Holmegaard (Glas). Zu den Kaufhäusern gehören das **Magasin du Nord** (wwww.magasin.dk; Immervad 2–8; ⌚8–20 Uhr) und **Salling** (www.salling.dk; Søndergade 27; ⌚Mo–Fr 9–20, Sa & So bis 18 Uhr).

ARoS Aarhus Kunstmuseum BÜCHER, SOUVENIRS
(Aros Allé 2; ⌚Di–So 10–17, Mi bis 22 Uhr) Der Souvenirladen im Kunstmuseum hat eine große Auswahl an Kunstbüchern, Haushaltswaren, Accessoires und coolem Schnickschnack.

Georg Jensen DESIGN

(www.georgjensen.com; Søndergade 1; ⌚Mo–Do 10–17.30, Fr bis 18, Sa bis 15 Uhr) Hat exquisites Tafelsilber und Schmuck vom dänischen Meister. Gleich nebenan ist Georg Jensen Damask, mit klassischen Leinenwaren.

HAY DESIGN

(www.hay.dk; Rosenkrantzgade 24; ⌚Mo–Fr 10–18, Sa 10–16 Uhr) Verkauft neue dänische Möbel sowie phantastisch designte Haushaltswaren, Heimtextilien und Teppichvorleger.

Kristian F Møller BÜCHER

(Store Torv 5; ⌚Mo–Do 10–18, Fr bis 19, Sa bis 16 Uhr) Günstige, auch englischsprachige Bücher sowie Reiseführer.

Paustian DESIGN

(www.paustian.dk; Skovvejen 2; ⌚Mo–Fr 10–18, Sa & So bis 15 Uhr) Ein wahrhafter Schrein des besten dänischen (und internationalen) Designs. Am liebsten möchte man gleich alles kaufen. Leider passt das Wenigste davon in den Koffer.

Summerbird Chocolaterie SCHOKOLADE

(Volden 31; ⌚Mo–Do 10–17.30, Fr bis 18, Sa bis 15 Uhr) Göttliches Schokoladenangebot im Studentenviertel. Dank der hübschen Verpackung eignen sich die Pralinen bestens als Mitbringsel.

Flagstang Markeder FLOHMARKT

(www.flagstang-markeder.dk; Mølleparken; ⌚1-mal monatl. So 10–16 Uhr) Der Flohmarkt lässt sich nach Jeans von Cheap Monday, feinem Porzellan von Royal Copenhagen und genialen Plastikküchenartikeln aus den 70ern durchforsten (und dabei stößt man auf jede Menge Nippes, Tand und Unfug). Die genauen Termine stehen auf der Website. Im Winter ziehen die Stände ins Warme: ins Foyer des Musikhuset.

ℹ Praktische Informationen

Die AarhusCard bietet ermäßigten Eintritt für Sehenswürdigkeiten und Veranstaltungen sowie kostenlosen Transport.

GELD

Banken und Geldautomaten gibt es in der ganzen Stadt, besonders viele in Bahnhofsnähe, in den autofreien Einkaufsstraßen Ryesgade/Søndergade sowie bei der Kathedrale.

Forex (Banegårdspladsen 20; ⌚Mo–Fr 9–18, Sa 10–15 Uhr) Geldwechsel in Bahnhofsnähe.

GEPÄCKAUFBEWAHRUNG

Schließfächer gibt es am Bahnhof und Busbahnhof; ein kleines/großes Schließfach kostet 20/40 Kr für 24 Std.

MEDIZINISCHE VERSORGUNG

Aarhus Universitetshospital (☎78 45 00 00; Nørrebrogade 44) Krankenhaus mit 24-Stunden-Notaufnahme. Vorher anrufen.

Ärztlicher Notdienst (☎70 11 31 31; ⌚Mo–Fr 16–8 Uhr, Sa & So ganztägig)

Løve Apotek (Store Torv 5; ⌚24 Std.) Günstig gelegene Apotheke.

INTERNETZUGANG

Gate 58 (Vestergade 58B, 1. OG; pro Std. 18–28 Kr; ⌚Mo–Fr 10–24, Sa & So 12–24 Uhr) Eher ein Treffpunkt für Computerspiel-Junkies als ein Internetcafé.

Hovedbiblioteket (www.aakb.dk; Europaplads; ⌚Mo–Fr 10–18, Sa 10–14 Uhr) Die Stadtbibliothek ist Anfang 2015 umgezogen in ein beeindruckendes neues Gebäude am Hafen, das Dokk1 genannt wird (www.urbanmediaspace.dk). Hier gibt's kostenloses Internet.

NOTFALL

Notruf (Polizei/Krankenwagen) (☎112)

Polizeiwache (☎87 31 14 48; Ridderstræde 1)

POST

Post (Banegårdspladsen; ⌚Mo–Fr 10–18, Sa 10–13 Uhr) Neben dem Bahnhof.

TOURISTENINFORMATION

VisitAarhus (☎87 31 50 10; www.visitaarhus.com) ist eine virtuelle Touristeninformation. Infos erhält man über die Website, telefonisch, in der Hauptsaison auch an mobilen Infoständen und via Touchscreen-Stationen bei vielen Attraktionen, Drehscheiben der öffentlichen Verkehrsmittel und Unterkunftsanbietern.

Wer persönliche Unterstützung benötigt, kann sich an die Angestellten am Busbahnhof wenden. Alternativ empfiehlt sich eine gewisse Vorarbeit: die Website durchlesen, die App runterladen, Social-Media-Seiten nach aktuellen Infos durchstöbern (s. „This is why I love Aarhus" auf Facebook; @VisitAarhus auf Twitter folgen).

ℹ An- & Weiterreise

AUTO & MOTORRAD

Die wichtigsten Straßen nach Aarhus sind die E45 von Norden und Süden sowie die Straße 15 von Westen her. Die E45 führt nicht in die Stadt hinein (Ausfahrten 46 bis 50).

BUS

Alle regionalen und Langstreckenbusse halten in Aarhus am **Busbahnhof** (Rutebilstation; Fredensgade 45) 300 m nordöstlich des Bahnhofs. Von Aarhus aus sind die meisten wichtigen Städte in Jütland mit den „**X**"-Bussen zu erreichen. Informationen online unter www.midttrafik.dk oder am Schalter am Busbahnhof (7–22 Uhr besetzt).

Abildskou (☎70 21 08 88; www.abildskou.dk) Die Expressbuslinie 888 fährt bis zu zehnmal täglich zwischen Aarhus und dem Bahnhof Valby in Kopenhagen (310 Kr, 3 –3½Std.), mit Verbindungen zum Flughafen Kopenhagen. Mitunter kann man deutlich günstiger fahren; auf der Website nach Ermäßigungen suchen.

FLUGZEUG

Der **Flughafen Aarhus** (AAR; www.aar.dk), auch Flughafen Tirstrup genannt, liegt 45 km nordöstlich der Stadt.

Scandinavian Airlines (SAS) bietet tägliche Flüge von/nach Kopenhagen. Sun-Air (gehört zu British Airways) fliegt direkt nach Stockholm, Göteborg und Oslo. Daneben gibt's auch regelmäßige Direktflüge nach Stockholm, Helsinki und Oslo.

SCHIFF/FÄHRE

Mols-Linien (☎70 10 14 18; www.mols-linien.dk) Betreibt Expressfähren zwischen Aarhus und Odden in Nordseeland (Erw./Kind/Auto einfach 349/175/669 Kr, 70 Min., mind. 5-mal tgl.). Im Autopreis sind die Passagiere enthalten.

ZUG

Im Hauptbahnhof *(hovedbanegård)* befindet sich der **Fahrkartenschalter** (⏲Mo–Fr 7.10–18, Sa & So 10.15–17 Uhr) mit zwei Warteschlangen: rot für Inlandtickets, grün für internationale Fahrscheine. Wer im Inland fährt, kann sich das Schlangestehen sparen, indem er sein Ticket am Automaten kauft (mehrsprachige Anweisungen vorhanden; Zahlung auch per Kreditkarte). Freitags sind die Züge oft sehr voll, und für längere Strecken sind Platzreservierungen (30 Kr) unbedingt ratsam.

Etwa alle 30 Minuten fahren Züge nach Kopenhagen (einfach 382 Kr, 3–3½ Std.) über Odense (240 Kr, 1¾ Std.).

Häufige Verbindungen gibt's auch nach Aalborg (194 Kr, 1½ Std.), Frederikshavn (252 Kr, 2¾ Std., evtl. mit Umsteigen in Aalborg), Grenaa (100 Kr, 1¼ Std.) und Silkeborg (85 Kr, 50 Min.).

ℹ Unterwegs vor Ort

Die neue Stadtbahn (Aarhus Letbane) soll 2016 eingeweiht werden. In der ersten Bauphase soll ein 12 km langer Schienenweg vom Bahnhof Aarhus am Hafen vorbei bis Nørreport (wo sich die Route gabelt und zwei Gleise nach Norden führen sollen) gelegt werden. Ein Gleis wird nach Grenaa in Djursland führen. Die *letbane* wird Auswirkungen auf den bestehenden Busverkehr haben. Die Website von Midttrafik (www.midttrafik.dk) hält alle notwendigen Infos bereit, man kann aber auch bei Midttrafik anrufen oder am Serviceschalter des Busbahnhofs nachfragen.

AUTO & MOTORRAD

Das Zentrum lässt sich am besten zu Fuß erkunden, für Sehenswürdigkeiten außerhalb ist ein Fahrzeug vorteilhaft.

Mietwagen

Alle großen Autovermietungen (Europcar, Budget, Hertz, Sixt und Avis) haben einen Schalter am Flughafen von Aarhus. In der Stadt hat **Europcar** (☎89 33 11 11; www.europcar.com; Sønder Allé 35) eine zentrale Filiale gegenüber dem Busbahnhof.

Parken

Gebührenpflichtige, überdachte Parkplätze gibt es u. a. beim Musikhuset Aarhus und beim Einkaufszentrum Bruun's Galleri. Bezahlt wird in der Regel pro Stunde. An den Straßen stehen meist Parkuhren *(billetautomat)*. Kostenpflichtig ist das Parken montags bis freitags von 9 bis 19 Uhr und samstags von 9 bis 16 Uhr. Die Gebühren liegen bei 12/17 Kr für die erste/zweite Stunde und 22 Kr für jede weitere Stunde. Auf Knopfdruck liefert der Automat auch Anweisungen in englischer Sprache.

BUS

Das Busnetz ist gut ausgebaut und läuft wie geschmiert. Die meisten Stadtbusse (gelb) halten in der Nähe des Bahnhofs auf der Park Allé. Tickets gibt's an den Automaten im Bus (20 Kr, 120 Min. gültig). Infos zu Fahrkarten, Routen und Fahrplänen sind am Busbahnhof auf der Fredensgade erhältlich, auf der Website www.midttrafik.dk (Infos auch auf Englisch) oder telefonisch: ☎70 21 02 30.

AB AUF DEN SATTEL

Schritt 1: *bycykel* besorgen. Schritt 2: losfahren! Hier ein paar nette Routen:

➡ Gen Süden nach **Marselisborg**; Schloss und Park erkunden. Für einen Boxenstopp bietet sich der **Jachthafen** an.

➡ Gen Norden zum grünen Campus der **Universität**.

➡ Noch ein Stück weiter nach Norden bis **Rissko** mit seinen hübschen Wäldern und dem Strand.

➡ **Aarhus Ø** und das Viertel am Nordhafen; geniale Architektur (der „Isbjerget"-Komplex ist sensationell).

FAHRRAD

Die kostenlosen Citybikes von **Aarhusbycykel** (www.aarhusbycykel.dk) stehen von April bis Oktober an verschiedenen Stellen in der Stadt zur Verfügung. Infos und einen Plan als Download gibt es auf der Website oder in Unterkünften. Ein paar Räder stehen immer gegenüber dem Bahnhof am Sandwichladen Subway und vor dem Rathaus. Wer eines braucht, wirft eine 20-Kronen-Münze ein, die bei der Rückgabe des Fahrrads erstattet wird.

Wer zwischen November und März hier ist oder ein besseres Rad für eine längere Zeitspanne braucht, geht am besten zu **Bikes 4 Rent** (☎ 20 26 10 20; www.bikes4rent.dk; pro Tag/Woche 95/250 Kr). Die Mitarbeiter bringen die Leihräder zum zentral gelegenen Radisson Hotel neben dem Musikhuset.

VOM/ZUM FLUGHAFEN

Aarhus

Zwischen dem Flughafen Tirstrup und Aarhus fahren Busse der Linie 925X (100 Kr, 50 Min.). Sie starten vor dem Bahnhof (nahe dem Postamt). Der Fahrplan wechselt und ist auf die Flüge abgestimmt. Aktuelle Infos unter ☎ 70 21 02 30 oder online: www.midttrafik.dk. Ein Taxi zwischen City und Flughafen kostet satte 650 Kr.

Billund

Busse verbinden Aarhus auch mit dem großen Flughafen von Billund, 100 km südwestlich (160 Kr, 2 Std.). Anfahrt mit den Bussen 912X und 913X ab Busbahnhof Aarhus.

Schneller sind die häufig verkehrenden Züge nach Vejle. Dort gibt es zahlreiche Busverbindungen zum Flughafen.

TAXI

Taxis warten am Bahnhof und an einem Stand bei der Kathedrale. Man kann sie auch an der Straße anhalten oder telefonisch bestellen (☎ 89 48 48 48). Alle Taxis sind mit Taxameter ausgestattet. Fahrten in der Innenstadt kosten um 100 Kr.

DJURSLAND

Djursland, die große Halbinsel nordöstlich von Aarhus (Jütlands „Nase“), ist ein beliebtes Ferienziel für Badegäste aus Dänemark, Schweden und Deutschland. Die wichtigsten Städte sind Ebeltoft und Grenaa. Das weitläufige Grenaa (mit Fährverbindungen nach Varberg in Schweden) ist die größere der beiden Städte und besitzt bessere Strände. Ebeltoft bietet dagegen mehr Atmosphäre.

Rings um die Halbinsel liegen erstklassige Strände (besonders im Norden bei Fjellerup, Bønnerup und Gjerrild sowie unmittelbar südlich von Grenaa). Doch auch wer nicht baden gehen möchte, findet zahlreiche, vor allem für Familien geeignete Attraktionen: von historischen Herrenhäusern über Tierparks und Haifischbecken bis hin zu einem beliebten Freizeitpark.

Djursland profitiert von hervorragenden Verkehrsverbindungen mit Aarhus. Wer mit dem eigenen Fahrzeug reist, verlässt Aarhus auf der Straße 15 in Richtung Ebeltoft (via Straße 21) und kann dann weiter nach Grenaa fahren – schöner sind die Nebenstraßen.

Ebeltoft

7500 EW.

Ebeltoft hat alles, was einen Badeort ausmacht. Pflasterstraßen, gesäumt von Fachwerkhäusern, weiße Sandstrände und ein klassisches Schlachtschiff locken Scharen von Feriengästen an.

Die Touristeninformation, die *Fregatten Jylland* und der Hafen liegen am Strandvejen. Vom Hafen einen Block östlich via Jernbanegade befindet sich die Haupteinkaufsstraße Adelgade. Das südliche Ende stößt auf den Stadtplatz (Torvet).

Sehenswertes & Aktivitäten

Fregatten Jylland MUSEUM, SCHIFF

(www.fregatten-jylland.dk; SA Jensens Vej 4; Erw./Kind 125/80 Kr; ab 10 Uhr;) Die *Fregatten Jylland* ist mit einer Länge von 71 m das längste Holzschiff der Welt. Im 19. Jh. spielte sie für die dänische Marine eine wichtige Rolle; danach wurde sie restauriert und der Öffentlichkeit zugänglich gemacht. Ihr Inneres vermittelt Einblicke in den Alltag der Besatzung. Die Öffnungszeiten variieren (im Winter bis 15 Uhr, im Sommer bis 18 Uhr).

Glasmuseet Ebeltoft MUSEUM

(www.glasmuseet.dk; Strandvejen 8; Erw./Kind 85 Kr/frei; April–Okt. tgl. 10–17 oder 18 Uhr, Nov.–März Mi–So 10–16 Uhr) Im schicken Glasmuseum wird zeitgenössische Glaskunst bildhübsch in Szene gesetzt. Viel Licht sorgt für den passenden Effekt. Es gibt eine zauberhafte ständige Sammlung als auch Wechselausstellungen. Ein weiteres Highlight sind Demonstrationen der Glasbläser.

Adelgade STRASSE

Die Adelgade ist eine der schönsten Hauptstraßen Jütlands – passende Schlagwörter sind „Kopfsteinpflaster“, „Cafés und Geschäfte in Pastellfarben“ und „hübsche Innenhöfe“. Am südlichen Ende erhebt sich das winzige Rathaus von 1789. Das Fachwerkhaus erinnert ein wenig an eine Konfektschachtel und ist eine beliebte Hochzeitskulisse. Die Ausstellung zur Lokalgeschichte ist kostenlos.

Strände STRÄNDE
Ebeltoft liegt an einer ruhigen, geschützten Bucht mit weißen Sandstränden. Ein schöner Strand dehnt sich gleich am Ndr Strandvej, der Küstenstraße, vom Zentrum nach Norden aus.

Ree Park Safari SAFARIPARK
(www.reepark.dk; Stubbe Søvej 15; Erw./Kind 160/90 Kr; ⌚Mitte April–Mitte Okt. 10–16 oder 18 Uhr; 👪) Im Ree Park sind tolle Tiere aus aller Welt zuhause. Den Löwenanteil machen die afrikanischen Tiere aus. Für 30 Kr können Besucher auf einem Kamel reiten, für 45 Kr mit dem Landrover durch die „afrikanische Savanne" fahren. Im Lauf des Tages kann man zudem verschiedenen Fütterungen beiwohnen. Der Park liegt etwa 10 km nordöstlich von Ebeltoft; er ist leider nicht an das lokale Busnetz angeschlossen.

Schlafen & Essen

Lecker essen kann man an der Adelgade und am Bootshafen. Außerdem lohnt sich die „Reise" in das 6 km nordwestlich gelegene Dorf Femmøller, eine heiße Feinschmeckerdestination.

NATIONALPARK MOLS BJERGE

In den letzten Jahren wurden in Dänemark fünf neue Nationalparks eröffnet. Mols Bjerge (http://nationalparkmolsbjerge.dk) in Djursland ist einer davon. Er umfasst 180 km² Wald, Moor und offene Wiesenlandschaften sowie Seen, Küstengebiete und Meer. In seinem Einzugsgebiet liegen auch Ebeltoft und die umliegenden Dörfer. Benannt ist er nach dem bekanntesten natürlichen Wahrzeichen der Region: den Mols-Bergen, die eine Höhe von sage und schreibe 137 m erreichen.

Für Interessierte hält die Touristeninformation in Ebeltoft die entsprechenden Unterlagen zum Park bereit. Ein eigenes Infocenter soll in nicht allzu ferner Zukunft in der Nähe von Kalø (südlich von Rønde) entstehen, wo einige Highlights (Wald, ein Herrenhaus aus dem 18. Jh. und die Ruine einer Burg aus dem 14. Jh.) direkt vor der Tür liegen.

★Danhostel Ebeltoft HOSTEL €
(☎86 34 20 53; www.ebeltoft-danhostel.dk; Egedalsvej 5; EZ/DZ/3BZ/4BZ 480/520/570/620 Kr; @📶) Dieses Danhostel thront über der Stadt (3 km Straße; zu Fuß etwa 25 Min.) und will offenbar nicht gefunden werden. Wer hier übernachten möchte, braucht dringend eine Landkarte. Doch die Mühe lohnt sich: Alle Zimmer haben Hotelstandard (Bad und TV) und coole Designdetails. Das Frühstück kostet 65 Kr.

Hotel Ebeltoft Strand HOTEL €€
(☎86 34 33 00; www.ebeltoftstrand.dk; Ndr Strandvej 3; DZ ab 1195 Kr; 📶) Das große Hotel besitzt eine optimale Lage am Strand in der Nähe der Touristeninformation. Die Ausstattung ist gut, der Preis ebenfalls – vom Sparpaket bis zum Luxuszimmer mit Meerblick ist alles dabei. Top sind auch die 16 Apartments für Familien.

Glascaféen CAFÉ €
(www.glasmuseet.dk; Strandvejen 8; Hauptgerichte 48–146 Kr; ⌚tgl. April–Okt., sonst Mi–So, Jan. geschl.) Hinter dem Glasmuseet Ebeltoft steht ein kleines, schickes Café mit einer wirklich fabelhaften Terrasse am Wasser. Das Speisenangebot ist übersichtlich, aber schmackhaft: Es gibt Sandwiches, kleine Gerichte und *fiskefrikadeller* (Fischfrikadellen), dazu lokal gebrautes Bier und Soft Drinks. Der Brunch am Wochenende ist ein Augenschmaus. Von Juli bis Mitte August schließt das „Glascafé" erst um 22 Uhr (sonst meist gegen 16 Uhr).

Molskroen Brasserie FRANZÖSISCH, DÄNISCH €€
(www.molskroen.dk; Hovedgaden 31A, Femmøller Strand; Hauptgerichte 195–295 Kr; ⌚Mi–So 11.30–21 Uhr) Die Besitzer des Molskroen haben dem **Strandhotellet** von Femmøller eine Verjüngungskur verordnet und frische Zimmer in Blautönen (DZ ab 1180 Kr) verpasst. Die Küche ist obendrein herausragend, denn in der **Brasserie** schwingt Michel Michaud (mit einem zum Namen passenden Michelin-Stern gekrönt) den Kochlöffel. Seine Küche ist französisch-dänisch: Es gibt Enten-Confit und Tatar, mittags kann man typisches Smørrebrød bestellen. Ein dreigängiges Menü (oder besser Festmahl) kostet 435 Kr.

Das Strandhotellet beherbergt überdies ein sehr gutes Steakhaus, **A Hereford Beefstouw**.

★Molskroen FRANZÖSISCH €€€
(☎86 36 22 00; www.molskroen.dk; Hovedgaden 16, Femmøller; Hauptgerichte 325–445 Kr; ⌚Mo–Sa 18–21 Uhr) Wenn es etwas ganz Be-

sonderes sein soll, ist dieser hoch gelobte *kro* (Gasthof) genau das Richtige. Feinschmeckern ist er landesweit ein Begriff. Für das Restaurant ist jetzt Sternekoch Michel Michaud aus der Brasserie (S. 234) verantwortlich. Gäste können seine kulinarischen Zauberkünste im Rahmen eines Vier-Gänge-Menüs (595 Kr) oder eines Sechs-Gänge-Menüs (inkl. Wein; 1795 Kr) erleben. Der *kro* wartet mit ein paar ähnlich beeindruckenden Suiten auf. Die Doppelzimmer mit Designermöbeln & Co. kosten ab 1580 Kr.

Praktische Informationen

Touristeninformation (☎86 34 14 00; www.visitdjursland.com; SA Jensens Vej 3; ⌚Mo–Fr 9–16.30, Sa 10–13 Uhr) Abseits des Strandvejen, neben der *Fregatten Jylland*.

Anreise & Unterwegs vor Ort

Ebeltoft liegt an der Straße 21, 52 km östlich von Aarhus und 33 km südwestlich von Grenaa.

BUS

- Bus 123 bedient die Strecke zwischen Aarhus (Nørreport) und Ebeltoft (85 Kr, 1¼ Std.).
- Bus 212 verbindet Randers und Ebeltoft miteinander (105 Kr, 1½ Std.).
- Bus 351 fährt von Ebeltoft nach Grenaa und zurück (57 Kr, 1 Std.).

FÄHRE

Mols-Linien (☎70 10 14 18; www.mols-linien.dk) betreibt eine Expressautofähre, die täglich von Ebeltoft nach Odden in Nordseeland übersetzt (einfach Erw./Kind/Auto 349/175/699 Kr, 70 Min.). Im Pkw-Tarif sind die Autoinsassen enthalten.

Grenaa

14 600 EW.

Hauptattraktionen dieser Hafenstadt sind die historische Altstadt, die Haifischbecken im Ozeanarium und die 7 km langen herrlichen Sandstrände. Die Altstadt rings um den Torvet ist das Wirtschafts- und Einkaufszentrum der Region. Grenaa liegt etwa 3 km westlich des Hafens, von wo die Fähren nach Schweden ablegen.

Sehenswertes & Aktivitäten

Strände

Grenaas 7 km langer, mit der Blauen Flagge ausgezeichneter Strand liegt südlich der Stadt. Dieser Bereich ist bekannt für kinderfreundliches, seichtes Wasser (einfach vom Hafen der Küste nach Süden folgen). Im Nordteil herrscht viel Gedränge, während es nach Süden hin ruhiger wird.

Kattegatcentret — OZEANARIUM

(www.kattegatcentret.dk; Færgevej 4; Erw./Kind 160/90 Kr; ⌚10–16 oder 17 Uhr; 👪) Wer Haie aus nächster Nähe sehen will, ohne etwas zu riskieren, der wird vom Glastunnel des Kattegatcentret begeistert sein. Hier wird die heimische Meeresfauna präsentiert. Um 13 Uhr findet die Haifischfütterung statt; dabei wird glasklar, was diese Tiere an die Spitze der Nahrungskette befördert hat! Außerdem gibt es ein Seehundbecken (mit eigenen Fütterungszeiten) und ein für Kinder besonders faszinierendes Streichelbecken. Im Winter gelten andere Öffnungszeiten; Genaueres auf der Website.

Schlafen & Essen

Die Infobroschüre Djursland erscheint jährlich und beinhaltet Privatunterkünfte und Ferienhäuser am Strand, die meist wochenweise vermietet werden. Die Region ist mit Campingplätzen übersät.

Grenaa Strand Camping — CAMPINGPLATZ €

(☎86 32 17 18; www.grenaastrandcamping.dk; Fuglsangvej 28; Stellplatz/Erw./Kind 100/82/60 Kr; ⌚April–Mitte Sept.; @ 📶 🏊) Der Campingplatz ist ideal für einen Badeurlaub. Er befindet sich in bester Strandlage wenige Kilometer südlich der Stadt. Familien werden sich hier wohlfühlen: Das Piratenmotto zieht sich durch die komplette Anlage (uaaaah!), in der Hochsaison werden Aktivitäten für Kids angeboten, es gibt eine Minigolfanlage und einen Pool, einen Minimarkt und ein Sommercafé. Recht günstig sind die Hütten und Mietwohnwagen.

Hotel Grenaa Havlund — HOTEL €€

(☎86 32 26 77; www.hotelgrenaahavlund.dk; Kystvej 1; EZ/DZ 695/895 Kr; 📶) Das sonnige, kleine Hotel am Strand hat schlichte, gemütliche Zimmer. Nur 1 km südlich des Hafenviertels.

Restaurant Skakkes Holm — FISCH & MEERESFRÜCHTE €€

(☎86 30 09 89; www.skakkesholm.dk; Lystbådehavnen; Abendbuffet inkl. Getränken Erw./Kind 229/72 Kr; ⌚Di–Fr mittags, tgl. abends; 👪) Jenseits einer Fußgängerbrücke beim Kattegatcentret liegt der reizvolle Jachthafen. Alles, was Hunger hat, liebt das Abendbuffet des Restaurants Skakkes Holm. Der Lage entsprechend stehen viele Fischgerichte auf der Speisekarte.

Praktische Informationen

Touristeninformation (☎ 87 58 12 00; www.visitdjursland.com; Torvet 6; ⏲ Mo–Fr 10–16, Sa 10–13 Uhr) In der Nähe der Kathedrale am Hauptplatz gelegen.

Anreise & Unterwegs vor Ort

Grenaa befindet sich 65 km nordöstlich von Aarhus (via Straße 15) und 58 km östlich von Randers (via Straße 16).

BUS

Die Linien 120 und 122 bedienen die Route von Aarhus (Nørreport) nach Grenaa. Zwischen den beiden Städten verkehren auch Züge (89 Kr, 1¼–1½ Std.); die sind etwas schneller als der Bus, der Preis ist ungefähr derselbe. Der (Bus-) Bahnhof von Grenaa ist am Stationsplads, ein kurzes Stück vom Torvet entfernt. Die Busse 1 und 2 pendeln zwischen Zentrum und Hafen.

FÄHRE

Stena Line (www.stenaline.com) Setzt von Grenaa nach Varberg in Schweden über. Mehr dazu auf S. 321.

Ausflüge in Djursland

Hat man sich eine der hübschen Küstenstädte als Basis auserkoren (Ebeltoft oder Grenaa z. B.), sind diverse Attraktionen für Familien gut im Rahmen eines Tagesausflugs zu erreichen, auch das Highlight Djurs Sommerland.

Sehenswertes

Gammel Estrup MUSEUM

(www.gammelestrup.dk; Randersvej 2, Auning; Herrenhaus & Museen Erw./Kind 95 Kr/frei; ⏲ Mitte April–Mitte Okt. tgl. 10–17 Uhr, sonst Di–So 10–15 oder 16 Uhr, Jan. geschl.) Am Ortsrand von Auning, 33 km westlich von Grenaa, steht das prachtvolle Herrenhaus Gammel Estrup mit zwei Museen, herrlichen Gärten und der Aura des dänischen Adels.

Das von einem Graben umgebene Herrenhaus wurde weitgehend so bewahrt, wie es im 17. Jh. ausgesehen hat – mit antiken Möbeln, kostbaren Gobelins, historischen Porträts und phantastischer Aussicht. Heute ist es Sitz des **Herregårdsmuseet** (Herrenhausmuseum).

Das **Dansk Landbrugsmuseum** (Dänisches Landwirtschaftsmuseum; www.gl-estrup.dk) ist wahrscheinlich nur für Landwirte so richtig spannend. Exponate erzählen die Geschichte der dänischen Landwirtschaft, des Anbaus und der Esskultur.

Verbindungen nach Gammel Estrup bieten Busse der Linien 212 und 214 ab Randers. Wer selbst fährt, nimmt die Straße 16 zwischen Grenaa und Randers.

Djurs Sommerland ERLEBNISPARK

(www.djurssommerland.dk; Randersvej 17, Nimtofte; Eintritt 235–255 Kr; ⏲ Mitte Juni–Mitte Aug. tgl. ab 10 Uhr, Mai, Sept. & Okt. sporadisch geöffnet; 👪) Eine der größten Attraktionen in Djursland ist das von den Medien hochgejubelte Sommerland mit den wohl besten Outdoor-Anlagen und -Fahrgeschäften Jütlands (mehr als 60, darunter die längste Achterbahn Dänemarks). Hier gibt es auch einen Wasserpark mit Schwimmbad und Wasserrutschen für alle Altersstufen.

Kinder über drei Jahre zahlen den gleichen Preis wie Erwachsene. Dafür gilt der Eintritt für alle Einrichtungen. Das Ende der Öffnungszeiten variiert (zwischen 17 und 21 Uhr); nähere Infos zu Tagen und Uhrzeiten auf der Website.

Der Park bei Nimtofte, 20 km westlich von Grenaa, ist mit zahlreichen Bussen zu erreichen – von Aarhus gibt es während der Sommermonate eine direkte Verbindung mit der Linie 400.

Skandinavisk Dyrepark ZOO

(www.skandinaviskdyrepark.dk; Nødagervej 67B, Nødagervej; Erw./Kind 175/95 Kr; ⏲ Mitte April–Mitte Okt. ab 10 Uhr; 👪) Die Tiere des Nordens stehen in diesem Zoo im Mittelpunkt. Hauptattraktion ist das Eisbärengehege. Weitere Stars sind die Braunbären, Elche, Moschusochsen und Wölfe. Damhirsche, Rentiere und Ziegen können gefüttert werden. Von Kolind oder der Straße 15 aus, 2 km nördlich von Tirstrup, führt eine Beschilderung zum Park. Die Buslinie 120, die zwischen Aarhus und Grenaa verkehrt, hält in der Nähe des Parks.

SEENHOCHLAND

Eine der beliebtesten Gegenden Jütlands ist das sanfte Seenhochland (Søhøjlandet) mit seinen bezaubernden Hügeln, Wäldern und Seen, einzigartig für Dänemark. Hier fließt der längste Fluss des Landes (Gudenå, 160 km lang), hier liegt Jütlands größter See (Mossø) und hier erhebt sich Dänemarks höchster „Berg" (Møllehøj, süße 171 m – Fälle von Höhenkrankheit sind bislang nicht gemeldet worden). Die hübsche Landschaft eignet sich wunderbar für Spaziergänge.

Silkeborg

43 200 EW.

In einem derart flachen Land wie Dänemark ist das von Hügeln umgebene Silkeborg geradezu ungewöhnlich. Die moderne und großzügig dimensionierte Stadt liegt an einem großen See. Zwar ist sie auch für Freunde moderner Kunst und Geschichtsbegeisterte interessant, am meisten aber hat sie Naturliebhabern zu bieten. Und so lockt die Umgebung zahlreiche Besucher an - keine Adrenalinjunkies, sondern in erster Linie Familien und Ruhesuchende. Denn die großen Wälder und Wasserwege sind ideal für Radtouren, Wanderungen und Kanufahrten.

Sehenswertes

Museum Silkeborg MUSEUM

(www.museumsilkeborg.dk; Hovedgårdsvej 7; Erw./Kind 50 Kr/frei; ⌚Mai–Mitte Okt. tgl. 10–17 Uhr, Nov.–April Sa & So 12–16 Uhr) Hier kann man den verblüffend gut erhaltenen Körper des 2350 Jahre alten **Tollund-Mannes** anschauen. Er ist der Star der sonst wenig überraschenden Ausstellung. Seine Gesichtszüge sind in allen Details so gut erhalten (sogar die Bartstoppeln!), dass man sich kaum losreißen kann. Wie beim Grauballe-Mann im Moesgård Museum von Aarhus geben auch sein Leben und Sterben bis heute Rätsel auf.

Die vollständig konservierte Leiche wurde 1950 am Rand von Silkeborg gefunden und per Radiokarbonmethode auf etwa 350 v. Chr. datiert. Die Autopsie lässt vermuten, dass er erhängt wurde. Allerdings wurde der Tollund-Mann in einer Schlafposition gefunden, nur mit einem Lederhut über dem Gesicht und einer dünnen Lederschlinge um den Hals. Ist er als Gefangener hingerichtet oder Göttern geopfert worden? Diese Frage konnte noch nicht beantwortet werden. Die Ausstellung ist ansonsten nicht so spannend wie die von Moesgård.

Museum Jorn KUNSTMUSEUM

(www.museumjorn.dk; Gudenåvej 7–9; Erw./Kind 80 Kr/frei; ⌚Di–Fr 11–17, Sa & So 10–17 Uhr) Ein ganz wunderbares Kunstmuseum mit ein paar wirklich außergewöhnlichen Arbeiten, z. B. von Asger Jorn, einem gebürtigen Jütländer, und Größen wie Max Ernst und Le Corbusier sowie von dänischen Künstlern der einflussreichen CoBrA-Gruppe. Das Museum befindet sich 1 km südlich des Stadtzentrums.

KunstCentret Silkeborg Bad KUNSTMUSEUM

(www.silkeborgbad.dk; Gjessøvej 40; Erw./Kind 60 Kr/frei; ⌚Mai–Sept. Di–So 10–17 Uhr, Okt.–April Mo–Fr 12–16, Sa & So 11–17 Uhr) Das ehemalige Kurbad wurde 1883 erbaut und ist heute ein wunderschöner, moderner Ausstellungsraum mit ständigen wie wechselnden Ausstellungen. Gezeigt werden Gemälde, Plastiken, Keramik, Glaswaren, Design und Architektur, umgeben von einem publikumsoffenen Park mit zeitgenössischen Skulpturen. Das Museum befindet sich 2 km südwestlich der Stadt und wird von der Buslinie 10 bedient.

Aqua AQUARIUM

(www.visitaqua.dk; Vejlsøvej 55; Erw./Kind 140/75 Kr; ⌚Juli–Aug. 10–18 Uhr, sonst kürzer; 👪) Rund 2 km südlich der Stadt befindet sich das Aqua, ein unterhaltsames Aquarium und Ausstellungszentrum inmitten der Seen. Es befasst sich mit den Ökosystemen der Region und zeigt neben allerlei Fischen auch Vögel und putzige Fischotter.

★ Indelukket PARK

(Åhave Allé; 👪) Einen Spaziergang durch den malerischen Park am Fluss sollte sich keiner entgehen lassen. Einfach dem Åhavevej in südlicher Richtung folgen. Der Park umfasst einen Kiosk, Minigolf, einen Jachthafen und eine Open-Air-Bühne. Fußgänger erreichen von hier aus auch das Museum Jorn, den Campingplatz und andere, weiter südlich gelegene Ziele.

Aktivitäten

Die Touristeninformation hält Infos zu unzähligen Aktivitäten bereit (darunter Golf, Reiten und Fischen). Eine gute Investition ist die *Silkeborg Aktivitetskort* (Aktivitätenkarte; 50 Kr).

Bootsfahrten

Hjejlen BOOTSFAHRTEN

(☎86 82 07 66; www.hjejlen.com; einfach/hin & zurück 90/140 Kr; ⌚Mai–Sept.) Die *Hjejlen* (☎86 82 07 66; www.hjejlen.com; Havnen) ist der älteste Raddampfer der Welt, der noch in Betrieb ist. Seit 1861 verkehrt sie auf den Gewässern des Seenhochlands. Heute transportiert sie im Sommer (Juli–Mitte Aug. tgl. 10 und 14 Uhr) Passagiere von Silkeborg zum Fuß des Himmelbjerget. Zwischen Mai und September verkehren auch andere Schiffe auf dieser Route.

Die Fahrt zählt zu den beliebtesten Touren des Seenhochlands und führt durch vielfältige Fluss- und Seenlandschaften. Weite-

Silkeborg

re Stopps sind am Indelukket-Park und am Aquarium Aqua.

Kanu- & Kajakfahren

Von Mai bis September kann man Kanus mieten (von ein paar Stunden bis zu mehreren Tagen) und durch die herrliche Landschaft gleiten.

Wer Unterstützung bei der Tourplanung braucht, kann sich an die Kanuvermietungen der Region wenden. Kanus kosten 100 Kr pro Stunde bzw. 400 Kr pro Tag. Die Vermieter geben Infos, arrangieren ggf. Transporte zum Ausgangspunkt und vermieten auch Zelte (ein paar Tage vorher reservieren). An einem durchschnittlichen Tag schafft man bei gemächlichem Tempo 15 bis 20 km.

Als Tagestour empfiehlt sich die 24-km-Rundstrecke über die Seen ostwärts zum Himmelbjerget (etwas anstrengend und windexponiert) oder die bequemere Variante mit der Strömung von Silkeborg nordwärts nach Kongensbro (Rückfahrt mit dem Bus). Auskünfte gibt's beim **Silkeborg Kanocenter** (☎86 80 30 03; www.silkeborgkanocenter.dk; Østergade 36; ⌚Juni–Aug. 9–20 Uhr, April, Mai & Sept. bis 17 Uhr; 👪). Wem das Kanupaddeln zu anstrengend ist, der bekommt hier auch ein Motorboot (pro Std./Tag 200/900 Kr).

Silkeborg

Sehenswertes
1 Museum Silkeborg C2

Aktivitäten, Kurse & Touren
2 Ausflugsdampfer Hjejlen D2
3 Silkeborg Kanocenter C2

Schlafen
4 Danhostel Silkeborg C4
5 Radisson BLU Hotel D1
6 Villa Zeltner C3

Essen
7 Café Evald D1
8 Føtex-Supermarkt B2
9 Okkels Is A3
10 Restaurant Gastronomisk Institut B3

Das Silkeborg Kanocenter organisiert verschiedene Kanutouren (2–5 Tage): Bei der **Familientour** wird auf Campingplätzen und in Zelten, die bereits aufgestellt sind, übernachtet. Die **Pioniertouren** sind eine etwas anspruchsvollere Variante für Menschen, die möglichst naturnah reisen und auf einfachen Zeltplätzen übernachten wollen. Wer lieber in einem Bett schläft, entscheidet sich für die **Luxustour** mit Übernachtung und Verpflegung in reizvollen, alten Gasthöfen am Wasser.

Das Silkeborg Kanocenter vermietet zudem Ein-Mann-Kajaks (275 Kr pro Tag). Beim Silkeborg Kayak og Cykel Udlejning (s. u.) am nördlichen Ende des Indelukket können Familienkajaks gleich mehrere Tage geliehen werden. Außerdem stehen Motordinghis und Mountainbikes zur Verfügung. Die Angestellten haben immer gute Ideen für kombinierte Rad- und Kajaktagesausflüge.

Schwimmen

Besonders idyllisch ist der Badesee **Almindsø**. Dazu von der Frederiksberggade nach Süden und am Kreisverkehr in Richtung Horsens fahren. Nach 2 km kommt rechts ein Schild zum Badebereich. Hier findet man Holzstege, Umkleiden und einen Kiosk.

Wandern & Radfahren

Die Touristeninformation hat jede Menge Broschüren mit Wander- und Fahrradrouten vorrätig, z. B. auf Englisch *12 Beautiful Bicycle Tours* oder *12 Lovely Walks in the Lakelands* (jeweils 40 Kr). **Silkeborg Kayak og Cykel Udlejning** (www.skcu.dk; Åhave Allé 7; Kajak/Mountainbike pro Tag 350/175 Kr; Juni–Aug. 9–20 Uhr, Mai bis 17 Uhr, Sept., Okt., April nach Absprache;) verleiht Mountainbikes. Man kann z. B. auch das Rad auf dem Boot zum Himmelbjerget mitnehmen und zurückradeln (15 km).

Der Buchenwald **Nordskoven** ist von Wander- und Radwegen durchzogen und leicht zu finden: von der Touristeninformation via Åhavevej nach Süden und beim Hostel links über die alte Bahnbrücke.

Die ehemalige Bahntrasse zwischen Silkeborg und Horsens ist heute ein ausgezeichneter Rad- und Wanderweg von 50 km Länge.

Die alte Militärstraße **Hærvej** (www.haervej.com) durchquert die Region westlich von Silkeborg. Die 250 km lange historische Route beginnt an der deutschen Grenze und führt Richtung Norden auf Dänemarks Rückgrat entlang nach Viborg. Heute ist es ein Reit- und Wanderweg.

Festivals & Events

Riverboat Jazz Festival MUSIK
(www.riverboat.dk) Die Skandinavier lieben Jazz. Entsprechend beliebt sind die Jazzfestivals, z. B. das fünftägige Riverboat Jazz Festival, das Ende Juni in Silkeborg stattfindet. Es geht nicht ganz so zu wie in New Orleans, aber fast – mit einer Bootsfahrt auf dem Fluss und kostenlosen Konzerten in den Straßen.

Schlafen

Günstige Unterkünfte und Mittelklassehotels sind in der Stadt nicht gerade dicht gesät. Die beste (und preisgünstigste) Alternative sind B&Bs – Kontaktdaten stehen auf der Website www.silkeborg.com, sonst hilft auch die Touristeninformation weiter. Campingfreunde haben im Seenhochland die Qual der Wahl.

★ **Villa Zeltner** B&B €
(29 82 58 58; www.villa-zeltner.dk; Zeltnersvej 4; EZ/DZ/Apt. ab 350/500/600 Kr;) Superzentral und geschmackvoll, so kann man dieses preisgünstige B&B mit einer Handvoll Zimmer inkl. Gemeinschaftsbad und -küche beschreiben. Die kleinen Apartments verfügen über ein eigenes Bad und eine private Küche. Darüber hinaus hat man Zugang zum Garten mit Grillstelle und kann die Gästefahrräder benutzen. Das Frühstück (anmelden) kostet extra.

ABSTECHER

HERNING: HERZ FÜR KUNST

Wer moderne Kunst mag, hat höchstwahrscheinlich schon mal von dem italienischen Konzeptkünstler Piero Manzoni (1933–1963) gehört. Was die meisten nicht wissen: Die größte öffentliche Sammlung seiner Arbeiten ist nicht in Mailand zu finden, sondern 40 km westlich von Silkeborg, am östlichen Stadtrand von Herning (48 000 Ew.). Hier, im **HEART** (www.heartmus.dk; Birk Centerpark 8, Herning; Erw./Kind 75 Kr/frei; ⏲ Di–So 10–17 Uhr), Hernings bemerkenswertem Museum für zeitgenössische Kunst, sind Manzonis Werke neben denen von anderen Visionären wie Mario Merz und Man Ray zu sehen. Das Gebäude (entworfen vom US-Architekten Steven Holl) hat etwas von einem ungebügelten Hemd: verknitterte Wände und ein Dach, das aussieht wie ein Ärmel. Das ist auch volle Absicht, denn der Bau ehrt den dänischen Hemdenhersteller und passionierten Kunstsammler Aage Damgaard (1917–1991), der die Sammlung gründete. 1960 und 1961 verbrachte Manzoni auf Damgaards Einladung den Sommer in Herning, um sich hier kreativ auszutoben. Herausgekommen sind eine ganze Reihe von Meisterwerken und der Grundstock für Hernings Manzoni-Vermächtnis.

Auf der anderen Straßenseite stellt das **Carl-Henning Pedersen und Else Alfelt Museum** (www.chpeamuseum.dk; Birk Centerpark 1; Erw./Kind 40 Kr/frei; ⏲ Di–So 10–16 Uhr) farbenfrohe Malerei, Aquarelle, Mosaike, Keramik und Plastiken der Künstler Carl-Henning Pedersen (1913–2007) und Else Alfelt (1910–1974) aus. Hinter dem Museum befindet sich außerdem ein großer Skulpturenpark. Neben dem HEART steht Jørn Utzons **Hausprototyp** (nicht für Besucher geöffnet), und weiter südlich stolpert man über Ingvar Cronhammars ominöse Plastik **Elia**. Nordeuropas größte Skulptur dient als Blitzableiter, gibt willkürlich Gasflammen von sich und sieht aus wie irgendein Ding aus einem Science-Fiction-Film.

Herning hat aber noch mehr zu bieten als das HEART und seine Nachbarschaft: Das **Boxen** (www.mch.dk; Kaj Zartows Vej 7, Herning) ist eine schicke neue Indoor-Sportarena und Konzertbühne, die auch auf der Tourenliste der großen Namen (Lady Gaga z. B.) steht.

Herning eignet sich von Silkeborg aus gut für einen Tagesausflug. Das lässt sich leicht mit dem Zug machen (65 Kr, 40 Min.). Wer die Museen sehen will, steigt in Birk Centerpark aus (nicht Herning Hauptbahnhof). Von hier aus ist es nur ein kurzer Spaziergang. Die Boxen-Arena liegt südlich der Stadt an der Autobahn 15 (oder mit dem Zug zur Haltestelle Herning Messecenter fahren).

★ **Danhostel Silkeborg** HOSTEL €
(☎86 82 36 42; www.danhostel-silkeborg.dk; Åhavevej 55; B 275 Kr, DZ ohne/mit Bad 520/720 Kr; ⏲März–Nov.; @ 📶) Wegen der traumhaften Lage am Fluss und der guten Ausstattung ist das Hostel sehr beliebt. Außerdem sind Budgetunterkünfte innerhalb der Stadtgrenzen Mangelware, sodass vorherige Reservierung hier dringend ratsam ist. Das Hostel bietet Tische im Freien und gemütliche Einrichtungen für Radtouristen, Familien, Schulklassen und Backpacker aus ganz Europa. Von Juli bis Mitte September sind Schlafsaalbetten zu haben; das Frühstück kostet 75 Kr.

Gudenåens Camping CAMPINGPLATZ €
(☎86 82 22 01; www.gudenaaenscamping.dk; Vejlsøvej 7; pro Erw./Kind/Stellplatz 85/52/70 Kr; @ 📶 🏊) Wer den Schildern zum Aqua folgt, findet 2 km südlich des Zentrums (unmittelbar südlich des Stadtparks Indelukket) diesen bewaldeten Platz am Fluss. Der naturnah angelegte Pool ist ein Highlight. Der Zeltplatz vermietet auch Hütten und Wohnwagen (im Juli und August nur wochenweise). Zu erreichen mit Stadtbussen der Linie 4.

Radisson BLU Hotel HOTEL €€
(☎88 82 22 22; www.radissonblu.com/hotel-silkeborg; Papirfabrikken 12; DZ inkl. Frühstück 1125–1575 Kr; @ 📶) Dieser Nobelschuppen befindet sich in den Gebäuden der ehemaligen Papierfabrik, die einst das wirtschaftliche Rückgrat der Stadt bildete, und liegt direkt am Fluss zwischen einigen Restaurants. Die Designerzimmer sind klein, aber komfortabel und gut ausgestattet. Günstigere Wochenendpreise.

Essen

In Silkeborg gibt es zwei Adressen, die man kennen muss, wenn der Magen knurrt bzw. die Kehle trocken ist: die neu belebte Papirfabrikken (einstige Papierfabrik) und die

Nygade mit ihren Fast-Food-Lokalen und internationaler Küche. An den Wochenenden konzentriert sich das Nachtleben an der Ecke von Nygade und Hostrupsgade.

Okkels Is EISCREME €
(Nygade 26E; 2/3 Kugeln 28/34 Kr; ⏲Mai–Juli Mo–Sa 11.30–22, So 12.30–22 Uhr, sonst kürzer; 👪) Hervorragendes selbst gemachtes italienisches Eis.

Café Evald INTERNATIONAL €€
(www.evald.nu; Papirfabrikken 10B; mittags 100–150 Kr, Hauptgerichte abends 150–290 Kr; ⏲Mo–Sa 11–24 oder 1, So 9.30–21.30 Uhr) Zwischen den Familienrestaurants, Kinos und Café-Bars in der Papirfabrikken sticht das lebhafte Café Evald heraus, dessen Speisekarte für jeden das Richtige bietet. An einem Tisch mit Blick auf den Fluss schmeckt ein Bier von der örtlichen Brauerei Grauballe Bryghus besonders gut. Dazu vielleicht ein „Tapasteller" mit fünf saisonalen Probierhäppchen.

★ Restaurant Gastronomisk Institut EUROPÄISCH €€€
(☎86 82 40 97; www.gastronomiske.dk; Søndergade 20; mittags 117–199 Kr, Hauptgerichte abends 199–299 Kr; ⏲Di–Sa 11.30–15 & 17.30–21.30 Uhr) Der Name des eleganten, zentral gelegenen Restaurants weckt Erwartungen – und sie werden erfüllt, wie die saisonal wechselnde Speisekarte zeigt (gemeinsam mit den preisgünstigen Menüs; das viergängige Abendmenü kostet 399 Kr). Zum Mittagessen kommt eine Krebssuppe gerade richtig, abends werden Kalb, frischer Fisch und mehr aufgetischt. Abends besser reservieren!

Selbstversorger

Føtex SUPERMARKT €
(Torvet; ⏲8–21 Uhr) Zentral gelegener Supermarkt mit Bäckerei und Café im Haus.

Praktische Informationen

Banken und sonstige Dienstleister findet man an der Haupteinkaufsstraße Vestergade.

Touristeninformation (www.silkeborg.com; Torvet 2A; ⏲Juli–Aug. Mo–Fr 10–17, Sa 10–14 Uhr, Sept.–Juni kürzere Öffnungszeiten) Gut ausgestattete Touristeninformation am Hauptplatz.

Anreise & Unterwegs vor Ort

Silkeborg liegt 44 km westlich von Aarhus via Straße 15. Alle 30 Minuten fahren Züge via Ry (39 Kr, 15 Min.) nach Aarhus (85 Kr, 50 Min.).

Ry

5700 EW.

Das ruhige und ländliche Ry liegt im Herzen des Seenhochlands. Besucher können den hübschen Jachthafen mit Enten ablaufen, mit Ausflugsschiffen zum Himmelbjerget fahren und Kanus mieten. Die Landschaft ringsum ist zauberhaft mit urigen Dörfchen.

Aktivitäten

Die Touristeninformation in Ry hat Faltblätter zu Wander- und Radwegen sowie Bootstouren vorrätig.

Hjejlen BOOTSTOUREN
(☎86 82 07 66; www.hjejlen.com; einfach/hin & zurück 70/100 Kr) Das Unternehmen schickt von Juni bis August fast täglich drei- bis viermal Boote von Ry zum Himmelbjerget (von Mai bis September mindestens am Wochenende). Abfahrt in Ry ist um 10.15, 12.15 und 14.15 Uhr (im Juli auch 16.15 Uhr), am Himmelbjerget jeweils eine Stunde später. Es macht Sinn, einen Tag vorher zu buchen.

Ry Kanofart KANUFAHREN
(☎86 89 11 67; www.kanoferie.dk; Kyhnsvej 20; ⏲Juni–Aug. tgl. 9–18 Uhr, Mai & Sept. Sa & So 9–18 Uhr) Vermietet Kanus für 100/400 Kr pro Stunde/Tag. Die Angestellten helfen beim Planen von mehrtägigen Flussfahrten auf dem Gudenå und den Seen.

Wandern & Radfahren

Eine der schönsten Wanderungen bei Ry ist die 7 km lange Strecke in Richtung Westen zum Himmelbjerget (2 Std.). Den Ausgangspunkt bildet der Munkedalsvej, der gleich südlich der Ry-Brücke vom Rodelundvej abzweigt. Der beschilderte Weg führt zum Himmelbjerget-Kai und dann hinauf zum Aussichtsturm. Die Wanderung zum Himmelbjerget lässt sich schön mit einer Bootsfahrt zurück nach Ry oder weiter bis Silkeborg kombinieren.

Auch per Fahrrad lässt sich die stille Schönheit der Region erkunden. Der Fahrradshop **Ry Cykler** (☎86 89 14 91; Parallelvej 9B; normales Rad/Mountainbike pro Tag 75/200 Kr; ⏲Mo–Fr 8.30–17.30, Sa 9.30–12 Uhr) liegt 1,5 km östlich des Bahnhofs, Richtung Skanderborg.

Schlafen & Essen

In der Gegend gibt es eine ganze Reihe Campingplätze. Am Skanderborgvej liegen ein paar Imbisslokale und italienische Restaurants. Für einen Wander- oder Radltag gibt's Picknickzutaten u. a. im Supermarkt.

Hotel Blicher HOTEL €€
(☎86 89 19 11; www.hotelblicher.dk; Kyhnsvej 2; DZ Standard/Superior 990/1250 Kr; P @ 📶) In Rys einzigem Hotel gibt es zwei Zimmerkategorien: Die Superior-Unterkünfte sind frisch renoviert und deshalb netter als die im älteren Flügel. Insgesamt ist das große Blicher eine nette Adresse und wird gern für Konferenzen und Hochzeiten gebucht. Das Personal hilft beim Arrangieren von Kanufahrten und Radtouren.

Le Gâteau BÄCKEREI €
(Klostervej 12; Sandwiches 45 Kr; ⏲Mo–Fr 7–17.30, Sa bis 14, So bis 12 Uhr) Blätterteiggebäck, guter Kaffee und Sandwiches gibt's in dieser smarten, kleinen Bäckerei gegenüber von Bahnhof und Touristeninformation.

La Saison DÄNISCH €
(Kyhnsvej 2; mittags Smørrebrød 1/3 Stück 49/125 Kr, Hauptgerichte abends 175 Kr; ⏲11–21 Uhr) Das mit Abstand vornehmste Restaurant in Ry gehört zum Hotel Blicher. Mittags wird, ganz klassisch, Smørrebrød serviert, die abendliche Speisekarte ist kurz und knackig.

Kvickly SUPERMARKT €
(Siimtoften 2; ⏲Mo–Fr 8–20, Sa 8–18, So 10–18 Uhr) Ein Stück versetzt vom Jachthafen bekommt man Zutaten für ein Picknick.

ℹ Praktische Informationen

Touristeninformation (☎86 69 66 00; www.visitskanderborg.com; Klostervej 3; ⏲Mai–Aug. Mo–Fr 10–16, Sa 10–12 Uhr, Sept.–April Mo–Fr 10–14 Uhr) Hilfsbereite Angestellte. Am Bahnhof.

ℹ Anreise & Unterwegs vor Ort

Ry liegt an der Straße 445, 22 km südöstlich von Silkeborg und 35 km westlich von Aarhus. Halbstündlich fahren Züge von Ry nach Silkeborg (39 Kr, 15 Min.) und Aarhus (66 Kr, 30 Min.).

Himmelbjerget

Es hat schon etwas Rührendes, wenn ein Land einen seiner höchsten Punkte Himmelbjerget („Himmelberg") nennt – besonders wenn er nur 147 m hoch ist. Für die meisten Ausländer ist es bloß ein Hügel, aber man hat von hier tatsächlich einen schönen Blick über die umliegenden Wälder und Seen, und viele Besucher kommen her. So stehen denn auch Kioske (Eiscreme!) und Souvenirläden rund um den Parkplatz.

Parken kostet 10 Kr; wenige Minuten später sind auf dem „Gipfel" weitere 10 Kr für den 25 m hohen Aussichtsturm zu entrichten. Ehrlich gesagt ist der Blick auch ohne Besteigung sehr schön (und ebenso unverstellt).

In der Umgebung befinden sich einige Gedenkstätten und markierte Wanderwege; einer führt vom „Gipfel" 1 km bergab zum Seeufer, wo die Fähren aus Ry und Silkeborg anlegen.

Am Kai steht das **Hotel Julsø** (☎86 89 80 40; www.hotel-julso.dk; Julsøvej 14; mittags 98–145 Kr, 3-Gänge-Abendmenü 385 Kr; ⏲Mo & Mi–Sa 11.30–22, Di & So 11.30–17 Uhr, April, Mai, Sept. & Okt. kürzer). Der fotogene *kro* mit umgebendem Seeidyll serviert Speisen für Feinschmecker, in denen sich die Talente des aus Italien stammenden Kochs widerspiegeln. Der Gasthof kann auch auf dem Landweg erreicht werden (via Straße 445). Im Sommer finden verschiedene Events statt, deshalb sollte man besser vorab telefonisch reservieren.

ℹ An- & Weiterreise

Mit dem Auto erreicht man Himmelbjerget nach zehn Minuten von Ry auf der Straße 445 Richtung Westen. Außerdem führt von Ry aus ein schöner, 7 km langer Wanderweg dorthin. Auch die Anreise mit dem Schiff ab Ry oder Silkeborg ist reizvoll.

DAS LANDESINNERE

Die Landschaften im Inneren Jütlands reichen von bewaldeten Hügeln im Zentrum bis zu sanft gewellten Feldern im Osten. Überall in der Region findet man Industriebetriebe. Eine ganze Reihe von mittelgroßen Städten lohnen einen kurzen Aufenthalt, aber keinen größeren Umweg – etwa Fredericia, Vejle, Horsens, Skive und Holstebro.

Kurz: Wer wenig Zeit hat, sollte sich auf Orte und Regionen konzentrieren, die mehr zu bieten haben – z. B. Wikingerfunde, historische Kirchen oder Themenparks.

Jelling

3400 EW.

Das verschlafene Örtchen mit der großen Geschichte gilt als die Wiege des dänischen Königreiches, des Christentums in Dänemark und überhaupt von allem, was wirklich dänisch ist. Jelling war die Residenz von König Gorm dem Alten, dem ersten einer langen Reihe von Monarchen, die seit mehr als tausend Jahren bis heute ungebrochen regieren. Wo sich sein Schloss befunden hat, ist bis heute ungeklärt, andere Spuren seiner Herrschaft sind dagegen bei der Jelling Kirke erhalten geblieben.

Für die Dänen ist Jelling eine Pilgerstätte, die man früher oder später einmal gesehen haben muss. Sie besuchen die Kirche, bewundern die Runensteine und besteigen die Grabhügel. 1994 wurde der Ort zum Unesco-Weltkulturerbe erklärt.

Sehenswertes

Jelling Kirke KIRCHE
(www.jellingkirke.dk; Vejlevej; ⌚Mai–Aug. 8–20 Uhr, Sept.–Okt. & März–April bis 18 Uhr, Nov.–Feb. bis 17 Uhr) In der um 1100 errichteten kleinen Kirche zieren lebhaft restaurierte **Fresken** aus dem 12. Jh. die gekalkten Wände. Die Hauptattraktion sind die beiden gut erhaltenen **Runensteine** unmittelbar vor der Kirche.

Der kleinere von beiden wurde zu Beginn des 10. Jhs. von König Gorm dem Alten zu Ehren seiner Frau errichtet. Der größere stammt von seinem Sohn Harald Blauzahn und zeigt die älteste Christusdarstellung Skandinaviens. Er wird oft als „Dänemarks Taufurkunde“ bezeichnet.

Auf dem Stein steht: „König Harald ließ dieses Denkmal zum Gedenken an seinen Vater Gorm und seine Mutter Thyra errichten, jener Harald, der ganz Dänemark und Norwegen zu seinem Eigen machte und die Dänen zum Christentum führte.“ Eine Art Kopie des Steins in Farbe (so muss das Original einmal ausgesehen haben) ist im Museum Kongernes Jelling gegenüber der Kirche ausgestellt.

Harald Blauzahn hat tatsächlich die Schweden aus dem Land vertrieben und das dänische Volk auf friedliche Weise von der heidnischen Religion seines Vaters zum Christentum bekehrt.

Zwei große **Grabhügel** flankieren die Jelling Kirke. Der nördliche galt lange als das Grab Gorms und seiner Frau Thyra, doch als er 1820 ausgegraben wurde, enthielt er keine menschlichen Überreste. Der südliche Hügel wurde 1861 freigelegt. Auch er enthielt keine Gebeine.

In den 1970er-Jahren grub dann eine Gruppe von Archäologen unter der Jelling Kirke selbst und wurde fündig. Zum Vorschein kamen die Reste von drei älteren Holzkirchen. Die älteste davon soll von Harald Blauzahn errichtet worden sein. Auch eine Grabkammer wurde entdeckt. Sie enthielt menschliche Knochen und Goldschmuck.

Fachleute gehen davon aus, dass es sich um die Gebeine von Gorm handelt, die sein Sohn vom nördlichen Hügel hierher umbetten ließ. Vermutlich hat Harald Blauzahn die Gebeine seiner Eltern den heidnischen Hügeln entnommen, um sie in geweihter Erde unter der Kirche zu bestatten. Die Überreste von Königin Thyra sind noch nicht gefunden worden.

Über die aktuellen Ausgrabungen informieren die Website http://jelling.natmus.dk und das Museum Kongernes Jelling.

Kongernes Jelling MUSEUM
(http://natmus.dk/museerne/kongernes-jelling; Gormsgade 23) GRATIS Im Sommer 2015 soll das erweiterte Besucherzentrum gegenüber der Kirche wieder öffnen. Man darf sich auf qualitativ hochwertige interaktive Ausstellungen freuen. Schon vor dem Umbau gewährte das Kongernes Jelling einen fesselnden Überblick über die Monumente des Ortes und ihre Bedeutung für die Geschichte des dänischen Königshauses. Das Museum ist Teil des Nationalmuseums; die Öffnungszeiten stehen auf der Website.

Essen

Die besten Übernachtungsmöglichkeiten bieten Givskud oder Billund (ca. 20 km westlich). Vor Ort gibt's einen Supermarkt und eine Bäckerei.

Byens Café CAFÉ €€
(www.byenshus.com; Møllegade 10; mittags 50–95 Kr, Hauptgerichte abends 80–219 Kr; ⌚Di–Sa 12–21, So 11–17 Uhr) Byens Hus (das „Haus der Stadt“) beherbergt die Stadtbibliothek, ein Kino, eine Galerie und ein geräumiges Café, das den ganzen Tag Topqualität serviert. Drinnen sind die großen Kupferkessel der Hausbrauerei Jelling Bryggeri zu sehen, deren Erzeugnisse man natürlich auch kosten kann.

Jelling Kro TRADITIONELL DÄNISCH €€
(www.jellingkro.dk; Gormsgade 16; mittags 75–125 Kr, Hauptgerichte abends 98–210 Kr; ⌚Juni–Aug. tgl. 11–21.30 Uhr, sonst kürzer) Dieses knallgelbe Landgasthaus aus dem Jahr 1780 serviert traditionelles, fleischlastiges dänisches Essen und strahlt viel Atmosphäre aus.

Praktische Informationen

Die Jelling Kirke steht im Zentrum des Orts. Vom Bahnhof ist es dorthin nur einen Spaziergang von drei Minuten nordwärts über den Stationsvej. Infos wird das Kongernes Jelling (nach der Wiedereröffnung) bereithalten, eine gute Onlinequelle ist www.visitvejle.com.

An- & Weiterreise

Jelling liegt 10 km nordwestlich von Vejle an der Straße 442. Züge von Vejle fahren wochentags stündlich oder öfter, an Wochenenden seltener (30 Kr, 15 Min.). Die Buslinie 211 bedient die gleiche Strecke zum gleichen Preis.

Givskud

Vom Christentum in Jelling zu den Löwen in Givskud: Wer mit Kindern reist, macht gern einen Abstecher in den nahen **Givskud Zoo** (www.givskudzoo.dk; Løveparkvej 3, Givskud; Erw./Kind 190/100 Kr; Mitte April–Mitte Okt. tgl. ab 10 Uhr;), 8 km nordwestlich von Jelling. Manche Bereiche des spannenden Safariparks mit vielen afrikanischen Tieren können Besucher im eigenen Fahrzeug oder in den Safaribussen des Parks (30 Kr) durchqueren. Fußwege führen zu den Elefanten- und Gorillagehegen. Für die Kleinen gibt es einen Streichelzoo. Das Ende der Öffnungszeiten variiert (zwischen 16 und 20 Uhr). Anfahrt mit Buslinie 211 von Vejle via Jelling.

In der Nähe des Parkeingangs befindet sich das **Danhostel Givskud Zoo** (75 73 05 00; www.givskudzoo.dk; Løveparkvej 2B; B/EZ/DZ 200/580/680 Kr;), eine praktisch gelegene Budgetunterkunft, denn auch nach Legoland ist es nicht weit (23 km). Alle Zimmer haben Bäder. Die Gestaltung lässt keinen Zweifel daran, dass es quasi um die Ecke wilde Tiere gibt. Das Frühstück kostet 70 Kr.

Billund & Legoland

6200 EW.

Die Attraktionen der „Lego-Stadt" sind so familienorientiert, dass man sich als kinderloser Reisender vielleicht etwas verloren fühlt. Das sollte einen jedoch nicht davon abhalten, das innere Kind hervorzuholen und viel Zeit im wunderbaren Legoland zu verbringen.

Sehenswertes & Aktivitäten

★**Legoland** FREIZEITPARK
(www.legoland.dk; Nordmarksvej; Erw./Kind 309/289 Kr; Juli–Mitte Aug. 10–20 oder 21 Uhr, April–Juni & Sept.–Okt. kürzer, Nov.–März geschl.;) Geniale Lego-Modelle, Fahrgeschäfte und die Anziehungskraft von Themenparks auf Familien haben Legoland zu einer der meistbesuchten Attraktionen Dänemarks gemacht. Es liegt genau im Zentrum Jütlands, 1 km nördlich der Stadt Billund. Wer alles in Ruhe ansehen und ausprobieren möchte, sollte hier mindestens einen Tag verbringen.

Die Hauptattraktion von Legoland ist **Miniland**, eine Liliputwelt aus 20 Mio. Lego-Bausteinen. Nicht nur Kinder staunen über die brillanten Nachbildungen von Städten und weltbekannten Monumenten, auch Szenen aus den *Star Wars*-Filmen. Man kann Amsterdam und Bergen, das Kennedy Space Center oder ein schottisches Schloss bewundern. Danach zerrt wahrscheinlich jeder seine alten Legos wieder unter dem Bett hervor (nach dem Motto: Was die können, kann ich auch). Miniland präsentiert auch Sehenswürdigkeiten Dänemarks, darunter Nyhavn in Kopenhagen, Ribe, Skagen und verschiedene königliche Residenzen. Mit dem Miniboot geht es zu Wahrzeichen wie der Freiheitsstatue, der Akropolis und ei-

GEBRAUCHSANWEISUNG LEGOLAND

Wer in Billund ist, will in der Regel nach Legoland. Die meiste Zeit braucht man für das Schlangestehen am Ticketschalter, also Tickets am besten vorher online kaufen (die meisten Unterkünfte verkaufen sie ebenfalls). Der Preis für Erwachsene gilt ab 13 Jahren; Kinder unter zwei Jahren dürfen umsonst rein. Senioren (65+) zahlen den Kindertarif. Der zweite Tag kostet nur 99 Kr, dazu muss man allerdings im Park am Tickethäuschen anstehen. Ein Parkplatz auf dem Gelände kostet 50 Kr.

Innerhalb des Parks gibt es eine Bank, Geldautomaten, Schließfächer, einen Wickelraum, Leihkinderwagen und vieles mehr. Unnötig zu erwähnen, dass es natürlich auch einen riesigen Lego-Laden gibt, in dem immer reger Betrieb herrscht.

Die Schließzeiten variieren (zwischen 18 und 21 Uhr). Gut zu wissen, dass eine halbe Stunde, bevor die Fahrbetriebe schließen, kein Eintritt mehr erhoben wird. Und da diese gewöhnlich ein oder zwei Stunden vor dem Park selbst schließen (siehe Website), bleiben mit etwas Glück bis zu 2½ Std., um Miniland kostenlos zu erkunden.

PLASTIKBLÖCKE

Der gelernte Zimmermann Ole Kirk Christiansen hat sich gewiss nie träumen lassen, welchen Erfolg seine Idee einmal haben würde. Als die Geschäfte während der Wirtschaftskrise von 1932 schlecht liefen, begann er in Billund mit der Herstellung von Holzspielzeug. Seine Firma nannte er Lego, eine Zusammensetzung aus *leg godt*, was auf Dänisch „spiel gut" bedeutet. Erst später stellte sich heraus, dass (nomen est omen) *lego* außerdem auf Lateinisch „ich setze zusammen" heißt. Ende der 1940er-Jahre kaufte Lego als erste dänische Firma eine Kunststoff-Druckgussmaschine und begann mit der Fertigung von Plastikblöcken, die sich miteinander verbinden ließen. Diese sogenannten Kombinationsklötzchen waren die Vorläufer der heutigen Lego-Steine.

1960 ging das Lager für Holzspielzeug in Flammen auf. Die Firma beschloss, sich ganz auf Plastikspielzeug zu konzentrieren, und legte damit den Grundstein zum Erfolg. Lego-Steine wurden rasch zum beliebtesten Spielzeug in Europa. 2000 wählte das *Fortune Magazine* Lego zum „Spielzeug des Jahres".

Den Publikationen zufolge ist so viel Lego produziert worden, dass 52 Steine auf jeden einzelnen Menschen auf dem Planeten kommen, und jede Sekunde werden sieben Lego-Schachteln verkauft.

Die Firma (nicht jedoch der Themenpark) ist noch immer im Besitz von Ole Kirk Christiansens Nachkommen. Konzeption und Entwicklung werden hauptsächlich im Firmenhauptsitz in Billund erarbeitet.

nem ägyptischen Tempel. Die Detailtreue der Modelle im Maßstab 1:20 bis 1:40 ist beeindruckend. Das größte Modell, Indianerhäuptling Sitting Bull, besteht aus 1,4 Mio. Lego-Steinen; das kleinste ist eine Taube, die gerade mal aus vier kleinen weißen Steinchen besteht.

Bewaffnet mit einer Karte geht's in die verschiedenen Abschnitte des Parks, die jeweils unter einem Motto stehen, z. B. **Legoredo Town**, eine Wildweststadt mit einem sehr coolen neuen Spukhaus; das Ritterreich **Knight's Kingdom** mit einer mittelalterlichen Burg; **Pirate Land** mit Schiffen, klirrenden Säbeln und Schwimmbecken; **Adventure Land**, eine schräge Mischung aus Indiana-Jones-Abenteuer und Mini-Ägypten; **Polar Land** mit einer genialen Achterbahn und einem Pinguingehege; sowie **Duplo Land** mit gemütlichen Fahrbetrieben und Aktivitäten für die Kleinsten.

Für eine Atempause empfiehlt sich das **Atlantis**, ein Aquarium mit Lego-Tauchern und U-Booten. Ruhigere Fahrten gibt es in großer Auswahl: vom traditionellen Karussell bis zum Miniaturzug. Wer Action liebt, hat die Wahl zwischen verschiedenen Achterbahnen. Im Eintrittspreis sind alle Fahrten inbegriffen. Die einzige Ausnahme ist die SEAT-Fahrschule (70 Kr) für Kinder im Alter von sieben bis 13 Jahren.

Lego House ERLEBNISZENTRUM

Die Einweihung des „Lego-Hauses" im Zentrum von Billund ist für 2016 geplant. Es ist als Erlebniszentrum gedacht. Die Architektur wird witzig: Es sieht aus wie ein riesiger Haufen Lego-Steine, unter dem sich Ausstellungsbereiche, Dachgärten, ein Café, ein Lego-Laden und ein überdachter öffentlicher Platz befinden.

Lalandia FREIZEITPARK

(www.lalandia.dk; Ellehammers Allé; Aquadome Erw./Kind 220/170 Kr, Monky Tonky 50 Kr;) Als wäre Billund nicht schon komplett familienfokussiert, gibt's auch noch das Lalandia, einen mega Unterhaltungskomplex nach dem Motto: Las Vegas für die Kleinen (im südlichen Lolland gibt es ein weiteres Lalandia). Der Eintritt zu dem überdachten Komplex (wo der Himmel immer blau ist und die Temperatur angenehm warm) ist kostenlos – einmal drinnen müssen einzelne Bereiche oder Aktivitäten wie der Wasserpark Aquadome, die Spielwelt Monky Tonky, Minigolf, Bowling und mehr separat bezahlt werden. Das Angebot umfasst auch eine Handvoll Restaurants und Geschäfte.

Zum Komplex gehört eine Ferienhaussiedlung. Wer sich hier einmietet, muss für Aquadome und Monky Tonky keinen Eintritt zahlen. Weitere Details auf der Website.

Schlafen

Die Hotels in Billund sind teuer, aber trotzdem gut belegt. Sie sind überwiegend auf Familien mit Kindern ausgerichtet (farbenfrohe Einrichtung, Spielzimmer, Aktivitäten im Sommer etc.). Unbedingt reservieren! Eine gute Budgetoption in der Nähe ist das Danhostel Givskud Zoo (S. 244).

★ Legoland Holiday Village CAMPINGPLATZ, HOSTEL €€
(☎75 33 27 77; www.legoland-village.dk; Ellehammers Allé; Campingplatz 258 Kr, DZ Zi./Hütte 1750/1175 Kr; @📶) Das phantastische Lego-Feriendorf legt die Messlatte ein Stück höher: Zur Anlage gehört neben dem **Pirate's Inn Hotel** auch ein riesiger Zeltplatz. In den Hotelzimmern im „Ahoi-und-Entern"-Look inkl. Bad, WLAN, TV und Bettwäsche finden bis zu fünf Personen Platz. Zudem hat man Zugang zu einer Küche. Die Hütten für Selbstversorger (im Standard- oder Wild-West-Stil) und die Indianertipis sind gute Alternativen.

Der Campingplatz ist riesig und gut ausgestattet, mit Minigolfbahn, Spielplatz und Streichelzoo. Außerdem gibt's ein Restaurant vor Ort (Frühstücksbuffet Erw./Kind 80/40 Kr; Hoteltarif inkl. Frühstück).

Zleep Hotel HOTEL €€
(☎24 61 06 35; www.zleephotels.com; Billund Airport; DZ 599–1299 Kr; @📶) Wer auf Extras verzichten kann, wird mit diesem hellen Kettenhotel ganz zufrieden sein. Es befindet sich beim Flughafen Billund und hat einfache, behagliche Zimmer für bis zu vier Personen – alle tadellos, mit Bad und Kabel-TV. Am günstigsten sind die Preise bei Onlinebuchung. Das Frühstück kostet 75 Kr extra. Es gibt auch Fahrräder zu mieten – z. B. für die 2 km bis zum Legoland.

Hotel Propellen HOTEL €€
(☎75 33 81 33; www.propellen.dk; Nordmarksvej 3; EZ/DZ/Fam.-Zi. 1348/1498/1948 Kr; @📶🏊) Verglichen mit anderen Hotels der Stadt hat das Propellen ein Ambiente, das eher Erwachsene anspricht. Mit Hallenbad, Spielzimmer und Spielplatz ist es aber zugleich auch auf Familien eingestellt. Paare mit und ohne Kinder schätzen die Sauna, die Jacuzzis, das Fitnessstudio und das Restaurant.

★ Hotel Legoland HOTEL €€€
(☎75 33 12 44; www.hotellegoland.dk; Aastvej 10; DZ Standard-/Mottozimmer ab 1655/2955 Kr; @📶) Lego, Lego, nichts als Lego – und dazu jede Menge Extras für Kinder. Die Erwachsenen kommen aber auch auf ihre Kosten in dem 223-Zimmer-Hotel. Die Standardkategorie ist qualitativ hochwertig und eher neutral, ganz anders verhält es sich mit den Familien- und Mottozimmern (mit Themen wie Ritter, Prinzessin, Pirat und Königreich) – dafür legt man allerdings einiges drauf.

In den Pauschalangeboten sind Parkplatz, Frühstücksbuffet und zwei Tageseintritte gewöhnlich enthalten.

Essen

Es gibt Möglichkeiten, in Legoland oder Lalandia zu essen, darüber hinaus in den Hotelrestaurants sowie in Billund, wo es einen großen Supermarkt, ein großes Bäckerei-Café, Pizzerien und mehr gibt (die Preise sind dort wesentlich günstiger).

Im Park befinden sich Picknickplätze sowie Restaurants und Lokale mit den üblichen Snacks zum Mitnehmen. Deren Namen – Burger House, The Hotdog Company – sind selbsterklärend. Wer sich zum Essen hinsetzen möchte, kann ins Family Buffet (Erw./Kind 199/119 Kr) oder zu Italian Pizza & Pasta (Hauptgerichte 89–179 Kr) gehen. Beide sind in der Nähe des Legoland-Eingangs zu finden. Vom Park aus gelangt man auch zum Legoland Hotel Restaurant.

Legoland Hotel Restaurant BUFFET €€€
(☎75 33 12 44; Aastvej 10; Hauptgerichte abends 220–295 Kr; ⏰mittags & abends; 👪) Ein großes, helles Lokal mit einem umfangreichen Kindermenü. Das Mittagsbuffet (Erw./Kind 198/78 Kr) und das Abendessen (285/135 Kr) sind recht preisgünstig. Für Kinder (aber nicht nur für sie) sind die wie Lego-Klötzchen geschnittenen Kartoffeln der Renner! Auch Angebote à la carte stehen zur Auswahl. Besser reservieren.

Pirate's Inn BUFFET €€
(Ellehammers Allé 2; Buffet Erw./Kind 198/99 Kr; ⏰abends; 👪) Eine etwas günstigere Alternative im Holiday Village. Jeden Abend wird ein italienisches Buffet aufgefahren. Gerichte zum Mitnehmen.

Praktische Informationen

Legoland Holidays (☎96 23 47 92; www.legolandholidays.dk) Offizielle Agentur, die Unterkunftspakete schnürt.

Touristeninformation (☎79 72 72 99; www.visitbillund.dk; Hans Jensensvej 6; ⏰ganzjährig Mo–Fr 9–15 Uhr, im Juli bis 17.30 sowie auch Sa 10–14 Uhr) In Billund, 1 km südwestlich von Legoland.

An- & Weiterreise

AUTO

Billund liegt an der Straße 28, 59 km nordöstlich von Esbjerg und 28 km westlich von Vejle.

Am Flughafen sind die großen internationalen Autovermietungen vertreten.

BUS

Billund hat keinen Bahnanschluss. Zwar ist eine Zugverbindung geplant, diese wird aber frühestens 2020 fertig gestellt werden.

Wer mit dem Zug reist, steigt meist in Vejle aus und nimmt dann den Bus. Buslinie 43 verbindet Vejle mit dem Flughafen Billund (60 Kr, 30 Min.). Die Buslinie 143 befährt von Vejle aus eine langsamere Route und hält in Legoland (60 Kr, 40 Min.), im Stadtzentrum von Billund sowie am Flughafen.

Bis zu zehn Busse täglich verkehren zwischen Aarhus und Billund Flughafen (160 Kr, 1 Std.). Weitere Verbindungen zum Flughafen gibt es u. a. in Esbjerg, Ribe und Kolding.

Die Anreise kann man mithilfe der Website www.rejseplanen.dk planen.

FLUGZEUG

Der **Flughafen Billund** (www.billundairport.dk) liegt praktisch vor dem Eingang zum Legoland und versorgt den größten Teil Jütlands. Dank der zentralen Lage hat er sich zum zweitgrößten Flughafen Dänemarks entwickelt.

Zahlreiche Flüge u. a. der SAS und Lufthansa verbinden Billund mit vielen Städten in Skandinavien und dem restlichen Europa.

Unterwegs vor Ort

Billund Bike (☎ 72 18 55 70; www.billundbike.dk; Butikstorvet 6; ⊙ Mo–Fr 10–18, Sa & So 10–12 Uhr) vermietet Fahrräder für 80 Kr am Tag.

Die meisten **Stadtbusse** halten im Stadtzentrum von Billund, in Legoland und am Flughafen. Im Sommer (Ende Juli–Mitte August) verbindet außerdem ein kostenloser Shuttlebus Unterkünfte und Attraktionen mit dem Zentrum und dem Flughafen.

Randers

61 200 EW.

Randers größter Trumpf ist ein ganz besonderer Zoo, der Familien und Tierfreunde begeistert. Es gibt auch Historisches und Kulturelles zu entdecken – man muss nur wissen, wo! Denn auf den ersten Blick bildet die Industrie das Rückgrat der Stadt.

Sehenswertes & Aktivitäten

Randers Regnskov — ZOO

(www.regnskoven.dk; Tørvebryggen 11; Erw./Kind 170/100 Kr; ⊙10–16 Uhr oder länger; 👪) Die meistbesuchte Attraktion der Stadt ist dieser tropische Zoo (*regnskov* bedeutet Regenwald), wo die Temperatur unter der Glaskuppel immer zwischen schwülen 22 und 30 °C liegt (Kleidung entsprechend wählen!). Pfade führen durch den feuchtheißen Dschungel, in dem Krokodile, Affen, Pythons, Leguane, Orchideen, Hibiskus und andere tropische Tiere und Pflanzen „beheimatet" sind. Unter verschiedenen Kuppeln werden die Regenwälder Afrikas und Asiens nachgestellt, besonders eindrucksvoll ist der südamerikanische Bereich mit Wasserfällen und zahlreichen Tieren. Die Schließzeiten variieren (zwischen 16 und 18 Uhr, mehr Infos auf der Website).

Graceland Randers — MUSEUM, UNTERHALTUNGSKOMPLEX

(www.elvispresley.dk; Graceland Randers Vej 3; Museum Erw./Kind 99/69 Kr; ⊙10–21 Uhr) 2 km südöstlich des Stadtzentrums gibt es ein **Elvis Presley Museum** (eröffnet 2011). Es ist in einem Nachbau der Graceland-Villa untergebracht, der allerdings doppelt so groß ist wie das Original. Ein sehr leidenschaftlicher dänischer Fan hat seine unsterbliche Liebe zu Elvis mit diesem persönlichen Andenken unter Beweis gestellt. Der kitschige Komplex umfasst einen Elvis-Laden, eine typisch amerikanische Gaststätte und ein winziges Kino.

Stadtbild — HISTORISCHE GEBÄUDE

Der interessanteste Teil von Randers ist die Innenstadt: ein Sammelsurium unterschiedlicher Baustile – mit historischen Juwelen zwischen modernen Bausünden. Eine von der Touristeninformation kostenlos erhältliche Broschüre hilft, die architektonischen Besonderheiten zu entdecken, und informiert über ihre Geschichte. Sie beschreibt einen Stadtrundgang und Baudenkmäler, die bis ins späte 15. Jh. zurückreichen, z. B. **Paaskesønnernes Gård** (Rådhustorvet 7), **Helligåndshuset** (Eric Menveds Plads), einst Teil eines mittelalterlichen Klosters, und die imposante rote **Sankt Mortens Kirke** (Kirketorvet) aus dem Mittelalter.

Schlafen

Unterkünfte sind in Randers knapp. Die meisten Besucher des Randers Regnskov kommen im Rahmen eines Tagesausflugs von umliegenden Ferienorten wie Djursland hierher.

Stephansen Hotel &Restaurant — BOUTIQUEHOTEL €€

(☎ 86 44 27 77; www.stephansenshotel.dk; Møllestræde 4; EZ/DZ inkl. Frühstück 750/1095 Kr) Nur 200 m nördlich der Touristeninformation steht dieses winzige Schmuckstück von einem Hotel, ein Familienbetrieb mit sieben frischen, weißen Zimmern. Der Hofgarten ist allerliebst, und nebenan befindet sich ein kleines Restaurant.

Hotel Randers HOTEL €€
(☎86 42 34 22; www.hotel-randers.dk; Torvegade 11; DZ/Suite 1145/1495 Kr; 📶) Das nostalgische Art-déco-Schmuckstück wurde 1856 erbaut, in den 1920er-Jahren renoviert und hat sein einzigartiges Ambiente bis heute bewahrt. Die Zimmer sind üppig und individuell ausgestattet. Wer sich ein „Antikzimmer" leisten kann, genießt eine Nacht lang eleganten Luxus. Tipp: Nach Online-Angeboten stöbern.

Essen

Zum Essenfassen empfehlen wir die Restaurants am Rådhustorvet und entlang der Storegade.

Café Borgen CAFÉ €
(Houmeden 10; leichte Mahlzeiten 39–67 Kr; ⏲ Mo–Do 10–22, Fr & Sa bis 2, So 11.30–18 Uhr) Bietet Tische im Freien und einen Speisesaal mit gedämpftem Licht. Es serviert einen guten Kaffee und eignet sich für ein gemütliches Mittagessen. Abends verwandelt es sich in ein ansprechendes Lokal für einen Drink.

Café Mathisen INTERNATIONAL €€
(www.cafemathisen.dk; Torvegade 11; mittags 89–139 Kr, Hauptgerichte abends 139–269 Kr; ⏲ Mo–Sa 11–23 Uhr) Das Mathisen mit seinem eleganten schwarz-weißen Dekor gehört zum entzückenden Hotel Randers und versetzt seine Gäste zurück in die Ära das Art déco. Die Mittagsgerichte sind leicht und schlicht (Clubsandwiches, Salate); bei der Abendkarte war sich das Mathisen nicht zu fein, neben gefülltem Hühnchen auch den guten alten Burger aufzuführen.

Praktische Informationen

Der Bahnhof liegt westlich des Stadtzentrums. Zu Fuß gelangt man über die Vestergade in zwölf Minuten zum Rådhustorvet, dem Hauptplatz.

Touristeninformation (☎86 42 44 77; www.visitranders.com; Rådhustorvet 4; ⏲ April–Okt. Mo–Fr 10–17, Sa 10–13 Uhr, Nov.–März Mo–Fr 10–17 Uhr) Bietet reichlich Infos zur Region sowie Fahrräder zum Ausleihen.

Anreise & Unterwegs vor Ort

Randers liegt an der E45, 76 km südlich von Aalborg, 36 km nördlich von Aarhus und 41 km östlich von Viborg auf der Straße 16. Alle Züge zwischen Aarhus (58 Kr, 30 Min.) und Aalborg (111 Kr, 50 Min.) halten am Bahnhof an der Jernbanegade, westlich des Zentrums.

Rebild Bakker & Rold Skov

Die rührende Geschichte der Rebild Bakker (Rebild-Hügel) begann 1912, als eine Gruppe dänischstämmiger Amerikaner dem Staat 200 ha bis dahin privater Wälder schenkte. Sie machten zur Auflage, dass das Gebiet in seinem ursprünglichen Zustand bewahrt bleibt, der Öffentlichkeit zugänglich ist und von dänischstämmigen Amerikanern für Festlichkeiten an US-Feiertagen genutzt werden darf.

Diese Geste des guten Willens hat das dänische Forstamt dazu veranlasst, auch die angrenzenden Wälder zu kaufen. Das 80 km² große Gebiet ist heute unter dem Namen **Rold Skov** (Wald von Rold) bekannt und bildet den größten zusammenhängenden Wald Dänemarks. Gute Wanderpfade führen durch Heidehügel und Wälder mit Eschen, Buchen und Eichen (auch super zum Mountainbiken).

Rebild Bakker ist ein schöner, aber verschlafener Ort und ein nettes Tagesausflugsziel. Es versucht, den Sprung zum Outdoormekka für Crossläufer und Mountainbiker zu schaffen. Die Touristeninformation informiert über weitere Aktivitäten wie Kanufahren, Angeln, Reiten und Golf.

Nahe dem auffälligen RebildPorten-Gebäude (es beherbergt die Touristeninformation und nette Ausstellungen) sind Restaurants und ein paar kleine Museen zu finden. Das RebildPorten steht neben dem Parkplatz am Eingang zum Park.

Aktivitäten

Mountainbiken

Die Wälder sind das Paradies für Mountainbiker. Hier verlaufen zig Radwege. Die beliebte „Blaue Route" (25 km) führt an Seen vorbei und über bewaldete Hügel.

Skørping Cykler LEIHRÄDER
(☎98 39 13 05; www.skørpingcykler.dk; Møldrupvej 10) Leihräder und Infos zu Radtouren gibt's bei diesem Anbieter in Skørping; Stadt-/Mountainbikes kosten 125/250 Kr pro Tag.

Wandern

Innerhalb des Parks verlaufen zahlreiche Wanderwege. Eine Route von 4 km Länge beginnt auf einer Schafweide westlich des Parkplatzes. Sie führt zum **Tophuset**, dem 100 Jahre alten, reetgedeckten Häuschen der ersten Parkaufseher (es dient inzwischen als Café), zum benachbarten **Blokhusmuseet**, das dem Blockhaus nachempfunden ist, in dem US-Präsident Abraham Lincoln aufgewachsen ist, und zu dem als **Cimbrerstenen** bekannten Findling, den Anders Bundgaard in Gestalt eines zimbrischen Stiers behauen hat. Weiter geht es zu der Senke, in der die Feierlichkeiten am 4. Juli stattfinden, und zum **Sønderland**, der höchsten Erhebung des Parks (102 m). Besonders reizvoll ist die Wanderung im Sommer und Herbst, wenn das Heidekraut die Hänge purpurrot färbt.

Festivals & Events

Rebild Festival KULTUR

Das Rebild Festival (www.rebildfesten.dk) findet seit 1912 statt und ist das größte Fest zum amerikanischen Unabhängigkeitstag am 4. Juli außerhalb der USA. Programmpunkte sind Musiker und hochkarätige Redner aus Dänemark und den Vereinigten Staaten. Die Popularität des Festes schwindet: Die Teilnehmerzahl von bis zu 10 000 Menschen ist auf 4000 zurückgegangen. Ausländische Gäste übernachten meist in Aalborg.

Schlafen & Essen

Danhostel Rebild HOSTEL €

(☎98 39 13 40; www.danhostelrebild.dk; Rebildvej 23; B/EZ/DZ 250/395/450 Kr; @📶) Das reetgedeckte Hostel ist schon richtig unverschämt fotogen und hat den dänemarktypisch hohen Ausstattungsstandard. Die Zimmer befinden sich in einem Anbau hinter dem alten Hauptgebäude und haben alle ein eigenes Bad.

Comwell Sport Rebild Bakker HOTEL

(☎98 39 12 22; www.comwellsport.dk; Rebildvej 36; DZ 900 Kr; 📶🏊) Das Sporthotel erstreckt sich über einen weitläufigen Komplex und wirbt für Aktivurlaub. Deshalb gibt es ein Hallenbad, eine Sauna, ein Fitnessstudio, gesunde Küche im hauseigenen Restaurant, kostenlose Mountainbikes für die Gäste und ein tägliches Fitnessprogramm mit Yoga, Boxen,

ABSTECHER

HOBRO & FYRKAT

Die nette, aber unspektakuläre Stadt Hobro (11 700 Ew.) liegt an der Mündung des Mariager-Fjords und ist von Randers (27 km südöstlich) und Aalborg (49 km nördlich) aus gut mit dem Zug oder Pkw zu erreichen.

Die Hauptattraktion befindet sich 3 km südwestlich der Stadt in einer ländlichen Umgebung und stammt aus der Wikingerzeit: **Fyrkat** (www.nordmus.dk; Fyrkatvej; Erw./Kind inkl. Eintritt zum Vikingecenter Fyrkat 60 Kr/frei; ⌚ Juni–Aug. 10–17 Uhr, Mai bis 16, Sept. bis 15 Uhr) ist eine Ringburg aus dem 10. Jh. Sie ist kleiner als Trelleborg in Seeland, sieht ihr aber so ähnlich, dass beide dem Wikingerkönig Harald Blauzahn zugeschrieben werden (Bauzeit um 980). Archäologen haben Fyrkat in den 1950er-Jahren entdeckt. Die Funktion der Anlage ist nach wie vor unklar: Vielleicht war sie ein regionales Machtzentrum, vielleicht diente sie auch als Kaserne.

Wer heute über die grasbedeckten, 3 m hohen Ringwälle spaziert, kann sich einen Eindruck von dem symmetrischen Grundriss und Aufbau der Festung verschaffen. Die vier Öffnungen im Ringwall waren einst imposante Tore und analog zu den vier Himmelsrichtungen angelegt.

Von den ursprünglichen Bauwerken ist keines erhalten geblieben, doch gleich außerhalb des Walls wurde ein Wikinger-Langhaus in Stabbautechnik rekonstruiert. Am Eingang zur Festung stehen historische Bauernhäuser, darunter eine 200 Jahre alte Wassermühle, die noch immer funktioniert.

Als Ergänzung zur Festung Fyrkat wurde 1 km nördlich das **Vikingecenter Fyrkat** (www.nordmus.dk; Fyrkatvej; Erw./Kind inkl. Eintritt zur Fyrkat 60 Kr/frei; ⌚ Juni–Aug. 10–17 Uhr, Mai bis 16, Sept. bis 15 Uhr; 👪), ein Wikingerhof, rekonstruiert. Archäologen glauben, dass es rings um die Festung solche Gehöfte gegeben hat, um die Bewohner mit frischen Lebensmitteln zu versorgen. Mehr als zehn Jahre hat es gedauert, die Anlage mit Materialien und Werkzeugen der Wikingerzeit nachzubauen. Besonders eindrucksvoll ist das Langhaus mit 33 m. Kostümierte Mitarbeiter zeigen, wie die Wikinger arbeiteten: Silberschmiede, Bogenschießen, Musizieren, Backen und weitere Handwerke.

Wer Kinder hat, sollte auf dem **mythischen Spielplatz** neben dem Komplex vorbeischauen (sehr gelungen!).

Mehr über Ringburgen steht im Trelleborg-Kapitel (S. 127).

Wasseraerobic, Laufen und Radfahren. Die Zimmer sind modern und gemütlich. Rabatte auf der Website.

Praktische Informationen

Touristeninformation (☎ 99 88 90 00; www.visitrebild.dk; Rebildvej 25a; ⌚ Di–So 10–17 Uhr) Hilfsbereites Personal versorgt Reisende mit Karten und Faltblättern. Außerdem gibt's Ausstellungen zur Natur und Folklore des Waldgebiets. Das Büro befindet sich im Infozentrum RebildPorten.

An- & Weiterreise

Die Straße 180 führt durch den Rold Skov und verbindet Rebild Bakker mit dem 23 km südlich gelegenen Hobro.

Die Züge zwischen Aalborg (50 Kr, 25 Min.) und Aarhus (160 Kr, 70 Min.) halten in Skørping. Von dort sind es 3 km nach Westen bis Rebild Bakker. Busse der Linie 104 verkehren wochentags ein paar Mal zwischen Skørping und Rebild Bakker (20 Kr). Züge fahren u. a. nach Hobro (36 Kr, 20 Min.) und Randers (71 Kr, 40 Min.).

Von Skørping aus können nahe gelegene Städte wie Hobro und Randers mit dem Zug erreicht werden.

Viborg

38 600 EW.

Reich an Religionsgeschichte und idyllisch an zwei Seen gelegen, ist Viborg ein höchst romantischer Ferienort. Während ihrer Blütezeit (unmittelbar vor der Reformation) hatte die Stadt 25 Kirchen. Heute sind davon im Zentrum nur noch zwei zu finden.

Sehenswertes & Aktivitäten

Viborg Domkirke KIRCHE

(www.viborgdomkirke.dk; Sankt Mogens Gade 4; Eintritt 10 Kr; ⌚ Mai–Aug. Mo–Sa 11–17, So 12–17 Uhr, Sept.–April bis 15 Uhr) Die auffällige Viborg Domkirke mit ihren Zwillingstürmen ist von innen genauso schön wie von außen. Die **Fresken** von Joakim Skovgaard sind über einen Zeitraum von fünf Jahren (1908–1913) entstanden und illustrieren u. a. die Offenbarung des Johannes aus dem Neuen Testament. 1876 wurde die Kathedrale von Grund auf erneuert und ist seither die größte Granitkirche Skandinaviens. Vom Vorgängerbau (1100) zeugt nur noch die Krypta.

Skovgaard Museet MUSEUM

(www.skovgaardmuseet.dk; Domkirkestræde 2–4; Erw./Kind 50 Kr/frei; ⌚ Juni–Aug. Di–So 10–17 Uhr, Sept.–Mai Di–So 11–16 Uhr) Das Museum gleich bei der Kathedrale zeigt noch mehr Arbeiten des Kirchenmalers Joakim Skovgaard und dazu Werke anderer Künstler seiner Zeit sowie Wechselausstellungen.

Stadtbild ALTSTADT

Die Altstadt erstreckt sich nördlich und westlich der Kathedrale. In der Broschüre der Touristeninformation findet man eine Karte und Infos zu den wichtigsten Wahrzeichen und Gebäuden. Malerische Häuser aus dem 16. Jh. säumen die **Sankt Mogens Gade**, u. a. Den Hauchske Gård mit der Hausnummer 7, Villadsens Gård mit der Nummer 9A und Den Gamle Præstegård mit der Nummer 11. Dazwischen liegen auch einige B&Bs.

Viborg Museum MUSEUM

(www.viborgmuseum.dk; Hjultorvet 4; Erw./Kind 40 Kr/frei; ⌚ Juli–Mitte Aug. Di–So 11–17 Uhr, sonst kürzer) Das Geschichtsmuseum ist der religiösen Vergangenheit von Viborg gewidmet.

Margrethe I BOOTSFAHRTEN

(Erw./Kind 50/30 Kr; ⌚ Mitte Mai–Aug. 14 Uhr) Im Sommer kann man mit der *Margrethe I* eine einstündige Rundfahrt auf den Seen unternehmen. Ab Mitte Juni gibt es zusätzliche

ABSTECHER

HENNE KIRKEBY KRO

Versteckt in einem hübschen, wenig touristischen Teil von Westjütland liegt etwa auf halber Strecke zwischen Esbjerg (40 km weiter südlich) und Hvide Sande (36 km weiter nördlich) das winzige Henne Kirkeby. Der malerische **Henne Kirkeby Kro** (☎ 75 25 54 00; hennekirkebykro.dk; Strandvejen 234, Henne; abends 975 Kr) gehört zu der Sorte historischer Gasthof, für die Kopenhagener Feinschmecker durchaus ein paar Stunden Anfahrt in Kauf nehmen. In der Küche hört alles auf das Kommando des Briten Paul Cunningham, der schon in vielen Toprestaurants Dänemarks gearbeitet hat. Sein letztes Projekt, The Paul in Kopenhagen, wurde mit einem Michelin-Stern gekürt. Die luxuriösen Designzimmer sind dem Status des edlen *kro* angemessen (Zi. ab 1475 Kr); das Abendessen ist eine wahre Augenweide: Die Zutaten kommen aus dem riesigen Küchengarten oder aus der nahen Umgebung.

Fahrten (immer um 15.15 Uhr). Das Schiff legt vor dem Golf Salonen am Randersvej ab. Diese Parklandschaft ist ein Traum; von Mitte Mai bis September werden am Parkkiosk auch Kanus und Ruderboote vermietet.

Schlafen & Essen

Danhostel Viborg HOSTEL €

(☎86 67 17 81; www.danhostelviborg.dk; Vinkelvej 36; B/EZ/DZ 210/415/515 Kr; ⌚Mitte Jan.–Nov.; @📶) Das gut geführte Hostel 3 km außerhalb der Stadt im Grünen und bei einem Botanischen Garten, der bis ans Ufer reicht, wirkt wie ein kleiner Landsitz. Im Garten gibt es eine Tischtennisplatte und ein Riesenschach. Die Zimmer sind super und haben zum Großteil ein eigenes Bad. Gleich nebenan ist übrigens auch der Campingplatz. Keine Busanbindung.

Oasen PENSION €€

(☎86 62 14 25; www.oasenviborg.dk; Nørregade 13; EZ/DZ 400/550 Kr, mit Bad 450/650 Kr; 📶) Der zentral gelegene Komplex mit einladenden Zimmern und Apartments schließt bestens die Lücke zwischen Hostels und teuren Businesshotels. Einige der Zimmer haben kein eigenes Bad, aber alle bieten Kabel-TV, kostenloses WLAN und Nutzung der Gästeküche. Das Frühstück (75 Kr) wird in einem süßen kleinen „Café" im Garten serviert.

★**Niels Bugges Hotel** BOUTIQUEHOTEL €€

(☎86 63 80 11; www.nielsbuggeskro.dk; Egeskovvej 26, Hald Ege; DZ 1250–1450 Kr, ohne Bad 790 Kr; 📶) Der alte Gasthof mitten im Wald am Stadtrand ist eine Attraktion für sich. Hier werden weder das Design noch die Küche auf die leichte Schulter genommen. Das Resultat ist außergewöhnlich. Die Zimmer sind der Inbegriff von elegantem Landhausstil: überall Blümchen, Patchwork und Antiquitäten. Hinzu kommen eine Bibliothek, ein romantisch-verträumtes Grundstück und ein wunderbares neu-nordisches Restaurant mit Namen **Skov** („Wald"). Kein Wunder, dass alle Gäste den Tag des Auscheckens hinausschieben!

Im Skov wird freitagsabends ein tolles Meeresfrüchtebuffet aufgefahren (ganzjährig; 348 Kr; nur mit Reservierung). Den Besitzern gehört auch der nahegelegene **Niels Bugges Kro** in Dollerup am See. Dieser *kro* beherbergt ein traditionelleres **Restaurant** (tgl. 12–21 Uhr) und verfügt über einen Ruderbootverleih. Außerdem gibt es einen Anbau auf dem Lande mit nochmal idyllischeren Zimmern.

Von Viborg aus die Straße 13 nach Süden nehmen und den Schildern mit der Aufschrift „Hald Ege" folgen. Buslinie 53 bedient die Strecke.

Café Morville INTERNATIONAL €€

(www.cafemorville.dk; Hjultorvet; mittags 69–124 Kr, Gerichte abends 69–179 Kr; ⌚Mo & Di 10–22, Mi & Do bis 23, Fr & Sa bis 1, So 11–17 Uhr; 📶) Das Morville ist eines jener schicken, ganztägig geöffneten Cafés, die es in fast jeder dänischen Stadt gibt. Vom Morgenkaffee bis zum Schlummertrunk wird hier alles serviert.

Praktische Informationen

Banken und andere Dienstleister sind an der Sankt Mathias Gade zu finden.

Touristeninformation (☎87 87 88 88; www.visitviborg.dk; Skottenborg 12–14; ⌚Juni–Aug. Mo–Fr 10–17, Sa bis 14 Uhr, Sept.–Mai Mo–Fr 10–16 Uhr) Jede Menge Infos zur Umgebung, gute Broschüren und Landkarten sowie Fahrräder zum Ausleihen (100 Kr pro Tag). Das Büro liegt ein wenig außerhalb vom Zentrum; eine kleinere Niederlassung befindet sich zentral im Viborg Museum am Hjultorvet.

An- & Weiterreise

Viborg liegt 66 km nordwestlich von Aarhus via Straße 26 und 44 km westlich von Randers via Straße 16. Es bestehen regelmäßige Zugverbindungen nach Aarhus (138 Kr, 70 Min.). Der Bahnhof liegt 1 km südwestlich der Kathedrale.

MITTLERE WESTKÜSTE

Die lang gestreckte, windige Westküste von Mitteljütland ist geprägt von kleinen Urlaubsorten, Campingplätzen und Ferienhäusern, die überwiegend von deutschen und dänischen Badegästen genutzt werden. **Ringkøbing** (9700 Ew.) liegt direkt am Fjord. Das nette, aber eher gewöhnliche Städtchen dient als Versorgungszentrum für die umliegenden Badeorte. Es ist an das Schienennetz der dänischen Eisenbahn angeschlossen. Zudem fahren regelmäßig Busse in andere Städte entlang der Küste.

Der Jachthafen von Ringkøbing lädt mit seinem Mix aus alten Fischerhütten und modernen Gebäuden zu einem Spaziergang ein. Außerdem gibt es eine Handvoll Restaurants vor Ort. Übernachtungsmöglichkeiten bestehen in Form eines tollen Hostels und eines zentralen alten Hotels, das typische Urlaubsfeeling bekommt man hier allerdings nicht.

Viel geliebt ist Holmsland Klit, der schmale und fast 35 km lange Landstreifen (Nehrung) aus Sand und Dünen, der den Ringkøbing-Fjord von der Nordsee trennt.

Hvide Sande

3050 EW.

Hvide Sande („Weißer Sand") auf Holmsland Klit verdankt seine Existenz dem Wind. Treibsand drohte den Nordseezugang des Hafens von Ringkøbing zu blockieren, sodass 1931 eine Schleuse gebaut werden musste. Die hervorragenden Windverhältnisse machen den Ort zur ersten Adresse für Windsurfer.

Vom Wind abgesehen dreht sich alles um Fisch. Hvide Sande besitzt einen sehr aktiven Hafen für die Hochseefischerei mit Trawlern, Fischfabriken und einer Fischauktion am frühen Morgen. Außerdem gibt es ein kleines Fischereimuseum mit Aquarium bei der Touristeninformation. Diese gibt auch Informationen über Angeltouren mit einheimischen Sportfischern sowie zu den im Sommer für Urlauber organisierten Fischauktionen.

Aktivitäten

Westwind WINDSURFEN, KITESURFEN
(☎97 31 25 99; www.westwind.dk; ⌚Mai–Okt.) Der beständige Westwind und die Wahl zwischen dem geschützten Ringkøbing-Fjord und der wilden Nordsee machen Hvide Sande zum idealen Ort für Windsurfer, Anfänger wie Fortgeschrittene.

Der Veranstalter Westwind hat zwei Stützpunkte außerhalb von Hvide Sande (einen nördlich, einen südlich des Orts). Er bietet Kurse im Surfen, Windsurfen, Kitesurfen und Stehpaddeln (auch in deutscher Sprache; die Website gibt es ebenfalls auf Deutsch) und hält Leihausrüstungen bereit.

Ein dreistündiger Einführungskurs für Windsurfer kostet 400 Kr; ein Kurs mit neun Stunden (in drei Blöcken zu je 3 Std.) kostet 995 Kr. Westwind garantiert, dass die Teilnehmer nach dieser Zeit selbstständig windsurfen können.

Kabel Park WASSERSKI, WAKEBOARD
(☎30 29 56 56; www.kabelpark.dk; ⌚Mitte April–Okt.) Der Wasserpark befindet sich gleich neben der nördlichen Filiale von Westwind (in der „Wassersportzone"). Hier lassen sich Wasserskifahrer und Wakeboarder am Drahtseil über einen 800 m langen Parcours ziehen. Für Fortgeschrittene gibt's Sprungrampen. Anfänger können sich zwei Stunden lang einweisen lassen (375 Kr), sonst kosten ein/zwei Stunden 150/200 Kr. Verleih von Wasserski bzw. Wakeboard und Neoprenanzügen.

Wer nicht selbst aktiv sein will, kann den anderen vom (wie dafür gemachten) Café aus zusehen – auch ziemlich cool!

Vinterlejegaard Ridecenter REITEN
(☎75 28 22 77; www.vinterlejegaard.dk; Vesterledvej 9) Hvide Sande ist der perfekte Ort für einen Ausritt bei Sonnenuntergang. Angebote gibt's im Reitstall, der 8 km südlich von Hvide Sande liegt (einstündige Strandausritte für 200 Kr).

Schlafen

Die Touristeninformation vermietet topmoderne Hausboote sowie Ferienhäuser und Privatzimmer (die Hausboote und Ferienhäuser werden im Sommer gewöhnlich wochenweise vermietet).

Danhostel Hvide Sande HOSTEL €
(☎97 31 21 05; www.danhostel-hvidesande.dk; Numitvej 5; B 189 Kr, DZ ohne/mit Bad 385/455 Kr; @ WLAN) Das Hostel liegt abseits des Trubels an einer Nebenstraße nördlich des Kanals. Das wie üblich gemütliche und gut ausgestattete Hostel bietet einfache Zimmer (meist mit Bad) und die Nutzung des nahen Sportzentrums, zu dem es gehört.

Hvide Sande Camping CAMPINGPLATZ €
(☎97 31 12 18; www.hvidesandecamping.dk; Karen Brandsvej 70; pro Erw./Kind/Stellplatz 78/40/40 Kr; ⌚April–Okt.) Das ist *der* Platz für Windsurfer. Er liegt südlich des Ortes gegenüber dem Veranstalter Westwind und ist gut ausgestattet inklusive Hütten und Fahrradverleih (65 Kr pro Tag).

Hvide Sande Hotel HOTEL €€
(☎97 31 10 33; www.hssh.dk; Bredgade 5; EZ/DZ/Fam.-Zi. 745/945/1145 Kr; @ WLAN) Das einzige Hotel des Ortes hat einfache, frisch wirkende Zimmer (alle mit Bad und TV) in einem alten Seemannsheim am lebhaften Hafen. Wer online bucht, kommt z. T. deutlich günstiger davon (ein EZ/DZ kostet manchmal nur 545/645 Kr).

Essen

Am Hafen gibt es einen Supermarkt und jede Menge Cafés, Eisdielen und Bäckereien, zugeschnitten auf die Wünsche der Urlauber.

Edgar Madsen Fiskebutik
FISCH & MEERESFRÜCHTE €

(www.edgarmadsen.dk; Metheasvej 10; ⏲ Mo–Fr 9–17.30, Sa & So 9–15 Uhr) Ein stolzer, alteingesessener Laden, spezialisiert auf die Früchte des Meeres. Ideal auch, um ein eigenes Picknick zusammenzustellen – Krabben-, Lachs- oder *fiskefrikadeller*-Brötchen gibt's schon für 30 Kr.

Restaurant Under Broen
FISCH & MEERESFRÜCHTE €€

(www.underbroen.dk; 1. OG, Toldbodgade 20; mittags 85–198 Kr, Hauptgerichte abends 128–198 Kr; ⏲ 11.30–21 Uhr) Ein elegantes Restaurant direkt am Hafen bei den Fischerbooten, das – wie hier nicht anders zu erwarten – hervorragenden frischen Fisch serviert. Das Café Marina im Erdgeschoss bietet schlichtere Speisen zu günstigeren Preisen.

Praktische Informationen

Touristeninformation (☎ 70 22 70 01; www.hvidesande.dk; Nørregade 2; ⏲ Mo–Fr 9–16, Sa 11–14 Uhr) Auf der Nordseite des Kanals.

An- & Weiterreise

Hvide Sande liegt an der Straße 181. Busse der Linie 580 verkehren wochentags stündlich (sonst seltener) zwischen Hvide Sande und dem Bahnhof von Ringkøbing (39 Kr, 30 Min.).

Nordjütland

Inhalt ➔

Gut essen

- Mortens Kro (S. 260)
- Skagens Museum Cafe (S. 268)
- Det Gamle Røgeri (S. 274)
- Abbey Road (S. 260)
- Ruths Gourmet (S. 269)

Schön übernachten

- Villa Vendel (S. 273)
- Villa Rosa (S. 259)
- Aahøj (S. 265)
- Badepension Marienlund (S. 268)
- Ruths Hotel (S. 268)

Auf nach Nordjütland

Der Limfjord trennt Nordjütland vom übrigen Jütland. Die Region bezaubert durch einzigartiges Licht, karge Landschaft und Flugsand. Die Tourismuswerbung preist Nordjütland als „Lysets Land" (Land des Lichts) an. Wer schon einmal die weichen Blautöne in der Abenddämmerung am Strand erlebt hat, der weiß und versteht, warum diese Region Künstler begeistert.

Aber nicht nur die Maler zieht es hierher. Auch Windsurfer und Badegäste strömen nach Norden, sobald es das Wetter zulässt. Familien vergnügen sich in Zoos, Aquarien und Freizeitparks, und Feinschmecker schwärmen vom fangfrischen Fisch.

Der beliebteste Ferienort Jütlands liegt am Nordzipfel Dänemarks: Skagen. Mit vornehmen Restaurants und Kunstmuseen ist es sehr kultiviert, zugleich aber auch wild und ursprünglich – ein Kontrastprogramm, das die ganze Region charakterisiert.

Reisezeit

Die beste Zeit für den Norden ist der Sommer. Im Juli und August sind Strände, Themenparks und Festivals angesagt, die Unterkunftspreise erreichen Höchstniveau. In der Zwischensaison (Mai, Juni, September) ist das Wetter gewöhnlich ganz gut, der Andrang geringer.

Aalborg ist das gesamte Jahr über einen Besuch wert, z. B. zum beliebten Karneval im Mai. Die neue Konzerthalle hat ein umfangreiches Programm. Es hat seinen Reiz, sich einmal in der kühleren Jahreszeit z. B. in Skagen einzuquartieren, um in Ruhe und zu günstigen Preisen das wilde Meer zu genießen. Dänische *hygge* (Gemütlichkeit) kommt im Winter so richtig zum Vorschein.

Aalborg

130 900 EW.

An der engsten Stelle des Limfjords, der Jütland zweiteilt, sitzt Aalborg, Dänemarks viertgrößte Stadt. Das einstige Aschenputtel unter den dänischen Städten putzt sich seit einiger Zeit ordentlich heraus: Neuerdings spielt sich das Leben vor allem am Hafen ab, wo moderne Bauprojekte entstehen. Des Weiteren werden vernachlässigte Industriegelände und unansehnliche Ecken in der Innenstadt aufgehübscht und wieder attraktiv gemacht.

Bisher dürfte Aalborg nicht unbedingt auf dem Reiseradar erschienen sein, aber das könnte sich bald ändern. Ob Architekturfans, Familien, Partygänger oder Geschichtsinteressierte: Man kann hier gut für ein paar Tage Erholung und Beschäftigung finden.

Sehenswertes & Aktivitäten

★Utzon Center ARCHITEKTUR, MUSEUM

(www.utzoncenter.dk; Slotspladsen 4; Erw./Kind 60 Kr/frei; ⌚Di–So 10–17 Uhr, im Juli auch Mo) Mit seinem unverwechselbaren silbrigen Dach zieht das Utzon Center am Kai alle Blicke auf sich. Das 700 m² große Design- und Architekturzentrum bzw. „dynamische und experimentelle Zentrum für Kultur und Wissen", wie es sich selbst nennt, ist das letzte Werk des berühmten dänischen Architekten Jørn Utzon (1918–2008), der vor allem für die Oper in Sydney bekannt ist. Er wuchs in Aalborg auf und starb kurz nach der Fertigstellung des nach ihm benannten Centers.

Zu sehen sind wechselnde Ausstellungen zu Architektur, Design und Kunst. Im Haus befindet sich auch ein erstklassiges Restaurant.

★Hafenpromenade WAHRZEICHEN

Aalborgs Hafenpromenade erstreckt sich von der Limfjordsbroen gen Osten und ist ein schönes Beispiel für gelungene Stadtsanierung, die in diesem Fall einen heruntergekommenen Hafen für die Einwohner neu erschlossen hat. Die flanieren hier heute zwischen Restaurants, einem Park, einem Spielplatz, Basketballplätzen und vertäuten Schiffen (darunter ein zur Restaurant-Bar umfunktionierter alter Eisbrecher). Mit das Beste ist das Freibad **Aalborg Havnebad** GRATIS (Jomfru Ane Parken 6; ⌚Mitte Juni–Aug. tgl.), wo man sich im Limfjord erfrischen kann.

Östlich des Utzon Center stehen noch mehr neue Gebäude. Einige gehören zur Universität, bei dem Rest handelt es sich vielfach um smarte, preiswerte Unterkünfte für die wachsende Studentenpopulation. Zuletzt ist das **Musikkens Hus** (www.musikkenshus.dk; Musikkens Plads 1), eine Hightech-Konzertbühne mit futuristischem Look, hinzugekommen (eröffnet 2014).

Zwischen all der neuen Architektur ist das **Aalborghus Slot** (Slotspladsen; ⌚Verlies Mai–Okt. Mo–Fr 8–15 Uhr) GRATIS aus dem 16. Jh. ein echter Anachronismus. Der Fachwerkbau hat nicht wirklich etwas von einem Schloss, sondern ist vielmehr ein Verwaltungsgebäude mit einem kleinen Verlies, das besichtigt werden kann.

Nordkraft KULTURZENTRUM

(www.nordkraft.dk; Kjellerups Torv; ⌚7–23 Uhr) Das ehemalige Elektrizitätswerk beherbergt jetzt ein Kulturzentrum mit einem Theater, einer Konzertbühne, einem Programmkino, einer Galerie, einem Fitnessstudio und mehreren Esslokalen. Auch die kleine Touristeninformation ist hier zuhause.

Budolfi Domkirke KIRCHE

(www.aalborgdomkirke.dk; Algade 40; ⌚Juni–Aug. Mo–Fr 9–16, Sa bis 14 Uhr, Sept.–Mai Mo–Fr 9–15, Sa 9–12 Uhr) Der Dom aus dem 12. Jh. steht im Zentrum der Altstadt. Sein liebliches Glockenspiel ertönt zu jeder vollen Stunde. Der weiß getünchte Innenraum verleiht dem Gotteshaus eine beinahe mediterrane Anmutung.

Farbenfrohe Fresken von 1500 schmücken die Decke über dem Eingang. Prachtvolle Schnitzereien zieren den vergoldeten Barockaltar und die reich geschmückte Kanzel.

Aalborg Historiske Museum MUSEUM

(www.nordmus.dk; Algade 48; Erw./Kind 30 Kr/frei; ⌚April–Dez. Di–So 10–17 Uhr, Jan.–März bis 16 Uhr) Das Geschichtsmuseum von Aalborg liegt direkt westlich der Budolfi Domkirke. Die Ausstellungsstücke reichen von der Urgeschichte bis zur Gegenwart. Möbel und Inneneinrichtungen zeigen den Wohlstand der Aalborger Kaufleute zur Zeit der Renaissance.

Gråbrødrekloster Museet MUSEUM

(www.nordmus.dk; Algade 19; ⌚April–Okt. Di–So 10–17 Uhr, Nov.–März bis 16 Uhr) Das unterirdische Museum versetzt seine Besucher direkt von einer der belebtesten Einkaufsstraßen in die Welt eines mittelalterlichen Franzis-

Highlights

1 In **Grenen** (S. 266), dem nördlichsten Punkt Dänemarks, zwischen Kattegat und Skagerrak stehen

2 Im **Skagens Museum** (S. 266) wunderbare Kunst betrachten

3 **Aalborgs** (S. 255) neues Hafenviertel entdecken

4 Sich in **Klitmøller** (S. 274) vom Winde verwehen lassen

5 Nach dem Sonnenuntergang in **Gammel Skagen** (S. 267) lecker essen gehen

6 An den **Stränden von Løkken** (S. 272) oder **Tornby-** (S. 270) entspannen und baden

7 An der **Rubjerg Knude** (S. 273) oder **Råbjerg Mile** (S. 270) im Sand buddeln

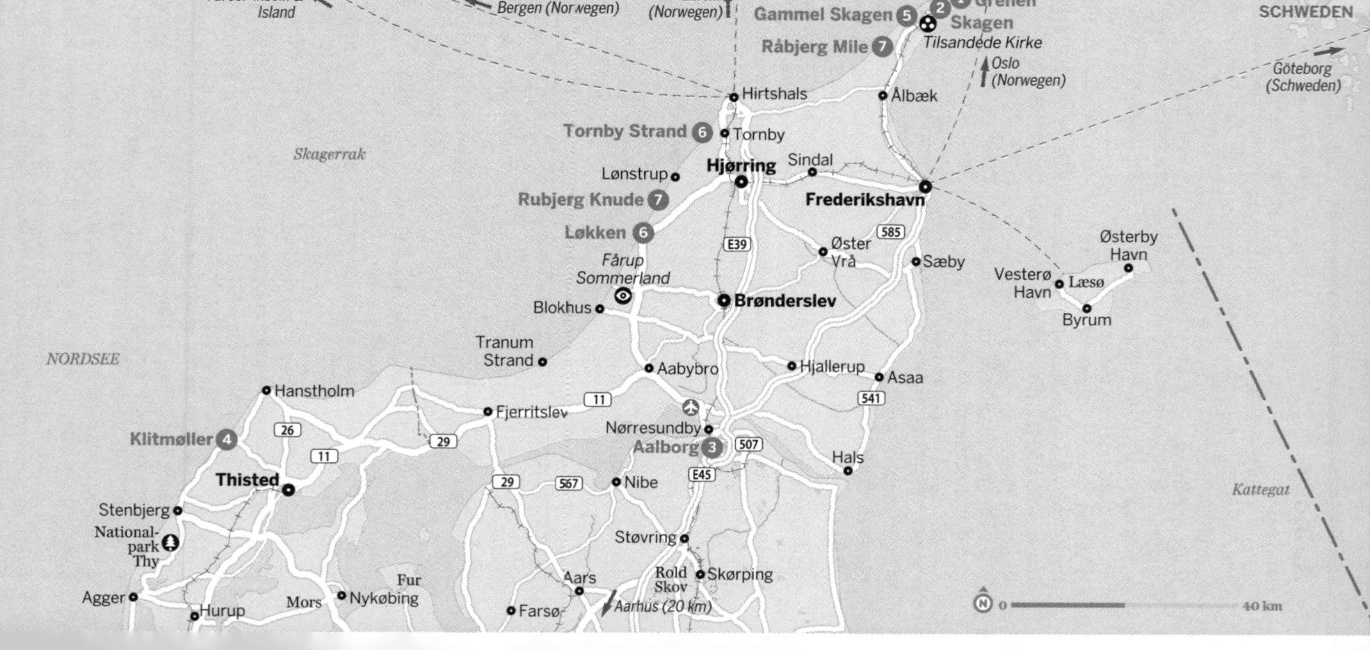

kanerklosters (Zugang über den Aufzug vor dem Kaufhaus Salling an der Algade). Der Eintritt ist frei, aber die Nutzung des **Aufzugs** kostet 40 Kr pro Gruppe.

Helligåndsklostret KLOSTER
(CW Obels Plads; Erw./Kind 50 Kr/frei; ⌚Führungen Juli & Aug. Di & Do 14 Uhr) Eine Gasse, die von der Algade abgeht, führt zum riesigen Komplex des Heilig-Geist-Klosters, das 1431 erbaut wurde und fabelhafte Fresken vorzuweisen hat. Die Innenräume sind allerdings nur im Rahmen einer Führung zu besichtigen.

Stadtbild HISTORISCHE GEBÄUDE
Einen großen Teil seines historischen Charakters hat Aalborg durch Industrie und Handel eingebüßt. Doch im Zentrum zeugen die alten Fachwerkhäuser noch immer vom Wohlstand der Renaissancekaufleute.

Entlang der Østerågade, östlich der Budolfi Domkirke, stehen drei bemerkenswerte alte Gebäude: das barocke **alte Rathaus** (1762) an der Ecke Østerågade/Gammel Torv, das fünfstöckige **Jens Bangs Stenhus** (1624) an der Østerågade 9 und der **Jørgen Olufsens Gård** (1616) an der Østerågade 25. Die beiden Letzteren haben schöne Renaissancefassaden. Jens Bangs Stenhus wurde von einem wohlhabenden Kaufmann erbaut und ist heute eine Apotheke. Im Jørgen Olufsens Gård, von einem reichen Bürgermeister erbaut, befindet sich jetzt ein gemütliches, irisches Pub.

Sehenswert ist auch das Viertel um die **Vor Frue Kirke** (Peder Barkes Gade), besonders die gepflasterte, als L angelegte Hjelmerstald. Auf halber Höhe der Straße ist der **Langes Gård** (Hjelmerstald 15) mit einem Innenhof voller Skulpturen und Keramik.

Die Touristeninformation gibt eine Broschüre aus, die zwei Rundgänge sowie die Gebäude und Sehenswürdigkeiten entlang des Wegs beschreibt.

Lindholm Høje WIKINGERSTÄTTE
(Vendilavej; ⌚Sonnenauf- bis Sonnenuntergang) GRATIS Der Limfjord war so etwas wie eine Autobahn der Wikinger. Über ihn gelangten ihre Stoßtrupps per Langboot schnell und bequem in den Atlantik. Es überrascht daher nicht, dass auch das bedeutendste historische Erbe Aalborgs überwiegend aus der Wikingerzeit stammt.

Das stimmungsvolle Gräberfeld Lindholm Høje umfasst 700 Gräber aus der Eisen- und Wikingerzeit. Es liegt auf einer grasigen Anhöhe, umsäumt von einem Wall von Buchen. Viele der Wikingergräber sind mit Steinen markiert, die zur ovalen Kontur eines Wikingerschiffs angeordnet wurden, mit zwei größeren Steinen als Bug und Heck. Am Ende der Wikingerära wurde das Gelände unter Flugsand begraben und blieb so bis heute erhalten.

Das **Lindholm Høje Museet** (www.nordmus.dk; Vendilavej 11; Erw./Kind 60 Kr/frei; ⌚April–Okt. tgl. 17–10 Uhr, Nov.–März Di–So 10–16 Uhr) liegt gleich daneben. Es erklärt die Geschichte der Stätte und zeigt archäologische Funde. Wandbilder vermitteln eine Vorstellung davon, wie die Menschen von Lindholm wahrscheinlich gelebt haben.

Die Buslinie 2 fährt vom Zentrum in 15 Minuten bis Lindholm Høje. Mit dem Auto geht es vom Zentrum in Richtung Norden über die Limfjordsbroen und durch Nørresundby, dann der Beschilderung folgen.

Kunsten KUNSTMUSEUM
(www.kunsten.dk; Kong Christians Allé 50) Ein Marmorgebäude, entworfen von dem finnischen Architekten Alvar Aalto, beherbergt das Aalborger Museum für moderne und zeitgenössische Kunst. Der lichtdurchflutete Innenraum präsentiert eine schöne Sammlung hauptsächlich dänischer Kunst.

Die Renovierung des Kunsten soll im Oktober 2015 abgeschlossen sein (bis dahin ist ein Teil der Ausstellung im Bahnhof zu sehen). Die Öffnungszeiten und Eintrittspreise stehen auf der Website.

Zum Museum führt ein Tunnel unter dem Bahnhof hindurch. Er endet im **Kildeparken**, einer Grünanlage mit Skulpturen und Springbrunnen. Durch den Park, über die Vesterbro und dann durch ein Wäldchen ist das Museum in zehn Minuten erreicht. Sonst fahren auch die Busse der Linie 15 dorthin.

Aalborg Zoo ZOO
(www.aalborgzoo.dk; Mølleparkvej 63; Erw./Kind 170/100 Kr; ⌚Juni–Aug. 10–19 Uhr, sonst kürzer; 👪) Der Zoo von Aalborg ist in ganz Dänemark bekannt. Zu den rund 1300 Tieren zählen Tiger, Zebras, Elefanten, Giraffen, Schimpansen, Pinguine und Eisbären. Er liegt südwestlich der Stadt und ist mit der Buslinie 11 zu erreichen. Die Öffnungszeiten variieren; auf der Website nachsehen.

Festivals & Events

Karneval in Aalborg KULTUR
(www.aalborgkarneval.dk) Jedes Jahr Ende Mai steigt dieses einwöchige Fest, die größte Karnevalsfeier Nordeuropas, bei der über

Aalborg
0
200 m
Limfjord
Vestre Havnepromenade
Vestre Havnepromenade
Utzon Center 1
3
Slotspladsen
14
Fjordgade
15
16
17
Einkaufszentrum Friis
Telefonkiosk
Gabels Torv
Slotsgade
22
28
Touristen-information
11
19
Nørregade
Danmarksgade
Bredegade
Vor Frue Stræde
13
Det Danske Udvandrerarkiv
Niels Ebbesens Gade
Peder Barkes Gade
10
Algade
Møllegade
5
6
Mølleplads
23
Møllea
Møllea Arkaden
21
Rantzausgade
24
Brandstrupsgade
Stadthus-haltestelle
Nytorv
Østerågade
9
Maren Turis Gade
8
12
Adelgade
26
20
25
CW Obels Plads
7
4
Algade
Ved Stranden
Toldbodgade
Jomfru Ane Gade
Vesterå
2
Bispensgade
Gravensgade
Kattesundet
Boulevarden
Vingårdsgade
Sankelmarksgade
Jernbanegade
Vesterbro
27
Borgergade
Korsgade
Holbersgade
Dalgasgade
Stengade
18
Grønnegangen
Danmarksgade
Prinsensgade
(300 m); (500 m)
Kunsten (800 m); Aalborg Zoo (1,6 km)

Aalborg

Highlights

Sehenswertes

Aktivitäten, Kurse & Touren

Schlafen

Essen

Ausgehen & Nachtleben

Unterhaltung

1 00 000 Teilnehmer und Zuschauer die Stadt auf den Kopf stellen.

Schlafen

Im Vergleich zu den Restaurants sind die Schlafgelegenheiten mau. Von ein paar Ausnahmen einmal abgesehen ist Aalborgs Hotelszene eher glanzlos.

Die Touristeninformation informiert über günstige Privatunterkünfte.

CabInn Aalborg HOTEL €
(☎96 20 30 00; www.cabinn.com; Fjordgade 20; EZ/DZ/3BZ ab 495/625/835 Kr; @ 📶) Die günstige, zuverlässig gute CabInn-Kette ist neuerdings auch in Aalborg vertreten. Mit einem großen Hotel in zentraler Lage zwischen dem Utzon Center und dem neuen Einkaufszentrum Friis. Alle 239 Zimmer haben TV und Bad, die günstigeren sind allerdings ziemlich eng. Das Frühstück kostet 70 Kr.

Danhostel Aalborg HOSTEL €
(☎98 11 60 44; www.bbbb.dk; Skydebanevej 50; B/DZ 345/590 Kr; P @ 📶) Das Hostel liegt nicht gerade zentral, sondern im Grünen, ist aber ideal für Leute, die auf dem Fjord paddeln möchten (im Sommer werden Kajaks vermietet). Die Zimmer sind einfach, alle mit Bad. In der Hauptsaison gibt es Schlafsaalbetten. Der angrenzende Campingplatz bietet auch günstige Hütten zum Mieten an. Er befindet sich in der Nähe des Jachthafens, 3 km westlich vom Zentrum. Anfahrt mit Buslinie 13 (hält in der Nähe des Hostels).

Villa Rosa PENSION €€
(☎98 12 13 38; www.villarosa.dk; Grønnegangen 4; Zi. & Apt. 500–800 Kr; P 📶) Um eines der sechs opulent eingerichteten Zimmer zu ergattern, muss man zeitig buchen. Die Villa aus dem späten 19. Jh. hat drei Stockwerke (ohne Lift). Am preisgünstigsten sind die drei Apartments, besonders hübsch ist das Englische Zimmer. Drei Zimmer teilen sich ein großes Etagenbad und eine Gästeküche. Die Pension ist die mit Abstand attraktivste Unterkunft der Stadt und zusätzlich preisgünstig und sehr zentral gelegen.

First Hotel Aalborg HOTEL €€
(☎98 10 14 00; www.firsthotels.com; Rendsburggade 5; DZ inkl. Frühstück ab 740 Kr; P @ 📶) Einige der neu renovierten Zimmer in dem smarten Hotel gleich beim Utzon Center haben einen direkten Blick auf den Fjord. Angenehm sind außerdem die kostenlosen Parkplätze (es gibt allerdings nicht so viele), die zentrale Lage, das Fitnessstudio und die hauseigene Bar. Online-Rabatte!

Hotel Aalborg HOTEL €€
(Sømandshjemmet; ☎98 12 19 00; www.hotel-aalborg.com; Østerbro 27; EZ/DZ ab 715/760 Kr; P 📶) Das alte Seemannshotel hatte früher eine eher ungünstige Lage, doch jetzt, da das Hafenviertel saniert wird, befindet es sich im Epizentrum: Das Nordkraft und das Musikkens Hus sind gleich nebenan. Die Zimmer sind komfortabel ohne viel Firlefanz, es gibt allerdings vielversprechende Umbau- und Erweiterungspläne, die auch neue Luxuszimmer umfassen. Kostenlose Parkplätze, nettes Personal.

AALBORG CARD

Für alle, die mehrere Tage bleiben, könnte sich die Aalborg Card lohnen. Mit ihr ist der Eintritt zu vielen Sehenswürdigkeiten sowie das Parken (an den Kennedy Arkaden südöstlich des Bahnhofs) und die Benutzung der öffentlichen Verkehrsmittel kostenlos. 48 Stunden kosten 225 Kr. Wer teurere Adressen wie den Zoo auf seiner To-Do-Liste hat, sollte sich die Karte auf jeden Fall holen. Verkauft wird sie in der Touristeninformation.

Essen

★Abbey Road CAFÉ €
(http://abbeyroadcafe.dk; Kjellerupsgade 1A; Mahlzeiten 89–135 Kr; ⌚Mo–Sa 8–22 Uhr) Gegenüber vom Nordkraft steht das ideale Ganztags-Café: Kaffee und Tee sind richtig gut, die Möbel bunt zusammengewürfelt, und es wird eimerweise *hygge* (Gemütlichkeit) ausgeschenkt. Die neue kleine Schwester des alteingesessenen Penny Lane (s. u.) versorgt die Gäste mit Salaten, Sandwiches und Tapas. Dazu gibt's leckere Backwaren wie gesunde Körnerbrote und eine unverschämt gute Birnen-Schokoladen-Tarte.

Penny Lane CAFÉ, FEINKOST €
(http://pennylanecafe.dk; Boulevarden 1; Mahlzeiten 89–135 Kr; ⌚Mo–Do 8–18, Fr bis 19, Sa bis 16 Uhr) Der einzigartige Feinkostladen verfügt über eine hauseigene Bäckerei, und das frisch gebackene Brot, die Käsesorten aus der Region und das Räucherfleisch sind die perfekten Zutaten für ein Picknick. Im Café gibt's einen phantastischen Brunch (105 Kr) oder Sandwiches, Salate u. Ä. zur Mittagszeit. Unbedingt noch Platz für einen Nachtisch lassen.

Café KlosterTorvet CAFÉ €
(www.klostertorvet.dk; CW Obels Plads 14; Mahlzeiten 39–108 Kr; ⌚Mo–Mi 10–23, Do bis 1, Fr & Sa bis 3, So bis 22 Uhr) Das KlosterTorvet, ein hippes Café mit cooler Studentenatmosphäre, steht an einem Platz mit vielen anderen netten Läden. Seine Merkmale sind günstiges Essen (Baguette, Salat, Pasta usw.; bis 21 Uhr warme Küche), starker Kaffee, bezahlbares Bier und Backgammon spielende Gäste.

Pingvin Tapas & Vincafé INTERNATIONAL €€
(☎98 11 11 66; www.cafepingvin.dk; Adelgade 12; abends 4/6/8 Tapas 198/238/268 Kr; ⌚Mo–Sa 12–23 Uhr) In der schicken Restaurant-Bar stehen bis zu 30 „Tapas" zur Auswahl, wobei mit Tapas weniger kleine Gerichte zum Teilen gemeint sind, als so etwas wie ein individuelles Probiermenü. So kann man sich über kleine Portiönchen Hummersuppe, gegrillte Garnelen mit vietnamesischem Mangosalat oder geräucherte Entenbrust hermachen. Die Liste internationaler Weine ist exzellent. Nette Mittagsangebote.

Caféministeriet CAFÉ €€
(www.cafeministeriet.dk; Mølleplads; Hauptgerichte abends 95–175 Kr; ⌚Mo–Do 10–24, Fr & Sa bis 2, So bis 22 Uhr) Eine durchgestylte Klientel genießt die klassischen Cafégerichte, vorzugsweise auf der Sommerterrasse, die sich mitten auf einem verkehrsberuhigten Platz erstreckt. Die Speisekarte dreht sich rund um „obstiges" Frühstück und Burger, Smørrebrød und verschiedene Kleinigkeiten (die Küche schließt um 21 Uhr). Ein netter Ort für einen Schlummertrunk im Freien.

★Mortens Kro MODERN DÄNISCH €€€
(☎98 12 48 60; www.mortenskro.dk; Møllea 4–6; 4-Gänge-Menü 598 Kr; ⌚Mo–Sa 17.30–22 Uhr) Der schnieke Mortens Kro ist fraglos das beste – und teuerste – Restaurant der Stadt. Er gehört dem Starkoch Morten Nielsen und liegt gut versteckt: In die Mølleå Arkaden gelangt man von der Peder Barkes Gade 40A oder vom Mølleplads aus. Zu essen gibt es erstklassige saisonale Zutaten aus der Region: selbstgeräucherte Forelle und Lachs, Kaisergranatsuppe, Kirschbaiser mit Himbeersorbet und mehr. Reservieren und fein anziehen!

Morten Nielsen wirbelt auch durch die Küche des schicken Restaurants im Utzon Center – eine tolle Anlaufstelle für ein Smørrebrød oder einen Brunch am Wochenende.

Selbstversorger

Føtex SUPERMARKT
(Slotsgade 8; ⌚8–21 Uhr) Zentral gelegener Supermarkt. Die Bäckerei öffnet um 7 Uhr.

Ausgehen & Nachtleben

Wer einen Flirt, einen Drink oder laute Musik sucht, findet das alles auf der Jomfru Ane Gade, Aalborgs Partymeile. Hier reiht sich eine Bar an die andere, wobei sich die einzelnen Lokale äußerlich wenig unterscheiden. Es lohnt sich also, ein paar abzuchecken, um die passende Musik und die richtigen Leute zu finden. Zu Beginn der Woche sind die Abende ruhig, ab Donnerstag geht die Post ab.

An der Jomfru Ane Gade wird jeder selbst finden, was er sucht. Wir haben daher einige Lokale in den Nebenstraßen zusammengestellt, die weniger leicht zu entdecken sind (auch im Abschnitt Essen sind nette Läden genannt).

Irish House PUB
(www.theirishhouse.dk; Østerågade 25; ⌚Mo–Mi 13–1, Do bis 2, Fr & Sa 12–4, So 14–24 Uhr) Die Kulisse ist fast zu schön, um sich zu betrinken. Holzverkleidung und Buntglasfenster schmücken das Gebäude aus dem 17. Jh. Donnerstags bis samstags wird Livemusik gespielt. Serviert wird günstige Kneipenkost, und die Auswahl an Biersorten ist groß.

Søgaards Bryghus HAUSBRAUEREI
(www.soegaardsbryghus.dk; CW Obels Plads 4; ⌚Mo–Do 11–23, Fr & Sa bis spät, So 11.30–22 Uhr) Jede dänische Stadt, die etwas auf sich hält, hat heutzutage eine Mikrobrauerei. Und die in Aalborg ist ein echter Knaller, nicht nur wegen der zahlreichen Plätze im Freien, sondern auch wegen der umfangreichen Speisekarte, sodass man hier mühelos einen ganzen Nachmittag bei dem einen oder anderen Hausbier zubringen kann.

The Wharf PUB
(Borgergade 16; ⌚Mo–Mi 14–24, Do bis 1, Fr & Sa 12–2, So 15–20 Uhr) Der Himmel für Biertrinker und ein unverhofftes Stück England mitten im tiefsten Jütland. Hier hat man sich dem Bier vom Fass verschrieben: An der langen Bar werden bis zu 42 verschiedene britische, belgische, dänische, irische und deutsche Biere ausgeschenkt. An Wochentagen gibt's bis 19.30 Uhr Kneipensnacks.

ℹ Praktische Informationen

Aalborg liegt zu beiden Seiten des Limfjords. Brücken und Tunnel verbinden die Stadthälften. Das Geschäftszentrum mit Läden, Restaurants etc. befindet sich in der Südhälfte.

GELD

In der ganzen Stadt findet man Geldautomaten, rund um den Nytorv gleich mehrere.

Forex (Ved Stranden 22; ⌚Mo–Fr 9–17.30, Sa 10–14 Uhr) Geldwechsel.

POST

Post (Slotsgade 14; ⌚Mo–Fr 9.30–18, Sa bis 13 Uhr) Im Føtex-Supermarkt.

TOURISTENINFORMATION

Det Danske Udvandrerarkiv (Dänisches Auswanderungsarchiv; ☎99 31 42 20; www.udvandrerarkivet.dk; Arkivstræde 1; ⌚Mo–Mi 10–16, Do bis 17, Fr bis 15 Uhr) Hinter der Vor Frue Kirke. Archiv für Daten und Aufzeichnungen zur dänischen Auswanderungsgeschichte. Ausländer mit dänischen Wurzeln können hier Ahnenforschung betreiben (dafür wird eine Gebühr erhoben).

Touristeninformation (☎99 31 75 00; www.visitaalborg.com; Nordkraft, Kjellerups Torv 5; ⌚Mo–Fr 10–17.30, Sa bis 14 Uhr) Ein kleines, aber gut bestücktes Büro im Nordkraft. Im Sommer ist auch der nette Telefonkiosk von 1896 geöffnet (Gabels Torv).

ℹ An- & Weiterreise

AUTO & MOTORRAD

Aalborg liegt 117 km nördlich von Aarhus und 65 km südwestlich von Frederikshavn. Die E45 umgeht die Innenstadt durch einen Tunnel unter dem Limfjord. Ins Zentrum führt die Straße 180, die nördlich und südlich davon an die E45 anschließt.

Die Straße 180 (Vesterbro) führt über die Limfjordsbroen nach Lindholm Høje und zu anderen Punkten nördlich der City.

BUS

Überlandbusse halten am **Busbahnhof** (Fredensgade) südlich des J. F. Kennedys Plads (hinter dem neuen Einkaufszentrum) in der Nähe des Bahnhofs.

Die meisten größeren Städte in Jütland sind mit **X-bus** erreichbar – Infos auf der Website des regionalen Transportunternehmens, **Nordjyllands Trafikselskab** (NT; www.nordjyllandstrafikselskab.dk), oder am **Schalter am Busbahnhof** (☎98 11 11 11; ⌚Mo–Fr 7–17, Sa 9.30–16, So 10.30–17.30 Uhr) bzw. telefonisch bei der Service-Hotline.

Im Sommer ermöglicht der NT Travel Pass 24/72 Stunden Nutzung von Zug und Bus in Nordjütland für 150/250 Kr. Ein zahlender Erwachsener kann zwei Kinder unter 12 Jahren gratis mitnehmen. Wenn man den Pass online kauft (www.nordjyllandstrafikselskab.dk), wird er aufs Handy geschickt.

Abildskou (☎70 21 08 88; www.abildskou.dk) Expressbus 888 fährt ein- oder zweimal täglich von Aalborg zum Bahnhof Valby in Kopenhagen (360 Kr, 5½ Std.). Günstigere Tickets auf der Website.

Thinggaard Express (☎98 11 66 00; www.expressbus.dk) Linie 980 fährt ein- oder zweimal täglich von Esbjerg nach Frederikshavn und hält unterwegs in Viborg und Aalborg.

FLUGZEUG

Der **Flughafen Aalborg** (www.aal.dk) liegt 6,5 km nordwestlich vom Stadtzentrum. Von dort gehen Direktflüge u. a. nach Kopenhagen, Oslo und Frankfurt.

ZUG

Züge fahren stündlich Richtung Norden nach Frederikshavn (100 Kr, 70 Min.), von dort gibt es Verbindungen nach Skagen (von Aalborg 120 Kr, 2 Std.), sowie Richtung Süden nach Aarhus (194 Kr, 1½ Std.) und Kopenhagen (431 Kr, 4½–5 Std.).

Unterwegs vor Ort

AUTO

Die Autovermietungen Hertz, Avis und Europcar haben Niederlassungen am Flughafen oder in der Stadt.

Abgesehen von einigen irreführenden Einbahnstraßen ist Aalborg autofreundlich. In vielen Straßen ist Parken kostenlos (allerdings mit Zeitbegrenzung). Im Zentrum stehen Parkuhren. Daneben gibt es mehrere große Parkhäuser, etwa an der Ved Stranden 11 (gegenüber vom Radisson Hotel), an den Kennedy Arkaden (Zufahrt über die Østre Allé) und unter dem Einkaufszentrum Friis (Zufahrt über die Nyhavnsgade). Ganz billig sind sie allerdings nicht (bis zu 18 Kr pro Stunde, maximal 160 Kr für 24 Stunden).

BUS

Zwischen Ende Juni und Ende August fährt zwischen 10 und 18 Uhr (Sa und So nur bis 14 Uhr) alle 30 Minuten ein **kostenloser Bus** um den Innenstadtring. Auf der Strecke liegen die wichtigsten Sehenswürdigkeiten wie der Zoo, das Museum Kunsten und die Hafenpromenade.

Fast alle Stadtbusse fahren südlich des J. F. Kennedys Plads ab und halten an den zentralen Stationen Østerågade und Nytorv, nahe Burger King. Der normale Fahrpreis beträgt 20 Kr; Tickets gibt's beim Fahrer.

Fragen zu Tickets, Strecken und Fahrplänen beantwortet das sehr hilfsbereite Personal am Schalter des Busbahnhofs (S. 261).

FAHRRAD

Von Mai bis Oktober stehen an verschiedenen Stellen in der Stadt **kostenlose Cityfahrräder** (www.aalborgbycyklen.dk) bereit (nach Schildern mit der Aufschrift „Bycyklen" Ausschau halten). Wer ein Fahrrad ausleihen will, steckt 20 Kr in den Schlitz und bekommt sie bei Rückgabe wieder zurück.

Leihräder gibt's bei **Munk's Eftf** (☎ 98 12 19 46; www.munk-aalborg.dk; Løkkegade 25; pro Tag/Woche 80/400 Kr), der Laden ist allerdings fast den kompletten Juli über geschlossen.

VOM/ZUM FLUGHAFEN

Die Stadtbusse 2A, 2B, 70 und 71 verkehren mit hoher Frequenz zwischen Innenstadt und Flughafen (20 Kr).

TAXI

Taxis können unter der Nummer ☎ 98 10 10 10 gerufen werden. Ein Taxistand befindet sich am Bahnhof.

Frederikshavn

23 300 EW.

Frederikshavn ist mehr ein Durchgangsort als ein Reiseziel. Jährlich passieren über 3 Mio. Menschen den Hafen; er ist der größte internationale Fährhafen Jütlands. Die meisten Passagiere sind Skandinavier, die in Dänemark günstig Alkohol und Fleisch einkaufen.

Die Stadt hat nicht den Zauber der benachbarten Küstenorte, doch ein paar angenehme Stunden können Besucher hier durchaus verbringen. Die Hauptattraktion ist Bangsbo mit Museum, botanischem Garten und Festung. Zum Übernachten sind Skagen oder auch Sæby die bessere Wahl.

Sehenswertes

Bangsbo MUSEUM

(www.kystmuseet.dk; Dronning Margrethesvej 6; Erw./Kind 50 Kr/frei; ⌚ Juni–Aug. Mo–Fr 10–16, Sa & So 11–16 Uhr, Sept.–Mai nur Mo–Fr) Einen Besuch lohnt das Natur- und Kulturgebiet Bangsbo, 3 km südlich des Zentrums. Mittelpunkt ist das **Bangsbo Museum**, ein ehemaliges Landgut. Im Gutshaus sind antike Möbel und Sammlerstücke zu sehen. Die alten Landwirtschaftsgebäude zeigen Galionsfiguren, militärische Ausrüstung und Exponate zum dänischen Widerstand während des Zweiten Weltkriegs. Toll ist auch das Ellingå-Schiff, ein Handelsschiff aus dem 12. Jh. im Wikingerstil. Es wurde in einem nahegelegenen Flussbett gefunden und rekonstruiert.

Die Buslinie 3 vom Zentrum hält nahe dem Eingang. Von dort sind es noch etwa 500 m zu Fuß durch den Wald bis zum Museum. Der angrenzende **Bangsbo Botaniske Have** (Botanischer Garten) mit Hirschpark eignet sich für einen Spaziergang oder ein Picknick.

Die **Festung Bangsbo** liegt auf einem bewaldeten Hügel 800 m entfernt. In der Bunkeranlage aus dem Zweiten Weltkrieg sind einige große Geschütze ausgestellt, von hier eröffnen sich auch wunderbare Ausblicke bis nach Frederikshavn und auf das Meer.

Schlafen

★ Danhostel Frederikshavn City HOSTEL €
(☎98 42 14 75; http://danhostelfrederikshavn.dk; Læsøgade 18; B/EZ/DZ 220/530/590 Kr; P @ ☎) Das Hostel liegt ideal hinter der Touristeninformation und zwischen einem Supermarkt und einer Café-Bar. Die neu eingerichteten Zimmer (alle mit Bad) ziehen viele Fährpassagiere an. Die Gemeinschaftsbereiche sind erstklassig, der Innenhofgarten mit Grill ebenfalls. Das Frühstück kostet 50 Kr.

Best Western Hotel Herman Bang HOTEL €€
(☎98 42 21 66; www.hermanbang.dk; Tordenskjoldsgade 3; Standard EZ/DZ ab 795/995 Kr; ☎) Die Standardzimmer sind hell und gemütlich, die teuersten Business-Zimmer recht luxuriös. Die günstige Budget-Kategorie bietet derweil ein mieses Preis-Leistungs-Verhältnis – da fährt man besser, wenn man sich in der frisch renovierten Budget-Variante **Herman Bang Bed & Breakfast** (www.hbbb.dk; Skolegade 2; DZ mit/ohne Gemeinschaftsbad 650/500 Kr) einmietet. Das Hotel hat einen ausgezeichneten Wellnessbereich und einen Speisesaal im Stil eines amerikanischen Diners.

Essen

Karma Sushi JAPANISCH €€
(www.karmasushi.dk; Lodsgade 10; Sushi (8 Stück) 98–135 Kr; ⏲ Di–Do 17–22, Fr & Sa bis 23 Uhr) Bei akutem Hunger hat das östliche Ende der Lodsgade endlos viel zu bieten. Bei Weitem die beste Wahl ist das Karma, eine Oase der Ruhe und Eleganz zwischen mehreren Lokalen mit italienisch-mexikanischem Essen (eigenartige Mischung!). Die verführerisch angerichteten Sushi sind allerdings nicht ganz billig.

Møllehuset DÄNISCH €€
(www.mollehuset.dk; Skovalléen 45; mittags 110–205 Kr, Hauptgerichte abends 205–235 Kr; ⏲ So & Mo 11–18, Di–Sa bis 22 Uhr) Das hübsche alte Mühlenhaus aus der Mitte des 18. Jhs. liegt traumhaft schön im Grünen, im Stadtteil Bangsbo. Der moderne Anbau ist nicht ganz so atmosphärisch. Dafür ist die Speisekarte ansprechend: Aus der Küche kommen Tapas, Käseplatten und frischer Fisch. Buslinie 3 ab Frederikshavn Zentrum hält hier.

Praktische Informationen

Eine Fußgängerbrücke führt vom Fährhafen direkt zur Touristeninformation am Rand des Geschäftsviertels im Zentrum. Bahnhof und Busbahnhof liegen nebeneinander, etwa zehn Gehminuten nördlich vom Fährhafen. Die Danmarksgade ist eine Fußgängerzone mit Läden, Banken und anderen Dienstleistern.

Touristeninformation (☎98 42 32 66; www.visitfrederikshavn.dk; Skandiatorv 1; ⏲ Mo–Fr 9–16, Sa 10–13 Uhr) Gegenüber dem Fährhafen, informiert über Stadt und Umgebung.

Anreise & Unterwegs vor Ort

AUTO

Frederikshavn liegt 65 km nordöstlich von Aalborg via E45 und 41 km südlich von Skagen via Straße 40.

BUS

Das Busnetz reicht bis hinauf nach Hirtshals, Hjørring und Løkken. **Thinggaard Express** (☎98 11 66 00; www.expressbus.dk) betreibt die Buslinie 980, die von Frederikshavn über Aalborg und Viborg nach Esbjerg fährt (1–2-mal tgl.).

FÄHRE

Stena Line (☎96 20 02 00; www.stenaline.com) verbindet Frederikshavn mit Göteborg (Schweden) und Oslo (Norwegen). Nähere Informationen zu internationalen Fähren auf S. 321.

FAHRRAD

Leihräder gibt's bei der Touristeninformation (80 Kr pro Tag).

ZUG

Frederikshavn ist die nördliche Endstation der Danske Statsbaner (DSB; nationales Bahnnetz). Ein privates Bahnunternehmen betreibt eine stündliche Zugverbindung Richtung Norden nach Skagen (60 Kr, 35 Min.). Die Züge der DSB fahren stündlich Richtung Süden nach Aalborg (100 Kr, 1¼ Std.) und Aarhus (252 Kr, 2¾ Std.).

Sæby

8800 EW.

Wie Skagen weltberühmte Künstler Skandinaviens inspiriert hat, so könnte man Sæby als eine geistige Heimat (oder zumindest Ferienwohnung) der nordischen Literatur bezeichnen. Das malerische Städtchen inspirierte den dänischen Schriftsteller Herman Bang zu der Erzählung *Sommerfreuden* und den Norweger Henrik Ibsen zu seinem Schauspiel *Die Frau vom Meer*. Im Sommer wimmeln der Hafen und die Altstadt von Urlaubern mit Eis in der Hand. Im Vergleich zu Skagen ist der Ort zwar ziemlich verschlafen, aber er hat jede Menge Charme.

ABSTECHER

WUNDERBARES LÆSØ

Der Reiz von Læsø (1840 Ew.) liegt vor allem darin, dass die Insel noch immer fest in der Vergangenheit verwurzelt ist. Sie liegt zwar nur 28 km vor der Küste von Frederikshavn, aber scheinbar mindestens 100 Jahre in der Vergangenheit. Das Landschaftsbild prägen kleine Bauernhöfe, Sandstrände, Heidelandschaft, Dünen, zauberhafte Örtchen und nicht zuletzt lebendige Traditionen.

Eine wichtige Tradition ist die Salzgewinnung. Der einstige Exportschlager wird heute in kleinen Souvenirsäckchen verkauft und weiterhin für seine medizinischen Eigenschaften sowie in der Gourmetküche geschätzt. Inselbesucher können die **Salinen** besuchen oder im **Læsø Kur** (☎98 49 13 22; www.saltkur.dk; Vesterø Havnegade 28), einer Kur- und Wellnessanlage in einer ehemaligen Kirche, ein Salzbad nehmen.

Auf Læsø gibt's ein paar kleine Orte (Vesterø Havn, Byrum und Østerby Havn), mittelalterliche Kirchen und eine Handvoll Museen (wie das Bauernmuseum mit Seegrasdach). Südlich der Hauptinsel liegt **Rønnerne**, ein von den Gezeiten geprägtes Feuchtgebiet mit ausgedehnten Küstenwiesen und Heideland, zahlreichen Seevögeln und einer einzigartigen Flora und Fauna.

Tagesausflüge nach Læsø

Die Insel kann im Rahmen von Tagesausflügen erkundet werden, die Fähre geht von Frederikshavn um 7.50 Uhr und kommt in Vesterø Havn an. Angeboten werden vier verschiedene Touren, die alle auf der Internetseite des Fährunternehmens (www.laesoe-line.dk) beschrieben sind, darunter eine Bustour zu den Hauptsehenswürdigkeiten, eine Radtour (auf eigene Faust), eine Fahrt im Traktoranhänger nach Rønnerne in Begleitung eines Naturkundlers und ein Seehunde-Törn. Die Ausflüge kosten zwischen 255 und 400 Kr (inkl. Hin- und Rückfahrt mit der Fähre). Wer auf der Insel übernachtet, kann zu ermäßigten Preisen teilnehmen.

Übernachten auf Læsø

Die **Touristeninformation** (☎98 49 92 42; www.visitlaesoe.dk; Vesterø Havnegade 17; ⏲Mitte Juni–Aug. Mo–Fr 9–15, Sa & So bis 14 Uhr, sonst kürzer) in der Nähe des Fährhafens reserviert Ferienhäuser auf der ganzen Insel. Im Juli und August sollte man vorab buchen.

Vor Ort gibt's viele kleine Hotels und ein Danhostel. Uns gefällt das idyllische **Strandgaarden Badehotel** (☎98 49 90 35; www.badehotel.eu; Strandvejen 8; DZ ohne/mit Bad ab 800/1150 Kr, inkl. Frühstück) am Strand, das mit seinem Reetdach wirklich bildhübsch aussieht. Betten für fast jede Preisklasse, Fahrradverleih und ein hervorragendes Restaurant.

Verkehrsmittel & -wege

Zwischen Læsø und Frederikshavn (ganzjährig 3–7-mal tgl., 1½ Std.) kreuzen die Schiffe der **Færgeselskabet Læsø** (☎98 49 90 22; www.laesoe-line.dk; hin & zurück Erw./Kind Juli & Aug. 230/115 Kr, Sept.–Juni 180/80 Kr).

Ein kostenloser, auf den Fahrplan der Schiffe abgestimmter Bus verkehrt wochentags stündlich zwischen den Orten Vesterø Havn, Byrum und Østerby Havn.

Fahrräder vermietet **Jarvis Cykler** (☎98 49 94 44; www.jarvis-laesoe.dk; Vesterø Havnegade 29; pro Tag 80 Kr) beim Fährterminal. Die Touristeninformation hat Radkarten mit verschiedenen Routenvorschlägen.

Sehenswertes & Aktivitäten

Algade STRASSE

Ein Spaziergang auf der ältesten Straße der Stadt offenbart Häppchen aus Sæbys lebendiger Geschichte. Die Algade verbindet das kleine Museum und die Kirche und führt an Gärten, Fachwerkhäusern und einer Handvoll Künstlerateliers und Handwerksläden vorbei.

Sæby Museum MUSEUM

(www.kystmuseet.dk; Algade 1; Erw./Kind 50 Kr/frei; ⏲Juni–Aug. Mo–Fr 10–16, Sa & So 11–16 Uhr, sonst kürzer) Das kleine Stadtmuseum befindet sich in einem hübschen Fachwerkhaus aus dem 17. Jh. Zu sehen bekommt man eine Bernsteinsammlung, ein Klassenzimmer von 1920 sowie ein viktorianisches Wohnzimmer.

Sæby Klosterkirke KIRCHE
(Strandgade 5; ⌚April–Okt. Mo–Sa 8–18, So 8–16 Uhr, Nov.–März Mo–Sa 8–16, So 9–12 Uhr) Die Sæby Klosterkirke ist alles, was von dem einst vier Flügel umfassenden Karmeliterkloster von 1470 übrig geblieben ist. Die imposante Außenansicht findet eine Entsprechung im Inneren mit herrlichen mittelalterlichen Fresken sowie einer Kanzel und einer Gewölbedecke aus dem 16. Jh.

Von der Kirche aus ist es über einen mit „Kirkestien“ beschilderten Weg nicht weit zum Hafen.

Hafen VIERTEL
In dem fotogenen Hafen schaukeln kleine Jachten auf und ab. Hier haben sich Fischrestaurants und Eiskioske angesiedelt. Wer von der Größe der wirklich kleinen „Kleinen Meerjungfrau“ in Kopenhagen enttäuscht war, wird der Skulptur der **Frau vom Meer** sicher mehr abgewinnen können. Sie entstand in Anlehnung an das gleichnamige Stück von Henrik Ibsen, das er im Anschluss an einen Sommer in Sæby schrieb.

Schlafen

★Aahøj PENSION €€
(☎98 46 11 27; www.aahoj.dk; Hans Aabelsvej 1; EZ/DZ inkl. Frühstück ab 575/650 Kr; WLAN) Mit viel Atmosphäre und in erstklassiger, zentraler Lage ist das Aahøj zweifelsohne die beste Unterkunft der Stadt. Die neun gemütlichen Zimmer liegen in einer eleganten Villa von 1896. Der Wintergarten ist der perfekte Frühstücksraum, der idyllische Garten am Fluss macht Lust auf gemütliche Lesestunden.

Sæby Fritidscenter-Danhostel HOSTEL €
(☎98 46 36 50; www.saebyfritidscenter.dk; Sæbygaardvej 32; B ab 155 Kr, DZ ohne/mit Bad ab 350/570 Kr; @WLAN) Das Hostel befindet sich 1,5 km westlich der Innenstadt, neben einem großen Sportkomplex mitten im Grünen. Die Ausstattung hat den gewohnt hohen Standard; die günstigsten Zimmer sind die mit Gemeinschaftsbad, während die teuersten (660 Kr) Bad, Balkon, TV und Kühlschrank haben. Darüber hinaus gibt's kleine Ferienhäuschen für fünf Personen.

Essen

Jensens Fiskerestaurant FISCH & MEERESFRÜCHTE €€
(☎98 46 11 56; www.jensensfisk.dk; Havnen 7; Buffet mittags/abends 139/199 Kr; ⌚11.30–23.30 Uhr) Die Restaurants im Hafen locken mit Bergen von frischen Krabben und Fischigem aller Art. Das Jensens bietet im oberen Stock ein helles und vornehmes Restaurant mit Buffet und Gerichten à la carte (das Buffet ist die günstigere Alternative). Im Erdgeschoss serviert das entspanntere Café Snacks und Gerichte (auch zum Mitnehmen) wie Fish & Chips. Wer im Restaurant essen will, sollte reservieren.

Frøken Madsen's Spisehus DÄNISCH €€
(☎98 40 80 36; http://frk-madsen.dk; Pindborggade 1; Hauptgerichte 189–299 Kr; ⌚Mi–Sa 17–21, Sa & So auch 12–14 Uhr) Auf der Speisekarte des Frøken Madsen stehen dänische Spezialitäten. Das Lokal liegt in einem gemütlichen Altbau einen Block von der Hauptstraße entfernt. An lauen Sommerabenden möchte jeder einen Platz auf der Blumenterrasse am Fluss bekommen. Freitagabend (199 Kr) und Samstag- und Sonntagmittag (129 Kr) gibt es ein portemonnaiefreundliches Buffet. Reservierung erforderlich.

ℹ Praktische Informationen

Die Haupteinkaufsmeile ist die Vestergade.

Touristeninformation (☎98 46 12 44; www.visitsaeby.dk; Algade 14; ⌚Mo–Fr 9.30–16, Sa 10–13 Uhr) Teilt sich den Platz mit ein paar Galerien an der ältesten Straße der Stadt.

ℹ An- & Weiterreise

Sæby liegt 12 km südlich von Frederikshavn an der Straße 180. Die Stadt ist nicht an das Schienennetz angeschlossen, wird aber häufig von den Buslinien 73 und 973X zwischen Aalborg und Frederikshavn angefahren (ab Frederikshavn 30 Kr).

Sæbys Busbahnhof liegt 300 m südwestlich vom Zentrum (von der Grønnegade in den Stationsvej abbiegen).

Skagen

8200 EW.

Skagen ist ein traumhaftes Stückchen Dänemark. Der Ort schaut auf ein reichhaltiges Kunsterbe und zeichnet sich durch frische Meeresfrüchte, hübsche Ecken und außergewöhnliche Bewohner aus.

Bezaubert vom faszinierenden Licht und der malerisch-rauen Landschaft zog es Mitte des 19. Jhs. viele Künstler nach Skagen. Heute strömen Urlauber hierher, angelockt von einem betriebsamen Hafen, Sandstränden und ausgelassener Atmosphäre. Im Sommer ist Skagen völlig überlaufen, verliert aber selbst dadurch nichts von seinem Charme. Besonders die älteren Viertel mit

Skagen

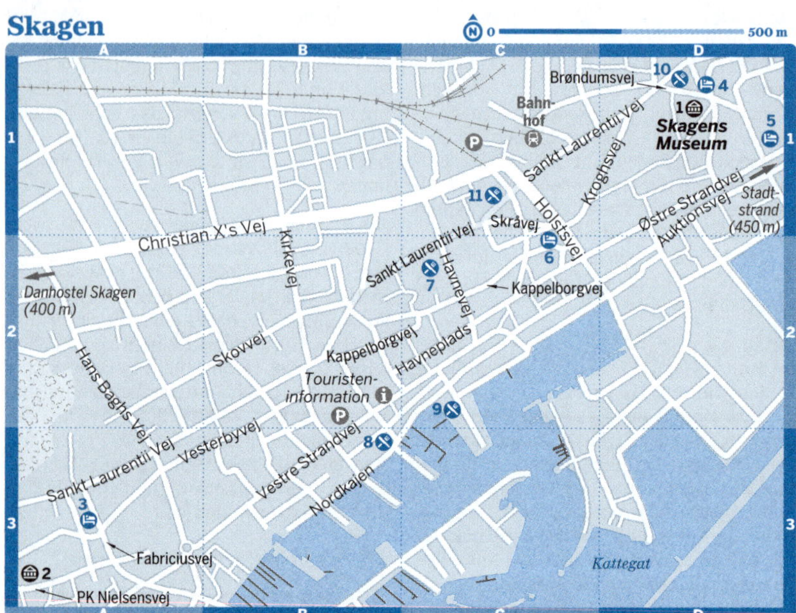

den typischen gelben Häuschen mit roten Ziegeldächern und weißen Gartenzäunen sind zauberhaft.

Auf die Feriengäste warten Museen, Kunstgalerien, Fahrradvermietungen, Eisdielen und Hafenrestaurants. Wer einmal hier war, versteht die Begeisterung vieler Dänen für dieses Städtchen.

Sehenswertes & Aktivitäten

★ Skagens Museum KUNSTMUSEUM

(www.skagensmuseum.dk; Brøndumsvej 4; Erw./Kind 90 Kr/frei; ⌚Mai–Aug. tgl. 10–17 Uhr, Sept.–April Di–So) Mitte des 19. Jhs. entdeckten Maler das außergewöhnliche Licht von Skagen und die umliegende Heide- und Dünenlandschaft. Begeistert stürzten sie sich auf das romantische Motiv der Fischerei, die seit Jahrhunderten das tägliche harte Brot der Einheimischen darstellt.

Künstler wie P. S. Krøyer oder das Ehepaar Anna und Michael Ancher folgten dem Trend, *en plein air* (unter freiem Himmel) zu malen. Ihre Arbeiten etablierten einen lebendigen neuen Stil, der international als „Skagener Schule" bekannt wurde.

Das wunderbare Kunstmuseum von Skagen wird noch bis Mitte 2015 umfassend renoviert; dann zeigt es wieder die herausragenden Kunstwerke, die zwischen 1870 und 1930 in Skagen entstanden sind. Die Gemälde von P. S. Krøyers sind beeindruckend, vor allem sein Bemühen „das Licht zu malen". Fasziniert war er insbesondere von der „blauen Stunde", dem Übergang zwischen Tag und Nacht, wenn Himmel und Meer ineinander übergehen und in einem einzigen Blauton verschwimmen.

Insgesamt vermitteln die Bilder sehr intensiv die Stimmung der Landschaft und dokumentieren zugleich die enge Gemeinschaft der Skagener Künstler. Im Museum befindet sich auch der ehemalige Speisesaal von Brøndums Hotel, in dem sich die Künstlergemeinde regelmäßig traf. Das Interieur wurde 1946 komplett im Hotel gegenüber ab- und hier wieder aufgebaut und hängt heute voller Porträts.

Grenen NATUR

Wie von so einem sauberen und ordentlichen Land nicht anders zu erwarten, endet Dänemark an seiner Nordspitze nicht einfach irgendwie im Nichts, sondern läuft in einem akkuraten Sandstreifen von wenigen Metern Breite aus. Hier treffen Kattegat und Skagerrak aufeinander, und man kann tatsächlich mit je einem Bein in beiden stehen. Aber nicht zu tief, denn das Baden ist wegen heftiger Gezeitenströme und gefährlicher Brecher verboten.

Skagen

Highlights
1 Skagens Museum ... D1

Sehenswertes
2 Skagen By- og Egnsmuseum ... A3

Schlafen
3 Badepension Marienlund ... A3
4 Brøndums Hotel ... D1
5 Finns B&B ... D1
6 Hotel Plesner ... C2

Essen
Brøndums Hotel ... (s. 4)
7 Jakobs Café & Bar ... C2
8 Pakhuset ... B3
9 Skagen Fiskerestaurant ... C2
Skagens Museum Cafe ... (s. 1)
10 Slagter Munch ... D1
11 SuperBrugsen ... C1

Auf die Landspitze läuft der lange Sandstrand von Grenen zu, der sich 3 km nordöstlich von Skagen entlang der Straße 40 erstreckt. Am Ende der Straße liegen ein Parkplatz (13 Kr pro Std.), ein hervorragendes Restaurant und eine kleine Kunstgalerie. Von hier führt ein 30-minütiger Spaziergang am Grab des Schriftstellers Holger Drachmanns (1846–1908) vorbei zum nördlichsten Zipfel Dänemarks.

Wer diesen Fußmarsch scheut, kann den von einem Traktor gezogenen **Sandormen** (Erw./Kind hin & zurück 25/15 Kr; April–Okt.) besteigen. Der „Sandwurm"-Zug startet am Parkplatz und verkehrt ab 10 Uhr den ganzen Tag je nach Bedarf.

Gammel Skagen DORF, STRAND

Das vornehme Gammel Skagen (Alt-Skagen, auch Højen genannt) ist für traumhafte Sonnenuntergänge, noble Hotels und betuchte Sommergäste bekannt. Einst war es ein Fischerdorf, bis Sandstürme die Einwohner heimsuchten und viele an die geschütztere Ostküste vertrieben. Der Ort liegt 4 km westlich von Skagen: Richtung Frederikshavn, dann rechts via Højensvej zur Küste.

Skagen By- og Egnsmuseum FREILICHTMUSEUM

(www.kystmuseet.dk; PK Nielsenvej 8; Erw./Kind 50 Kr/frei; Juni–Aug. Mo–Fr 10–16, Sa & So 11–16 Uhr, sonst am Wochenende geschl.) Das Freilichtmuseum 200 m südwestlich des Hafens erzählt von Skagens maritimer Vergangenheit und gewährt Einblick in das traditionelle Fischerleben, das es den Skagen-Malern so angetan hatte (allerdings ganz unromantisch!).

Den Tilsandede Kirke RUINE

Die „versandete Kirche" wurde Ende des 14. Jhs. als eine der größten Kirchen der Region erbaut und fiel dem Flugsand zum Opfer. Die Probleme begannen im 17. Jh. und wurden immer schlimmer. Es kam so weit, dass die Kirchgänger sich den Weg ins Gotteshaus freischaufeln mussten. Schließlich war der Sand stärker als die Gemeinde, 1795 wurde die Kirche geschlossen. Das Schiff wurde 1810 niedergerissen, aber der **Turm** (Erw./Kind 20/3 Kr; Juni–Aug. tgl. 11–17 Uhr, April, Mai & Sept. nur am Wochenende) steht heute noch.

Der hübsche Turm und seine Umgebung gehören zum Naturschutzgebiet **Skagen Klitplantage**. Es liegt etwa 5 km südlich von Skagen und ist an der Straße 40 gut ausgeschildert. Besonders schön ist ein Ausflug mit dem Fahrrad dorthin: von Skagen via Gammel Landevej.

Skagen Odde Naturcenter NATURZENTRUM

(www.skagen-natur.dk; Bøjlevejen 66; Erw./Kind 65/30 Kr; Mai–Mitte Okt. Mo–Fr 10–16, Sa & So 11–16 Uhr) Das Naturcenter befindet sich in einem herrlichen, von Utzon entworfenen Gebäude am nördlichen Stadtrand. Es widmet sich den Naturphänomenen, die Skagen so einzigartig machen. Der Eintritt ist teuer, aber der Besuch lohnt sich wegen der Architektur, der Wechselausstellungen und der Familienangebote.

Stadtstrand STRAND

Der nächste Badestrand ist via Østre Strandvej zu erreichen. Die geschützte Ostküste eignet sich besonders für Familien; die Westküste ist rauer.

Festivals

Skagen Festival MUSIK

(www.skagenfestival.dk) Seit 1971 füllt sich die Stadt am ersten Juliwochenende zum Skagen Festival mit Rock und Folk, geladenen Musikern, Straßenkünstlern und begeisterten Besuchern. Unterkünfte sollten weit im Voraus gebucht werden.

Schlafen

Wer im Sommer kommt, muss im Voraus buchen, denn dann werden die Hotelzimmer rar (und die Preise klettern in die Höhe; vor Juli und nach August ist es günstiger).

Danhostel Skagen HOSTEL €

(98 44 22 00; www.danhostelskagen.dk; Rolighedsvej 2; B/EZ/DZ 180/525/625 Kr; März–Nov.; P) In dem modernen, funktionalen

und sehr sauberen Hostel ist immer viel los. Vor allem für Familien und Gruppen ist es günstig, und in der Nebensaison kann man super Schnäppchen machen. Das Hostel liegt 1 km vom Bahnhof Skagen entfernt in Richtung Frederikshavn (Bahnreisende müssen am Frederikshavnsvej aussteigen!).

Grenen Strand Camping CAMPINGPLATZ €
(☎98 44 25 46; www.campone.dk/grenen; Fyrvej 16; Stellplatz ab 50 Kr, plus 90 Kr pro Erw.; ⊙April–Mitte Sept.; @ 📶) Der belebte, gut organisierte Campingplatz liegt am Meer Richtung Grenen: perfekt. Zahlreiche Bäume spenden Schatten, und die Ausstattung (darunter winzige 4-Pers.-Hütten) ist gut.

★Badepension Marienlund PENSION €€
(☎28 12 13 20; www.marienlund.dk; Fabriciusvej 8; EZ/DZ inkl. Frühstück 650/1100 Kr; ⊙April–Okt.; P 📶) Eine erstklassige Option mit gemütlicher Atmosphäre, idyllischem Garten und nettem Lounge- und Frühstücksraum. Alle 14 Zimmer sind hell, weiß und einfach möbliert, aber mit eigenem Bad. Die Pension befindet sich in einem ruhigen Wohnviertel westlich des Zentrums. Fahrradverleih.

Finns B&B PENSION €€
(☎98 45 01 55; www.finns.dk; Østre Strandvej 63; EZ/DZ inkl. Frühstück ab 525/750 Kr; ⊙Mai–Mitte Sept.; 📶) Man nehme eine altmodische „Blockhütte" anno 1923, gebaut für einen norwegischen Grafen, stopfe sie bis zum Rand voll mit Antiquitäten und Memorabilien und fertig ist diese herrlich ungewöhnliche Unterkunft. Das schwulenfreundliche, TV-freie Hotel nur für Erwachsene (keine Kinder unter 15) liegt nur einen Steinwurf vom Strand entfernt. Es bietet sechs individuell gestaltete Zimmer (z. T. mit Gemeinschaftsbad).

Brøndums Hotel HOTEL €€
(☎98 44 15 55; www.broendums-hotel.dk; Anchersvej 3; EZ/DZ mit Gemeinschaftsbad inkl. Frühstück 935/1485 Kr; 📶) Das charmante Hotel ist ein geschichtsträchtiger Ort und war in seiner Blütezeit Treffpunkt der Skagener Künstler. Zwar wurde es vor nicht allzu langer Zeit renoviert, aber angesichts der Tatsache, dass es nur Gemeinschaftsbäder anbieten kann, sind die Preise ziemlich hoch. Im nahe gelegenen **Admiralgaarden** sind weitere Zimmer, teilweise mit Bad. Das Frühstücksbuffet ist ein Gedicht. Ganzjährig geöffnet.

Hotel Plesner BOUTIQUEHOTEL €€
(☎98 44 68 44; www.hotelplesner.dk; Holstvej 8; EZ/DZ inkl. Frühstück 1395/1495 Kr; 📶) Bunt gestreifte Designelemente setzen Akzente in dem Boutiquehotel mit 16 winzigen, frischen Zimmern. Ein echtes Highlight ist der Gartensitzbereich, in dem nachmittags Kaffee und Kuchen serviert werden.

★Ruths Hotel HOTEL €€€
(☎98 44 11 24; www.ruths-hotel.dk; Hans Ruths Vej 1; Zi. inkl. Frühstück ab 1750 Kr) Das Hotel im schicken Gammel Skagen ist eines der besten Kurhotels in Dänemark, mit ausgezeichnetem Restaurant, Wellnesscenter und einem stilvollen Mix aus Moderne und Tradition. Die Zimmer und Apartments sind über mehrere Gebäude verteilt.

Essen & Ausgehen

Am Hafen verkaufen etwa ein Dutzend Imbissstände frische Meeresfrüchte. Fangfrische Garnelen/Krabben *(rejer)* sind besonders beliebt; eine große Portion kostet 100 Kr.

Am Havnevej, der Straße zwischen Hafen und Zentrum, liegen zahlreiche Restaurants und Bars. Der Havneplads ist etwas schmuddelig (für dänische Verhältnisse); hier sind auch Nachtclubs (im Sommer geöffnet).

Wenn die Stadt im Sommer zum Bersten voll ist, sind Reservierungen in Lokalen dringend angeraten.

★Skagens Museum Cafe CAFÉ €
(www.skagensmuseum.dk; Brøndumsvej 4; mittags 85–100 Kr; ⊙10–17 Uhr) Das Café im Skagens Museum ist wie gemacht für ein Mittagessen oder eine Tasse Tee in schönem Ambiente. Dazu gibt's eine tolle Auswahl an selbstgebackenen Kuchen und Törtchen. Praktisch: Ins Café kommt man auch ohne Museumsticket.

Pakhuset FISCH & MEERESFRÜCHTE €€
(☎98 44 20 00; www.pakhuset-skagen.dk; Rødspættevej 6; mittags 85–230 Kr, Hauptgerichte 170–240 Kr; ⊙11 Uhr–spät) Im Pakhuset dreht sich alles um Fisch und Meeresfrüchte, vom simplen Fischküchlein mit Remoulade bis zum umwerfend leckeren flambierten Kaisergranatschwanz. Die Öffnungszeiten kommen Nachteulen entgegen, und das Ambiente ist ein Traum: Draußen hat man den Hafen im Blick, drinnen Holzbalken und witzige Masttops. Oben wird ab 18 Uhr vornehm diniert, im Café unten sind die Preise günstiger. Livemusik.

Skagen

Fiskerestaurant FISCH & MEERESFRÜCHTE €€
(☎98 44 35 44; skagenfiskerestaurant.dk/; Fiskehuskaj 13; mittags 80–225 Kr, abends 120–259 Kr; ⌚April–Mitte Okt. 10 Uhr–spät, sonst kürzer) Wie das nahe Pakhuset serviert auch dieses Hafenrestaurant im Café im Erdgeschoss ein weniger formelles Mittag- und Abendessen (*fiskefrikadeller* und fangfrische Garnelen zum Selberpulen) und im oberen Stock ein gehobenes Abendessen. Dass es unten eher rustikal zugeht, sieht man schon am mit Sand bestreuten Fußboden. Die Außenterrasse ist natürlich heiß begehrt.

Ruths Brasserie FRANZÖSISCH €€
(www.ruths-hotel.dk; Gammel Skagen; Mahlzeiten 95–325 Kr; ⌚11.30–21 Uhr) Wenn das Urlaubsbudget nicht ausreicht, um im Ruths Gourmet zu speisen, stellt Ruths Brasserie eine gute Alternative mit schöner Terrasse und klassischer französischer Küche (ganztägig) dar. Die Bäckerei lockt schon ab 7.30 Uhr Kunden an.

Jakobs Café & Bar INTERNATIONAL €€
(www.jakobscafe.dk; Havnevej 4; mittags 75–155 Kr, abends Hauptgerichte 190–280 Kr; ⌚So–Do 9–1, Fr & Sa bis 3 Uhr; 📶) Die Terrasse der entspannten Café-Bar ist perfekt zum Leutebeobachten, und die umfangreiche Speisekarte umfasst beliebte Standards wie Burger, Caesar-Salat, *moules frites* und Steak (die Küche schließt um 22 Uhr). In Sommernächten wimmelt das Lokal von jungen Dänen, die sich hier ein paar Drinks genehmigen, bevor sie in die Nacht ausschwärmen. Am Wochenende gibt's Livemusik.

Ruths Gourmet MODERN DÄNISCH €€€
(☎98 44 11 24; www.ruths-hotel.dk; Gammel Skagen; 3/5/9 Gänge 595/865/1395 Kr; ⌚Juli & Aug. Di–Sa 18 Uhr–spät, April–Juni & Sept. Do–Sa, Okt.–März Fr & Sa) Neue nordische Küche steht im Restaurant von Ruths Hotel auf dem Programm. Es hat eine intime Atmosphäre und wird von dem gefeierten Koch Thorsten Schmidt geführt. Der konzentriert sich auf die Region und kombiniert feine lokale Erzeugnisse zu herrlich phantasievollen, innovativen Gerichten. Die Gäste können Menüs mit unterschiedlich vielen Gängen bestellen. Ohne Reservierung geht allerdings nichts: Es gibt gerade mal 22 Sitzplätze.

Brøndums Hotel FRANZÖSISCH, DÄNISCH €€€
(☎98 44 15 55; www.broendums-hotel.dk; Anchersvej 3; mittags 155–225 Kr, abends Hauptgerichte 210–385 Kr; ⌚11.30–21 Uhr) Das Brøndums serviert traditionelle dänische Küche mit französischem Einfluss. Das Essen wird im nostalgischen Speisesaal serviert. Trotz der noblen Atmosphäre kann hier jeder auch zum *Smørrebrød* oder nachmittags auf Kaffee und Kuchen hereinschneien und gegebenenfalls im Bilderbuch-Garten Platz nehmen.

Selbstversorger

SuperBrugsen SUPERMARKT €
(Sankt Laurentii Vej 28; ⌚8–22 Uhr) Mit Poststelle. Die Bäckerei öffnet um 7.30 Uhr.

Slagter Munch METZGER, FEINKOST €
(www.munch-skagen.dk; Sankt Laurentii Vej 1; ⌚Mo–Fr 9–17.30, Sa 8–13 Uhr) Die Schlange vor der Tür ist die beste Reklame für den preisgekrönten *skinke* (Schinken) und die Wurst von Slagter Munch. Außerdem gibt's eine gute Auswahl an Salaten und Delikatessen, die sich für ein Picknick eignen.

ℹ Praktische Informationen

Die Hauptstraße Sankt Laurentii Vej zieht sich fast auf ganzer Länge durch die schmale, lange Stadt und ist nie mehr als fünf Gehminuten vom Meer entfernt. Auch der Bahnhof liegt an dieser Straße, 100 m nördlich des autofreien Zentrums.

Touristeninformation (☎98 44 13 77; www.skagen-tourist.dk; Vestre Strandvej 10; ⌚Ende Juni–Mitte Aug. Mo–Sa 9–16, So 10–14 Uhr, sonst kürzer) Am Hafen. Bietet Infos zu Sehenswürdigkeiten, Ferienattraktionen und Aktivitäten in der Region.

ℹ An- & Weiterreise

AUTO

Skagen liegt 41 km nördlich von Frederikshavn via Straße 40 und 49 km nordöstlich von Hirtshals via Straße 597 und 40.

BUS

Im Sommer verbindet die Buslinie 99 Skagen mit anderen Städten und Ferienattraktionen im Norden.

ZUG

Stündlich machen sich Züge auf den Weg nach Frederikshavn (60 Kr, 35 Min.); dort hat man Anschluss an Ziele im Süden.

ℹ Unterwegs vor Ort

AUTO

Parkplätze sind im Sommer immer knapp. Gebührenpflichtige Plätze (13 Kr pro Std.; 9–18 Uhr) gibt's neben und vor der Touristeninformation sowie am Bahnhof.

FAHRRAD

Das ideale Fortbewegungsmittel hier ist das Fahrrad; viele Unterkünfte verleihen Räder. **Skagen Cykeludlejning** (www.skagencykeludlejning.dk; Banegårdspladsen; Sankt Laurentii Vej 22; pro Tag/Woche 90/375 Kr) liegt direkt am Bahnhof und bietet eine breite Auswahl. Eine zweite Filiale befindet sich nahe dem Hafen, im Fahrradladen in Fiskergangen 10.

TAXI

Taxis (98 43 34 34) stehen am Bahnhof bereit.

Råbjerg Mile

Dänemarks größte Wanderdüne, die **Råbjerg Mile**, ist ein phantastisches Naturphänomen. Es macht riesigen Spaß, die 40 m hohen Hügel zu erkunden; beinahe könnte man sich sogar zwischen ihnen verlaufen – so groß ist das Gebiet. Die Düne entstand im 16. Jh. und bewegt sich jährlich um 15 m in Richtung Osten. Dabei hinterlässt sie eine feuchte Sandschicht, die sich westwärts bis zum Skagerrak erstreckt. Sie wird bewusst nicht befestigt und wird vermutlich irgendwann im Kattegat verschwinden.

Råbjerg Mile liegt 16 km südwestlich von Skagen und ist auf der Straße nach Kandestederne, die von der Straße 40 abgeht, ausgeschildert. Vom Bahnhof Hulsig, an der Bahnstrecke Frederikshavn–Skagen, sind es etwa 4 km.

Hirtshals

6000 EW.

Hirtshals ist bei norwegischen Schnäppchenjägern beliebt und überwiegend von rauen Seeleuten bewohnt. Der moderne Ort hat bestimmt noch keinen Schönheitspreis gewonnen, eignet sich aber als Ausflugsbasis. Gründe könnten sein die Fährverbindungen in den *ganz* hohen Norden (nach Island, zu den Färöer und nach Norwegen), die Strände oder das tolle Aquarium.

Sehenswertes & Aktivitäten

Nordsøen Oceanarium AQUARIUM
(www.nordsoenoceanarium.dk; Willemoesvej 2; Erw./Kind 170/90 Kr; Juli & Aug. tgl. 9–18 Uhr, sonst 10–16 oder 17 Uhr, Dez.–Anfang Jan. geschl.;) Wer sich immer schon fragt, was in der Tiefe des Meeres lauern mag, ist im beeindruckenden Nordsee-Ozeanarium richtig. Es ist eines der größten Aquarien Nordeuropas. In einem riesigen, vierstöckigen Becken mit 4,5 Mio. Liter Meerwasser schwimmen Tausende von Makrelen und Heringen. Auf der Website stehen die Fütterungszeiten (im Sommer steigt ein Taucher um 11 und 15 Uhr mit einer Videokamera ins Innenbecken, um 12 und 16 Uhr sind die Seehunde im Außenbecken an der Reihe).

Die „Streichelbecken" und der tolle Spielplatz machen das Aquarium zum perfekten Familienausflugsziel.

Besucher mit eigenem Auto können via E39 bis beinahe zum Aquarium fahren (ausgeschildert). Wer mit dem Zug von Hjørring kommt, steigt am Bahnhof Lilleheden aus, von wo es noch fünf Minuten zu Fuß sind.

Tornby-Strand STRAND
Urlauber, die zu ihrem Glück nichts anderes brauchen als einen langen Sandstrand, finden ihr Eldorado 5 km südlich von Hirtshals am Tornby-Strand. Der Sand ist so fest, dass viele ihre Autos direkt hinter der Brandung parken. Die hohen Dünen und die Küstenwälder hinter dem südlichen Abschnitt sind ein herrliches Wandergebiet.

Tornby-Strand ist von Hirtshals über die Straße 55 und den Tornby-Strandvej zu erreichen. Das Dorf bietet im Sommer einen Campingplatz, ein paar Unterkünfte und Lokale.

Schlafen & Essen

Danhostel Hirtshals HOSTEL €
(98 94 12 48; www.danhostelhirtshals.dk; Kystvejen 53; B 160 Kr, DZ ohne/mit Bad 520/575 Kr;) In dem guten und günstigen Hostel 1 km südwestlich vom Bahnhof arbeitet hilfsbereites Personal, die Ausstattung ist gewohnt gut, und die Zimmer sind funktional eingerichtet, wie es in allen Danhostels Standard ist. Größter Vorteil ist die strandnahe Lage. Von Juli bis September stehen Schlafsaalbetten zur Verfügung.

Hotel Hirtshals HOTEL €€
(98 94 20 77; www.hotelhirtshals.dk; Havnegade 2; EZ/DZ/Fam.-Zi. ab 695/795/1295 Kr;) Das Hotel Hirtshals liegt am Hauptplatz beim Fischerhafen. Es bietet helle, komfortable Zimmer mit hohen Decken und teilweise mit Meerblick. Bei Redaktionsschluss wurde gerade ein neuer Flügel gebaut. Günstig ist die Lage in der Nähe der Restaurants. Hier übernachten viele Norweger, die mit der Fähre anreisen.

Hirtshals Fiskehus FISCH & MEERESFRÜCHTE €€
(http://hirtshalsfiskehus.dk; Sydvestkajen 7; Mahlzeiten 59–129 Kr; Juni–Aug. 11–21 Uhr, Mai &

SOMMERBUSLINIEN

Das dänische Bahnnetz deckt Nordwestjütland nicht ab. Sommerurlauber ohne eigenes Auto sind oft auf den Toppen af Denmark angewiesen. Das ist die Buslinie 99, die ein paar Mal täglich von Jütlands nördlichstem Zipfel (Grenen) an der Nordwestküste entlang über Skagen, Gammel Skagen, Hirtshals, Tornby-Strand, Hjørring, Lønstrup, Løkken, Fårup Sommerland (hier mit Anschluss an die Buslinie 200E nach Aalborg) und Blokhus fährt. Selbstverständlich auch in umgekehrter Richtung.

Der Bus fährt nur in der Hochsaison, etwa sechs Wochen lang (von Ende Juni/Anfang Juli bis Mitte August). Fahrpläne liegen aus, Auskünfte werden aber auch unter der Telefonnummer ☎98 11 11 11 erteilt. Die Website der **Nordjyllands Trafikselskab** (www.nordjyllandstrafikselskab.dk) ist auf Dänisch, aber die Fahrpläne sind unter Sommerbus leicht zu finden.

Sept. bis 20 Uhr) Der *kro* (Gasthof) am Hauptplatz Grønne Plads ist sehr beliebt, aber wir empfehlen, die Stufen zum Fischereihafen hinunterzugehen. Dort steht ein Fischlokal/Café direkt am Kai. Die Speisekarte ist gespickt mit günstigen Fischgerichten (*fiskefrikadeller,* Fisch-Burger etc.), auch zum Mitnehmen.

Praktische Informationen

Hauptfußgängerzone ist die südwestlich des Bahnhofs und der Fährterminals gelegene Nørregade. Zum Meer hin endet die Nørregade auf dem weiten Den Grønne Plads (Grüner Platz). Dort führen Stufen zum Fischerhafen hinab. An der Nørregade sind Banken und andere Dienstleister angesiedelt.

Die **Touristeninformation** (☎98 94 22 20; www.visithirtshals.dk; Dalsagervej 1; ⏲Juli Mo–Sa 9–18 Uhr, Aug. Mo–Sa 9–16 Uhr, Sept.–Juni Mo–Fr 9–16, Sa bis 13 Uhr) ist Teil des *Velkomstcenter* (Willkommenszentrum), das 2,5 km südöstlich vom Bahnhof bei der E39 nach Aalborg steht, um für Autoreisende, die von den Fähren aus Norwegen kommen, gut erreichbar zu sein. Das kleine, zentralere **Museum** (www.vhm.dk; Sophus Thomsens Gade 6; Juli Mo–Fr 10–16, Sa bis 14 Uhr, Aug. Mo–Fr 10–16 Uhr, sonst kürzer) abseits der Nørregade hat ebenfalls Karten und Infoblätter vorrätig; die Öffnungszeiten sind allerdings ziemlich verwirrend.

Anreise & Unterwegs vor Ort

AUTO

Hirtshals liegt 49 km südwestlich von Skagen via Straße 597 und Straße 40 sowie 41 km nordwestlich von Frederikshavn via E39 und Straße 35.

BUS

Die Sommerbuslinie 99 hält am Nordsøen Oceanarium, am Tornby-Strand und am Bahnhof Hirtshals.

FÄHRE

Für die folgenden internationalen Fähren ist Hirtshals der Haupthafen.

Color Line (www.colorline.com) Bedient die norwegischen Häfen Kristiansand und Larvik.

Fjordline (www.fjordline.com) Betreibt einen schnellen Katamaran, der von Mitte Mai bis August nach Kristiansand fährt, eine ganzjährige Fähre nach Stavanger und Bergen sowie nach Langesund (ebenfalls in Norwegen).

Smyril Line (www.smyril-line.com) Wöchentliche Überfahrten auf die Färöer und nach Island.

ZUG

Der Bahnhof ist an der Havnegade, westlich des Fährhafens. Eine Privatbahn verbindet Hirtshals mindestens einmal pro Stunde (30 Kr, 20 Min.) mit Hjørring. Von Hjørring verkehren DSB-Züge nach Aalborg, Frederikshavn und Ziele weiter südlich.

Hjørring

25 100 EW.

Dass die Binnenstadt Hjørring nur eine Handvoll Hotels hat, sagt eigentlich schon alles. Feriengäste wohnen lieber in den umliegenden Badeorten. Wer allerdings ohne eigenes Fahrzeug reist, ist mit Hjørring gar nicht so schlecht beraten, denn von dort bestehen gute Verbindungen zu vielen Orten der Region. Außerdem ist Hjørring ein attraktiver Dienstleistungsstandort, der zudem mit mittelalterlichen Kirchen, Straßenkunst und guten Restaurants und Geschäften viel mehr Atmosphäre hat als z. B. Hirtshals.

Wenn Hjørring als Aktionsbasis dienen soll, ist das attraktive **Hotel Phønix** (☎98 92 54 55; www.phoenix-hjoerring.dk; Jernbanegade 6; EZ/DZ inkl. Frühstück 895/995 Kr; @📶) (mittleres Preissegment) dank der Nähe zu Bus und Bahn dem außerhalb gelegene Hostel unbedingt vorzuziehen.

Praktische Informationen

Der Springvandspladsen (Hjørrings Hauptplatz) liegt via Jernbanegade fünf Gehminuten nördlich des Bahnhofs; auf der Strømgade 200 m weiter nordwärts kommt man zum Sankt Olai Plads, an dem gleich drei mittelalterliche Kirchen stehen.

Touristeninformation (☎72 33 48 78; www.visithjoerring.dk; Østergade 30; ⏲Mo–Fr 10–18, Sa bis 15 Uhr) Bei der Bibliothek, im Einkaufszentrum Metropol.

An- & Weiterreise

AUTO

Hjørring liegt 35 km westlich von Frederikshavn via Straße 35 und 17 km südlich von Hirtshals via Straße 55 bzw. E39.

BUS

Hjørring wird von den Regionalbussen der **Nordjyllands Trafikselskab** (NT; Nordjütländische Transportgesellschaft; www.nordjyllandstrafikselskab.dk) mit Verbindungen in viele Teile Nordjütlands gut bedient. Der Busbahnhof liegt auf der anderen Straßenseite vom Bahnhof mit Zugang von der Asylgade.

ZUG

Die Stadt befindet sich an der DSB-Strecke Aarhus–Frederikshavn und ist Endstation einer kleinen Privatbahn nach Hirtshals. Per Bahn (Verbindungen mind. stdl.) zu erreichen sind:

Aalborg (80 Kr, 45 Min.)
Aarhus (230 Kr, 2¼ Std.)
Frederikshavn (50 Kr, 30 Min.)
Hirtshals (30 Kr, 20 Min.)
Skagen (60 Kr, 1½ Std.) Umsteigen in Frederikshavn.

JÜTLANDS SCHÖNSTE STRÄNDE

So warm wie am Mittelmeer wird das Wasser natürlich nie. Dafür hat Dänemark endlose, wunderschön weiße Sandstrände. Einige der schönsten von Jütland sind:

- Südküste von Als
- Westküste von Fanø
- Grenaa
- Løkken
- Moesgård-Strand (Aarhus)
- Westküste von Rømø
- Skagen
- Tornby-Strand (Hirtshals)

Løkken

1600 EW.

Auch wenn eine ganze Generation von Dänemarkurlaubern daran zweifeln mag: Løkken ist mittlerweile tatsächlich ein attraktiver Urlaubsort für alle Altersgruppen. Einst trafen sich hier im Sommer ausschließlich partywütige Teenager, aber inzwischen ist der Ort erwachsen geworden und zieht auch eine ruhigere Klientel an.

Hauptmagnet des ehemaligen Fischerdorfs ist der breite Sandstrand mit Geschäften, Eisdielen und Cafés. Während der kühleren Monate hält der Ort Winterschlaf.

Sehenswertes & Aktivitäten

Fårup Sommerland ERLEBNISPARK
(www.faarupsommerland.dk; Pirupvejen, Blokhus; Eintritt 240–265 Kr; ⏲Mitte Juni–Mitte Aug. tgl. ab 10 Uhr, Mai, Sept. & Okt. an manchen Tagen geöffnet) Der rundum gelungene (leider teure) Erlebnispark ist eine der meistbesuchten Ferienattraktionen in Dänemark. Zielgruppe sind Familien auf der Suche nach Spaß. Für den sorgen Achterbahnen, kindersichere Karusselle und ein riesiger Wasserpark mit Wellenpool und Wasserrutschen. Alle Besucher über drei Jahre zahlen den gleichen Eintrittspreis. Nachmittags fällt er je nach Jahreszeit auf 175–200 Kr.

Die Schließzeit variiert (zwischen 17 und 20.30 Uhr). Nähere Infos zu Öffnungstagen und -zeiten auf der Website.

Der Park befindet sich am Stadtrand von Blokhus, etwa 15 km südlich von Løkken. Er ist so beliebt, dass die Sommerbusse von Aalborg (200), Frederikshavn (77) und Skagen (99, über Hirtshals, Hjørring und Løkken) hier eine Haltestelle eingerichtet haben.

Løkken-Strand STRAND
Kostenlose Vergnügen bietet Løkkens traumhafter Strand, auf der einen Seite gesäumt von weißen Ferienhausreihen, auf der anderen von Fischerbooten. Im Winter werden die gut 480 Strandhäuschen landeinwärts eingelagert. Kitesurfer nutzen hier den kräftigen Westwind (Ausrüstung muss jeder selbst mitbringen).

Schlafen & Essen

Die Touristeninformation führt eine Liste zahlreicher Ferienhäuser, die in der Hauptsaison wochenweise vermietet werden. Auch Hotels und Apartments sind vor allem

ABSTECHER

RUBJERG KNUDE

Angesichts der Düne von Rubjerg Knude, 13 km nördlich von Løkken auf dem Weg nach Lønstrup, kommt niemand an der Erkenntnis vorbei, dass hier oben Mutter Natur Regie führt. **Rubjerg Knude Fyr**, der Leuchtturm, stand bei seiner Eröffnung im Jahr 1900 rund 200 m vom Wasser entfernt und 60 m über dem Meeresspiegel. Mit der Zeit schlich sich das Meer immer weiter heran, sodass der Leuchtturm in den 1960er-Jahren geschlossen werden musste, nachdem er wegen Flugsand vom Meer aus häufig fast nicht mehr zu sehen war. 1980 wurde er dann als Museum wieder eröffnet, mit einer Ausstellung über Wanderdünen, musste aber 2002 erneut schließen, als die Museumsgebäude zunehmend unter Sand verschwanden. So wurde er zu einer Kuriosität und zum Fotomotiv. Aufgrund der zunehmenden Küstenerosion geht man davon aus, dass er innerhalb der nächsten zehn Jahre ins Meer stürzen wird. Weitere Informationen unter www.rubjergknude.dk.

Zur Rubjerg Knude gelangt man am besten über die Straße 55. Von Løkken aus nach Nordosten fahren und nach etwa 6 km links auf den ausgeschilderten Lønstrupvej abbiegen. Vom Parkplatz aus ist es eine gute halbe Stunde Fußweg bis zum Leuchtturm. Der Sommerbus 99 fährt die Gegend an.

auf längere Aufenthalte ausgerichtet. Details zu Privatunterkünften ebenfalls bei der Touristeninformation.

★Villa Vendel PENSION €€
(☎98 99 14 56; www.villavendel.dk; Harald Fischers Vej 12; Zi. & Apt. 500–850 Kr; 📶) Das entzückende Haus östlich vom Torvet ist Mitglied im internationalen Verbund der Small Elegant Hotels – und das passt. Das ganzjährig geöffnete Haus mit vier Zimmern (alle mit Gemeinschaftsbad) und zwei Apartments ist zurückhaltend-elegant möbliert und hat stilechte blanke Holzböden. Außerdem gibt's eine Gästeküche, einen Innenhof für das Frühstück im Freien (65 Kr) und einen großen Garten.

Das Gesamtbild wird durch den freundlichen Besitzer (eine sehr gute Informationsquelle!) und das tolle Preis-Leistungs-Verhältnis abgerundet.

Bolcheriet SÜSSIGKEITEN €
(www.bolcheriet.dk; Torvet 1; ⌚Juli & Aug. tgl. 10–17 Uhr, sonst kürzer) Unbedingt die Nase in diesen Laden stecken – Naschkatzen haben ihre wahre Freude am farbenfrohen, himmlisch duftenden Bolcheriet. Man kann dabei zusehen, wie Lollies und Co. gemacht werden, und sich natürlich auch ordentlich mit Süßigkeiten eindecken.

Restaurant Løkken Badehotel DÄNISCH €€
(www.restaurantlb.dk; Torvet 8; mittags 69–149 Kr, Hauptgerichte abends 139–259 Kr; ⌚tgl. ab 11.30 Uhr) Es sollte kein Problem sein, ein Restaurant am Torvet zu finden; auf dem Platz knubbeln sich Tische und Stühle. Die Pole-Position hat aber dieses sonnengelbe Hotel inklusive riesiger Terrasse. Die Köche lassen die Herzen der Einheimischen mit ihren formvollendet zubereiteten dänischen Leibspeisen „wie in den guten alten Zeiten" geradezu dahinschmelzen. Wie wär's mit einer Portion Smørrebrød oder *stegt rødspætte* (Scholle, in der Pfanne gebraten)? Im Hotel sind übrigens Ferienapartments für Familien zu mieten.

ℹ Praktische Informationen

Touristeninformation (☎98 99 10 09; www.loekken.dk; Jyllandsgade 15; ⌚Juli & Aug. Mo–Fr 10–16, Sa 9–16 Uhr, Sept.–Juni Mo–Fr 10–15, Sa 9–12 Uhr) Das Büro neben dem Supermarkt SuperBrugsen (auf dem Weg in die Stadt gelegen) hat sehr hilfsbereite Angestellte. Sie informieren über verschiedene Aktivitäten und buchen Hotels und Sommerhäuschen.

ℹ An- & Weiterreise

Løkken liegt an der Straße 55, 18 km südwestlich von Hjørring. Die Buslinie 71 verkehrt häufig zwischen Løkken und Hjørring (40 Kr, 30 Min.) sowie zwischen Løkken und Aalborg (60 Kr, 70 Min.).

Im Sommer fährt auch die Buslinie 99 über Løkken.

Hanstholm

2160 EW.

Abgesehen von dem interessanten Kriegsmuseum und der Lage an der Grenze zu einem neu ernannten Nationalpark ist das moderne Hanstholm ein reizloser Ort. Sein Kern besteht nur aus einem faden kleinen Einkaufszentrum.

NATIONALPARK THY

Der **Nationalpark Thy** (www.nationalparkthy.dk) ist eines der neuen Schutzgebiete in Dänemark und erstreckt sich zwischen Hanstholm und Agger Tange auf einer Länge von 55 km entlang der Nordseeküste. Er umfasst 244 km² Küste, Dünen, Seen, Nadelwälder und Moor. Damit bietet er Abenteuerlustigen jede Menge windgepeitschte, weite Landschaften zum Wandern auf markierten Wegen, Radfahren und Reiten sowie zur Vogelbeobachtung. Geschichtsinteressierte haben auch etwas zu entdecken: Fischerdörfchen und deutsche Bunker aus dem Zweiten Weltkrieg.

Die örtlichen Touristeninformationen helfen bei der Planung von Aktivitäten im Park. Infos gibt's auch online unter www.visitthy.dk. Von April bis November ist am **Stenbjerg Landingsplads** (einer beschaulichen Ansammlung von Fischerhütten an der Straße 181 auf halber Strecke zwischen Agger und Klitmøller) ein kleines Informationszentrum geöffnet (13–17 Uhr).

Immer einen Abstecher wert ist der kleine Badeort **Nørre Vorupør**. Dort ruhen Fischerboote im Sand. 2014 öffnete das erste *havbad* (Seebad) Dänemarks; in dem Betonbecken in der Nordsee kann man völlig sorgenfrei planschen.

Unten am Hafen sorgt eine Fischfabrik für emsigen Betrieb. Dort findet man auch eine Reihe toller Restaurants. Zum Übernachten sind Klitmøller oder Nørre Vorupør ein Stück die Westküste hinunter besser geeignet.

Sehenswertes

Aussichtspunkt AUSSICHT
Hanstholms imposanter Handelshafen wurde 1967 fertiggestellt. Seither wuchs der Ort zu einem der größten Fischereihäfen Dänemarks heran, er ist auch ein Industriezentrum. Vom Ende des Helshagevej hat man einen guten Blick über den Hafen (immer der Beschilderung „Havneudsigt" folgen).

MuseumsCenter Hanstholm KRIEGSMUSEUM
(www.museumscenterhanstholm.dk; Molevej 29; Erw./Kind 75/25 Kr; Juni–Aug. 10–17 Uhr, Feb.–Mai & Sept.–Okt. bis 16 Uhr) Hanstholm spielte eine Schlüsselrolle bei der Besetzung Dänemarks durch die Nazis. Das eindrucksvolle Museum ist um einen deutschen Bunker zentriert, der damals Teil von Hitlers „Atlantikwall" war, einer Kette von Festungen, die von Kirkenes in Norwegen bis zu den Pyrenäen reichte. Ein Dokumentationszentrum liefert viele Infos und gibt Einblick in das Leben der Einheimischen unter der Besatzung.

Schlafen & Essen

Hotel Hanstholm HOTEL €€
(97 96 10 44; www.hotelhanstholm.dk; Christian Hansens Vej 2; EZ/DZ 795/995 Kr;) Die Zimmer haben einen guten Standard, und das Zusatzangebot ist ebenfalls üppig: Schwimmbad, Sauna und Restaurant (Hauptgerichte abends 179–288 Kr).

★ **Det Gamle Røgeri** FISCH & MEERESFRÜCHTE €
(http://roegeriet.dk/hanstholm; Kuttergade 7; Mahlzeiten 65–135 Kr; So–Do 10–18, Fr & Sa bis 19 Uhr) Sollte es einen in die Nähe von Hanstholm verschlagen, schnurstracks den Weg zum Hafen einschlagen und den Schildern zu dieser – auf den ersten Blick – wenig reizvollen Cafeteria folgen. Denn auf der Karte stehen ein paar wirklich umwerfende Fischdelikatessen; *stjerneskud* ist die Spezialität des Hauses, zwei gebratene und ein gedämpftes Stück Fisch und dazu Räucherlachs, Krabben und Spargel auf Brot. Das war so lecker, dass wir zweimal hier essen mussten!

Praktische Informationen

Touristeninformation (97 92 19 00; www.visitthy.dk; Tårnvej 21; Mitte Juni–Juli Mo–Fr 10–16, Sa 11–14 Uhr, Aug.–Mitte Sept. Mo–Fr 11–16, Sa & So 11–14 Uhr) Die im Sommer geöffnete Touristeninformation ist im 1843 erbauten Leuchtturm untergebracht, den man für 10 Kr auch hochsteigen kann. Hier arbeiten oft ehrenamtliche Mitarbeiter, deshalb können die Öffnungszeiten variieren.

An- & Weiterreise

Die Straßen 181, 26 und 29 enden alle in Hanstholm. Der nächste Bahnhof liegt 21 km weiter südlich in Thisted, erreichbar über die Straße 26. Die Buslinien 90 und 322 bieten eine regelmäßige Verbindung zwischen Thisted und Hanstholm (30 Kr, 45 Min.), die Buslinie 322 fährt über Klitmøller.

Klitmøller

820 EW.

Klitmøllers windige Lage und die Wellen, die dort auflaufen, haben dem Fischerdörfchen den Beinamen „kaltes Hawaii" eingetragen und es zu einem der beliebtesten Surfziele in Europa gemacht. Der kleine Ferienort steht voller Sommerhäuser, zwischen denen die Surfer in Neoprenanzügen herumlaufen, ohne dass ihnen der eisige Wind etwas anhaben kann.

Jedes Jahr im September wird in Klitmøller eine Weltcupveranstaltung der PWA (Professional Windsurfing Association) ausgetragen.

Aktivitäten

Weniger erfahrene Windsurfer können auf dem ruhigen Wasser des nahen Vandet Sø oder Limfjord üben, wenn ihnen die tosenden Wellen der Nordsee zu viel Respekt einflößen.

Westwind Klitmøller WINDSURFEN, KITESURFEN
(☎97 97 56 56; http://klitmoller.westwind.dk; Ørhagevej 150) Westwind ist schon lang mit von der Partie. Enthusiastische Surflehrer vermitteln die Grundlagen in Windsurfen, Kitesurfen, Wellenreiten und Stehpaddeln (auch auf Deutsch). Ein dreistündiger Einführungskurs für Windsurfer kostet 375 Kr. Die 4½-stündige Einführung ins Kitesurfen kostet 899 Kr. Wer den Sport schon beherrscht, kann die Ausrüstung dafür im gut ausgestatteten Surfladen von Westwind mieten.

Cold Hawaii Surf Camp SURFEN
(☎29 10 88 73; www.coldhawaiisurfcamp.com; Ørhagevej 151) Wie das israelisch-tahitianische Besitzerpärchen (beide surfen) in Klitmøller gelandet ist, ist eine ziemlich kuriose Geschichte – einfach mal nachfragen! Zur Surfschule (90 Min. Einführungskurs 290 Kr) gehören ein cooles Café und ein Laden mit Ausrüstungsverleih. Fünftägige „Surfcamps" (inkl. Übernachtung) kosten ab 2500 Kr.

Schlafen & Essen

Gaarden Klitmøller PENSION €
(☎97 97 56 80; http://gaardenklitmoller.dk; Kalles Mark 2; Zi. ohne Bad 400–550 Kr; ⌚April–Okt.; 📶) Ein Teil des alten Gebäudes ist zu einem bunten Gästehaus umgebaut worden; drei Schlafzimmer teilen sich ein Bad, einen Wohnbereich und eine Küchenzeile. Das Ganze ist goldig und urgemütlich. Für die Bettwäsche zahlt man zusätzliche 35 Kr, fürs Frühstück 50 Kr.

Nystrup Camping CAMPINGPLATZ €
(☎97 97 52 49; www.nystrupcamping.dk; Trøjborgvej 22; pro Erw./Stellplatz 84/30–80 Kr; ⌚März–Okt.; @📶) Der beliebte Campingplatz unter Bäumen ist immer gut bevölkert von windhungrigen Typen und mit Surfausrüstung vollgestellt. Zur guten Ausstattung gehören Hütten, eine Fahrradvermietung und ein Spielplatz.

N151 CAFÉ €
(Ørehagevej 151; Mahlzeiten 35–99 Kr; ⌚8–17 Uhr) Vahine vom Cold Hawaii Surf Camp hat ein witziges Café mit gutem Kaffee, selbstgemachten Kuchen und original französischem Gebäck aufgemacht. Das Lokal ist hell und einladend. Zu den Dingen, die man in Nordwestjütland nicht unbedingt erwarten würde, gehört sicherlich der *poisson crú*, eine tahitianische Spezialität: roher Fisch in einer Marinade aus Limette und Kokosmilch, der mit warmem Reis gereicht wird.

Klitmøller Røgeri FISCH & MEERESFRÜCHTE €
(http://klitmoeller-roegeri.dk; Ørhagevej 152; Mahlzeiten 29–119 Kr; ⌚Juli–Mitte Aug. 11.30–21 Uhr, Mai, Juni & Sept. kürzer) Bietet nahe dem Strand phantastische frische und geräucherte Meeresfrüchte. Hier können die Gäste bei Fish & Chips oder einem Baguette mit Garnelen die Akrobaten auf dem Wasser in Aktion beobachten.

Fiskerestaurant Niels Juel FISCH & MEERESFRÜCHTE €€
(http://nielsjuel.com; Ørhagevej 150; Fischbuffet 149 Kr; ⌚Mai–Sept. Di–So ab 17.30 Uhr) Die große Terrasse des erhöht gelegenen Restaurants mit reetgedecktem Dach ist ideal geeignet, um die Surfer zu beobachten. Das günstige Fischbuffet scheint sich vor Heringen, Krabben und Lachs zu biegen. Unterhalb des Restaurants liegt eine zwanglose und ganztägig geöffnete Café-Bar mit Fassbier und Fast Food.

An- & Weiterreise

Klitmøller liegt rund 11 km südwestlich von Hanstholm via Straße 181 und 18 km nordwestlich von Thisted via Straße 557. Die Buslinie 322 verkehrt mit hoher Frequenz zwischen allen drei Städten. Von Thisted fahren Züge nach Süden.

Dänemark verstehen

Dänemark aktuell

Die Dänen sind zum großen Teil ein glückliches Völkchen. Glaubt man den Umfragen zur Zufriedenheit in der Bevölkerung und all den Ranglisten zur Lebensqualität, ist Dänemark sogar eine der glücklichste Nationen der Welt. Es gehört zu den Ländern mit der höchsten Lebensqualität. Die Gründe sind offensichtlich: Trotz der globalen Finanzkrise hat das Land das höchste Bruttoinlandsprodukt pro Kopf in der EU, die Arbeitslosigkeit ist relativ gering, Bildung ist kostenlos und die dänischen Sozialleistungen sind vorbildlich.

Bücher

Sämtliche Märchen (Hans Christian Andersen; 1874) Das berühmteste dänische Buch der Welt.

Entweder – Oder (Søren Kierkegaard; 1843) Das erste große Werk des Vaters der Existenzphilosophie.

Fräulen Smillas Gespür für Schnee (Peter Høeg; 1992) Weltbestseller mit Schauplatz v.a. in Kopenhagen.

Wir Ertrunkenen (Carsten Jensen; 2006) Eine epische Geschichte über Seeleute aus dem Ort Marstal (Ærø).

The Almost Nearly Perfect People (Michael Booth; 2014) Erkundet die Geschichten hinter dem „nordischen Wunder".

Filme

Babettes Fest (1987) Angesiedelt 1871 in einem Dorf an der rauen Westküste.

Pelle der Eroberer (1987) Preisgekrönte Darstellung des harten Lebens im Dänemark des 19. Jhs.

Das Fest (1998) Der erste Dogma-95-Film von Thomas Vinterberg.

Italienisch für Anfänger (2000) Verschiedene problembeladene Dänen lernen die Sprache der Liebe.

In einer besseren Welt (2010) Mobbing in der Schule, widersprüchliche Moral – ein Film, der das Stereotyp des gemütlichen Dänemarks hinterfragt.

Glück & Harmonie?

Hinter der Zufriedenheit der Dänen steckt mehr. Vielen Besuchern von Kopenhagen oder anderen dänischen Städten fällt das harmonische Zusammenleben auf. Wer genauer hinschaut, wird – wie in einem Andersen-Märchen – aber auch eine dunkle Seite entdecken. Wie in anderen europäischen Staaten tendiert in dem bekanntermaßen liberalen Land die Politik zunehmend wieder ins rechte Lager. Angst vor Zuwanderung, besonders aus muslimischen Ländern, und vor dem Verfall traditioneller Werte hat sich breit gemacht.

Trotz aller Bemühungen um Integration bleiben ethnische, kulturelle und religiöse Spannungen und Vorurteile bestehen. Viele Dänen sind der Ansicht, dass ihre Toleranz auf eine harte Probe gestellt wird. Das verunsichert. Die Bereitschaft, die unterschwellige Ablehnung nichteuropäischer Einwanderer offen zu thematisieren, ist dabei gering. Das Problem trat jedoch offen zutage, als Mitte 2014 die Dänische Volkspartei, die sich gegen Einwanderung positioniert, bei der Europawahl vier Sitze und fast 27 % der Wählerstimmen errang.

Auch entwickelte sich eine Kluft zwischen Stadt und Land. Immer wieder hört man abschätzige Bemerkungen über das sogenannte *udkantsdanmark*, die dünn besiedelten und abgelegenen „Randgebiete" des Landes. In den Medien heißt es oft, dass dort Arme (und schlecht Ausgebildete und/oder Arbeitslose) leben, während in den Städten die Reichen wohnen. Landflucht ist nichts Neues, aber die Kopenhagener Bevölkerung wächst jährlich um rund 10 000. Das ist eine Belastung für die Infrastruktur der Stadt und wirft auch Fragen über die Zukunft von *udkantsdanmark* auf.

Politik & Wirtschaft

Nach einem Jahrzehnt unter konservativer Regierung und mit Blick auf eine stockende Wirtschaft in der weltweiten Finanzkrise schlug das politische Pendel Dänemarks bei den jüngsten Parlamentswahlen 2011 wieder nach links aus. Nach einem harten Wahlkampf (bei dem hauptsächlich Maßnahmen zur Stärkung der dänischen Wirtschaft Thema war) kam eine Mitte-Links-Koalition an die Macht.

Die neue Regierungskoalition wird seit 2011 von der Sozialdemokratin Helle Thorning-Schmidt geführt, erste Frau des Landes im Amt des Premierministers. Im ersten Amtsjahr machte sie die Einwanderungsgesetze der Vorgängerregierung rückgängig und verabschiedete mithilfe der liberal-konservativen Opposition eine Steuerreform.

Besteuerung und Einwanderung sind nach wie vor Streitpunkte in der Koalition. Das blieb nicht ohne Folgen: Die Regierung unter Helle Thorning-Schmidt wurde Anfang 2014 geschwächt, als die kleine Sozialistische Volkspartei u. a. wegen Zerwürfnissen über den Verkauf von Staatsanteilen des Energiekonzerns Dong Energy an die Investmentbank Goldman Sachs aus der Koalition ausstieg.

Die nächste Wahl muss spätestens im September 2015 stattfinden. Meinungsumfragen zur Zeit der Recherche ergaben eine Tendenz wieder zugunsten der konservativen Parteien.

Nachhaltigkeit

Ebenso bewundernswert wie ihre Haltung gegenüber Bürgerpflichten (die Wahlbeteiligung bei den letzten Parlamentswahlen lag bei 87 %; Steuerhinterziehung ist relativ selten), ist auch die Konsequenz der Dänen beim Umweltschutz.

Während einige westliche Regierungen noch immer um die Glaubwürdigkeit der Klimaforschung streiten, setzt Dänemark seine Ziele für Nachhaltigkeit längst in die Tat um. Etwa 30 % der Energieversorgung Dänemarks stammen aus Windkraft, zudem ist das Land Marktführer in der Windkrafttechnologie und exportiert Windturbinen im großen Stil.

Das langfristige Ziel der dänischen Energiepolitik ist klar: Der gesamte Energiebedarf – Strom, Heizung, Industrie und Transportwesen – muss bis 2050 durch erneuerbare Energiequellen gedeckt werden. Kopenhagen will bis 2025 CO_2-neutral sein.

Das Umweltbewusstsein der Dänen zeigt sich auch in der Fahrradkultur. In Kopenhagen gibt es etwa 430 km durchgängige und sichere Fahrradwege, und 52 % der Kopenhagener radeln täglich zur Arbeit oder zur Schule. Das Fahrradwegenetz wird ständig erweitert und verbessert – wie sich an der innovativen Cykelslangen, einem 2014 eröffneten Fahrradhochweg über das innere Hafenbecken, zeigt.

BEVÖLKERUNG: **5,57 MIO.**

FLÄCHE: **43 094 KM²**

KÜSTENLÄNGE: **7314 KM**

ARBEITSLOSIGKEIT: **6 %**

BRUTTOINLANDSPRODUKT PRO KOPF: **RUND 34 000 €**

Gäbe es nur 100 Dänen, wären …

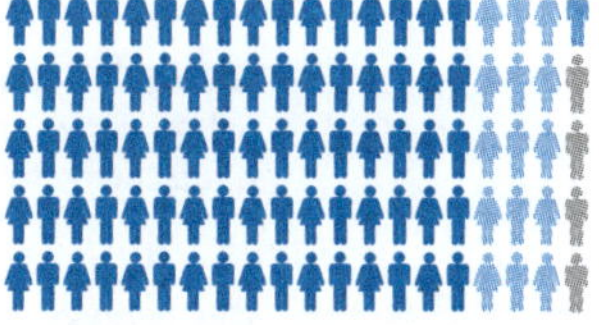

80 Protestanten
15 keiner Religionsgemeinschaft zugehörig
4 Muslime
1 Sonstige

Räumliche Verteilung der Bevölkerung (%)

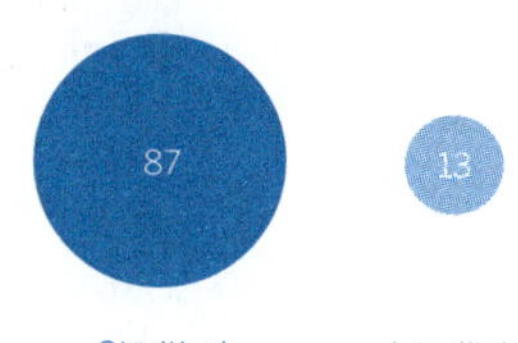

Einwohner pro km²

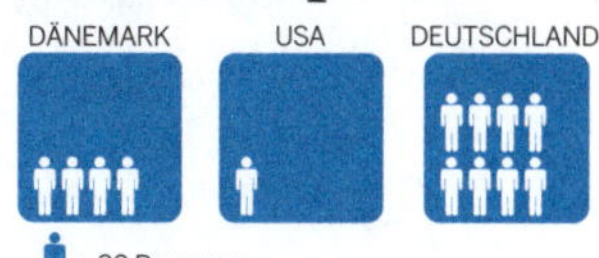

Geschichte

Die Größe Dänemarks täuscht. Das Land mag zwar nur das dreißiggrößte Land Europas sein, aber es hat seine Fußspuren über die Landesgrenzen hinaus hinterlassen. Ende des 4. Jhs. fielen die Jüten in England ein und ließen sich dort nieder, Jahrhunderte später zogen die Wikinger los und breiteten sich über ein Gebiet von Neufundland bis Bagdad aus. Zu Beginn des 19. Jhs. erstreckte sich die Kolonialmacht Dänemark über vier Kontinente. Auch nach dem dramatischen Schrumpfen des dänischen Territoriums bereichern und beeinflussen die Dänen bis heute die Welt mit ihren Ideen und Konzepten, ob in der Wissenschaft, der Philosophie, der Medizin oder der sozialen Gerechtigkeit.

Von Stein, Bronze & Eisen

Schon vor Zehntausenden von Jahren tauchten die ersten Menschen auf dänischem Boden auf und hinterließen Relikte wie bearbeiteten Feuerstein. Das Eis zog sich so weit zurück, dass Flechten und Moose gediehen, was Rentierherden herführte, denen die Menschen als Jäger folgten. Um 12 000 v. Chr. ließen sie sich dauerhaft nieder.

Die Wikinger verbreiteten solchen Schrecken, dass die Engländer ein Gebet in ihre Gottesdienste aufnahmen: „Bewahre uns, oh gütiger Herr, vor dem Wüten der Nordmänner."

Die Steinzeitmenschen waren in erster Linie Jäger. Als das Klima allmählich wärmer wurde, zogen sie ans Meer, um sich von Fischen, Seevögeln und Robben zu ernähren. Später begannen die Menschen Landwirtschaft zu betreiben und gründeten um die Felder Dörfer.

Um 1800 v. Chr. begannen die ersten Handwerker, Waffen, Werkzeuge, Schmuck und fein gearbeitete Kunstgegenstände aus Bronze herzustellen. Dieses neue Metall kam auf dem Handelsweg aus Kreta und Mykene. Aus dem vor Ort verfügbaren Eisen ließen sich Pflüge schmieden, die Landwirtschaft im größeren Maßstab ermöglichten.

Die sprachlichen und kulturellen Wurzeln des heutigen Dänemarks gehen auf die Ankunft des Volkes der Dänen in der jüngeren Eisenzeit zurück. Der Stamm zog vermutlich um 500 n. Chr. von Schweden nach Süden.

Zu Beginn des 9. Jhs. lag das Territorium des heutigen Dänemarks am äußersten Rand Europas. Doch Karl der Große (reg. 768–814) dehnte den Machtbereich der Franken nordwärts bis ins heutige Norddeutschland aus. Um einer fränkischen Invasion vorzubeugen, ließ Godfred, König von

ZEITACHSE

12 000 v. Chr.

Erste dauerhafte Siedlungen in Jütland und auf benachbarten Ostseeinseln.

4000 v. Chr.

Ackerbau und Viehhaltung setzen sich durch. Waldland wird durch Brandrodung zu fruchtbaren Getreidefeldern.

1800 v. Chr.

Import von Bronze, aus der Handwerker Waffen, Werkzeug, Schmuck und Kunstgegenstände fertigen. Handelsverbindungen mit dem Süden sichern den Bronzenachschub.

Jütland, einen schon früher angelegten Erdwall erweitern und befestigen, das Danewerk (dän.: Danevirke). Die Franken durchbrachen jedoch den Schutzwall und bekehrten die Dänen mit Waffengewalt zum Christentum.

Die Wikinger

Heutzutage hat wohl jeder beim Wort „Wikinger" das Bild eines bärtigen Rabauken mit gehörntem Helm vor Augen, der von seinem Langschiff springt und sich plündernd durch frühchristliche Länder schlägt. Zwar hatten einige dieser „Nordmänner" (wie sie einst in Britannien genannt wurden) eine Vorliebe fürs Plündern und Morden – und für den Sklavenhandel –, aber die wahre Geschichte dieser skandinavischen Seefahrer ist komplexer.

Die Wikingerzeit umspannte mehrere Jahrhunderte und hatte verschiedene Ausprägungen. Vermutlich gab es schon früher Überfälle, die allerdings nicht schriftlich überliefert sind, aber als Beginn der Wikingerzeit gilt allgemein 793 n. Chr., als die Nordmänner das Kloster Lindisfarne vor der Küste von Northumbria in Nordostengland plünderten. Überlebende des Angriffs beschrieben die schlanken Wikingerschiffe mit ihren quadratischen Segeln als „Drachen, die durch die Lüfte fliegen" und die Angreifer als „furchterregende Heiden".

Zu Anfang fielen die Wikinger oft über Kirchen und Klöster her, weil sie an den Gold- und Juwelenschätzen interessiert waren. Nebenbei gingen in diesen Raubzügen auch unzählige Bücher und andere Kulturschätze verloren. Dass sie sich an Mönchen vergriffen, die schließlich die Geschichte jener Zeit aufzeichneten, machte sie bei der Nachwelt auch nicht gerade beliebt.

Die Wikinger waren zunächst von Abenteuerlust getrieben und wussten sich Unruhen und politische Instabilität in einer Region zunutze zu machen. Mit der Zeit entwickelten sich ihre Fahrten jedoch von reinen Raubzügen zu organisierten Expeditionen, die Kolonien fernab der Heimat gründeten.

Sie waren auch erfolgreiche Händler, talentierte Seefahrer und unersättliche Entdeckungsreisende, die es bis nach Byzanz, Russland, Nordafrika, ans Kaspische Meer und sogar nach Bagdad trieb. Außerdem gründeten sie Siedlungen in Island, Grönland und Neufundland.

Da, wo sich die Wikinger niederließen, wie in Nordfrankreich und auf den britischen Inseln, erwiesen sie sich als tüchtige Bauern. Auch waren sie gewiefte Politiker, die eigene Königreiche gründeten, sich durch Heiraten mit dem einheimischen Adel verbanden oder von Lokalherrschern Schutzgeld erpressten. Selbst die Schlacht von Hastings 1066 war nicht so sehr eine Schlacht zwischen England und Frankreich als vielmehr ein Kampf zwischen zwei Anführern nordischer Herkunft, Wilhelm dem Eroberer und Harald II.

Menschenhandel war bei den Wikingern üblich. Sie nahmen Frauen und junge Männer auf ihren Plünderungszügen in angelsächsischen, keltischen und slawischen Siedlungen gefangen und verkauften sie auf Sklavenmärkten in Europa und im Nahen Osten.

500 n. Chr.

Einwanderung der Dänen. Der Stamm, der wahrscheinlich von Schweden nach Süden wanderte, prägte die sprachlichen und kulturellen Wurzeln des modernen Dänemarks.

793

Der Überfall auf das Kloster Lindisfarne in Nordostengland ist der erste dokumentierte Wikinger-Raubzug.

950–985

König Harald I. (Blauzahn), Sohn von Gorm dem Alten, eint Dänemark und betreibt von seinem Hof in Jelling die Christianisierung der Dänen.

985–1014

Unter Harald Blauzahns Sohn Sven Gabelbart sowie seinen Enkeln Harald II. und Knut dem Großen wird England erobert und ein kurzlebiges anglodänisches Königreich gegründet.

Mit der Zeit wurden die Wikinger in der Fremde sesshaft und verschmolzen mit der Bevölkerung – zwei Gründe, warum die Überfälle und Kämpfe nachließen. Harald Blauzahns großer Runenstein auf dem Friedhof von Jelling zeugt von einem noch wichtigeren Faktor: Die Christianisierung Skandinaviens im 10. Jh. führte zu engeren kulturellen Banden und einem gewissen Grad der „Zivilisierung".

Wichtige Wikingerstätten

Lindholm Høje (S. 257)

Wikingerschiffsmuseum (S. 112)

Ladbyskibet (S. 176)

Nationalmuseet (S. 45)

Trelleborg (S. 127)

Ein (quasi) vereintes Dänemark

Zu Beginn des 9. Jhs. war Jütland (mit Teilen von Südnorwegen) mehr oder weniger unter einem König vereint. Ein Schritt zur Vereinigung der Territorien, die das heutige Dänemark bilden, erfolgte im späten 9. Jh., als die Krieger des norwegischen Häuptlings Hardegon die Halbinsel Jütland eroberten und Hardegon von hier aus seine Macht auf die umliegenden Inseln ausdehnte.

Als Begründer der dänischen Monarchie gilt Hardegons Sohn Gorm der Alte, der im frühen 10. Jh. seinen Herrschaftssitz in Jelling im Zentrum Jütlands hatte. Sein Sohn Harald Blauzahn regierte 35 Jahre, vollendete die Eroberung Dänemarks und christianisierte die Dänen – auch, um seine mächtigen fränkischen Nachbarn im Süden zu beschwichtigen, die schon ein Jahrhundert zuvor den Missionar Ansgar ausgeschickt hatten, um in den dänischen Städten Ribe und Hedeby Kirchen zu bauen.

Harald Blauzahns Sohn Sven Gabelbart (reg. 987–1014) sowie seine Enkel Harald II. (reg. 1014–1018) und Knut der Große (reg. 1019–1035) eroberten England und gründeten ein kurzlebiges anglodänisches Königreich, das einen Großteil der britischen Inseln umfasste. Knut der Große saß als erster dänischer König auf dem englischen Thron, regierte aber nicht viel anders als ein englischer König, außer dass er skandinavische Krieger beschäftigte, um seine Herrschaft zu sichern.

Die steinzeitlichen Menschen bestatteten ihre Toten in Dolmen. Die Grabstätten aus großen, aufgerichteten Steinen, auf denen ein Deckstein ruht, sind immer noch überall auf Wiesen und Feldern zu finden.

Nach dem Tod von Knuts Sohn Hardeknud verschob sich das Machtgleichgewicht zugunsten der englischen Erben Alfreds des Großen. Viele dänische Siedler entschieden sich trotzdem, in England zu bleiben.

Die Dänen versuchten mehrfach erfolglos, England zurückzuerobern. Die Niederlage der norwegischen Wikinger gegen Harald II. von England in der Schlacht von Stamford Bridge 1066 läutete das endgültige Ende der Wikingerära dort ein.

Unruhiges Mittelalter

Das frühe Mittelalter war überschattet von internen Querelen, Verschwörungen, Gegenverschwörungen und Morden, in die rivalisierende Adlige, reiche Großgrundbesitzer und korrupte kirchliche Würdenträger verstrickt waren.

König Waldemar I. einte das kriegsmüde Land schließlich wieder und erließ die ersten schriftlich fixierten Rechtsvorschriften Dänemarks, das

1066

Der Sieg Haralds II. von England über die norwegischen Wikinger in der Schlacht von Stamford Bridge läutet das Ende der Wikingerzeit dort ein.

1137–1157

Innere Zwistigkeiten, Morde und Intrigen erschüttern Dänemark, bis Waldemar I., Sohn von Knud Lavard, 1157 den Thron besteigt und das Jyske Lov (Jütlandgesetz) erlässt.

1219

Der Dannebrog (die dänische Flagge) wird zum ersten Mal gehisst – er soll bei einer Schlacht in Estland als göttliches Zeichen vom Himmel gefallen sein.

1363

Norwegens König Håkon ehelicht Margrethe, die Tochter des dänischen Königs Waldemar IV. Sie wird später eine sehr einflussreiche und mächtige Königin.

MOORLEICHEN

Die Menschen, die zur Eisenzeit in Dänemark lebten, hinterließen kaum Zeugnisse, geschweige denn schriftliche Quellen. Zum Glück ermöglichen einige außergewöhnliche Funde in den letzten Jahrhunderten Einblicke in ihre faszinierende Kultur.

In dänischen Mooren wurden bei Entwässerungsmaßnahmen und beim Torfstechen Hunderte oft erstaunlich gut erhaltener Leichen von Männern, Frauen und Kindern gefunden, die größtenteils aus der jüngeren Eisenzeit (den Jahrhunderten rund um Christi Geburt) stammen.

Viele der Leichen werfen spannende kriminalistische Fragen auf: Durch wessen Hand starben sie und warum? Beerdigungen waren ungewöhnlich, üblicher war damals die Verbrennung. Einige Leichen schienen rituell getötet worden zu sein, vielleicht wegen der übernatürlichen Kräfte, die die Menschen der Eisenzeit wohl in den Mooren vermuteten.

Falls es sich um rituelle Tötungen handelte, waren diese Menschen dann Opfer oder Freiwillige? Windeby I zum Beispiel, 1950 bei Eckernförde entdeckt und etwa 16 Jahre alt, wurde unter Felsbrocken und Ästen gefunden, vermutlich, um den Leichnam herunterzudrücken, was auf eine Art Ritual hinweist. Andere wurden wahrscheinlich schlicht überfallen, ermordet und im Moor versenkt.

Der Grauballe-Mann starb auf jeden Fall einen grausigen Tod, sein Körper lässt eine brutale Hinrichtung vermuten. Es ist ein historisches und forensisches Rätsel, das in seiner derzeitigen Ruhestätte, dem Moesgård Museum (S. 220) in Aarhus, wunderbar erläutert wird. Die Frau von Huldremose im Kopenhagener Nationalmuseet (S. 45) fand scheinbar ebenfalls ein schreckliches Ende: Ein barbarischer Hieb trennte ihren rechten Arm fast vollständig ab. 22 Jahrhunderte nach ihrem Tod ist sie noch immer in Rock, Schal und warme Umhänge gehüllt.

Die berühmteste aller Moorleichen ist der Tollund-Mann im Museum Silkeborg (S. 237). Sein Kopf ist bis hin zu den Bartstoppeln am Kinn hervorragend erhalten. Der Mann in den Dreißigern war bei seiner Entdeckung nackt bis auf die kunstvoll geflochtene Lederschlinge, mit der er erdrosselt wurde, und die Lederkappe, die er seit nunmehr 2000 Jahren trägt. Sein Gesicht ist vollkommen friedvoll. War er ein religiöses Opfer oder ein bestrafter Gefangener? Das Rätsel bleibt ungelöst.

Jyske Lov (Jütlandgesetz), in Vordingborg in Südseeland. Seine Nachfolger erließen weitere Gesetze, die für ihre Zeit recht fortschrittlich waren: keine Einkerkerung ohne rechtmäßigen Grund, jährliche Versammlung des hof (Reichsrat) und Einsetzung des ersten Obersten Gerichts.

Margrethe, die nach dem Tod ihres jungen Sohns Olav 1387 faktisch die Macht übernommen hatte, wurde bald offizielles Staatsoberhaupt und Dänemarks erste regierende Königin. Im Jahr darauf baten schwedische Adlige, die ihren ungeliebten deutschen König Albrecht III. von Mecklenburg loswerden wollten, Margrethe um Hilfe. Sie erklärten Mar-

Alles, was es über die dänischen Monarchen aus 1000 Jahren zu wissen gibt, ist unter www.danmarkskonger.dk nachzulesen.

1375–1387

Der fünfjährige Olav wird nach dem Tod Waldemars IV. König von Dänemark und fünf Jahre später auch König von Norwegen. Nach seinem Tod regiert seine Mutter Margrethe.

1396–1439

Margrethes Großneffe, König Erik VII., unternimmt einen erfolglosen Angriff auf die Hanse, der die Mittel der Kalmarer Union erschöpft. 1439 wird er vom dänischen Adel abgesetzt.

1534

Nach dem Tod König Frederiks I. dringen hanseatische Söldner aus Lübeck nach Südjütland und Seeland vor. Die dänischen Bauern und Bürger begrüßen die Invasoren.

1588–1648

Die Regierungszeit von Christian IV. verläuft friedlich, bis er 1625 die schwedische Expansion zu bremsen versucht; der Dreißigjährige Krieg hat verheerende Folgen.

grethe zu ihrer Regentin, die wiederum dänische Truppen nach Schweden schickte und die Truppen des Königs besiegte.

Ein Jahrzehnt später gründete Margrethe die Kalmarer Union, ein Bündnis zwischen Dänemark, Norwegen und Schweden, um der mächtigen deutschen Hanse die Stirn zu bieten, die den Handel in der Region beherrschte.

1410 startete Margrethes Großneffe, König Erik VII., einen erfolglosen Angriff auf die Hanse, der die Kalmarer Union schwächte. Eriks Politik, öffentliche Ämter in Schweden und Norwegen mit Dänen zu besetzen, belastete die Beziehungen zur Aristokratie in diesen Ländern zusätzlich. 1438 zog sich der schwedische Rat aus der Union zurück, woraufhin der dänische Adel Erik entthronte.

Die dänische Monarchie geht auf den Wikingerkönig Gorm den Alten zurück, der von etwa 936 bis zu seinem Tod um 958 herrschte. Sie ist die älteste Monarchie Europas.

Eriks Nachfolger, König Christoph III., glättete die Wogen. Er versprach, die Regierungen der drei Länder zu trennen. Trotzdem blieb die Union eine wackelige Angelegenheit. Die Schweden wählten 1523 einen eigenen König: Gustav Vasa. Damit war die Kalmarer Union am Ende; Norwegen blieb noch drei Jahrhunderte unter dänischer Herrschaft.

Reformation & Bürgerkrieg

Die dänische Reformation wurde zur erbitterten Machtprobe zwischen Monarchie und katholischer Kirche. König Frederik I. geriet zwischen die Fronten bei diesen religiösen und politischen Querelen. Er versprach zunächst, gegen die Häresie und für den Katholizismus zu kämpfen, lud aber später lutherische Prediger nach Dänemark ein. Als Frederik starb, stürzte das Fehlen eines eindeutigen Nachfolgers das Land in einen Bürgerkrieg.

Im Jahr darauf (1534) marschierten hanseatische Söldner aus Lübeck nach Südjütland und Seeland ein. Sie wurden von den meisten Bauern und Bürgerlichen, die sich im Aufstand gegen den Adel befanden, als Befreier begrüßt.

Durch die Revolte aufgeschreckt, wählte eine Koalition aus Aristokraten und katholischen Bischöfen den Protestanten Christian III. zum König. Die Rebellion tobte trotzdem weiter. In Jütland wurden Herrenhäuser in Brand gesteckt, und die Bauern zogen gegen die Armeen des Adels ins Feld.

In den 1470er-Jahren gründete Christian I. den Elefantenorden, um die Schlachtelefanten der Kreuzzüge zu ehren.

Da griff Christians Feldherr Johann Rantzau ein. Er schnitt Lübeck vom Meer ab, marschierte nordwärts durch Jütland und schlug die Bauernrevolte erbarmungslos nieder. Anschließend belagerten Rantzaus Truppen Kopenhagen, wo die Kaufleute den Aufstand unterstützten, weil sie nichts dagegen hatten, sich der Hanse anzuschließen. Von der Außenwelt abgeschnitten, trotzten die Kopenhagener Bürger ein Jahr lang Hunger und Seuchen, bevor sie sich 1536 ergaben.

Christian III. festigte seine Macht, indem er den aufständischen Kaufleuten und Bürgern von Kopenhagen Milde versprach, wenn sie zukünf-

1658
Dänemark unterzeichnet den Frieden von Roskilde – die größte Demütigung in seiner Geschichte; es verliert ein Drittel seines Territoriums.

1660–1665
Frederik III. errichtet eine absolute Monarchie und führt eine absolutistische Verfassung ein, das Kongeloven (Königsgesetz), das fast 200 Jahre in Kraft bleibt.

1675–1720
Die Monarchie baut das Militär wieder auf und führt drei Kriege gegen Schweden (1675–1679, 1699–1700, 1709–1720), ohne die verlorenen Gebiete zurückzugewinnen.

1784
Frederik VI. übernimmt die Macht. Er beteiligt Großgrundbesitzer an der Regierung und führt umfangreiche Reformen durch, die die Rechte des Volkes stärken.

tig königstreu wären. Die katholischen Bischöfe dagegen ließ er einkerkern, Klöster, Kirchen und sonstigen Kirchenbesitz beschlagnahmen.

Somit wurde die dänisch-lutherische Kirche die einzige staatlich genehmigte Religion mit dem König als Oberhaupt. Die Monarchie, die durch den konfiszierten Kirchenbesitz im Reichtum schwamm, war nach dem Bürgerkrieg stärker als je zuvor.

Krieg mit Schweden & Absolutismus

Nach einer Periode des Friedens und Wohlstands verwickelte Christian IV. bei dem Versuch, die schwedische Expansion zu bremsen, Dänemark in den Dreißigjährigen Krieges mit ruinösen Folgen für das Land.

Christians Nachfolger Frederik III. witterte in der schwedischen Besetzung Polens die Chance, es Schweden heimzuzahlen, und erklärte dem Nachbarn 1657 erneut den Krieg – eine fatale Entscheidung, da Dänemark dafür nicht gerüstet war.

Karl X. Gustav von Schweden führte seine Truppen aus Polen durch Deutschland nach Jütland und plünderte sich nach Norden. Im Winter 1657/58 – dem strengsten Winter der dänischen Geschichte – ließ er seine Soldaten über den zugefrorenen Kleinen Belt zwischen Fredericia und der Insel Fünen marschieren. Sein unheimliches Kriegsglück entmutigte die Dänen dermaßen, dass er ohne ernsthaften Widerstand weiter über den Großen Belt bis nach Lolland und dann nach Falster vorstoßen konnte.

Der schwedische König war kaum über den ebenfalls zugefrorenen Storstrømmen nach Seeland vorgedrungen, als das tauende Eis hinter ihm brach und ihn samt seiner Vorhut von der übrigen Streitmacht abschnitt. Die Dänen aber waren nicht fix genug, ihren Vorteil zu erkennen: Statt den schwedischen König gefangen zu nehmen, baten sie um Frieden und ließen sich auf einen weiteren verhängnisvollen Friedensvertrag ein.

1658 trat Dänemark mit dem schmachvollen Friedensvertrag von Roskilde ein Drittel seines Territoriums ab, u. a. die Insel Bornholm und alle Besitzungen auf dem schwedischen Festland. Nur Bornholm, das sich später in einer blutigen Revolte gegen Schweden erhob, kehrte unter die dänische Flagge zurück.

Auch die absolute Monarchie kehrte 1660 zurück, als Frederik III. scheinheilig eine Versammlung des Adels einberief, die Adeligen dann festsetzte und sie zwang, die Befugnisse des Reichsrats außer Kraft zu setzen. Er erklärte sich zum obersten Herrn auf Erden, der über allen menschlichen Gesetzen stehe und nur Gott untertan sei.

In den folgenden Jahrzehnten rüstete die allmächtige Monarchie wieder auf und brach weiterhin fruchtlose Kämpfe mit Schweden vom Zaun. Trotzdem kehrte schließlich so etwas wie Frieden ein. Einen großen Teil des 18. Jhs. gelang es Dänen und Schweden, ohne größere Feindseligkeiten nebeneinander zu existieren.

In den 1660er-Jahren wurde ein Eisbär in das dänische Wappen aufgenommen: Er symbolisierte den dänischen Herrschaftsanspruch auf Grönland.

1790er-Jahre

Die Lehnspflichten der Bauern werden abgeschafft. Große Ländereien werden geteilt und an die Landlosen vergeben. Einführung der Schulpflicht bis 14 Jahre.

1800–1801

Dänemark erklärt in einem Pakt mit Schweden, Preußen und Russland seine bewaffnete Neutralität. Großbritannien greift Kopenhagen an und zwingt Dänemark, vom Pakt zurückzutreten.

1846

In Europa gären Unruhen. Zwei wachsende dänische Gruppen – Bauern und Liberale – vereinen sich 1846 zur liberalen Partei.

1849

1849 wird die dänische Verfassung verabschiedet und die absolute Monarchie abgeschafft.

Mächtebündnisse

Zu Beginn des 19. Jhs. wurde Dänemark im Handel sehr aktiv. Das beunruhigte Großbritannien, das inzwischen die führende Seemacht war. Als Dänemark mit Schweden, Preußen und Russland einen Pakt schloss, in dem es seine bewaffnete Neutralität erklärte, unternahm Großbritannien 1801 einen Flottenangriff auf Kopenhagen, der die dänische Flotte schwer beschädigte und Dänemark zum Rücktritt vom Pakt zwang.

Nach Napoleons Niederlage 1814 erzwang Schweden (verbündet mit Großbritannien) von Dänemark (verbündet mit Frankreich) die Abtretung Norwegens.

Dänemark konnte weitere Konflikte vermeiden und sogar vom Kriegsgeschäft profitieren, bis 1807 ein Vertrag zwischen Frankreich und Russland die Dänen wieder in die europäischen Konflikte hineinzog. Die Briten sahen Napoleons wachsenden Einfluss im Ostseeraum mit Argwohn und fürchteten, dass Dänemark Frankreich unterstützen könnte. Trotz der dänischen Neutralität nahm die britische Flotte Kopenhagen in einem Überraschungsangriff unter heftigen Beschuss, setzte einen großen Teil der Stadt in Brand, zerstörte die Werften und beschlagnahmte die dänische Flotte.

Obwohl dieser völlig grundlose Angriff sogar vom britischen Parlament entschieden verurteilt wurde, rückte Großbritannien die Schiffe nicht wieder heraus. Vielmehr machten die Briten den Dänen ein Bündnisangebot, das diese – wen wundert's? – ablehnten, um sich stattdessen der kontinentaleuropäischen Allianz gegen Großbritannien anzuschließen. Großbritannien revanchierte sich mit einer Blockade der dänischen und norwegischen Gewässer, die Dänemark in Armut und Norwegen in eine Hungersnot stürzte.

Im Jahr 2000 sprachen sich die Dänen in einer Volksabstimmung gegen die Einführung des Euro aus. Im gleichen Jahr wurde die Øresund-Brücke zwischen Dänemark und Schweden eröffnet.

Trotz solcher Katastrophen zu Beginn des 19. Jhs. ging es der dänischen Wirtschaft in den 1830er-Jahren wieder blendend. Parallel dazu erlebte es eine Blüte der Kunst und Kultur. Der Philosoph Søren Kierkegaard, der Theologe Nikolai Frederik Severin Grundtvig und der Schriftsteller Hans Christian Andersen waren führende Persönlichkeiten des kulturellen Lebens. Der Bildhauer Bertel Thorvaldsen staffierte Kopenhagen mit seinen majestätischen Statuen aus, und Christoffer Wilhelm Eckersberg begründete die dänische Kunstakademie.

Demokratie

Im Frühjahr 1848 fegte die Revolution durch Europa. Dänemarks politische Parteien, die aus den Debattierkammern der neuen Provinzversammlungen entstanden waren, erstarkten mit der schwindenden Macht der Monarchie. Der neue dänische König Frederik VII. schaffte auf Druck der liberalen Partei die absolute Monarchie ab und ließ eine demokratische Verfassung ausarbeiten. Sie sah ein Parlament mit zwei Kammern vor, dem Folketing und dem Landsting. Die Mitglieder sollten vom Volk gewählt werden.

1901

Die Venstrereformparti (Linke Reformpartei) kommt an die Macht und startet ein soziales Reformprogramm; u. a. wird das Frauenwahlrecht in der Verfassung verankert.

1943

Der dänische Widerstand schmuggelt hastig 7200 Menschen nach Schweden, als die Nazis Juden in Konzentrationslager deportieren wollen.

1953

Die weibliche Thronfolge wird in der Verfassung verankert, damit Margrethe II. als erste Königin seit dem 14. Jh. Dänemarks Thron besteigen kann.

1973

Dänemark tritt der Europäischen Gemeinschaft (heute Europäische Union) bei.

STERNSTUNDE

Kurz nachdem die Nazis im Oktober 1943 gänzlich die Macht in Dänemark übernommen hatten, sollten wie in anderen Teilen Europas auch dänische Juden verhaftet und in die Vernichtungslager transportiert werden. Die dänische Widerstandsbewegung schmuggelte in einer beispiellosen Rettungsaktion etwa 7200 Juden – rund 90 % der im Land verbliebenen – ins neutrale Schweden. In Anerkennung dieser Rettungsaktion wurde Dänemark als einer der „Gerechten unter den Völkern" in der Holocaust-Gedenkstätte Yad Vashem in Jerusalem geehrt.

Der König behielt zwar ein gewisses Mitspracherecht, aber die gesetzgebende Gewalt ging auf das Parlament über. Die Verfassung setzte auch eine unabhängige Justizgewalt ein und garantierte das Recht auf Rede-, Religions- und Versammlungsfreiheit. Dänemark verwandelte sich auf einen Schlag in eins der demokratischsten Länder Europas.

Die neue Verfassung sah aber auch vor, das Grenzherzogtum Schleswig zu einem Teil Dänemarks zu machen. Die deutsche Bevölkerung des Herzogtums verbündete sich daraufhin mit dem benachbarten Holstein. Jahrelange Unruhen waren die Folge. 1864 erklärte der preußische Ministerpräsident Otto von Bismarck dem militärisch schwachen Dänemark den Krieg und eroberte Schleswig. Der neuerliche Schlag ließ Zweifel aufkommen, ob Dänemark sich überhaupt als Nation behaupten könnte.

Nach der Niederlage übernahm in Dänemark eine konservative Regierung die Macht – und behielt sie bis zum Ende des Jahrhunderts. Unter den Konservativen entwickelte sich die Wirtschaft: landesweiter Ausbau des Eisenbahnnetzes und eine rasante Industrialisierung, durch die Schiffsbau, Brauereiwesen und Zuckerherstellung zu mächtigen Industriezweigen heranwuchsen.

Das Wort „Dänemark" (*Danmark* auf Dänisch) stammt aus der Wikingerzeit und wurde erstmals auf den Runensteinen von Jelling (ca. 900) verwendet. Der größere Stein wird als Taufurkunde der Nation bezeichnet.

20. Jahrhundert

Bei Ausbruch des Zweiten Weltkriegs erklärte Dänemark seine Neutralität. Angesichts der wachsenden Präsenz der Alliierten in Norwegen schielte Deutschland jedoch begehrlich auf Küstenstützpunkte in Nordjütland und besetzte im April 1940 entscheidende strategische Stellungen in Dänemark und schließlich das gesamte Land.

Bis zum August 1943 konnten sich die Dänen unter scharfer Kontrolle der Nazis eine gewisse Autonomie in inneren Angelegenheiten bewahren, doch dann rissen die Deutschen die Macht vollständig an sich. Der dänische Widerstand breitete sich rasch aus.

Bis auf die Insel Bornholm, die von der sowjetischen Armee heftig bombardiert wurde, überstand Dänemark den Zweiten Weltkrieg relativ

1989
Ein neues Gesetz macht Dänemark zum ersten Land der Welt, das gleichgeschlechtliche Partnerschaften juristisch anerkennt.

2000
Die Dänen demonstrieren, dass ihnen das Projekt Europa allmählich zu weit geht, und stimmen gegen die Einführung des Euro.

2000
Die Øresundsbron und der Drogden-Tunnel werden eröffnet, eine direkte Landverbindung zwischen Dänemark und Schweden.

2004
Kronprinz Frederik heiratet die gebürtige Australierin Mary Elizabeth Donaldson – Millionen in aller Welt erleben die Märchenhochzeit am Bildschirm mit.

unbeschadet. Als das Land am 5. Mai 1945 offiziell von der deutschen Herrschaft befreit war, feierten die Dänen auf der Straße und verbrannten die schwarzen Verdunkelungsblenden, mit denen sie während der Bombenangriffe ihre Fenster abgedeckt hatten.

In der Nachkriegszeit machten die Sozialdemokraten Dänemark zum Inbegriff des Sozialstaats mit umfassender Absicherung von der Wiege bis zur Bahre, von der medizinischen Versorgung über die Bildung bis zur Sozialhilfe. Die Wirtschaft wuchs, es entstanden mehr Arbeitsplätze, Frauen drängten in nie da gewesener Zahl auf den Arbeitsmarkt, die Einkommen stiegen enorm.

In den 1960er-Jahren rebellierte die Jugend in den Großstädten, weil sie die Nase voll hatte vom zunehmenden Materialismus, dem weltweiten Wettrüsten und dem autoritären Bildungssystem. Ihren Höhepunkt erreichte die Bewegung 1971 in Kopenhagen, als Demonstranten den Zaun einer verlassenen Militärbasis am Ostrand von Christianshavn niederrissen und das Gelände in die bis heute existierende Kommune Christiania verwandelten.

Dänische Geschichte von Robert Bohn ist eine gut geschriebene kurze Exkursion durch die Geschichte des dänischen Volkes.

Auch Dänemarks Beziehungen zum Ausland blieben nicht ungetrübt. Das Land trat 1973 der Europäischen Gemeinschaft bei, der Vorgängerinstitution der heutigen Europäischen Union (EU), ließ sich aber in der Folgezeit nur zögerlich auf Ausweitungen der EU-Kompetenzen ein. Den Maastrichter Vertrag von 1992 (der die Bedingungen für eine engere wirtschaftliche und politische Zusammenarbeit festlegte) sowie die Einführung des Euro lehnte es ab.

Gleichzeitig hielt Dänemark seine Führungsposition in Sachen sozialliberaler Politik, etwa durch die frühe Legalisierung gleichgeschlechtlicher Partnerschaften (1989) und den intensiven Einsatz alternativer Energiequellen.

In den späten 1990er- und frühen 2000er-Jahren stellte eine Koalition der rechtsliberalen Partei Venstre mit der Konservativen Volkspartei die Regierung, die sich nach Bedarf von der nationalistischen rechtsgerichteten Dänischen Volkspartei (DF) unterstützen ließ. Diese neue Machtstruktur führte 2002 zum Erlass neuer Einwanderungsgesetze, die zu den schärfsten in ganz Europa gehörten, u. a. mit restriktiven Vorschriften bei Eheschließung zwischen Dänen und Ausländern.

Dänemark heute

Die erste Dekade des 21. Jahrhunderts erwies sich nach dänischem Standard als ziemlich turbulent. Angst vor Zuwanderung – besonders aus muslimischen Ländern – gab der politischen Rechten erneuten Auftrieb und ließ die traditionalistische DF erstarken. Der Einfluss der DF war auch ausschlaggebend für die dänische Unterstützung des Irakkriegs

2005–2006

Die Zeitung Jyllands-Posten druckt Mohammed-Karikaturen ab, die Dänemark zur Zielscheibe gewalttätiger Demonstrationen in aller Welt machen.

2011

Die Sozialdemokratin Helle Thorning-Schmidt gewinnt gegen den amtierenden Premierminister Lars Løkke Rasmussen und wird Dänemarks erste Regierungschefin.

2011

Der Bau der Fehmarnbelt-Verbindung wird beschlossen; der Straßen- und Bahntunnel wird Lolland (Dänemark) und Fehmarn (Deutschland) unter dem Meer verbinden.

2014

Die Sozialistische Volkspartei verlässt wegen des geplanten Verkaufs staatlicher Anteile an der Firma Dong Energy u. a. an die Investmentbank Goldman Sachs die Regierungskoalition.

2003, der von den USA, Großbritannien und ihren Alliierten geführt wurde, und für Dänemarks Engagement in Afghanistan.

2006 fand sich Dänemark in den Augen vieler Muslime in der ungewohnten Rolle des Bösewichts wieder, nachdem die Zeitung Jyllands-Posten Mohammed-Karikaturen veröffentlicht hatte - ein Tabu für viele Muslime, aber für liberale Redakteure eine Sache der freien Meinungsäußerung. Die Karikaturen führten in der ganzen Welt zu gewalttätigen Demonstrationen, und die Bilder von Demonstranten, die dänische Flaggen verbrannten, schockten eine Nation, die an solch erbitterten und weit verbreiteten Zorn nicht gewöhnt war.

2010 machte sich zunehmend Unzufriedenheit mit der schwächelnden Wirtschaft des Landes breit, das politische Pendel begann wieder nach links zu schwingen. Die Wahlen im September 2011 brachten mit knappem Ergebnis eine Mitte-Links-Regierungskoalition. Regierungschefin wurde Helle Thorning-Schmidt, Dänemarks erste Frau im Amt eines Premierministers.

Thorning-Schmidt betrieb trotz ihrer offiziell linken Haltung eine weitgehend wirtschaftsliberale Politik, was etliche kontroverse Entscheidungen nach sich zog. Ihre Steuerreform enthielt eine Heraufsetzung der Steuerobergrenze, was faktisch den Steuersatz für die Großverdiener des Landes senkte. 2016 soll die Körperschaftssteuer auf 22 % gesenkt werden, 2014 betrug sie noch 24,5 %. Zu den weiteren Reformen gehörten auch Kürzungen der Frührente und des Arbeitslosengelds. Die Regierung verfolgt damit das Ziel, die Arbeitsproduktivität zu steigern und prognostizierte Engpässe in den nächsten Jahrzehnten zu vermeiden.

Dänische Lebensart

Es ist durchaus verständlich zu glauben, dass die Dänen ganz schön perfekt sind. Sie sehen nicht nur unglaublich gut aus, sondern denken auch staatsbürgerlich, egalitär und sind Meister der Ambientebeleuchtung. Was bewegt diese nordischen Vorbilder? Und wie perfekt ist ihr Leben wirklich?

Der Happiness-Index

Als ob die perfekten Gesichtszüge nicht schon ausreichten, beeindrucken die Dänen auch (mal wieder) mit dem Titel als glücklichste Nation der Welt – laut einem Bericht des Earth Institute der Columbia University von 2013. In den sechs Kategorien – darunter Bruttoinlandsprodukt pro Kopf, Lebenserwartung, soziale Unterstützung, wahrgenommene Korruption und Großzügigkeit – erreichte das Land 7,693 Punkte auf einer Skala von 0 bis 10. Die anderen nordischen Länder Norwegen und Schweden schafften es, neben der Schweiz, ebenfalls in die Top 5, Österreich steht immerhin auf Platz 8 – ziemlich weit vor Deutschland auf Platz 26.

Der spezifische Bürgersinn zeigt sich in dem dänischen Brettspiel „Konsensus“: Die Spieler gewinnen nur Punkte, wenn sie sich in Mitspieler hineinversetzen, um deren Gedanken herauszufinden und die gleiche Antwort zu geben.

Was ist also das Geheimnis? Laut der Studie *Det er et lykkeligt land* („Dies ist ein glückliches Land“), die 2013 vom dänischen Institut for Lykkeforskning (Institut für Glücksforschung) publiziert wurde, steckt hinter der hohen Glückseinstufung des Landes die stabile demokratische Bürgergesellschaft. Die meisten Dänen glauben, dass sie wirklich etwas verändern und verbessern können, sei es im eigenen Leben oder auf kommunaler Ebene. Das Ergebnis ist ein allgemeines Gefühl der Zufriedenheit.

Die Forschungsergebnisse heben auch das hohe Vertrauensniveau der Dänen hervor. Weltweit glauben nur 25 % aller Menschen, dass sie anderen vertrauen können. In Dänemark sind es 75 %. Dieser bemerkenswerte Vertrauensvorschuss in die Mitbürger ist mit ein Grund für das durchaus alltägliche Bild von Säuglingen, die draußen in ihren Kinderwagen schlummern, während Mutter oder Vater schnell mal in einen Laden zum Einkaufen oder einen Kaffee trinken gehen. Weniger Zeit, sich um das Negative zu sorgen, lässt mehr Zeit, sich um das Positive zu kümmern.

Wohlergehen im Wohlfahrtsstaat

Wenn sie ihren beneidenswerten Lebensstil erklären sollen, weisen die meisten Dänen stolz auf ihr berühmtes Sozialwesen hin. Trotz der umstrittenen Reformen in jüngster Zeit ist es noch immer eines der großzügigsten der Welt. Die Dänen haben alle den gleichen Anspruch auf medizinische Versorgung, Arztbesuche sind kostenlos, und zahlreiche Waren und Dienstleistungen sind staatlich subventioniert, darunter verschreibungspflichtige Medikamente, zahnärztliche Versorgung oder Physiotherapie. Kinderbetreuung für Kinder bis zu sechs Jahren ist stark subventioniert, der Besuch staatlicher Schulen ist für Kinder von sechs bis 16 Jahren kostenlos. Ein ziemlich gutes Angebot, das die meisten gerne annehmen: Fast 90 % aller dänischen Kinder besuchen staatliche Schulen.

HYGGE

Wer sich mit Dänen oder Däninnen anfreundet, wird vermutlich zu ein bisschen *hygge* eingeladen. Im Prinzip bedeutet das Wort „Gemütlichkeit", was wohl auch das nicht unübliche Szenario erklärt, dass selbst die ruppigsten und härtesten Dänen ihre Kumpel auf ein paar gemütliche Bierchen nach Hause einladen. Aber *hygge* („hügge" ausgesprochen) bedeutet sehr viel mehr. *Hygge* ist ein Gefühl freundschaftlicher, herzlicher Gemeinschaft, die dann gepflegt wird, wenn sich mindestens zwei Dänen zusammenfinden. (Eigentlich kann man es sich sogar ganz alleine *hyggelig* machen.) Man muss noch nicht einmal befreundet sein, manchmal sind es auch nur neue Bekannte. Aber wenn die Gespräche fließen – unter Vermeidung potenziell kontroverser Themen wie Politik oder die beste Art, Heringe einzulegen –, wird's immer geselliger. Man prostet sich vor dem offenen Kamin (oder zumindest bei Kerzenschein) herzlich zu – was die Sache wohl am besten beschreibt. Viele Cafés, Kneipen und Restaurants geben sich größte Mühe, zu jeder Tages- und Jahreszeit mit Kaminfeuer und Teelichtern und natürlich einem pausenlosen Nachschub an Alkohol eine *hyggelige* Atmosphäre zu schaffen. Das Wort stammt interessanterweise nicht aus dem Dänischen, sondern aus dem Norwegischen. Ursprünglich bedeutete es soviel wie „Wohlbefinden". Es tauchte Ende des 18. Jhs. erstmals in dänischen Schriften auf.

Auch für Erwachsene gibt es ein breites Weiterbildungsangebot in der staatlich geförderten *højskole* (Volkshochschule). Sie bietet vielfältige kulturorientierte Kurse an, wie Philosophie, Debattieren, kreatives Schreiben, Tanz, Kunsthandwerk, Kochen und Gärtnern. 10 % der dänischen Erwachsenen nutzen diese Institutionen, entweder um ein Interessensgebiet zu vertiefen oder einfach um neue Menschen kennenzulernen.

Die Ursprünge der *højskole* gehen auf die Mitte des 19. Jhs. und den angesehenen dänischen Theologen und Politiker Nikolaj Frederik Severin Grundtvig (1783–1872) zurück. Er behauptete, dass die junge dänische Demokratie nur Erfolg haben würde, wenn alle Bürger am politischen Leben des Landes teilnehmen könnten. Grundtvig gründete daraufhin geisteswissenschaftliche Hochschulen für die arme Landbevölkerung. Diese Schulen entwickelten sich schließlich zu den Volkshochschulen, die es heute überall im Land gibt.

Laut Korruptionsindex von 2013 von Transparency International (www.transparency.org) sind Dänemark und Neuseeland die am wenigsten korrupten Länder der Welt.

Grundtvigs Gedanken sollten eine erhebliche Rolle in der Entwicklung der dänischen Wertvorstellung von Gleichheit und Bürgerpflicht spielen. Klassenunterschiede gibt es zwar auch in Dänemark, aber die Kluft zwischen Reich und Arm ist viel kleiner als in anderen Industriestaaten. Einkommensunterschiede sind ebenfalls gering, weswegen auf weniger einträgliche Jobs auch kaum abschätzig hinabgeblickt wird.

So glücklich und ganzheitlich Dänemark sein mag, ganz fehlerlos ist es nicht. Laut einer Gallup-Umfrage Ende 2014 empfinden sich nur 43 % der unter 45-Jährigen als Teil der Gemeinschaft, und nur 24 % in der gleichen Altersgruppe glauben, dass sie sozialen Erfolg haben. Was das für die Zufriedenheit Dänemarks auf lange Sicht bedeutet, bleibt abzuwarten.

Winterdepression

Eine freundliche Schulter zum Anlehnen kann ganz schön sein, wenn die Herbstblätter fallen und mal wieder ein langer, trüber dänischer Winter vor der Tür steht. Es ist ein Gefühl, das im Gedicht *Året har 16 måneder* („Das Jahr hat 16 Monate") des großen zeitgenössischen dänischen Dichters Henrik Nordbrandt knapp und witzig eingefangen wurde: „Das Jahr hat 16 Monate: November, Dezember, Januar, Februar, März, April, Mai, Juni, Juli, August, September, Oktober, November, November, November, November".

Meist im November nämlich breitet die Natur ihren dichten Winternebel über das Land aus und vernichtet alle Hoffnungen auf wenigstens noch einen milden Herbsttag. Wie der bekannte Autor und Fernsehkoch Adam Price sagte: „Im November, wenn das Licht uns verlässt, setzt die Schwermut richtig ein. Sie wird zur Gemütsverfassung. Es gibt eine Sehnsucht, ein Gefühl der Nostalgie, vielleicht ein bisschen Traurigkeit. Als Dänen leben wir das. Es ist Teil von uns."

Für etwa 12 % der Bevölkerung ist dieses bisschen Traurigkeit tatsächlich eine saisonal-affektive Störung (SAD), eine jahreszeitlich abhängige Depression, die am häufigsten im Herbst und Winter auftritt. Viele Dänen, ob sie nun betroffen sind oder nicht, bekämpfen die Winterdepression mit Flucht in wärmere Gefilde, ins spanische Malaga oder zu den fernen Stränden Thailands. Daheim ist *hygge* (Gemütlichkeit) die Rettung, wenn flackernde Kerzen, sanfte Beleuchtung und gemütliche Treffen mit Freunden die Dunkelheit mit feierfroher Behaglichkeit ersetzen. Es ist eine dänische Tradition, die ihren Höhepunkt zur Weihnachtszeit erreicht, wenn Weihnachtsmärkte, funkelnde Lichter und reichlich heißer *gløgg* (Glühwein) die Städte in ein winterliches Märchenland verwandeln.

Die kurzen wunderbaren Sommer mit ihren herrlich langen aktiven Tagen werden dafür in vollen Zügen genossen. Die Parks sind dann praktisch ein Meer aus bräunenden Körpern, Freiluftfestivals laufen auf vollen Touren, und alle, die ein Sommerhaus oder einen Grill besitzen, entstauben sie für den heiß ersehnten Sommer.

Anne und Peter sind zurzeit die häufigsten Vornamen in Dänemark, Jensen der häufigste Nachname. Das aktuelle Durchschnittsalter von Frauen beträgt 41,8 Jahre und von Männern 40 Jahre. Die Lebenserwartung liegt bei 81,9 Jahren für Frauen und bei 78 Jahren für Männer.

Gleichberechtigung

2013 stand Dänemark an achter Stelle auf dem internationalen Index für Geschlechtergleichheit des World Economic Forum. Unter den zahlreichen Faktoren, auf denen die Untersuchung beruht, stand das Land an erster Stelle beim Bildungsabschluss, an elfter Stelle beim politischen Mitspracherecht und an 25. Stelle bei wirtschaftlicher Chancengleichheit.

Dänemark stand zwar unter den skandinavischen Ländern an letzter Stelle, ist aber weltweit eine der Nationen mit der höchsten Gleichberechtigung. An den Hochschulen studieren weitaus mehr Frauen als Männer, und Zahlen der OECD (Organisation für wirtschaftliche Zusammenarbeit und Entwicklung) von 2013 zeigen, dass der durchschnittliche dänische Mann täglich drei Stunden und 37 Minuten mit Kochen, Putzen und Betreuungsaufgaben verbringt. Insgesamt verrichten dänische Männer 47 % der Hausarbeit, Dänemark hat somit den geringsten Unterschied in der Aufteilung der Hausarbeit zwischen den Geschlechtern. Richtlinien wie verbindlicher Vaterschaftsurlaub und berufliche Wiedereingliederung nach der Geburt sind ebenfalls Faktoren für eine Gesellschaft, in der Frauen Karriere und Familie einfacher koordinieren können.

Trotz dieser bewundernswerten Statistiken gehört Sexismus noch nicht ganz der Vergangenheit an. Eine prominente Dänin, der das durchaus bewusst ist, ist die Premierministerin Helle Thorning-Schmidt. Ihre allgemein bekannte Vorliebe für Designer-Labels hat ihr in den Medien und bei einigen politischen Gegnern den Spitznamen „Gucci-Helle" eingebracht. Thorning-Schmidts Kritiker behaupten, dass ihre Leidenschaft für teure Mode die Grundprinzipien ihrer Partei – der Sozialdemokratie – untergräbt, andere finden, dass das Erscheinungsbild männlicher Amtskollegen auch nie so gründlich beäugt wird.

Die Doppelmoral beschränkt sich nicht nur auf Kleidung. In einem Gespräch 2009 mit Adam Price (Autor der TV-Politserie *Borgen – Gefährliche Seilschaften*) brachte Thorning-Schmidt ein Medieninterview mit dem damaligen Premierminister Lars Løkke Rasmussen zur Sprache. Darin bekundete der Regierungschef, dass es genüge, seine Familie nur ein- oder zweimal pro Woche zu sehen, da sie die Anforderungen seines Amts verstünde. Thorning-Schmidt kommentierte diese Aussage damit, dass eine Politikerin niemals das Gleiche behaupten könne, weil sie dann als schlechte Ehefrau und Mutter verurteilt würde. Selbst im progressiven Dänemark sind tief verwurzelte Vorurteile also nur schwer auszurotten.

Dänisches Design

Gibt es ein designbewussteres Land als Dänemark oder eine stilbewusstere Hauptstadt als Kopenhagen? Klar, die Italiener schätzen ein schönes Sofa und die Franzosen ihre Mode, aber die dänische Leidenschaft für exzellentes Design sitzt ganz, ganz tief.

Das Dänische Architekturzentrum (www.dac.dk) ist eine phantastische Informationsquelle zu neuer Architektur, Innovation und Stadtentwicklung in der Hauptstadt. Die Website hat Podcasts für Architekturfans zum Download sowie Informationen zu architektonischen Stadtrundgängen in Kopenhagen.

Eine der größten Stärken des Landes ist die Liebe zu meisterhaft ausgeführter Gebrauchskunst. Gemeinsam mit den skandinavischen Nachbarn hat Dänemark Architektur und Innenarchitektur sowie das Design von Möbeln und Haushaltsgeräten in aller Welt geprägt.

Modernes dänisches Design entstand in den 1950er-Jahren, seine Wurzeln sind jedoch schon in den 1920er-Jahren und im Werk des wegweisenden dänischen Modernisten Kaare Klint (1888–1954) verankert. Der Architekt beschäftigte sich jahrelang mit der menschlichen Gestalt und passte etliche Stühle den ergonomischen Ansprüchen an. Klints Leidenschaft für funktionale, ansprechende und detailfreudige Formen sollte letztlich die dänische Designszene der 1950er-Jahre und mithin ihr Vermächtnis inspirieren und prägen.

Architektur

Der architektonische Bestand Dänemarks ist reichhaltig und vielfältig. Er umfasst die 1000-jährige militärische Präzision der Trelleborg, die mittelalterlichen Rundkirchen Bornholms, die Renaissance-Verspieltheit des Kronborg Slot in Kopenhagen und die Rokoko-Eleganz der Kopenhagener Marmorbrücke.

Seit Mitte des 20. Jhs. macht die dänische Architektur internationale Furore mit ihrem rationalen, innovativen Designansatz, der Grenzen sprengt und weltweit Anerkennung findet.

Zu den Größen gehört Arne Jacobsen (1902–1971). Der Pfeife rauchende Architekt und Vorreiter des internationalen Modernismus bereitete den Weg für dänische Interpretationen des Bauhausstils. Zu seinen berühmten Arbeiten zählen das Radisson Blu Royal Hotel in Kopenhagen, das funktionalistische Rathaus von Aarhus (Innenausstattung von Hans Wegner) und der Prototyp seines Kubeflex-Sommerhauses im Museum Trapholt in Kolding. Sie alle repräsentieren Jacobsens meisterhaftes Gefühl für Proportionen.

Ebenso berühmt ist Jørn Utzon (1918–2008), dessen Werk den Trend für organische Formen im Modernismus reflektiert. Utzon, Architekt der in den 1960er-Jahren gebauten und zum Weltkulturerbe zählenden Oper von Sydney, integrierte Elemente der Maya, des Islam und Japans in die traditionelle dänische Architektur. Seine Bauten sind im jütländischen Esbjerg und Skagen zu bewundern, seine schönste Hinterlassenschaft ist das Utzon Center in Aalborg. Das eindrucksvolle Design- und Architekturzentrum war das letzte Bauwerk, das der berühmte Architekt vor seinem Tod 2008 entwarf.

Utzon ist nicht der einzige Däne, der ein architektonisches Wahrzeichen für eine ausländische Stadt entwarf. Der in Viborg geborene Architekt Johan Otto von Spreckelsen (1929–1987) zeichnet für das würfelförmige Denkmal und Hochhaus La Grande Arche in Paris verantwortlich. Das 1989 fertiggestellte Gebäude, das es schafft, das Dramatische und Unorthodoxe mit Klarheit und Harmonie in Einklang zu bringen, ist ein Paradebeispiel für viele zeitgenössische dänische Entwürfe. Dazu gehört auch Henning Larsens preisgekröntes Bauwerk Bølgen („Die Welle"), ein markantes und doch geschmeidiges Wohngebäude im jütländischen Vejle, das wie riesige weiße Wellen geformt ist.

Ein noch jüngeres Beispiel ist das Nationale Seefahrtsmuseum in Helsingør, ein Beton- und Glaskomplex, der auf geniale Art in und um ein ehemaliges Trockendock gebaut wurde. Das Museum ist das Werk der Firma BIG (Bjarke Ingels Group), zu deren innovativen Entwürfen auch die Kopenhagener Wohnanlage VM Bjerget (Berg) gehört, ein gestuftes, pyramidenförmiges Gebäude, dessen raffinierte Gestaltung den Wohnungen ein Gefühl von Raum und Privatsphäre verleiht, das eher an Einfamilienhäuser erinnert.

INDEX: Design to Improve Life ist eine in Dänemark gegründete gemeinnützige Gesellschaft zur Förderung von Design und Designkonzepten, die das Leben von Menschen weltweit verbessern. Mehr über das Projekt auf designtoimprove life.dk.

Möbel & Innendesign

So wunderbar designorientierte Läden, Hotels und Restaurants auch sind, am schönsten kommt dänisches Design in seinem „natürlichen Umfeld" zur Geltung: in einer dänischen Wohnung. Für die Dänen ist gutes Design nicht nur etwas für Museen und Institutionen; sie leben damit und benutzen es im Alltag.

Eine dänische Wohnung zeichnet sich dadurch aus, dass im Wohnzimmer eine Musikanlage oder ein Fernseher von Bang & Olufsen steht, Lampen von Poul Henningsen von der Decke hängen, Stühle von Arne Jacobsen oder Hans Wegner im Esszimmer stehen und der Tisch mit

ARCHITEKTUR DER HAUPTSTADT

Funktional, menschenfreundlich, naturverbunden und einfühlsam: Das sind Adjektive, mit denen man die klassisch-dänische Nachkriegsarchitektur beschreiben kann. Typische Vertreter waren Architekten wie Jørn Utzon und Arne Jacobsen. Ihre meist zurückhaltende Version der Moderne wurde seit den 1990er-Jahren durch einen kühneren, auffälligeren, auch aggressiveren Baustil abgelöst.

Im Folgenden ein paar der markantesten modernen Gebäude in Kopenhagen:

Radisson Blu Royal Hotel (Arne Jacobsen) Jacobsen gab sich nicht mit dem Entwurf des Gebäudes zufrieden, er designte die komplette Inneneinrichtung des Hotels bis hin zu Türgriffen, Besteck und den berühmten *Ei*- und *Schwan*-Stühlen. Das Zimmer 606 ist noch immer so eingerichtet wie bei der Eröffnung 1960.

Schwarzer Diamant (Schmidt, Hammer & Lassen) Der 1999 fertiggestellte monolithische Bibliotheksanbau bildet einen scharfen Kontrast zum ursprünglichen Backsteingebäude. Letzterer wirkt standhaft und düster, der Neubau aus schwarzem Granit schwebt auf einem gläsernen Band und neigt sich zum Wasser, als wolle er hineinspringen.

Operaen (Henning Larsen) Dass große öffentliche Bauwerke Kontroversen auslösen, ist anscheinend unvermeidlich. Das Opernhaus von 2005 ist keine Ausnahme. Die gedrungene Form wurde zwar schon mit einem Toaster verglichen, aber die Innenausstattung aus Marmor und Ahornholz ist sagenhaft.

Skuespilhuset (Lundgaard & Tranberg) Das 2008 fertiggestellte, preisgekrönte Schauspielhaus gegenüber der Oper ist dunkel, verhalten und elegant. Einen verspielten Kontrast zu den gedeckt-grauen, englischen Lehmziegeln bildet das Obergeschoss aus farbigem Glas, das über das Wasser ragt.

Den Blå Planet (3XN) Dänemarks neues Aquarium sorgte mit seinem spiralförmigen, an einen Strudel erinnernden Design für Furore. Die glänzende Silberfassade des 2013 eröffneten Gebäudes ist mit Schindeln verkleidet. Die rautenförmigen Aluminiumplatten sind der organischen Form angepasst.

DÄNISCHE STUHLKLASSIKER

Dänische Designer wie Arne Jacobsen haben mit geradezu fanatischer Besessenheit monate- oder sogar jahrelang an der Perfektionierung eines Stuhls gearbeitet. Die Ergebnisse ließen die Welt aufmerken. In den 1950er-Jahren widmete ihnen das Magazin *Time* eine Titelseite! Es gibt Dutzende Modelle, darunter folgende Klassiker:

Runder Stuhl (Hans Wegner) Das US-Magazin *Interiors* setzte den Stuhl 1950 aufs Titelblatt und nannte ihn „den schönsten Stuhl der Welt". Schließlich wurde er nur noch als „der Stuhl" bezeichnet und kam zu Weltruhm, als 1960 die Präsidentschaftskandidaten Richard Nixon und John F. Kennedy in einer Fernsehdebatte darauf saßen.

Die Ameise (Arne Jacobsen) Der wohl berühmt-berüchtigtste Stuhl der Welt – nicht zuletzt dank einer Fotografie von Lewis Morley, für den 1963, kurz vor der Aufdeckung des Profumo-Skandals, das Callgirl Christine Keeler rittlings auf einem solchen posierte.

Das Ei (Arne Jacobsen) Der Sessel wurde zum Inbegriff für den Jetset der 1950er-Jahre. Jacobsen entwarf ihn für das Radisson Blu Royal Hotel.

Panton-Stuhl (Verner Panton) Nachdem er an der Entwicklung von Jacobsens Ameise beteiligt gewesen war, setzte Panton die Beschäftigung mit Kunststoffmöbeln fort. Sein berühmtester Entwurf wurde der Panton-Stuhl.

Nxt-Stuhl (Peter Karpf) Buchensperrholz, zu kantigen Flächen geformt, charakterisiert dieses markante Design, das 30 Jahre bis zur Produktionsreife brauchte. Aus ihm entwickelte sich die noch immer erfolgreiche Stuhlserie Voxia.

Geschirr von Royal Copenhagen, Besteck von Georg Jensen und Gläsern von Bodum gedeckt ist.

Moderne, dänische Möbel werden nach praktischen Gesichtspunkten konzipiert und nach dem Prinzip, dass sich das Design an den Bedürfnissen des Nutzers orientieren muss. Die klare, schlichte Ästhetik geht auf den Architekten Kaare Klint zurück, der an der Königlichen Akademie für Bildende Kunst in Kopenhagen die Abteilung Möbeldesign gründete.

Die Designfirma Hay (hay.dk) mit zwei Läden in Kopenhagen und einem in Aarhus ist bekannt dafür, zeitgenössische Designer zu führen, darunter Thomas Bentzen, Hee Welling und Lee Storm.

1949 schuf Hans Wegner (1914–2007), ein Zeitgenosse Klints, den Runden Stuhl. Seine fließend geschwungenen Linien machten ihn auf Anhieb zu einem Klassiker und zum Vorbild für viele weitere Entwürfe. Vor allem aber öffnete er für dänische Möbel erstmals einen großen Exportmarkt. Eine wunderbare Sammlung von Wegner-Stühlen ist im Museum Tønder in der Heimatstadt des Designers ausgestellt.

Ein Jahrzehnt nach Wegners Rundem Stuhl entwarf Arne Jacobsen den Stuhl Die Ameise. Er war für die Massenproduktion gedacht und wurde das Vorbild für stapelbare Stühle, wie sie heute weltweit in Schulen und Schnellrestaurants stehen. Weitere berühmte Jacobsen-Stühle sind Das Ei und Der Schwan, zwei organisch geformte, gepolsterte Drehsessel mit Sternfuß.

Dänisches Design zeigt sich auch in stilvollen Leuchten. Der bekannteste dänische Lampendesigner ist Poul Henningsen (1894–1967). Seine Grundsätze lauteten: Das Licht muss weich sein, der Schirm muss einen angenehmen Schatten werfen, und der Leuchtkörper darf nicht direkt sichtbar sein. Sein Modell PH 5 von 1958 ist bis heute eine der beliebtesten Hängelampen in Dänemark.

Die klaren Linien eines gelungenen Industriedesigns prägen auch die Audio- und TV-Systeme von Bang & Olufsen sowie dänische Haushaltsgegenstände. Als Vater des dänischen Gebrauchssilbers gilt der Bildhauer und Silberschmied Georg Jensen (1866–1935). Das von ihm gegründete Unternehmen, das 1904 die ersten Bestecke auf den Markt brachte, ist heute noch führend.

Trotz des langen Schattens, den die Modernisten werfen, profiliert sich auch eine neue Generation dänischer Designer. Einige sind zwar noch immer von den Helden der 1950er-Jahre beeinflusst, aber andere fordern deren Vormachtstellung mit frischem und oft kühnem und respektlosem Design heraus. Zu den Letzteren zählt der erfolgreiche Designer Thomas Bentzen (geb. 1969), dessen originelle Möbel und Lampen fast eine animierte Persönlichkeit ausstrahlen.

Essen & Trinken

In nur etwas mehr als einem Jahrzehnt wandelte sich Dänemark von der gastronomischen Matrone zum kulinarischen Liebling. Die Neue Nordische Küche begeistert nach wie vor Gastrokritiker und Feinschmecker, und dänische Klassiker erleben eine neue Popularität und werden modern interpretiert. Kopenhagen hat das beste Restaurant der Welt (Noma; S. 77), das 2010, 2011, 2012 und 2014 in der San-Pellegrino-Liste der 50 besten Restaurants auf Platz eins kam. Es gibt 15 Sternerestaurants in der Stadt – ein Rekord. Mittlerweile hat sich herumgesprochen, dass Dänemark erstklassige landwirtschaftliche Erzeugnisse und Chefköche hat, die mit Talent und Handwerk Spitzenqualität liefern. Alte Rezepte werden wieder entdeckt, und das Interesse an der traditionellen Kochkultur ist nach wie vor hoch. Das Ergebnis ist eine kulinarische Landschaft, die sich beständig weiterentwickelt und entdeckt werden will.

Neue Nordische Küche

Trotz einiger Behauptungen, dass Dänemarks Neue Nordische Küche zu inzwischen allgegenwärtig sei, begeistert sie noch immer Gastrokritiker, Redakteure, Blogger und Gourmets in der ganzen Welt.

Die Küche selbst entstand 2004, als nordische Köche auf einem Symposium in Kopenhagen ein Zehn-Punkte-Manifest erstellten, das die Neue Nordische Küche definierte. Darin ist festgelegt, dass saisonale, nachhaltige Zutaten und Erzeugnisse aus lokalem Anbau und nordische Kochmethoden zu verwenden seien, um eine Küche zu kreieren, die auf originelle und eigenständige Weise skandinavische Kultur, Geografie und Geschichte widerspiegelt.

Dänisch kochen: Gerichte und ihre Geschichte von Charlotte Noer: Die geborene Kopenhagenerin arbeitete einst als Köchin in einem alteingesessenen Restaurant der Stadt und hat in diesem Band einen Rundumblick auf dänische Tafeln zusammengetragen; mit vielen Rezepten.

Die Bewegung stellte die phantastischen Naturerzeugnisse Dänemarks in den Vordergrund, etwa exzellente Schweinefleischprodukte, Rind, Wild, Fisch und Meeresfrüchte, Wurzelgemüse, Wildbeeren und -kräuter. Sie präsentiert auch seltenere Zutaten aus dem gesamten nordischen Raum, darunter grönländische Moschusochsen, Große Miesmuscheln von den Färöer Inseln, Wildbeeren aus Finnland oder Trüffeln von der schwedischen Insel Gotland.

Das berühmteste Restaurant der Neuen Nordischen Küche ist noch immer das Noma. Der Besitzer und Küchenchef René Redzepi meidet nichtheimische Produkte in seinen Gerichten, das gilt selbst für Olivenöl und Tomaten. Er variiert scheinbar unspektakuläre Zutaten und gräbt vergessene Kochtraditionen wieder aus. Redzepi ist auch bekannt dafür, in der Natur nach Kräutern und Pflanzen zu suchen. Die Zutaten werden dann gekonnt zubereitet, in einer Mischung aus traditionellen Techniken (Pökeln, Räuchern, Einlegen und Konservieren) und progressiven Experimenten (z. B. Ameisen).

Redzepi mag sich zwar strikt an nordische Erzeugnisse halten, aber eine jüngere Generation von Köchen – viele davon haben im Noma gelernt – sind nicht ganz so dogmatisch. Sie scheuen bei ihren eigenen saisonal orientierten nordischen Speisen auch nicht vor gelegentlichen ausländischen Zutaten zurück. Zu diesen Köchen zählt Matt Orlando vom Kopenhagener Restaurant Amass, wo gerösteter Grünkohl und Strandhafer mit Foie gras oder Haargurken kombiniert werden. Manche behaupten zwar, dass dies das Konzept der Neuen Nordischen Küche kompromittiere, aber andere betrachten das als Weiterentwicklung der modernen dänischen Küche.

Typisches & Spezialitäten aus Dänemark

Rentierflechte und über Heu geräucherte Wachteleier mögen zwar auf den Speisekarten der Neuen Nordischen Küche üblich sein, aber traditionelle dänische Restaurants servieren deftigere Klassiker. Im Folgenden einige dänische Traditionsgerichte:

Vom Land

Traditionelles dänisches Essen ist vor allem etwas für Fleischliebhaber. Schweinefleisch (*flæsk* oder *svinekød*) ist allgegenwärtig: als *flæskesteg* (Schweinebraten), *mørbradbøf* (Schweinefilet) oder als die beliebten *frikadeller* (gebratene Frikadellen, meist mit Salzkartoffeln und Rotkohl serviert). Nostalgie ergreift die Dänen bei der bloßen Erwähnung von knusprigen *flæskesvær* (Schweinekrusten), die als salziger Snack gegessen werden und in trendigen Bars in Kopenhagen wieder angesagt sind. Ebenso toll ist *æbleflæsk,* eine herzhafte Mischung aus gebratenem Speck, Zwiebeln und Äpfeln serviert auf *rugbrød* (Roggenbrot), wozu am besten dunkles Bier und Schnaps passt.

Rind (*bøf* oder *okse*) ist ebenso beliebt, es wird in günstigerer Hausmannskost als Hack, aber auch in der teureren Steakvariante zubereitet (häufig mit Sauce béarnaise). Hakkebøf ist eine mit gebratenen Zwiebeln bedeckte Bulette, dazu Kartoffeln, braune Soße und Rüben als Beilage. Auf Restaurantkarten steht inzwischen auch wieder häufiger *pariserbøf*, eine kurz angebratene Rinderbulette mit Kapern, rohem Eigelb, Zwiebeln und Meerrettich.

Neben Kopenhagen ist auch Bornholm ein Ziel für Gourmets. Auf der Insel gibt es hervorragende Räuchereien, die landesweit berühmte Metzgerei Hallegård (S. 153), modern-dänische Edelrestaurants wie Kadeau (S. 152) und Lassens (S. 159) und lokale Spezialitäten, von Karamellbonbons bis zu vor Ort gebrautem Bier.

Aus dem Meer

Die ausgedehnte Küste sorgt für reichlich Nachschub aus dem Meer. Hering *(sild)* ist ein Hauptnahrungsmittel. Er wird oft auf vielfältige Art mariniert, z. B. in Sherry, Senf, Orangensaft oder Curry, aber auch gern geräuchert, gebraten oder gegrillt. Ebenso häufig ist gepökelter oder geräucherter Lachs, besonders beliebt ist *gravad laks:* geräucherter oder gepökelter Lachs, in Dill mariniert und mit einer süßen Senfsoße serviert.

Dann gibt's noch *stegt rødspætte,* gebratene, panierte Scholle, oft mit Petersilienkartoffeln serviert, *kogt torsk,* pochierter Kabeljau mit Senf-

EINMALIGES AUS DÄNEMARK

Neue Nordische Küche Nordische Erzeugnisse, die mit Ideenreichtum und Kreativität zubereitet werden, gibt's in Kopenhagen in angesagten Restaurants wie Noma, Kadeau oder Geranium.

Smørrebrød Variantenreich belegtes Roggen- oder Weißbrot, von Rindertatar bis Ei und Krabben; eines der beliebtesten kulinarischen Exporte Dänemarks.

Sild Geräuchert, gepökelt, gebeizt oder gebraten: Hering ist die lokale Spezialität und wird am besten großzügig mit *akvavit* (Kümmelschnaps) hinuntergespült.

Kanelsnegl Ein „gewichtiger" Genuss; die Zimtschnecke ist ein süßes Buttergebäck, manchmal mit Schokoguss.

Koldskål Eine süße Buttermilchkaltschale mit Vanille, die traditionell mit Keksen gereicht wird, z. B. mit *kammerjunkere*.

Bier Carlsberg mag zwar der Marktführer sein, bekommt aber Konkurrenz von einer wachsenden Schar kleiner Hausbrauereien wie z. B. Mikkeller, Amager Bryghus und Bryghuset Møn.

sauce und Salzkartoffeln, und die allgegenwärtigen *fiskefrikadeller*, gebratene Fischfrikadellen mit dicker Remouladen- oder Tatarsauce und Zitronenspalten. Ebenso berühmt ist die majestätische *stjerneskud*, wörtlich „Sternschnuppe", ein üppiges Gericht aus gedünsteten und gebratenen Fischfilets, darauf Räucherlachs, Krabben und Kaviar, alles serviert auf Butterbrot.

Die Dänen pflegen die Tradition des Fischräucherns, und der wunderbar rauchige Geschmack von Räucherfisch ist eines der typischsten kulinarischen Glanzlichter Skandinaviens. Überall entlang der Küste stehen Räuchereien *(røgeri)* für Hering, Aal, Krabben und anderes Meeresgetier. Die bekanntesten Räuchereien sind auf Bornholm.

Das adrette Skagen an der Nordspitze Jütlands ist der beste Ort, um sich mit frischen Krabben *(rejer)* und Hummer *(hummer)* den Magen vollzuschlagen.

Smørrebrød

Smørrebrod wurde zwar bereits in der Hakonar-Saga aus dem 13. Jh. erwähnt, aber das aufwendig belegte dänische Butterbrot, wie es heute bekannt ist, stammt aus dem späten 19. Jh. Mit der wachsenden Anzahl der Edelrestaurants in Kopenhagen begannen die einfachen Bier- und Weinkeller der Stadt, ihre normalen Butterbrote mit raffinierten Belägen aufzupeppen, und schufen somit Dänemarks berühmtesten kulinarischen Export.

Das einfache Smørrebrød besteht aus einer Scheibe Roggenbrot und wird variantenreich belegt, z. B. mit Roastbeef oder Schweinebraten, saftigen Krabben, eingelegtem Hering, Leberpastete oder gebratenem Fischfilet. Die Garnierungen sind ebenso vielfältig, sodass es am Ende fast zu schade ist, in das Kunstwerk zu beißen. Zu den Regeln des dänischen Smørrebrød gehört, dass geräucherter Lachs auf Weißbrot und Hering auf Roggenbrot serviert wird. Zu dem charakteristischen Gericht welcher Kombination auch immer wird am besten Aquavit und ein erfrischendes Bier getrunken.

Smørrebrød ist in zahllosen Restaurants und Cafés ein typisches Mittagsgericht. Das berühmteste Restaurant dafür ist Schønnemann (S. 75) in Kopenhagen, ein renommiertes und altgedientes Lokal aus dem 19. Jh. Sein Angebot reicht vom Klassischen bis zum Modernen, mit Variationen wie kaltgeräucherter Rehkeule kombiniert mit Steinpilzremoulade und Rote-Bete-Schnitzen.

Im Allgemeinen ist Smørrebrød in Bäckereien oder Smørrebrød-Imbissen in der Nähe von Bahnhöfen oder Bürohäusern am billigsten. Die Aussprache klingt etwa wie „Smö-brröh"; nicht verzweifeln, auch mit viel Üben wird es nie wie bei einem Muttersprachler klingen.

Wer im Sommer in ländlichen Gegenden unterwegs ist, sieht Verkaufsstände an der Straße. Hier werden frische Produkte direkt vom Bauern verkauft (daneben oft eine Schachtel für das Geld). *Jordbær* sind Erdbeeren, *kirsebær* Kirschen, *ærter* Erbsen und *kartofler* Kartoffeln.

Süßes

Dänemark ist ein Paradies für alle, die blättrige, klebrige und süße Sachen lieben, und die dänischen Bäckereien sind eine ständige Versuchung.

Das süße Plundergebäck, das viele auch unter dem Namen „Kopenhagener" kennen, heißt in Dänemark verwirrenderweise *wienerbrød* und ist in Bäckereien an fast jeder zweiten Straßenecke in verschiedenen Varianten zu haben. Angeblich geht der Name auf einen dänischen Bäcker zurück, der im 18. Jh. nach Österreich zog, wo er das Gebäck aus buttrigem Blätterteig perfektionierte. Dänen essen es auch gern zum Frühstück.

Das ist aber längst nicht alles, was Dänemark an Gebäck zu bieten hat. Weitere Leckereien sind *kanelsnegle* (Zimtschnecken), manchmal auch mit Schokoguss, und die ebenso beliebten *tebirkes* (ein buttriges, mit Marzipan gefülltes und mit Mohn bestreutes Blätterteiggebäck).

Wohin zum Essen?

Von René Redzepi und Rasmus Kofoed bis zu Nicolai Nørregaard und Claus Henriksen verarbeiten moderne dänische Köche saisonale Zutaten zu spannenden und eigenwilligen Gerichten, die Duft, Beschaffenheit, Farben und Stimmungen der Region einfangen.

Dieses Höchstmaß an Kreativität konzentriert sich zwar überwiegend auf Kopenhagen, aber etliche Spitzenrestaurants verteilen sich im ganzen Land, darunter urbane Edellokale wie das St. Pauls Apothek in Aarhus oder Landgasthäuser in Schlössern und Herrenhäusern wie das Dragsholm Slot in Seeland und der Falsled Kro auf Fünen.

Davon abgesehen kann man in Dänemark auch richtig schlecht essen, vor allem in ländlichen Regionen, wo immer wieder trockene Schnitzel, gummiartige Pizza oder eintönige Pastagerichte aufgetischt werden. Um Enttäuschungen dieser Art zu vermeiden, helfen ein paar Tipps: Traditionelle *røgeri* (Räuchereien) entlang der Küste verkaufen oft erstklassige und günstige Fischgerichte. In vielen Dörfern gibt es noch einen altmodischen *kro* (Gasthaus), wo klassische dänische Hausmannskost gekocht wird. Und in der *bageri* (Bäckerei) beweisen die Dänen ihre Backkünste, ganz besonders wenn es um *rugbrød* (Roggenbrot) geht.

Die Küchen in Gasthäusern und Restaurants schließen in Dänemark früher als in anderen europäischen Ländern, meist um 22 Uhr (in kleineren Städten auch schon um 21 Uhr). Nach dem Schließen der Küche gehen viele Restaurants und Cafés in urbanen Gebieten in einen „Bar-Modus" über, es werden gepflegte Getränke zu DJ- oder Livemusik gereicht.

Günstig essen

Essen gehen ist ein teurer Spaß in Dänemark, vor allem in gefragten Feinschmeckerrestaurants, wo man oft noch tiefer in die Tasche greifen muss als in vergleichbaren Restaurants in Paris oder London. In Kopen-

SÜFFELN, SPEISEN & SCHLAFEN: GOURMET-OASEN

Das Einzige, was ein langes, schwelgerisches Abendessen übertrifft, ist ein langes, schwelgerisches Abendessen mit einem schönen Zimmer oder einer Suite nur wenige Schritte vom Tisch entfernt. Die folgenden Schlösser und Landgasthäuser verbinden stimmungsvolle Unterkunft und kreative, saisonale Speisen – ein Ausflug, für den sich jeder Umweg lohnt.

Dragsholm Slot (S. 117) Man nehme ein altes Schloss, füge den ehemaligen Noma-Koch Claus Henriksen hinzu und fertig ist ein renommiertes kulinarisches Landgasthaus am Rand des fruchtbaren Lammerfjords (Dänemarks „Gemüsegarten") in Nordwestseeland. Zu den edlen Speisen gehören Brunnenkresse und Langusten mit Rettich und Räucherschmalz oder einfachere, rustikale Gerichte im weniger teuren Eatery.

Falsled Kro (S. 180) Das ehemalige Schmugglergasthaus im südlichen Fünen verarbeitet lokale Spitzenprodukte zu ausschließlich saisonalen Gerichten, wie geräucherter und gepökelter Kabeljau mit Kaviar, Meerrettich und Apfel.

Henne Kirkeby Kro (S. 250) Das hippe, umgebaute Landgasthaus im Heideland von Westjütland serviert reinste Neue Nordische Küche, zubereitet vom britischen Sternekoch Paul Cunningham.

Molskroen (S. 234) Im renovierten Molskroen auf der Halbinsel Djursland bei Aarhus werden französisch inspirierte und skandinavisch verfeinerte Gerichte serviert, wie Foie-gras-Terrine mit getoasteter Brioche und Birnen-Chutney oder Hummerfrikassee mit Selleriepüree.

Ruths Gourmet (S. 269) Bei Ruths trifft die lichterfüllte, maritime Schönheit Skagen auf Neue Nordische Kreativität. Küchenchef ist der renommierte Koch Thorsten Schmidt, der seine leichten, exquisit komponierten Kreationen vom regionalen und saisonalen Marktangebot bestimmen lässt.

hagen haben etliche Spitzenrestaurants (oder ehemalige Köche derselben) vergleichsweise preiswertere und zwanglosere Ableger eröffnet, die innovative Neue Nordische Küche servieren. Zu den besten gehören das Pony (S. 77) und das Rebel (S. 76). Zu berücksichtigen ist auch, dass alkoholische Getränke in eleganten Lokalen unglaublich teuer ist und locker den Preis fürs Essen verdoppeln können.

Neben den Räuchereien, Bäckereien und Cafés gibt es noch weitere Möglichkeiten, günstig zu essen. Thailändische und chinesische Restaurants sind überall zu finden, auch wenn sie selten authentisch sind. Pizza ist eine weitere Option, allerdings ist die erhoffte perfekte Pizza aus dem Holzofen eher selten. Einfache libanesische und türkische Imbisse verkaufen günstiges Schawarma (Fladenbrot mit Fleischstücken gefüllt). Überall vorhanden, allerdings nicht gerade gesund, sind die *pølsevogn*: Diese Stände verkaufen Hotdogs jeder Art.

Claus Meyer (www.clausmeyer.dk) gehört zu den Superstars der dänischen Kochszene. Er ist nicht nur Begründer der Neuen Nordischen Küche, sondern auch Fernsehkoch, Ausbilder, Mitgründer des Restaurants Noma, Kochbuchautor und Gastrounternehmer. Auf Deutsch ist von ihm erschienen: *Salatwerkstatt* mit 80 knackigen Rezepten für Salat- und Dressingvariationen.

Brunch

Dänen frühstücken selten auswärts. Gebruncht hingegen wird mit Begeisterung. Viele Cafés und Restaurants fahren an Wochenenden zwischen 10 und 14 Uhr ein üppiges Buffet auf, das zwischen 110 und 175 Kr kostet.

An Wochentagen bieten viele Lokale ab 10 Uhr bis zur Mittagszeit einen „Brunchteller" *(brunch tallerken)* an. Der besteht meist aus einer Auswahl von Klassikern: Müsli und Joghurt, Aufschnitt, Brot, Käse und etwas Süßes (Gebäck oder Pfannkuchen) – alles auf einem Teller.

Vegetarier & Veganer

Trotz der landesweiten Begeisterung für Schweineprodukte werden Vegetarier überall problemlos etwas Essbares finden (in kleineren Städten schrumpft die Auswahl). In Cafés gibt es gewöhnlich verschiedene Salate, und an der Smørrebrød-Theke findet sich oft auch eine vegetarische Alternative. Die meisten Restaurants haben mindestens ein Gericht für Vegetarier auf der Karte oder bereiten auf Wunsch etwas zu.

Getränke

Die Dänen trinken leidenschaftlich gern. Die meisten Restaurants und Cafés haben Bier *(øl)*, Wein *(vin)* und Schnäpse im Angebot. Auch Supermärkte verkaufen Alkohol während der normalen Öffnungszeiten. Die Preise sind im Vergleich zu den anderen skandinavischen Ländern niedrig, nicht allerdings im Vergleich zu deutschen Preisen.

WEIHNACHTEN IN DÄNEMARK

Ein traditionelles dänisches Weihnachten *(jul)* ist nicht nur voller *hygge* (Gemütlichkeit), sondern auch eine Orgie aus festlichem Essen.

Die größte Feier findet an Heiligabend bei der Bescherung statt: Es wird um den Weihnachtsbaum gesungen und getanzt und ordentlich Aquavit und spezielles Weihnachtsbier gebechert. Im kulinarischen Mittelpunkt steht der Schweine-, Enten- oder Gänsebraten mit Rotkohl und in Butter und Zucker gekochten Kartoffeln. Nach dem Essen folgt der wärmende *risengrød* (Milchreis), in dem eine ganze Mandel versteckt ist. Wer die Mandel in seiner oder ihrer Schale findet, erhält einen Preis, z. B. ein Marzipankonfekt. Am 25. Dezember gibt es mittags die Reste des Weihnachtsessens als wunderbares *koldt bord* (kaltes Buffet).

Die Sache mit den Weihnachtsleckereien beginnt natürlich schon lange vor den eigentlichen Weihnachtstagen. In der Adventszeit gibt's z. B. *brunekager* und *pebernødder* (Leb- und Pfefferkuchen), goldfarbene *klejner* (Nonnenfürzchen; Schmalzgebäck) und *æbleskiver* – kleine, kugelförmige Pfannkuchen, die traditionell zum *gløgg* (Glühwein) gegessen werden.

MIT DÄNEN ABENDESSEN

Drei Agenturen vermitteln traditionelle Abendessen bei Dänen zu Hause. Die Gastfamilien wohnen meist in Kopenhagen, und die Veranstalter bemühen sich, Alter und Interessen der Teilnehmer aufeinander abzustimmen. Ein Essen mit zwei Gängen, Wein und Kaffee kostet um 420 bis 520 Kr. Anmeldungen gehen online, möglichst einen Monat im Voraus.

Die Agenturen:

Dine with the Danes (www.facebook.com/DineWithTheDanes)
Meet the Danes (meetthedanes.dk)
Meet Gay Copenhagen (www.meetgaycopenhagen.dk)

Bier

Die Dänen sind außerordentliche Bierproduzenten und -verbraucher. Die ältesten Nachweise von Bier in Dänemark stammen aus der Zeit um 2800 v. Chr., die erste Brauerzunft Kopenhagens wurde 1525 gegründet. Die Carlsberg-Brauerei, eine der weltgrößten Brauereien mit Sitz in Kopenhagen, produziert Marken wie Carlsberg und Tuborg und ist der größte Bierexporteur in Europa.

Am besten verkauft sich in Dänemark Pils, ein helles Bier mit 4,6 % Alkoholgehalt. Daneben gibt es noch viele andere Biersorten, von leichten Bieren mit 1,7 % Alkohol bis zu Starkbieren mit bis zu 8 %. Einige wichtige Begriffe rund ums Bier:

øl – Bier
pilsner – Pils
lyst øl – Leichtbier
lagerøl – dunkles Pils
fadøl – Fassbier
porter – dunkles Starkbier

In Dänemark gibt es zwei hochkarätige Gourmetfestivals: Copenhagen Cooking (S. 67) im Februar und August und Sol over Gudhjem (S. 158), Dänemarks größter Kochwettbewerb, der im Juni auf Bornholm stattfindet.

Im letzten Jahrzehnt haben sich die Dänen vermehrt den Bieren kleinerer Hausbrauereien zugewandt. Überall im Land verteilen sich inzwischen mehr als 120 kleine Brauereien (Mikrobrauereien). Jede dänische Stadt, die etwas auf sich hält, hat ihr eigenes *bryghus* (Brauerei), wo häufig innovative Geister eine breite Palette von Biersorten herstellen.

Immer mehr Bars, Kneipen und Restaurants bieten stolz ihre Flaschenbiere und wechselnden Fassbiere aus Kleinbrauereien an; auf den Karten stehen oft unbekannte lokale neben großen Marken. Verschiedene Bars richten sich speziell an anspruchsvolle Biertrinker, darunter Mikkeler in Kopenhagen. Und dann gibt's natürlich noch das größte Bierfest des Landes, das Ølfestival (beerfestival.dk) Mitte bis Ende Mai in Kopenhagen, auf dem über 700 Biersorten probiert werden können.

Wein

Trotz der nördlichen Breite gibt es in Dänemark eine kleine, florierende Weinindustrie. Sie hat ihren eigenen Verband, die Danske Vingårde (Dänische Weingüter), und über 50 Winzereien, darunter Kelleris Vingaard (www.kellerisvingaard.dk) in Seeland, Dyrehøj Vingård (www.dyrehoj-vingaard.dk) und Dansk VinCenter (www.vincenter.dk).

Wichtig: Beim Zuprosten dem Gegenüber in die Augen schauen. Dem Gastgeber zum Abschied immer für Speis und Trank danken, auch wenn es nur eine Tasse Kaffee gab.

Seltsamerweise ist nicht die globale Erwärmung der Grund für das Wachstum der Branche, sondern die Zucht von Rebsorten, die früh ausschlagen und reifen, was sie ideal für die kurze Vegetationszeit der Region macht. Zu diesen Sorten gehören die häufig verwendete Hybridrebe Rondo sowie der Regent, der einen tiefroten, kräftigen und gehaltvollen Wein ergibt. Am vielversprechendsten sind die Weiß- und Schaumweine aus Rebsorten wie dem rieslingartigen Johanitter.

Noch bemerkenswerter sind die Apfelweine der innovativen jütländischen Cold Hand Winery (www.coldhandwinery.dk). Zu ihren Produkten gehört der preisgekrönte Malus X – Feminan, ein wunderbar ausgewogener Dessertwein mit spritziger Mineralik und toffeeartiger Kopfnote.

Die meisten dänischen Tropfen werden derzeit auf dem einheimischen Markt verkauft, mehrere auch in modernen dänischen Restaurants wie dem Kanalen (S. 77) und dem Feinkostmarkt Torvehallerne KBH (S. 80) in Kopenhagen.

Aquavit

Der beliebteste Schnaps Dänemarks ist der in Aalborg hergestellte Aquavit *(akvavit)*. Es gibt verschiedene Sorten; üblicherweise werden sie aus Kartoffeln hergestellt und mit Kümmel gewürzt. Am Aquavit wird in Dänemark nicht genippt, sondern er wird mit einem Schluck hinuntergekippt, meist gefolgt von einem Bier.

Literatur, Film & TV

Wie in anderen Bereichen ist auch in Sachen Literatur und Film der Beitrag Dänemarks zur europäischen Kultur im Verhältnis zur Größe des Landes überproportional groß.

Literatur

Das Goldene Zeitalter

Die erste Hälfte des 19. Jhs., als „Goldenes Zeitalter" bezeichnet, war die kulturelle und wirtschaftliche Blütezeit Dänemarks. Zwei Ikonen der dänischen Literatur wurden in dieser Zeit weltbekannt: Hans Christian Andersen (1805–1875), dessen Märchen in mehr Sprachen übersetzt wurden als jedes andere Buch (mal abgesehen von der Bibel), und der Philosoph und Theologe Søren Kierkegaard (1813–1855), der als Wegbereiter der Existenzphilosophie gilt.

Eine gute Einführung in das Werk von Kierkegaard bietet die Biografie samt Darstellung der Hauptwerke *Sören Kierkegaard zur Einführung* von Konrad Paul Liessmann.

Es war einmal ...

Hans Christian Andersen revolutionierte nicht nur im Alleingang die Kinderliteratur, er schrieb auch Erzählungen, Theaterstücke und faszinierende Reisebücher. Seine Märchen wie *Die kleine Meerjungfrau*, *Des Kaisers neue Kleider* und *Das hässliche Entlein* wurden in über 170 Sprachen übersetzt und sind wie kaum ein anderes Werk weltweit Teil des kollektiven literarischen Bewusstseins.

Andersen verlieh seinen Tieren, Pflanzen und unbelebten Gegenständen eine magische Menschlichkeit. Gegenspieler sind bei ihm keine Hexen oder Trolle, sondern menschliche Schwächen wie Gleichgültigkeit und Eitelkeit. Oft sind es kindliche Helden, die die Welt am klarsten sehen. Seine Märchen sind von einer Liebenswürdigkeit, die Grenzen und Generationen überschreitet. Sein Werk soll Charles Dickens, Oscar Wilde und viele andere moderne Autoren beeinflusst haben.

Andersen kam in Odense als Sohn eines Schuhmachers und einer Wäscherin zur Welt. In seinen autobiografischen Texten beschönigte er seine Kindheit als arm, aber idyllisch. Sein Vater starb, als er elf war. Kurz danach ging Andersen nach Kopenhagen und begab sich als ungebildeter 14-Jähriger auf eine klassische Märchenmission: Er wollte sein Glück in der großen Stadt machen. Er versuchte sich vergebens in verschiedenen Berufen, bis er schließlich mit dem Schreiben Erfolg hatte – zunächst mit Gedichten und Theaterstücken, später mit Kurzgeschichten.

Andersen war neurotisch, sexuell ambivalent, schwer hypochondrisch und unglücklich. Das mag das unruhige, nomadische Leben, das er bis zu seinem Tod führte, teilweise erklären. Andersens gesammelte Werke (insgesamt 156) umfassen Gedichte, Romane, Reisebücher, Theaterstücke und drei Autobiografien. Er starb 1875 an Leberkrebs und liegt auf dem Assistens Kirkegård in Kopenhagen begraben.

Realismus & Moderne

Gefeierte Prosa

Um 1870 entstand in der dänischen Literatur ein Trend zum Realismus mit zeitgenössischen Themen, als „Durchbruch zur Moderne" bezeichnet. Der führende Vertreter dieses Genres war Georg Brandes (1842–1927), ein Schriftsteller und Sozialkritiker, der leidenschaftlich einen Literaturstil forderte, der Diskussionen auslöst und gesellschaftliche Normen in Frage stellt. Zu jenen, die diesen Anspruch erfüllten, gehörte Jens Peter Jacobsen (1847–1885), dessen Roman *Frau Marie Grubbe* sich erstmals in Dänemark mit der weiblichen Sexualität beschäftigte.

Ein weiterer Schriftsteller des Realismus war Henrik Pontoppidan (1857–1943), der für seine „authentischen Beschreibungen des Alltags in Dänemark" 1917 den Nobelpreis für Literatur gewann (zusammen mit seinem Landsmann Karl Gjellerup). 1944 erhielt Johannes Vilhelm Jensen den Nobelpreis, dessen historischer Roman *Des Königs Fall* 1999 zum besten dänischen Roman des 20. Jhs. erklärt wurde.

Die berühmteste dänische Schriftstellerin des 20. Jhs. ist Karen Blixen (1885–1962). Ihre Karriere begann mit *Sieben phantastische Geschichten*, die sie 1937 in New York unter dem Pseudonym Isak Dinesen veröffentlichte. Weltbekannt ist ihr Buch *Afrika, dunkel lockende Welt* (1937) über ihr Leben auf einer Farm in Kenia. Die Verfilmung unter dem Titel *Jenseits von Afrika* (1985) wurde mit sieben Oscars ausgezeichnet. Ihr Anwesen in Rungsted ist heute ein Museum über ihr Leben und Werk.

Einer der führenden zeitgenössischen Autoren Dänemarks ist Peter Høeg, dessen Romane meist von unangepassten Außenseitern der Gesellschaft handeln. 1992 erschien sein Weltbestseller *Fräulein Smillas Gespür für Schnee*, ein spannender Krimi über eine Grönländerin in Kopenhagen, der 1997 auch verfilmt wurde.

Orte zu Hans Christian Andersen

- *Den Gamle Gaard (S. 178), Faaborg*
- *Fyrtøjet (S. 165), Odense*
- *H. C. Andersens Barndomshjem (S. 165), Odense*
- *H. C. Andersens Hus (S. 165), Odense*
- *Assistens Kirkegård (S. 60), Kopenhagen*

Die nordischen Krimis

Das enorm populäre Genre skandinavischer Krimis scheint zwar von Schweden (vor allem Henning Mankell und Stieg Larsson) und vereinzelten Norwegern (Jo Nesbø) dominiert zu sein, aber es gibt auch bemerkenswerte dänische Krimiautoren.

Zu ihnen gehört Jussi Adler-Olsen, der 2011 mit dem „Gläsernen Schlüssel" (Glasnøglen) ausgezeichnet wurde, einem renommierten Literaturpreis für nordische Krimis. Der erste Band seiner Reihe über das Sonderdezernat Q für ungelöste Fälle erschien 2011 auf Deutsch unter dem Titel *Erbarmen*. Der vierte Band der Serie – auf Deutsch unter dem Titel *Verachtung* erschienen – dreht sich um die Protagonistin Nete Hermansen, die Rachepläne gegen ihre Peiniger auf Sprogø schmiedet, eine dänische Insel, die für ihre nunmehr geschlossene Erziehungsanstalt für „gefährliche" und „unmoralische" junge Frauen berüchtigt war.

Ein weiterer erwähnenswerter Krimiautor ist der in Kopenhagen lebende Journalist Erik Valeur, dessen Erstlingsroman *Das siebte Kind* 2012 den „Gläsernen Schlüssel" gewann. Die geschickt aufgebaute Handlung dreht sich um den mysteriösen Tod einer Frau, ein Waisenhaus und sieben Waisen, die mutmaßlich verlassene Kinder der dänischen Elite sind.

Film

„Nordic Noir"

Dänemarks Ruf für hervorragende Fernsehkrimis mit spannenden Wendungen und düsterer Atmosphäre hat sich in den letzten 15 Jahren gefestigt.

Der erste Erfolg war der Vierteiler *Unit One – Die Spezialisten*. Die Geschichte um ein mobiles Einsatzkommando der Polizei wurde 2002 mit einem Emmy Award als bester nichtamerikanischer Fernsehfilm ausgezeichnet. Als nächstes folgte *Der Adler – Die Spur des Verbrechens,* eine 24-teilige Fernsehserie um eine kleine dänische Spezialeinheit, die sich um terroristische Bedrohungen bis hin zu internationalem Betrug kümmert. Auch diese Serie erhielt 2005 einen Emmy Award.

2007 wurden die Fernsehzuschauer mit *Kommissarin Lund – Das Verbrechen* bekannt gemacht. Protagonistin ist Sarah Lund, eine Kopenhagener Kriminalpolizistin mit scharfsinnigem Gespür für Verbrechensaufklärung und einer Vorliebe für Färöer-Pullover. Im Verlauf der drei Staffeln wurde die Serie zum internationalen Kult, in 20 Ländern ausgestrahlt, gewann den britischen BAFTA Award und zog eine amerikanische Neuverfilmung nach sich.

Mit der hochgelobten Politserie *Borgen – Gefährliche Seilschaften* betraten die Strippenzieher der Politik die Bühne. In dem erstmals 2010 ausgestrahlten Fernseherfolg mit drei Staffeln spielte die beliebte dänische Schauspielerin Sidse Babett Knudsen die Hauptrolle der Birgitte Nyborg. Die idealistische Politikerin findet sich plötzlich in der oft schwierigen Position als *statsminister* (Ministerpräsident) des Landes wieder. Zu den zahlreichen Preisen für die Fernsehserie, die für ihre starken weiblichen Charaktere gelobt wird, gehören der Prix Italia (2010) und ein BAFTA (2012).

Der dänisch-schwedische Thriller *Die Brücke – Transit in den Tod* von 2011 fesselte die Zuschauer gleich von der ersten Szene an: Dort wird eine zweigeteilte Leiche auf der Øresund-Brücke gefunden, genau auf der Grenze zwischen Schweden und Dänemark. Die Serie, bislang in über 170 Ländern ausgestrahlt, führte ebenfalls zu einer amerikanischen und einer britisch-französischen Neuverfilmung.

In der Liste der „Essential 100" des Toronto International Film Festival von 2010 wird Carl Theodor Dreyers *Die Passion der Jungfrau von Orléans* als einflussreichster Film aller Zeiten geführt. Er wird für seine starken visuellen Strukturen und den innovativen Einsatz von Nahaufnahmen gelobt.

Oscar-Erfolge

Das dänische Kino entstand zwar bereits Ende des 19. Jhs., aber erst in den 1980er-Jahren fanden dänische Regisseure ein breiteres internationales Publikum – wie gleich eine ganze Ausbeute an Preisen belegte.

Babettes Fest (1987) unter der Regie von Gabriel Axel gewann 1988 den Oscar für den besten fremdsprachigen Film. Der Film über den

ADAM PRICE, DREHBUCHAUTOR DER TV-SERIE *BORGEN – GEFÄHRLICHE SEILSCHAFTEN*

Wie realistisch ist *Borgen* in Bezug auf die dänische Politik?

Die Stimmung der Serie und die Konflikte sind schon ziemlich realistisch. Wir haben bei der Recherche mit mehreren politischen Beratern, Journalisten und Politikern gesprochen, und wir haben jeden fertigen Handlungsstrang dem politischen Redakteur der Nachrichtenredaktion des DR (Dänischer Rundfunk) vorgelegt, der als unser Realismus-Barometer diente. Wir nannten ihn den „bösen Onkel" der TV-Serie.

Warum fand die Serie Ihrer Meinung nach internationale Resonanz?

Die Menschen können sich im Leben der Figuren wiederfinden. Die größte Herausforderung der Protagonistin Birgitte Nyborg ist die Balance zwischen Privat- und Berufsleben. Das ist ein alltägliches Dilemma für Leute von heute. Ihre Qual ist echt. Sie ist nicht das typische, zynische Stereotyp einer Politikerin.

Was ist das Erfolgsgeheimnis dänischer TV-Filme?

Der DR steckte hinter den meisten internationalen Erfolgen Dänemarks. Es ist nicht einfach, von ihm grünes Licht zu bekommen. Aber ist ein Film erst einmal genehmigt, lässt der DR dem Regisseur und dem Drehbuchautor freie Hand. Es kommt nie vor, dass ein leitender Angestellter antritt und persönlich das Drehbuch beeinflussen will. Das bewahrt das Werk davor, durch zu viele Kompromisse verzerrt zu werden.

Einfluss einer französischen Haushälterin auf zwei fromme Schwestern beruht auf einer Erzählung von Karen Blixen. Drei Jahre davor hatte die Hollywood-Verfilmung ihres Werkes *Jenseits von Afrika* sieben Oscars gewonnen.

Schon ein Jahr später gewann überraschend wieder ein dänischer Film den Oscar für den besten fremdsprachigen Film (ebenso wie die Goldene Palme in Cannes): *Pelle der Eroberer* in der Regie von Bille August ist die Verfilmung des gleichnamigen Romans von Martin Andersen Nexø über das schwierige Leben eines Einwanderers in Dänemark im 19. Jh.

2011 wurde erneut ein dänischer Film mit dem Oscar ausgezeichnet: *In einer besseren Welt* von Susanne Bier. Das besinnliche Drama beginnt mit Schikanen unter Kindern und endet mit Untreue, schmerzlichem Verlust, bösen Kriegsherren und Rache. Das stereotype Bild vom gemütlichen und friedlichen Dänemark wird in Frage gestellt.

Zu den drei Filmen, die zur Auswahl als Anwärter Dänemarks für die Oscars 2015 als bester fremdsprachiger Film standen, gehörte der unkonventionelle Streifen *Kapgang* (engl. *Speed Walking*; 2014) des Regisseurs Niels Arden Oplev mit den *Borgen*-Schauspielern Sidse Babett Knudsen und Pilou Asbæk.

Dänische Filmhits

- *Pelle der Eroberer (1987)*
- *Babettes Fest (1987)*
- *Breaking the Waves (1996)*
- *In einer besseren Welt (2010)*
- *Die Jagd (2012)*
- *Kapgang (2014)*

Regisseure, die man kennen muss

Dänemark hat renommierte Regisseure vorzuweisen, von denen viele den Sprung nach Hollywood geschafft haben.

Bille August ist vor allem für seine Literaturverfilmungen bekannt: *Pelle der Eroberer* (1987); *Das Geisterhaus* (1993), nach dem Roman der chilenischen Autorin Isabel Allende; *Fräulein Smillas Gespür für Schnee* (1997), die Verfilmung des Bestsellerromans von Peter Høeg; *Les Misérables* (1998), eine Adaptation des Klassikers von Victor Hugo sowie *Nachtzug nach Lissabon* (2013) nach dem philosophischen Roman von Pascal Mercier.

Susanne Bier ist eine der führenden Regisseurinnen Dänemarks. Sie hat sich auch international einen Namen gemacht mit den angesehenen dänischen Produktionen *Brothers – Zwischen Brüdern* (von dem es ein US-amerikanisches Remake unter dem Titel *Brothers* gibt), *Nach der Hochzeit* (2006), *In einer besseren Welt* (2010) und *Zweite Chance* (2014).

Lone Scherfig zeigte in ihrer romantischen Komödie *Italienisch für Anfänger* (2000) seelisch lädierte Dänen, die die Sprache der Liebe lernen, und landete damit einen internationalen Erfolg. Sie führte auch Regie bei der düsteren Komödie *Wilbur Wants to Kill Himself* (2002), einer dänisch-schottischen Produktion, sowie bei den britischen Filmen *An Education* (2009) und *The Riot Club* (2014).

Thomas Vinterberg gehörte zu den Unterzeichnern des Manifests „Dogma 95". Er schrieb das Drehbuch und führte Regie bei dem ersten Dogma-Film *Das Fest* (1999) und erhielt dafür viel Beifall. Die nachfolgenden Filme floppten zwar, aber *Die Jagd* (2012) gewann 2013 den Filmpreis des Nordischen Rats und wurde auch als bester fremdsprachiger Film für die Oscars von 2014 nominiert.

Nicolas Winding Refn wurde bekannt als Regisseur der mutigen und brutalen *Pusher*-Trilogie, mit der er in die kriminelle Unterwelt Kopenhagens eintauchte. Mit seinem Film, dem US-amerikanischen Neo-Noir-Film *Drive*, gewann er 2011 beim Filmfestival in Cannes die Goldene Palme für die beste Regie.

Und dann ist da natürlich noch Lars von Trier ...

Lars von Trier & Dogma 95

Freizügige Geschlechtsakte in *Nymph()maniac* (2013), die Apokalypse in *Melancholia* (2011) oder die Verstümmelung weiblicher Genitalien im polarisierenden *Antichrist* (2009) – Lars von Trier ist zweifellos der bedeutendste dänische Regisseur und Drehbuchautor des 21. Jhs. Er wird auch weiterhin seinem Ruf als Enfant terrible der Filmwelt gerecht.

Zu den bekanntesten Filmen von Lars von Trier gehören das Melodrama *Breaking the Waves* (1996) mit Emily Watson in der Hauptrolle, das in Cannes mit dem Großen Preis der Jury ausgezeichnet wurde; *Dancer in the Dark* (2000) mit der isländischen Sängerin Björk und Catherine Deneuve, der 2000 in Cannes die Goldene Palme gewann; und der experimentelle Spielfilm *Dogville* (2003) mit Nicole Kidman.

Von Trier ist einer der Verfasser des Manifests „Dogma 95“, das von manchen auch als Keuschheitsgelübde bezeichnet wird: Die Regeln verpflichten die Filmemacher auf einen minimalistischen Ansatz, u. a. darf nur mit Handkameras und nur bei natürlichem Licht gefilmt werden, spezielle Effekte oder vorproduzierte Musik sind nicht erlaubt. Das Manifest fand leidenschaftliche Anhänger und traf in gleichem Maße auf breite Ablehnung. Sein Einfluss auf das moderne Kino ist jedoch nicht zu unterschätzen.

Praktische Informationen

Allgemeine Informationen

Botschaften & Konsulate

Deutschland (☎35 45 99 00; www.kopenhagen.diplo.de; Stockholmsgade 57)

Finnland (☎33 13 42 14; Sankt Annæ Plads 24)

Island (☎33 18 10 50; Strandgade 89)

Norwegen (☎33 14 01 24; Amaliegade 39)

Österreich (☎39 29 41 41; http://www.bmeia.gv.at/botschaft/kopenhagen.html; Sølundsvej 1)

Schweden (☎33 36 03 70; Sankt Annæ Plads 15A)

Schweiz (☎33 14 17 96; www.eda.admin.ch; Richelieus Allé 14, Hellerup)

Essen

Dänemark und insbesondere Kopenhagen ist das kulinarische Zentrum Skandinaviens, mit zahlreichen Sternerestaurants in der Hauptstadt und vielen neuen hervorragenden Restaurants im ganzen Land. Mehr Infos s. S. 298.

PREISKATEGORIEN RESTAURANTS

Die folgenden Preiskategorien gelten für ein normales Hauptgericht.

€ unter 125 Kr

€€ 125–250 Kr

€€€ über 250 Kr

Feiertage & Ferien

Viele Dänen nehmen ihren Jahresurlaub in den ersten drei Juliwochen. Darüber hinaus gibt es zahlreiche Feiertage.

An Feiertagen haben die Banken und die meisten Geschäfte geschlossen, und die öffentlichen Verkehrsmittel fahren nur eingeschränkt.

Neujahr (Nytårsdag) 1. Januar

Gründonnerstag (Skærtorsdag)

Karfreitag (Langfredag)

Ostersonntag (Påskedag)

Ostermontag (2. Påskedag)

Buß- und Bettag (Stor Bededag) Vierter Freitag nach Ostern

Christi Himmelfahrt (Kristi Himmelfartsdag)

Pfingstsonntag (Pinsedag)

Pfingstmontag (2. Pinsedag)

Verfassungstag (Grundlovsdag) 5. Juni

Heiligabend (Juleaften) 24. Dezember (ab 12 Uhr)

1. Weihnachtstag (Juledag) 25. Dezember

2. Weihnachtstag (2. Juledag) 26. Dezember

Silvester (Nytårsaften) 31. Dezember (ab 12 Uhr)

Schulferien

Winterferien Eine Woche im Februar oder März (7. oder 8. Woche)

Osterferien Eine Woche um Ostern

Sommerferien Vom letzten Samstag im Juni bis etwa Mitte August

Herbstferien Eine Woche Mitte Oktober (42. Woche)

Weihnachten und Neujahr Zwei Wochen

Geld

- Dänemark ist zwar EU-Mitglied, doch die Einführung des Euro wurde im Jahr 2000 per Volksentscheid abgelehnt.
- Die Landeswährung (Krone) wird international mit DKK abgekürzt, in Nordeuropa und innerhalb Dänemarks mit Dkr. In diesem Band verwenden wir die Abkürzung „Kr“.
- Die Krone ist in 100 Øre unterteilt. Es gibt Münzen zu 50 Øre sowie zu ein, zwei, fünf, zehn und 20 Kronen. Scheine gibt es im Wert von 50, 100, 200, 500 und 1000 Kronen.

Geldautomaten

- Die meisten dänischen Banken haben 24-Stunden-Geldautomaten (auch mit deutschsprachigem Bedienungsmenü), an denen man mit Kreditkarte (Visa oder MasterCard) und Maestro-(EC-)Karte Geld abheben kann.

➡ Die Wechselkurse sind bei der Nutzung von Geldautomaten oft recht günstig, aber viele Banken berechnen Gebühren für internationale Transaktionen oder für die Nutzung von Automaten einer anderen Bank.

➡ Einige Banken, vor allem in Kopenhagen, haben sogar Automaten, die die wichtigsten ausländischen Währungen rund um die Uhr in dänische Kronen wechseln.

Kreditkarten

➡ Kreditkarten, wie Visa und MasterCard, werden in Dänemark verbreitet akzeptiert, seltener hingegen American Express und Diners Club.

➡ Vielerorts (Hotels, Tankstellen, Restaurants, Geschäfte) wird bei der Benutzung einer ausländischen Kreditkarte eine Gebühr von bis zu 3,75 % aufgeschlagen. Falls dies der Fall ist, muss z. B. auf der Speisekarte oder an der Rezeption darauf hingewiesen werden.

➡ Bei Verlust oder Diebstahl sollte man die ausstellende Gesellschaft umgehend informieren.

AmEx (☎80 01 00 21)

Diners Club (☎36 73 73 73)

MasterCard (☎80 01 60 98)

Visa (☎80 01 85 88)

Trinkgeld

➡ In Restaurant- und Hotelrechnungen sowie Taxipreisen ist das Trinkgeld bereits enthalten.

➡ Zusätzliches Trinkgeld ist nicht nötig. Es ist jedoch üblich, den Betrag aufzurunden, wenn der Service gut war.

MEHRWERTSTEUER

Die dänische Mehrwertsteuer (MOMS) auf alle Waren und Dienstleistungen beträgt 25 %.

Gesundheit

Für einen Aufenthalt in Dänemark sind keine besonderen Vorkehrungen nötig.

Medizinische Versorgung & Kosten

➡ Behandlung in Krankheitsfällen ist überall im Land während der Sprechzeiten der Arztpraxen gewährleistet.

➡ Wer außerhalb der Sprechzeiten dringend medizinische Versorgung benötigt, kann einen Notarzt *(læge-vagten)* rufen. Auf der Website www.laegevagten.dk/kontakt-laegevagten klickt man auf der Karte auf den eigenen Aufenthaltsort und erhält die Telefonnummer des nächsten Notarztes.

➡ Bei kleineren Problemen helfen die Apotheken mit Tipps und rezeptfreien Medikamenten. Sie wissen auch, wo ärztliche Hilfe zu finden ist. Zu erkennen sind sie am Schild *apotek* (Apothek).

VERSICHERUNG

➡ Die Europäische Krankenversicherungskarte (European Health Insurance Card, EHIC) bietet EU-Bürgern sowie Bürgern der Schweiz und Liechtensteins umfassenden Krankenversicherungsschutz in akuten Fällen. Chronische Krankheiten und Krankenrücktransporte sind nicht abgedeckt. Die Karte ist kostenlos bei der örtlichen Krankenkasse erhältlich.

Internetzugang

➡ Durch die weite Verbreitung von WLAN, iPads und Smartphones ist das Internetcafé vom Aussterben bedroht. In den größeren Städten gibt's vielleicht ein paar Cafés für Gamer und Reisende ohne Laptop, in kleineren Orten sind öffentliche Bibliotheken am besten: Hier gibt's Computer mit kostenlosem Internetzugang.

➡ Die Bibliotheken haben auch kostenloses WLAN (allerdings mit Code), ebenso viele Cafés, Bars und sogar Züge und Busse. In Hotels und Hostels ist WLAN üblich (im Buch bei den Adressen mit dem Symbol 🛜 gekennzeichnet) und in der Regel kostenlos. Einige Hostels und Hotels bieten Gästen einen Computer zur Nutzung an, entweder kostenlos oder für eine geringe Gebühr (mit dem Symbol @ gekennzeichnet).

Öffnungszeiten

➡ Die Öffnungszeiten sind je nach Jahreszeit unterschiedlich. In diesem Buch sind die Öffnungszeiten in der Hochsaison angegeben: In touristischen Gebieten und Einrichtungen werden die Zeiten generell in der Nach- und Nebensaison reduziert.

➡ Familienfreundliche Attraktionen (Museen, Zoos, Vergnügungsparks) in den Urlaubsgebieten sind allgemein von Juni bis August (manchmal auch Mai bis September) sowie in den Oster- und Herbstferien geöffnet.

➡ Standardöffnungszeiten:

Banken Mo–Fr 10–16 Uhr

Bars 16–24, Fr & Sa bis 2 Uhr oder später (Clubs an Wochenenden oft auch bis 5 Uhr)

Cafés 8–17 (oder bis zu 24) Uhr

Läden Mo–Fr 10–18 (Fr manchmal bis 19), Sa bis 16 Uhr. Größere Geschäfte sind teils auch sonntags geöffnet.

Restaurants 12–22 Uhr (manchmal auch am Wochenende früher zum Brunch)

Supermärkte 8–20 oder 21 Uhr (solche mit Bäckereien auch oft ab 7 Uhr)

Rechtsfragen

➡ Bei Alkohol am Steuer ist die Polizei streng. Schon ein, zwei kleine Drinks

PRAKTISCH & KONKRET

➡ **Ermäßigungen** Senioren und Studenten erhalten bei einigen Verkehrsmitteln und Museen Ermäßigungen, wenn sie einen Studentenausweis bzw. einen Altersnachweis vorlegen.

➡ **Rauchen** Die Dänen sind erstaunlicherweise starke Raucher, aber in Restaurants, Bars und Clubs ist Rauchen verboten. Einige Lokale haben separate Raucherzimmer. Seit Mitte 2014 ist Rauchen auch auf Bahnsteigen verboten. Hotels legen ihre Hausordnung selbst fest, aber die meisten sind Nichtraucherhotels.

➡ **TV** Das dänische Fernsehen strahlt regionale und internationale Sendungen aus. Englischsprachige Filme werden meist im Original mit dänischen Untertiteln gezeigt. Deutsche Satellitenkanäle können in den meisten Hotels und Ferienparks empfangen werden, deutsche Sender in den grenznahen Gebieten sogar über Antenne.

➡ **Zeitungen und Zeitschriften** *Jyllands-Posten, Politiken* und *Berlingske Tidende* sind die führenden dänischsprachigen Zeitungen. Dänemark-Nachrichten auf Englisch liefert die wöchentliche *Copenhagen Post* (www.cphpost.dk). Deutschsprachige Zeitungen und Zeitschriften gibt es tagesaktuell in größeren Städten und Ferienregionen. In Südjütland erscheint die Tageszeitung *Nordschleswiger* für deutschsprachige Dänen; sie informiert auch über Ereignisse aus Deutschland.

können ausreichen, um die Promillegrenze von 0,5 zu überschreiten. Wer mit Alkohol am Steuer erwischt wird, muss mit einer hohen Geld- und möglicherweise sogar einer Freiheitsstrafe rechnen.

➡ Auch bei Drogen verstehen die Ordnungshüter keinen Spaß. Offiziell ist Cannabis in jeder Form illegal.

Reisen mit Behinderung

➡ Dänemark arbeitet ständig daran, die Zugänglichkeit von Gebäuden, Verkehrsmitteln und sogar Waldgebieten und Stränden für Behinderte zu verbessern, allerdings ist noch nicht alles barrierefrei.

➡ Die Website www.visitdenmark.de hat hilfreiche Links für Reisende mit Behinderung und erklärt auch, wie man an weiterführende Informationen kommt – oben auf „Reiseplanung" klicken, dann links auf „Praktische Informationen" und schließlich auf „Besondere Interessen".

➡ Eine hilfreiche Informationsquelle ist **God Adgang** (www.godadgang.dk) mit einem Verzeichnis von Dienstleistern, die ihre Einrichtungen als barrierefrei registriert und gekennzeichnet haben.

Schwule & Lesben

➡ In Anbetracht der Toleranz gegenüber alternativen Lebensweisen jeder Art ist es kein Wunder, dass Dänemark ein beliebtes Reiseziel für Schwule und Lesben ist.

➡ Vor allem Kopenhagen hat eine aktive, offene Schwulengemeinde und zahlreiche Treffs. Aber auch in anderen Städten gibt es Schwulen- und Lesbencafés.

➡ Allgemeine Infos bietet **Landsforeningen for Bøsser, Lesbiske, Biseksuelle og Transpersoner** (www.lgbt.dk), der dänische Landesverband der Schwulen, Lesben, Bi- und Transsexuellen.

➡ Eine nützliche Internetseite mit englischsprachigen Besucherinformationen und Verzeichnissen ist www.copenhagen-gay-life.dk. Hilfreich ist auch www.out-and-about.dk.

➡ Das bedeutendste Schwulen- und Lesbenereignis des Jahres ist die **Copenhagen Pride** (www.copenhagenpride.dk), ein fünftägiges Fest der queeren Community im August. Im Oktober gibt es außerdem das Schwulen- und Lesben-Filmfestival **Mix Copenhagen** (mixcopenhagen.dk).

Strom

Dänemark hat die gleichen zweipoligen Steckdosen (230 V und 50 Hz) wie auf dem übrigen europäischen Kontinent.

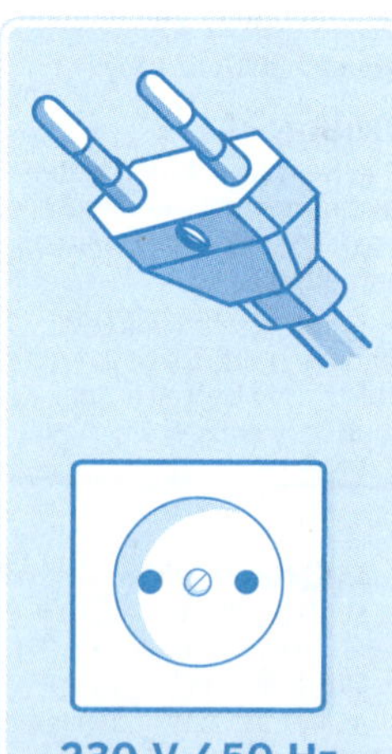

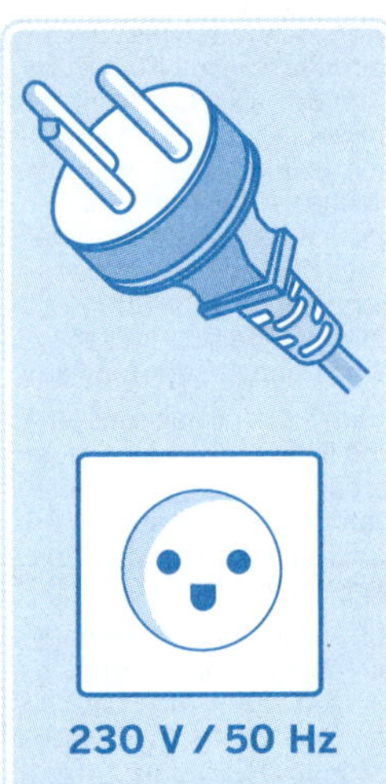

Telefon

➡ Öffentliche Telefone sind in Dänemark sehr selten. Es mag zwar vor dem Bahnhof oder vor einigen größeren Attraktionen eine Telefonzelle geben, aber das war's meist auch schon. Bezahlt wird pro Minute. Die Telefone akzeptieren Münzen, Kredit- oder Telefonkarten (in Kiosken und Postämtern erhältlich).

Handys

➡ Die billigste und praktischste Art, in Dänemark zum Ortstarif zu telefonieren, ist eine dänische SIM-Karte fürs eigene Handy (Tipp: Ein altes Zweithandy von Zuhause eignet sich dafür gut). Zuvor sollte aber gecheckt werden, ob das Handy für fremde SIM-Karten nicht gesperrt ist.

➡ SIM-Karten und Guthabenkarten gibt es in Supermärkten, Postämtern, Kiosken und Tankstellen im ganzen Land.

NOTFÄLLE

Polizei, Feuerwehr und Krankenwagen: ☎112.

➡ Einige dänische Mobilfunkanbieter (einfache SIM-Karten-Pakete kosten ab 29 Kr):

TDC (tdc.dk)

Telenor (www.telenor.dk)

Telia (telia.dk)

Telefonnummern

➡ Alle dänischen Telefonnummern haben acht Ziffern. Es gibt keine Ortsvorwahl. Das heißt, es müssen immer alle Ziffern gewählt werden – auch bei Ortsgesprächen.

➡ Die örtliche Telefonauskunft ist unter ☎118 zu erreichen. Internationale Auskünfte – auch über Gebühren, R-Gespräche etc. – gibt es unter ☎113.

➡ Die internationale Vorwahl für Dänemark lautet ☎45. Um vom Ausland in Dänemark anzurufen, muss zuerst der internationale Zugangscode des jeweiligen Landes (meist 00) gewählt werden, dann ☎45 und schließlich die achtstellige Rufnummer.

➡ Der internationale Zugangscode von Dänemark in andere Länder ist ☎00. Für ein internationales Direktgespräch ab Dänemark muss also zunächst die ☎00 gewählt werden, dann die internationale Vorwahl, Ortsvorwahl und Rufnummer.

Touristeninformation

➡ Dänemark ist extrem gut mit hilfsbereiten und kenntnisreichen Touristeninformationen mit mehrsprachigen Angestellten bestückt. Genaue Anschriften stehen im Abschnitt des jeweiligen Ortes.

➡ Jede Stadt und Region veröffentlicht jährlich eine Broschüre mit nahezu allen nötigen Informationen für Besucher. Auch haben sie Websites mit Sehenswürdigkeiten, Unterkünften und praktischen Informationen.

➡ Wichtige Websites für Dänemarkbesucher sind www.denmark.dk und www.visitdenmark.com.

➡ Regionale Touristeninformationen:

Bornholm (www.bornholm.info)

Fünen (www.visitfyn.com)

Kopenhagen (www.visitcopenhagen.com)

Ostjütland (www.visitaarhus.com)

Nordjütland (www.visitnordjylland.com)

Seeland, Møn, Falster & Lolland (www.visiteastdenmark.com)

Südjütland (www.sydvestjylland.com)

Westjütland (www.visitdenmark.com/west-jutland)

Unterkünfte

Der Standard von Campingplätzen, Hostels, Pensionen und Hotels in Dänemark ist hoch – das kostet.

➡ Campingplätze, Hostels und B&Bs haben in der Regel einen exzellenten Standard und garantieren Komfort zu einem guten Preis.

➡ Ferienwohnungen und -häuser sowie Sommerhäuser sind eine gute und kostengünstige Alternative für Familien und Gruppen, die länger an einem Ort bleiben wollen.

➡ Airbnb (www.airbnb.com) ist eine gute Quelle für private Zimmer, Wohnungen und Häuser im ganzen Land.

➡ Die örtlichen Touristeninformationen haben Verzeichnisse der Unterkünfte und erledigen gegen eine geringe Gebühr meist auch Reservierungen.

➡ Im Juli und August ist es ratsam, rechtzeitig zu buchen. In diesen Monaten sind selbst Campingplätze manchmal ausgebucht.

➡ Viele Hotels, Hostels und Restaurants haben Umweltsiegel wie den Grünen Schlüssel (www.green-key.org); Ziel ist es, den Einsatz von Energie, Chemikalien und nicht erneuerbaren Ressourcen zu minimieren.

➡ Die angegebenen Preise gelten für die Hochsaison (generell von Juni bis August). Von September bis Mai bieten viele Pensionen und Hotels erhebliche Ermäßigungen an – auf den Websites stehen die aktuellen Preisangebote.

➡ Es gibt keine allgemeingültigen Regeln, ob das Frühstück im Preis enthalten ist – viele Hotels beziehen es mit ein, für andere ist es optional dazubuchbar. In den Preisen von Hostels und Budgethotels ist Frühstück nie enthalten, merkwürdigerweise auch meist nicht in B&Bs (Bed & Breakfast).

Bed & Breakfast sowie Privatzimmer

➡ Es gibt immer mehr B&Bs – einige sind traditionelle Privatunterkünfte im Haus des Gastgebers, aber die meisten sind Privatzimmer in kleinen Pensionen, wo die Gäste sich Bad und Küche mit anderen Gästen teilen oder eine Einzimmerwohnung für sich allein haben.

➡ Ein gutes Beispiel ist Ribe, wo in 35 Privathäusern Zimmer und Wohnungen vermietet werden (einige in wunderschön restaurierten alten Häusern).

PREIS-KATEGORIEN UNTERKUNFT

Die folgenden Preiskategorien beziehen sich auf ein Doppelzimmer in der Hochsaison. Falls nicht anders angegeben, haben die Zimmer ein Bad.

€ unter 700 Kr

€€ 700–1500 Kr

€€€ über 1500 Kr

➡ Anzahl und Qualität dieser Unterkünfte steigen ständig. Sie sind mit rund 350/600 Kr für ein Einzel-/Doppelzimmer oft billiger als Zimmer in einem Hostel oder Budgethotel. Bettwäsche ist meist im Preis enthalten, Frühstück nicht, das aber oft extra bestellt werden kann (rund 60–70 Kr).

➡ Die Touristeninformationen haben Verzeichnisse von B&Bs in der jeweiligen Region – Links sind auf den jeweiligen Websites zu finden.

➡ Viele B&Bs, die eher kleine Pensionen sind, können über Websites wie www.booking.com gebucht werden.

➡ Die beste Quelle im Internet: www.bedandbreakfastguide.dk.

Camping

➡ Mit mehr als 600 Plätzen ist Dänemark bestens auf Camper eingestellt. Einige Plätze sind nur während der Sommermonate geöffnet, andere von Frühling bis Herbst. Etwa 200 sind ganzjährig in Betrieb, und einige bieten auch Nebensaisonpreise.

➡ Für alle Campingplätze ist eine Campingkarte erforderlich (110 Kr). Sie ist auf dem ersten Campingplatz, in lokalen Touristeninformationen oder beim dänischen Campingverband (www.danishcampsites.dk) erhältlich. Eine Jahreskarte für Paare, einschließlich aller Kinder unter 18 Jahren, kostet 110 Kr.

➡ Der Preis für eine Übernachtung im Zelt oder Wohnwagen beträgt für Erwachsene rund 75 Kr und für Kinder etwa die Hälfte. Im Sommer erheben manche Plätze einen Zuschlag von 50 Kr pro Zelt/Wohnwagen, einige auch eine kleine Ökosteuer.

➡ Viele Campingplätze vermieten kleine Häuser und/oder stationäre Wohnwagen mit Platz für vier bis sechs Personen. Die Häuser reichen von einfachen Hütten mit Stockbetten bis zu richtigen Häusern mit Küche und Bad. Bettwäsche muss meist mitgebracht oder gegen Entgelt geliehen werden. In der Hochsaison (Mitte Juni bis Mitte August) werden viele Häuser nur wochenweise vermietet (rund 3500 Kr, aber der Preis hängt sehr von Größe und Ausstattung ab).

➡ Ein Tipp für Backpacker und Radler: Selbst als „ausgebucht" gekennzeichnete Campingplätze haben oft noch ein Plätzchen für Reisende ohne Auto.

➡ Campen ist in Dänemark nur auf offiziellen Campingplätzen oder – mit Erlaubnis des Besitzers – auf Privatgelände erlaubt. Auch mit einem Wohnwagen oder Wohnmobil am Strand oder auf einem Parkplatz zu campen, kann Geldstrafen nach sich ziehen.

➡ Wer viel unterwegs ist, sollte nach Campingplätzen Ausschau halten, die „Quick-Stop" anbieten, einen verbilligten Preis für Reisende, die nach 20 Uhr eintreffen und vor 10 Uhr abreisen.

➡ Ein Verzeichnis von 35 kleineren und persönlicheren Campingplätzen mit maximal 145 Stellplätzen steht auf www.smaapladser.dk.

➡ Die besten Internetquellen: www.danishcampsites.dk und www.dk-camp.dk

Ferienwohnungen & -häuser

➡ In den Badeorten gibt es zahlreiche Ferienhäuser und -wohnungen. Sie werden meist wochenweise vermietet und müssen reserviert werden. Die Preise variieren je nach Unterkunft und Saison erheblich, liegen aber meist unter denen der Hotels.

➡ **DanCenter** (☎70 13 00 00; www.dancenter.com) vermittelt Ferienhäuser im ganzen Land. Auch viele Touristeninformationen erledigen Buchungen. Ferienhäuser bietet außerdem **Novasol** (☎70 42 44 24; www.novasol.dk).

➡ Hunderte Ferienunterkünfte (Sommerhäuser, Stadtwohnungen, familiengerechte Häuser) können direkt beim Besitzer über **Airbnb** (www.airbnb.com) angemietet werden.

Herrenhäuser

➡ In Dänemark gibt es unzählige Schlösser und Herrenhäuser, einige vermieten zauberhafte Zimmer inmitten schöner Gartenanlagen. Die Website des Verbands **Danske Slotte & Herregaarde** (www.slotte-herregaarde.dk) verlinkt zu 14 reizvollen dänischen Herrenhäusern und kleinen Schlössern mit Unterkunft.

Hostels

➡ Rund 88 Jugendherbergen gehören zum Dachverband Danhostel (☎33 31 36 12; www.danhostel.dk), der wiederum dem weltweiten Verbund Hostelling International (HI) angeschlossen ist. Einige sind reine Hostels in Urlaubsregionen, andere gehören zu Sportzentren (und können daher voll belegt mit Sportlerteams usw. sein).

➡ Wer einen nationalen oder internationalen Jugendherbergsausweis besitzt, erhält 10 % Ermäßigung (die Ausweise werden in Hostels verkauft und kosten für Dänen 70 Kr, für Ausländer 160 Kr). Die im Buch angegebenen Preise gelten für Leute ohne Jugendherbergsausweis.

➡ Dänische Hostels stehen allen Altersgruppen zur Verfügung – Familien und Gruppen genauso wie Einzelurlaubern. Privatzimmer sind die Norm. Alle Hostels bieten von Juli bis Mitte September auch Schlafsaalbetten an; außerhalb dieser Zeit ist es von Hostel zu Hostel unterschiedlich.

➡ Der übliche Preis für ein Bett im Schlafsaal liegt bei 200 bis 275 Kr. Bei Einzelzimmern ist mit 400 bis 600 Kr zu rechnen, für Doppelzimmer mit 450 bis 720 Kr und in größeren Zimmern mit bis zu 100 Kr für jede zusätzliche Person. Alle Hostels haben Familienzimmer; viele haben ein eigenes Bad.

➡ Bettdecken und Kissen werden gestellt, Bettwäsche muss entweder mitgebracht oder gemietet werden (meist 50 bis 70 Kr pro Aufenthalt).

➡ Alle Hostels bieten ein All-you-can-eat-Frühstücksbuffet für rund 70 Kr und einige auch ein Abendessen an. Die meisten haben außerdem eine Gästeküche mit Kochgeschirr.

➡ Rechtzeitige Reservierung ist – besonders im Sommer – zu empfehlen. In manchen Hostels schließt die Rezeption bereits um 18 Uhr. In den meisten ist sie zwischen 12 und 16 Uhr nicht besetzt.

➡ Von Mai bis September sind die Hostels teils von Schulgruppen oder Sportmannschaften auf Wettkampftour belegt.

➡ In der Nebensaison haben viele Hostels zumindest zeitweise geschlossen.

Hotels

➡ Einige wenige Ketten dominieren die Hotellandschaft. Landesweite Budgethotels sind bei CabInn (www.cabinn.dk) aufgelistet, für Kopenhagen bei Wake Up (www.wakeupcopenhagen.com). Zu den Hotelketten mit Business-Standard gehören Scandic (www.scandichotels.com), Radisson (www.radisson.com), Comwell (www.comwell.dk) und First Hotels (www.firsthotels.com).

➡ In größeren Städten und beliebten, exklusiveren Urlaubsgebieten (z. B. Bornholm und Skagen) gibt es eine gute Auswahl an Boutiquehotels, aber echten Luxus oder Designhotels sind außerhalb der Hauptstadt eher selten. Wer es außergewöhnlicher als ein Kettenhotel mag, kann in einem Schloss, historischen Herrenhaus oder auf dem Bauernhof nächtigen. Reizvoll ist auch ein *badehotel* (altes Strandhotel), von denen viele restauriert wurden. Gute Infoquellen für besondere Unterkünfte: www.historichotels.dk und www.smalldanishhotels.com.

➡ Achtung: Der Zusatz *kro* in einem Namen bedeutet zwar in der Regel „Landgasthof", bezeichnet aber gelegentlich ein dänisches Motel an einer Hauptstraße am Stadtrand.

➡ Einige Hotels haben feste Preise auf ihrer Website, bei anderen ändern sie sich je nach Saison und Nachfrage. Die meisten Hotel-Websites haben Sonderangebote, ebenso wie Buchungsportale wie z.B. www.booking.com (die meisten dänischen Unterkünfte sind auf www.booking.com verzeichnet).

➡ Viele Businesshotels bieten das ganze Jahr über für Freitag- und Samstagnacht und in der Hochsaison (etwa ab Mittsommer Ende Juni bis zu Beginn des Schuljahres Anfang/Mitte August) günstigere Preise an.

➡ Es gibt keine allgemeingültigen Regeln, ob das Frühstück im Preis enthalten ist. Bei Budgethotels ist Frühstück nie enthalten, ist aber für rund 70 Kr erhältlich. Das Hotelfrühstück besteht in der Regel aus einem All-you-can-eat-Buffet.

ONLINE BUCHEN

Weitere Unterkunftsempfehlungen von Lonely Planet Autoren gibt es auf www.lonelyplanet.com/hotels. Dort sind unabhängige Besprechungen und auch Empfehlungen für die besten Unterkünfte zu finden. Und das Schönste: Gäste können online buchen.

Urlaub auf dem Bauernhof

➡ Eine tolle Möglichkeit, das ländliche Dänemark zu erleben, ist ein Aufenthalt auf einem Bauernhof. Das kann eine einfache Übernachtung mit Frühstück sein oder sogar Mitarbeit auf dem Hof beinhalten.

➡ Die Website von **Landsforeningen for Landboturisme** (www.visitfarmen.dk) hat Links zu 90 Bauernhöfen in ganz Dänemark, die Unterkunft anbieten (von Zimmern im Bauernhaus selbst bis zu familiengerechten Wohnungen und kleinen Häusern auf dem Gelände) – einfach auf der Karte die gewünschte Region anklicken. Gebucht wird direkt beim Bauern.

➡ Am besten ist es natürlich, vorher zu reservieren, aber manchmal sind auch unterwegs noch Bauernhäuser mit Schildern (*værelse* – Zimmer frei) zu entdecken.

Versicherung

➡ Dänemark ist zwar ein sicheres Reiseland, aber Diebstahl kommt durchaus vor, und Erkrankungen und Unfälle sind immer möglich. Eine Reiseversicherung, die Diebstahl, Verlust und Krankheit abdeckt, ist daher sehr empfehlenswert.

Zeit

➡ In Dänemark gilt – wie in Deutschland – die Mitteleuropäische Zeit (MEZ).

➡ Auch in Dänemark gibt es die Sommerzeit: Am letzten Sonntag im März werden die Uhren eine Stunde vorgestellt – und am letzten Sonntag im Oktober wieder zurück.

➡ *Klokken*, was soviel heißt wie „Uhr" (bei Zeitangaben), wird mit kl abgekürzt (kl 19.30 bedeutet also 19.30 Uhr).

➡ Die Dänen nummerieren ihre Wochen durch und benennen sie auch so, z. B. sind die Winterferien in der 7. Woche; einige Geschäfte sind in den Sommerferien von der 29. bis 30. Woche geschlossen. Wer Orientierung braucht, schaut auf www.ugenr.dk.

Zoll

➡ Besucher aus EU-Ländern dürfen 10 l Spirituosen oder 90 l Wein oder 110 l Bier und 800 Zigaretten zollfrei einführen. Für Besucher aus anderen Ländern sind es 1 l Spirituosen oder 4 l Wein oder 16 l Bier und 200 Zigaretten.

Verkehrsmittel & -wege

Die Anreise nach Dänemark gestaltet sich einfach. Die Hauptstadt Kopenhagen hat Flugverbindungen in alle Welt, und einige Fluggesellschaften fliegen auch kleinere Airports im Land an, wobei sich das innerhalb Dänemarks bei den geringen Entfernungen kaum rechnet. Eisenbahnen, Straßen und Brücken verbinden das Land mit Deutschland und Schweden, und es gibt zahlreiche Fährlinien.

Im Land selbst ist das Herumreisen ebenso problemlos. Die meisten Zug-, Auto- oder Busfahrten sind so kurz, dass sie zwischen zwei Mahlzeiten passen.

Flüge, Rundfahrten und Bahntickets können online unter www.lonelyplanet.com/bookings gebucht werden.

AN- & WEITERREISE

Einreise

- Dänemark gehört zu den Staaten des Schengener Abkommens, Passkontrollen werden an der Grenze zwischen Schengener Staaten nicht mehr durchgeführt. Wer also z. B. über die deutsch-dänische oder dänisch-schwedische Grenze einreist, braucht seinen Reisepass nicht vorlegen. Ein Ausweis/Reisepass muss dennoch mitgeführt werden.
- Der Reisepass wird kontrolliert, wenn die Einreise aus Ländern außerhalb des Schengener Abkommens erfolgt.
- Bei der Einreise per Fähre werden die Ausweise meist nicht kontrolliert.

Reisedokumente

- Deutsche, Österreicher und Schweizer benötigen für die Einreise einen gültigen Personalausweis, zur Weiterreise nach Grönland oder auf die Färöer einen Reisepass.

Flugzeug

Flughäfen

Die meisten internationalen Flüge landen auf dem **Flughafen Kopenhagen** (www.cph.dk) in Kastrup, etwa 9 km südöstlich des Stadtzentrums.

Einige internationale Flüge, meist aus skandinavischen Ländern, fliegen kleinere Regionalflughäfen in Aarhus, Aalborg, Billund, Esbjerg und Sønderborg an.

Fluglinien

Dutzende internationale Fluggesellschaften fliegen Dänemark an. Aktuelle Informationen bieten die Internetseiten der Flughäfen.

Fluglinie mit Hauptsitz in Dänemark:

Scandinavian Airlines (SAS; www.flysas.com) Fluggesellschaft Dänemarks sowie Norwegens und Schwedens.

REISEN & KLIMAWANDEL

Jede Form des Reisens, die auf Brennstoff auf Kohlenstoffbasis beruht, erzeugt CO_2, die Hauptursache des von Menschen verursachten Klimawandels. Modernes Reisen ist von Flugzeugen abhängig, die vielleicht pro Kilometer und Person weniger Kraftstoff als die meisten Autos verbrauchen, aber sehr viel weitere Strecken zurücklegen. Auch die hohen Luftschichten, in die Flugzeuge Treibhausgase (auch CO_2) und Schadstoffe ausstoßen, spielen eine wichtige Rolle beim Klimawandel. Viele Websites bieten „Emissionsrechner", mit denen Reisende die CO_2-Emissionen ihrer Reise ausrechnen und die Auswirkung dieser Treibhausgase mit einem Beitrag für klimafreundliche Projekte in der ganzen Welt ausgleichen können. Lonely Planet gleicht die CO_2-Bilanz aller Reisen der Mitarbeiter und Autoren aus.

MITFAHR-GELEGENHEITEN

Wer zur Reduzierung der Fahrkosten Mitreisende oder eine Mitnahmegelegenheit sucht, findet auf www.mitfahrgelegenheit.de ein – auch internationales – Suchportal.

Auf dem Landweg

Die einzige echte Landgrenze Dänemarks ist die mit Deutschland. Die Øresund-Brücke nach Schweden gilt ebenfalls als Landgrenze.

Auto & Motorrad

➡ Wer mit dem eigenen Fahrzeug nach Dänemark einreist, benötigt einen gültigen Führerschein, Fahrzeugschein und Versicherungsnachweis.

➡ Versicherungsanforderungen sind auf der Website der **Dänischen Autoversicherer** (DFIM; www.dfim.dk) erläutert.

DEUTSCHLAND

➡ Die Autobahn E45 (A7) ist die Hauptroute von Deutschland nach Dänemark, es gibt jedoch auch ein paar kleinere Grenzübergänge. Von der deutschen Grenze verläuft die E45 Richtung Norden durch Jütland bis nach Frederikshavn.

➡ Dank der Brücke zwischen Jütland und der Insel Fünen und der mautpflichtigen Brücke von Fünen nach Seeland kann man von Deutschland mit dem Auto bis nach Kopenhagen und weiter nach Schweden fahren.

➡ Zu den dänischen Inseln verkehren außerdem Autofähren (s. S. 321).

NORWEGEN

➡ Bei Reisen nach Norwegen sind Autofähren am günstigsten (s. S. 321), außer man möchte über die Øresund-Brücke durch Südschweden fahren.

SCHWEDEN

➡ Die 16 km lange Øresund-Brücke (Øresundsbron) führt von Kopenhagen via Autobahn E20 nach Malmö in Schweden. Die Verbindung besteht aus einem Meerestunnel, der künstlichen Insel Peberholm und einer Hängebrücke für Straßen- und Bahnverkehr.

➡ Die Mautstation für die Øresund-Brücke befindet sich auf der schwedischen Seite. Die Maut für Pkws/Motorräder beträgt 335/175 Kr, Wohnmobile oder Autos mit Wohnwagenanhänger zahlen 670 Kr. Bezahlt wird bar in Euro, dänischer oder schwedischer Krone (an den gelben, bemannten Schaltern), mit Kreditkarte/Bankkarte (Mautautomaten) oder über den Transponder „BroPas“, den regelmäßige Pendler an der Windschutzscheibe anbringen. Weitere Infos: www.oresundsbron.com.

➡ Auch Autofähren fahren über den Sund (s. S. 321).

Bus

➡ Kopenhagen ist vom übrigen Europa aus sehr gut mit (fast täglich verkehrenden) Bussen zu erreichen. Auch die größeren Städte in Jütland verfügen über internationale Busverbindungen, z. B. von Aalborg und Aarhus über den Fährhafen Hirtshals nach Norwegen.

➡ Das umfassendste Netz bietet **Eurolines** (☎33 88 70 00; www.eurolines.dk), ein Zusammenschluss von 30 Busunternehmen. Eurolines Scandinavia hat Verbindungen zu über 500 Städten in 26 europäischen Ländern. Zielorte, Fahrpläne und Preise stehen auf der Website; frühzeitige Reservierung ist ratsam.

➡ Das Unternehmen **Abildskou** (☎70 21 08 88; www.abildskou.dk), das nicht zu Eurolines gehört, fährt von Berlin nach Aarhus (einfach 495 Kr, 9 Std., tgl.) mit Stopps in Flensburg und Neumünster in Deutschland sowie Kolding und Vejle in Dänemark. Ab Hamburg besteht ebenfalls eine Verbindung.

Fahrrad

Fahrräder kann man per Schiff, Flugzeug oder Bahn mit nach Dänemark nehmen.

Fähren Die Dänemark-Fähren sind gut auf Passagiere mit Fahrrädern eingestellt; der Transport ist meist sehr günstig.

Flugzeug Fahrräder können per Flugzeug transportiert werden, jedoch ändern sich die entsprechenden Regelungen der Fluglinien häufig, und die Bedingungen zum Radtransport fallen sehr unterschiedlich aus. Wer sein Rad mitnehmen möchte, sollte das weit im Voraus mit der Fluglinie abklären, am besten vor dem Kauf des Flugtickets.

Zug Für die Fahrradmitnahme in der Bahn sind je nach Zugtyp

INSELVERBINDUNG

Da die Brücken- und Tunnelverbindung zwischen Dänemark und Schweden ein so großer Erfolg ist, gibt es mittlerweile Pläne für eine Verbindung zwischen der deutschen Insel Fehmarn und der dänischen Insel Lolland. Derzeit sind die Vorbereitungen für einen Tunnel durch den 19 km langen Fehmarnbelt in vollem Gange, der die Reisezeit zwischen Hamburg und Kopenhagen erheblich verkürzen wird. Weitere Infos zu diesem Projekt stehen auf www.femern.com.

BAHNPÄSSE

Im kleinen Dänemark allein lohnt sich ein Bahnpass wohl kaum, aber wenn noch andere Länder auf dem Programm stehen, kann er durchaus sinnvoll sein.

Die Preise hängen von Alter und Reiseklasse ab. Verbilligte Pässe gibt es für Kinder (4–11 J.), Jugendliche (12–25 J.) und Senioren (ab 60J.).

Aufpreise (z. B. für Hochgeschwindigkeitszüge, Nachtzüge und Platzreservierung) werden von Bahnpässen nicht abgedeckt.

InterRail-Pässe (www.interrail.eu) sind an den meisten größeren Bahnhöfen, in Studentenreisebüros und im Internet erhältlich.

- **InterRail Global Pass** Gilt für 30 Länder und ist in fünf Versionen erhältlich, von fünf Reisetagen innerhalb von zehn Tagen bis zu unbegrenzten Fahrten innerhalb eines Monats. Der Preis für einen Erwachsenen in der 2. Klasse beträgt für einen Monat 56 €.
- **InterRail One Country Pass** Gilt für ein einziges Land (z. B. Dänemark) und ist für drei, vier, sechs oder acht Tage innerhalb eines Monats gültig. Der Preis für einen Erwachsenen in der 2. Klasse beträgt für acht Tage 255 €.

eine Fahrradkarte und eine Reservierung für verkehrsstarke Zeiten erforderlich.

Zug

- Die dänische Staatsbahn **Danske Statsbaner** (DSB; ☎70 13 14 15; www.dsb.dk) erteilt Auskünfte über Fahrpläne und -preise.
- InterRail-Tickets gelten in Zügen der DSB. Dieses Angebot ist aber nur interessant, wenn man außer Dänemark noch weitere europäische Länder bereisen möchte.

Übers Meer

Es gibt Fährverbindungen von Dänemark nach Norwegen, Schweden, Deutschland, Polen (via Schweden), Island und den Färöern.

Die Fährpreise variieren stark je nach Saison und Wochentag. Am teuersten ist es gewöhnlich an Sommerwochenenden, am billigsten unter der Woche im Winter. Oft sind Ermäßigungen erhältlich, etwa für Rückfahrtickets, für Fahrzeuge inklusive Insassen, für Inhaber von Bahnpässen sowie Studenten und Senioren. Kinder zahlen meist die Hälfte des regulären Preises.

Autoreisende sollten zeitig reservieren – besonders im Sommer und an Wochenenden. Für die Mitnahme eines Fahrrads fällt eine geringe Gebühr an.

Deutschland

BornholmerFærgen (www.bornholmerfaergen.dk) Verkehrt zwischen Rønne (auf Bornholm) und Sassnitz (April–Okt. 4- bis 11-mal wöchentl.; 3½ Std.).

Scandlines (www.scandlines.com) Verkehrt zwischen Rødbyhavn (auf Lolland) und Puttgarden (alle halbe Std.; 45 Min.) und zwischen Gedser (auf Falster) und Rostock (bis zu 11-mal tgl.; 2 Std.).

SyltExpress (www.syltfaehre.de) Verkehrt zwischen Havneby (an der Westküste von Rømø) und Sylt (bis zu 9-mal tgl.; 40 Min.).

Färöer & Island

Smyril Line (www.smyrilline.com) Fährt vom nordjütländischen Hafen Hirtshals nach Tórshavn, der Hauptstadt der Färöer (ganzjährig 1-mal wöchentl., Sommer 2-mal wöchentl.; 36 Std.), und von Hirtshals nach Seyðisfjörður (Island) über Tórshavn (April–Okt. 1-mal wöchentl.; 47 Std.).

Norwegen

Color Line (www.colorline.com) Fährt von Hirtshals nach Kristiansand (1- oder 2-mal tgl.; 3¼ Std.) und Larvik (1- oder 2-mal tgl.; 3¾ Std.).

DFDS Seaways (www.dfdsseaways.com) Von Kopenhagen nach Oslo (1-mal tgl.; 17 Std.).

Fjordline (www.fjordline.com) Hat eine schnelle Katamaranverbindung zwischen Hirtshals und Kristiansand (Mitte Mai–Aug. 2-oder 3-mal tgl.; 2¼ Std.). Fährt auch von Hirtshals über Stavanger nach Bergen (1-mal tgl.; Stavanger 10½ Std., Bergen 16½ Std.) und nach Langesund (1-mal tgl.; 4½ Std.).

Stena Line (www.stenaline.com) Von Frederikshavn nach Oslo (1-mal tgl.; 9 Std.).

Polen

Polferries (www.polferries.com) Verbindung zwischen Świnoujście (Swinemünde) und Ystad in Südschweden (1- oder 2-mal tgl.; 7–8 Std.). Von Ystad fährt ein kostenloser Shuttlebus über die Øresund-Brücke nach Kopenhagen, Autofahrer erhalten einen Pass für die Überquerung der Brücke. In Ystad legen häufig Fähren nach Bornholm ab.

Schweden

BornholmerFærgen (www.bornholmerfaergen.dk) Von Rønne (Bornholm) nach Ystad (bis zu 9-mal tgl.; 80 Min.).

Scandlines (www.scandlines.com) Von Helsingør nach Helsingborg (bis zu 4-mal stündl.; 20 Min.).

Stena Line (www.stenaline.com) Fährt von Frederikshavn nach Gothenburg (bis zu 6-mal tgl.; 3½ Std.) und von Grenaa nach Varberg (1- oder 2-mal tgl.; 4–5 Std.).

UNTERWEGS VOR ORT

Auto & Motorrad

- Dänemark ist ein angenehmes Land für Autoreisende. Straßenzustand und Beschilderung sind sehr gut, und der Verkehr ist – außer zur Rushhour – selbst in Großstädten gemäßigt.
- Viel Aufmerksamkeit erfordern jedoch die zahlreichen Radfahrer; oft haben sie Vorfahrt. Wer rechts abbiegt, muss auf jeden Fall immer nach Radfahrern Ausschau halten.
- Die Autobahnauf- und -abfahrten sind klar erkennbar. Straßen aus den Stadtzentren sind nach der Stadt benannt, in die sie führen (so heißt z. B. die Straße, die von Odense nach Faaborg führt, Faaborgvej).
- An den Autobahnen gibt es etwa alle 50 km Tankstellen mit Toiletten, Wickelräumen und Minimärkten.
- Die zahlreichen Fähren transportieren Autos zu recht günstigen Preisen: durchschnittlich das Dreifache des Preises für eine Person. Grundsätzlich sollten Autoreisende im Voraus reservieren – selbst wenn es nur wenige Stunden vorher ist. An Wochenenden und Feiertagen können die Fähren auf den Hauptrouten ausgebucht sein.

Führerschein

Wer im Urlaub ein Auto leihen möchte, benötigt dafür nur den nationalen (keinen internationalen) Führerschein.

Kraftstoff

- Erhältlich sind bleifreies Benzin sowie Diesel. Die Preise schwanken zwar, aber zur Zeit der Recherche lag der Preis bei rund 12 Kr pro Liter.
- In den Städten sind Tankstellen gewöhnlich bis 22 oder 24 Uhr geöffnet, es gibt jedoch auch einige rund um die Uhr geöffnete Tankstellen. An einigen finden sich permanent zugängliche Zapfsäulen mit Kreditkartenzahlung.

Maut

Es gibt zwei mautpflichtige Strecken in Dänemark:

- Die 18 km lange Autobahnbrücke über den Storebælt (Großen Belt) zwischen Fünen und Seeland (www.storebaelt.dk). Die einfache Maut für Pkw/Motorrad beträgt 235/125 Kr.

ENTFERNUNGEN (KM)

	Aalborg	Kopenhagen	Esbjerg	Frederikshavn	Grenaa	Helsingør	Kalundborg	Kolding	Næstved	Nyborg	Odense	Ringkøbing	Rødby	Skagen	Thisted	Tønder	Viborg	Århus (Aarhus)
Aalborg	---																	
Kopenhagen	402	---																
Esbjerg	210	290	---															
Frederikshavn	65	465	278	---														
Grenaa	136	367	216	193	---													
Helsingør	443	47	339	506	408	---												
Kalundborg	345	103	241	408	310	139	---											
Kolding	199	230	72	261	164	271	173	---										
Næstved	342	85	238	405	307	125	71	152	---									
Nyborg	274	228	170	337	239	169	71	102	68	---								
Odense	243	165	139	306	208	206	108	71	105	37	---							
Ringkøbing	174	336	81	236	188	377	279	115	276	208	177	---						
Rødby	410	181	306	473	375	221	176	238	105	136	173	344	---					
Skagen	105	505	319	41	233	546	448	302	445	377	346	277	513	---				
Thisted	90	399	185	138	186	440	342	196	339	271	240	123	407	172	---			
Tønder	284	315	77	347	249	356	258	86	255	187	156	148	323	387	252	---		
Viborg	80	323	136	142	100	354	266	119	263	195	164	94	331	183	87	205	---	
Århus (Aarhus)	112	304	153	171	63	345	ferry	101	244	176	145	127	312	212	153	186	66	---

- Die 16 km lange Autobahnstrecke über eine Brücke und durch einen Tunnel über den Øresund zwischen Dänemark und Schweden (www.oresundsbron.com). Die einfache Maut für Pkw/Motorrad beträgt 335/175 Kr.
- Auf beiden Mautstrecken sind Fußgänger und Radfahrer nicht erlaubt – wer kein eigenes Fahrzeug hat, muss Bus oder Zug benutzen.

Mietwagen

- Mietwagen sind in Dänemark relativ teuer, auf jeden Fall teurer als in Deutschland. Wer sich jedoch ein wenig umschaut, kann erheblich sparen. Normale Preise beginnen vor Ort bei etwa 600 Kr pro Tag für einen Kleinwagen; wie überall wird es pro Tag billiger, je länger man einen Wagen mietet.
- Am günstigsten ist es in der Regel, vor der Reise über eine internationale Autovermietung zu reservieren. Es lohnt sich, nach Sonderangeboten, Vorkasserabatten etc. zu fragen.
- Avis, Budget, Europcar und Hertz gehören zu den größten Vermietern in Dänemark. Sie haben Büros in allen großen Städten sowie an Flughäfen und anderen Einreisestellen. Rein dänische Anbieter gibt es nur sehr wenige.
- Recht günstig können Wochenendangebote sein: einschließlich Steuer und Versicherung rund 1000 Kr für einen Kleinwagen von Freitag bis Montag. Wer weit fahren möchte, sollte auf unbegrenzte Kilometerzahl achten; sonst kann es sein, dass ab ca. 300 km jeder weitere Kilometer extra kostet.

Verkehrsregeln

- Autos und Motorräder müssen auch am Tag mit Abblendlicht fahren.
- Für den Fall einer Panne muss stets ein Warndreieck mitgeführt werden.

DIE ULTIMATIVE REISEWEBSITE

Die Hauptinformationsquelle für Reisen in Dänemark ist www.rejseplanen.dk. Hier kann man Start und Ziel einer gewünschten Reiseroute sowie Datum und Tageszeit eingeben und erhält dann die besten Reisemöglichkeiten, egal ob zu Fuß oder mit Bus und Bahn. Die Busrouten sind verlinkt; Fahrdauer und -preise sind aufgeführt. Wer möchte, kann auch Reisezeit, Kosten und sogar CO_2-Emissionen für die Fahrt mit öffentlichen Verkehrsmitteln bzw. dem eigenen Fahrzeug vergleichen. Auf der Website gibt es auch eine App fürs Handy – praktisch für unterwegs.

- Es gilt Gurtpflicht. Kinder unter 135 cm Körpergröße dürfen nur in einem Kindersitz reisen oder in einem Rückhaltesystem, das Alter, Gewicht und Größe des Kindes angepasst ist.
- Für Motorradfahrer (jedoch nicht für Radfahrer) besteht Helmpflicht.
- Geschwindigkeitsbegrenzungen: 50 km/h in geschlossenen Ortschaften, 80 km/h auf Landstraßen, bis zu 130 km/h auf Autobahnen; für Fahrzeuge mit Anhänger max. 70 km/h. Die Bußgelder für Geschwindigkeitsüberschreitungen können sehr heftig ausfallen.
- Telefonieren am Steuer ohne Freisprecheinrichtung ist verboten.
- Die Promillegrenze liegt bei 0,5.
- In der Regel braucht man zum Parken eine Parkscheibe (P-skive). Die Scheiben sind oft in Tankstellen und Touristeninformationen erhältlich.
- An Autobahnen gibt es alle 2 km eine Notrufsäule. Pfeile auf den Straßenbegrenzungspfosten zeigen die Richtung zur nächsten Säule an. Sonst im Notfall die ☎112 wählen.

Bus

- Langstreckenbusse sind weniger gefragt als Züge, obwohl manche bis zu 25 % günstiger sind.
- Tägliche Expressbusse fahren zwischen Kopenhagen und Aarhus (310 Kr, 3–3½ Std.) sowie Kopenhagen und Aalborg (360 Kr, 5–5½ Std.) mit Halt in mehreren jütländischen Orten. Generell nutzen sie die Fährverbindung von Odden nach Jütland, einige fahren über Odense.
- Vollständige Fahrpläne, Strecken und Fahrpreise (einschließlich Ermäßigungen) stehen auf www.abildskou.dk.

Fahrrad

- Für Radfahrer ist Dänemark ideal, und es gibt im ganzen Land herrliche Radstrecken. Weitere Infos s. S. 30.
- Dänemark eignet sich bestens für einen Urlaub mit dem Fahrrad. Selbst der Transport des Rads ist günstig: Gegen eine geringe Gebühr kann es auf Fähren und in Zügen mitgenommen werden.
- Allerdings muss die Mitnahme in Intercity-Zügen mindestens drei Stunden vor Abfahrt reserviert werden, da die Räder meist in einem separaten Zugteil transportiert werden.

Leihräder

- In fast jedem Ort können Fahrräder gemietet werden, z. B. bei Touristeninformationen, Hotels und Campingplätzen sowie in manchen

Fahrradläden. Einige noblere Hotels bieten ihren Gästen die kostenlose Nutzung von Fahrrädern, und in den größten Städten (Kopenhagen, Aarhus, Odense, Aalborg) gibt es ein kostenloses städtisches Leihsystem *(bycykler)*.

➜ Einfache Leihfahrräder kosten durchschnittlich um 100/400 Kr pro Tag/Woche. Helme sind meist nicht inbegriffen (sie sind in Dänemark nicht vorgeschrieben).

Flugzeug

Da Dänemark ein kleines Land ist und die Bahnverbindungen gut sind, bieten sich Inlandflüge nicht so sehr an. Sie werden meist von Geschäftsreisenden genutzt oder im Anschluss an internationale Flüge nach Kopenhagen.

Trotzdem gibt es eine Reihe von Flügen zwischen der Hauptstadt und anderen Ecken des Landes.

Scandinavian Airlines (SAS; www.flysas.com) Verbindet Kopenhagen mit Aarhus, Aalborg und Billund.

Nahverkehr

Die öffentlichen Verkehrsmittel haben in Dänemark einen hohen Standard. In Kopenhagen gibt es hervorragende S-Bahn-, U-Bahn- und Busverbindungen; andere größere Städte haben Stadtbusse und die meisten kleineren Orte Busverbindungen zum nächsten Verkehrsknotenpunkt.

Bus

Fast jede dänische Stadt verfügt über ein Stadtbusnetz, das auch Randbezirke bedient. In kleineren Orten befindet sich der Knotenpunkt der Stadtbusse zumeist beim Bahnhof und/oder Fernbusbahnhof. Normale Fahrkarten kosten um 20 bis 25 Kr je Fahrt, Tageskarten können u. U. günstiger sein.

Rejsekort

➜ Die papierne Mehrfahrtenkarte *(klippekort)* wurde zugunsten einer elektronischen Fahrkarte *(rejsekort)* für Bus, S-Bahn und U-Bahn allmählich ausgemustert. Die Rejsekort wird mit einem Guthaben aufgeladen und beim Ein- und Ausstieg über ein Kartenlesegerät gezogen. Ist das Guthaben aufgebraucht, kann es jederzeit wieder aufgeladen werden. Weitere Informationen auf www.rejsekort.dk.

➜ Rejsekorts sind für einheimische Nutzer konzipiert, für Besucher können Erwerb und Benutzung daher kompliziert sein. Zum Glück gibt es aber auch noch normale Fahrkarten *(kontantbilleter)* gegen Barzahlung (eine Rejsekort ist also nicht erforderlich), zudem sind z. B. die Tages-oder Dreitagesfahrkarten für die öffentlichen Verkehrsmittel in Kopenhagen erhältlich. Für Urlauber sind sie in der Regel eine einfachere Option. In diesem Buch werden die Preise für normale Fahrkarten genannt.

➜ Wer sich längere Zeit in Dänemark aufhält, kann sich eine Rejsekort Anonymous besorgen. Die Karte kostet 80 Kr, aber hinzu kommt noch ein Guthaben von 170 Kr für die Fahrten (kann nach Bedarf aufgeladen werden). Die Rejsekort Anonymous ist in Kopenhagen an Automaten in jedem U-Bahnhof, am Flughafen und am Hauptbahnhof erhältlich.

Taxi

➜ Taxis stehen generell in Innenstädten, nahe großen Einkaufszentren und an Bahnhöfen. Leuchtet das *fri*-Zeichen (oder ein grünes Licht), ist das Taxi frei und kann durch Winken angehalten werden. Aber man kann auch telefonisch ein Taxi bestellen – Hotels und Touristeninformationen haben Nummern lokaler Taxibetriebe.

➜ Das Trinkgeld ist bereits im Fahrpreis inbegriffen. Bezahlt wird bar oder mit Kreditkarte.

Schiff/Fähre

Fähren verkehren praktisch zwischen allen bewohnten Inseln Dänemarks; sie sind in den jeweiligen Abschnitten aufgeführt. Die Verbindungen reichen von großen Hochgeschwindigkeits-Autofähren, die ganzjährig mehrmals täglich zwischen Aarhus und Odden in Nordseeland verkehren, bis zu kleinen Booten, die im Sommer Tagesausflügler zu den kleinen Inseln in der Dänischen Südsee (Südfünen) schippern.

Etliche Inseln sind nur mit der Fähre zu erreichen, meist ganzjährig. Beliebte Strecken sind Køge–Bornholm, Svendborg–Ærø, Frederikshavn–Læsø und Esbjerg–Fanø, um nur einige wenige zu nennen. Autofahrer sollten das ganze Jahr über möglichst früh buchen, besonders aber im Sommer.

Zug

➜ Dänemark hat ein zuverlässiges Bahnnetz mit günstigen Preisen und häufigen Verbindungen. Das Netz deckt den größten Teil des Landes ab, mit Ausnahme der südlichen Inseln und eines Teils von Nordwestjütland. Hier ersetzt ein gut ausgebautes Busnetz die Bahn.

➜ Die meisten Fernzüge verkehren auf Hauptstrecken den ganzen Tag über mindestens stündlich. Die

TIPP

Fast alle dänischen Bahnhöfe verfügen über Gepäckschließfächer (ab 20 Kr für 24 Std.).

Danske Statsbaner (DSB; ☎70 13 14 15; www.dsb.dk) betreibt so gut wie alle Züge in Dänemark. Es gibt folgende Zugtypen:

InterCity (IC) Modern und komfortabel.

InterCityLyn (ICL) Auf einigen viel befahrenen Strecken. Ausstattung wie ein InterCity, aber mit weniger Haltestellen.

Regionaltog Regionalzüge; gewöhnlich keine Reservierung möglich.

S-tog So heißen die Stadtbahnen/S-Bahnen im Großraum Kopenhagen.

Bahnkarten

Einige Bahnkarten sollten vor der Ankunft im Land gekauft werden. Weitere Informationen zu Bahnkarten s. S. 321.

Preise & Ermäßigungen

Die Standardpreise liegen bei etwas über 1 Kr pro Kilometer; die teuerste Zugstrecke ist mit rund 500 Kr die von Kopenhagen nach Skagen (eine Entfernung von 525 km).

➡ Die Gebühr für eine Platzreservierung *(pladsbillet)* beträgt 30 Kr.

➡ Genauso wie in Deutschland gibt es in den Zügen auch Ruhezonen *(stillezone)*.

➡ Fahrräder können in vielen Zügen mitgenommen werden, benötigen aber in Regional- und Intercityzügen eine Fahrkarte *(cykelbillet)*; der Preis hängt von der Fahrtlänge ab, ist generell recht billig. In der S-Bahn können Fahrräder umsonst mitgeführt werden.

➡ Ein **DSB 1** (1.-Klasse-Fahrkarte) kostet gewöhnlich 50 % mehr als eine normale Fahrkarte. Mit einer DSB1-Fahrkarte hat man in IC- und ICL-Zügen eine automatische Sitzplatzgarantie. Es gibt folgende Ermäßigungen:

Kinder (unter 12 J.) Fahren in Begleitung eines mit einer normalen Fahrkarte reisenden Erwachsenen kostenlos; jeder Erwachsene kann bis zu zwei Kinder umsonst mitnehmen.

Kinder (unter 15 J.) Zahlen den halben Preis einer Fahrkarte für Erwachsen.

Gruppen Für Minigruppen von drei bis sieben Personen (mindestens zwei Erwachsene), die auf derselben Fahrkarte reisen, gibt es 20 % Rabatt; für acht oder mehr Erwachsene ist ein *gruppebillet* erhältlich (Näheres dazu bei der DSB).

Orange *(Orange-billetter)* Spezialpreis-Fahrkarten (z. B. 149 Kr für längere IC- und ICL-Strecken wie von Kopenhagen nach Aarhus); die Zahl der Fahrkarten zu diesem Preis ist begrenzt. Die besten Chancen auf eine solche günstige Fahrkarte hat, wer sie so früh wie möglich kauft (etwa bis zwei Monate vor Fahrtantritt), außerhalb der verkehrsreichen Zeiten und montags bis donnerstags oder an einem Samstag reist.

Senioren (ab 65 J.) Erhalten freitags und sonntags 25 % und an den anderen Tagen 50 % Ermäßigung.

Jugendliche (16 bis 25 J.) Können für 185 Kr eine ein Jahr gültige DSB WildCard (Jugendkarte) erwerben und erhalten damit freitags und sonntags 25 % und an den anderen Tagen 50 % Ermäßigung.

Sprache

Als Mitglied der nordgermanischen Sprachenfamilie ist Dänisch eng mit Schwedisch und Norwegisch verwandt. Die Sprache wird von etwa 5,5 Mio. Dänen gesprochen und ist nicht nur die offizielle Landessprache Dänemarks sondern – neben Grönländisch und Färöisch – auch zweite Amtssprache auf Grönland und den Färöern. Bis 1944 war Dänisch auch auf Island offizielle Amtssprache und wird dort heute noch in den Schulen als erste Fremdsprache unterrichtet. In Schleswig-Holstein genießt Dänisch einen besonderen Status als Minderheitensprache der dort lebenden 30 000 Dänen.

Die dänische Aussprache hat einige Eigenheiten und ist für Ausländer nicht ganz einfach zu meistern. Vokale werden in zwei Variationen, gedehnt oder kurz, ausgesprochen, dazukommen „zusammengezogene Vokale" bzw. Diphtonge. Konsonanten werden häufig „verschluckt" oder weggelassen, sodass (in Verbindung mit Vokalen) ein Kehlkopflaut oder *stød* (stöjdh) entsteht. Die betonten Silben sind in der Aussprachehilfe kursiv gedruckt; höfliche bzw. informelle Formen sind mit „hf" bzw. „inf" gekennzeichnet.

GRUNDLAGEN

Hallo.	*Goddag.*	gu·*da*
Tschüss.	*Farvel.*	far·*vel*
Ja./Nein.	*Ja./Nej.*	ja/nei
Bitte.	*Vær så venlig.*	vär sso *ven*·lij
Danke.	*Tak.*	tack
Bitte schön.	*Selv tak.*	sel tack
Entschuldigen Sie.	*Undskyld mig.*	*unn*·sküll mei
Tut mir leid.	*Undskyld.*	*unn*·sküll

Wie geht's?
Hvordan går det? — wur·*den* gor dee

Gut, danke.
Godt, tak. — gott tack

Wie heißen Sie/heißt du?
Hvad hedder De/du? (hf/inf) — wa *hey*·a di/du

Mein Name ist ...
Mit navn er ... — mitt naun är ...

Sprechen Sie/Sprichst du Deutsch/Englisch?
Taler De/du tysk/engelsk? (hf/inf) — *ta*·la di/du tüsk/*eng*·elsk

Ich verstehe nicht.
Jeg forstår ikke. — jei for·*stor i*·cke

UNTERKUNFT

Wo ist ein ...?	*Hvor er der ...?*	wor är der ...
Campingplatz	*en camping-plads*	en *kaam*·ping·plas
Gasthaus	*et gæstehus*	et *ges*·te·hus
Hotel	*et hotel*	et ho·*tel*
Jugend-herberge	*et vandre-hjem*	et *vän*·dre·hjem
Haben Sie ein ... Zimmer?	*Har De et ... værelse?*	haar di et ... *wärl*·se
Einzel	*enkelt*	*eng*·kelt
Doppel	*dobbelt*	*do*·bbelt
Wieviel kostet es ...? pro	*Hvor meget koster det per ...?*	wor *mee*·jet *kos*·ta dee peer ...
Nacht	*nat*	natt
Person	*person*	per·*son*

NOCH MEHR DÄNISCH?

Zusätzliche Informationen zur Sprache und nützliche Wendungen für diejenigen, die fit in Englisch sind, gibt es im *Scandinavian Phrasebook* von Lonely Planet. Es kann online auf **shop.lonelyplanet.com** erworben werden.

RICHTUNGSANGABEN

Wo ist ...?
Hvor er ...? wor är ...

Wie ist die Adresse?
Hvad er adressen? waa är a·*dräs*·sen

Können Sie mir das (auf der Karte) zeigen?
Kan De/du vise mig det (på kortet)? (hf/inf) kan di/du *vi*·se mei dee (po *kor*·tet)

Wie weit ist es (entfernt)?
Hvor langt (væk) er det? wor längt (väg) är dee

Wie komme ich dahin?
Hvordan kommer jeg derhen? wor·*dän ko*·ma jei där·*hen*

Biege ...	*Drej ...*	drai ...
an der Ampel	*ved trafiklyset*	vee traa·*fik*·lü·set
an der Ecke	*ved hjørnet*	vee *hjör*·nedh
links	*til venstre*	til *vens*·tre
rechts	*til højre*	til *höj*·re

Es ist ...	*Det er ...*	de är ...
an der Ecke	*på hjørnet*	po *hjör*·net
gegenüber ...	*på modsate side af ...*	po *mohdh*·sa·te *si*·dhe a ...
geradeaus	*lige ud*	*li*·e udh
hinter ...	*bag ...*	baa ...
links	*til venstre*	til *vens*·tre
nahe (bei ...)	*nær (ved ...)*	när (vee ...)
neben ...	*ved siden af ...*	vee *si*·dhen a ...
rechts	*til højre*	til *höj*·re
vor ...	*foran ...*	*fo*·ran ...
weit (entfernt)	*langt (væk)*	längt (väg)

ESSEN & TRINKEN

Was würden Sie/würdest du empfehlen?
Hvad kan De/du anbefale? (hf/inf) wa kan di/du *an*·bee·fa·le

Was ist die örtliche Spezialität?
Hvad er den lokale specialitet? wa är den loh·*ka*·le spee·sia·li·*teet*

Haben Sie vegetarische Gerichte?
Har De vegetarmad? haar di vee·ge·*taar*·madh

Prost!
Skål! skool

Ich hätte gerne ..., bitte.	*Jeg vil gerne have ..., tak.*	jei vil *ger*·ne ha ... taak
dieses Gericht	*den ret*	den rät
Karte	*menuen*	me·*nü*·en
Rechnung	*regningen*	*ree*·ning·en
Weinkarte	*vinkortet*	*vin*·kor·tet

SCHILDER

Indgang	Eingang
Udgang	Ausgang
Åben	Geöffnet
Lukket	Geschlossen
Forbudt	Verboten
Toilet	Toiletten
Herrer	Männer
Damer	Frauen

Könnten Sie ein Gericht kochen ohne ...?	*Kan De lave et måltid uden ...?*	kan di *la*·ve et *mol*·tidh *u*·dhen ...
Butter	*smør*	smör
Ei	*æg*	äg
Fleisch	*kødboullion*	*ködh*·bu·ll·jong

Mini-Sprachführer

Abendessen	*middag*	*mi*·da
Bar	*bar*	baar
Café	*café*	ka·*fee*
Essen	*mad*	madh
Flasche	*flaske*	*flas*·ke
Frühstück	*morgenmad*	*morrn*·madh
Gabel	*gaffel*	*gaf*·fel
Getränk	*drink*	drink
Glas	*glas*	glas
heiß	*varm*	vaarm
Imbiss	*mellemmåltid*	*me*·lem·mol·tidh
kalt	*kold*	kol
Karte	*menu/spisekort*	me·*nü*/*spi*·se·kort
Kinderteller	*børne menu*	*bör*·ne·me·nü
Löffel	*ske*	skee
Markt	*marked*	*maar*·kedh
Messer	*kniv*	kniiv
mit	*med*	mee
Mittagessen	*frokost*	*froh*·kost
ohne	*uden*	*u*·dhen
Restaurant	*restaurant*	res·toh·*rang*
Tagesgericht	*dagens ret*	*da*·ens rät
Tasse	*kop*	kop
Teelöffel	*teske*	*tee*·skee
Teller	*tallerken*	ta·*ller*·ken

Fleisch & Fisch

Aal	*ål*	ool
Dorsch	*torsk*	torsk
Fisch	*fisk*	fisk
Fleisch	*kød*	ködh
Forelle	*forel/ørred*	foh·*rel*/*ör*·redh
Hammel	*fårekød*	*fo*·re·ködh
Hering	*sild*	sil
Huhn	*hønsekød*	*hön*·se·ködh
Hummer	*hummer*	*hu*·ma
Kalb	*kalvekød*	*kal*·ve·ködh
Lachs	*laks*	laks
Lamm	*lammekød*	*la*·me·ködh
Meeresfrüchte	*skaldyr*	*skal*·dür
Rind	*oksekød*	*ok*·se·ködh
Schwein	*svinekød*	*svi*·ne·ködh
Steak	*engelsk bøf*	*eng*·elsk böf
Thunfisch	*tunfisk*	*tun*·fisk

Obst & Gemüse

Ananas	*ananas*	*a*·na·nas
Apfel	*æble*	*äb*·le
Aprikose	*abrikos*	a·bri·*kohs*
Banane	*banan*	ba·*nan*
Birne	*pære*	*pä*·re
Blumenkohl	*blomkål*	*blom*·kol
Bohnen	*bønner*	*bö*·na
Champignon	*champignon*	*sham*·pin·jong
Erbsen	*ærter*	*är*·ta
Erdbeere	*jordbær*	*jor*·bär
Erdnuss	*jordnød*	*jor*·nödh
Frucht	*frugt*	frugt
Gemüse	*grønsag*	*grön*·saa
Gurke	*agurk*	a·*gurk*
Kartoffel	*kartoffel*	ka·*to*·ffel
Kirsche	*kirsebær*	*kir*·se·bär
Kohl	*kål*	kol
Lauch	*porre*	*po*·re
Mais	*majs*	mais
Möhren	*gulerødder*	*gu*·le·rö·dha
Nuss	*nødder*	*nö*·dha
Orange	*appelsin*	a·pel·*sin*
Pfirsich	*fersken*	*fers*·ken
Pflaume	*blomme*	*blo*·me
Spinat	*spinat*	spi·*nat*
Wassermelone	*vandmelon*	*vän*·mee·lon
Zitrone	*citron*	si·*trohn*
Zwiebel	*løg*	löj

FRAGEWÖRTER

Wann?	*Hvornår?*	wor·nor
Warum?	*Hvorfor?*	wor·for
Was?	*Hvad?*	wa
Wer?	*Hvem?*	wem
Wie?	*Hvordan?*	wor·dän
Wo?	*Hvor?*	wor

Sonstiges

Brot	*brød*	brödh
Butter	*smør*	smör
Ei	*æg*	äg
Eis	*is*	is
Honig	*honning*	*ho*·ning
Käse	*ost*	oost
Knoblauch	*hvidløg*	*vidh*·loj
Kuchen	*kage*	*ka*·e
Marmelade	*syltetøj*	*sül*·te·toj
Nudeln	*nudler*	*nudh*·la
Pfeffer	*peber*	*pee*·wa
Reis	*ris*	ris
Sahne	*fløde*	*flö*·dhe
Salat	*salat*	sa·*lat*
Suppe	*suppe*	*sup*·pe
Zucker	*sukker*	*suk*·ka

Getränke

Bier	*øl*	öl
Buttermilch	*kærnemælk*	*kär*·ne·melk
Kaffee	*kaffe*	*ka*·fe
Limonade	*citronvand*	si·*trohn*·vän
Milch	*mælk*	mälk
Mineralwasser	*mineralvand/ danskvand*	mi·ne·*ral*·vän/ *dansk*·vän
Rotwein	*rødvin*	*rödh*·vin
(Orangen) saft	*(appelsin-) juice*	(aa·pel·*sin*·) jus
Sekt	*mousserende vin*	mu·*see*·ra·ne vin
Softdrink	*sodavand*	*soh*·da·vän
Tee	*te*	tee
Wasser	*vand*	vän
Weißwein	*hvidvin*	*vidh*·vin

IM NOTFALL

Hilfe!	*Hjælp!*	hjälp
Geh weg!	*Gå væk!*	go väg

Rufe ...!	*Ring efter ...!*	ring *ef*·ta ...
einen Arzt	*en læge*	en *le*·je
die Polizei	*politiet*	poh·li·*ti*·et

Das ist ein Notfall!
Det er et nødstilfælde! dee är et *nödhs*·til·fä·le

Ich habe mich verfahren.
Jeg er faret vild. jei är *faa*·ret vil

Ich bin krank.
Jeg er syg. jei är süj

Hier tut es weh.
Det gør ondt her. de gör unt här

Ich bin allergisch gegen (Antibiotika).
Jeg er allergisk over for (antibiotika). jei är a·*ler*·gisk o·va for (an·ti·bi·*oh*·ti·ka)

Wo ist die Toilette?
Hvor er toilettet? wor är toi·*le*·tet

EINKAUFEN & DIENSTLEISTUNGEN

Wo ist ...?	*Hvor er ...?*	wor är ...
eine Bank	*der en bank*	där en bank
ein Geldautomat	*der en pengeautomat*	där en *penj*·au·toh·mat
ein Internet-Café	*den internet café*	en *in*·ta·net ka·*fee*
die Post	*der et postkontor*	där et *post*·kon·tohr
die nächste Telefonzelle	*den nærmeste telefonboks*	den *när*·mes·te te·le·*fohn*·boks
eine öffentliche Toilette	*der et offentligt toilet*	där et o·ffent·lit toi·*let*
die Touristeninformation	*turistkontoret*	tu·*rist*·kon·toh·ret

Ich suche ...
Jeg leder efter ... jei *le*·dha *ef*·ta ...

Darf ich mal sehen?
Må jeg se? mo jei see

Hätten Sie noch andere?
Har De andre? haar di *aan*·dre

Wieviel kostet es?
Hvor meget koster det? wor *mee*·jet *kos*·ta dee

Das ist zu teuer.
Det er for dyrt. dee är for dürt

Was ist der günstigste Preis?
Hvad er jeres laveste pris? wa är *je*·res *la*·ve·ste pris

ZAHLEN

1	*en*	en
2	*to*	to
3	*tre*	tree
4	*fire*	fir
5	*fem*	fem
6	*seks*	seks
7	*syv*	sü
8	*otte*	*ot*·te
9	*ni*	ni
10	*ti*	ti
20	*tyve*	*tü*·ve
30	*tredive*	*tredh*·ve
40	*fyrre*	*für*·re
50	*halvtreds*	hal·tres
60	*tres*	tres
70	*halvfjerds*	hal·fjers
80	*firs*	firs
90	*halvfems*	hal·fems
100	*hundrede*	*hun*·re·dhe
1000	*tusind*	*tu*·sen

Da ist ein Fehler in der Rechnung (Restaurant/Geschäft)
Der er en fejl i regningen/ kvitteringen. där är en feel i *rej*·ning·en/ kvi·*tee*·ring·en

ZEITANGABEN & DATEN

Wie spät ist es?
Hvad er klokken? wa är *klo*·ken

Es ist (zwei) Uhr.
Klokken er (to). *klo*·kken är (to)

Halb (zwei)
Halv (to). hal (to)

Zu welcher Zeit ...?
Hvad tid ...? wa tiidh ...

Um ...
Klokken ... *klo*·ken ...

morgens	*om morgenen*	om *morr*·nen
nachmittags	*om eftermiddagen*	om *ef*·tee·mi·da·en
abends	*om aftenen*	om *aaft*·nen
gestern	*i går*	i gor
heute	*i dag*	i da
morgen	*i morgen*	i morrn

Montag	*mandag*	men·da
Dienstag	*tirsdag*	tirs·da
Mittwoch	*onsdag*	uns·da
Donnerstag	*torsdag*	tors·da
Freitag	*fredag*	fre·da
Samstag	*lørdag*	lör·da
Sonntag	*søndag*	sön·da

Januar	*januar*	ja·nu·ar
Februar	*februar*	feb·ru·ar
März	*marts*	maarts
April	*april*	a·pril
Mai	*maj*	mai
Juni	*juni*	ju·ni
Juli	*juli*	ju·li
August	*august*	au·gust
September	*september*	sep·tem·ba
Oktober	*oktober*	ohk·toh·ba
November	*november*	noh·vem·ba
Dezember	*december*	dee·sem·ba

VERKEHRSMITTEL & -WEGE

Öffentliche Verkehrsmittel

Ist das ... (Aarhus)?	*Er dette ... til (Århus)?*	är dä·tte ... til (or·hus)
der Bus	*bussen*	bus·sen
das Flugzeug	*flyet*	flü·et
das Schiff	*båden*	bo·dhen
der Zug	*toget*	to·et

Wann fährt der ... Bus?	*Hvad tid er den ... bus?*	wa tidh är den ... bus
erste	*første*	förs·te
letzte	*sidste*	sis·te
nächste	*næste*	näs·te

VERKEHRSSCHILDER

Ensrettet	Einbahnstraße
Indkørsel Forbudt	Keine Einfahrt
Motorvej	Autobahn
Omkørsel	Umleitung
Parkering Forbudt	Parken verboten
Selvbetjening	Selbstbedienung
Vejarbejde	Straßenarbeiten
Vigepligt	Vorfahrt beachten

Ein ...Fahrschein (nach Odense), bitte.	*En ... billet (til Odense), tak.*	in ... bil let (til oh·dhen·se) tack
einfach	*enkelt*	eng·kelt
hin- & zurück	*retur*	ree·tur

Wann kommt (der Zug) an/fährt ab?
Hvornår ankommer/ afgår (toget)? — wor·nor an·ko·ma/ af·gor (to·et)

Hält er in (Østerport)?
Stopper den/det på (Østerport)? — sto·pa den/de po (ös·ta·port)

Was ist die nächste Station/der nächste Halt?
Hvad er næste station/ stoppested? — wa är näs·te sta·schohn/ sto·pe·stedh

Könnten Sie mir sagen, wann wir in (Roskilde) sind.
Sig venligst til når vi kommer til (Roskilde). — si ven·list til nor vi ko·ma til (ros·kil·le)

Bitte bringen Sie mich zu (dieser Adresse).
Vær venlig at køre mig til (denne adresse). — vär ven·li at kö·re mei til (de·ne a·dres·se)

Bitte halten Sie hier.
Venligst stop her. — ven·list stop här

Auto & Fahrrad

Ich möchte ein ... mieten	*Jeg vil gerne leje en ...*	jei vil ger·ne lei·je en ...
Auto	*bil*	bil
Fahrrad	*cykel*	sü·kel
Motorrad	*motorcykel*	moh·tor·sü·kel

Benzin	*benzin*	ben·sin
Luft	*luft*	luft
Öl	*olie*	ohl·ie
Parkplatz	*parkere*	paar·kee·re
Reifen	*dæk*	däk
Tankstelle	*benzin-station*	ben·sin·sta·schohn

Ist das die Straße nach (Kronborg Slot)?
Fører denne vej til (Kronborg Slot)? — fö·ra de·ne vei til (krohn·borg slot)

Komme ich da mit dem Fahrrad hin?
Kan jeg cykle derhen? — kan jei sük·le där·hen

Ich brauche einen Mechaniker.
Jeg har brug for en mekaniker. — jei haar bru for en me·ka·ni·ka

Ich habe kein Benzin mehr.
Jeg er løbet tør for benzin. — jei är lö·bet tör for ben·sin

Ich habe einen Platten.
Jeg er punkteret. — jei är pung·tee·ret

GLOSSAR

Die Buchstaben æ, ø und å stehen am Ende des dänischen Alphabets.

akvavit – Schnaps
allé – Allee
amt – Landkreis
apotek – Apotheke

bad – Bad
bageri – Bäckerei
bakke – Hügel
banegård – Bahnhof
billet – Fahrschein (P-billet bedeutet, dass ein Parkschein benötigt wird)
billetautomat – Fahrschein- bzw. Parkscheinautomat
bro – Brücke
bryggeri – Brauerei
bugt – Bucht
by – Stadt
børnemenu – Kindergericht

campingplads – Campingplatz
cykel – Fahrrad

dag – Tag
dagens ret – Tagesgericht
dansk – Dänisch
domkirke – Dom
DSB – Danske Statsbaner (Dänische Eisenbahngesellschaft)
dyrepark – Zoo
døgn – Zeitspanne von 24 Stunden

Fyn – Fünen
fyr – Leuchtturm
færge – Fähre
færgehavn – Fährhafen

gade – Straße
gammel, gamle – alt
gård – (Bauern)Hof

hav – Meer
have – Garten
havn – Hafen
helligdage – Feiertage
hus – Haus
hverdage – werktags (Montag bis Freitag)
hygge – gemütlich machen (Verb), Gemütlichkeit (Substantiv)
hyggelig – gemütlich (Adjektiv)
hytte – Hütte

IC – Intercity-Zug
IR – Interregio-Zug

jernbane – Eisenbahn
Jylland – Jütland

kart – Karte
kirke – Kirche
kirkegård – Friedhof
klint – Klippe
klippekort – Mehrfachfahrschein
klit – Düne
konditori – Konditorei
kort – Karte
kro – Krug
køkken – Küche
køreplan – Fahrplan

lufthavn – Flughafen
lystbådehavn – Jachthafen

mad – Essen
magasin – Kaufhaus
morgenmad – Frühstück
museet – Museum
møntvask –Münzwaschmaschine

nat – Nacht
nord – Norden
ny – neu

og – und

plads – Platz
plantage – Pflanzung, Baumschule
pris – Preis
retter – Gerichte (Essen)
rundkirke – befestigte Rundkirche, auf Bornholm
rutebilstation – Busbahnhof (für Fernbusse)
røgeri – Räucherei
rådhus – Rathaus

samling – Sammlung (meist Kunst)
Sjælland – Seeland
skov – Wald
slagter – Fleischer
slot – Schloss
smørrebrød – belegtes Butterbrot
sti – Pfad, Weg
sund – Meerenge
svømmehal – Schwimmbad
syd – Süden
sø – See

tog – Zug
torv, torvet – Platz, Marktplatz
turistkontor – Touristeninformation
tårn – Turm

udsigt – Aussicht
uge – Woche

vandrerhjem – Jugendherberge
vej – Straße
vest – Westen
værelse – Zimmer (zu vermieten)

wienerbrød – Kopenhagener, dänisches Plundergebäck, wörtlich „Wiener Brot"

ø – Insel, meist als Suffix hinter dem eigentlichen Namen der Insel
øl – Bier
øst – Osten

å – Fluss
år – Jahr

Hinter den Kulissen

WIR FREUEN UNS ÜBER EIN FEEDBACK

Post von Travellern zu bekommen ist für uns ungemein hilfreich – Kritik und Anregungen halten uns auf dem Laufenden und helfen, unsere Bücher zu verbessern. Unser reiseerfahrenes Team liest alle Zuschriften genau durch, um zu erfahren, was an unseren Reiseführern gut und was schlecht ist. Wir können solche Post zwar nicht individuell beantworten, aber jedes Feedback wird garantiert schnurstracks an die jeweiligen Autoren weitergeleitet, rechtzeitig vor der nächsten Auflage.

Wer uns schreiben will, erreicht uns unter **www.lonelyplanet.de/kontakt**.

Hinweis: Da wir Beiträge möglicherweise in Lonely Planet Produkten (Reiseführer, Websites, digitale Medien) veröffentlichen, ggf. auch in gekürzter Form, bitten wir um Mitteilung, falls ein Kommentar nicht veröffentlicht oder ein Name nicht genannt werden soll. Wer Näheres über unsere Datenschutzpolitik wissen will, erfährt das unter www.lonelyplanet.com/privacy.

DANK VON LONELY PLANET

Vielen Dank an die folgenden Leser, die mit der letzten Ausgabe unterwegs waren und uns wertvolle Hinweise, Tipps und interessante Anekdoten geschickt haben:

Gillians Jeens, Henrik Hytteballe, Jackie McCormack, Julie Woods, Krill Koroteev, Matthias Vogel, Rosette Claes

DANK DER AUTOREN

Carolyn Bain

Bei Lonely Planet geht mein Dank an Titelredakteurin Gemma Graham, die mir weitere nordische Streifzüge ermöglichte. Tausend Dank an meinen genialen Koautor Cristian Bonetto, dessen Leidenschaft für Dänemark genauso groß ist, wie seine Bereitschaft, sein Wissen zu teilen. Tiefe Dankbarkeit gilt meiner dänischen Familie, den Østergaards – euer herzliches Willkommen und eure Großzügigkeit in Skagen, Sunds und Svendborg bedeuten mir eine Menge. An die tollen Leute in Ærø geht ein Dank für einen äußerst *hyggeligen* Inselaufenthalt. Und an all die Dänen, die mir Zimmer vermieteten, meine Fragen beantworteten, meinem Eurovision-Tick gegenüber Nachsicht zeigten und insgesamt diese Reise zu solch einem Vergnügen machten: *tusind tak*.

Cristian Bonetto

Tusind tak an Martin Kalhoj, Christian Struckmann Irgens, Mette Cecilie Perle Smedegaard, Grete Seidler, Mia Hjorth Lunde, Jens Lunde, Henrik Lorentsen, Gitte Kærsgaard, Henrik Sieverts Ørvad, Brian Jakobsen und René Ørum für ihre Großzügigkeit und die Einblicke, die sie mir gewährten. Nicht zuletzt ein großes Dankeschön an meine stets gewissenhafte Koautorin und Freundin Carolyn Bain.

QUELLENNACHWEIS

Die Angaben auf der Klimakarte stammen von Peel MC, Finlayson BL & McMahon TA (2007) „Updated World Map of the Köppen-Geiger Climate Classification", *Hydrology and Earth System Sciences*, 11, 163344

Titelfoto: Strandhütte in Ærø; Andrew Rich, Getty Images.

ÜBER DIESES BUCH

Dies ist die 3. deutsche Auflage von *Dänemark*. Sie basiert auf der 7. englischen Auflage von Carolyn Bain und Cristian Bonetto. Die 6. Auflage schrieben Carolyn Bain, Cristian Bonetto und Andrew Stone. Dieser Reiseführer wurde produziert von:

Titelredaktion
Gemma Graham
Chefredaktion
Samantha Forge
Produktredaktion
Stephanie Ong
Leitung Kartografie
Valentina Kremenchutskaya
Layout
Wendy Wright

Redaktionsassistenz
Jodie Martire, Jenna Myers
Kartografie
James Leversha
Umschlaggestaltung
Naomi Parker
Dank an Claire Naylor, Samantha Tyson, Ryan Evans, Larissa Frost, Jouve India, Martine Power, Wayne Murphy

Register

Die Buchstaben æ, ø und å stehen am Ende des dänischen Alphabets.

Kartenverweise **000**
Fotoverweise **000**

Kartenverweise **000**
Fotoverweise **000**

Y

Z

Æ

Ø

Å

Kartenlegende

Sehenswertes

- Strand
- Vogelschutzgebiet
- buddhistisch
- Burg/Palast
- christlich
- konfuzianisch
- hinduistisch
- islamisch
- jainistisch
- jüdisch
- Denkmal
- Museum/Galerie/hist. Gebäude
- Ruine
- shintoistisch
- Sikh
- taoistisch
- Weingut/Weinberg
- Zoo/Naturschutzgebiet
- Sehenswürdigkeiten

Aktivitäten, Kurse & Touren

- bodysurfen
- tauchen
- Kanu/Kajak fahren
- Kurse/Touren
- Sento/Onsen
- Ski fahren
- schnorcheln
- surfen
- schwimmen/Pool
- wandern
- windsurfen
- sonstige Aktivitäten

Schlafen

- Hotel, Hostel
- Camping

Essen

- Restaurant

Ausgehen & Nachtleben

- Bar, Kneipe
- Café

Unterhaltung

- Unterhaltung

Shoppen

- Shoppen

Praktisches

- Bank
- Botschaft/Konsulate
- Krankenhaus/Arzt
- Internet
- Polizei
- Post
- Telefon
- Toilette
- Touristeninformation
- sonstige Informationen

Geografie

- Strand
- Hütte/Unterstand
- Leuchtturm
- Aussichtspunkt
- Berg/Vulkan
- Oase
- Park
- Pass
- Rastplatz
- Wasserfall

Städte

- Hauptstadt (Staat)
- Hauptstadt (Bundesstaat/Provinz)
- Großstadt
- Stadt/Ort

Transport

- Flughafen
- Grenzübergang
- Bus
- Seilbahn/Standseilbahn
- Radweg
- Fähre
- Metro-Station
- Schwebebahn
- Parkplatz
- Tankstelle
- S-Bahnstation
- Taxi
- T-bane-/Tunnelbana-Station
- Bahn
- Straßenbahn
- Tube Station
- U-Bahnstation
- sonstiger Transport

Hinweis: Nicht alle in der Legende aufgeführten Symbole sind Bestandteil der Karten dieses Buches

Verkehrswege

- Mautstraße
- Autobahn
- Hauptstraße
- Landstraße
- Verbindungsstraße
- sonstige Straße
- unbefestigte Straße
- Straße im Bau
- Platz/Promenade
- Treppe
- Tunnel
- Fußgängerbrücke
- Spaziergang
- Abstecher von der Route
- Pfad/Wanderweg

Grenzen

- Staatsgrenze
- Provinzgrenze
- umstrittene Grenze
- Bezirksgrenze
- Meeresschutzgebiet
- Klippen
- Mauer

Gewässer

- Fluss, Bach
- periodischer Fluss
- Kanal
- Gewässer
- Salzsee/trockener/periodischer See
- Riff

Gebietsform

- Flughafen/Landepiste
- Strand/Wüste
- christlicher Friedhof
- sonstiger Friedhof
- Gletscher
- Watt
- Park/Wald
- Sehenswertes (Gebäude)
- Sportplatz
- Sumpf/Mangroven

DIE AUTOREN

Carolyn Bain

Koordinierende Autorin, Fünen, Süd-, Mittel- & Nordjütland Die in Melbourne geborene Carolyn hat als Teenager ein unvergessliches Jahr im Herzen Jütlands verlebt. Sie spricht (etwas gebrochen) Dänisch mit einem *jysk* (jütländischen) Akzent – nach Aussage von Leuten, die es wissen müssen. Seit ihrem Jahr unter Dänen kehrt Carolyn so oft wie möglich nach Dänemark zurück, um in die Geschichte, Gastfreundschaft und *hygge* einzutauchen. Und sie kommt natürlich regelmäßig vorbei, wenn sie die Reiseführer zu verschiedenen Teilen Nordeuropas (darunter Island, Schweden und Estland, Näheres unter carolynbain.com.au) aktualisiert. Wie schon in der vorigen Auflage hat sie auch diesmal Jütland bearbeitet, und wie bei jeder Reise nach Dänemark hat sie auch diesmal mit Begeisterung ihre Lieblingsorte wie Skagen und Ribe wieder aufgesucht, und neue Favoriten wie Ærø entdeckt, nach Designerstühlen gesucht, auf Flohmärkten herumgekramt und ausgedehnte dänische Frühstücksgelage genossen. Carolyn schrieb auch die Abschnitte Reiseplanung und Praktische Informationen.

Mehr über Carolyn Bain unter: lonelyplanet.com/members/carolynbain

Cristian Bonetto

Kopenhagen, Seeland, Møn, Falster & Lolland, Bornholm

Cristian schreibt schon seit beinahe zehn Jahren mit Leidenschaft über dänische Lampen, Fahrräder und Leckereien. Der in Australien geborene Journalist hat bereits an fast 20 Lonely Planet-Titeln mitgearbeitet, z. B. Skandinavien, Italien, New York und Singapur. Darüber hinaus sind seine Texte in diversen anderen Medien zu finden, vom britischen Telegraph und BBC Travel bis zur *Travel Show* von Dubai Eye 103,8. Cristian schrieb auch die Kapitel Geschichte, Dänische Lebensart, Dänisches Design, Essen & Trinken sowie Literatur, Film & TV. Er twittert unter @CristianBonetto

DIE LONELY PLANET STORY

Ein ziemlich mitgenommenes, altes Auto, ein paar Dollar in der Tasche und Abenteuerlust – 1972 war das alles, was Tony und Maureen Wheeler für die Reise ihres Lebens brauchten, die sie durch Europa und Asien bis nach Australien führte. Die Tour dauerte einige Monate, und am Ende saßen die beiden – erschöpft, aber voller Inspiration – an ihrem Küchentisch und schrieben ihren ersten Reiseführer *Across Asia on the Cheap*. Innerhalb einer Woche hatten sie 1500 Exemplare verkauft. Lonely Planet war geboren. Heute hat der Verlag Büros in Melbourne, London, Oakland, Franklin, Delhi und Beijing mit mehr als 600 Mitarbeitern und Autoren. Und alle teilen Tonys Überzeugung, dass ein guter Reiseführer drei Dinge erfüllen sollte: informieren, bilden und unterhalten..

Lonely Planet Publications,
Locked Bag 1, Footscray,
Melbourne, Victoria 3011,
Australia

Verlag der deutschen Ausgabe:
MAIRDUMONT, Marco-Polo-Str. 1, 73760 Ostfildern,
www.lonelyplanet.de, www.mairdumont.com, info@lonelyplanet.de

Chefredakteurin deutsche Ausgabe: Birgit Borowski

Redaktion: Bintang Buchservice GmbH,
www.bintang-berlin.de
Übersetzung: Petra Dubilski, Valeska Henze, Katja Weber
An früheren Auflagen haben außerdem mitgewirkt: Rainer Höh, Silvana Höh, Gunter Mühl, Kathrin Schnellbächer, Inga-Brita Thiele
Lektorat: Dorit Aurich
Satz: Holger Ebeling

Dänemark
3. deutsche Auflage September 2015, übersetzt von
Denmark, 7th edition, Mai 2015
Lonely Planet Publications Pty

FSC www.fsc.org
MIX
Paper from responsible sources
FSC® C124385

Die meisten Fotos in diesem Reiseführer können bei Lonely Planet Images, www.lonelyplanetimages.com, auch lizenziert werden.

Printed in China